Ulrich Schneider

Zukunftsentwurf Antifaschismus

Breite Str. 47, 53111 Bonn
Tel. 0228/632306 Fax 0228/634968

ISBN 3-89144-237-8

Herausgegeben von der Vereinigigung der Verfolgten des Naziregimes - Bund der Antifaschistinnen und Antifaschisten

Umschlag und Gestaltung: Peter Altmann, Frankfurt am Main
Satz: Gottfried Schmidt, Wiesbaden
Scanns und Bildbearbeitung: Volker Hirsekorn
Druck und Bindung: Interpress, Budapest

Die Deutsche Bibliothek - CIP Einheitsaufnahme

Schneider, Ulrich:
Zukunftsentwurf Antifaschismus : 50 Jahre Wirken der VVN für „eine neue Welt des Friedens und der Freiheit“ / Ulrich Schneider. - Bonn : Pahl-Rugenstein, 1997
ISBN 3-89144-237-8

Wir schwören deshalb vor aller Welt auf diesem Apell-platz, an dieser Stätte des faschistischen Grauens: Wir stellen den Kampf erst ein, wenn auch der letzte Schuldige vor den Richtern der Völker steht! Die Vernichtung des Nazismus mit seinen Wurzeln ist unsere Losung. Der Aufbau einer neuen Welt des Friedens und der Freiheit ist unser Ziel. Das sind wir unseren gemordeten Kameraden, ihren Angehörigen schuldig.

Aus dem Schwur von Buchenwald.
19. April 1945

Die Losung „Wir politischen Gefangenen – die Vorhut der deutschen Demokratie" bei der Veranstaltung des Hamburger Komitees in der „Flora" am 9. Mai 1946 markierte den Anspruch des deutschen Widerstandes auf eine führende Rolle beim Neubau eines demokratischen Deutschlands.

Daß mit dem Ende des Naziregimes die historische Stunde der Antifaschisten gekommen war, schien zunächst selbstverständlich. Prof. Hans Mayer bekräftigte diesen Anspruch, als er im Jahr darauf bei der 1. Interzonalen Länderkonferenz der VVN sagte, „daß die besten, fortschrittlichsten, klarblickendsten Menschen, Männer und Frauen, es sind, die gestern gelitten haben und die heute als Warner und Wegweiser antreten. Wenn es nicht gelingt, an die entscheidenden politischen, kulturellen, sozialen und wirtschaftlichen Stellen des deutschen Neuaufbaues Männer und Frauen zu stellen, die der Welt einmal das Beispiel einer charaktervollen Haltung, des Mutes, der Gesinnungshaftigkeit gezeigt haben (...), so wird es keinen demokratischen Neuaufbau geben."

Ulrich Schneider

Zukunftsentwurf Antifaschismus

50 Jahre Wirken der VVN für „eine neue Welt des Friedens und der Freiheit“

Pahl-Rugenstein

Inhalt

I.

1945–1948: Die Gründerjahre der VVN

Antifaschistischer Konsens

... und die Grenzen seiner Realisierbarkeit

Nach der Befreiung von Faschismus und Krieg beteiligten sich überall in Deutschland zahlreiche Menschen am demokratischen Neubeginn. Dabei gab es nur eine Überlegung, daß ein solcher Anfang nur gemeinsam möglich sei. Frühere Spaltungen und Differenzen verloren vor der Realerfahrung der faschistischen Herrschaft und den riesigen Problemen des Wiederaufbaus ihre Bedeutung. Wenn man überhaupt einen Begriff für diese Zeit prägen will, ist die Formulierung vom „antifaschistischen Konsens“ die einzig angemessene *(vgl.: Doerry, Thomas, Antifaschismus in der Bundesrepublik, Vom antifaschistischen Konsens 1945 bis zur Gegenwart, Frankfurt/M. 1980; Peukert, Detlef, Antifaschistischer Konsens als Voraussetzung einer demokratischen Nachkriegsentwicklung, in: „Blätter für deutsche und internationale Politik“ 11/1977; Schneider, Ulrich, Zwischen Befreiung und Restauration, Programme und Realität des demokratischen Neubeginns in den Westzonen, in: „Blätter ...“, 1/1983; dort auch zahlreiche Belegzitate für die folgenden Ausführungen).*

Dieser antifaschistische Konsens beinhaltete im wesentlichen folgende Punkte:

1. Entmilitarisierung Deutschlands

Diese Forderung, die mit den leidvollen Erfahrungen und Bedürfnissen der Menschen einherging und in der Losung „Nie wieder Krieg“ seinen Niederschlag fand, bedeutete nicht allein die Demobilisierung und Auflösung der Wehrmacht und die juristische Verfolgung der verantwortlichen Militärführer, sondern auch die Ausschaltung des gesamten faschistischen Militärapparates und die Entmilitarisierung des öffentlichen Lebens, das durch militärische Erziehung, durch Militarisierung der Arbeit und Strukturen des „Befehl und Gehorsams“ in den Verwaltungen geprägt war.

2. Entnazifizierung

Die zweite zentrale Forderung war die, wie es in dem Schwur der Häftlinge des KZ Buchenwald heißt, Zerschlagung des Faschismus mit seinen Wurzeln. Unter einer solchen Entnazifizierung verstand man nicht allein die Auflösung der NSDAP und aller anderen faschistischen Massenorganisationen, sondern auch die Ausschaltung des Einflusses ehemaliger Nazis aus allen gesellschaftlichen Bereichen, sowohl in den Verwaltungen, im öffentlichen Leben und in der Wirtschaft. Diese Ausschaltung des Einflusses meinte auch die Ausschaltung des ideologischen Einflusses, d.h. die aktive antifaschistische Aufklärungsarbeit gegen Militarismus, Nationalismus und Rassismus, also die Entnazifizierung in den Köpfen. Hinzu kam natürlich auch hier die Forderung, die politisch Verantwortlichen zur Rechenschaft zu ziehen, sie vor das Gericht der Völker zu stellen.

3. Entmonopolisierung

Die „Zerschlagung des Faschismus mit seinen Wurzeln“ beinhaltet darüber hinaus die Erkenntnis, daß es die wirtschaftlich Mächtigen waren, die ein nicht allein ökonomisches Interesse an der Errichtung und Stabilisierung faschistischer Herrschaft hatten. Es ist in diesem Rahmen sicherlich nicht notwendig, die verschiedenen Initiativen der Industrie zugunsten der NSDAP, wie die Diskussion im Düsseldorfer Industrieclub, die Eingabe führender Industrieller, Bankiers und Großgrundbesitzer nach der Novemberwahl 1932 oder den „Freundeskreis Heinrich Himmler“, ausführlich zu erwähnen. Daß wirtschaftliche Macht zur Durchsetzung undemokratischer Ziele mißbraucht worden war, förderte in allen politischen Lagern die Erkenntnis, daß eine der Konsequenzen aus der faschistischen Herrschaft die Forderung nach Entmonopolisierung sein mußte. Dieses beinhaltete nicht allein die Entflechtung von marktbeherrschenden Unternehmen, wie z.B. dem IG-Farben-Konzern, sondern auch die Forderung nach Sozialisierung der Schlüsselindustrie, der Banken und der Auflösung von Großgrundbesitz zugunsten von demokratischen wirtschaftlichen Strukturen.

4. Demokratisierung

Die Ausschaltung wirtschaftlich legitimierter Machtansprüche diente auch einem weiteren Ziel dieses Konsenses, nämlich der Demokratisierung aller Bereiche der Gesellschaft. Gegenüber dem faschistischen Führerprinzip und der Gleichschaltung bzw. Auflösung aller Parteien und Organisationen durch die Nazis, stand die Forderung einer umfassenden Demokratisierung von Staat und Gesellschaft. Dies meinte nicht allein die Wiederzulassung von politischen Parteien und Organisationen, wie den Gewerkschaften, es beinhaltete vielmehr die Forderung nach umfassender Mitsprachemöglichkeit der Bevölkerung in allen gesellschaftlich relevanten Fragen. Plebiszitäre Formen, wie Volksbegehren und Volksentscheide, sollten wieder ein tatsächlicher Ausdruck des Willens der Bevölkerung werden, Verwaltungen sollten so transparent sein, daß sie kontrollierbar werden und dem Willen der Bevölkerungsmehrheit folgend handeln. Demokratisierung sollte jedoch nicht nur Staat und Gesellschaft sondern auch die Wirtschaft bzw. die Betriebe umfassen. Hiermit sollte verhindert werden, daß erneut wirtschaftliche Macht zu undemokratischen Zwecken mißbraucht würde.

Zu dieser Demokratisierung gehörte noch ein weiterer Aspekt, nämlich die Rechtssicherheit und Rechtstaatlichkeit. Gegenüber der Willkürherrschaft und Verfolgung der Nazis sollte nunmehr eine Gesellschaft errichtet werden, die jedem Einzelnen unveräußerliche Menschenrechte, Rechtssicherheit und Schutz der Persönlichkeit garantieren konnte.

Diese vier Grundforderungen des antifaschistischen Konsenses schlugen sich bereits in den ersten Festlegungen der Alliierten in Jalta nieder. Umfassend - und als letzten Ausdruck der Gemeinsamkeit der Anti-Hitler-Koalition - wurden sie noch einmal in den Vereinbarungen des Potsdamer Abkommens vom August 1945 formuliert *(vgl. Stichwort Die Potsdamer Konferenz)*. Wenngleich das Abkommen nur in bestimmten Einzelteilen realisiert wurde, ist es doch ein deutlicher Ausdruck für die Tatsache, daß sich der antifaschistische Konsens der deutschen Antifaschisten in inhaltlicher Übereinstimmung mit den Zielen der alliierten Anti-Hitler-Koalition befand.

Da die politische Macht und die Initiative des politischen Handelns in dieser Zeit bei den Alliierten lag, ist es wichtig zu betonen, daß auch sie, wie zum Beispiel im Nürnberger Prozeß gegen die Hauptkriegsverbrecher und den Nürnberger Nachfolgeprozessen, an die Umsetzung dieser Teile ihrer politischen Forderungen gingen.

5. Sozialstaatsprinzip

Zu diesen vier Hauptpunkten kamen noch die daraus abgeleiteten Forderungen nach Sozialstaatlichkeit.

Denn die Erkenntnis war mehrheitlich vorhanden, daß zu einer gerechten und demokratischen Gesellschaft auch soziale Gerechtigkeit gehöre. Und die Antifaschisten hatten nicht vergessen, daß die sozialen Ungerechtigkeiten der Weimarer Zeit, Arbeitslosigkeit und Not Nährboden für die Anfälligkeit von Teilen der Bevölkerung für faschistische Demagogie gewesen war. Zu diesem Sozialstaatlichkeitsprinzip gehörte auch die Forderung nach Recht auf Arbeit und Recht auf Wohnung, wie es in verschiedenen Parteiprogrammen nachzulesen ist.

6. Völkerverständigung

Der antifaschistische Konsens beinhaltete aber nicht nur Forderungen für die Neugestaltung Deutschlands, auch das Zusammenleben der Völker und Staaten sollte auf eine neue, eine friedliche Basis gestellt werden. So wie der Schwur von Buchenwald die Schaffung einer neuen Welt des Friedens und der Freiheit einfordert, so war es allen Antifaschisten klar, daß nur noch ein friedlicher Interessensausgleich zugelassen werden dürfe und daß – gewachsen aus den Gemeinsamkeiten der Anti-Hitler-Koalition – eine Form der internationalen Beziehungen entwickelt werden müsse, die den Krieg aus dem Leben der Völker verbanne.

Die Entwicklung einer internationalen Institution, wie die Vereinten Nationen, war die eine Seite, die Fixierung eines Friedensgebotes in den verschiedenen Verfassungen des neuen Deutschlandes die andere Seite dieser Neugestaltung der internationalen Zusammenarbeit.

7. Antifaschistische Einheit

Die Grundlage für die Verwirklichung aller Forderungen dieses antifaschistischen Konsenses konnte und mußte jedoch die Einheit aller Antifaschisten in Deutschland sein. Die Möglichkeit und die Notwendigkeit der Einheit der Antifaschisten war eine Erfahrung, die die Nazigegner in den Konzentrationslagern, den Haftstätten, aber auch in der Illegalität und im Exil sammeln konnten. Trotz aller ideologischen Unterschiede setzte sich die Erkenntnis durch, daß diese Unterschiede gegenüber den zu lösenden Aufgaben zweitrangig seien.

Auch nach der Befreiung hatte diese Erkenntnis Bestand, da es nur so möglich zu sein schien, den Alliierten zu beweisen, daß es Deutsche gab, die bereit waren an der politischen Überwindung der Folgen der faschistischen Herrschaft mitzuwirken. Zum anderen konnte nur eine einheitlich handelnde antifaschistische Kraft die große Zahl der Deutschen, die sich – zu lange – mit dem Faschismus identifiziert hatten oder durch Faschismus und Krieg verführt, demoralisiert und entmutigt wurden, für einen gesellschaftlichen Neubeginn gewinnen. *(vgl. Stichwort Antifa-Ausschüsse)*

Dieser antifaschistische Konsens fand seinen programmatischen Niederschlag in allen Erklärungen der Arbeiterparteien und Organisationen der ersten Monate nach der Befreiung. Der Aufruf der KPD vom 11. Juni 1945 formulierte als dringendste Aufgaben:

„Vollständige Liquidierung der Überreste des Hitlerregimes und der Hitlerpartei,

Herstellung der demokratischen Rechte und Freiheiten des Volkes,

Enteignung des gesamten Vermögens der Nazibonzen und Kriegsverbrecher,

Liquidierung des Großgrundbesitzes, der großen Güter der Junker, Grafen und Fürsten,

Friedliches und gutnachbarliches Zusammenleben mit den anderen Völkern,“

und als Konsequenz „die Schaffung einer festen Einheit der Demokratie für die endgültige Liquidierung des Nazismus und zum Aufbau eines neuen demokratischen Deutschlands!“

Auch in der Erklärung des Zentralausschuß der SPD vom 15. Juni 1945 finden sich diese Forderungen, zum Teil deckungsgleich in ihren Formulierungen.

Nimmt man auch andere Erklärungen, wie die Positionspapiere der „Landesgruppe deutscher Gewerkschafter in Großbritannien“ vom Frühjahr 1945 oder andere Aufrufe zur Hand, wird man in allen – mit gleichen oder anderen Worten – diese Hauptforderungen wiederfinden.

Dieser Konsens reichte bis hinein in die CDU, wenn man nur einmal die Leitsätze der CDU von Rheinland und Westfalen, die Erklärungen von Jakob Kaiser und selbst noch die wirtschaftspolitischen Grundsätze des Ahlener Programms von 1947 anschaut. Selbst die Liberaldemokratische Partei, die als Wirtschaftspartei vor allem die Entmonopolisierung zu verhinderten suchte, formulierte in ihrem Gründungsaufruf vom 5. Juli 1945 noch die weitestgehende Übereinstimmung mit diesen antifaschistischen Grundpositionen.

Dabei ist zu bedenken, daß auch in diesen Organisationen in der Anfangsperiode zahlreiche Vertreter der Verfolgtengeneration, unter ihnen ehemalige KZ-Häftlinge und politische Gegner der Nazis wichtige Positionen einnehmen konnten. Zu nennen sind hierbei sicherlich Eugen Kogon, Buchenwald-Häftling und Publizist, Walter Dirks, einer der Herausgeber der „Frankfurter Hefte“, die sich aus antifaschistischer Überzeugung für einen christlichen Sozialismus einsetzten, oder Werner Hilpert, ebenfalls Buchenwalder und Mitglied in der ersten hessischen Landesregierung. Der CDU-Politiker Husch formulierte als erster hessischer Alterspräsident im Dezember 1946: „Kräfte, die dem Nationalismus und Militarismus dienen, haben keinen Platz in unserer hessischen Gemeinschaft.“

Ost-West-Konfrontation

Die politische Beschränktheit dieses Konsenses sollte jedoch auch nicht übersehen werden. Es war kein Modell für die Schaffung einer grundlegend anderen Gesellschaftsordnung, keine sozialistische Orientierung. Es war – trotz aller sozialpolitischen Forderungen – eine modifizierte bürgerliche Gesellschaft mit einer einzigen

Orientierung: „Der antifaschistische Konsens der ersten Nachkriegszeit war in diesem Sinne auf die Verhinderung eines neuen Faschismus durch den Aufbau einer antifaschistischen Demokratie gerichtet."

Die Grenzen der Realisierbarkeit dieser Inhalte wurden durch die alliierte Politik und durch die Bedingungen des Kalten Krieges gesetzt. *(vgl. Huster/Kraiker u.a., Determinanten der westdeutschen Restauration, Frankfurt/M. 1972; Badstübner/Thomas, Restauration und Spaltung, Entstehung und Entwicklung der BRD 1945–1955, Köln 1975).*

Zu den entscheidenden Aspekten dieser Rahmenbedingungen gehören:

- Die Ost-West-Konfrontation und Systemkonkurrenz. Spätestens mit dem Tod Roosevelts setzten sich in der amerikanischen Administration diejenigen Kräfte durch, die eine faktische Aufkündigung der Anti-Hitler-Koalition mit der Sowjetunion im Auge hatten. Zwar konnten sie auch nicht „über Nacht" hinter die Festlegungen der Konferenz von Jalta zurückkehren, doch gab es nicht allein in der Armee der USA und Großbritanniens relevante Kräfte, die schon 1945 den Hauptfeind nicht mehr im Faschismus, sondern in der Sowjetunion sahen. Der bekannte Spruch von Churchill, daß man „das falsche Schwein geschlachtet habe", ist nur ein augenfälliger Ausdruck dieser Haltung.
- Die auf Konfrontation mit der SU und Spaltung Deutschlands orientierenden Kräfte bei den Westalliierten und die alten Eliten des deutschen Faschismus, die durch die Niederlage zwar geschwächt, aber nicht zerschlagen waren, versuchten seit 1946 dem antifaschistischen Konsens auch ideologisch zu begegnen. Mit Angriffen gegen die Sowjetunion und ihre Besatzungspolitik sowie gegen die kommunistischen Partei in den Westzonen versuchten sie, den Antifaschismus in einen „Antitotalitarismus" zu verändern. Die hiermit vorgenommene Identifikation von Faschismus und Kommunismus aufgrund ihrer vorgeblichen „Wesensgleichheit" hatte politisch-ideologisch folgende Zielrichtungen:
  – Spaltung der Einheit der Antifaschisten durch die Teilung in totalitäre und nicht-/antitotalitäre Kräfte,
  – Diffamierung von sozialistischen Alternativen,
  – Verschleierung der ökonomischen Grundlagen faschistischer Herrschaft und damit eine faktische Rehabilitierung von Faschisten.
  Dieser „Antitotalitarismus" erwies sich in den 50er Jahren als das wirksamste ideologische Mittel zur Auflösung des antifaschistischen Konsenses in der BRD.

Restauration

- Diese ideologische Restauration wurde durch politische und wirtschaftliche Weichenstellungen der Westalliierten begleitet. Es war der deutliche Wille der amerikanischen und britischen Administration zur Aussetzung der Behandlung von Deutschland als Einheit, die zur Bildung der Bi-Zone, die dann zur Tri- bzw. Westzone erweitert wurde, und zur eigenmächtigen Währungsreform 1948 führte. Weder waren sie bereit, den sozialpolitischen Festlegungen, wie sie in Jalta und Potsdam fixiert worden waren, zu folgen, noch auf die Vorschläge der Sowjetunion zur Behandlung Deutschlands als wirtschaftliche und politische Einheit einzugehen. Verbunden mit der Marshallplan-Politik waren diese Maßnahmen der Westalliierten bewußte Schritte, die die Voraussetzung zur Bildung eines westdeutschen Separatstaates schufen.
- Diese Sicherung bzw. Wiederherstellung alter Macht- und Besitzverhältnisse deutete sich bereits in der Abgrenzung der Westalliierten gegenüber antifaschistischen Initiativen an. Initiativen der Arbeiterbewegung wurden gebremst, teilweise sogar aufgelöst. Selbst die politischen Kompetenzen „überparteilicher Ausschüsse", in denen auch konservative Kräfte vertreten waren, waren außerordentlich begrenzt. Dieses entsprach zum einen einem berechtigten Mißtrauen der Alliierten gegenüber der Demokratiefähigkeit der Masse der deutschen Bevölkerung im Frühjahr 1945. Jedoch richteten sich diese Beschränkungen auch gegen die eindeutig antifaschistischen politischen Kräfte. So wurde beispielsweise die Neukonstituierung von politischen Parteien, wie der KPD und der SPD, oder von gewerkschaftlichen Organisationen, erst auf lokaler, dann auf regionaler Ebene zugelassen. Überregionale Verbindungen wurden durch die Westalliierten erst sehr viel später zugelassen. Nur die Kirchen konnten als gesellschaftliche Kraft von Anfang an auf allen Ebenen in den Westzonen tätig werden.

So enge Grenzen diese Rahmenbedingungen des beginnenden Kalten Krieges auch der Durchsetzung eines antifaschistischen Konsenses setzten, so wenig einheitlich war diese Entwicklung. Noch war der antifaschistische Konsens gesellschaftswirksam, besonders da die Menschen alltäglich mit den Folgen faschistischer Herrschaft und der Notwendigkeit ihrer Überwindung konfrontiert waren.

Und so fanden zahlreiche Aspekte dieses Konsenses Eingang in die politischen Entscheidungen der Jahre 1946/49. Dieses läßt sich deutlich in den Debatten und Abstimmungen über die neuen Landesverfassungen nachvollziehen. Dabei kann man sagen, je früher die Landesverfassungen verabschiedet worden sind, desto mehr antifaschistische Kernaussagen finden sich in ihnen wieder.

Antifaschistische Kernaussagen in Landesverfassungen

So sind beispielsweise in der hessischen Landesverfassung alle Essentials des antifaschistischen Konsenses enthalten. Selbst die Forderung nach Entmilitarisierung und Völkerverständigung, eigentlich keine originäre Landesaufgabe, sowie die Ächtung des Krieges findet sich in der Landesverfassung. (Artikel 69)

In einem eigenen Artikel wurde die verfassungsrechtliche Gültigkeit aller Gesetze festgelegt, die von den Alliierten erlassen wurden, „um den Nationalsozialismus und den Militarismus zu überwinden und das von ihm verschuldete Unrecht wieder gut zu machen" (158).

Die Verfassung formuliert umfassende demokratische Grund- und Menschenrechte, einschließlich eines Asylrechts (7), sowie das Prinzip der Rechtstaatlichkeit.

Auch das Sozialstaatlichkeitsprinzip ist in dieser Verfassung in 21 Artikeln fixiert, darunter so entscheidende Fragen, wie Recht auf Arbeit (28,2), das Streikrecht, das Verbot der Aussperrung (29) und der Kinderarbeit (30).

Entsprechend der Forderung nach Entmonopolisierung setzte die Koalition von KPD und SPD in der verfassungsberatenden Landesversammlung einen Artikel gegen jeden „Mißbrauch der wirtschaftlichen Freiheit – insbesondere zu monopolistischer Machtzusammenballung und zu politischer Macht" (39) durch.

Auch Bestimmungen für eine Bodenreform enthält diese Verfassung, wobei die Notwendigkeit und Legitimität einer solchen Maßnahme aus der historischen Erfahrung begründet wird. Gleichzeitig wurde in Artikel 41 der Verfassung die Sozialisierung der Schlüsselindustrie und die Kontrolle von Banken und Versicherungen festgelegt.

Dieser in breiter Übereinstimmung der antifaschistischen Kräfte formulierte Entwurf wurde am 1. Dezember 1946 durch Volksabstimmung angenommen *(vgl. Stichwort Volksabstimmungen).*

1945

19. April Schwur der Überlebenden des KZ Buchenwald

8. Mai Sieg der Antihitler-Koalition über den deutschen Faschismus. Befreiung von Faschismus und Krieg

10. Juni Zulassung antifaschistischer Parteien und Gewerkschaften in der SBZ

26. Juni Gründung der „Vereinigung der politischen Gefangenen und Verfolgten des Nazi-Systems“ in Stuttgart

Juli „KZ-Hilfswerk“ in Mülheim a.d.Ruhr

17. Juli–2. Aug. Potsdamer Konferenz: Prinzipien Demokratisierung, Entmilitarisierung, Entnazifizierung, Entmonopolisierung

6. August Zulassung antifaschistischer Parteien und Gewerkschaften in der britischen Zone

6./9. Aug. Atombombenabwürfe auf Hiroshima und Nagasaki

27. August Zulassung antifaschistischer Parteien und Gewerkschaften in der amerikanischen Zone

20. September Proklamation Nr. 1 des Alliierten Kontrollrates über die Aufhebung der Nazigesetze.

20. September Proklamation Nr. 2 des Alliierten Kontrollrates über die vollständige und endgültige Auflösung aller deutschen Streitkräfte, der NSDAP, aller nazistischen und militaristischen Organisationen

November Gedenkwochen für die Opfer der NS-Verbrechen, u.a. in Hamburg vom „Komitee ehemaliger politischer Gefangener“

21. November Beginn des Nürnberger Hauptkriegsverbrechertribunals

14. Dezember Urteilsverkündung im 1. Dachauprozeß

Die Potsdamer Konferenz

Vom 17. Juli bis 2. August verhandelten der amerikanische Präsident Harry S. Truman, der britische Premier Winston Churchill, der von C.R. Attlee abgelöst wurde, und der sowjetische Staats- und Parteichef J.W. Stalin im Cecilienhof zu Potsdam über die Grundlagen der Deutschlandpolitik nach dem Sieg über den Hitlerfaschismus. Sie erklärten:

„Es ist unser unbeugsamer Wille, den deutschen Militarismus und Nationalsozialismus zu zerstören und dafür Sorge zu tragen, daß Deutschland nie wieder imstande ist, den Weltfrieden zu stören.“

In 13 Punkten einigten sie sich – trotz bereits sichtbarer Differenzen – auf die Grundzüge alliierter Politik für eine Nachkriegsordnung in Deutschland und Europa. Dazu wurden im Potsdamer Abkommen Festlegungen getroffen für eine Entmilitarisierung, Entnazifizierung und Verfolgung der Hauptkriegsverbrecher, die Entmonopolisierung und eine umfassende Demokratisierung. Reparationen und Sühneleistungen für Kriegsfolgen, Internierung von Naziverantwortlichen und die Entflechtung von Monopolverbänden waren konkrete Punkte des Maßnahmekatalogs. Damit sollte eine antifaschistisch-demokratische Neuordnung ermöglicht werden.

Eine friedliche Nachkriegsentwicklung in Europa erforderte stabile Grenzen. Daher wurde auch die Festlegung der neuen polnischen Westgrenze an der Oder-Neiße-Linie im Abkommen aufgenommen. Minderheitenprobleme sollten durch Umsiedlungen (Vertreibung) gelöst werden. Daß dieses zu Lasten der deutschen Bevölkerungsteile gehen würde, war angesichts der von deutscher Seite angerichteten Schäden und Verwüstungen nur zu verständlich.

Frankreich schloß sich am 7. August dem Potsdamer Abkommen an.

Der Nürnberger Prozeß

„Zum ersten Mal stehen Verbrecher vor dem Richter, die sich eines ganzen Staates bemächtigt und diesen Staat selbst zum Werkzeug ihrer ungeheuerlichen Verbrechen gemacht haben.

Zum ersten Mal endlich richten wir in den Angeklagten nicht nur sie selbst als Personen, sondern auch die von ihnen ins Leben gerufenen verbrecherischen Einrichtungen und Organisationen, sowie ihre ‚Theorien‘ und ‚Ideen‘ des Hasses gegen die Menschen, die von ihnen zum Zwecke der Verwirklichung lange vorher geplanter Verbrechen gegen die Welt und die Menschheit verbreitet wurde.“

Mit diesen Eröffnungsworten verdeutlichte der sowjetische Hauptankläger General Rudenko beim Internationalen Militärtribunal gegen die Hauptkriegsverbrecher in Nürnberg die eigentliche Dimension dieses Prozesses der Völker. Nicht die Taten Einzelner, die systematischen organisierten Verbrechen gegen den Frieden, die Menschlichkeit und direkte Kriegsverbrechen wurden verhandelt.

Angeklagt waren 22 Führer der Reichsregierung, von NSDAP, SS, SA, Gestapo, SD, HJ und mit ihnen die Organisationen, die Verantwortlichen für den Arbeitseinsatz ebenso, wie die Statthalter in den okkupierten Ländern.

„Sie sind die Personifizierung der Rassenhetze, der Terrorherrschaft, der Überheblichkeit und Grausamkeit; sie sind Symbole des Machtstrebens, Symbole eines wildgewordenen Nationalismus und Militarismus, Urheber von Intrigen und der Vorbereitung eines Krieges, in dessen Verlauf ganze Generationen in Europa umgesiedelt, Menschen ausgerottet und Heime zerstört wurden, und die ganze Wirtschaft verarmte“, charakterisierte der amerikanische Hauptankläger Jackson die Angeklagten.

Fast ein Jahr dauerte der Prozeß, der am 14.November eröffnet wurde. Jeder Angeklagte wurde umfangreich vernommen, zahllose Zeugen wurden gehört und mehrere tausend Dokumente als Beweiseantrag vorgelegt. In 41 Bänden wurden der gesamte Prozeß und die wichtigsten Beweisstücke dokumentiert. Das Urteil im Oktober 1946 war eindeutig. 12 Angeklagte, unter ihnen Göring, Rosenberg, Kaltenbrunner, Streicher, Sauckel und Bormann, wurden zum Tode verurteilt, der Reichsbankpräsident Funk, der Oberbefehlshaber der Kriegsmarine Raeder und Hitlerstellvertreter Hess zu lebenslanger Haft, die meisten anderen zu langjährigen Haftstrafen.

Mit diesen Urteilen wurden zugleich die von ihnen repräsentierten Organisationen und Einrichtungen als verbrecherisch erklärt.

Antifaschistische Ausschüsse

Die Erkenntnis, daß nur gemeinsam ein antifaschistisch-demokratischer Neubeginn möglich ist, schlug sich im praktisch-politischen Handeln nieder. In vielen Orten bildeten sich Antifa-Initiativen, Komitees und Ausschüsse. Mitglieder waren Überlebende der politischen Verfolgung, rückkehrende Häftlinge aus den KZs und Haftanstalten, christliche und bürgerliche Nazigegner.

Ob es sich um die „Kampfgemeinschaft gegen den Faschismus" in Bremen, um die „Volksfront gegen den Faschismus" im Bielefelder Raum oder den „Afa-Ausschuß" in München-Dachau handelte, sie alle einte der Wille, sich für einen antifaschistisch-demokratischen Neubeginn zu engagieren.

So fordert das Sofortprogramm des „Kampfbundes gegen den Faschismus" bereits am 6. Mai 1945:

„I. a) Auflösung der NSDAP und aller ihrer Gliederungen ...
g) Sofortige Wiederherstellung der von den Nationalsozialisten beseitigten Grundrechte (Koalitions- und Streikrecht, Versammlungsfreiheit, Pressefreiheit, gleiches, direktes und allgemeines Wahlrecht).
II. h) Umstellung der Produktion auf Friedensbedürfnisse unter vornehmlicher Berücksichtigung der Bedürfnisse der breiten Masse.
IV. a) Völlige Überwindung der nationalsozialistischen Ideologie durch Umgestaltung des Unterrichts- und Erziehungswesens."

Von den Alliierten wurden solche Initiativen oft skeptisch beobachtet, praktisch behindert und in ihrer Handlungsfähigkeit eingeschränkt. So löste der amerikanische Geheimdienst CIC am 28.April im befreiten Kassel eine Zusammenkunft von 80 Antifaschisten, die eine neue Gewerkschaft gründen wollten, auf, ohne daß ihr Beitrag zum antifaschistischen Neuanfang anerkannt wurde. Diese Distanz zeigte sich auch in der Besetzung von öffentlichen Ämtern durch die West-Alliierten. Noch in den ersten Tagen und Wochen nach der Befreiung wurden konsequente Antifaschisten als Bürgermeister, wie der Kommunist Heinz Renner in Essen, oder als Amtsleiter und Landräte, so der Buchenwalder Wilhelm Hammann in Groß-Gerau, eingesetzt. Doch schon bald griffen die Amerikaner auf „alte Fachleute" zurück, statt auf rückkehrende KZ-Häftlinge, vor allem wenn sie Kommunisten waren.

Akzeptiert waren Antifa-Ausschüsse und Trümmerbeseitigungskomitees nur zur Unterstützung der Besatzungsmächte bei der Überwindung der materiellen Not oder der politischen Säuberung in Verwaltungen und Betrieben.

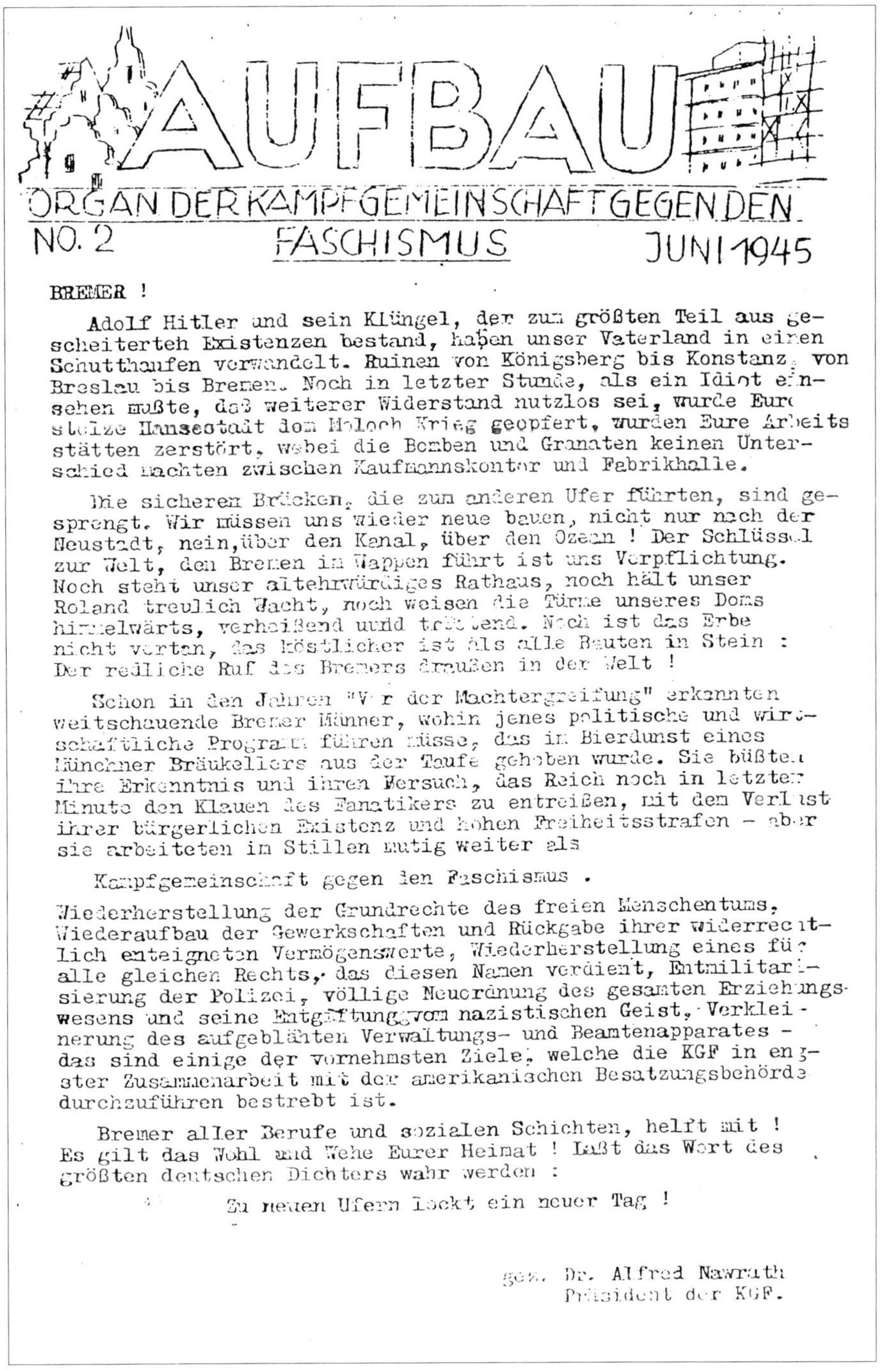

AUFBAU

ORGAN DER KAMPFGEMEINSCHAFT GEGEN DEN FASCHISMUS

NO. 2 JUNI 1945

BREMER !

Adolf Hitler und sein Klüngel, der zum größten Teil aus gescheiterteh Existenzen bestand, haben unser Vaterland in einen Schutthaufen verwandelt. Ruinen von Königsberg bis Konstanz, von Breslau bis Bremen. Noch in letzter Stunde, als ein Idiot einsehen mußte, daß weiterer Widerstand nutzlos sei, wurde Eure stolze Hansestadt dem Moloch Krieg geopfert, wurden Eure Arbeitsstätten zerstört, wobei die Bomben und Granaten keinen Unterschied machten zwischen Kaufmannskontor und Fabrikhalle.

Die sicheren Brücken, die zum anderen Ufer führten, sind gesprengt. Wir müssen uns wieder neue bauen, nicht nur nach der Neustadt, nein, über den Kanal, über den Ozean ! Der Schlüssel zur Welt, den Bremen im Wappen führt ist uns Verpflichtung. Noch steht unser altehrwürdiges Rathaus, noch hält unser Roland treulich Wacht, noch weisen die Türme unseres Doms himmelwärts, verheißend uund tröstend. Noch ist das Erbe nicht vertan, das köstlicher ist als alle Bauten in Stein : Der redliche Ruf des Bremers draußen in der Welt !

Schon in den Jahren "Vor der Machtergreifung" erkannten weitschauende Bremer Männer, wohin jenes politische und wirtschaftliche Programm führen müsse, das im Bierdunst eines Münchner Bräukellers aus der Taufe gehoben wurde. Sie büßten ihre Erkenntnis und ihren Versuch, das Reich noch in letzter Minute den Klauen des Fanatikers zu entreißen, mit dem Verlust ihrer bürgerlichen Existenz und hohen Freiheitsstrafen – aber sie arbeiteten im Stillen mutig weiter als

Kampfgemeinschaft gegen den Faschismus .

Wiederherstellung der Grundrechte des freien Menschentums, Wiederaufbau der Gewerkschaften und Rückgabe ihrer widerrechtlich enteigneten Vermögenswerte, Wiederherstellung eines für alle gleichen Rechts, das diesen Namen verdient, Entmilitarisierung der Polizei, völlige Neuordnung des gesamten Erziehungswesens und seine Entgiftung vom nazistischen Geist, Verkleinerung des aufgeblähten Verwaltungs- und Beamtenapparates – das sind einige der vornehmsten Ziele, welche die KGF in engster Zusammenarbeit mit der amerikanischen Besatzungsbehörde durchzuführen bestrebt ist.

Bremer aller Berufe und sozialen Schichten, helft mit ! Es gilt das Wohl und Wehe Eurer Heimat ! Laßt das Wort des größten deutschen Dichters wahr werden :

Zu neuen Ufern lockt ein neuer Tag !

gez. Dr. Alfred Nawrath
Präsident der KGF.

Öffentliche Kundgebung

der „Antinazi-Bewegung"

am Sonntag, dem 9. September 1945, vorm. 10 Uhr,
auf dem Schulhof der Timm - Kröger - Schule, Holstenstraße

Es sprechen: Franz Sturma
Paul Gründel, Konzentrationär
Nach 12jähr Haft aus dem Konzentrationslager Buchenwald zurückgekehrt

• Jeder antifaschistische Neumünsteraner bekundet durch seine Teilnahme, daß er bereit ist, die Probleme der Zukunft mitzugestalten

Parole für Neumünster: Auf zur Kundgebung!

Konsens 1945/46: Antifaschisten werden Bürgermeister, Landräte, Minister

Nach den bitteren Erfahrungen von 1933 und den folgenden Jahren der NS-Herrschaft galt es 1945/46 als vollkommen selbstverständlich, daß für führende Funktionen in Ländern und Städten nur Antifaschisten geeignet sind – gleichgültig, ob Sozialdemokraten, Christen oder Kommunisten. Einige Beispiele, die für viele andere stehen: Der Sozialdemokrat Walter Kolb, in der NS-Zeit längere Zeit in Gefängnissen und KZ, wird Oberbürgermeister von Frankfurt am Main. Der Kommunist Albert Müller wird zum Oberbürgermeister von Solingen ernannt, der Kommunist Heinrich Detjen zum Bürgermeister von Saarbrücken. Oskar Müller (KPD), von den Nazis 11 Jahre in Zuchthaus und KZ eingesperrt, zuletzt Lagerältester von Dachau, wurde 1945 Minister für Arbeit und Wohlfahrt in Hessen. Der Zentrumspolitiker Rudolf Amelunxen, in der NS-Zeit mit christlichen Widerstandskreisen verbunden, wurde 1946 Ministerpräsident von Nordrhein-Westfalen. In einer Rede auf der Gründungsversammlung der „Vereinigung der Verfolgten des Naziregimes“ 1946 erklärte Amelunxen u.a.:

„In den hinter uns liegenden düsteren Jahren hat niemand das eigene Volk und die Menschheit mehr geliebt als die Verfolgten, Verfemten und Verachteten. Sie haben freiwillig darauf verzichtet, vor der hypnotisierten Umwelt als anständige Menschen und anständige Deutsche zu gelten. Die barbarische Ideologie eines militanten Gruppendenkens, sei es gerichtet gegen Christen oder Juden, Sozialisten, Kommunisten oder Liberalisten, Bibelforscher oder Freimaurer, muß mit Rumpf und Stumpf ausgerottet werden, damit jener blutige Spuk, der die dunkelsten Zeiten des Altertums und Mittelalters in den Schatten stellt, sich nie wiederholen kann. Um eine Wiederholung für immer unmöglich zu machen, werden wir die Kursrichtung unseres neuen Volksstaates in eindeutiger Weise festlegen.“

Hilfswerk für politische Gefangene.

Aufruf.

Mit Trauer, Schmerz und Entrüstung steht das deutsche Volk vor der Tatsache, daß abscheuliche Verbrechen und schwerstes Unrecht von den Leuten begangen worden sind, die angaben, nur das Beste für ihr Volk und die Menschheit zu wollen. In den

Anhalte= und Konzentrationslagern, Gefängnissen und Zuchthäusern

sind von 1933 bis zum Beginn des Krieges hunderttausende Deutsche mißhandelt, gefoltert und gemordet worden. Während des Krieges kamen zu unseren deutschen Landsleuten unzählige Menschen aus anderen Völkern hinzu, die das gleiche Schicksal erlitten haben. Wir wissen von Augenzeugen, daß die grauenvollen Berichte, die wir jetzt zu hören bekommen, nicht übertrieben sind. Der anständige Teil unseres Volkes hat mit den begangenen Verbrechen nichts gemein. Und doch müssen wir alle unser Möglichstes tun, um die schwere Schuld, die von den gewissenlosen „Führern“ des Nationalsozialismus unserem Volk aufgeladen worden ist, soweit das irgend möglich ist, abzutragen.

Wir wollen den noch lebenden Opfern der Konzentrationslager usw. und ihren notleidenden Angehörigen helfen. Sie sollen wieder gesund werden, zu Brot und Arbeit kommen und sich ihr Leben neu aufbauen können.

Wir fordern deshalb alle anständigen und hilfsbereiten Deutschen auf, uns

Wäsche, Kleider, Schuhe, Einrichtungsgegenstände und Geld

zu geben und danken allen denen im voraus, die trotz der eigenen Not tatkräftig mithelfen wollen.

Die gerechte Verteilung der Spenden wird durch einen Ausschuß von kirchlichen, demokratischen, sozialistischen und kommunistischen Persönlichkeiten ehrenamtlich vorgenommen werden. Die Spenden können bei der Stadtverwaltung, Lagerhausstraße 1, Zimmer 308 (Wirtschaftsamt) oder auf das Konto 208 889 bei der Sparkasse, Hügelstraße 16, abgegeben werden.

Darmstadt, den 14. Mai 1945.

Prof. Dr. Bergsträßer, Präsident — Metzger, komm. Oberbürgermeister — Reiber, komm. Bürgermeister

Dr. Michel, Pfarrer — Weinberger, Pfarrer

Hilfe für Verfolgte: Die Betreuungsstellen

Im Zentrum der Arbeit des Jahres 1945 stand die Soforthilfe für die Verfolgten und ehemaligen KZ-Häftlinge. Dabei wurden mit Unterstützung der jeweiligen Alliierten in den ersten Wochen nach der Befreiung zahlreiche Maßnahmen zur sozialen Unterstützung ergriffen. Bereits im Mai 1945 entstand in Hessen-Darmstadt auf Initiative von Prof. Dr. Bergsträsser das „Hilfswerk für politische Gefangene“, das Wäsche, Schuhe, Einrichtungsgegenstände und Geld für KZ-Opfer sammelte. Der alliierte Stadtkommandant unterstützte in Mülheim an der Ruhr ein „KZ-Hilfswerk“, das im Juli 1945 fast 100.000 RM an Spenden sammeln konnte. Und auf Initiative der amerikanischen Besatzungsoffiziere wurde in Kassel eine Erholungsstätte für rückkehrende KZ-Häftlinge eingerichtet, in der sich jeder ehemalige Häftling 2–3 Wochen „aufpäppeln“ lassen konnte.

Diese Aufgaben wurden schon bald in die Hände der deutschen Verwaltungen übergeben. Im Frühjahr 1946 entwickelten sich – auf alliierte Anweisung – in allen Besatzungszonen sogenannte „Betreuungsstellen“. In Hessen wurden zur Betreuung der politisch, rassisch und religiös verfolgten Personen in jedem Stadt- und Landkreis Betreuungsstellen eingerichtet. In ihnen arbeiteten zumeist ausgewiesene Antifaschisten mit. So findet man in Hessen beispielsweise Lore Wolf (Frankfurt), Otto Roth (Frankfurt), Ria Deeg (Gießen), Ulrich Reinbach (Kassel) und andere als Leiter dieser Einrichtungen.

Die Betreuungsstellen entschieden über Soforthilfen, wie die Beschaffung angemessener Arbeitsplätze, der notwendigen Bekleidung, von Wohnraum, Möbeln und Hausrat sowie von beschlagnahmten Fahrzeugen. Diese Stellen waren zuständig für die Zahlung von Übergangsbeihilfen, für Umschulungen, für die Aushändigung von Krankenscheinen bis zur Hilfe beim Aufbau selbständiger Existenzen. Zu Debatten kam es mit den staatlichen Instanzen, wer in den Genuß dieser Betreuung kommen solle. Dabei forderten die Leiter der hessischen Betreuungsstellen auf einer Tagung im Mai 1946 ausdrücklich, daß auch Mischlinge I. Grades, zwangssterilisierte Frauen und Mädchen sowie Sinti und Roma diese Unterstützung bekommen sollten.

Die organisations-politischen Anfänge der VVN

Die Stimme des Widerstandes, das politische und moralische Gewicht der politischen Gegner des Naziregimes sollte im antifaschistisch-demokratischen Neubeginn zur Geltung gebracht werden. Aus diesem Grund bildeten Überlebenden der KZs und Widerstandskämpfer regional und lokal nicht Opferverbände, sondern Vereinigungen der politischen Gegner, wie in Kassel, wo ein „Bund ehemaliger politischer Gefangener" im Herbst 1945 entstand.

Bereits am 26. Juni 1945 wurde in Stuttgart – mit Genehmigung der französischen Militärregierung – die „Vereinigung der politischen Gefangenen und Verfolgten des Nazi-Systems" gegründet. Bei dem Antrag auf Bestätigung der Organisation durch die amerikanischen Militärregierung vom 14. August 1945 wurde betont: „Als Mitglieder werden nur politische Gefangene aufgenommen, die durch drei Zeugen beweisen müssen, dass sie sich während der Zeit 1933–1945 einwandfrei als Nazi-Gegner geführt haben."

Diese Legitimation war durchaus angebracht, um zu verhindern, wie Paul Grünewald betont, „daß zweifelhafte Typen versuchten, sich in die Reihen der Widerstandskämpfer und Opfer einzuschleichen."

Als vorrangige Aufgaben wurden formuliert:

„1. Betreuung der aus den Lagern, Zuchthäusern und Gefängnissen zurückgekehrte Gefangenen.

2. Beseitigung des Nazismus in Zusammenarbeit mit den alliierten Befreiern.

3. Aufklärung, insbesondere der Jugend durch Aufzeigen der Greuel in den Konzentrationslagern.

4. Einsatz der politischen Gefangenen beim Wiederaufbau Deutschlands ohne persönliche Bereicherung."

Vorsitzende dieser neuen Organisationen waren die ehemaligen Buchenwalder Karl Keim und Willy Bleicher. Weitere Vorstandsmitglieder waren der erste Oberbürgermeister Stuttgarts Dr. Klett und als Vertreterin der weiblichen KZ-Häftlinge Frau Schöttle-Thalheimer.

HEADQUARTERS MILITARY GOVERNMENT
STADTKREIS NEUSS

Zg. 22/10.

Tele No: NEUSS Civilian 404-414-603.

SUBJECT: Vereinigung ehemaliger politischer Gefangenen Deutschlands "Ortsverein Neuss" 128/MG/2g

TO: Betreuungsstelle für politisch u. rassisch Verfolgte NEUSS, Drususstr. (Wohlfahrtsamt)

(1) Reference your letter dated 25 Sep 46.

(2) Permission is hereby accorded for the formation of the NEUSS branch of the above union.

(3) The members of your committee are herewith approved.

21 Oct 46
NEUSS
HM
NEUSS Civ 404-414-603 - Ext 4.

Lt.Col.
Kreis Resident Officer
Stadtkreis NEUSS
(Lt.Col. J.J.KERR)

"Vereinigung der politischen Gefangenen und Verfolgten des Nazi-Systems"

Stuttgart, 14. August 1945
Mörikestr. 24
H/St.

An die
Amerikanische Militärregierung
S t u t t g a r t - 8
Olgastrasse 11

Betrifft: Bestätigung bzw. Genehmigung der "Vereinigung der politischen Gefangenen und Verfolgten des Nazi-Systems".

Am 26.6.1945 wurde im Grossen Haus des Landestheaters mit Genehmigung der französischen Militärregierung die "Vereinigung der politischen Gefangenen und Verfolgten des Nazi-Systems" gegründet.

Als Mitglieder werden nur politische Gefangene aufgenommen, die durch drei Zeugen beweisen müssen, dass sie sich während der Zeit 1933 - 1945 einwandfrei als Nazi-Gegner geführt haben.

Die Aufgaben, die sich die Vereinigung gestellt hat, sind:

1. Betreuung der aus den Lagern, Zuchthäusern und Gefängnissen zurückgekehrten Gefangenen.
   a) Versorgung mit Lebensmittel, Kleidung und Wohnung.
   b) Arbeitsvermittlung als Grundlage einer neuen Existenz.
   c) Betreuung von Angehörigen der in den Lagern, Gestapokellern, Zuchthäusern und Gefängnissen gestorbenen und ermordeten Gefangenen.
   d) Betreuung der infolge ihrer Haft gesundheitlich Geschädigten, durch ärztliche Behandlung und Erholungsmöglichkeiten.
   e) Beratung und Gewährung von Rechtsschutz.
   f) Vermisstennachforschung.
2. Beseitigung des Nazismus in Zusammenarbeit mit den Alliierten Befreiern.
3. Aufklärung, insbesondere der Jugend durch Aufzeigung der Greuel in den Konzentrationslagern.
4. Einsatz der politischen Gefangenen beim Wiederaufbau Deutschlands ohne persönliche Bereicherung.

Bei der Gründungs-Versammlung war ein amerikanischer Offizier anwesend und einige Zeit später wurden Vertreter der Vereinigung von amerikanischen Offizieren empfangen und über den Zweck und die Ziele der Vereinigung befragt. Am 13.7.1945 wurde die Gründung im Nachrichtenblatt der Militärregierung für den Stadtkreis Stuttgart, Nr. 6, veröffentlicht, und einige Tage später auch im Stuttgarter Sender bekanntgegeben.

Die Vereinigung der ehemaligen Gefangenen umfasst nur solche Personen, die durch ihre Haltung ihre Gegnerschaft gegen die NSDAP bewiesen haben und wir bitten die amerikanische Militärregierung um Bestätigung bzw. Genehmigung der "Vereinigung der politischen Gefangenen und Verfolgten des Nazi-Systems".

Genehmigungsantrag aus Stuttgart, 1945

Antifaschistische Einheit der Arbeiterbewegung

Wir müssen gemeinsam für die Neuordnung Deutschlands, für Wirtschaftsdemokratie und Sozialismus kämpfen, so wie wir auch in der Illegalität gemeinsam gekämpft haben!"

So formulierte im April 1945 die erste Bergarbeiterkonferenz in Gelsenkirchen-Buer die Notwendigkeit der Arbeitereinheit. Die dort erfolgte Gründung des „Freien deutschen Gewerkschaftsbund-Industriegruppe Bergbau" und Konstituierung des „Freien Gewerkschaftsbund Hessen" als „Einheitsorganisation der deutschen Arbeitnehmer aller Richtungen und Sparten" sind Schlaglichter auf die große Bereitschaft ausgehend von den Betrieben zur Überwindung der Spaltung der Arbeiterbewegung.

Dabei waren die Handlungsrahmen unterschiedlich. Während bereits im Juni in der SBZ vier demokratische Parteien, KPD, SPD, CDU und LDP, und eine antifaschistische Gewerkschaft zugelassen wurden, ließen sich die Westalliierten mit der Lizensierung Zeit.

Doch auch ohne Lizenz entstanden politische Gruppen. In manchen Regionen bildeten Kommunisten und Sozialdemokraten von Anfang an Einheitskomitees für eine gemeinsame Arbeiterpartei, wie in Südbaden mit der „Vereinigten Arbeiterpartei".

Dort, wo SPD- und KPD-Gruppen gebildet wurden, gab es zahlreiche Kontakte bis hin zu Einheitsabkommen:
In Nürnberg, Fürth, Dachau, Landshut und Arzberg; in Stuttgart, Mannheim, Heidelberg, Karlsruhe, Offenburg, Freiburg, Rastatt, Ludwigsburg und Singen; in Frankfurt, Wiesbaden, Hanau und Kassel; in Dortmund, Duisburg, Essen, Köln, Bochum, Wuppertal, Recklinghausen, Wanne-Eickel, Oberhausen, Münster, Bielefeld, Lünen und Remscheid; in Braunschweig, Hannover und Oldenburg; in Kiel, Elmshorn und Hamburg, sowie in zahllosen Regionen der SBZ. Am 8. August beschlossen in München sozialdemokratische und kommunistische Funktionäre die Bildung einer Aktionsgemeinschaft. In Bremen wurde neun Tage später ein „Einheits-Aktions-Vertrag" zwischen den Bezirksleitungen von KPD und SPD geschlossen.

Diese Einheitsbestrebungen wurden durch zwei Gegenbewegungen behindert. Zum einen unterbanden die West-Alliierten sämtliche Bestrebungen zur Gründung einer einheitlichen Arbeiterpartei. Zum anderen torpedierten innerhalb der SPD einflußreiche Kräfte – besonders um das Büro Schumacher – alle Einheitsansätze.

Mit Genehmigung der Militärregierung

SOZIALDEMOKRATEN!
KOMMUNISTEN!
HAMBURGS

Mit der Aufhebung des Verbotes der Neubildung von Parteien sind die

Sozialdemokratische Partei Hamburgs
und die **Kommunistische Partei Hamburgs**

als politische Parteien zugelassen. Beide befinden sich jetzt im Besitz der formellen Genehmigung ihrer Neugründung. Der Übergang von der Illegalität in den gesetzmäßigen Zustand stellt uns vor die Aufgabe, die Organisationen auf breiter Grundlage wieder aufzubauen.

Wir rufen daher unsere Funktionäre und Anhänger auf, mit dieser Arbeit unverzüglich zu beginnen. Nähere Anweisungen hierfür erfolgen durch die provisorischen Organisationsleitungen, die den Anti-Nazi-Kampf bereits während des Hitler-Terrors durchzuführen begonnen haben.

Es kommt darauf an, die beiden großen Arbeiterparteien in kürzester Frist beschluß- und aktionsfähig zu machen. Mit dieser Arbeit treten die beiden Parteien in einen **friedlichen** Wettbewerb, von dem es abhängt, daß **ein großes erstes Ziel** schnellstens erreicht wird.

Die beiden provisorischen Leitungen sind sich darin einig, daß als erste und dringlichste Aufgabe erreicht werden muß, der Zusammenschluß beider Richtungen in einer einzigen

Sozialistischen Partei!

Beide Leitungen, zusammengefaßt in einem 10köpfigen Aktions-Ausschuß, sind fest entschlossen und legen sich nachdrücklichst darauf fest, in ihren Organisationen für den baldigsten Zusammenschluß mit allen ihnen zu Gebote stehenden Mitteln und ihrem ganzen Einfluß einzutreten. **Der Zusammenschluß selbst soll erfolgen durch freie Abstimmung der beschlußfähigen Mitgliedschaften.** Er erhält seine Massenbasis in der innerparteilichen Demokratie. Seine letzte Reife soll dieser Beschluß finden in der gemeinsamen Aktion für die Lösung der Tagesaufgaben, die uns für die nächste Zeit gestellt sind.

Wir stimmen darin überein, daß wir mit dieser Einigung Vollstrecker des eindeutigen Massenwillens des klassenbewußten Proletariats sind und damit auch organisatorisch und formell einen Zustand verwirklichen, der im persönlichen Verhältnis unserer Anhänger zueinander und in ihrer gemeinsamen Zielvorstellung bereits Tatsache geworden ist.

Beide Parteien verpflichten sich:

1. Bis zum vollzogenen Zusammenschluß **keinerlei feindliche und gehässige Handlungen** gegeneinander zu begehen und zu dulden. Beide Parteien werden vielmehr in kameradschaftlichem Geiste und auf der Grundlage gegenseitiger persönlicher Achtung **alle Kraft einträchtig auf die gemeinsame Lösung der gegenwärtigen und zukünftigen Aufgaben** verwenden und den Gegnern der Arbeiterklasse eine geschlossene Phalanx des Füreinander-Eintretens entgegenstellen.
2. Das innerorganisatorische Leben ihrer Partei so zu gestalten, als wenn die Vereinigung bereits vollzogen wäre. Insbesondere soll, nach einer ersten kurzen Aufbauzeit, die Zusammenführung ihrer Mitglieder gefördert und jede Agitation gegeneinander schon jetzt unterlassen werden.
3. In der Werbung Sicherungen und Vorkehrungen zu treffen, die es Nazi-Elementen und Reaktionären sowie noch näher zu vereinbarenden Kreisen unmöglich machen, in einer der beiden Parteien Tarnung und Unterschlupf zu finden.
4. Im Hinblick auf ihre **politische Wirksamkeit** die Möglichkeit einer gesetzmäßigen Existenz nicht zu gefährden, und alles zu unterlassen, was sie in einen krisenhaften Konflikt zu den Besatzungsbehörden bringen könnte.

Beide Parteien werden **gemeinsam** auf der Grundlage des bereits beschlossenen Aktions-Programms, dessen Gültigkeit zeitlich begrenzt und nur für den hamburgischen Gebietsbereich gedacht ist, eine Reihe vordringlicher Aufgaben auf folgenden Gebieten durchführen:

I. Maßnahmen gegen Hunger, Kälte und Seuchen.
II. Maßnahmen gegen das Wohnungselend.
III. Maßnahmen in der Wirtschaft und in der Sozialpolitik.
IV. Anti-Nazi-Aktionen.
V. Maßnahmen auf dem Gebiete des kulturellen Lebens.

Auf der Grundlage **gemeinsamen Handelns** der sozialdemokratischen und der kommunistischen Genossen soll die **eine**

Sozialistische Partei entstehen.

Die blutige Lehre der 12jährigen Hitler-Diktatur im Innern, des Hitler-Krieges nach außen und seiner großen sozialen Umwälzungen heißt für alle schaffenden Männer und Frauen eindeutig:

Einigkeit, Einheit und nie wieder Bruderkampf!

Die Vertreter der Sozialdemokratischen Partei: **Die Vertreter der Kommunistischen Partei:**

20. August 1945.

Durchlesen und weitergeben!

Hamburg, 20. August 1945: Erklärung des zehnköpfigen Aktionsausschusses von Sozialdemokraten und Kommunisten.

1946

12. Januar Alliierte Direktive Nr.4 ordnet die Entfernung von Nationalsozialisten und Militaristen aus Ämtern und verantwortlichen Stellungen, einschließlich privaten Unternehmungen, an.

27. Januar erste Gemeindewahlen in der amerikanischen Zone

17. März erste Landeskonferenz der politisch Verfolgten des Naziregimes Württemberg Badens

21./22. April Vereinigungsparteitag von KPD und SPD in der SBZ

Mai Beginn der Tätigkeit der Spruchkammern

30. Juni Volksentscheid in Sachsen

20.–22. Juli Interzonale Konferenz von Vertretern der Verfolgten-Verbände tagt in Frankfurt/Main

10. August Programm und Satzung der „Vereinigung der Verfolgten des Naziregimes"

1.–8. September Hamburger Gedenkwoche „Komitee ehem. pol. Gefangener"

6. September Stuttgarter Rede von US-Außenminister Byrnes

1. Oktober Urteil des Nürnberger Gerichtshofes

26. Oktober 1. Landesversammlung der VVN Nordrhein-Westfalen

1. Dezember Volksabstimmung über die hessische Verfassung (incl. Sozialisierungs-Artikel 41)

2. Dezember Vertrag zur Gründung einer Bizone

Das Volk stimmt für die Enteignung von Kriegsverbrechern

Volksentscheide in Sachsen und Hessen

1946 war es eigentlich allen klar, daß die NSDAP ohne die massive Unterstützung von Industriellen, Bankiers und Großgrundbesitzern 1933 nicht an die Macht gekommen wäre. Die Verantwortung von Kapital und Wirtschaft auch für die Kriegspolitik war unstrittig.

Und wer – wie es im Schwur von Buchenwald heißt – „die Vernichtung des Nazismus mit seinen Wurzeln" durchsetzen wollte, der konnte vor der Eigentumsfrage nicht haltmachen.

So war es nur konsequent, daß diejenigen auch zur Verantwortung gezogen werden sollten, die an Krieg und Vernichtung beteiligt waren. In Sachsen fand am 30.Juni 1946 ein Volksentscheid „über die Enteignung von Kriegs- und Naziverbrechern" statt.

Über 77 % der Beteiligten sprachen sich für die Enteignung aus. Mit diesem Votum wurden etwa gut 1500 Betriebe, unter anderem Teile des Flick-Konzerns und der IG Farben, entschädigungslos enteignet und in das Eigentum des Volkes, konkret in das Eigentum des Landes Sachsen überführt.

Auch in Hessen wollten die antifaschistischen Kräfte diese Konsequenzen ziehen. „Nicht nur die Bodenschätze gehören in die Hand des Volkes, sondern auch die großindustriellen Werke der imperialistischen Machtgruppen, die die Ursache auch des Hitlerkrieges waren", forderte 1946 die KPD.

In den Verhandlungen zur neuen hessischen Verfassung traten SPD und KPD gemeinsam für eine demokratische Bodenreform sowie die Sozialisierung der Banken und der Schlüsselindustrie ein. „Jeder Mißbrauch der wirtschaftlichen Macht – insbesondere zu monopolistischen Machtzusammenballungen und zu politischer Macht – ist untersagt", heißt es in Artikel 39.

Trotz Widerständen aus der Wirtschaft und der LDP schlugen sie einen Text des Artikels 41 vor, der lautete:

„Mit Inkrafttreten der Verfassung werden

1. in Gemeineigentum überführt: der Bergbau (Kohle, Kali, Erze), die Betriebe der Eisen- und Stahlerzeugung, die Betriebe der Energiewirtschaft und das an Schienen oder Oberleitungen gebundene Verkehrswesen.
2. vom Staat beaufsichtigt oder verwaltet, die Großbanken und Versicherungsunternehmen und diejenigen in Ziffer 1 genannten Betriebe, deren Sitz nicht in Hessen liegt."

In einer separaten Volksabstimmung, die von den Amerikanern angeordnet worden war, sprachen sich am 1. Dezember 1946 72 Prozent der Wähler für diesen Paragraphen der hessischen Verfassung aus.

Nicht Untergang
sondern
NEUAUFBAU!

Wählt deshalb am 1. Dezember die Männer und Frauen in den Landtag, die bereit sind, die umstehenden Forderungen zu verwirklichen!

Wählt Sozialdemokraten
Liste **1**

Stimmt für eine freie und demokratische Verfassung! Stimmt am 1. Dezember mit **„Ja"**
Stimmt für eine sozialistische Gestaltung unseres wirtschaftlichen Lebens, wie sie im Artikel 41 der Verfassung vorgesehen.

Stimmt also für den Artikel 41 mit „Ja"

Werdet Mitglieder und Mitarbeiter
der Sozialdemokratischen Partei

Landesleitung der SPD Gross-Hessen · I. A.: Wilh. Knothe

Mütter, Frauen u. Mädchen!

Das Hitler-Reich und der Krieg haben uns eine furchtbare Erbschaft hinterlassen: die Zahl der Frauen wurde beinahe doppelt so groß wie die der Männer.

Darum:

Nie wieder Diktatur!
Nie wieder Krieg!
Nie wieder den Größenwahn macht- u. genußgieriger Männer, denen es nicht darauf ankam, Millionen von Menschenleben für ihre irrsinnigen Ziele zu opfern!

Eure Söhne waren es, die an den Fronten starben, Eure Kinder, die unter den Trümmern der Städte begraben wurden, Kinder, die Ihr unter Schmerzen geboren und unter Sorgen erzogen habt;

Eure Männer und Eure Verlobten sind es gewesen, die der Krieg zerstampfte, die er als Gefangene hinter Stacheldraht sperrte, wo sie noch heute auf die Heimkehr harren.

Frauen!
Wollt Ihr wieder allein den Männern die Entscheidung überlassen, wollt Ihr ihnen allein die Politik ausliefern, die Euch so viel Unheil gebracht hat?

Auf Euch kommt es an!
Ihr seid in Wahrheit die stärkste Partei!
Steht nicht Beiseite!

Geht zur Wahl!
Sagt „Ja" zur Verfassung! Denn in ihr ist der Krieg für alle Zeiten geächtet!

Wem die Zukunft Deutschlands am Herzen liegt,
der stimmt
für die Verfassung mit JA!

denn der Artikel 37 der Verfassung gewährt die gleichberechtigte Mitbestimmung der Arbeiter und Angestellten in den sozialen, personellen und wirtschaftlichen Fragen des Betriebs —

Wem die Zukunft Deutschlands am Herzen liegt,
der stimmt
für den Artikel 41 mit JA!

für die Überführung des Bergbaus und der Betriebe der Eisen- und Stahlerzeugnisse in Gemeineigentum. Der Artikel 41 wird die verhängnisvolle Herrschaft der Kriegshetzer und Kriegsgewinnler brechen, die Finanz- und Großkapitalisten, die Junker und Großgrundbesitzer entmachten.

Wem die Zukunft Deutschlands am Herzen liegt,
der stimmt für die Kommunistische Partei, die stets die Interessen des werktätigen Volkes mit aller Entschiedenheit und ohne Kompromisse vertritt

KOMMUNISTEN
LISTE 3

An Dir liegt es, ob diese Verfassung nur auf dem Papier bleibt oder ob sie Wirklichkeit wird und so die Grundlage für eine wahre Demokratie und der erste Schritt auf dem Wege zu einem geeinten Deutschland und zur sozialen Gerechtigkeit ist.

„ALLE RÄDER STEHEN STILL, WENN DEIN STARKER ARM ES WILL"!

Herausgeber: Kommunistische Partei Deutschlands, Landesleitung Groß-Hessen, Frankfurt a. M. [illegible]
Verantwortlich: Leo Bauer, Frankfurt a. M. [illegible] Druck: Frankfurter Rundschau. Auflage 200000

Flugblätter von SPD, CDU und KPD zur Abstimmung über die hessische Verfassung

Entnazifizierung

Über Fragebögen und Spruchkammern

Auf der Grundlage der alliierten Direktive Nr.4 sollten die Verwaltungen gesäubert, der Einfluß ehemaliger Nazis und Militaristen auf Wirtschaft und Gesellschaft ausgeschaltet und Nazi- und Kriegsverbrecher zur Rechenschaft gezogen werden.

Es traf aber – wie so oft – nur die „kleinen Fische". In vielen Orten in den Westzonen war es wie in Kassel, wo bis zum 1. August 1945 fast 40% der Beschäftigten des öffentlichen Dienstes, entlassen wurden. Die meisten waren kommunale Arbeiter und Angestellte. In Führungspositionen saßen jedoch bereits wieder „Fachleute", die man beim Wiederaufbau „benötigte".

Erfolgreicher waren die betrieblichen Entnazifizierungsausschüsse. Nicht nur bei Henschel konnten führende Nazis zeitweilig aus den Führungspositionen verdrängt werden.

Zahlreiche Industrielle und Wehrwirtschaftsführer befanden sich auch in den Fahndungsbüchern der alliierten Kampftruppen als am schwersten belasteten Nazis, die zu verhaften und internieren seien.

Der Kasseler Industrielle Gerhard Fieseler (Flugzeugbau) wurde zusammen mit den Söhnen von August Bode (Panzerbau) im Lager Schwarzenborn, einem der ersten amerikanischen Internierungslager interniert.

Auch Oscar Henschel, als Wehrwirtschaftsführer verantwortlich für die Rüstungsproduktion, wurde Anfang April 1945 interniert. Doch seine Haft währte nicht lange. Dank einer Intervention „bekam Herr Henschel am 5. Juni Urlaub, der sich dann durch Verlängerung zu einer gänzlichen Freilassung auswirkte."

Und während Anfang 1946 fast 400.000 mittlere und kleinere Nazichargen in alliierten Internierungslagern, wie in Buchenwald, Dachau, Darmstadt, Esterwegen, Neuengamme, Sachsenhausen oder Ziegenhain-Trutzhain, auf ihr Verfahren warteten, waren einflußreichere Personen in den Westzonen bereits wieder frei.

„Ebenso notwendig wäre damals eine Entnazifizierung in den Köpfen gewesen", formulierte rückblickend Ria Deeg, Beisitzerin in der Gießener Spruchkammer. Stattdessen mußten alle Erwachsenen in der amerikanischen Zone einen Fragebogen mit 131 Fragen zur Mitgliedschaft in NS-Organisationen ausfüllen. Das Ergebnis war „überraschend": Von 113.000 Personen, die in Kassel den Fragebogen ausgefüllt hatten, waren 79.000 „Nichtbetroffen". Nur 59 Personen sollten tatsächlich in die Kategorie der Hauptbelasteten gehören. Alle anderen waren nur noch „Minderbelastet" oder „Mitläufer". Manchem halfen jedoch erst „Persilscheine" zu dieser Entlastung.

Als im Juni 1946 im Landkreis Kassel die ersten Spruchkammern eingerichtet wurden, formulierte der öffentliche Ankläger als Ziel: Sie „sollten Sühnemaßnahmen ermöglichen für all das Leid und all den Kummer, den Millionen Menschen ertragen mußten. Die Schuldigen seien hart zu bestrafen, aber alle menschliche Milde müsse der verführten Jugend gewährt werden", was sich Ende 1946 in einer Jugendamnestie ausdrückte.

Die Bestrafung der wirklich Schuldigen konnten die Spruchkammern nicht leisten, da deren Verfahren von den Alliierten an sich gezogen wurden. Und so verstärkte sich der damals weit verbreitete Eindruck: „Die Kleinen hängt man und die Großen läßt man laufen."

Aufgrund dieser Widersprüchlichkeit der Entnazifizierung, verweigerten seit 1947 immer mehr Antifaschisten die Mitarbeit in diesen Verfahren.

Großhessisches Staatsministerium

Der Minister für Wiederaufbau und politische Befreiung

Kammer Frankfurt a. M.

Aufruf

Das Gesetz zur Befreiung von Nationalsozialismus und Militarismus hat die „Befreiung" ausschließlich in deutsche Hände gelegt. Es ermöglicht die individuelle Behandlung jedes einzelnen Falles nur durch Deutsche, die mit den Ereignissen und Umständen während des Hitlerregimes aufs Beste vertraut sind. Das Ziel des Gesetzes ist, jedem Gerechtigkeit zuteil werden zu lassen, ausschliesslich entsprechend seinem Verhalten während der Dauer der nationalsozialistischen Herrschaft.

Das Gesetz soll und wird nicht kleinlicher Rache dienen. Es muß uns jedoch befreien von den unseligen Vertretern und Anhängern der Doktrinen, die unser Volk innerhalb eines Menschenalters zum zweiten Male ins Elend geführt haben.

Es soll aber gleichzeitig denjenigen, die mit dem Nationalsozialismus innerlich nichts zu tun hatten, sondern lediglich aus politischer Unreife, Schwachheit oder gar Existenzzwang eine rein äußerliche Bindung damit eingingen, in gerechter Abstufung entsprechend ihrer Haltung den Weg in die Zukunft öffnen. Die bis jetzt gefällten Sprüche der Frankfurter Spruchkammern sind ein sprechender Beweis für das unbeirrbare Streben ihrer Mitarbeiter nach Gerechtigkeit.

Für die Klageerhebung steht dem öffentlichen Kläger zunächst nur der Meldebogen zur Verfügung. Nun hat sich indessen eine große Zahl wirklich Belasteter, die im sogenannten Dritten Reich an dessen spezifisch verbrecherischen Handlungen teilnahmen, z. B. Mitbürger um Leben, Freiheit und Seelenruhe brachten oder sich mit Hilfe der NSDAP bedenkenlos bereicherten, vor dem Abgabetermin des Meldebogens an kleinere Orte begeben, wo man von ihrem Verhalten nichts weiß. Wieder andere, die sich ebenso vergangen haben, jedoch nominell in keiner Weise belastet sind - sie waren so vorsichtig, sich nicht offiziell zum Nationalsozialismus zu bekennen - fühlen sich heute unter dem Schutz ihres „weißen Meldebogens" absolut sicher. Hier muß die Mitarbeit der gesamten Bürgerschaft einsetzen. Sie muß unter Ueberwindung von Angst, Bequemlichkeit oder irgendwelcher „edlerer" Motive

dem öffentlichen Kläger alles wirklich belaftende Material schriftlich mitteilen

- natürlich keine Belanglosigkeiten und jede Mitteilung unter voller Namensnennung - damit Schuldige, die sich verkrochen haben, herbeigeholt werden und anscheinend Harmlose einer eingehenden Prüfung unterzogen werden können. Falls diese Mitarbeit ausbleibt, dann wird der größte Teil dieser besonders Schuldigen, nämlich der Terroristen, der Prügler, der Denunzianten, der Scharfmacher und der Siegmüsser, d. h. derjenigen, die um ihres materiellen Vorteils willen sich für die Fortdauer der Herrschaft des Unrechtes und des Ungeistes einsetzten, straffrei ausgehen, während zwangsläufig alle anderen mehr oder minder Harmlosen mangels des Auftauchens der wirklich Schuldigen einer viel schärferen Prüfung unterzogen werden und in einem viel größeren Ausmaß leidtragend sein werden, als sie es eigentlich verdienen.

Die Besatzungsmacht hat uns mit der Genehmigung des deutschen Befreiungsgesetzes einen großen Vertrauensbeweis geliefert. Das Gesetz ist uns nicht in den Schoß gefallen, es mußte hart erarbeitet und erkämpft werden. Wir sind überzeugt, daß alle, die der braunen Herrschaft in irgend einer Form ablehnend gegenüberstanden, mithelfen werden, an der Befreiung des Volkes von den Schuldigen, sowie der Befreiung der Unschuldigen und Harmlosen von dem auf ihnen lastenden Druck, sich selbst zum Wohle und der Welt zum Beweis, daß nicht alle Deutschen „Nazis" waren.

Zuschriften sind zu richten an:

Den öffentlichen Kläger, Frankfurt am Main
Liebigstrasse 41

Nürnberger Nachfolge-prozesse

Nach dem Prozeß gegen die Hauptkriegsverbrecher fanden nach alliierter Vereinbarung in den Jahren 1946–1949 zwölf Prozesse gegen einzelne Gruppen und Institutionen, die als Verantwortliche benannt worden waren, statt. Es waren dies Verfahren gegen Wirtschafts-, politische und militärische Führer.

Der Fall 1 – Ärzteprozeß beschäftigte sich besonders mit den Menschenversuchen in Konzentrationslagern,

der Fall 3 – Juristenprozeß klagte die Richter des Volksgerichtshofs und andere nazistische Rechtspfleger an,

der Fall 4 – der SS-Prozeß beschäftigte sich intensiv mit den Verbrechen dieser Organisation und der Verantwortung ihrer Führer,

die Fälle 5,6 und 10 – der Flick-, IG-Farben- und Krupp-Prozeß rollten die Beteiligung und Verantwortung von Wirtschaftsführern an diesem verbrecherischen System auf.

Die Fälle 7 und 9 – Geiselprozeß und Einsatzgruppenprozeß beschäftigten sich besonders mit den Kriegsverbrechen und der rassistischen Ausrottungspolitik im Hinterland der Front, während in den Fällen 2, 11 und 12 – dem Verfahren gegen Generalfeldmarschall Milch, dem Ministerprozeß und dem OKW-Prozeß die Planenden und Ausführenden der faschistischen Expansionspolitik angeklagt waren. In diesen Verfahren waren über 175 Personen angeklagt, zahlreiche potentielle Angeklagte hatten sich bereits durch Flucht oder Selbstmord der Verantwortung entzogen.

Der Prozeß gegen die SS-Ärzte, der am 9. Dezember 1946 begann, dokumentierte wie kein zweiter, mit welcher Menschenverachtung sie mit dem Leben und der Gesundheit von KZ-Häftlingen experimentiert hatten, wie wenig Menschenleben und Wohlbefinden in diesem rassistischen Denken wert waren. Ob Fleckfieber- oder Gelbfieber-Impfstoff-Versuche, Unterdruck- und Unterkühlungsexperimente, Gasbrandimmunisation, Massensterilisationen und Euthanasieprogramm, all dies kam in dem Prozeß zur Sprache. Sieben Angeklagte, unter ihnen der Lagerarzt von Buchenwald und der Chef des SS-Hygiene-Instituts, wurden im August 1947 zum Tode verurteilt. Neun wurden zu lebenslangen oder langjährigen Haftstrafen verurteilt.

Das Ende der Anti-Hitler-Koalition

Am 6. September 1946 kündigte US-Außenminister Byrnes in Stuttgart die Bildung einer gemeinsamen Verwaltung für die amerikanische- und britische Zone an.

Was wie ein reiner Verwaltungsakt aussah, war faktisch die Aufkündigung der Zusammenarbeit der Alliierten. War noch im Potsdamer Abkommen beschlossen worden, Deutschland als politische und wirtschaftliche Einheit zu behandeln, so begannen schon wenige Monate später die ersten Separationstendenzen.

Die Reorganisation der Wirtschaft in den Westzonen wurde verbunden mit einer Abkoppelung der SBZ. Im Mai 1946 stoppte General Clay sogar die in Potsdam vereinbarten Reparationslieferungen an die Sowjetunion mit dem fadenscheinigen Argument, die UdSSR habe noch keine Rohstoffe und Lebensmittel im Gegenzug geliefert. Wer auch nur halbwegs realistisch die Situation betrachtete, wußte, daß die SU dazu aufgrund der Folgen der „verbrannten Erde" auch noch lange nicht in der Lage sein würde.

Ziel der Amerikaner war der Versuch der Bildung eines separaten Weststaates – ohne Sozialisierungsexperimente. Folgerichtig torpedierten die Westalliierten Bestrebungen, wie sie in der hessischen und bayerischen Landesverfassung zum Ausdruck kamen, die Schlüsselindustrie in Gemeineigentum zu überführen.

Zum 1.Januar 1947 wurde die Bi-Zone eingerichtet, die gemeinsam die Wirtschaft, Finanzen, Ernährung und das Post- bzw. Fernmeldewesen verwaltete. Für die Bevölkerung ergab sich hierdurch vor allem eine größere Bewegungs- und Reisefreiheit.

Der Weg zur gemeinsamen Organisation

Trotz enormer praktischer Probleme, wie Reisebeschränkungen, fehlende Kommunikationsmöglichkeiten und Lizensierungsfragen entwickelten sich allmählich in allen vier Besatzungszonen Organisationsstrukturen.

Für die britische Zone wählten beispielsweise die Delegierten aus Kiel, Wesermünde, Hannover, Oldenburg, Braunschweig, Westfalen, Nordrhein-Provinz und Hamburg ein Zonensekretariat, dem neben dem Hamburger Kommunisten Senator Franz Heitgres das Düsseldorfer CDU-Mitglied Peter Lütsches und der Arnsberger Sozialdemokrat Leo Radtke angehörten. In Berlin arbeitete der Hauptausschuß „Opfer des Faschismus".

Nachdem seit Anfang 1946 regelmäßig die Zonenausschüsse zusammengekommen waren, traf man sich am 20./21.Juli in Frankfurt am Main zu einer Besprechung der Hauptausschüsse aller Zonen, „die ausschließlich dem Zwecke diene, über alle Zonen hinweg zu einer einigen Zusammenfassung aller deutschen Kameraden zu gelangen", wie es in der Vorankündigung hieß.

Vorbereitet worden war diese Tagung durch intensive Gespräche zwischen Emil Carlebach, Hans Schwarz, Franz Dahlem und Karl Schirdewan. „Wir trafen uns in Henningsdorf bei Berlin", berichtet Emil Carlebach, „und sagten den Kameraden aus der Ostzone: Wir stehen vor der Alternative: Gründet ihr einen Kampfbund gegen den Faschismus, dann ist es nicht möglich, den gesamtdeutsch zu haben, denn die Westmächte dulden das nicht. Seid ihr bereit, im Interesse der Einheitlichkeit, eine Organisation der Verfolgten zu schaffen? Da haben sie gesagt, ja, das ist uns wichtiger, daß wir nicht gespalten werden, in Dreiteufelsnamen gründen wir die Vereinigung der Verfolgten des Naziregimes. Dieser Titel kam also zustande unter dem Druck, dem halben Verbotsdruck der Westalliierten."

Allenthalben vorbereitende Gespräche und Tagungen – zum Beispiel Hessen.

Der Arbeitsausschuß der Verfolgten für Groß-Hessen übernahm die Aufgabe ein Programm und einen Satzungsvorschlag zu entwickeln. Folgende Ziele der „Vereinigung der Verfolgten des Naziregimes" wurden auf einer Tagung in Hanau, am 10. August 1946, und nach Verständigung mit Vertretern der übrigen Länder und Zonen beschlossen:

„Die Ziele der Vereinigung sind:
1. Die breitesten Bevölkerungsschichten, insbesondere die Jugend über die faschistischen Verbrechen zu unterrichten,
2. den tapferen offenen Kampf der deutschen Widerstandsbewegung aufzuzeigen und zu würdigen,
3. den Kampf gegen alle ideologischen Reste des Nazismus, des Militarismus und der Rassenlehre systematisch zu führen, um dadurch den Völkerfrieden zu sichern und jeden Versuch neuer faschistischer Bertätigung zu unterbinden,
4. die Zusammenarbeit aller antifaschistischen, demokratischen Kräfte zu stärken und aufzubauen,
5. den Neuaufbau des demokratischen Deutschlands durch die Heranziehung der Kämpfer gegen den Nazismus und durch die Ausschaltung der aktiven nazistischen Elemente aus allen Zweigen des öffentlichen Lebens zu sichern,
6. die Wiedergutmachung der schlimmsten Schäden an Gesundheit und Gut, die Sicherung der Existenz aller ehemaligen Verfolgten, die Fürsorge für die Hinterbliebenen unserer Toten und der Arbeitsunfähigen ist Pflicht des deutschen Volkes. Die Vereingung erstrebt hierfür notwendige gesetzliche Regelung,
7. Die Vereinigung wünscht mit den Bruderorganisationen aller Länder zusammenzuarbeiten und den gemeinsamen Kampf weiterzuführen. Dieser gemeinsame Kampf und die gemeinsamen langjährigen Erlebnisse in den Konzentrationslagern vertieften in uns die Erkenntnis von der Notwendigkeit der friedlichen Verständigung und der Zusammenarbeit aller Völker."

Gründung der VVN Nordrhein-Westfalen

Am 26. Oktober 1946 kamen im Neuen Theater an der Friedrichstraße in Düsseldorf rund 500 Delegierte aus dem neuen Bundesland Nordrhein-Westfalen zusammen. Sie vertraten rund 50.000 ehemalige politische Gefangene, rassisch und religiös Verfolgte des NS-Regimes.

Bei dieser Gründungskonferenz der VVN sprachen Vertreter der SPD, der KPD, des Zentrums und der CDU. Vertreter dieser Parteien sowie der FDP, der Jüdischen Gemeinden, der evangelischen und katholischen Kirchen und der Bibelforscher, ferner zwei Vertreterinnen der Frauen, wurden in den Vorstand gewählt.

Der Zonensekretär der VVN für die britische Zone, Hans Schwarz (SPD) aus Hamburg, stellte fest: „Die deutschen Antinazis zusammenzuschweißen, war vor 1933 nicht möglich gewesen. Hitler hat wider seinen Willen dieses Kunststück fertiggebracht."

Die Gründungskonferenz forderte vom Land Nordrhein-Westfalen ein Gesetz zur Wiedergutmachung, um den Witwen und Waisen der in Konzentrationslagern und Zuchthäusern Ermordeten sowie den überlebenden Insassen der Massenvernichtungslager der Nazis „eine Ehrenschuld einzulösen". Die Delegierten gedachten der ehemaligen Widerstandskämpfer, die, nach ihrer Haft in Wehrmachtsuniformen gesteckt, nun in Kriegsgefangenenlagern saßen. Sie forderten deren Haftentlassung.

Das Landesvorstandsmitglied Peter Lütsches (CDU) aus Düsseldorf erinnerte an die Lager, wo Christen beider Konfessionen, Kommunisten und Sozialdemokraten und andere Häftlinge eingekerkert waren. Nach dem Beitrag von Ministerpräsident Dr. Rudolf Amelunxen (s. Seite 12) und einem Totengedenken durch Direktor Siegfried Seelig von der jüdischen Gemeinde Düsseldorf führte Senator Franz Heitgres (KPD) aus Hamburg in seinem Referat über „Unsere überparteiliche, politische Mission" u.a. aus:

„Es möge die Besatzungsmacht erkennen, daß sie in den ehemaligen politischen Gefangenen die wertvollsten Kader für die Demokratisierung Deutschlands findet ... Wir ehemaligen politischen Gefangenen sind bereit, die Verantwortung zu übernehmen, wir wollen Trümmer und Not beseitigen, ... Durch unser Beispiel wird sich das Gute Bahn brechen und endlich ein demokratischer Geist in Deutschland durchsetzen ... Wir sehen nicht die Aufgabe in der Entnazifizierung der kleinen und unbedeutenden Mitläufer, sondern in der Reinigung der wichtigsten Positionen in Wirtschaft und Verwaltung."

Ch.K./U.S.

Die Bildung des Vorstandes.

Auf Vorschlag des von dem Kameraden Rattei-Essen geführten Wahlausschusses und nach eingehender Begründung durch den Kameraden Schwörer-Dortmund, wählte die Delegiertentagung folgenden Vorstand.

a) Der sogenannte „kleine Vorstand" setzt sich zusammen aus:
1. Saalwächter, Düsseldorf, KPD;
2. Melchers, Düsseldorf, KPD;
3. Holl, Düsseldorf, SPD;
4. Radtke, Arnsberg, SPD;
5. Lütsches, Düsseldorf, CDU;
6. Floßdorf, Mülheim-Ruhr, Z;
7. Lessing, Gelsenkirchen, FDP;
8. S. Seelig, Düsseldorf, Jüdische Gemeinschaft;
9. Frau Martha Buch, Essen, als Frau, SPD.

b) Der sogenannte „erweiterte Vorstand" wird gebildet von:
1. Jäger, Bad Meinberg, KPD, Land Lippe;
2. Stocker, Minden, Z, Regierungsbezirk Minden;
3. Schwörer, Dortmund, SPD, Regierungsbezirk Arnsberg;
4. Reimann, Ahlen, KPD, Regierungsbezirk Münster;
5. Dr. Schmidt, Düsseldorf, SPD, Regierungsbezirk Düsseldorf;
6. Gerard, Köln, KPD, Regierungsbezirk Köln;
7. Otten, Aachen, Regierungsbezirk Aachen;

ferner zusätzlich:

8. Domkapitular Friedrichs, Münster, als Vertreter der katholischen Religionsgemeinschaft;
9. Pfarrer Schmitz, Obrighoven bei Wesel, als Vertreter der evangelischen Religionsgemeinschaft;
10. Heimberg, Dortmund, als Vertreter der jüdischen Religionsgemeinschaft;
11. Hildebrand, Solingen, als Vertreter der Bibelforscher;
12. Frau Schwesig, Duisburg, als Vertreterin der Frauen, KPD.

Die Anstellung von zwei Landessekretären.

Die Delegiertentagung bestimmte die Kameraden

Josef Giboni-Bochum und

Hein Hamacher-Köln

zu Landessekretären.

Antifaschistischer Konsens – von SPD und KPD bis CDU, FDP und Kirchen: Zusammensetzung des Landesvorstandes der VVN Nordrhein-Westfalen, Oktober 1946.

1947

25. Februar Formelle Auflösung des Landes Preußen durch den alliierten Kontrollrat

15.–17. März Erste Interzonale Länderkonferenz in Frankfurt beschließt die Gründung der VVN und Schaffung eines gesamtdeutschen Rates

März OMGUS-Bericht über die Rolle der Banken vorgelegt

10. März–24. April Moskauer Außenministerkonferenz

29. März–6. April Gründungskongreß in Paris der FIAPP (Fédération Internationale des Anciens Prisoniers Politiques)

11. April in Dachau beginn der Buchenwald-Prozeß/ Internationales Buchenwaldtreffen in Weimar

24. April Tagung des Zonenausschuß der VVN der britischen Zone

17.–18. Mai Interzonale Delegierten-Konferenz der VVN in München

5. Juni Marshall-Plan

6./7. Juni Münchener Ministerpräsidentenkonferenz

1.–3. August Ratstagung der FIAPP in Warschau

14. August Urteil im Buchenwald-Prozeß

27. August Beginn des IG-Farben-Prozeß

13. September Interzonale Delegierten-Konferenz der VVN in Berlin

13. September Eröffnung der Ausstellung „Die dagegen waren" (Stuttgart)

25. Nov.–5.Dez. Londoner Außenminsterkonferenz

Von antifaschistischen Ausschüssen und Komitees zur „Vereinigung der Verfolgten des Naziregimes"

Aus den schon im Frühjahr 1945 entstandenen antifaschistischen Auschüssen und Komitees politischer Gefangener sowie den seit Anfang 1946 geschaffenen Betreuungsstellen für die Opfer des NS-Regimes entwickelten sich zunächst auf lokaler Ebene Verbände mit unterschiedlichen Namen wie „Opfer des Faschismus", „Vereinigung der politischen Gefangenen", „Vereinigung der Konzentrationäre", aus denen dann im Laufe der Jahre 1946/47 auf Ebene der Länder und schließlich der vier Besatzungszonen „Vereinigungen der Verfolgten des Naziregimes" (VVN) hervorgingen.

Nazi-Opfer organisieren sich

Gießen. (FP) Die bereits an verschiedenen Orten bestehenden Vereinigungen der Verfolgten des Naziregimes (VVN) haben sich auf einer Versammlung in Gießen zu einer hessischen Landesorganisation zusammengeschlossen. Der Hauptreferent Weller von der Betreuungsstelle Frankfurt a. M. faßte die Aufgaben der Vereinigung als Praktizierung der Gemeinschaft, welche sich hinter Gittern und Mauern zwischen ihren Mitgliedern gebildet hat, zusammen. Neben der Sicherung der Existenz der politisch Verfolgten, dem Streben nach Wiedergutmachung für die erlittenen Verfolgungen, setzt sich die überparteiliche und überkonfessionelle Vereinigung allgemeine Ziele, wie z. B. Mitwirkung an der Entnazifizierung, wozu auch die Bekämpfung der Persilschein-Aussteller in den eigenen Reihen gehört und Zusammenarbeit mit den Bruderorganisationen des Auslandes, mit deren Angehörigen man vielfach die Leiden geteilt hat.

Der Staatskommissar für Wiedergutmachung der Verfolgten des Naziregimes beim Wiederaufbauministerium, Dr. Epstein, führte aus, daß die Opfer des Faschismus keine Bettelpfennige, sondern Entschädigung verlangen. Der Redner berichtete, daß ein Sonderfonds für Wiedergutmachungszwecke bereits bestehe, woraus Unterstützungen zur Errichtung eines Gewerbebetriebes, zur Abwendung eines Notstandes und zur Einrichtung von Kranken- und Erholungsheimen geleistet werden. Leider fehle es an genügenden Mitteln, den Fonds zu speisen, da Millionen der Mitläufer oft zu lächerlichen Sühnebeträgen verurteilt werden. Das Gesetz sieht jedoch die Auffüllung aus Mitteln der Länderregierungen vor. Bisher stehen für die politisch und rassisch Verfolgten zwei Erholungsheime mit 21 bzw. 250 Betten zur Verfügung, ein drittes Heim, der Schmidthof bei Alsfeld, wird eingerichtet. Seit Anfang 1946 sind dem Wiedergutmachungsfonds eine Million Mark aus öffentlichen Mitteln zur Verfügung gestellt worden. Zur Zeit sind folgende Gesetze in Vorbereitung: Ein Rückerstattungsgesetz für von den Nazis beschlagnahmte Grundstücke und ein Entschädigungsgesetz für politisch und rassisch Verfolgte. Insgesamt werden 7000 politisch und rassisch Verfolgte in Hessen betreut.

Es sei ein größerer Notstand, daß immer noch KZler ohne Wohnung und ohne Beruf seien, als wenn Volksdeutsche in dem Reich, nach dem sie sich mehr als 10 Jahre heimsehnten, noch keine Arbeit gefunden hätten.

Die Versammlung wählte einstimmig folgenden Vorstand: Vorsitzender Dr. Mayer (früher Radio Frankfurt), den ehemaligen Arbeitsminister Oskar Mueller und Stadtrat Buch, Wiesbaden. Beisitzer: Frau Feuster, Lich, Frau Schwalbach, Wiesbaden, Frau Salzmann, Offenbach und Herr Eder, Frankfurt/Main.

Pressebericht über die Gründung der VVN Hessen, 25. Februar 1947.
Unten Vorstands-Vorschläge der VVN München.

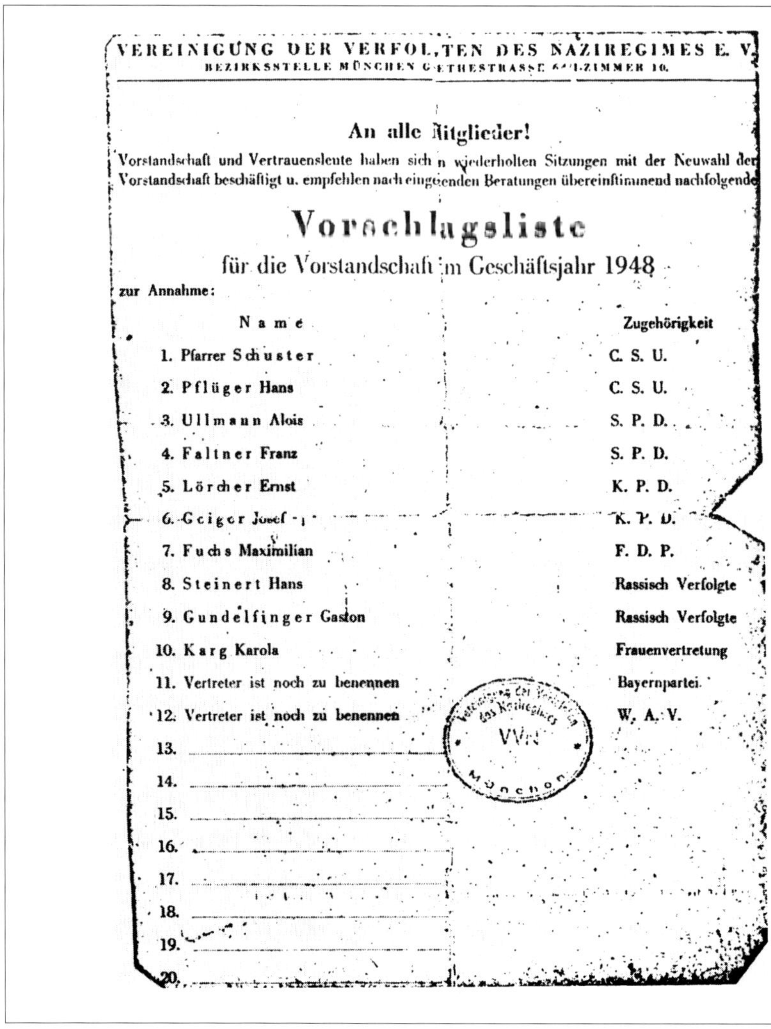

VEREINIGUNG DER VERFOLGTEN DES NAZIREGIMES E. V.
BEZIRKSSTELLE MÜNCHEN GOETHESTRASSE 64/I. ZIMMER 10.

An alle Mitglieder!

Vorstandschaft und Vertrauensleute haben sich in wiederholten Sitzungen mit der Neuwahl der Vorstandschaft beschäftigt u. empfehlen nach eingehenden Beratungen übereinstimmend nachfolgende

Vorschlagsliste

für die Vorstandschaft im Geschäftsjahr 1948

zur Annahme:

Name	Zugehörigkeit
1. Pfarrer Schuster	C. S. U.
2. Pflüger Hans	C. S. U.
3. Ullmann Alois	S. P. D.
4. Faltner Franz	S. P. D.
5. Lörcher Ernst	K. P. D.
6. Geiger Josef	K. P. D.
7. Fuchs Maximilian	F. D. P.
8. Steinert Hans	Rassisch Verfolgte
9. Gundelfinger Gaston	Rassisch Verfolgte
10. Karg Karola	Frauenvertretung
11. Vertreter ist noch zu benennen	Bayernpartei.
12. Vertreter ist noch zu benennen	W. A. V.
13.	
14.	
15.	
16.	
17.	
18.	
19.	
20.	

Mit dem Jahreswechsel 1946/47 begann der forcierte Aufbau der organisatorischen und politischen Struktur der Vereinigung.

Auf lokaler und regionaler Basis wurden Kreisvereinigungen gebildet, Landes- und Zonenvorstände konstituiert. In Württemberg-Baden und in Nordrhein-Westfalen waren die Landesgründungen schon 1946 vollzogen worden. Am 1. Februar 1947 erfolgte in Ludwigshafen die Gründung der VVN Pfalz. Oberregierungsrat Alphone Kahn hielt dort das Hauptreferat. Am 24. Februar fand in Gießen die erste Landeskonferenz der VVN Hessen statt, auf der Hans Mayer zum Landesvorsitzenden gewählt wurde.

Mit der Interzonalen Konferenz im März in Frankfurt war auch der überregionale Aufbau vollendet.

Bereits am 17./18. Mai kamen anläßlich der 3. Wiederkehr des Befreiungstages von Dachau über 1.000 Delegierte und Gäste zu einer „Internationalen Länderkonferenz" nach München zusammen. Auf diesem „Parlament der Widerstandskämpfer" appellierte man an die europäischen Partnerverbände, „den Verfolgten des Naziregimes in Anbetracht der Schwere ihrer Aufgaben eine politische und moralische Unterstützung zu gewähren."

Gleichzeitig fand in München die erste Sitzung des Rates der VVN, des höchsten Gremiums der Organisation, statt. Neben der Diskussion organisationspolitischer Fragen wurde angeregt, im Rahmen der VVN Forschungsstellen über die deutsche Widerstandsbewegung zu gründen und den Gedenktag für die Opfer des faschistischen Terrors jährlich einheitlich am zweiten Sonntag im September in ganz Deutschland durchzuführen.

Schon im Juli traf sich der Rat der VVN in Hannover zu seiner zweiten Sitzung, um über „die Entwicklung der VVN und die Mitarbeit der Mitglieder der verschiedenen politischen und religiösen Auffassungen" zu debattieren.

Hier wurde die Organisation zum ersten Mal mit der Forderung des SPD-PV konfrontiert, daß ihre Arbeit zukünftig unpolitisch zu sein habe, da anderenfalls die Mitgliedschaft in VVN und SPD unvereinbar sei.

Dieser Einschränkung konnte und wollte die VVN nicht entsprechen. Stattdessen betonte sie auf der 3. Ratstagung am 12. September in Berlin „die besondere politische Aufgabenstellung der VVN".

Am nächsten Tag bekräftigte die Interzonale Länderkonferenz in Berlin diese Position. 600 Delegierte aus allen Zonen forderten dort angesichts der drohenden Gefahr einer Aufspaltung Deutschlands den festen Zusammenschluß aller antifaschistischen Kräfte.

Die organisatorische Konstituierung der VVN

1. Interzonale Länderkonferenz der VVN

vom 15. bis 17. März 1947 in Frankfurt am Main

*

68 Delegierte und 62 Gäste aus 21 Ländern der 4 deutschen Besatzungszonen und der Stadt Berlin, die zusammen 454 Jahre in den Kerkern Hitlerdeutschlands verbrachten, waren in Frankfurt a. Main zu einer interzonalen Länderkonferenz versammelt. Sie nahmen zu brennenden politischen Fragen und zum Aufbau der VVN im gesamtdeutschen Maßstabe Stellung.

*

Als Hüter und Mahner der antifaschistischen Einheit wiesen sie ihre Berechtigung nach, in Deutschlands schwerster Schicksalsstunde ihre Stimme zu erheben. Eingedenk ihres großen Opferganges richteten sie einen Appell an die in Moskau versammelten Staatsmänner, mit Deutschland einen gerechten Frieden zu schließen. Sie appellierten an die demokratischen Parteien, Gewerkschaften und andere Organisationen, die Zerrissenheit zu überwinden, um im einheitlichen Willen sich über den Weg zu einem deutschen Frieden zu verständigen.

*

Mit allem Nachdruck forderten die berufenen Vertreter von 250000 Überlebenden des faschistischen Terrors eine Wiedergutmachung, die sie als eine politische, moralische und rechtliche Pflicht des deutschen Volkes betrachten.

*

Zur Verwirklichung ihrer politischen Ziele erstreben sie den Aufbau einer politisch und organisatorisch einheitlichen Vereinigung über alle Zonengrenzen hinweg. Die Bildung eines Interzonensekretariats, dem ein interzonaler Beirat zur Seite steht, betrachten sie als eine hierzu notwendige Voraussetzung.

Die Referate und Resolutionen der „1. Interzonalen Länderkonferenz der VVN" – die Abbildung zeigt das Titelblatt des Konferenzprotokolls – können als „Geburtsurkunde" der gesamtdeutschen VVN gelten.

Die organisatorische Entwicklung der VVN wurde durch die Bildung eines Gesamtdeutschen Rates und die einstimmige Bestätigung des bereits am 21. Juli 1946 gewählten Interzonen-Sekretariats mit Hans Schwarz (Hamburg) und Karl Raddatz (Berlin) als Geschäftsführern abgeschlossen. – Aus politischen Referaten der Konferenz: Nächste Seite.

Was geschah eigentlich bei der „1. Interzonalen Länderkonferenz der VVN“ am 15. bis 17. März 1947 in Frankfurt am Main?

Die in späteren VVN-eigenen Publikationen zu findende Lesart, mit dieser Konferenz sei „die VVN gegründet“ worden, ist eher mißverständlich.

Denn die VVN gab es zu diesem Zeitpunkt längst: Die meisten Kreis- und Landesorganisationen hatten sich im Laufe des Jahres 1946 und zu Beginn 1947 gegründet. Vier Zonensekretariate bestanden bereits, und im Juli 1946 war bei einer Tagung dieser Zonensekretariate ebenfalls in Frankfurt das „Interzonensekretariat“ geschaffen worden, so daß Karl Raddatz bei der Länderkonferenz im März 1947 resumieren konnte: Mit der „bevorstehenden Gründung eines Landesverbandes Bayern und der drei Länder der französischen Zone ist im großen gesehen die organisatorische Entwicklung unserer Vereinigung im gesamten deutschen Maßstab als abgeschlossen zu betrachten“.

Die entscheidende Weiterung bei der Frankfurter Interzonenkonferenz aber war die Bildung eines *gesamtdeutschen Rates*, der „zu den wichtigsten gemeinsamen Fragen Stellung nimmt und als Sprecher der deutschen Organisaton fungieren kann“.

Ein politischer Schritt also, der für die angestrebte Einheitlichkeit stand und Voraussetzung dafür war, „uns kraftvoll in die großen Entscheidungen um die demokratische Entwicklung Deutschlands einzuschalten“, wie Karl Raddatz in seiner Rede erklärte.

Die Rededokumente dieser Frankfurter „Gründungskonferenz“ behandeln denn auch weit mehr politische Probleme als organisatorische Fragen.

Als das zentrale Thema der Reden und Referate erweist sich der historische Anspruch des deutschen Widerstandes auf eine führende Rolle beim Bau eines neuen, demokratischen Deutschland, ausgedrückt auch in der Entschließung, die an die Moskauer Außenministerkonferenz gerichtet wurde:

„Die erprobten demokratischen Kräfte Deutschlands finden sich vor allem unter den ehemaligen Verfolgten des Naziregimes, unter jenen Männern und Frauen, die für ihre politische und religiöse Überzeugung, für die Erhaltung des echten deutschen Kulturerbes und der Kultur gekämpft und gelitten haben. Diesen Kräften gebührt daher nicht nur der entscheidende Anteil am politischen, sozialen und kulturellen Neuaufbau eines wahrhaft demokratischen und friedliebenden Deutschland, sondern auch die feierliche Anerkennung ihres Widerstandes durch einen künftigen deutschen Friedensvertrag.“

Der historische Anspruch des deutschen Widerstandes

Die „Gründungskonferenz“ im März 1947

Mit einzigartiger Klarsicht und Weitsicht formulierte Hans Mayer (Foto) den historischen Anspruch der VVN, den er zugleich illusionslos mit den inzwischen sich vollziehenden politischen Entwicklungen konfrontierte. Ausgehend von der Feststellung, daß man nicht dort fortfahren könne, wo man 1933 stehenblieb, sondern daß es darum gehe, ein „neues Antlitz“ Deutschlands zu zeigen, erklärte er:

„Und wie muß dieses neue Antlitz aussehen? Damit spreche ich von uns, den Männern und Frauen des deutschen Widerstandes, den Verfolgten des Naziregimes. Wir haben heute im deutschen Volk eine gute Presse. Wir wollen uns keinen Illusionen hingeben. Vor eineinhalb Jahren glaubten wir, ein wirklicher Aufbau Deutschlands von unten nach oben auf gesunder demokratischer Grundlage sei möglich, bei der diejenigen Menschen, die sich im Widerstand am besten bewährt hatten, die wirklich Opfer der politischen und religiösen Überzeugung gebracht hatten, daß es diesen Menschen vorbehalten sein sollte, auch diejenigen Kräfte zu stellen, die den deutschen Neuaufbau leiten können.“

Aber schon zu diesem frühen Zeitpunkt, knapp eineinhalb Jahre nach dem Ende des Naziregimes, muß er feststellen:

„Wir wissen, daß das eine Illusion war, und es war für uns eine schmerzliche Erfahrung, zu sehen, daß schrittweise, aber nach geheimen untergründigen Gesetzen und Machinationen immer mehr diejenigen Kräfte, die sich wirklich im Antinazikampf bewährt haben, aus der Öffentlichkeit weggezogen, weggezerrt, weggedrückt werden, um ersetzt zu werden durch wen? Durch die Ewiggestrigen, die Ewigheutigen, die nur eine Garantie ganz bestimmt der deutschen Gegenwart und Zukunft geben werden, nämlich, daß sie immer wieder bereit sein werden, bei aller Schlechtigkeit des jeweiligen Regimes sich zur Verfügung zu stellen.“

Ernüchternde Erkenntnisse, die freilich nicht zur Resignation führten, im Gegenteil: Hans Mayer ruft auf, den Verleumdungen der „KZler als Bande von Kriminellen“, der Abwertung und Tabuisierung des Antifaschismus die historische Wahrheit entgegenzusetzen, „indem wir das wirkliche Antlitz und die wirkliche Geschichte der deutschen Widerstandsbewegung aufdecken“.

Aufgabe sei es, „politisch der Welt und dem deutschen Volk zu zeigen, daß kein Gegensatz besteht zwischen den Opfern und Verfolgten von gestern und der heutigen Lage des deutschen Volkes, sondern daß die besten, fortschrittlichsten, klarblickendsten Menschen, Männer und Frauen, es sind, die gestern gelitten haben und die heute als Warner und Wegweiser antreten.

Wenn es nicht gelingt, ich möchte das mit allem Nachdruck sagen, an die entscheidenden politischen, kulturellen, sozialen und wirtschaftlichen Stellen des deutschen Neuaufbaues Männer und Frauen zu stellen, die der Welt einmal das Beispiel der charaktervollen Haltung, des Mutes, der Gesinnungshaftigkeit gezeigt haben. Wenn man nach wie vor den deutschen Neuaufbau mit mühsam entnazifizierten oder sonst belasteten Opportunisten besetzt, so wird es keinen demokratischen Neuaufbau geben.“

Mayer verwahrt sich dagegen, daß man wieder „diese Spezialisten, die angeblich unentbehrlich waren, nimmt“; er warnt davor, daß „etwas, das als Entnazifizierung beginnen sollte, als Renazifizierung weitergeführt wird“; er konstatiert, daß der Nazismus keineswegs „tot“ sei, und definiert als die – bis heute gültige – Aufgabe des Antifaschismus:

„Unsere Aufgabe ist, über alle Parteien, Bekenntnisse und Abstammungen hinweg eine Vereinigung der Menschen zu schaffen, die warnen, die aufpassen, die den Zeigefinger heben, und die schreien, und die notfalls mit allen Mitteln der Kraft der Zahl und der Überzeugung, die sie verkörpern, der Welt zeigen, wie notwendig es ist, gegen den Nazismus zu kämpfen.“

P.A.

VVN zur Lage 1947: „Drohbriefe, Attentate, Antisemitismus."

Dachau/ München

Kundgebung der Widerstandskämpfer

DACHAU, 21. Mai (Eig. Ber.). Die internationale Gedächtniskundgebung, die am Samstag durch die Rede Ernst Wiecherts eingeleitet wurde, fand ihre Fortsetzung am Sonntagmorgen in einer von Radio München im Kongreßsaal des Deutschen Museums veranstalteten Feierstunde. In den Gedenkreden Dr. Auerbachs, dem bayerischen Staatskommissar für politisch und rassisch Verfolgte, und Dr. Ludwig Schmitts, Vorsitzenden der VVN in Bayern, kam zum Ausdruck, daß die Verfolgten des Naziregimes nicht von Haß und Rache getragen sind, sondern im Glauben an die Gerechtigkeit als berechtigte und erwiesene Träger der Demokratie für die internationale Verständigung und den dauernden Frieden kämpfen.

22. 5. 47

„Wir haben nicht das Inferno der Kz-Lager, Zuchthäuser und Ghettos ertragen", führte Probst Grueber, Berlin, aus, „um uns heute wieder gegeneinander ausspielen zu lassen. Wer einen Juden beschimpft, beleidigt uns alle. Den Weg, den wir zwölf Jahre gegangen sind im gemeinsamen Kampf gegen den gemeinsamen Feind, soll unser Weg in die Zukunft sein."

22. 5. 47

„Nicht gleich Bettlern wollen wir Almosen", sagte Franz Heidgres, Vorsitzender der VVN der britischen Zone, „wir erwarten und fordern die Anerkennung als Kämpfer der vordersten Front für die Freiheitsrechte". Sein Appell galt allen ausländischen Kameraden, in ihren Ländern darauf hinzuwirken, daß die Widerstandsbewegung, die von Anfang an im erbitterten Kampf gegen Faschismus und Militarismus stand, anerkannt werde. Die Schranken zur Welt müssen fallen und der Wohlstand allen Völkern zugängig gemacht werden.

In dem Referat Dr. Auerbachs kamen die Schwierigkeiten, mit denen die Verfolgten um ihre Anerkennung zu kämpfen haben, zum Ausdruck. „Leider hat man noch nicht überall begriffen, daß wir als Vorkämpfer für die Demokratie die besten Garanten für Deutschlands Zukunft sind", erklärte er, „denn die Mohrenwäsche der Spruchkammern schafft noch keine wahren Demokraten".

Im Anschluß an die erste internationale Gedächtnisfeier auf dem Friedhof in Dachau, in der Geistliche der drei Konfessionen die Totengebete sprachen, wurde in Dachau das erste Parlament der Widerstandskämpfer Europas gegründet. In angeregter Diskussion und unter dem Präsidium Dr. Auerbachs wurden die Aufgaben der europäischen Widerstandskämpfer bei der Gestaltung der Zukunft unseres Kontinents behandelt.

So wie unter dem Terror der SS aus dem Willen zum Leben der Wille zum Kampf geboren wurde, so brauche Europa heute erst recht den Willen und die Bereitschaft zum Kampf für den Frieden. Die deutschen Widerstandskämpfer haben die große Aufgabe in Deutschland selbst die Voraussetzungen einer friedlichen Entwicklung zu schaffen. Doch genügten Willenskundgebungen ohne Taten nicht; die „beste Resolution verliert ihre Wirksamkeit, solange die Bodenreform ausbleibt, die Trusts ihre alten Rechte genießen und der militaristische und nazistische Geist noch nicht verschwunden sind", erklärte ein Delegierter aus Berlin.

Der jüdischen Opfer gedachte Dr. Hans Mayer. Er betonte, daß die erneut anwachsenden antisemitischen Tendenzen nicht nur in Deutschland, sondern in fast allen Staaten rechtzeitig erkannt und als Vorstufen des Nazismus wirksam bekämpft werden müssen.

22. 5. 47

Hamburg

Gegen die Behandlung, der die ehemaligen Kz-Insassen durch „Nazielemente und Geschäftemacher" ausgesetzt seien, wandte sich in Hamburg der Vorsitzende der Vereinigung der Verfolgten des Nazi-Regimes, Franz Heidgres, [illegible]

Die den Kz-Insassen nach ihrer Befreiung gemachten Versprechungen auf Bevorzugung bei Arbeitsruhe, Unterkunftsvermittlung und erhöhten Pensionszahlungen bei Arbeitsunfähigkeit oder als Ausgleich für erlittene Härten seien nicht gehalten worden. In Hamburg allein hausten noch immer 8600 ehemalige Verfolgte in Hütten, Kellern von ausgebombten Häusern oder in qualvoller Enge mit anderen Personen. Es sei denen, die seinerzeit vor ihrer Verschleppung gezwungen waren, ihr Eigentum zu Schleuderpreisen zu verkaufen, nicht möglich, dieses jetzt wieder zu erhalten, obwohl es sich teilweise in den Händen von Nazi-Mitläufern befinde. Die Sonderpensionen für arbeitsunfähige frühere Kz-Insassen oder Witwen und Waisen der im Kz Verstorbenen würden nur 38 Wochen gezahlt, und auch diese betragen weniger als 100 Mark. Im bizonalen Wirtschaftsamt erwäge man, die den Verfolgten gewährten zusätzlichen 400 Kalorien täglich zu streichen. „Doch, warum sollen wir als erste leiden," sagte Heidgres, „was ist mit den Nazis, die in den Internierungslagern 1800 bis 2200 Kalorien täglich erhalten?"

Die Länderregierungen hätten den guten Willen, den Verfolgten zu helfen. Aber sie seien im Grunde machtlos. Gegen die von den Länderregierungen Nordrhein-Westfalen und Niedersachsen geplanten Gesetze zur Wiedergutmachung an den Verfolgten sei seitens des Alliierten Kontrollrates Einspruch erhoben worden, der eine einheitliche Regelung für ganz Deutschland wünsche. Zwei Jahre seien seit der Befreiung vergangen, und nichts sei getan. „Wie lange müssen wir noch warten?", fragte der Vorsitzende der VVN. Dabei beanspruchten die Verfolgten keine Vorrechte, sondern nur Gerechtigkeit. Man müsse sich den Ausspruch der British Broadcasting Corporation zu eigen machen, die kürzlich erklärte, die Deutschen vergäßen die Opfer der Konzentrationslager über den „Opfern der Entnazifizierung".

27. 5. 47

Heidgres schloß seine Ausführungen mit den Worten: „Goebbels erzählte den Deutschen, die Insassen der Konzentrationslager seien der ‚Abschaum der Bevölkerung Europas' und das glauben sie heute noch."

Frankfurt

In Frankfurt a. M. tagte am 14. und 15. Juni die Landeskonferenz der Vereinigung der Verfolgten des Naziregimes (VVN) Hessen. 126 Delegierte und zahlreiche Gäste, darunter Minister Binder, Oberbürgermeister Kolb, die Staatskommissare Dr. Auerbach und Dr. Epstein diskutierten aktuelle Probleme der Verfolgten von gestern im heutigen Deutschland. Das Hauptreferat hielt der 1. Vorsitzende der VVN Hessen, Dr. Hans Mayer.

17. 6. 47

Weite Kreise des deutschen Volkes, stellte der Redner fest, hätten nichts gelernt und nichts vergessen, und die Symptome seien die gleichen wie nach dem Weltkrieg: Drohbriefe, Attentate, Friedhofsschändungen, eine steigende Welle des Antisemitismus. Besonders scharf wandte sich Dr. Mayer gegen die wachsende Zahl böswilliger Gerüchte. Jeder Einsichtige könne feststellen, daß es sich dabei um organisierte faschistische Wühlarbeit handle. Das Judenproblem sei der schwächste Punkt unserer Zivilisation, an dem die Kette der Humanität zu zerreißen drohe. Es fange damit an, daß man einen Unterschied zwischen Ost- und Westjuden mache. Sogar in unteren Stellen der Militärbehörden mache sich antisemitischer Einfluß geltend, der nicht zuletzt auf die vielfachen Verknüpfungen zwischen Amerikanern und solchen Deutschen zurückzuführen sei, die noch Träger nazistischen Gedankengutes sind. Darüber dürfe man jedoch nicht die ganz

Die KZ-Prozesse
Buchenwald

Während sich am 11. April in Weimar mehrere hundert überlebende Häftlinge des KZ-Buchenwald aus Deutschland, Polen, Belgien, den Niederlanden und anderen europäischen Ländern zur Erinnerung an den zweiten Jahrestag der Selbstbefreiung versammelten, begann in Dachau vor dem amerikanischen Militärgericht der „Buchenwald-Prozeß“

Die Teilnehmer des Buchenwald-Treffen versuchten mit Telegrammen an das Militärgericht direkten Einfluß auf das Verfahren zu nehmen. Darin wurde erstens die sofortige Freilassung Wilhelm Hammanns, selbst ehemaliger Buchenwald Häftling und unter falscher Anschuldigung in Dachau interniert, gefordert. Zweitens wandte sich die Tagung gegen die Begrenzung der Anklage auf Verbrechen gegen Nichtdeutsche und forderten die Überstellung der Angeklagten aus Dachau vor ein deutsches Gericht. Nur der ersten Forderung entsprach das Gericht wenig später.

Die Anklage im „Buchenwald-Prozeß“ richtete sich gegen 31 namentlich genannte und verschiedene nicht namentlich genannte Personen wegen „Verletzung der Gesetze und Gebräuche des Krieges“.

Angeklagt waren unter anderem Fürst Josias Erbprinz zu Waldeck und Pyrmont, der als Oberster Gerichtsherr der SS- und Polizeigerichte im Oberabschnitt Fulda-Werra für das KZ Buchenwald zuständig war, die Lagerkommandanten Hermann Pister und Max Schobert, die SS Ärzte August Bender und Hans Eisele, sowie Ilse Koch, die Frau des Lagerkommandanten, als „Bestie von Buchenwald“ unter den Häftlingen berüchtigt.

Entsprechend alliierter Vereinbarungen wurden jedoch nur Verbrechen in der Zeit vom 1. September 1939 bis zum 11. April 1945 gegen Nichtdeutsche, speziell Staatsangehörige der alliierten Mächte verfolgt. Die Verbrechen an deutschen Antifaschisten, so die Morde an Pfarrer Paul Schneider, am SPD-Funktionär Ernst Heilmann oder an Ernst Thälmann, wurden vom Gericht nur „zur Kenntnis genommen“.

Dennoch, das Urteil vom 14. August 1947 gegen 22 der 31 Angeklagten lautete: Tod durch den Strang. Fürst Josias zu Waldeck und Ilse Koch wurden zu lebenslanger Haft verurteilt.

Doch dieses Urteil hatte keinen Bestand. Nur wenige Monate später reduzierte US-General Clay das Strafmaß drastisch.

Urteilsverkündung im Buchenwald Prozeß

Wirtschaftsrat und Marshall-Plan

Daß die Gründung der Bi-Zone nur der erste Schritt zur Bildung eines westlichen Separatstaates sein würde, bestätigte sich im Jahr 1947.

Schon auf der Moskauer Außenministerkonferenz vom Frühjahr 1947 wurde der Ost-West-Konflikt manifest spürbar. Der US-Präsident Truman gab als neue Orientierung aus, die Westzonen in ein westeuropäisches Bündnissystem „zur Eindämmung des Kommunismus“ einzubauen.

Am 29. Mai wurde für die Bi-Zone ein „Wirtschaftsrat“ ins Leben gerufen, der die Voraussetzungen für eine neue Wirtschaftsordnung schaffen sollte.

Finanziert werden sollte das über amerikanische Kredite, die am 5. Juni im Konzept des Marshall-Plans allen westlich orientierten Staaten angeboten wurden.

Im amerikanischen Kriegsministerium zirkulierte damals eine Studie, in der die neue politische Linie gegenüber Deutschland so formuliert wurde:

„Aufgabe der Abkommen von Jalta und Potsdam; Zusammenlegung der amerikanischen, der britischen und der französischen Zone zu einem einheitlichen Westdeutschland; Beendigung der Demontage zu Reparationszwecken; Festsetzung eines endgültigen Abschlußtermins für die Entnazifizierung; bestimmte Garantien gegen Sozialisierung der entkartellisierten Industrien; Wiederherstellung des freien Marktes; Errichtung einer neuen deutschen Zentralregierung für Westdeutschland; Vorbereitung der westdeutschen Verteidigungsanlagen gegen eine Invasion.“

Abgesehen von der abwegigen Prämisse einer drohenden sowjetischen Invasion, zeigt der letzte Punkt, wie frühzeitig Teile der amerikanischen Administration an einen eigenen deutschen Militärbeitrag gedacht haben.

1948

20. März Letzte Sitzung des alliierten Kontrollrates

20.–22. März Interzonale Juristenkonferenz der VVN in Frankfurt

8./9. Mai 1. Zonenkonferenz der VVN für die britische Zone in Hamburg

Mai Unvereinbarkeits-Beschluß des SPD-Vorstandes gegen die VVN-Mitgliedschaft

29. Mai Kongreß der FIAPP in Warschau beschließt die Aufnahme der VVN

20. Juni einseitige Währungsreform in den Westzonen, wirtschaftliche Spaltung und anschließende Blockade

29. Juli Urteil im IG-Farben-Prozeß

August Freispruch für Reichsbankpräsident Hjalmar Schacht im Entnazifizierungsverfahren

August Auseinandersetzungen über Mitarbeit in den Spruchkammern

1. September Konstituierung des parlamentarischen Rates in Bonn

10. September Internationale Gedächtniskundgebung in Berlin mit 500.000 Teilnehmern (VVN-BaWü spricht von 2/300.000)

16./17. Oktober Ratstagung der VVN in Eisenach

VVN in der Internationale der Widerstandskämpfer

Auf der Sitzung vom 29.–31. Mai wurde die VVN als gleichberechtigtes Mitglied in die Fédération Internationale des Anciens Prisonniers Politiques (FIAPP) aufgenommen. Dies wurde ausdrücklich damit begründet, die demokratischen Elemente zu stärken, die in Deutschland gegen die chauvinistischen Tendenzen und gegen die Revision des Potsdamer Abkommens kämpfen.

Bereits im Februar 1946 in Warschau gegründet, umfaßte die FIAPP Organisationen aus 20 europäischen Ländern. Ehemalige Widerstandskämpfer und Partisanen waren ebenso vertreten, wie aus religiösen und nationalen Gründen Verfolgte.

Ziel war es, „die Schicksals- und Kampfgemeinschaft des Lagers auf den gemeinsamen solidarischen Kampf ... zu übertragen; gegen die neuerstehende faschistische Reaktion und gegen die Kriegshetzer."

Doch schon 1948 gab es innerhalb der FIAPP starke Debatten, u.a. welchen Stellenwert der nationale Widerstand und das Handeln der Häftlinge in den KZs habe, und ob die Organisation sich eher der Erinnerung zuwenden oder aus antifaschistischer Verantwortung in die Zukunftspolitik einmischen solle.

In diesem Zusammenhang kam der Aufnahme der VVN auch eine politische Bedeutung zu, denn hierdurch unterstrich die FIAPP die Rolle des antifaschistischen Widerstandes auch in den faschistischen Lagern und Haftstätten. Bezugnehmend auf Buchenwald heißt es: „Gerade die heimliche Betätigung, die zur Befreiung der Lager geführt hat, ist ein herrliches Beispiel der Solidarität und internationalen Zusammenarbeit."

Gleichzeitig war die Aufnahme der VVN ein Signal gegen alle Tendenzen der politischen Spaltung in Europa.

Konsequenterweise stand die Gedächtniskundgebung für die Opfer des Faschismus im September in Berlin, an der die FIAPP mit einer großen Delegation teilnahm, unter der Losung „Für Frieden und Völkerverständigung, für demokratischen Fortschritt und Einheit".

Streit um die Entnazifizierung

„VVN gegen Schacht", unter dieser Überschrift meldete die FR am 17. November 1948, daß die hessische VVN gegen den Vertrieb von Hjalmar Schachts Selbstreinwaschung „Meine Abrechnung mit Hitler" protestiert. Dieses Buch sei ein weiterer Schritt auf dem Weg der Rehabilitierung eines „Hauptverantwortlichen".

Im Nürnberger Prozeß als Reichsbankpräsident angeklagt, wurde Schacht bei 2:2-Stimmen freigesprochen. Im Entnazifizierungsverfahren im Januar 1947 jedoch bereitete der damalige öffentliche Ankläger der Stuttgarter Spruchkammer Franz Karl Maier ein solch fundiertes Dossier vor, daß das Urteil im Mai 1947 nur lauten konnte: „Der Betroffene wird in die Gruppe der Hauptschuldigen eingereiht." Sein Vermögen sollte konfisziert werden, er selbst für 8 Jahre in Arbeitslager-Haft. Doch zu dem Zeitpunkt war Maier schon kein Ankläger mehr. Er hatte den politischen „Fehler" begangen, auch den württemberg-badischen Regierungschef wegen seiner Zustimmung zum Ermächtigungsgesetz 1933 anzuklagen. Postwendend wurde er von seinen Dienstgeschäften als öffentlicher Ankläger entbunden.

Schacht ging in Berufung vor die zuständige Kammer in Ludwigsburg. Im August 1948 wurde sein Verfahren neu aufgerollt und endete – mit Freispruch. Zwar wurde dieses Urteil vom Befreiungsministerium aufgehoben und zur Neuverhandlung zurückverwiesen. Doch es bestätigte – so die VVN Landesstelle Stuttgart im August 1948 –, „daß die Entnazifizierung völlig zusammengebrochen ist. Die Folgen dieser Entnazifizierung sind heute schon sehr spürbar. Die Rückführung ehemaliger Nationalsozialisten, insbesondere in leitende Stellungen, ist festzustellen. Trotzdem bemüht sich die VVN laufend, Belastungsmaterial zu beschaffen und den Spruchkammern zuzuleiten. An Ermittler und Kläger wurden zahlreiche Auskünfte gegeben." (Monatsbericht August 1948, S. 2)

Diese Aktivitäten veranlaßten einen Redakteur der „Zeit", unter der Überschrift „Schwabenstreiche" über „die in Schwaben besonders kommunistisch eingestellte VVN" herzuziehen, was den Kreisvorsitzenden der VVN Stuttgart zu der Gegendarstellung bewog, daß von den 20 Mitgliedern des Landesausschusses 7 Mitglieder der KPD, 5 der SPD, 3 der DVP, 1 der CDU, 1 der Union der Mitte und 3 parteilos seien.

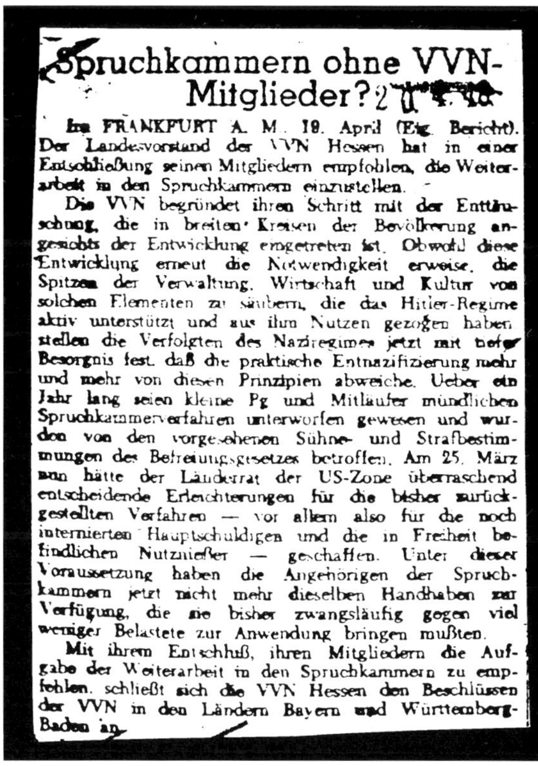

Spruchkammern ohne VVN-Mitglieder?

FRANKFURT A. M., 19. April (Eig. Bericht). Der Landesvorstand der VVN Hessen hat in einer Entschließung seinen Mitgliedern empfohlen, die Weiterarbeit in den Spruchkammern einzustellen.

Die VVN begründet ihren Schritt mit der Enttäuschung, die in breiten Kreisen der Bevölkerung angesichts der Entwicklung eingetreten ist. Obwohl diese Entwicklung erneut die Notwendigkeit erweise, die Spitzen der Verwaltung, Wirtschaft und Kultur von solchen Elementen zu säubern, die das Hitler-Regime aktiv unterstützt und aus ihm Nutzen gezogen haben, stellen die Verfolgten des Naziregimes jetzt mit tiefer Besorgnis fest, daß die praktische Entnazifizierung mehr und mehr von diesen Prinzipien abweiche. Ueber ein Jahr lang seien kleine Pg und Mitläufer mündlichen Spruchkammerverfahren unterworfen gewesen und wurden von den vorgesehenen Sühne- und Strafbestimmungen des Befreiungsgesetzes betroffen. Am 25. März nun hätte der Länderrat der US-Zone überraschend entscheidende Erleichterungen für die bisher zurückgestellten Verfahren — vor allem also für die noch internierten Hauptschuldigen und die in Freiheit befindlichen Nutznießer — geschaffen. Unter dieser Voraussetzung haben die Angehörigen der Spruchkammern jetzt nicht mehr dieselben Handhaben zur Verfügung, die sie bisher zwangsläufig gegen viel weniger Belastete zur Anwendung bringen mußten.

Mit ihrem Entschluß, ihren Mitgliedern die Aufgabe der Weiterarbeit in den Spruchkammern zu empfehlen, schließt sich die VVN Hessen den Beschlüssen der VVN in den Ländern Bayern und Württemberg-Baden an.

Beschluß des Parteivorstandes

VVN eine kommunistische Hilfsorganisation

In seiner Sitzung vom 6. Mai 1948 beschloß der Parteivorstand der SPD, entsprechend dem Vorschlag einer Konferenz von Vertretern ehemals politisch verfolgter Sozialdemokraten — die aus allen Bezirken der SPD beschickt war — eine Zentralstelle für politisch verfolgte Sozialdemokraten zu errichten.

Aufgaben der Zentralstelle sollen sein:

1. Erfassung aller politisch verfolgten Sozialdemokraten in Zusammenarbeit mit den Bezirksorganisationen der Partei.
2. Förderung aller Betreuungsmaßnahmen für ehemals politisch Verfolgte.
3. Koordinierung aller gesetzlichen Maßnahmen in der Frage der Wiedergutmachung und Betreuung ehemals politisch Verfolgter.
4. Ausarbeitung und Formulierungen von Gesetzestexten für sozialdemokratische Fraktionen zu den Problemen der Wiedergutmachung und Betreuung.

Der Parteivorstand stellte fest, daß die VVN (Vereinigung der Verfolgten des Naziregimes) von den Kommunisten als eine ihrer politischen Hilfsorganisationen mißbraucht wird.

Die VVN hat besonders in den letzten Monaten durch ihre politische Stellungnahme zu vielen Fragen die kommunistische Politik eindeutig unterstützt.

Der Parteivorstand beschloß, entsprechend dem Vorschlag der Bezirks-Vertrauensleute politisch verfolgter Sozialdemokraten:

Die Mitgliedschaft in der VVN ist unvereinbar mit der Mitgliedschaft in der SPD.

Ueberparteilichkeit der VVN

fru FRANKFURT A. M., 21. Juni (Eig. Meldung). „Die außerordentliche Mitgliederversammlung der hiesigen VVN unterstreicht gegenüber den außerhalb der Organisation erhobenen Verdächtigungen nochmals mit Nachdruck die Ueberparteilichkeit der Organisation der deutschen Widerstandskämpfer und aller in der VVN vereinigten Verfolgten des Nazi-Regimes", gab die Landesleitung der VVN Hessen bekannt. Weiter wurde die Erwartung ausgesprochen, „daß es gelingen möge, in allen demokratischen Parteien die Erkenntnis zu erlangen, daß das Zusammenstehen der deutschen Antifaschisten heute unter keinen Umständen und Bedingungen durch irgendwelchen Gewissenszwang beeinträchtigt werden darf."

74 · 22. 6. 48

MÜNCHEN, 21. Juni (Dena). Der bayerische Staatskommissar für rassisch, politisch und religiös Verfolgte, Dr. Philipp Auerbach, hat seinen Austritt aus der VVN zurückgezogen und empfiehlt in einer Erklärung allen sozialdemokratischen VVN-Mitgliedern, weiterhin in der VVN mitzuarbeiten. Für die Betreuung der rassisch, religiös und politisch Verfolgten und für die Verwaltung der Wiedergutmachungsobjekte soll bei Gewährleistung voller Ueberparteilichkeit, allein das Staatskommissariat zuständig sein.

Dr. Auerbach, SPD und VVN

MÜNCHEN, 14. Oktober (Dena). Staatskommissar Dr. Philipp Auerbach wurde, wie hier am Donnerstag bekannt wird, vom hiesigen SPD-Ortsverein aufgefordert, der Partei seinen Mitgliedsausweis zur Verfügung zu stellen. Auerbach ist dieser Aufforderung bisher nicht nachgekommen.

Die Partei vertritt den Standpunkt, Dr. Auerbach habe seine Bindungen zur SPD selbst gelöst, weil er nicht aus der VVN ausgetreten sei, obwohl den Beschlüssen des Düsseldorfer SPD-Parteitages zufolge eine Mitgliedschaft in der VVN mit der Zugehörigkeit zur SPD unvereinbar sei. 16. 10. 48

Dr. Auerbach erklärt in seinem Antwortschreiben, er habe sich weder aus der SPD ausgeschlossen noch sei er gewillt, seinen Mitgliedsausweis zurückzugeben. Er betrachte sich vielmehr nach wie vor als vollgültiges Mitglied des Ortsvereins München der SPD. Dr. Auerbach weist darauf hin, daß die VVN in Bayern absolut überparteilich sei und deshalb ein Verbleiben von SPD-Mitgliedern in dieser Organisation genau so möglich sei wie für CSU-, FDP- und Bayernparteimitglieder.

Unvereinbarkeitsbeschluß der SPD gegen die VVN

Die VVN war auf allen Ebenen, in den Orten, Kreisen und Ländern, als überparteiliche Organisation gegründet worden, wobei die Vertreter der Arbeiterparteien SPD und KPD deutlich dominierten. Dies war innerhalb der Organisation unstrittig, stellten sie doch tatsächlich den größten Anteil der politischen Gegner des Naziregimes.

Dennoch empfahl bereits im November 1946 der Parteivorstand der SPD gegen die Organisationsansätze der VVN, „die Anregung zur Gründung solcher Vereinigungen abzulehnen und da, wo ihre Gründung nicht verhindert werden kann, die Mitgliedschaft und die Mitarbeit in diesen Vereinigungen zu verweigern." (SPD-Jahrbuch 1946, S. 81)

Dieser von Kurt Schumacher vehement geforderte Beschluß begründete die Ablehnung damit, „daß die Kommunisten hier den Versuch machen, eine neugetarnte Propagandaorganisation für ihre Zwecke zu starten." (ebenda, S. 80)

Diese antikommunistische Abgrenzung blieb jedoch wirkungslos, da viele tausend Verfolgte aus der SPD Mitglied und Funktionsträger in der VVN wurden. Zu den bekanntesten gehören sicherlich der bayerische Staatskommissar Philipp Auerbach, Dr. Ludwig Schmitt, 1. Vorsitzender der VVN Bayern, Heinz Westphal in der VVN Niedersachsen, Leo Radtke, stellv. Vorsitzender in der britischen Zone, Georg Buch, VVN Hessen.

Trotz unterschiedlicher Positionen gab es in den ersten Jahren so gut wie immer einvernehmliche Lösungen, bei der auch die KPD-Vertreter in der VVN auf die Überparteilichkeit der Organisation Wert legten, wie vertrauliche Berichte über Sitzungen der VVN-Gremien an den SPD-Parteivorstand belegen.

Doch im Mai 1948 startete Schumacher erneut den Versuch, eine Unvereinbarkeit von SPD und VVN-Mitgliedschaft durchzusetzen. Zwar gab es auf der PV-Sitzung Ende Juni 1948 vehementen Protest aus verschiedenen Bezirken, z.B. aus Hessen-Süd, die dem PV das Recht bestritten, „einen Beschluß gegen die VVN zu fassen". Doch wurde auf einem Parteitag in Düsseldorf diese Linie abgesegnet.

Die Auswirkungen waren sehr unterschiedlich. Bekannte Funktionäre wurden vor die Alternative gestellt, Mitglied in der SPD oder in der VVN zu bleiben.

Nicht wenige wurden, weil sie zur VVN standen, aus der SPD ausgeschlossen. Andere traten aus der VVN aus, arbeiteten aber weiterhin vertrauensvoll mit ihren Lagerkameraden zusammen. In vielen Bezirken wurde der Beschluß nicht umgesetzt, so daß auch später zahlreiche Sozialdemokraten Mitglieder und Funktionäre der VVN waren.

Die CDU-Vertreter waren anfangs nicht gewillt, sich durch die sozialdemokratischen Vorbehalte beeinflussen zu lassen. Erst Ende 1948 erklärte die CDU in Württemberg-Baden: „Da die VVN der Aufforderung der CDU zur Ablehnung der KZ-Methoden in der russisch besetzten Zone nicht entsprochen hat, sieht sich die CDU gezwungen, ihre Verbindung zur VVN zu lösen. Den Mitgliedern der CDU wird empfohlen, ihre Mitgliedschaft bei der VVN aufzugeben."

Doch es sollte noch bis Anfang 1950 dauern, bis diese Linie tatsächlich durchgesetzt wurde.

Dr. Faust, Vertreter des IG-Farben-Konzerns, und Reichsführer SS Himmler im Buna-Werk, Auschwitz.

Der IG-Farben-Prozeß

Am 29. Juli 1948 verkündete das Militärgericht VI in Nürnberg sein Urteil in dem wohl spektakulärsten Prozeß gegen industrielle Hauptverantwortliche der faschistischen Verbrechen, die IG-Farbenindustrie AG.

Die IG Farben waren das bedeutendste Monopol in der Zeit des Faschismus und waren in jeder Phase aktiv bei der Vorbereitung und Umsetzung der faschistischen Politik beteiligt.

Schon der Vier-Jahres-Plan von 1936, der Deutschland in vier Jahren kriegsfähig machen sollte, war unter maßgeblicher Mitarbeit der IG Farben entstanden. Neben jedem militärischen Aufmarschplan der Wehrmacht entstand unter Federführung der IG Farben auch ein Plan zur wirtschaftlichen Ausplünderung der okkupierten Länder. Neben der Ausplünderung von zahllosen Zwangsarbeitern in IG Farbenwerken war der Konzern mit dem KZ-System in besonderem Maße verbunden. Bayer, Hoechst und Behringwerke führten gemeinsam mit der SS medizinische Versuche an KZ-Häftlingen durch. In Auschwitz ließen die IG Farben in Monowitz ein Buna-Werk errichten, das als Teil des KZs immer mit arbeitsfähigen Häftlingen beliefert wurde.

Doch die Urteile des im August 1947 eröffneten Prozesses wurden dieser Schwere der Verbrechen in keiner Weise gerecht. Nach über 150 Verhandlungstagen, der Sichtung von mehr als 6.300 Dokumenten und der Anhörung von fast 200 Zeugen wurden die angeklagten Vorstandsmitglieder zu Strafen verurteilt, die „jedem Hühnerdieb damals zur Freude gereicht hätten", wie der Spiegel später kommentierte.

Nur 13 von 23 Angeklagten wurden überhaupt verurteilt. Zwei Angeklagte wurden zu 8 Jahren verurteilt, der Rest zu kürzeren Haftstrafen, die teilweise mit der Untersuchungshaft abgegolten waren.

Zwar hatte die Alliierten ausgehend vom Potsdamer Abkommen im Kontrollratsgesetz Nr. 9 vom 1. Dezember 1945 festgelegt, den IG Farben-Konzern zu entflechten, doch mit den Industriellen hatte man Besseres vor. So befürchtete der amerikanische Ankläger Jackson bereits im Oktober 1946, daß die „öffentliche Attacke gegen die Privatindustrie – und zu einer solchen würde es im Laufe der Prozesse kommen – den Industriekartellen den Mut nehmen könnte, weiterhin mit unserer Regierung im Rahmen der Rüstungsmaßnahmen, die im Interesse unserer zukünftigen Verteidigung getroffen werden müssen, zusammenzuarbeiten."

Die VVN in der Deutschlandpolitik

Der Ost-West-Konflikt machte natürlich auch vor der VVN nicht halt. Im Zusammenhang mit der VVN-Ratstagung Mitte Oktober 1948 in Eisenach verstärkten sich die politischen Konfrontationen, die sich auf Vorwürfe gegen die SBZ bezogen. In allen Teilen der Westzone wurde die VVN in der Presse und von politischen Kräften aufgefordert, sich von „Menschenrechtsverletzungen in der SBZ" zu distanzieren, sonst sei sie nicht glaubwürdig.

Diese Angriffe kamen nicht überraschend, war doch die VVN eine der Organisationen, die klar gegen alle Spaltungstendenzen und Gefährdungen des Friedens durch Renazifizierung eintraten. Zwar wurde das Thema „Deutsche Einheit" auf der Eisenacher Tagung offiziell nicht berührt, doch die Forderungen, „eine größere Wachsamkeit gegen alle neofaschistischen Erscheinungen zu entfalten, einen leidenschaftlichen Protest gegen die Schonung der Kriegsverbrecher zu erheben und sich mit aller Tatkraft für die Förderung der Friedensbewegung einzusetzen", zielten eindeutig auf die Politik in den Westzonen.

Nun wurde die VVN gedrängt, Stellung gegen die Politik in der SBZ zu beziehen. Die bayerische Landesorganisation sah sich in dieser Situation außerstande, an der Eisenacher Ratstagung teilzunehmen. In Rheinland-Pfalz und Württemberg-Baden fanden außerordentliche Landeskonferenzen statt. Für die VVN-Nachrichten (VVN Württemberg-Baden) waren die Ursachen des Streits „in den Gegensätzen zwischen Ost und West, sowie den parteipolitischen Spannungen begründet." Und „die Delegierten werden zu entscheiden haben, welche Stellung die VVN zu den gegenwärtigen politischen Spannungen einnehmen soll," wobei „die Erhaltung der VVN zu einer Lebensfrage aller Verfolgten geworden" sei.

Zwar gab es Anträge, aufgrund der Spannungen die weitere Mitarbeit im Rat der VVN einzustellen, doch die Mehrheit folgte am 4.Dezember dem Landesausschuß: „Die politisch Verfolgten stehen trotz Zonen- und Weltgewitters in einem geeinten Lager. Sie werden so lange in der VVN vereinigt bleiben, bis das ganze deutsche Volk aus seiner erbarmungswürdigen Bedrängnis den Weg zum Frieden, zur Freiheit und sozialen Gerechtigkeit gefunden hat."

VVN-Kundgebung für Israel

1948 wurde der Staat Israel gegründet. Nachdem sich seit den 30er Jahren jüdische Verfolgte verstärkt in Palästina niedergelassen hatten, wurde auf Beschluß der UNO, der von der UdSSR und den USA unterstützt worden war, als eine Form der Wiedergutmachung ein eigener jüdischer Staat geschaffen.

Die Berliner VVN-Mitteilungen berichteten am 1. August 1948 von einer VVN-Kundgebung für Israel:

„Trotz der gespannten Lage in Berlin wurde am 24. Juni der Zirkus Barlay, in dem die Berliner VVN eine Palästina-Kundgebung abhielt, bis auf den letzten Platz gefüllt.

Die Veranstaltung wurde durch eine Erklärung des Vorstandsmitgliedes der VVN, Heinz Galinski, zu den jüngsten Zwischenfällen vor dem Berliner Stadthaus eingeleitet. In Vertretung des durch Teilnahme am World Jewish Congreß in Montreux verhinderten Dr. Fabian sprach der Vorsitzende der Repräsentantenversammlung der jüdischen Gemeinde zu Berlin, Amtsgerichtsdirektor Dr.Freund, der VVN im Namen aller Juden den Dank dafür aus, daß sie sich als erste Organisation zum Staate Israel bekannt habe.

Zur Gründung des Staates Israel führte Heinz Galinski aus, daß der neue Staat die Lösung des jüdischen Problems bringen wird und den Menschen das Recht zur Rückkehr in das Land ihrer Ahnen sichert.

Die Beziehungen zwischen den Juden und Nichtjuden könnten nun wieder in normale Bahnen geführt werden. Wenn der jüdische Staat schon zur Zeit der Ausrottungsmaßnahmen Hitlers bestanden hätte, wären sicher viele gerettet worden. Sodann wandte er sich dem Problem der 200.000 jüdischen DPs zu, die sich darauf vorbereiten, die Reise in ihr Heimatland anzutreten, in dem sie ein neues Leben beginnen können. (...)

Der Vertreter des Staates Israel in Berlin, Dr. Karl Liebstein, wurde von den Anwesenden mit großem Jubel begrüßt. (...)

Dr. Liebstein betonte, daß niemand besser die Sorgen und Nöte des jüdischen Volkes verstehen könne, als die Verfolgten des Naziregimes, die selbst schweres Leid erdulden mußten. Es sei zu hoffen, daß in der Zeit des Waffenstillstandes eine endgültige Lösung in der Palästinafrage gefunden würde.

Von den politisch Verfolgten brachte das Vorstandsmitglied der Berliner VVN, Walter Bartel, in seinem Schlußwort die Verbundenheit zwischen den rassisch und politisch Verfolgten des Naziregimes zum Ausdruck und betonte, daß die Sache des jüdischen Volkes auch die der VVN sei, die ihre Kräfte für sie einsetzen werde."

Internationale Gedächtniskundgebung Berlin: Empfang der Delegationen in der Staatsoper.

Internationale Gedächtniskundgebung für die Opfer des Faschismus, 8.–15. September 1948 in Berlin

II.

Die VVN in den 50er Jahren

Vom Ende des antifaschistischen Konsenses

Mit der Gründung der VVN als interzonale Organisation sollte die Stimme der Verfolgten und politischen Gegner des Naziregimes im politischen Gestaltungsprozeß der Nachkriegszeit ein eigenes Gewicht bekommen. Doch es stellte sich schon bald heraus, daß der Gestaltungsspielraum immer enger wurde. Noch waren die Grundzüge des antifaschistischen Konsenses in den verschiedenen politischen Organisationen bis hinein in die CDU sichtbar. Doch die politische Polarisierung zwischen denjenigen, die sich im Gefolge der konservativen Kräfte um Adenauer (CDU), Erhard (CDU) und Euler (LDP/FDP) im Zusammengehen mit westalliierten Kräften für eine Westintegration aussprachen, und denjenigen, die sich für eine gesamtdeutsche Orientierung einsetzten, zerstörte den gesellschaftlichen Konsens.

Die bekannte Redewendung von Konrad Adenauer: „Lieber das halbe Deutschland ganz, als das ganze Deutschland halb", macht deutlich, in welchem Maße es um Machtpolitik und politisch-ökonomische Interessen ging. Die Westintegration wurde zur Orientierung all derjenigen, die grundlegende gesellschaftliche und ökonomische Veränderungen im Gefolge der Aufarbeitung des Naziregimes ablehnten. So war die Verhinderung der in Landesverfassungen und Landesgesetzen geforderten Sozialisierungsmaßnahmen ein sichtbares Zeichen für das Abgehen von den Grundpositionen des antifaschistischen Konsenses.

Auch das Ziel der antifaschistischen Einheit fiel dieser machtpolitischen Neuorientierung zum Opfer. Kurt Schumachers massive antikommunistischen Attacken, die mit gleicher Schärfe von den Kommunisten beantwortet wurden, galten dem Ziel, die Einflußgröße der Sozialdemokratie in den Westzonen auf Kosten der KPD zu festigen.

In diesem Sinne wurde die sich in der VVN manifestierende antifaschistische Einheit zu einem Widerspruch, dem der SPD-PV mit Zwangsmaßnahmen, wie Unvereinbarkeitsbeschlüssen, Unterdrucksetzung von Mitgliedern und anderem beizukommen gedachte.

Die Befürworter des antifaschistischen Konsenses mußten Ende der 40er Jahre nicht nur gegen diese machtpolitischen Orientierungen ankämpfen, sondern auch gegen die westalliierten Besatzungsmächte, die durch Bi-Zone, Wirtschaftsrat und separate Währungsreform Fakten zur wirtschaftlichen und damit im Endeffekt auch politischen Spaltung Deutschlands gesetzt hatten. Mit großer Geschwindigkeit wurden Anfang der 50er Jahre die nächsten Schritte der Westintegration und damit der endgültigen Spaltung Deutschlands vollzogen.

Der Kalte Krieg in seiner kältesten Phase

Diese Entwicklung fand vor dem Hintergrund des sich auf internationaler Ebene verschärfenden Kalten Krieges statt.

Die Aufkündigung der Zusammenarbeit im Alliierten Kontrollrat, die Spannung um die Blockade Berlins, die forcierte Gründung eines westdeutschen Separatstaates BRD mit der Folge der Gründung der DDR, die Gründung der NATO und später des Warschauer Vertrages, die Bestrebungen der Integration der BRD in dieses westliche Militärbündnis und damit verbunden die Remilitarisierung und – als militärischer Übergang vom Kalten zum heißen Krieg – der Koreakrieg 1950/51 sind die Stichworte, die die politischen Rahmenbedingungen antifaschistischen Handelns prägten.

Diese Verschärfung der politischen Haltung richtete sich vom Westen aus gesehen auf die „Eindämmung der kommunistischen Gefahr" oder – wie die passende Militärstrategie dazu hieß – auf ein „roll back". Wenn der Hauptfeind für die politische Administration in den USA und im Gefolge auch für die Bonner Adenauer-Administration der Kommunismus war, dann mußte jeder Gegner dieser Politik, der für deutsche Einheit und gegen Westorientierung, für ein entmilitarisiertes Deutschland und gegen Remilitarisierung und Atombewaffnung eintrat, ein Kommunist oder zumindest ein Helfer der Kommunisten sein.

Ähnlich wie in der McCarthy-Kommunisten-Hysterie, der in allen Winkeln der USA und vor allem unter Intellektuellen kommunistische Verschwörer outete, galt auch in Westdeutschland jede Gegnerschaft zu dieser Politik als kommunistisch. Daß unter diesen natürlich auch Kommunisten zu finden waren, sie teilweise sehr geschickt Bewegungen initiieren und politisch beeinflussen konnten, ist dabei unstrittig. Das Siegel „kommunistisch" wurde jedoch zu einer Keule der innenpolitischen Repression, die sich gegen alle politisch kritischen Kräfte richtete, die sich mit der Aufkündigung des antifaschistischen Konsenses nicht abfinden wollten.

Besonders die Friedensbewegung stand unter dem „Verdacht" kommunistisch zu sein. Doch es zeigte sich, daß viele Millionen Bundesbürger in den Unterschriftensammlungen zur Volksbefragungen gegen die Wiederaufrüstung oder in der „ohne mich"-Bewegung, in den Demonstrationen gegen Remilitarisierung und drohender Atombewaffnung sich engagierten. Immer wieder wurde hervorgehoben, daß die Militarisierung die deutsche Spaltung vertiefen und nicht – wie es Adenauer propagierte – den Osten in die Knie zwingen würde.

Im Sinne ihrer gesamtdeutschen Orientierung engagierte sich die VVN in verschiedenen Bündniskonstellationen. Sie unterstützte die „Stalin-Note“ von 1952 ebenso, wie die Vorschläge der Volkskongreß-Bewegung, selbst mit Umsiedlern, Flieger- und Besatzungsgeschädigten, die nun eher zu den konservativen Kräften in der BRD zu rechnen waren, kooperierte sie in dieser Frage, wie auf dem Gelsenkirchener Kongreß 1951. Einen Rückschlag erfuhr diese Orientierung durch die Auflösung der VVN in der DDR im Februar 1953. Der Hinweis, daß in der DDR das Vermächtnis der Antifaschisten erfüllt sei und deshalb eine Organisation wie die VVN überflüssig sei, gab zwar die offizielle Sprachregelung wieder, war jedoch in keiner Weise dieser Entscheidung adäquat.

Zwar waren bereits Anfang der 50er Jahre von der VVN eigenständige westdeutsche Leitungsstrukturen geschaffen worden, doch mit dem Wegfall des Organisationsteils in der DDR wurde es deutlich schwieriger die spezifisch gesamtdeutsche Rolle der Organisation zu begründen.

Dabei darf nicht übersehen werden, daß auch mit DDR-Dependence die Handlungsmöglichkeiten der VVN wesentlich eingeschränkt worden wären. Denn seit Anfang der 50er Jahre wurden die Maßnahmen der politischen Verfolgung und Ausgrenzung gegen die VVN immer vielfältiger: Kundgebungs- und Demonstrationsverbote, Entlassungen aus dem öffentlichen Dienst, die oftmals in der Privatwirtschaft nachvollzogen wurden, polizeiliche Behinderung der Organisationsarbeit, Verbote von Zeitungen und Beschlagnahme von Materialien, verschärfte Überwachung durch Verfassungsschutz und politische Polizei, hinzukamen Pressekampagnen, Gerichtsurteile und andere Behinderungen.

Auch wenn sich die Innenminister der Länder nicht einigen konnten, so wurde doch das Verbot der Leitungsgremien und in mehreren Bundesländern auch ein Verbot der Landesorganisation durchgesetzt. Ende der 50er endlich bereitete die Bundesregierung ein Verbotsverfahrens gegen die Organisation der Verfolgten des Naziregimes vor.

Verengung des politischen Spektrums

Diese Verfolgung und Ausgrenzung konnte um so leichter gelingen, als die Organisation im Zuge dieses gesellschaftlichen Auflösungsprozesses des antifaschistischen Konsenses auch eine Verengung des eigenen politischen Spektrums erfuhr. Die politische Breite der Gründerjahre in der Westzonen VVN mit der anerkannten Präsenz von Kommunisten, die unstrittig im deutschen antifaschistischen Widerstand die größten Blutopfer gebracht hatten, wurde von außen massiv angegriffen. So lange jedoch gesamtgesellschaftlich der antifaschistische Nachkriegskonsens wirksam war, liefen solche Angriffe ins Leere.

Mit Veränderung der politischen „Großwetterlage“ konnten auch der Unvereinbarkeitsbeschluß der SPD wirksam werden, in vielen Landesverbänden entschieden sich prominente Sozialdemokraten – vor die Alternative zwischen SPD und VVN gestellt – für die Partei.

Nachdem die SPD offiziell gegen die VVN vorgegangen war, wurde es auch für die CDU-Mitglieder und andere nichtkommunistische Kräfte schwierig, diesem Druck standzuhalten.

Dabei hat sicherlich auch das Verhalten zahlreicher VVN-Funktionäre dazu beigetragen, Vorwände für mögliches Ausscheiden zu liefern. Denn große Teile der Organisation orientierten auf die KPD, die als einzige Kraft am antifaschistischen Nachkriegskonsens festgehalten hatte.

Daraus leiteten Kräfte innerhalb und außerhalb der Organisation die These von der „kommunistischen Tarnorganisation“ ab, ein Stempel, der seitens der SPD der VVN schon vor ihrer Gründung aufgedrückt worden war.

Und im Sinne des Prinzips der sich selbst erfüllenden Prophezeihung schieden 1949/50 vor allem in Bayern, NRW, Hessen und Hamburg bürgerlich-liberale Kräfte aus Leitungsgremien aus und gründeten eigene Organisationen, wie den „Landesrat für Freiheit und Recht“, den „Bund für Freiheit und Menschenwürde“ oder „Bund der Verfolgten des Naziregimes“.

Zumeist wurden diese Schritte mit der kommunistischen Dominanz in den Leitungsgremien begründet, die damit tatsächlich eingetreten war.

Damals verließen auch Mitglieder die Organisation, die in späteren Jahren wieder eng mit der VVN zusammenarbeiteten, z.B. Bernd Engelmann, Kurt Hirsch oder Eugen Kogon.

Daß bei diesen Austritten auch staatliche Instanzen der Adenauer-Administration aktiv und durchaus auch mit finanzieller Unterstützung mitgemischt haben, macht die politische Zielrichtung dieser Neugründungen deutlich.

Nachdem „die Anderen“ die VVN verlassen hatten, verengte sich das Spektrum in den Leitungsgremien tatsächlich sehr, obwohl die Organisation Versuche unternahm, Nichtkommunisten für die Vorstandsarbeit zu gewinnen. Ein zweiter Aspekt kam hinzu. Der BVN und staatliche Stellen sorgten dafür, daß öffentliche Zuwendungen für die VVN-Arbeit radikal gestrichen wurden. Allein in NRW sollen dies jährlich 200.000 DM gewesen sein. Da jedoch die politischen Aufgaben nicht geringer wurden und die Beiträge und Spenden die Kosten nicht abdeckten, sah man sich nach externer Unterstützung um.

Und man nahm die Hilfe der „Nationalen Front“ bzw. der „Volkskongreßbewegung“ in der DDR, die in der VVN einen Mitstreiter in ihrer deutschlandpolitischen Orientierung sahen, gerne an. So bekam die VVN Materialien, Broschüren und Plakate und andere Hilfestellungen.

Das Eintreten für Wiedergutmachung

Trotz der politischen Ausgrenzung war die VVN weiterhin Ansprechspartner der staatlichen Stellen in Fragen der Wiedergutmachung. Während auf der einen Seite das politische Handeln der Organisation unterdrückt wurde, fanden Forderungen und Stellungnahmen der VVN zur Entschädigung Eingang in die sich formierende Gesetzgebung.

Die VVN hatte sich als unbestrittene Interessenvertretung der Verfolgten und Gegner des Naziregimes durchgesetzt. Spektakuläre Aktionen, wie die Durchbrechung der Bannmeile um den Hessischen Landtag im Dezember 1949, führte zwar zu dem Vorwurf, „totalitäre Methoden“ anzuwenden, brachten aber meßbaren Erfolg für die Betroffenen.

Und so konnte die VVN mit vollem Recht immer auf ihre Erfolge und die Leistungen für die soziale Betreuung der NS-Opfer verweisen.

In allen Verfahren der Ländergesetzgebung zum Entschädigungsgesetz wurde sie angehört, wenn sie auch nicht in der Lage war, die Forderungen insgesamt durchzusetzen. Selbst auf die Formulierung des ersten Bundesentschädigungsgesetzes, das im Herbst 1953 in Kraft trat, konnte sie sichtbar Einfluß nehmen.

Erst mit der Fassung von 1956 und dem darin enthaltenen Paragraphen 6 BEG richtete sich die antikommunistische Keule auch im Entschädigungsrecht gegen die politischen Gegner des Naziregimes.

Dennoch blieb die VVN und Mitglieder ihrer Sozialkommissionen auch als Nichtjuristen vertretungsberechtigt für Betroffene vor den Sozial- und Verwaltungsgerichten in Wiedergutmachungsfragen. Die VVN tat alles, um diese Kompetenz durch Informationen, Fortbildung und Beratungen zu erhalten.

Gegen Renazifizierung

Nachdem Ende der 40er Jahre noch die Verfolgung von Nazi- und Kriegsverbrechern über Gerichte und Spruchkammerverfahren im Mittelpunkt stand, entwikkelte sich durch den „Frieden mit den Tätern", den diese Gesellschaft zu schließen begann, die Frage der Wiedereingliederung der Mitverantwortlichen zu einem größeren Problem. War es anfangs noch leicht, einen Polizei- oder Gestapoverantwortlichen mit Hinweis auf seine Vergangenheit aus dem neugewonnenen Amt zu entfernen, wurde mit dem 131er Gesetz der Renazifizierung des Beamten- und Verwaltungsapparates Tür und Tor geöffnet.

Und immer häufiger erlebten Antifaschisten, die wegen friedenspolitischer Aktivitäten verfolgt wurden, daß sie auf ihre früheren Verfolger, sei es im Polizeiapparat, im Staatsschutz oder vor Gericht, stießen.

Hier zu warnen und aufzuklären war eine der politischen Schwerpunkte der VVN-Arbeit. Vor allem, als sich selbst in der Adenauer-Regierung mit Hans Globke und Theodor Oberländer Täter und Verantwortliche für rassistische Verfolgung und Kriegsverbrechen in Amt und Würden befanden. Immer wies die VVN auf solch unheilvolle Kontinuitäten hin, die sie in Regierung, Polizei, Militär, Justiz und Wissenschaft nachweisen konnte. Da sie sich als Beleg auf Dokumente aus DDR-Archiven bezog, wurden diese VVN-Aktionen oftmals als „von der Ostzone gesteuert", abqualifiziert.

Nicht vom Osten gesteuert – obwohl dies von der Presse oftmals behauptet wurde – waren die zahlreichen neofaschistischen Gruppen, Militaristenverbände und SS-Traditionsgruppen, die sich in den 50er Jahren in der BRD zu tummeln begannen. Trotz des Verbotes der „Sozialistischen Reichspartei" (SRP) wurden zahlreiche gleichgerichtete Organisationen toleriert. Hiergegen agierte die VVN – oftmals gemeinsam mit den Bruderverbänden aus dem europäischen Ausland.

Die Kampagne gegen ein SS-Europa war dabei Bestandteil der Auseinandersetzung mit der Remilitarisierung und der Renazifizierung der Bundeswehr.

Die antifaschistische Enthüllungs- und Aufklärungsarbeit brachte manchen Skandal auf den Tisch, den zu bereinigen sich die Bundesregierung schon aus außenpolitischen Interessen genötigt sah.

Doch die Akzeptanz der VVN-Argumentation verlor für viele Menschen in der Bundesrepublik an Zugkraft, je mehr sich diese um ihr materielles Wohlergehen sorgten und im Zuge des „Wirtschaftswunders" tatsächlich zu einer deutlich spürbaren Verbesserung ihres Lebensstandards kamen. Daß dies oftmals erst durch harte soziale Kämpfe, wie dem Streik um die Lohnfortzahlung im Krankheitsfall, erreicht wurde, änderte für große Teile der Bevölkerung nicht das Gefühl, daß es aufwärts gehe und „man nicht immer mit der Vergangenheit konfrontiert werden müsse."

So führten „Kalter Krieg und Capri-Sonne", wie eine Dokumentation die 50er Jahre skizzierte, zu einschneidenden Veränderungen der politischen Handlungsmöglichkeit der VVN.

1949

2./3. April Ratstagung der VVN in Koblenz wird vom franz. Militärgouverneur verboten. (Ersatzort: Bad Salzhausen)

7./8. Mai Konflikte um den Befreiungstag in Hamburg

8. Mai Verabschiedung des Grundgesetzes im Parlamentarischen Rat

20. Mai Bildung eines Zonensekretariats für die amerikanischen Zone in Stuttgart

23. Mai Konstituierung der Bundesrepublik Deutschland

8. Mai–15. Juni „Frieden, nicht Untergang" – VVN-Ausstellung in Stuttgart

14. August Wahl zum 1. Deutschen Bundestag

10. September „Tag der Opfer des Faschismus", nicht nur von der VVN als Gedenktag begangen.

7. Oktober Konstituierung der Deutschen Demokratischen Republik

22./23. Oktober 15. Ratstagung der VVN in München, das westdeutsche Büro des Rates der VVN wird nach Frankfurt/M. verlegt

22. November Adenauer unterzeichnet „Petersberger Abkommen"

12. Dezember Aktion der hessischen VVN vor dem Wiesbadener Landtag

Dezember politischer Konflikt in Bayern um den Umgang mit Massengräbern von Dachau-Häftlingen

VVN und Spaltung Deutschlands

1948/49 beschäftigte das Thema „deutsche Einheit" die VVN im besonderen Maße. Als gesamtdeutsche Organisation war sie von einer möglichen Spaltung stark betroffen, wobei dies nur bedingt die Organisationsseite betraf.

Schon seit 1948 gab es zwei Sekretariate des Rates der VVN, in Berlin und in Hamburg. Auf der unteren Ebene existierten ein Generalsekretariat der VVN für die SBZ in Berlin, ein Zonensekretariat für die britische Zone in Hamburg, eins für die französische Zone in Koblenz und die Landesleitungen Bayern, Hessen und Württemberg-Baden. Selbst die zentralen Lagerarbeitsgemeinschaften zu Buchenwald, Dachau, Neuengamme Ravensbrück und Sachsenhausen hatten in der SBZ und in den Westzonen jeweilige Ansprechadressen.

Auf einer Konferenz im Mai 1949 erläuterte der Landesvorsitzende der VVN in Württemberg-Baden, Prof. Dr. Sultan, das gesamtdeutsche Verständnis der Organisation: „Wenn die VVN eine gesamtdeutsche Organisation ist, so sei sie es im Sinne der politischen Erziehungsarbeit und im Interesse des gesamtdeutschen Volkes." (Monatsbericht Mai 1949)

Das Eintreten der VVN gegen alle Bestrebungen zur Gründung eines westdeutschen Separatstaat führte zu Reaktionen der Alliierten. Anfang April 1949 wurde die geplante gesamtdeutsche Ratstagung der VVN in Koblenz, auf der Regierungsrat Alphonse Kahn zur deutschen Frage und zur Vorbereitung des Befreiungstages in Hamburg Stellung nehmen wollte, vom französischen Militärgouverneur ohne Begründung verboten. Zwar fand die Tagung unbehelligt in Bad Salzhausen (US-Zone) statt, doch zeigte das Verbot wie auch die Behinderungen des Hamburger Senats gegen die Veranstaltung zum Befreiungstag, daß der Aktionsradius einer gesamtdeutschen VVN eingeschränkt werden sollte.

Die Reaktion der Organisation auf diese Entwicklung war in mancher Hinsicht anachronistisch. Noch am 20. Mai 1949 trafen sich in Stuttgart Vertreter der Länder Bayern, Hessen und Württemberg-Baden, um ein Zonensekretariat für die amerikanische Zone zu bilden – drei Tage vor der Aufhebung der Zonen durch die Gründung der BRD. Erst nach der Gründung der DDR wurde Mitte Oktober 1949 das westdeutsche Büro des Rates der VVN nach Frankfurt/Main verlegt und mit größerer Verantwortung ausgestattet.

Daß das gesamtdeutsche Anliegen weiter aktuell blieb, zeigt der Beschluß der 3. Konferenz der Landessekretäre vom November 1949:

„1. Die Aufnahme von Verbindungen mit allen Gruppen und Kreisen, die den Frieden, die Verständigung und Einheit Deutschlands zum Ziel haben.

2. Die Durchführung von Besprechungen und Konferenzen anzuregen, welche auf gesamtdeutscher Grundlage die Lösung der nationalen Probleme im Geiste der Verständigung zwischen Ost und West anstreben." (Monatsbericht November 1949)

Nicht lange nach dem Inkrafttreten des Grundgesetzes, und in den folgenden Jahren immer wieder und bis heute sah sich die VVN genötigt, mit Schriften, Entschließungen, Appellen und Veranstaltungen für den Erhalt und die Respektierung des Grundgesetzes, insbesondere seiner antifaschistischen Aufträge, einzutreten.

Bayrische Debatten

Schon im Herbst 1948 spitzte sich in der Bayerischen VVN die Diskussion um die politische Richtung zu. Den Angriffen der SPD gegen die Organisation versuchte man mit dem Hinweis zu begegnen, daß die VVN in Bayern streng überparteilich zusammengesetzt sei. Um grundsätzliche Konflikte zu vermeiden, verzichtete der Landesverband sogar auf eine Teilnahme an der Tagung des Rates der VVN in Eisenach. Doch damit war der Streit nicht ausgestanden.

In einem Bericht aus München konnte die FR ihre Leser am 20. März 1949 darüber informieren, daß die Landesdelegiertenkonferenz der VVN-Bayern einen Beschluß gefaßt habe, „der vorsieht, daß ‚die VVN Bayern ihre Vertreter beim Rat der VVN' zurückzieht. Gleichzeitig wurde der Landesvorstand dazu ermächtigt, die zur Gewährleistung einer überparteilichen Arbeit des Rates unerläßlichen Voraussetzungen zu schaffen. Wenn diese Voraussetzungen geschaffen sind, dann soll der zuerst gefaßte Beschluß gegenstandslos werden. Weiter erhebt die VVN Bayern ‚schärfsten Protest gegen die Errichtung und Beibehaltung von KZ-Lagern, wo immer solche bestehen. Sie verurteilt besonders die Inhaftierung in solchen Lagern aus politischen Gründen'. In die Satzung der VVN wurde ein Paragraph eingefügt, nach dem Mitglied der Vereinigung nur werden oder bleiben kann, wer ausdrücklich jedes Regime ablehnt, das demokratische Freiheiten einschränkt."

Natürlich mußte ein solcher Beschluß lebhafte Diskussionen hervorrufen. Interessant ist jedoch das Abstimmungsergebnis: „49 Delegierte stimmten für den Antrag, 24 dagegen, 60 enthielten sich der Stimme." Die Mitglieder aus der KPD hatten zur Stimmenthaltung aufgerufen, da sie mit einem Mehrheitsentscheid – und sei er auch noch so überzeugend – nicht den Gegnern der Einheit Vorwände für eine Spaltung der VVN liefern wollten.

Noch einmal gelang es, einen paritätisch zusammengesetzten VVN-Landesvorstand mit Dr. Ludwig Schmitt (SPD) an der Spitze zu wählen. Doch schon zwei Monate später traten fünf Mitglieder des Landesvorstands unter Führung von Franz Fackler (CSU) und der Generalanwalt Dr. Auerbach aus der VVN aus und gründeten einen „Landesrat für Freiheit und Recht".

Nicht einmal 5 % der damals 18.000 Mitglieder der VVN folgten diesem Schritt.

Und so versprach man, „mit den Kameraden der VVN zum Wohle der Verfolgten Hand in Hand aufs engste zusammenarbeiten" zu wollen.

Auf einer außerordentlichen Landeskonferenz im Juni 1949 wählten die Delegierten mit Gaston Gundelfinger (SPD), Ernst Lörcher (KPD) und Dr. Michael Wolff (FDP) einen neuen überparteilichen Vorstand, und beschlossen, in den Rat der VVN zurückzukehren.

Besinnt Euch, Genossen

Eine Sozialdemokratin schreibt der SPD

Frau Gerda Ahrens aus Langenhorn mußte der SPD-Führung eine schriftliche Erklärung abgeben, warum sie noch der VVN angehöre, der Organisation, die die antifaschistischen Kämpfer des 3. Reiches vereinigt. Der Parteikassierer bekam den Auftrag, bei der Witwe mit vier Kindern zu kassieren und ihr dann das Parteibuch abzunehmen. Dieser SPD-Genosse konnte diesen schändlichen Befehl jedoch nicht ausführen! So hat die Genossin noch heute das SPD-Buch, aber der Ausschluß wurde getätigt, ohne die Mitgliedschaft zu befragen! Diese Genossin schrieb an die SPD u. a. folgendes:

„Hierdurch teile ich mit, daß ich immer noch nicht davon überzeugt bin, daß dieser SPD-Beschluß richtig ist. Ich kann nicht einsehen, daß die KPD-Genossen unsere Feinde sind. Der Feind steht nicht links, sondern nach wie vor rechts. Wenn man aber auf Seiten der Kriegsinteressenten steht und die Interessen der ausländischen Machthaber unterstützt, dann kann man an den Fehlern nicht lernen. Die Kriegsgefahr, die doch durch eine ausgesprochene Russenhetze entstanden ist, haben meiner Ansicht nach alle Sozialisten energisch zu unterbinden. Ehrliche und sachliche Kritik ist immer angebracht, aber was heute sich im politischen Leben wieder abspielt, ist gefährlich und führt zu einer neuen Katastrophe. Als Sozialistin und damit als hundertprozentige Kriegsgegnerin muß ich eine solche Haltung ablehnen.

Die SPD hatte 1945 und auch noch 1946 alle Chancen in der Hand. Durch die Koalition mit den rechten Parteien gaben wir alles wieder in die Hände der Reaktion. Hier in der Westzone liegen die Mittel in den Händen derer, die uns auch die Naziherrschaft beschert haben. Solange die Gefahr von rechts vorhanden ist, hat die Wiederstandsbewegung noch immer vereint zusammenzustehen. Wie aber ist die Haltung der SPD?

Den Frieden wahren können wir nur vereint mit allen sozialistischen Kräften und mit der konsequenten Haltung in bezug auf die Forderungen, die ja internationale Forderungen geworden sind. Da ich die Dinge klar sehe und den gefährlichen Weg der SPD, der ja immer weiter nach rechts geht, kann ich den Austritt aus der VVN nicht mitmachen. Als Frau und Mutter von vier Kindern kann ich nur solche Dinge mitmachen, die ich voll und ganz verantworten kann. Ein neuer Bruderkampf führt uns hinein in eine neue Barbarei. Allen SPD-Genossen möchte ich eine ernste Warnung geben. Denkt an die gemeinsamen Interessen, die vorhanden sind, und die Welt wird unser sein.

Freundschaft!

Gerda Ahrens, Wulffsblöcken 13.

Ich bin mir klar darüber, daß man mich heute ausschließen wird. Aber morgen werden alle sozialistischen Kräfte erneut vereint marschieren. D O.

Aus Hamburger Volkszeitung, 15./16.10.1949

Geschichtsarbeit der VVN

Am 8.Mai 1949 öffnete in Stuttgart eine Ausstellung der VVN „Frieden nicht Untergang" die Pforten. Sie war eines der vielen Beispiele antifaschistischer Geschichtsarbeit in diesen Jahren. Am 1. September 1948 war bereits in Berlin die große VVN-Ausstellung „Das andere Deutschland" über den Widerstandskampf eröffnet und in den folgenden Monaten in der ganzen SBZ gezeigt worden.

Im September 1947 war auf dem Schloßplatz in Stuttgart die erste Ausstellung zum Widerstand im Dritten Reich unter dem Titel „Die dagegen waren" gezeigt worden. Schon im Mai 1947 hatte die erste Tagung des Rates der VVN angeregt, „in allen Ländern im Rahmen der VVN Forschungsstellen über die deutsche Widerstandsbewegung zu gründen".

Es galt, das Vermächtnis des antifaschistischen Widerstandes in seiner ganzen Breite zu sichern. Schon im Oktober 1947 sah sich Dr. Edith Leffmann für die VVN Rheinland-Pfalz veranlaßt, gegen jegliche Legendenbildung, die den 20. Juli 1944 als die eigentliche „Widerstandsbewegung aus den Reihen der Offiziere und der bürgerlichen Schichten" ansehen wollte, öffentlich aufzutreten. (Unser Appell, 15.10.47)

„Weil wir die Organisation sind, die alle Deutschen vereint, welche gegen das Hitlerregime gekämpft haben, haben wir die ernste Verpflichtung, die Geschichte dieses Kampfes zu schreiben", begründete Karl Schirdewan die Aufgabenstellung für die VVN. So heroisch und vorbildhaft der Widerstand auch war, so wenig dürfe man übersehen: „Die deutsche antifaschistische Bewegung in der Illegalität ist keine siegreiche Bewegung gewesen. Sie hat nicht vermocht, große Teile des deutschen Volkes für den Kampf zu gewinnen. Sie wurde keine demokratische Volksbewegung, keine patriotische Bewegung, die den Schänder der nationalen und demokratischen Prinzipien, den Faschismus, mit eigener Kraft im Sinne des festen Bündnisses und vereint im siegreichen Schritt der internationalen demokratischen Kräfte geschlagen und vernichtet hätte. Das, was in Deutschland als Widerstandsbewegung bezeichnet wird, ist keine geschlossene Kraft gewesen, besaß keine einheitliche Führung und einheitliche Ausrichtung. Es bestand aus einer Vielzahl von Richtungen und Gruppen, die aber alle etwas gemeinsam hatten, den Sturz des Hitlerfaschismus."

Von dieser Offenheit des Geschichtsbildes ließ sich die VVN bei ihrer historischen Aufarbeitung leiten, wie es in der großen Dokumentation „Die Stimme des anderen Deutschlands" (Hamburg 1948) und im VVN-Jahrbuch von 1949 deutlich sichtbar wurde.

Erste neofaschistische Organisierungsversuche, Erfolge von SRP und DRP

In den ersten beiden Jahren nach der Befreiung vom Hitler-Faschismus entstanden auf lokaler und regionaler Ebene erste neofaschistische Gruppen um zumeist ehemalige Funktionsträger des Nazi-Staates.

In der britischen Zone gründete sich im November 1945 die „Deutsche Konservative Partei" und die „Deutsche Aufbaupartei", aus denen 1946 die „Deutsche Rechtspartei-Konservative Vereinigung" hervorging, ein Vorläufer der „Deutschen Reichspartei" (DRP).

Bei den Wahlen zum ersten deutschen Bundestag 1949 erzielte die DRP mit 273.000 Stimmen auf Anhieb fünf Mandate, die rechtskonservative „Deutsche Partei" erhielt 17 Mandate.

Unter den DRP-Abgeordneten, die sich als „Nationale Rechte" bezeichneten, befand sich neben dem später als Mitarbeiter der NSDAP-Reichspropagandaabteilung enttarnten Dr. Franz Richter alias Fritz Rößler auch der später NPD-Vorsitzende Adolf von Thadden.

Von der DRP spaltete sich 1949 die „Sozialistische Reichspartei" (SRP) ab. Zweiter Vorsitzender der SRP wurde 1950 der ehemalige Generalmajor Otto Ernst Remer, der am 20. Juli 1944 maßgeblich an der Niederschlagung des Putschversuches gegen Hitler beteiligt gewesen war und noch in den 80er Jahren von der militant-neofaschistischen „Freiheitlichen Deutschen Arbeiterpartei" (FAP) zum Spitzenkandidaten aufgestellt wurde.

Bis zu ihrem Verbot 1952 erzielte die SRP Wahlerfolge in mehreren Landtagswahlen, so in Niedersachsen 11% und 16 Mandate, in Bremen 8 Mandate. Nach dem Verbot der SRP gingen zahlreiche ihrer Aktivisten zur „DRP", aber auch zu „Bayernpartei" und zur „Deutschen Partei".

Die 1949 noch erfolgreiche DRP schaffte es, im Gegensatz zur „Deutschen Partei", CDU/CSU und FDP nicht, das neofaschistische Wählerpotential für sich zu gewinnen und erhielt bei den Bundestagswahlen 1953 nur noch 1,1% der Stimmen, in ihrem Kernland Niedersachsen noch 3,5%.

Neben diesen wahlpolitischen Formierungen hatten sich zahlreiche Gruppen und Organisationen gebildet, die im Jugendbereich („Wiking-Jugend"), im kulturellen Bereich („Deutsches Kulturwerk Europäischen Geistes"), im völkisch-religiösen Spektrum („Deutsche Unitarier") oder im Spektrum des Revanchismus („Witiko-Bund") tätig waren und alte und junge Faschisten sammelten. Nicht zu vergessen die zahlreichen Funktionsträger des Nazi-Staates, von denen im parteipolitischen Spektrum Globke und Oberländer nur die Spitze des Eisberges bildeten und die an den Schaltstellen des „neuen" Deutschland wirkten.

Die VVN gehörte zu den aktivsten Kräften, die die Restauration der alten Kräfte offenlegte, anprangerte und von Anfang an für ein Verbot und die Auflösung dieser Nachfolgeorganisationen der NSDAP eintrat.

V.N.

VVN durch den wiedererstehenden Faschismus von Beginn an herausgefordert: Kundgebung in Hamburg am 19. April

Der Kampf der VVN um Wiedergutmachung

Im Streit um die Wiedergutmachung nationalsozialistischen Unrechts und die Auszahlung von finanziellen Hilfen für Widerstandskämpfer und NS-Verfolgte leistete die hessische VVN zwei vielbeachtete Beiträge.

Anfang August 1949 demonstrierten 80 Frauen und Männer der hessischen VVN vor dem IG-Farben-Hochhaus in Frankfurt, dem Sitz der amerikanischen Militärregierung. Trotz Aufmarsch der amerikanischen Militärpolizei kam es jedoch zu keinen Zwischenfällen. Diese Demonstration sei ein „stummer Ausdruck der Not und Verzweifelung", in die die Opfer des Faschismus durch die seit vier Jahren verschleppte Wiedergutmachung hineingeraten seien, erklärte die VVN. Die Demonstranten trugen Plakate mit Losungen wie: „Wir fragen Mr. McCloy: Warum verzögern Sie die Wiedergutmachung ?" – „Wo bleibt der soziale Lastenausgleich ?" – „Warum werden die Kriegsgewinnler unterstützt?" – „Zehn Prozent weniger Besatzungskosten und die Mittel zur Wiedergutmachung sind da!"

Auch gegen das Verhalten der Landesregierung in dieser Angelegenheit richtete sich der Protest der VVN. Besonders empörend empfanden es die ehemaligen Verfolgten, daß ihnen vom hessischen Finanzministerium bei Antrag auf Haftentschädigung ein Formular mit 240 Fragen, die zu beantworten waren, vorgelegt wurde.

Gegen solche Verbürokratisierung und Verschleppung der Wiedergutmachung protestierte die VVN am 12. Dezember mit einer demonstrativen Aktion in Wiesbaden. „Wir wollen keine Almosen, wir fordern unser Recht !" und „Wir sind Antifaschisten – Kämpfer des Friedens" war auf den Transparenten zu lesen, die mehrere tausend Demonstranten vor dem hessischen Landtag entrollten.

Als die große Koalition im Landtag einen Antrag der KPD, der die Forderungen der Verfolgten enthielt, ohne Aussprache in den Rechtsausschuß verwies, kam es vor und im Landtagsgebäude zu Tumulten. In aller Hektik brachte daraufhin die SPD einen Dringlichkeitsantrag ein, der den Verfolgten noch vor Weihnachten eine Vorschußzahlung auf die Haftentschädigung bis zu 500 DM zubilligte. Dieser Antrag wurde einstimmig angenommen.

Um sich nicht noch einmal durch Proteste erschrecken zu lassen, beschloß das Kabinett, den Landtag durch Errichtung einer Bannmeile gegen „antidemokratische" Aktionen zu schützen.

Wiesbadener Tagblatt

Verlag und Redaktion: Herrnmühlgasse 11; Anzeigen-Hauptannahme: Langgasse 17 (Sporthaus Schneider). Fernruf: 25538 / 25678. Samm.-Nr. 59627. Erscheinungsweise: Täglich außer sonntags; Bankkonten: Nassauische Landesbank, Vereinsbank Wiesbaden, Postscheckkonto: Frankfurt a. M. 7465

Anzeigenpreise: Die 11 gespaltene Millimeterzeile 30 Pf., Privatanzeigen 15 Pf. Amtliche Bekanntmachung 15 Pf., Preisliste Nr. 1. Der Bezugspreis monatlich DM 2.75, zuzüglich 45 Pf Trägerlohn. Der Postbezug monatlich DM 3.10 (einschließlich 36 Pf. Postzeitungsgebühr) und zuzüglich 54 Pf. Zustellgebühr

92./97. JAHRGANG / NUMMER 76 — DONNERSTAG, DEN 15. DEZEMBER 1949 — PREIS 15 PF

VVN-Aktion setzt Landtag unter Druck

Tumultartige Demonstrationen / Sofortige Vorschußzahlung auf Haftentschädigung beschlossen

Minister und Abgeordnete wurden bedroht ...

Wiesbaden, 14. Dez. (Eigener Bericht) Der Landesvorstand der VVN hatte für Mittwochmorgen zu einer Protestaktion aufgerufen. Etwa 1500 politisch, rassisch und religiös Verfolgte, die angeblich aus allen Teilen Hessens zusammengekommen waren, hatten sich mit Transparenten ausgerüstet und erschienen zum Teil auch in ehemaliger Häftlingskleidung gegen 10 Uhr vor dem Gebäude des Hessischen Landtages am Schloßplatz. Dort hatte inzwischen die 70. Plenarsitzung des Landtages begonnen, und entsprechend dem Vorschlag des Ältestenrates war die Behandlung eines KPD-Antrages mit den VVN-Forderungen an den Rechtsausschuß überwiesen worden.

Als diese Tatsache der Menge vor dem Landtagsgebäude bekanntgegeben wurde, kam es zu Tumultszenen, die schließlich das Eingreifen einer größeren Polizeieinheit notwendig machten. Unter dem Druck der steigenden Erregung der Demonstranten wurde im Plenum des Landtages schließlich nach einer Sitzungsunterbrechung ein Dringlichkeitsantrag eingebracht, der vorsieht, daß den politisch, rassisch und religiös Verfolgten noch vor Weihnachten ein Vorschuß auf ihre Haftentschädigung bis zu 500 DM auszuzahlen ist. Ein weitergehender Antrag der KPD zum Wiedergutmachungsgesetz verfiel der Ablehnung.

Der Ablauf der Landtagsitzung war inzwischen den Demonstranten vor dem Haus laufend durch Lautsprecher mitgeteilt worden. Sprecher war dabei der kommunistische Landtagsabgeordnete Carlebach, der ja auch der erste Vorsitzende der VVN ist. Die Erregung der Protestierer wuchs noch einmal, als Minister und Abgeordnete nach Beendigung der Landtagsitzung das Parlamentsgebäude verließen. Sie wurden mit Sprechchören empfangen und auch gewaltsam behindert. Tumultszenen spielten sich auch an der Vorhalle des Landtagsgebäudes ab, bis schließlich kurz nach 13 Uhr ein Sprecher den Demonstranten bekanntgab, daß ihr Ausharren insofern von Erfolg gekrönt sei, als die Durchführungsverordnung zum Wiedergutmachungsgesetz noch im Laufe des Tages vom hessischen Kabinett verabschiedet werde. Der VVN-Landesvorstand forderte die Demonstranten auf, den Ministern und Abgeordneten das Verlassen des Landtagsgebäudes nicht weiter zu verwehren, worauf die Demonstranten eine Gasse bildeten, durch die die Volksvertreter das Landtagsgebäude verlassen konnten.

Der stellvertretende hessische Ministerpräsident Dr. Hilpert erklärte am Nachmittag, es sei unmöglich, daß Landtag und Regierung unter dem Druck von Demonstranten arbeiten. Deshalb werde um das Landtagsgebäude in Wiesbaden eine „Bannmeile" gezogen werden, wie das auch in anderen demokratischen Ländern und Hauptstädten üblich sei. Die Regierung lehne es ab, sich von Elementen beeinflussen zu lassen, die totalitären Prinzipien huldigten. Die Regierung sei selbstverständlich bereit, jede Delegation zu empfangen und ihre Wünsche anzuhören.

Gefährlicher Weg

J. Sch. Was sich gestern in dem Hessischen Landtag und vor dem Landtagsgebäude in Wiesbaden durch die Protestaktion der VVN (Vereinigung der Verfolgten des Naziregimes) abspielte, hat in vielerlei Hinsicht erhebliche Bedeutung. Zwar ist der Landtag von den Demonstranten der VVN nicht gerade gestürmt worden, wie von einer Stelle zunächst ziemlich arlamierend gemeldet wurde, worauf, auch von Bonn aus, verschiedene fernmündliche Anrufe in Wiesbaden erfolgten, um eine Klarstellung der Vorfälle zu erhalten. Aber diese sind bedenklich genug. Sie lassen einen Weg erkennen, dessen Ende vorauszusehen ist, wenn er weiter beschritten werden sollte.

Der Tatbestand in seinen Einzelheiten ergibt sich aus unserem ausführlichen Bericht. Daß der KPD-Antrag mit der Forderung der VVN entsprechend dem am Dienstag gefaßten Beschluß des Ältestenrates mit großer Stimmenmehrheit dem Rechtsausschuß überwiesen wurde, war geschäftsordnungsmäßig richtig. Zweckmäßiger wäre es allerdings gewesen, wenn man es nicht zu dem Demonstrations-

Protestaktion der VVN im Dezember 1949 vor dem Hessischen Landtag. Mit Mikrophon: Emil Carlebach.

1950

4. Februar Peter Lütsches (ehemals Vorstandsmitglied der VVN NRW und im Zonenausschuß) verkündet die Gründung eines nichtkommunistischen „Bundes der Verfolgten des Naziregimes" (BVN)

Februar Gründung einer eigenen westdeutschen Ausgabe „Die Tat", Redaktion in Frankfurt/M.

25/26. Februar 16.Ratstagung der VVN in Stuttgart

10. März Kundgebung der VVN-Bayern gegen Verzögerung der Wiedergutmachung

19. März Stockholmer Friedensappell fordert Ächtung der Atomwaffen

11. Mai Bayerische Ministerrat erörtert die wiederholten Schändungen jüdischer Friedhöfe

15. Juni Bundestag beschließt Europarats-Beitritt

25. Juni Beginn des Korea-Krieges

2. Juli Auflösung der Zonenvertretungen der VVN und Überleitung der Aufgaben in das Ratssekretariat

29. August Adenauers Geheimmemorandum zur Aufstellung eines westdeutschen Wehrkontingents

19. September „Adenauer-Erlaß" – VVN-Mitglieder können aus dem öffentlichen Dienst entfernt werden.

11. Oktober Gustav Heinemann (CDU), der sich gegen die Wiederaufrüstung ausspricht, wird als Bundes-innenminister entlassen

28./29. Oktober 19. Ratstagung der VVN in Hamburg

7. November Gesetz über die Errichtung des Bundesamtes für Verfassungsschutz

VVN im ersten Halbjahr 1950

Aus dem Bericht des Ratssekretariats für das erste Halbjahr 1950

„Die Friedensarbeit hat sich im Laufe der Berichtsmonate nicht nur auf Resolutionen der Landes- und Kreisorganisationen beschränkt, sondern auf die konkrete Organisierung örtlicher Friedenskomitees. Darin ist die VVN in sehr vielen Gebieten führend gewesen."

„Der Versuch des Raubes der VVN-Zeitung zwang die VVN, raschest eine eigene Zeitung zu schaffen. In Zusammenarbeit mit den Landesorganisationen wurde Anfang Februar 1950 ‚Die Tat' in Frankfurt/M. geschaffen ... Die Redaktion unseres Organs ‚Die Tat' bemüht sich, ein wirkliches Sprachrohr der Organisation zu werden. Es kann jedoch nicht geleugnet werden, daß das gegenwärtige Gesicht der Zeitung nicht allen Lesern gefällt. Der Zeitung wird Einseitigkeit vorgeworfen und zum anderen der Vorwurf gemacht, daß die Behandlung des Kampfes um den Frieden einen zu breiten Raum einnimmt und die Probleme der Wiedergutmachung dabei zu kurz kommen."

„Die Sozialarbeit im Rahmen des Ratssekretariats übernahm der Kamerad Alphonse Kahn ... In einer Reihe von Einzelfragen gelang es, jeweils die Meinung der Verfolgten durchzusetzen und ihre Interessen zu wahren.

Eine Fühlungnahme der Sozialabteilung mit den zuständigen Instanzen in Bonn konnte ebenfalls in verschiedenen Fragen eine Klärung herbeiführen. Trotz der Versuche einzelner Vertreter des BVN in Bonn

Die Tat

WOCHENZEITUNG DER VVN FÜR EINHEIT, FRIEDEN UND DEMOKRATIE

1. Jahrgang / Nr. 2 Frankfurt a. M., 11. März 1950 Einzelpreis —.25 DM

Einheit Deutschlands – Frieden der Welt

Der „Führer" ging, die Routiniers blieben

Reinigt die Ministerien!

Offener Brief der VVN, Kreisvereinigung Bonn

Wer braucht die Nazis?

Westdeutsche Schwerindustrie präsentiert Hitler-Rezept:

Rüsten oder stempeln!

Bonn verfolgt VVN - Nazis marschieren auf

„Wir werden weiter marschieren . . ."

„Das ist der Rädelsführer, der kennt die Verfassung"

Seit 1950: „Die Tat"

Momentaufnahmen aus zwei Ausgaben vom 29. April und 6. Mai. „Die Tat" druckt einen Offenen Brief der VVN mit der Forderung „Reinigt die Ministerien!" Acht Namen von NS-Belasteten – darunter Hans Globke, Staatssekretär Adenauers – werden genannt, die in hohen Regierungsämtern sitzen. Weitere 22 Namen nennt die nächste „Tat".

konnte festgestellt werden, daß die VVN als die Organisation angesehen wird, die ihrer Mitgliederzahl gemäß eine entsprechende Würdigung finden muß ... Die Herausgabe eines Sozialpolitischen Handbuchs wird in den nächsten Wochen abgeschlossen."

„Der Ermittlungsdienst, der in ständiger Verbindung mit dem Such- und Meldedienst in ganz Deutschland steht, ... hat in den Berichtsmonaten 1950 mehr als 20.000 Fälle bearbeitet und damit eine ganze Reihe von Verbrechern gegen die Menschlichkeit entlarvt und der Justiz übergeben. Andererseits wertvolle Aufklärungsarbeit ge leistet, um den tausenden Angehörigen ermordeter Widerstandskämpfer behilflich zu sein."

„Der Beschluß, in Sachsenhausen/Oranienburg, München/Dachau, Tuttlingen und Dortmund Befreiungsfeiern durchzuführen, wurde realisiert, wenn auch beträchtliche Mängel in der Vorbereitung dieser Befreiungsfeiern zu verzeichnen waren. Außer diesen 4 zentralen Befreiungsfeiern fanden in mehr als 100 Kreisorganisationen in ganz Deutschland solche Befreiungsfeiern statt."

Eugen Kogon über die VVN

Mit äußerster Schärfe ging Eugen Kogon, der im Februar 1950 aus der VVN austrat, in einem Leitartikel der „Frankfurter Rundschau" mit der VVN ins Gericht. Unter der Titel „Die VVN und die Stalinisten" schrieb er u.a.:

Mehr und mehr zeigte sich aber, daß die unmittelbaren Interessen der Verfolgten nur als Vorspann für die SED-Politik benutzt werden. Die Steuerung ging, besonders nach dem Austritt der Sozialdemokraten, die als erste die Konsequenzen zogen, rasch vollends in die Hände der Stalinisten.

Wie sah denn die Politik der VVN seither aus? Das ist mit wenigen Worten gesagt: Sie tritt energisch gegen „eine Remilitarisierung in Westdeutschland" auf – und billigte stillschweigend die Remilitarisierung in der Sowjetzone. Sie „kämpft" unentwegt für den Frieden – indem sie mit Lautstärke verkündet, daß der Westen ihn störe und einen Krieg vorbereite. Sie will um jeden Preis die deutsche Einheit – unter der Herrschaft der SED, des von ihr kontrollierten „Volkstages" und „Volksrates" (in denen die VVN offiziell vertreten ist) sowie der berüchtigten „Verwaltung des Innern", mit ihrer Abteilung K 5, der politischen Geheimpolizei; vorige Woche trat die VVN bei ihrer Ratstagung in Stuttgart gar noch für die „Nationale Front" ein (...) Wer in der VVN bleibt, unterstützt den Versuch des Stalinismus, uns eines Tages dem östlichen Terrorsystem einzuverleiben.

Der Lütsches-Coup – die Gründung des BVN

Die Angriffe auf die Einheit der VVN flammten nach dem Unvereinbarkeitsbeschluß der SPD im Sommer 1949 erneut auf.

Mitte Juni forderten 25 Mitglieder der britischen Zone, die „Bereinigung der VVN von einseitig kommunistischem Einfluß". Im Vorfeld des Gedenktages für die Opfer des Faschismus im September 1949 fühlte sich die „Frankfurter Rundschau" zu der Aussage bemüßigt: „Die VVN wollte der Hüter ihres Vermächtnisses sein. Sie hat vor dieser Aufgabe versagt. Andere werden sie darum neu aufzunehmen haben." (FR 9.9.49)

Wer diese anderen sein sollten, erfuhren die Leser erst Anfang 1950, als unter der Überschrift „nichtkommunistischer Verfolgtenbund gegründet" vermeldet werden konnte: „Führende nichtkommunistische Funktionäre der VVN haben am Samstag in Düsseldorf den „Bund der Verfolgten des Naziregimes" (BVN) gegründet und gleichzeitig ihren Austrit aus der VVN bekanntgegeben." (FR, 6.2. 50) Maßgeblicher Organisator dieser Neugründung war Peter Lütsches, Düsseldorf, als CDU-Mitglied seit 1946 im Vorstand der VVN NRW.

Lütsches spielte seit Mitte 1949 ein „doppeltes Spiel". Als der verantwortliche Redakteur der Zeitschrift „Das zwanzigste Jahrhundert" gestaltete er gemeinsam mit Wolfgang Müller das VVN-Verbandsorgan und erklärte, sich für die Überparteilichkeit der Organisation und deren finanzielle Konsolidierung einsetzen zu wollen, gleichzeitig begann er, Personen für einen Austritt aus der VVN zu motivieren.

Am 25. Januar 1950 zog er in einem „Bericht über die Notwendigkeit der Sprengung der VVN" an das Bundesinnenministerium Bilanz seiner Bemühungen: „Die nachstehend bezeichneten Mitarbeiter der VVN sind bereit, ihre Organisation sofort zu veranlassen, sich an einem bestimmten Ort in Westdeutschland zu versammeln, einen Aufruf zu verfassen und mit einem Schlage der VVN ein Ende zu bereiten."

Es folgen 10 Namen von Mitgliedern aus München, Wuppertal, Düsseldorf, Hannover und Hamburg, wobei Lütsches darauf verwies: Der BVN „kann nur mit Erfolg ins Leben gerufen werden, wenn es gelingt, diejenigen für einen bestimmten Zeitraum materiell zu sichern, die noch in Diensten der VVN stehen und bereit sind, sie morgen bereits zu verlassen."

Mit Sinn für dramatische Effekte telegrafierte Lütsches am 3. Februar 1950 an Bundesinnenminister Heinemann:

„Scharfsten Druck ausgesetzt muß ich in Aussicht gestellten Schnitt unter Anwendung aller propagandistischen Mittel Samstag Nacht vollziehen."

Bei einem anschließenden Gespräch, sagte ihm der Bundesinnenminister großzügige finanzielle Unterstützung zu. Lütsches schöpfte somit aus dem Vollen. Innerhalb eines Monats gab er – wie er selbst berichtete – über 30.000 DM für den Aufbau der Organisation aus.

Diesem hohen materiellen Einsatz entsprach jedoch nicht das Ergebnis. Abgesehen von dem „Landesrat für Freiheit und Recht" in München und dem „Bund für Freiheit und Menschenwürde" in Hessen, dem sich solch prominente Nazigegner,

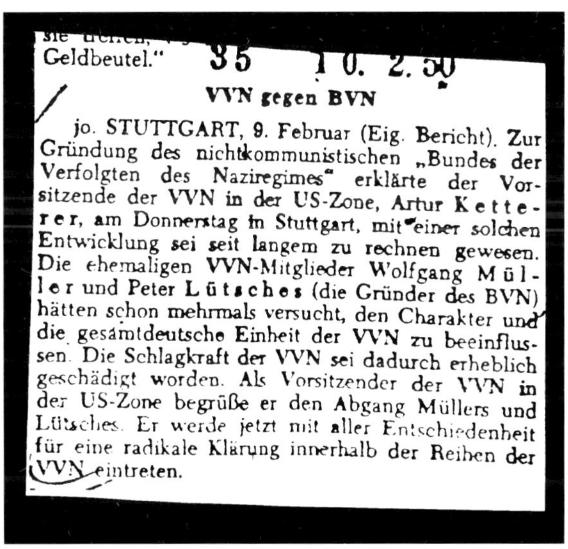
Geldbeutel." 35 10. 2. 50

VVN gegen BVN

jo. STUTTGART, 9. Februar (Eig. Bericht). Zur Gründung des nichtkommunistischen „Bundes der Verfolgten des Naziregimes" erklärte der Vorsitzende der VVN in der US-Zone, Artur Ketterer, am Donnerstag in Stuttgart, mit einer solchen Entwicklung sei seit langem zu rechnen gewesen. Die ehemaligen VVN-Mitglieder Wolfgang Müller und Peter Lütsches (die Gründer des BVN) hätten schon mehrmals versucht, den Charakter und die gesamtdeutsche Einheit der VVN zu beeinflussen. Die Schlagkraft der VVN sei dadurch erheblich geschädigt worden. Als Vorsitzender der VVN in der US-Zone begrüße er den Abgang Müllers und Lütsches. Er werde jetzt mit aller Entschiedenheit für eine radikale Klärung innerhalb der Reihen der VVN eintreten.

wie Dr. Auerbach und Eugen Kogon anschlossen, die sich jedoch als selbständig verstanden, gelang es dem BVN nicht, prominente VVN-Mitglieder oder gar eine größere Zahl von Mitgliedern zu gewinnen.

Beim Internationalen Befreiungstag 1950 in Dachau bekennt sich der bayrische Justizminister und einstige KZ-Häftling Joseph Müller (CSU) dazu, es sei „mehr denn je nötig, alle antifaschistischen Kräfte zu einer gemeinsamen Front zusammenzuziehen."

Die Verfolgung der Verfolgten

Mit der Gründung des BVN verschärften sich die Angriffe auf die VVN. Ob in der Presse oder in der politischen Polemik, die VVN wurde nur noch als kommunistische Tarnorganisation bezeichnet.

Und – wie in einer selbsterfüllende Prophezeihung – führte der politische Druck tatsächlich dazu, daß nichtkommunistische Kräfte sich zurückzogen bzw. vor die Alternative: berufliche Perspektive oder VVN-Mitgliedschaft, gestellt, sich für das persönliche Wohlergehen entschieden.

Lütsches und der BVN jedenfalls setzten ihre Kampagne gegen die VVN und ihre Repräsentanten fort. So überreichte er im März 1950 dem Bundesinnenministerium und dem Staatsschutz zahlreiche Unterlagen der VVN, in denen KPD-Mitglieder denunziert wurden. Am 16. April wies er den Innenminister darauf hin, daß der 1. Vorsitzende der VVN Schleswig, Regierungsdirektor Steppart, immer noch in den Diensten der Bundesregierung sei. Am 4. Mai wandte er sich in einem Schreiben an Konrad Adenauer dagegen, daß in NRW immer noch Kommunen die Arbeit der VVN mit Haushaltsmitteln unterstützen würden.

Adenauer reagierte unverzüglich und forderte von Heinemann, dagegen „geeignete Schritte zu unternehmen." Schon am 15. Mai konnte auf der Konferenz der Länder-Innenminister ein entsprechender Beschluß gegen die VVN durchgesetzt werden.

Im Juni 1950 forderte Lütsches „Streng vertraulich" die VVN-Mitglieder Ministerialdirigent Dr. Marcel Frenkel, sowie die Regierungsräte Israel und Ungerer aus dem Ministerium zu entfernen, und Kommunisten aus allen Einrichtungen der Wiedergutmachungsarbeit, bis hin zu den Kurheimen für die Opfer des Nazismus zu verdrängen.

Im Sinne dieser politischen Denunziation war auch der Beschluß der Bundesregierung vom 19. September 1950 über „politische Betätigung von Angehörigen des öffentlichen Dienstes gegen die demokratische Grundordnung", das sogenannte „Blitz-Gesetz" zu verstehen.

In diesem Beschluß heißt es: „Wer als Beamter, Angestellter oder Arbeiter im Bundesdienst an Organisationen oder Bestrebungen gegen die freiheitliche demokratische Staatsordnung teilnimmt, ... macht sich einer schweren Pflichtverletzung schuldig", was die fristlose Entlassung zur Folge hatte. Und um keinen Zweifel aufkommen zu lassen, wer damit gemeint ist, formuliert die Bundesregierung: „Zu den Organisationen, deren Unterstützung mit den Dienstpflichten unvereinbar sind, gehören insbesondere ... 10. die Vereinigung der Verfolgten des Naziregimes (VVN)".

Hiermit waren die Verfolgten des Naziregimes zu Verfolgten der Adenauer-Administration geworden.

Hessische Regierung warnt vor Propagandaaktion der KPD

wb WIESBADEN, 26. April (Eig. Bericht). Die hessische Landesregierung erließ einen Aufruf an die Bevölkerung Hessens, in dem es unter anderem heißt:

Ein ‚Landeskomitee der Kämpfer für den Frieden' sammelt Unterschriften für eine Friedensbewegung, die nichts anderes ist, als eine getarnte bolschewistische Aktion.

Mit dieser Propaganda wollen KPD und VVN die Demokratie gefährden und ihre totalitären Bestrebungen fördern. Sie reden von Frieden, wollen aber den Krieg. Sie reden von Einheit, fördern aber die Zerreißung Deutschlands.

Die Landesregierung erwartet von jedem freiheitlich Gesinnten, daß er die Aufforderung zur Einzeichnung in die ausliegenden Listen ablehnt.

Keine Unterschrift für das bolschewistische System der Unterdrückung."

Bund hofft auf ein Verbot der VVN durch Länderregierungen

Bonn, 31. Juli (NZ). — Die Bundesregierung hoffe, daß die Landesregierungen von sich aus Maßnahmen gegen die einzelnen Landesverbände der VVN einleiten, um auf breitester Basis die Tätigkeit dieser eindeutig kommunistisch gesteuerten Organisation unterbinden zu können, erklärte ein Sprecher des Bundesinnenministeriums am Dienstag.

Vor den Trümmern des letzten Krieges protestieren Antifaschisten gegen eine erneute Aufrüstung: Demonstration der VVN in München, 1950

VVN – Teil der westdeutschen Friedensbewegung

Im April 1950 sah sich die hessische Landesregierung zu einem ungewöhnlichen Aufruf veranlaßt:

„Ein ‚Landeskomitee der Kämpfer für den Frieden' sammelt Unterschriften für eine Friedensbewegung, die nichts anderes ist, als eine getarnte bolschewistische Aktion. Mit dieser Propaganda wollen KPD und VVN die Demokratie gefährden und ihre totalitären Bestrebungen fördern. Sie reden vom Frieden, wollen aber den Krieg. Sie reden von Einheit, fördern aber die Zerreißung Deutschlands." (s. Faksimile auf der vorherigen Seite)

Was war es, das die Landesregierung so in Rage brachte? Die VVN hatte sich nach der Spaltung Deutschlands als politisches Ziel die Verhinderung der Remilitarisierung gesetzt. Es war offensichtlich, daß die Adenauer-Administration einen westdeutschen „Verteidigungsbeitrag" als Zementierung der Westintegration durchsetzen wollte.

Dagegen orientierte die VVN auf Bündnisse mit verschiedenen antimilitaristischen und pazifistischen Kräften. Ein Bericht des Ratssekretariats weist auf die konkrete Organisierung örtlicher Friedenskomitees hin. „Darin ist die VVN in sehr vielen Gebieten führend gewesen. Die 10 Landesfriedenskonferenzen in Westdeutschland waren alle von sehr starken VVN-Delegationen beschickt." Im Mittelpunkt stand der Stockholmer Appell des Weltfriedensrates zur Ächtung der Atomwaffen, unter den in Betrieben und Wohngebieten tausende von Unterschriften gesammelt wurden. Für die Verfolgten des Naziregimes war eine solche Haltung nur konsequent, hatten sie sich doch geschworen, für eine neue Welt des Friedens einzutreten.

Doch dieses Eintreten gegen Remilitarisierung galt bereits als kommunistisch. Und es kam die absurde Situation zustande, daß einerseits die Bundes- und Landesregierungen den 7. September 1950 als Gedenktag für die Opfer des Naziregimes begingen, Aktionen und Kranzniederlegungen der VVN aus diesem Anlaß als „kommunistische Demonstration" mit Polizeigewalt behinderten. In Frankfurt leitete gar der Polizeipräsident selber die Aktionen gegen die geplante VVN-Kundgebung mit Kranzniederlegung am Opferdenkmal.

Eine Pressekonferenz, auf der die VVN am nächsten Tag zu diesem Polizeieinsatz Stellung nehmen wollte, wurde polizeilich verboten, der damalige hessische Landesvorsitzende, Prof. Hans Mayer, verhaftet.

Im Oktober 1950 tritt Bundesinnenminister Gustav Heinemann (CDU) aus Protest gegen die beabsichtigte Wiederbewaffnung zurück. Er machte ein Kernproblem des Kalten Krieges sichtbar, als er u.a. erklärte:

„Wir müssen erkennen, daß die antisowjetische Hetze den Vorspann für die westliche Rüstungspolitik darstellt. Wenn wir den Frieden sichern wollen, müssen wir der antisowjetischen Hetze ebenso wehren wie der Hetze gegen irgendein westliches Volk, muß eine Bresche geschlagen werden in den blinden und pauschalen Antikommunismus, diese kriegsträchtige Mentalität bürgerlich-pharisäischer Selbstgerechtigkeit. Wir können mit den östlichen Nachbarn nicht im Frieden leben, wenn wir ihr politisches System aushöhlen und zum Zusammenbruch zu führen trachten. Wir haben gegen die Propaganda, welche die psychologische Bereitschaft zum Krieg schaffen soll, ebenso Widerstand zu leisten wie gegen die militärische Kriegsvorbereitung."

(Zitiert nach „Gesamtdeutsche Rundschau" vom 18.1.53)

1951

28. Januar Friedenskonferenz in Essen fordert Durchführung einer Volksbefragung gegen die Remilitarisierung

29. März Speidel und Heusinger, zwei Nazigeneräle, arbeiten an einem Zeitplan zur Aufstellung von 12 westdeutschen Divisionen.

14.–15. April Auf Initiative der VVN tagt in Gelsenkirchen der „Deutsche Kongreß der Widerstandskämpfer, Opfer des Faschismus und Krieges".

28. April Verbot der VVN Rheinland Pfalz

3.–5. Juni Trotz Verbot beteiligen sich über 6 Mill. Bürger an der Volksbefragung. 94,4 % sprechen sich gegen die Remilitarisierung und für den Abschluß eines Friedensvertrages aus.

30. Juni–2. Juli Gründung der FIR in Wien

11. Juli „Blitzgesetze" werden vom Bundestag verabschiedet. Auch Antifaschisten können auf dieser Grundlage als „Verfassungsfeinde" angeklagt werden.

26. Juli Bundeskabinett beschließt Verbot des Rats der VVN

27. Juli Verbot der VVN Niedersachsen

1. August Verbot der VVN Hamburg

2. August Polizeiliche Verbotaktion gegen das Büro des Rats der VVN in Frankfurt/M. Anweisung der Bundesregierung an die Länder, die VVN aufzulösen.

10. September Die traditionelle Kundgebung der VVN Frankfurt am Gedenkstein in der Gallusanlage wird verboten und polizeilich aufgelöst.

Für eine Volksbefragung gegen Remilitarisierung

Im Kampf gegen die Remilitarisierung Westdeutschlands entstand 1951 der Plan, eine Volksbefragung gegen Wiederaufrüstung und für einen Friedensvertrag durchzuführen. Diese Pläne deckten sich mit den Vorschlägen der Regierung der DDR, die in verschiedenen Noten und Erklärungen der Adenauer-Regierung solche Vorschläge unterbreitet hatte.

Der Wunsch nach Einheit Deutschlands auf entmilitarisierter Basis war nicht nur in der politischen Linken breit verankert. Es ergaben sich dabei selbst Bündnisse mit ehemaligen Kriegsopfern, die eher konservativ ausgerichtet waren.

Als originäre Bündnisorganisation lud daher die VVN vom 14./15. April 1951 nach Gelsenkirchen zu einem „Deutschen Kongreß der Widerstandskämpfer, der Opfer des Faschismus und des Krieges" ein.

Etwa 1.000 Delegierte waren dazu aus allen Teilen Deutschlands gekommen. Hier trafen sich Widerstandskämpfer, Kriegs- und Arbeitsversehrte, Umsiedler, Bomben- und Besatzungsgeschädigte. Gerade unter den Letztgenannten befanden sich auch national ausgerichtete Kräfte, die jedoch mit dem Ziel: „keine militärische Westeinbindung – für deutsche Einheit" übereinstimmten.

Die Leitung des Kongresses hatte das Mitglied des Rates der VVN, Ministerialdirigent a.D. Dr. Marcel Frenkel. Der Ehrenpräsident der FIAPP, Colonel Manhès, nahm als Gast teil. Bevor der Kongreß mit einer Friedenskundgebung am Mahnmal der VVN endete, nahm die Versammlung einstimmig ein Manifest „An das deutsche Volk" und eine Resolution an, die sich mit aller Entschiedenheit für die Durchführung einer Volksbefragungen gegen die Remilitarisierung und für den Abschluß eines Friedensvertrages aussprachen.

Diese Kundgebung der VVN war möglicherweise der letzte Anstoß für einen Beschluß der Bundesregierung, mit dem diese am 24. April 1951 die Volksbefragung verbot und die VVN zu einer derjenigen Organisationen erklärte, die wegen der Durchführung der Volksbefragung gegen die verfassungsmäßige Ordnung verstoße.

Doch trotz dieses Verbotes setzte sich die VVN weiterhin für die Volksbefragung ein, denn sie lasse sich – so die Erklärung des Rates der VVN vom 10. Mai 1951 – durch diktatorische Maßnahmen nicht davon abhalten, „ihren durch das Vermächtnis von Millionen Toten geheiligten Kampf für den Frieden fortzusetzen."

Fesseln für die VVN – Grünes Licht für die einstigen Nazi-Generäle Heusinger (links) und Speidel (rechts) zur Wiederaufrüstung.

„VVN vom Bund verboten“

So titelte die Frankfurter Rundschau ihren Bericht über den Beschluß der Bundesregierung vom 26. Juli 1951 gegen die VVN:

„1. Die Tätigkeit des >Rates der Vereinigung der Verfolgten des Naziregimes< (VVN) stellt einen Angriff auf die verfassungsmäßige Ordnung des Bundes dar. Der >Rat der Vereinigung der Verfolgten des Naziregimes< (VVN) ist daher gemäß Art. 9 Abs. 2 GG kraft Gesetzes verboten.

2. Die Landesregierungen werden gemäß § 5 Abs.1 des Gesetzes über die Zusammenarbeit des Bundes und der Länder in Angelegenheiten des Verfassungsschutzes vom 27.9.1950 (BGBl. S.682) ersucht, jede Betätigung im Sinne des >Rates der Vereinigung der Verfolgten des Naziregimes< (VVN) zu unterbinden.“

In einer fast zweiseitigen Begründung über die Geschichte der VVN stellte die Bundesregierung ins Zentrum ihrer Argumentation das Eintreten der VVN für die Volksbefragung „gegen Remilitarisierung und für den Friedenschluß im Jahr 1951“. Da diese Volksbefragung am 24. April verboten worden war, sah man in der Fortführung dieser Arbeit einen Angriff auf die verfassungsmäßige Ordnung der BRD.

Auch wurde der VVN vorgehalten, die Geschäfte der DDR zu besorgen. Bezugnehmend auf ein Zitat von Franz Dahlem aus dem VVN-Jahrbuch von 1951, worin er davon sprach: „Eine wichtige Aufgabe der VVN ist die Unterstützung der Politik der Regierung der DDR und ihre hervorragende Mitarbeit in der Bewegung der Nationalen Front des Demokratischen Deutschlands“, und der Aussage von Harry Kuhn, daß die VVN in Zukunft noch enger als bisher mit den Friedenskomitees und den Ausschüssen der Nationalen Front aufs engste zusammenarbeiten werde, titulierte nicht nur der BVN sie als „verlängerten Arm Pankows“.

Schon einen Monat vor dem Verbotsbeschluß gegen den Rat der VVN wurde am 23. Juni die Nummer 24 der „Tat“ wegen ihrer Berichte gegen die Remilitarisierung auf Anordnung der Bundesregierung beschlagnahmt.

Als am 27. Juni die FDJ verboten wurde, reagierte das Sekretariat des Rates der VVN mit scharfen Protesten, denn – so heißt es in einem Brief an die Landes- und Kreisverbände: „Kameraden denkt daran: Heute ist es die FDJ, morgen ist es unsere Organisation..“ Wie recht sie damit haben sollten, hat sicherlich niemand geahnt.

Die Reaktion auf das Verbot des Rates der VVN war unterschiedlich:

Niedersachsen preschte vor. Bereits am 27. Juli wurden sämtliche Geschäftsstellen und die Wohnungen zahlreicher Antifaschisten polizeilich durchsucht, Materialien, Geldbeträge und Flugblätter beschlagnahmt und „den Funktionären ausdrücklich eröffnet, daß eine Weiterführung des Geschäftsbetriebes verboten und damit strafbar sei.“ (Schnellbrief Nieders. Innenminister)

In Hamburg wurde am 1. August die VVN verboten, das Büro durchsucht und zahlreiche Akten und Unterlagen beschlagnahmt.

Erst am 2. August setzte die Frankfurter Polizei mit der Schließung des Büros des Rates der VVN den Beschluß der Bundesregierung auch praktisch um.

Gegen all diese Verbotsmaßnahmen ging die VVN auf juristischer und politischer Ebene vor.

Trotz weiterer Repressalien konnte die Arbeit der VVN dadurch fortgesetzt werden.

Der Senator für Sozialwesen

Gesch.- III lb - PRV -

Bln.-Wilmersdorf, den 18.9.1951
Hohenzollerndamm 29
Fernruf: 87 57 13 App. 226

Herrn
Ernst Krumnow

Berlin SO 36
Naunynstr. 79

Betr.: Ihr Antrag auf Übernahme der OdF-Anerkennung als politisch Verfolgter (PRV) v. 28.7.1949

Ihrem oben angegebenen Antrage auf Übernahme der OdF-Anerkennung als politisch Verfolgter (PRV) konnte nicht entsprochen werden.

Gründe:

Nach § 7 Ziffer lb ist die Übernahme der OdF-Anerkennung als politisch Verfolgter nicht möglich, bzw. muss eine Anerkennung zurückgenommen werden, wenn der Anerkannte Handlungen begeht, die eine Anerkennung nicht mehr als tragbar erscheinen lassen.

Wie festgestellt worden ist, sind Sie wegen Sammelns von Unterschriften zur Ächtung der Atombombe bestraft worden. Sie haben sich durch eine solche Handlungsweise, die geeignet ist, Unruhe in den westlichenSektoren hervorzurufen und das Ansehen des als politisch verfolgt anerkannten Personenkreises zu schädigen, bewusst gegen die demokratische Einrichtung und Ordnung Westberlins gestellt.

Aus diesen Gründen erscheint Ihre Anerkennung nicht mehr als tragbar, so dass Ihr Antrag abgelehnt werden musste.

Gegen diesen Entscheid steht Ihnen innerhalb 14 Tagen das Rechtsmittel der Beschwerde beim Schiedsgericht PRV zu. Die Beschwerde ist zu richten:

An den Senator für Sozialwesen - PRV-
Berlin-Wilmersdorf,
Hohenzollerndamm 31

Die Frist beginnt mit dem Tage der Zustellung dieses Bescheides.

i.A.
gez. Löffler

Beglaubigt
Siewert
Verw.Angest.

Die Gründung der FIR in Wien

Vom 30. Juni bis 3. Juli 1951 tagte in Wien der 1.Kongreß der Internationalen Föderation der Widerstandskämpfer (FIR).

Da die seit 1946 bestehende FIAPP durch die politischen Konflikte des Kalten Krieges an den Rand einer Spaltung gebracht worden war, einige sozialdemokratisch geprägte Verbände sich in der FILDIR zusammengefunden hatten, wurde die Gründung einer neuen Organisation notwendig.

Diese wurde im neutralen Österreich angesiedelt, um das Anliegen der Widerstandskämpfer und Verfolgten-Organisationen aus dem sich zuspitzenden Ost-West-Konflikt herauszuhalten.

Die wichtigsten Verbände der europäischen Widerstandskämpfer und aus Israel vereinigten sich in der FIR, um der Wiedergeburt des Nazifaschismus entgegenzutreten, die errungenen Freiheiten und die Werte der Widerstandsbewegung zu verteidigen, sowie die Bestrafung der Kriegsverbrecher zu fordern.

Oberst Frédéric-Henri Manhès, französischer Buchenwald-Häftling, wurde Gründungspräsident dieser Organisation, der von Anbeginn an auch die VVN als aktives Mitglied angehörte.

1952

13. Januar Delegiertenkonferenz der VVN für das Gebiet der BRD in Krefeld – Schaffung einer zentralen Leitung der VVN-Westdeutschland: Vorsitzender Dr. Marcel Frenkel

1. März Helgoland kommt wieder unter Verwaltung der Bundesrepublik

10. März „Stalin-Note“ zur Deutschlandpolitik

11.–16. April Internationales Buchenwald-Treffen

11. Mai „Friedenskarawane“ in Essen – Philipp Müller wird von der Polizei erschossen

26. Mai „Generalvertrag“ zur Europäischen Verteidigungsgemeinschaft (EVG) wird unterzeichnet.

13. Juni Zentrale Konferenz der VVN in Krefeld

14. August Lastenausgleichsgesetz für Kriegsbeschädigte, Flüchtlinge, Heimatvertriebene

27. August Tagung der zentralen Leitung der VVN in Dortmund

7. September „Internationales Grenzlandtreffen“ der VVN

10. September Unterzeichung des Wiedergutmachungsabkommens zwischen Israel und der Bundesrepublik Deutschland

14.–17. September „Internationale Kampfwoche“ der VVN

23. Oktober Verbot der Sozialistischen Reichspartei (SRP)

24./25. Oktober Treffen des internationalen Lagerkomitees in Buchenwald

18. November 3. Lesung des Generalvertrages scheitert im Bundestag

Die Neuformierung der Zentralen Leitung der VVN

Nachdem der Rat der VVN durch Polizeieingriff verboten worden war, waren die Landesverbände, soweit nicht auch gegen sie Verfolgungsmaßnahmen ergriffen worden waren, ohne ein gemeinsames Leitungsgremium. Zwar trafen sich zur politischen Abstimmung die Landessekretäre und andere Funktionäre, worin Bundesinnenminister Lehr – wie er am 27. März 1953 schrieb – den Versuch der Vorbereitung auf eine „illegale Tätigkeit“ entdeckte, habe man doch „die Anweisung gegeben, daß in Zukunft Mitteilungen und Anordnungen nur noch mündlich zirkulieren sollen.“

Doch die VVN legte eher Wert auf eine demokratisch gewählte Leitung. Am 13. Januar 1952 fand deshalb in Krefeld eine Delegiertenkonferenz der VVN für das Gebiet der BRD statt. Die Konferenz zog aus der Tatsache, daß mit der Verschärfung des Kalten Krieges eine gesamtdeutsche Struktur der VVN von der Adenauer-Regierung nicht mehr toleriert werden würde, die Schlußfolgerung, eine eigene zentrale Leitung für die westdeutsche VVN zu wählen. Es sollte eine Leitung sein, die „das wertvolle Erbe der Vergangenheit zu wahren weiß und das moralische Gewicht unserer Kampfgemeinschaft voll auszuwerten versteht, eine Leitung, die der Organisation eine politische und organisatorische Führung und systematische Anleitung gibt.“

Zum ersten Vorsitzenden wurde Dr. Marcel Frenkel, Düsseldorf, zum zweiten Vorsitzenden Wilhelm Koebele, Freiburg, der nach seinem Rücktritt im Herbst 1952 von Dr. Otto Jacobson, Heidelberg, ersetzt wurde, und zum Generalsekretär der ehemalige hessische Staatsminister Oskar Müller, Frankfurt, gewählt. Als politische Hauptaufgaben formulierte die Konferenz:

1. Aktive Teilnahme am Kampf für gesamtdeutsche Beratungen und für die Durchführung freier Wahlen in ganz Deutschland.
2. Verstärkter Kampf gegen Terror und gegen den Raub der demokratischen Rechte.
3. Aktionseinheit gegen den wiedererstehenden Militarismus und Faschismus.
4. Kampf gegen den Schuman-Plan.

Schon damals beschäftigte sich die VVN mit der Zusammenarbeit zwischen alten und jungen Antifaschisten, die man besonders in der FDJ sah. FDJler waren bekanntlich wegen ihrer spektakulären Aktivitäten im Friedenskampf von der Adenauer-Regierung verfolgt worden. Oskar Müller erklärte dazu:

„Wir alle freuen uns, daß auf der heutigen Konferenz die Jugend stark vertreten ist. Nehmen wir sie herein in unsere Reihen, dann werden die Erfahrungen der älteren Kameraden in Verbindung mit der Kühnheit und dem Mut der Jugend das Orchester bilden, das den Ewig-Gestrigen in Bonn aufspielen wird.“

Die von Beginn an von der Bundesregierung betriebene – lange Zeit geleugnete – Politik der Wiederaufrüstung forderte zu Protesten und Gegenaktionen heraus – von Kundgebungen der VVN (Foto: Kundgebung in München 1950) und einer breiten „Ohne-mich“-Bewegung bis zur großen Volksbefragung, die von der Bundesregierung als „staatsfeindlich“ verboten wurde. Dennoch erbrachte sie, trotz stärkster Behinderungen, über 9 Millionen Stimmen gegen die Remilitarisierung.

Zwischen „Stalin-Note" und General- vertrag

Hatten schon die VVN-Delegierten in Krefeld die Friedensfrage in das Zentrum der politischen Diskussion gestellt, so erlebte die Debatte im Jahr 1952 mehrere Höhepunkte.

Für die Gegner der Remilitarisierung war die „Stalin-Note" vom 10. März 1952 zur Deutschlandpolitik ein echter Hoffnungsschimmer. Wurde doch hierin die Bereitschaft der UdSSR erklärt, einer Wiedervereinigung Deutschlands, das keinem Militärbündnis angehören werde, zuzustimmen.

Für Adenauer, der den Vorschlag brüsk ablehnte, war diese Note „ein Fetzen Papier", wie er auf einer Tagung des Bundesverbandes der deutschen Industrie verlauten ließ.

Doch die Friedenskräfte erkannten deutlicher als zuvor, daß Wiedervereinigung und Wiederaufrüstung mit NATO-Einbindung unvereinbar sein würden.

Die VVN und andere antifaschistische Kräfte demonstrierten im April auf dem Buchenwald-Treffen ihre Besorgnis über die Rüstungspläne. Gewerkschaftliche und politische Jugendgruppen bereiteten für den 11. Mai eine „Friedenskarawane der Jugend" durch Essen vor.

Diese Friedensdemonstration von mehreren tausend Jugendlichen wurde – kurz zuvor verboten – von der Polizei brutal zusammengeknüppelt, ein Demonstrant, Philipp Müller, wurde von der Polizei erschossen.

Trotz aller Proteste auf den Straßen und innerhalb der Parlamente unterzeichnete die Bundesregierung am 26. Mai den „Generalvertrag" und den Vertrag über eine Europäische Verteidigungsgemeinschaft (EVG). Mit dieser Entscheidung hatte die Adenauer-Regierung die Weichen für eine Westintegration und Remilitarisierung endgültig gestellt.

Doch noch zeigte sich in vielen Orten Protest.

Die VVN diskutierte auf ihren Mitgliederversammlungen, wie in Ludwigsburg, darüber, wie „wir unserem Ziele näher kommen und verwirklichen können, ein unabhängiges Deutschland in Frieden und Freiheit".

Auch nutzte sie das internationale Grenzlandtreffen im September 1952, um mit den westeuropäischen Partnerverbänden gemeinsam gegen die EVG-Beschlüsse Stellung zu beziehen.

Zwar gelang es nicht, die Pläne der Adenauer-Regierung und der NATO-Politiker aufzuheben, jedoch brachte der Protest den „Fahrplan der Remilitarisierung" durcheinander. So scheiterte am 18. November der Versuch, den Generalvertrag in 3.Lesung durch den Bundestag zu peitschen.

Doch das Thema blieb auch in den nächsten Jahren noch dominierend.

Internationales Buchenwald-Treffen 1952

Vom 11. bis 16. April fand in Weimar ein internationales Buchenwald-Treffen statt. Tausende Überlebende aus allen europäischen Ländern kamen zusammen, um des Jahrestages der Selbstbefreiung zu gedenken und – angesichts der verschärften militärischen Konfrontation zwischen Ost und West – an den Schwur von Buchenwald zu erinnern, in dem von der Schaffung einer neuen Welt des Friedens und der Freiheit gesprochen worden war.

Zu einem Höhepunkt dieses Treffens wurde die Kundgebung mit 40.000 Teilnehmern auf dem Ettersberg, auf welcher die Überlebenden und ihre Angehörigen den Schwur vom 19. April 1945 erneut bekräftigten:

„Wir alle verpflichten uns feierlich, daß Wiedererstehen faschistischer Organisationen, einer Aggressionsarmee und die neue Kriegsrüstung mit allen Mitteln zu entlarven und zu bekämpfen und die Vorbereitung eines neuen Krieges zu durchkreuzen. Wir sind entschlossen, einig zu sein und einig zu bleiben, so wie wir es in Buchenwald gewesen sind, um gemeinschaftlich das Werk der Helden und Märtyrer zu wahren und zu erfüllen, das Vermächtnis all jener, die ihr Leben dafür hingegeben haben, damit die Völker nie wieder das Leid und die Schande des Faschismus kennenlernen und damit die Völker bewahrt bleiben vor solchen schändlichen und massenmordenden Vernichtungswaffen, wie der Napalmbombe, der Atombombe und den bakteriologischen Kampfmitteln für die Völkervernichtung."

Als politische Begleitmusik zu diesem Treffen verbreitete der BVN in der BRD Meldungen, daß Buchenwald als Haftstätte in der DDR genutzt würde.

Doch die Teilnehmer der Kundgebung konnten sich mit eigenen Augen überzeugen, daß dieses ehemalige KZ nur noch als verfallende Erinnerungsstätte existierte. Die Überlebenden forderten daher einmal mehr, daß dieser Ort als Gedenkstätte gestaltet werden müßte.

Dies war der Ursprung der Planungen für eine Mahn- und Gedenkstätte auf dem Ettersberg.

1953

23. Februar polizeiliche Verbotsaktion gegen die zentrale Leitung der VVN in Frankfurt/M.

28. Februar Auflösung der VVN in der DDR

18. März Bundestag ratifiziert das deutsch-israelische Wiedergutmachungsabkommen

19. März Bundestag stimmt in 3. Lesung für die EVG-Verträge gegen die Stimmen von SPD, KPD, Zentrum und einiger unabhängiger Abgeordneter

23. März Bundesvertriebenengesetz mit Lastenausgleich beschlossen

1. Mai VVN-Flugblatt zur Erinnerung an den 2. Mai 1933

16.–17. Mai Zweite westdeutsche Delegierten-Konferenz der VVN in Dortmund

17. Juni Höhepunkt der Demonstrationen in der DDR, mit militärischen Mitteln niedergeschlagen

6. September Bundestagswahl, absolute Mehrheit für die CDU/CSU

1. Oktober Das erste Bundesentschädigungsgesetz tritt in Kraft

17. Dezember BVG Urteil zum Artikel 131 GG. Dienstverhältnisse der Beamten des Nazistaates endeten mit dem 8. Mai 1945

Gerechtigkeit für Naziopfer

Während auf der einen Seite die politischen Strukturen der VVN durch Verbot bedroht wurden, konnten die ehemaligen Verfolgten auf der Ebene der Wiedergutmachung im Jahr 1953 positive Resultate erzielen.

Zu nennen ist dabei einerseits das eher außenpolitisch motivierte deutsch-israelische Wiedergutmachungsabkommen, das der Bundestag am 18. März ratifizierte – einen Tag vor Verabschiedung der EVG-Verträge. Damit wurde für die zahlenmäßig größte Verfolgtengruppe, die jüdischen Opfer, eine grundsätzliche Lösung angestrebt.

Für die in Deutschland lebenden Verfolgten des Naziregimes trat am 1.Oktober 1953 das erste Bundesentschädigungsgesetz in Kraft. All die Proteste, Eingaben und Entschließungen hatten schließlich doch das Resultat, daß hiermit zum ersten Mal eine gesetzliche Regelung der Entschädigungsansprüche der NS-Verfolgten fixiert wurde.

Auch wenn sich dieses Gesetz als unzureichend erwies, weil der Umfang der gesundheitlichen und materiellen Schäden erst nach und nach voll sichtbar wurde, was durch dieses Gesetz nicht erfaßt wurde, so war es ein erster Schritt. Von nun an waren die Sozialkommissionen der VVN in stärkstem Maße als Beratungsinstanzen gefordert.

In einer internen Bilanzierung über acht Jahre Sozialarbeit in Hessen konnte die VVN-Hessen mit Stolz darauf verweisen, daß allein ihre Sozialbetreuer „in etwa 3.000 Individual-Vertretungen mit mehr als 10.000 detaillierten Ansprüchen auf Entschädigungen ein unübersehbares Arbeitspensum abwickelten, daß mehr als 50.000 Schriftsätze gefertigt, tausende Besucher der Sprechstunden beraten, Verhandlungen bei den Behörden und Termine vor den Entschädigungskammern wahrgenommen wurden."

VVN vom Bund verboten

Bonn, 29. Juli (NZ). — Die Bundesregierung hat in einem am 26. Juli gefaßten und am Sonntag durch das Bundesinnenministerium veröffentlichten Beschluß festgestellt, daß der „Rat der VVN" wegen seiner Tätigkeit für die ostzonale „Volksbefragung gegen die Remilitarisierung und für den Abschluß eines Friedensvertrages im Jahre 1951", auf Grund der Bestimmungen von Artikel 9, Absatz 2 des Grundgesetzes verboten ist.

Der Mitteilung des Bundesinnenministeriums zufolge hat die Bundesregierung die Länder ersucht, jede Betätigung des „Rates der VVN" zu unterbinden. Es wird betont, daß sich der Beschluß der Bundesregierung gegen den „Rat der VVN" als Dachorganisation für das Bundesgebiet richtet. Wenn die Länder feststellen, daß auch Landesverbände der VVN ihre Tätigkeit gegen die verfassungsmäßige Ordnung des Bundes und der Länder richten, so sind sie nach dem gleichen Artikel in die Lage versetzt, polizeilich auch gegen die Landesverbände der VVN einzuschreiten.

Das Bundesinnenministerium macht in der Mitteilung darauf aufmerksam, daß die 1945 gebildeten Landesverbände der „Verfolgten des Naziregimes" zunächst überparteilichen Charakter hatten. Die KP habe aber in der Folgezeit einen bestimmenden Einfluß erreicht. Die VVN sei dann unter Führung maßgebender Kommunisten in steigendem Maße für die Politik des Sowjetregimes eingetreten und habe in ihrem Organ „Die Tat" die politischen Parolen des Ostens in scharfer Kampfstellung gegen die Bundesregierung vertreten.

Aus diesem Grunde habe sich die Bundesregierung schon am 19. September 1950 zur Feststellung veranlaßt gesehen, daß die Unterstützung der VVN durch Angehörige des öffentlichen Dienstes mit ihrer Treuepflicht unvereinbar sei.

Die ehemals führenden Mitglieder der VVN, wie Eugen Kogon, Friedrich Middelhauve, Helene Wessel, Harald Abatz sind bereits seit langem aus der VVN wegen deren prokommunistischer Haltung ausgetreten und haben sich dem als Protestorganisation am 4. Februar 1950 gegründeten BVN (Bund der Verfolgten des Naziregimes) angeschlossen.

Pressebericht vom Juli 1951

Erneutes Verbot der Leitung der VVN

Wie weh die Arbeit der VVN den Rechtskräften in Deutschland tat, zeigte sich in den verschiedenen Verfolgungsmaßnahmen. Waren bereits im Sommer 1951 der gesamtdeutsche Rat der VVN und einzelne Landesverbände verboten worden, so kam nun das neugebildete westdeutsche Leitungsgremium die „Zentrale Leitung der VVN" in den Blick. Im Januar 1953 ließ das Innenministerium den Verfassungsschutz prüfen, ob diese Leitung „möglicherweise als Ersatzorganisation des verbotenen Rates der VVN gewertet werden müsse." Dies wurde bejaht und auf Beschluß des Bundesinnenministeriums wies der hessische Innenminister am 20. Februar 1953 die Polizei an, „die Zentrale Leitung der Vereinigung der Verfolgten des Naziregimes Westdeutschlands (VVN) in Frankfurt/M. zu verbieten und jede Betätigung dieser Vereinigung mit den gebotenen polizeilichen Mitteln zu unterbinden, insbesondere ihr Sekretariat Röderbergweg 62 zu schliessen und das dort vorhandene Büro- und Aktenmaterial sicherzustellen."

Glücklich wurde der hessische Innenminister Dr. Schuster mit dieser Maßnahme nicht, da – wie er in einem Telegramm am 26. März an die Bundesregierung betonte – „mir aus dem In- und Ausland laufend zahlreiche Protestschreiben der VVN- und anderen Organisationen von Verfolgten des Naziregimes zugehen und ich ggf., wie ich in meinem Schreiben vom 17. 3. ausgeführt habe, eine Aufhebung des Verbots in Erwägung ziehen müßte."

Das BMI antwortete mit einem dreiseitigen Schreiben, in dem sie den Charakter der VVN als kommunistische Hilfsorganisation nachzuweisen versuchten, und forderte, das Verbot der Zentralen Leitung aufrecht zu erhalten. Weitere Schritte gegen die VVN wurden jedoch noch nicht ergriffen. Unbehelligt konnte am 16./17. Mai in Dortmund die zweite Westdeutsche Delegiertenkonferenz abgehalten werden, auf der in Anwesenheit zahlreicher Gäste aus dem In- und Ausland ein Büro der VVN gewählt wurde.

Die Gründung der VVN in der Sowjetischen Besatzungszone war Bestandteil des Versuches von Widerstandskämpfern und Verfolgten des Naziregimes, ihren Zusammenschluß mit einer Organisation in ganz Deutschland zu fördern.

Die Bildung vollzog sich vor dem Hintergrund des schnellen Auseinanderfalls der Antihitlerkoalition und dessen Auswirkungen in der politischen Landschaft Deutschlands und war Ausdruck des Willens der Verfolgten des Naziregimes, ihre Gemeinschaft aus der Zeit der Gegnerschaft gegen das NS Regime als politische Kraft in das Ringen um Erneuerung von Politik in Deutschland und im Nachkriegseuropa einzubringen.

Die Gründungsversammlung der VVN für die sowjetische Besatzungszone am 22. und 23. Februar 1947 im Festsaal des Hauses der Deutschen Zentralverwaltung in Berlin, an der 215 stimmberechtigte Delegierte aus den Ländern Mecklenburg, Sachsen und Thüringen sowie den Provinzen Brandenburg und Sachsen teilnahmen[1] gestaltete sich zum Sinnbild dieses Willens.

Es war das Anliegen der hier versammelten Beteiligten des kirchlichen Widerstandes und des 20. Juli 1944, der Verfolgten aus rassischen Gründen und Teilnehmern des sozialdemokratischen und kommunistischen Widerstandes, wie Pfarrer Poelchau in Worte faßte, „die große Erfahrung, das große Erlebnis aus der KZ-Zeit, aus den Gefängnissen und Zuchthäusern [...] nicht verlieren [zu] lassen. Daß Menschen, die um der Gewissensfreiheit und Gerechtigkeit willen, ohne gefragt zu werden, welcher Partei sie angehörten, von den Nazis mißhandelt und zum Tode gemartert wurden, daß diese Menschen jetzt zusammenstehen im gemeinsamen Kampf, ohne sich auseinanderspalten zu lassen durch Parteien und Zonengrenzen."[2]

Auf der Konferenz wurde Ottomar Geschke zum 1. Vorsitzenden, Propst Heinrich Grüber zum 2. Vorsitzenden und Karl Raddatz zum Generalsekretär der VVN der sowjetischen Besatzungszone sowie ein 40köpfiger Zentralvorstand gewählt. Das einheitlich angenommene Programm der Vereinigung widerspiegelte den antifaschistischen Gründungskonsens. Es brachte die Einigkeit im politischen Wollen zum Ausdruck, das deutsche Volk über die Verbrechen des Nazismus aufzuklären und es umzuerziehen, die Nazis aus den Ämtern und Verwaltungen zu entfernen und so die demokratische Erneuerung des gesamten Lebens zu befördern.

Als besondere Verpflichtung betonte der Gründungskongreß die Aufgabe, die Geschichte des deutschen Widerstandes zu erforschen, darzustellen und zu würdigen. Mit dieser Orientierung war eines der originären, ganz spezifischen Aufgabengebiete der VVN gegenüber anderen Organisationen umrissen. Die geistige, politische und juristische Auseinandersetzung mit dem deutschen Faschismus bildete die Gemeinsamkeit der VVN-Kräfte.

Auf diesem breiten Feld konkreter Tätigkeiten, die eine plurale VVN-Antifaschismuskultur mit ihren verschiedenen, Konsens und Meinungsverschiedenheiten beinhaltenden Ansatzpunkten, Werteorientierungen, Motivationen und Interessenschwerpunkten entfalteten, leistete die VVN mit ihren über 37.000 Mitgliedern in den Landes-, Kreis- und Ortsverbänden gerade in den ersten Jahren ihres Bestehens Verdienstvolles und Bleibendes für die demokratische Erneuerung der Gesellschaft und dem Prozeß des Umdenkens der Bevölkerung auf dem Gebiet der sowjetischen Besatzungszone.

Zur Geschichte der VVN in der SBZ/DDR

Die VVN galt als Träger der antifaschistischen Hoffnungen und verkörperte auf Grund ihrer breiten und repräsentativen Zusammensetzung ein hohes moralisches Gewicht. Ihre Vertreter übernahmen Schlüsselstellungen in den neuaufgebauten Verwaltungen, in der Justiz und in der Wirtschaft. Sie gehörten nicht nur in der SED zu den politisch führenden Kräften. Mitglieder der VVN wurden in Gemeindevertretungen, Kreis- und Landtage gewählt und setzten sich hier mit Nachdruck für die Aufklärung über die beispiellosen Verbrechen des Naziregimes, für eine wirkliche und konsequente Entnazifizierung, für eine ausreichende materielle und soziale Betreuung der OdF und – hier allerdings von Anfang an mit Abstrichen – für Wiedergutmachung ein.

Zu den gravierendsten Problemen der Geschichte der VVN in der SBZ gehört der zunehmende Verlust an Überparteilichkeit als konstitutives Element dieser Organisation. Ein entscheidendes Bedingungsfeld dafür bildeten die Konfrontationen des Kalten Krieges und der davon ausgehende Druck zur Positionierung und Parteinahme. Überparteilichkeit zu wahren, das heißt den kleinsten Nenner aller in der VVN vereinten Kräfte zu finden, wurde unter den Bedingungen schwierig und gelang der VVN immer weniger.

Spätestens mit der Bildung der DDR war für die VVN hier ein Klärungsprozeß abgelaufen, in dessen Ergebnis entschieden war, daß es für die VVN kein „Zwischen", sondern nur ein „Entweder-Oder" in den Auseinandersetzungen zwischen Ost und West geben konnte, und das bedeutete für sie die eindeutige Stellungnahme für die Politik der SED und der DDR.

Für den Versuch der Überparteilichkeit war aber auch von Anfang an die faktische Dominanz der SED-Vertreter und die weitgehende ideologische Vorprägung dieser Widerstandskämpfer und Opfer ein inneres Problem der VVN.

Über 75 Prozent der VVN-Mitglieder, in manchen Kreisen sogar bis zu 90 %, waren Mitglied der SED. Für sie stellte sich die Ausrichtung der VVN auf die Politik der SED in allen politischen Entscheidungsfragen ganz anders als für jene in der VVN vereinten Kräfte, deren politische und weltanschauliche Bindung woanders lag.

Die Gleichsetzung der Ziele der VVN mit den Zielen der SED, vor den Kameraden wie Propst Heinrich Grüber warnten, weil dies eine Einschränkung der VVN sein würde, ließ die ehemalige Breite des Bündnisses von Widerstandskämpfern und Opfern schrumpfen. Kameraden, vor allem aus kirchlichen Kreisen, verließen, weil sie sich vielfach einem starken Druck zur politischen Gleichschaltung ausgesetzt sahen, die VVN oder wurden von der VVN selbst aus der Organisation gedrängt.

Für die Praxis, die OdF-Anerkennung aufgrund politischer „Unbotmäßigkeit" zu streichen, was auch die VVN unterstützte, finden sich leider genügend Belege.

Sowohl in den Leitungen wie auch in der praktischen Arbeit mißachtete die VVN in der SBZ den überparteilichen Charakter gröblichst, wodurch sie sich einschneidend in ihren Wirkungsmöglichkeiten eingrenzte und eingrenzen ließ.

Die VVN scheiterte letztlich auch an sich selbst und vor sich selbst, weil sie es nicht verstanden hatten, Eigenständigkeit in der völlig von der SED-Führung dominierten politischen Landschaft in der DDR zu entwickeln und zu wahren. Politische Verlautbarungen, Losungen, Entschließungen und Proklamationen der VVN waren – so wurde im Juni 1953 selbstkritisch von ehemaligen VVN-Funktionären eingeschätzt – „ein Abklatsch der Beschlüsse und Verlautbarungen der Partei".[3]

Die angeordnete Auflösung der VVN durch die SED markierte unabhängig davon, mit welchem propagandistsichen Beiwerk sie seitens der SED versehen wurde, einen harten Einschnitt in den Entwicklungsjahren nach der Befreiung 1945.

Neben der oft aufgeworfenen Frage, welches die Gründe für die Auflösung der VVN Anfang 1953 waren, drängt sich die bisher so nicht gestelltel Frage auf, warum dies nicht schon 1951 durchgesetzt wurde, denn zu diesem Zeitpunkt war das Urteil der Zentralen Parteikontrollkommission, die seit 1948 die VVN einer ständigen Kontrolle unterzog, für die VVN vernichtend. Ihr wurden neben „ideologischer Unklarheit" und „sektiererischem Verhalten" in stalinistischer Manier „Trotzkismus", „Sozialdemokratismus", „Parteifeindlichkeit" und gar „Agententätigkeit" vorgeworfen.

Gravierend dürften hier der noch hoch bewertete gesamtdeutsche Grundcharakter der VVN, ihre aktuelle Einbindung in den forcierten Kampf gegen die Wiederaufrüstung im Westteil Deutschlands und wohl vor allem die Vermeidung des Eindrucks gewesen sein, daß die VVN in beiden Teilen Deutschlands gleichermaßen zurückgedrängt bzw. verboten werden soll.[4]

Anfang 1953 hatten sich in der SED-Spitze jene Kräfte durchgesetzt, welche die VVN für verzichtbar hielten.

Die Gründe der SED für diese Entscheidung sind komplex. Sie bestanden in folgenden, hier nicht weiter ausführbaren Problemkreisen:

- Die VVN war die seitens der SED seit Gründung der DDR am härtesten kritisierte politische Organisation und galt in Teilen der SED-Führung mindestens seit 1950/51 als „ideologisch wie organisatorisch schwach".
- In der VVN hatte sich Widerspruch zu Teilen der Politik der Nationalen Front – der schnellen Integration ehemaliger NSDAP-Mitglieder – artikuliert, den die SED nicht gewillt war, hinzunehmen.
- In erheblichem Maße wirkten innerparteiliche Fraktions- und Machtkämpfe in der SED-Führung zwischen den Genossen aus der alten KPD auf die VVN ein. Die Kämpfe zwischen den in Moskau auf bedingungslose Parteitreue und linientreuen Stalinismus eingeschworenen Kräften, denen, die in der Westemigration völlig andere Sozialisierungsverfahren machten und jenen, die lange Jahre in Zuchthäusern und Konzentrationslagern verbringen mußten, rankten sich hinter den Kulissen unter anderem um den jeweiligen Anteil am Sturz des Hitlerregimes und um die Anerkennung als die konsequentesten Nazigegner als wesentlichste Legitimation und zur Führung der Geschicke von SED und damit auch der DDR.
- Die antizionistische und antisemitische Kampagne Ende 1952/Anfang 1953 im Gefolge des Slansky-Prozesses traf in der DDR neben den jüdischen Gemeinden am härtesten die VVN und in der VVN mit den jüdischen Opfern des Faschismus die größte der hier mitorganisierten Gruppen der rassisch Verfolgten.

Nachdem die umfassende Organisation der antifaschistischen Widerstandskämpfer und der Verfolgten des Naziregimes als einzige nicht faschistische Organisation in der DDR aufgelöst waren, wurden die Aufgaben von staatlichen Stellen und gesellschaftlichen Organisationen übernommen, während das gebildete Komitee der Antifaschistischen Widerstandskämpfer repräsentative Funktionen nach innen und die internationale Arbeit in der FIR erfüllte.

E.R.

Anmerkungen:

1 Die Vertreter Berlins hatten keinen offiziellen Status, da in Berlin aufgrund der Viersektorenverwaltung ein separater Weg der VVN-Bildung gegangen werden mußte.

2 Archiv IVVdN, Akte VVN 1946–1947

3 Archiv IVVdN, Akte VVN-Komitee 1953.

4 Vgl. Bundesarchiv Koblenz, Bestand Bundesministerium des Innern, B 106/16002 zu den Bewertungen der VVN in der Bundesrepublik als kommunistisch-stalinistische Organisation und dem Verbot des Rates der VVN am 26. Juli 1951 seitens der Bundesregierung.

Die am 18. Januar 1948 gewählten Vorsitzenden der Berliner VVN: Jeanette Wolff, Heinz Galinski, Walter Bartel

Die Naumann-Affäre

Anfang 1953 verhaftete die britische Besatzungsmacht den letzten Propagandaminister des Nazi-Staates und Goebbels-Nachfolger, Dr. Werner Naumann, und zahlreiche weitere ehemalige NS-Größen. Naumann, der sich bis 1949 im Verborgenen gehalten hatte, um einer gerechten Bestrafung zu entgehen, hatte mit zahlreichen anderen ehemaligen NS-Funktionären, u.a. dem „Gauleiterkreis" um die früheren NS-Gauleiter Florian, Kaufmann, Grohe, Frauenfeld und Scheel, ein Netzwerk gesponnen, das Verbindungen u.a. zu höchsten Stellen in FDP, CDU, „Deutscher Partei", zum revanchistischen „Bund der Heimatvertriebenen und Entrechteten" (BHE) und Industriellen unterhielt. Wie groß der Einfluß des Naumann-Kreises alleine in der FDP war, formulierte Felix Rascher in der „tat" vom 2. Mai 1959 so: „Praktisch wirkte sich seine sehr erfolgreiche politische Heckenschützentätigkeit so aus, daß er die wichtigsten Landesverbände der FDP durch die von ihm eingesetzten und politisch instruierten, hauptamtlichen Funktionäre in der Hand hatte und dementsprechend deren Tätigkeit lenken und beeinflussen konnte. Das gleiche war ihm bei den maßgebenden FDP-Blättern möglich ..."

Die britischen Besatzungsbehörden gaben den „Fall Naumann" im April 1953 an die deutschen Strafverfolgungsbehörden ab, nachdem bereits der größte Teil der Beschuldigten wieder auf freien Fuß gesetzt worden war. 1954 wurde formell Anklage wegen „verfassungsfeindlicher Betätigung" gegen den „Naumann-Kreis" erhoben. Aber obwohl selbst der damalige Bundesjustizminister Dehler (FDP) erklärte hatte, „daß die Tätigkeit des Naumann- Kreises eine Gefahr für den Bestand des demokratischen Staates bedeutet habe", lehnte der Bundesgerichtshof eine Eröffnung der Hauptverhandlung ab: Zwar gebe es Verdachtsgründe, doch erscheine eine Verurteilung nicht möglich. Zu groß wäre wohl der Skandal geworden um den Einfluß alter Nazi-Größen auf die Bonner Politik.

Naumann selbst bemühte sich nach seiner Freilassung um eine Bundestagskandidatur für die neofaschistische „DRP". Mit seiner Einstufung in die Gruppe II der Belasteten in einem Entnazifizierungsverfahren verlor er jedoch auch sein aktives und passives Wahlrecht. Naumann zog sich aus der Politik weitgehend zurück und wurde von 1967 bis 1975 Mitglied des Vorstandes, zuletzt Vorstandsvorsitzender der Busch-Jaeger Lüdenscheider Metallwerke GmbH. In der von den Gesellschaftern, Geschäfts- führung, Betriebsrat und Belegschaft der Metallwerke GmbH unterzeichnetet Todesanzeige für Naumann heißt es im Oktober 1982 u.a.: „Wir haben einen Freund verloren ..."

V.N.

1954

Januar Beginn von VVN-Aktionen gegen das Zusammenrotten von SS-Traditionsverbänden

18. Februar Viermächtekonferenz in Berlin über deutsche Wiedervereinigung endet ergebnislos

26. Februar Bundestag billigt die Wehrgesetze im Grundgesetz

2. April Verbotsverfahren gegen die VVN-Niedersachsen wurde eingestellt

11. April Internationaler Befreiungstag „Niemals ein SS-Europa" in Weimar-Buchenwald

23. Juli Der bisherige Präsident des Bundesverfassungsschutz Otto John, wechselt in die DDR.

30. August Am Veto der französischen Nationalversammlung scheitern die Pläne einer Europäischen Verteidigungsgemeinschaft

25.–26. September Gedenkfeiern für die Opfer des Faschismus von Kiel bis Ludwigsburg („Pilgerfahrt der Treue")

23. Oktober Pariser Verträge (incl. der Bedingungen für die Aufnahme der BRD in die NATO) unterzeichnet

28.–30. November Internationales Treffen von Widerstandskämpfern aus 19 europäischen Organisationen in Wien; II.Kongreß der FIR

Internationales Treffen der Widerstandsbewegung

Das politische Gewicht des europäischen Widerstandes in die Auseinandersetzung um die Remilitarisierung einzubringen war das Ziel einer gemeinsamen Initiative von VVN und FIR. Für Ende November 1954 wurde zu einem Internationalen Treffen der Widerstandskämpfer nach Wien eingeladen.

Unter Einbeziehung von Persönlichkeiten des Widerstandes und des öffentlichen Lebens, wie dem Oberbürgermeister der Stadt Frankfurt, Walter Kolb, wurde ein Initiativ-Komitee des deutschen Widerstandes gebildet, das die Schirmherrschaft der deutschen Delegation übernahm. Im Zusammenhang mit diesem Treffen von Vertretungen aus 19 Nationen fand ein Kulturprogramm „Recontre – Festival de la Résistance" mit bedeutenden Malern, Schriftstellern und Historikern statt. Auch Filmschaffende präsentierten in der ersten „Filmwoche der Widerstandsbewegung" ihre cineastisch geformte Aufarbeitung der Geschichte von Verfolgung und Widerstand.

Die FIR führte in diesem Zusammenhang ihren 2. Kongreß durch. Im Zentrum des einmütig verabschiedeten Aktionsprogramms stand die Friedensfrage:

„Für die Erhaltung des Friedens, der Unabhängigkeit und der Sicherheit des Vaterlandes. Die Wiedergeburt des deutschen Militarismus verhindern, um zur friedlichen Lösung der deutschen Frage beizutragen.
Die furchtbare Gefahr der Massenvernichtung beseitigen."

Dazu gehörte auch die Bewahrung des Vermächtnis des Widerstandes:

„Für die Verteidigung der materiellen und moralischen Rechte der ehemaligen Widerstandskämpfer, der Opfer des Faschismus und Nazismus und ihrer Angehörigen. Den Geist der Widerstandsbewegung verbreiten."

Internationaler Befreiungstag in Buchenwald

DDer Befreiungstag am 11.April 1954 in Buchenwald stand unter der Losung „Niemals ein SS-Europa !" In dem Aufruf zu einer großen Manifestation auf den Ettersberg wurde auf die faschistischen und militaristischen Traditionstreffen in der BRD verwiesen und vor allen Bestrebungen der Remilitarisierung und Integration der BRD in die NATO gewarnt. Die Überlebenden des Lagers wollten, ihrer Verantwortung bewußt, ein deutliches Friedenssignal setzen.

In diesem Sinne versammelten sich 50.000 Teilnehmer, unter ihnen überlebende Häftlinge aus 12 verschiedenen Ländern, auf dem ehemaligen Appellplatz. DDR-Volkskammerpräsident Johannes Dieckmann erklärte auf der Kundgebung:

„Das Vermächtnis unserer Toten ist bei uns lebendige Wirklichkeit geworden."

Mit der Kundgebung war gleichzeitig der sichtbare Beginn der Bauarbeiten für die Gedenkstätte „Ehrenhain Buchenwald", wie der DDR-Ministerrat das Bauvorhaben nannte, verbunden. 8,8 Millionen Mark waren für diese Bauarbeiten bewilligt worden.

Während der Kundgebung am 11. April wurden von den internationalen Delegationen Urnen mit Erde und Asche aus 62 faschistischen Mordstätten und Märtyrerorten in eine große Opferschale entleert. Sie fand später ihren Platz im Zentrum des Glockenturms.

Befreiungsfeier im Buchenwald: Übergabe von Erde und Asche aus faschistischen Mordstätten.

Gegen militaristische und SS-Traditionsverbände

Die Losung des Buchenwald-Befreiungstages lautete 1954 „Niemals ein SS-Europa !" Dies war die Reaktion auf die immer deutlicher hervortretenden Aktivitäten der militaristischen und SS-Traditionsverbände.
Schon 1951 hatte sich ohne große Öffentlichkeit die „Hilfsgemeinschaft auf Gegenseitigkeit der Soldaten der ehemaligen Waffen-SS" (HIAG) gebildet und war 1952 mit dem 1. großen „Suchdienst-Treffen" in Verden an die Öffentlichkeit getreten.

Im gleichen Jahr gründete sich der „Verband deutscher Soldaten" (VdS) als Dachverband der verschiedenen Soldatenbünde in der BRD, der das „Ansehen der Wehrmachtssoldaten verteidigen" wollte, und die „Gemeinschaft Deutscher Ritterkreuzträger", jener „Elite des Dritten Reiches", die mit der höchsten Ehrung der faschistischen Wehrmacht ausgezeichnet worden waren. Am 18./19. Juli 1953 veranstaltete der VdS in Hannover ein Soldatentreffen, das von 20.000 Personen besucht wurde. Einer der Kundgebungsredner war der SS-General Herbert Gille.

Hinzukamen Gründungen, Treffen und Aufmärsche zahlloser neofaschistischer und militaristischer Traditionsverbände, die sich „zur ungebrochenen Tradition deutschen Soldatentums" bekannten (Deutsche Gemeinschaft) und die durch die Remilitarisierungspläne Morgenluft witterten.

Und so war es nur konsequent, daß die VVN mit Beginn des Jahres 1954 ihre Aktionen gegen SS-Treffen und militaristische Propaganda intensivierte. So stellte die VVN-Baden-Württemberg ihre Landeskonferenz im März 1954 unter das Motto: „Gemeinsamer Widerstand aller Demokraten gegen die Neuformierung der SS !"

Die VVN warnte: „Über 900 militaristische Bünde und SS-Formationen sind bisher in der Bundesrepublik wieder am Werk. Nazistische Verlage bringen – kaum gestört – Druckschriften herau, die der Verherrlichung der Naziverbrecher und ihrer Untaten dienen. In einer Fülle von ‚Memoiren', Kriegstagebüchern und ‚Heldengeschichten' versucht man, unsere Jugend für neues Morden und Sterbern reif zu machen. Das alles gehört zu den vielfältigen Methoden der ‚schleichenden Unterwanderung' der Bundesrepublik durch die ehemaligen Nazigrößen und Militaristen."

„Pilgerfahrt der Treue"

Unter dieser Überschrift berichtete „die Tat" am 2. Oktober 1954 von einer beispielhaften Aktion der VVN Ludwigsburg. Wie in den Jahren zuvor fuhren die Verfolgten des Hitlerregimes gemeinsam mit Bussen verschiedene Gedenkstätten und Friedhöfe an, auf denen der Opfer von NS-Verfolgung und Krieg gedacht wurde.

Dabei wurden von den Rednern bei den kurzen Kundgebungen aktuell politische Themen angesprochen. So kritisierte Kamerad Pflugbeil in Ludwigsburg, daß Behörden mancherorts „eine entsprechende Pflege der Gedächtnisstätten vermissen lassen, bei Gedenkstunden offiziell nicht dabei sind, oder nur ganz verschämt und inoffiziell vor einer solchen Feier einen Kranz niederlegen lassen. Ein solches Verhalten gegenüber den Opfern des Hitler-Regimes ist unwürdig und es ist beschämend."

Auf dem jüdischen Friedhof schilderte der SPD-Gemeinderat Weippert den Leidensweg der Ludwigsburger Juden und appellierte „an die Lebenden, wachsam zu sein, daß eine solche faschistische Katastrophe nicht noch einmal über Deutschland hereinbreche."

Es fehlt auch nicht eine Rede, „die eine Anklage gegen den Militarismus, gegen Krieg und Barbarei war." Der VVN-Redner erinnerte an die humanistischen Anliegen, die jedoch nur verwirklicht werden könnten, „wenn der Kampf gegen ein Wiederauferstehen eines deutschen Militarismus mit ganzer Kraft fortgeführt wird."

So wurden das Gedenken und die Erinnerungsarbeit verbunden mit den aktuellen politischen Auseinandersetzungen.

1955

14. Januar Sowjetische „Erklärung zur deutschen Frage"

15.–16. Januar Westdeutsche Delegierten-Konferenz der VVN in Herne

22. Januar Deutsch-französisches Treffen des Widerstandes gegen die Pariser Verträge in München und Stuttgart

29. Januar Begründung der „Paulskirchen-Bewegung"

27. Februar Ratifizierung der Pariser Verträge im Bundestag, BRD wird am 9. Mai NATO-Mitglied

25. Mai Verwaltungsgerichtsurteil: VVN ist in Bayern weder verfassungswidrig noch verboten

20. Juli Erklärung der VVN an die Genfer Außenministerkonferenz der vier Großmächte

September erste Regierungsdelegation unter Leitung von Adenauer in Moskau

Oktober Dr. Marcel Frenkel wird unter dem Vorwurf des „Hochverrats" festgenommen

23. Oktober Volksabstimmung im Saargebiet

12. November Die ersten Soldaten der Bundeswehr erhalten von Verteidigungsminster Blank ihre Ernennungsurkunden.

Bild oben: Die ersten eingezogenen Bundeswehr-Soldaten im Lager Andernach
Bild unten: Kundgebung am 1. Mai in Essen

VVN für europäische Friedens-initiativen

Wie schon in den Jahren zuvor verband die VVN ihr Handeln gegen die Remilitarisierung mit den Partnerverbänden in den europäischen Nachbarländern.

Zur Herner Konferenz im Januar 1955 waren Delegationen aus fast allen Nachbarstaaten Deutschlands anwesend.

Im Vorfeld der zweiten und dritten Lesung der Pariser Verträge im Bundestag fanden auf Initiative der VVN am 22. Februar 1955 in Stuttgart und München deutsch-französische Treffen des Widerstandes statt.

Gemeinsam sprachen sich geachtete antifaschistische Persönlichkeiten, wie der ehemalige Münchener OB Robert Scholl, und französische Parlamentarier gegen die Pariser Verträge und eine NATO-Mitgliedschaft der BRD aus.

Auch nach der Ratifizierung durch den Bundestag und dem NATO-Beitritt der BRD am 9. Mai ließ die VVN in ihrem friedenspolitischen Engagement nicht nach.

Gemeinsam mit der FNDIRP und dem Komitee der Antifaschistischen Widerstandskämpfer der DDR trat man für den Abschluß eines Sicherheitspaktes zwischen allen europäischen Nationen und für die Wiedervereinigung eines Deutschlands ohne Militarismus und Faschismus ein.

Im gleichen Sinne wandte sich eine Delegation der VVN, der Clara Harnack, Esther Jacobsen und Alfred Hausser angehörten, am 20. Juli mit einer Petition des Büros der VVN an die Konferenz der Außenminister der vier Großmächte in Genf. Sie forderten außerdem die Ächtung aller Nuklearwaffen.

Es zeigt das große moralische Ansehen der ehemaligen Verfolgten, daß sie von allen beteiligten Vertretungen, einschließlich der Beobachterdelegationen der beiden deutschen Staaten, angehört wurden.

Die VVN und die Paulskirchen-Bewegung

Angesichts der Pläne der Adenauer-Regierung, mit ihrer absoluten Mehrheit die Aufstellung eines 500.000-Mann-Heeres und die Integration der BRD in die NATO gegen den parlamentarischen Widerstand durchzusetzen, riefen SPD, DGB und Persönlichkeiten, wie Helmut Gollwitzer und Dr. Gustav Heinemann, zum 29. Januar 1955 zu einer Kundgebung gegen die Pariser Verträge in die Frankfurter Paulskirche.

Diese Veranstaltung, an der mehrere tausend Menschen teilnahmen, stand unter dem Motto: „Rettet Einheit, Freiheit, Frieden! Gegen Kommunismus und Nationalismus!" Auf der Kundgebung selber dominierten antimilitaristische Transparente und Plakate. Es wurde dort ein „Deutsches Manifest" verkündet, das vor allem davor warnte, daß die Einheit Deutschlands bei einem Beitritt der Bundesrepublik zur Nato verspielt würde.

„Unermeßlich wäre die Verantwortung derer, die die große Gefahr nicht sehen, daß durch die Ratifizierung der Pariser Verträge die Tür zu Viermächteverhandlungen über die Wiederherstellung der Einheit Deutschlands in Freiheit zugeschlagen wird ..."

Auch wenn die VVN das von der Totalitarismus-These geprägte Motto der Kundgebung nicht unterstützen konnte, sah sie jedoch in dieser Aktion einen wichtigen Beitrag gegen die Remilitarisierung. Sie begrüßte daher das „Deutsche Manifest" und unterstützte alle daraus hervorgehenden lokalen und regionalen Aktivitäten.

Das „Deutsche Manifest" wurde in wenigen Wochen von Hunderttausenden unterzeichnet als Manifestation ihres Friedenswillens.

Die von dieser Kundgebung ausgehende „Paulskirchenbewegung" wurde insgesamt zur größten außerparlamentarischen Kraft gegen die Remilitarisierung und umfaßte wirklich breite Schichten der Bevölkerung. Von ihr wurden die bis dahin größten Friedensdemonstrationen in der Bundesrepublik durchgeführt.

Deutsches Manifest

Aus ernster Sorge um die Wiedervereinigung Deutschlands sind wir überzeugt, daß jetzt die Stunde gekommen ist, Volk und Regierung in feierlicher Form zu entschlossenem Widerstand gegen die sich immer stärker abzeichnenden Tendenzen einer endgültigen Zerreißung unseres Volkes aufzurufen.

Die Antwort auf die deutsche Schicksalsfrage der Gegenwart—ob unser Volk in Frieden und Freiheit wiedervereinigt werden kann oder ob es in dem unnatürlichen Zustand der staatlichen Aufspaltung und einer fortschreitenden menschlichen Entfremdung leben muß—, hängt heute in erster Linie von der Entscheidung über die Pariser Verträge ab.

Die Aufstellung deutscher Streitkräfte in der Bundesrepublik und in der Sowjetzone muß die Chancen der Wiedervereinigung für unabsehbare Zeit auslöschen und die Spannung zwischen Ost und West verstärken. Eine solche Maßnahme würde die Gewissensnot großer Teile unseres Volkes unerträglich steigern. Das furchtbare Schicksal, daß sich die Geschwister einer Familie in verschiedenen Armeen mit der Waffe in der Hand gegenüberstehen, würde Wirklichkeit werden.

In dieser Stunde muß jede Stimme, die sich frei erheben darf, zu einem unüberhörbaren Warnruf vor dieser Entwicklung werden. Unermeßlich wäre die Verantwortung derer, die die große Gefahr nicht sehen, daß durch die Ratifizierung der Pariser Verträge die Tür zu Viermächteverhandlungen über die Wiederherstellung der Einheit Deutschlands in Freiheit zugeschlagen wird.

Wir appellieren an Bundestag und Bundesregierung, alle nur möglichen Anstrengungen zu machen, damit die vier Besatzungsmächte dem Willen unseres Volkes zur Einheit Rechnung tragen.

Die Verständigung über eine Viermächte-Vereinbarung zur Wiedervereinigung muß vor der militärischen Blockbildung den Vorrang haben. Es können und müssen die Bedingungen gefunden werden, die für Deutschland und seine Nachbarn annehmbar sind, um durch Deutschlands Wiedervereinigung das friedliche Zusammenleben der Nationen Europas zu sichern.

Das deutsche Volk hat ein Recht auf seine Wiedervereinigung!

Am 29. Januar 1955 nahmen die Teilnehmer der Kundgebung in der Frankfurter Paulskirche einstimmig das „Deutsche Manifest" an.

Marcel Frenkel – eine Biographie

Marcel Frenkel, 1907 geboren und in Berlin aufgewachsen, war promovierter Jurist und als Rechtsanwalt in der Weimarer Zeit für Antifaschisten tätig, die wegen Auseinandersetzungen mit NSDAP und SA von der Weimarer Justiz angeklagt waren.

Als Nazigegner emigrierte er im April 1933 nach Holland, wo er sich in der antifaschistischen Solidaritätsbewegung engagierte. Nach der Besetzung der Niederlande durch die Hitler-Wehrmacht lebte er illegal im Land. Dabei halfen ihm seine Kontakte zu den verschiedenen Widerstandsgruppen.

Im September 1945 kehrte er in das zerstörte Deutschland zurück und beteiligte sich sofort am politischen und verwaltungsmäßigen Neubeginn, der für ihn nur ein antifaschistischer sein konnte. So verband er sein Engagement für die Konstituierung eines KZ-Opferverbandes mit seiner Tätigkeit als Ministerialdirigent im neugebildeten Land Nordrhein-Westfalen. Hier hatte er wichtigen Anteil am Zustandekommen der Wiedergutmachungsgesetze.

Von Anfang an gehörte er so zu den wichtigsten Funktionären der VVN. Im Sommer 1951 von Peter Lütsches denunziert, wurde er formal wegen seiner Teilnahme am Weltfriedenskongreß in Warschau als Beamter suspendiert und vorzeitig in Pension geschickt. In Herne wurde er zum Vorsitzenden der „Zentralen Leitung der VVN" gewählt und auf dem Münchener Bundeskongreß 1957 als Bundesvorsitzender bestätigt. Viele Jahre vertrat er die VVN im Generalrat der FIR.

Am 18. 11. 1960 verstarb Marcel Frenkel.

Dr. Marcel Frenkel

Politische Verfolgung der VVN – zum Beispiel Niedersachsen 1951–1956

Wie in einigen anderen Bundesländern (u.a. Hamburg, Rheinland-Pfalz) mußte die VVN auch in Niedersachsen erleben, daß es die Sozialdemokratie war, die in ihrem Herrschaftsbereich die Verfolgung der Verfolgten am vehementesten betrieb. Schon seit 1947 hatte die SPD eine Regierung zusammen mit CDU, DP, DZP (Deutsche Zentrumspartei) und FDP gebildet, wobei bis zum 5. Februar 1948 Karl Abel von der KPD Minister ohne Geschäftsbereich gewesen war. Für die VVN-Geschichte ist wichtig zu erwähnen, daß Abel, Schumachermeister aus Obernkirchen, 1951 Landesvorsitzender der VVN wurde.

Die SPD blieb auch nach der Landtagswahl vom 6. Mai 1951 an der Regierung, zusammen mit drei BHE-Minstern und einem DZP-Minister (bis Dezember 1953, danach übernahm Minsterpräsident Hinrich Wilhelm Kopf das Amt des Justizministers von Dr. Otto Krapp von der DZP). Mit 64 Abgeordneten bildete die SPD die stärkste Fraktion im Landtag. Innenminister war der Sozialdemokrat Richard Borowski, der am 27. Juli 1951 die Weisung gab, die Geschäftsstelle der VVN in Hannover zu durchsuchen und anschließend zu schließen. Gefunden worden waren „Druckschriften, die sich auf die Volksbefragung gegen die Remilitarisierung und den Abschluß eines Friedensvertrages mit Deutschland" bezogen, wie es in den Prozeßunterlagen heißt. Auf Anordnung der Polizeidirektion Hannover vom 2. August 1951 wurden die gefundenen Druckschriften eingezogen, gleiches galt für Bürogegenstände und das Guthaben auf dem Postscheckkonto. Damit war die VVN in Niedersachsen praktisch verboten. Die VVN legte natürlich Beschwerde ein, der Regierungspräsident (RP) von Hannover wies diese zurück. Die am 31. Oktober 1951 vor Gericht erhobene Klage der VVN enthielt den Antrag, die Verfügung der Polizeidirektion vom 2. August 1951 aufzuheben, der RP wiederum wollte die Abweisung der Klage. Noch bevor es am 10. Juli 1953 zu einer mündlichen Verhandlung in dieser Sache kam – fast zwei Jahre lang mußte die VVN also unter massiven Behinderungen arbeiten –, schlossen beide Parteien folgenden Vergleich: „Der Vertreter des Beklagten (der RP, Anm. d. Verf'in.) erklärte: ‚Ich hebe die Verfügungen vom 27. Juli 1951 und 2. August 1951 auf und übernehme die Kosten des Verfahrens.' Der Vertreter der Klägerin (VVN, Anm. d. Verf'in) erklärte: ‚Ich nehme die Klage zurück.'" Daraufhin stellte das Gericht (Verwaltungsgericht Hannover) durch Beschluß das Verfahren ein.

Am nächsten Tag erkannte der Regierungspräsident, was vereinbart worden war, rief „Irrtum, Irrtum", focht die abgegebene Erklärung an und bat, das Verfahren fortzusetzen; konkret wurde Klage gegen den Einstellungsbeschluß erhoben, den das Oberverwaltungsgericht Lüneburg mit Beschluß vom 2. Februar 1954 auch aufhob. Die VVN beantragte nun, „das Verfahren durch Urteil einzustellen, hilfsweise die angefochtenen Verfügungen (von Juli und August 1951, Anm. d. Verf'in) aufzuheben" und begründete dies u.a. damit, daß sich die Beklagten-Seite in keinem Irrtum befunden habe, „da das Gericht mit den Beteiligten die Sach- und Rechtslage eingehend erörtert habe." Der Beklagte (der RP) beantragte seinerseits die Abweisung der Klage. Die 2. Kammer des Landesverwaltungsgerichts Hannover entschied schließlich am 2. Juli 1954 in Form eines Urteils, das der Prozeßvergleich vom 10. Juli 1953 wirksam sei und daher das Verfahren eingestellt werde.

Gegen das Urteil war Revision vor dem Oberverwaltungsgericht Lüneburg zulässig; leider ist nicht bekannt, ob es zu einer Berufung kam und mit welchem Ergebnis diese endete. Max Oppenheimer berichtet, daß die VVN nach dem Urteil vom 2. Juli 1954 ihre Tätigkeit wieder in vollem Umfang aufnehmen konnte.

Doch erst nach einem 4½jährigen Rechtsstreit hob das niedersächsische Innenministerium im Januar 1956 das Verbot gegen die VVN auf.

Offen ist die Frage, ob die VVN danach alle beschlagnahmten Unterlagen sowie das eingezogene Vermögen wieder zurückbekommen hat.

S.K.

Von den Widersprüchen der historischen Aufarbeitung

Nur eines von zahllosen Beispielen: Dr. Otto Ambros, Vorstandsmitglied von IG-Farben und verantwortlich für die Buna-Werke in Auschwitz, wurde vom Nürnberger Kriegsverbrecher-Tribunal (Foto oben) zu acht Jahren Haft verurteilt – doch schon Anfang der fünfziger Jahre wurde er Aufsichtsrat der Süddeutschen Kalkstickstoffwerke, bei Telefunken, VIAG und der Scholwen-Chemie AG (Bild unten).

In einem Appell vom 19. März 1955 verwies die Leitung der VVN auf spektakuläre Ungerechtigkeiten der historisch-politischen Aufarbeitung der NS-Vergangenheit. Opfern werde ihre Entschädigung vorenthalten, Täter durch die Justiz geschützt.

„Jüdischen Opfern des Hitlerregimes wurde in Mannheim die Wiedergutmachung versagt mit der unglaublichen Rechtfertigung des Naziterrors: die Juden seien selbst schuld an ihrer Verfolgung. Dagegen wurden in Dortmund 20 Angehörige eines der berüchtigten SS-Polizeibataillone, die an der Erschießung von 110 jüdischen Ghettobewohnern in Warschau beteiligt waren, freigesprochen. Mehrere dieser Täter sind heute schon wieder bei der Polizei beschäftigt.

Ungesühnt bleibt der feige Mord an einer polnischen Zwangsverschleppten, da ‚demokratische' Gerichte und Richter die Mörder außer Verfolgung setzten.

Der berüchtigte SS-Vernehmungsführer des Konzentrationslagers Dachau, Bach, der für den Tod und die Ermordung vieler Häftlinge verantwortlich ist, kann heute als Finanz-Oberinspektor tätig sein ...

Und jener Dr. Peters, Geschäftsführer der DEGESCH, der das Zyklon B für die Vergasung von Millionen jüdischer Kameraden lieferte, soll von deutschen Gerichten wieder reingewaschen werden."

Diese Kritik an den bundesdeutschen Verhältnissen kontrastierte die VVN mit dem Bestreben des Bundesverfassungsgerichtes im KPD-Verbotsprozeß, die VVN als „Kommunistische Tarnorganisation" zu deklarieren. „Mit aller Entschiedenheit weisen die Widerstandskämpfer, politisch, rassisch und religiös Verfolgten diese wahrheitswidrige Behauptung zurück. Die Widerstandskämpfer haben nichts zu verbergen und nichts zu tarnen. ... Man will die Verfolgten ihrer großen Schutzorganisation berauben, um noch weniger Renten- und Wiedergutmachungsansprüche erfüllen zu müssen. Man will diejenigen mundtot machen, die sich der Wiedergeburt des deutschen Militarismus widersetzen", warnte daher die Leitung der VVN im März.

Widersprüchliches für Antifaschisten

Die Toten mahnen die Lebenden!

„Aus unserer Mitte sind böse, brutale und gewissenlose Menschen hervorgegangen, die Deutschland entehrt und Deutschlands Untergang herbeigeführt haben. Sie beherrschten das deutsche Volk mit einem so klug gesicherten Schreckensregiment, daß nur Heldenmütige den Versuch, es zu stürzen, wagen konnten.
So tapfere Menschen gab es eine große Anzahl unter uns."
(Ricarda Huch)

Unauslöschbar ist die Erinnerung

an Rudi Breitscheid, Wilhelm Leuschner, Ernst Thälmann und Pfarrer Schneider, dessen Martyrium in den Konzentrationslagern ihren frühen Tod herbeiführten,

an die jungen Studenten Lilo Hermann und die Geschwister Scholl, die unerschrocken die Ideale der deutschen Jugend hochhielten und deswegen unter dem Henkerbeil fielen,

an den Iserlohner Bürger Sally Becker, der jahrelang als Wohlfahrtspfleger tätig war und im Konzentrationslager Lublin sein Leben lassen mußte.

Mit ihnen fielen ungezählte Tausende, darunter auch 130 Bürger Iserlohns, für die Einheit und die Ehre Deutschlands, für die Demokratie und Völkerverständigung.

Das Andenken an sie und die Opfer aller europäischen Völker zu ehren, geziemt dem ganzen deutschen Volk.

Es gilt aber auch, ihr Vermächtnis zu erfüllen.

Zum Gedenken der Opfer des Nazi-Regimes und des Krieges rufen wir auf zur Teilnahme an der

Gedenk-Kundgebung

am Sonntag, dem 18. September 1955 um 10 Uhr in der Alten Halle auf der Alexanderhöhe in Iserlohn.

Es sprechen: **Pfarrer i. R. Othmar Müllner**, Frankfurt Main.
Roland Netter Frankreich, Mitglied des Büros der Nationalen Widerstandsbewegung von Frankreich
und ein Vertreter des **„Komitees der Antifaschistischen Widerstandskämpfer"** Berlin.

Die Gedenk-Kundgebung wird umrahmt durch Darbietungen eines Streichorchesters, Leitung Wilh. Schmidt, und des Leiters des Schauspiel-Studios Iserlohn, Ferdinand Held-Magney.

Jüdische Gemeinde, Kreis Iserlohn
i. A. Simon Blecher

Bund der Verfolgten des Nazi-Regimes, Kreis Iserlohn
i. A. Franz Köster

Vereinigung der Verfolgten des Nazi-Regimes, Kreisvereinigung Iserlohn
i. A. Erwin Weber

Arbeitsgemeinschaft Buchenwald
i. A. Paul Wittlake

Arbeitsgemeinschaft Börgermoor
i. A. Willi Rose

Arbeitsgemeinschaft Dachau
i. A. Willi Müller

Zentralverband der Fliegergeschädigten, Evakuierten und Währungsgeschädigten, Ortsverband Iserlohn
i. A. Fritz Schaper

Hinterbliebenenausschuß der Opfer im Romberg-Park, Dortmund
i. A. Hilde Dorenkamp

Hinterbliebenen-Ausschuß Iserlohn
i. A. Fides Philipp

Hinterbliebenen-Ausschuß Hamm/W.
i. A. Line Hokamp

Industrie-Gewerkschaft Bergbau, Sektion Jugend, Dortmund
i. A. Bartsch

Josef Grimm, Betriebsrat der Zollern-Germania-schächte Dortmund

F. Wichmann, Betriebsrat der Zeche „Minister Stein" Dortmund

W. Kaufmann, Betriebsrat der Zeche „Hardenberg" Dortmund

Wilhelm Dombrowski, Betriebsrat, Dortmund

Karl-Heinz Werbe, Betriebsrat, Hamm/W.

Ernst Becker, Betriebsrat, Hamm/W.

Eintritt frei! Verantwortlich: Jupp Wiegel **Einlaß: 9 Uhr**

Die politischen Forderungen der Antifaschisten, der Kampf gegen die Remilitarisierung und die Renazifizierung wurden zunehmend verfolgt.

Eine gemeinsame Erklärung von Vertretern der Widerstandsbewegung aus der BRD, der DDR und Frankreich, die sich für ein wiedervereinigtes Deutschland ohne Militarismus und Faschismus aussprach, wurde zum Vorwand genommen, um den Vorsitzenden der VVN, Dr. Marcel Frenkel, im Oktober 1955 unter der Anklage des „Hochverrates" zu verhaften. Auch wenn er aufgrund in- und ausländischer Proteste bald wieder auf freien Fuß gesetzt werden mußte, drückte sich hierin die politische Atmosphäre der Adenauerzeit aus.

Gleichzeitig erlebte man auch in dieser Zeit, daß die Erinnerung an das gemeinsame Leid der ehemaligen Verfolgung stärker als alle politischen Spaltungsversuche war.

So riefen im Herbst diesen Jahres die Überlebenden zu gemeinsamen Gedenkfeiern auf, wie z.B. in Ludwigsburg.

Ein besonderes Beispiel der Zusammenarbeit war die Kundgebung am 18. September 1955 in Iserlohn, zu der die jüdische Gemeinde, die VVN, der BVN und weitere Hinterbliebenenverbände eingeladen hatten.

1956

2. Januar Beratung von Verfolgten-Organisationen in Düsseldorf zur Wiedergutmachungsfrage

16. Februar Bundesminister Theodor Oberländer tritt zur CDU über

29. Juni BEG verabschiedet, Regelungen der Wiedergutmachung, incl. § 6

21. Juli Einführung der Wehrpflicht

17. August Verbot der KPD durch Bundesverfassungsgericht

1. September ehemalige SS-Offiziere bis Obersturmbann-Führer können in ihren alten Rängen in die Bundeswehr übernommen werden

16. Oktober Franz-Josef Strauß wird Verteidigungsminister

23. Oktober Ungarn-Konflikt durch sowjetische Truppen niedergeschlagen

7. Dezember Der Bundesgerichtshof beschränkt die Verfolgung von NS-Richtern durch ein eingrenzendes Urteil

13. Dezember Innenministerkonferenz berät über ein Verbot der VVN, insbesondere der hessische Innenminister Schneider spricht sich dagegen aus.

Die allgemeine Wehrpflicht und der „Geist der Bundeswehr"

War schon im Herbst 1955 durch die Ernennung von Freiwilligen mit der Aufstellung der Bundeswehr begonnen worden, so wurde mit der Einführung der allgemeinen Wehrpflicht am 21. Juli die Bundeswehr auf ihre eigentliche Rolle vorbereitet. Die VVN erklärte dazu:

„Dieser Beschluß entspricht den Forderungen der Wehrwirtschaftsführer Hitlers, der Herren der Rüstungsindustrie, die sich an einem neuen Krieg gesundstoßen möchten. Sie verlangten die Aufstellung einer 500.000-Mann-Armee, sie organisierten die Soldaten- und SS-Verbände, sie riefen die Hitler-Generale und SS-Kommandeure!" Und wen sie alles riefen!

In der Dokumentation der VVN „Die unbewältigte Gegenwart" wurden exemplarisch 25 Namen erwähnt, unter ihnen:

Adolf Heusinger – der Chef der Operationsabteilung des OKH und stellv. Chef des Generalstabes des Heeres wurde in den Führungsstab der Bundeswehr und später in den „Ständigen Militärausschuß der NATO" berufen.

Hans Speidel – Generalleutnant und Chef der Abteilung „Fremde Heere (West)" sowie Generalstabchef der 8. Armee an der Ostfront wurde als Vertreter der Bundeswehr zum Oberkommandierenden der NATO-Landstreitkräfte in Mitteleuropa berufen.

Hannes Trautloff – ehemaliger Oberst und für die Bombardierung von Guernica mit dem „Spanienkreuz in Gold" ausgezeichnet wurde Generalmajor und Befehlshaber der Luftwaffengruppe Süd.

Hermann Plocher – ebenfalls am Spanieneinsatz beteiligt und später Oberstleutnant im Generalstab wurde Generalmajor der Bundeswehr und Vertreter im Luftwaffenstab der NATO in Paris.

Josef Kammhuber – ehemals General der Flieger, der schon 1933 von Göring ins Reichsluftfahrtministerium berufen worden war, wurde Inspekteur und Chef des Führungstabes der Luftwaffe.

Johann-Adolf Kielmannsegg – ehemals Oberst im Generalstab und bedingungsloser Gefolgsmann Hitlers, wurde Kommandeur der 5. Panzergrenadierdivision.

Und so war es nach dieser Entwicklung nur folgerichtig, daß nach Beschluß des Verteidigungsministeriums ehemalige SS-Offiziere bis Obersturmbann-Führer in ihren alten Rängen in die Bundeswehr übernommen werden konnten.

„Wer noch einmal ein Gewehr in die Hand nehmen will, dem soll die Hand abfallen ...": Der CSU-Abgeordnete Franz Josef Strauß in einer Wahlversammlung 1949. 1956 wird er Verteidigungsminister.

Zur Geschichte der VVN an der Saar

Übereinstimmungen und Sonderentwicklungnen

Als endlich im November 1948 die „Vereinigung der Verfolgten des Naziregimes Saar“ gegründet werden konnte, eineinhalb Jahre nach Konstituierung der Bundesvereinigung, stand man doch nicht erst am Beginn des Organisationsaufbaus und von Außenaktivitäten. Die etwas verspätete Gründung hatte ihre Ursache im langen Ausbleiben der Genehmung zur Gründung. Und dies lag in der Sonderentwicklung an der Saar.

Die US-Truppen, die im März 1945 das Saarland besetzten und vom Naziregime befreit hatten, waren im Juli 1945 durch französische Militäreinheiten abgelöst worden. Eine Militärregierung unter dem Gouverneur Gilbert Grandval wurde installiert.

Aber schon seit März waren Antifaschisten als Bürgermeister eingesetzt worden, ihre Gefährten aus dem Widerstand, aus den KZ oder andere Oppostiionelle besetzten die ersten kommunalen Gremien. Im April kam es schon zu ersten gewerkschaftlichen Gründungen und im Juli 1945 zur Konstituierung der Einheitsgewerkschaft der Arbeiter, Angestellten und Beamten. Ab August erschien die „Neue Saarbrücker Zeitung“. In allen Gremien wirkten damals Kommunisten, Sozialdemokraten, Christen und parteilose Antifaschisten zusammen. Auch für die Menschen an der Saar war Grundlage, was später als „antifaschistischer Konsens“ bezeichnet wurde. In den ersten gemeinsamen Veranstaltungen traten Repräsentanen der drei Parteirichtungen gemeinsam auf. Die Referenten waren Fritz Nickolay (1909–1953), KP, Exil in Frankreich, Teilnehmer an der Résistance, Vorsitzender der KP-Saar bis 1951; Peter Zimmer (1887–1970) SPS, Kontakte zu Wilhelm Leuschner, inhaftiert nach dem 20. Juli 1944, Bürgermeister von Saarbrücken, Präsident des Landtages 1947– 1955; Johannes Hoffmann (1890–1967), CVP, Exil in Luxemburg und Brasilien, Vorsitzender der CVP, Ministerpräsident des Saarlandes von 1947–1955.

Die Parteien: Kommunistische Partei Saar (KP), Sozialdemokratische Partei Saar (SPS) und Christliche Volkspartei (CVP) wurden ab Februar 1946 von der Militärregierung zugelassen. Und schon im März 1946 trat eine Vereinigung „Opfer des Faschismus“ an die Öffentlichkeit mit einer Ausstellung „Hitlers Verbrechen!“.

Antifaschisten verschiedenster Bekenntnisse stimmten überein, am demokratischen Neubeginn aktiv mitzuwirken, über Verbrechen des deutschen Faschismus aufzuklären, zur Ahndung von Verbrechen beizutragen, sich für Frieden und Völkerverständigung zu engagieren und auch „Wiedergutmachung“ für die OdF anzustreben.

Erste Belastungsproben ergaben sich, als Frankreich Kurs auf die Lostrennung der Saarregion vom deutschen Nationalverband nahm, von dem zwar niemand voraussagen konnte, wie er eines Tages verfaßt werden würde, der aber doch als einheitliches Deutschland unter Kontrolle der Siegermächte stand. Weder die Jalta-Konferenz noch die von Potsdam hatten die Lostrennung des Saarlandes von Deutschland vorgesehen. Frankreichs Vorhaben konnten sich auf Zustimmung aus CVP und SPS und anfänglich auch auf die Demokratische Partei Saar (DSP) stützen. Diese setzten sich in der „Verfassungsgebenden Versammlung“ 1947 mit 91,6 Prozent der Stimmen gegen 8,4 Prozent der KP durch, verabschiedeten die Verfassung, konstituierten sich als Landtag des Saarlandes.

In der Präambel der Verfassung hieß es: „Das Volk an der Saar ... gründet seine Zukunft auf den wirtschaftlichen Anschluß des Saarlandes an die französische Republik und die Währungs- und Zolleinheit mit ihr, die einschließen: Die politische Unabhängigkeit des Saarlandes vom Deutschen Reich, die Landesverteidigung und die Vertretung der saarländischen Interessen im Ausland durch die französische Republik ...“

Vergegenwärtigt man sich die Zusammensetzung des ersten Landtages – 1947 hatte nur kandidieren können, wer nicht der NSDAP oder einer ihrer Gliederungen angehört hatte –, in dem Opfer des Faschismus in beachtlicher Zahl saßen, und auch daß in der Regierung vier von fünf Ministern anerkannte Opfer des Naziregimes waren, so kann man sich vorstellen, daß in der VVN immer wieder um den Konsens in Grundfragen der Ziele der OdF gerungen werden mußte. Die Zusammensetzung des Vorstandes bis 1950 unterstreicht diese Feststellung.

Der Ehrenpräsident der VVN, Richard Kirn war Vorsitzender der SPS und Minister. Richard Kirn (1902–1988) hatte vom französischen Exil aus gewerkschaftliche und sozialdemokratische Parteiarbeit geleitet und war von den Vichy-Behörden an die Gestapo ausgeliefert und vom VGH zu 8 Jahren Zuchthaus verurteilt worden. Vorsitzender war mit Hermann Ratering ein Kommunist (vgl. biograph. Notiz). Karl Mössinger (1888–1961) war 2. Vorsitzender, Mitglied und Funktionär der SPS, Exil in Frankreich, Mitarbeit im Komitee Freies Deutschland für den Westen (KFDW-CALPO); Hugo Robert (1906–?), der Kassierer war SPS-Mitglied, der Schriftführer Alfred Lawinger (1911–?) gehörte der KP an. Er war 1935 verhaftet und 1936 zu zweieinhalb Jahren Zuchthaus verurteilt worden.

Die Beisitzer Alois Huber, SPS; Heinrich Fixemer (1904–?) SPS; Luise Schiffgens (1892–1954), SPS, Fraktionsvorsitzende im Landtag, im französischen Exil, Mitglied des KFDW-CALPO; Lilli Frick/ Herrmann (1904–1971) war KP-Abgeordnete im saarländischen Landesrat gewesen, vom OLG Stuttgart zu viereinhalb Jahren Zuchthaus verurteilt. Dr. Anton Tinnes (1899– ?) war 1934 Geschäftsführer des für den Status quo eintretenden Christlich-sozialen Volksbundes, im belgischen Exil, später zeitweilig inhaftiert, nach 1946 Bürgermeister in Völklingen;

Alfred Levy (1888–1962), vor 1935 am Obersten Gerichtshof des Saargebiets tätig, Exil in Luxemburg und Südfrankreich, 1946 bis 1953 war er Senatspräsident beim OLG Saarbrücken.

Dem Vorstand gehörten weiter Dr. Siegfried Baum und eine Frau Ernst an.

Überlieferte Mitteilungsblätter lassen darauf schließen, daß es schon zu gelegentlichen Spannungen gekommen war. Aber in der Wahrnehmung der Interessen der OdF vertrat man übereinstimmende Positionen.

So kam es im April 1947 zu einer Rechtsanordnung betr. „Opfer des Nationalsozialismus“ und am 31.7.1948 zu einem „Gesetz für die Wiedergutmachung politischer Schäden“ zu dem die Vereinigung der OdF bzw. die VVN geschlossen Änderungs- bzw. Ergänzungsforderungen stellten. Z.B. hatten „Nichtsaarländer“ für sich keine Ansprüche aus dem Gesetz abzuleiten.

Einig war man sich auch darin „dazu beizutragen, daß die im Volke nicht unerheblich vorhandene Nazi-Ideologie nicht weiter um sich frißt“ und man beklagte gemeinsam „Die Vergeßlichkeits-Epidemie an der Saar über das vordem Geschehene ...“ Zu den Problemkreisen, über die Konsens bestand, gehörte die Kritik am Verlauf der „Epuration“, der Reinigung, d.h. der Entnazifizierung (vgl. dazu Rainer Möhler, Entnazifizierung in Rheinland-Pfalz und im Saarland unter französischer Besatzung von 1945 bis 1952, Mainz 1992). Die Einstufungen exponierter Nazis als „minder belastet“ wurde als Beleidigung der OdF empfunden. Man nahm Stellung gegen die Verdrängung von Antifaschisten aus dem öffentlichen Dienst, an die Wiedereingliederung vormals entlassener Nazis und an den horrenden Nachzahlungen für diese.

Man hatte auch – und das war wohl ein besonderes Verdienst des Ehrenpräsidenten als Minister entschieden, daß in der Rentenberechnung „unsere Freunde, die für die Idee der Republik in Spanien gekämpft haben“, nicht schlechter gestellt sein dürften, als jene, die „auf der anderen Seite gegen die Demokratie gekämpft“ hatten. (R. Kirn)

Als Karl Mössinger bei der VVN-Generalversammlung im März 1950 im Auftrage des Landesvorstandes den Geschäftsbericht vortrug, führte er auch aus:

„Ich verrate kein Geheimnis, wenn ich darauf hinweise, daß Ende des Jahres 1948 die Sozialdemokraten in Westdeutschland sich von der VVN getrennt haben. Die Sozialdemokraten im Saarland haben davon keine Notiz genommen, weil sie der Auffassung waren, daß an der Saar andere Verhältnisse bestehen und wir die Rolle von Befehlsempfängern ablehnen ...“. Der Referent verwies auf eine zweite Spaltung der VVN im Januar/Februar in Westdeutschland. „Durch den Austritt dieser Funktionäre und durch die Erklärungen der politischen Parteien in der Bundesrepublik liegt natürlich die Gefahr nahe, daß der VVN in Westdeutschland das Odium einer kommunistischen Nebenorganisation angehangen wird ... Einen solchen Vorwurf weisen wir von vorneherein mit aller Entschiedenheit zurück. Wir sind eine überparteiliche, konfessionell neutrale Organisation der Verfolgten des Naziregimes und wollen es in aller Zukunft bleiben.“

Der sozialdemokratische Antifaschist Mössinger fügte aber hinzu: „Dabei soll nicht unausgesprochen bleiben, daß wir die Vorgänge im Westen und Osten von Deutschland mit kritischen Augen beobachten und uns manchesmal das Herz recht schwer wird, wenn wir zu Vorgängen, die wir nicht billigen können, des lieben Friedens willen schweigen sollen ...“

Solche Positionen wurden auch in den Kreisvereinigungen und in den Gruppen vertreten.

Spannungen kamen gewiß auch innerhalb der VVN auf, als es wegen Ausschreitungen am 1. Mai 1950 zu Repressionen gegen die KP und die FDJ kam und Kommunisten – auch VVN-Kameraden – aus dem öffentlichen Dienst entfernt wurden. Am 1. Mai 1950 hatten Kommunisten schwarz-rot-goldene neben den roten Fahnen mit in der Demonstration getragen und FDJler ihre blaue Fahne mit dem Sonnenbanner. Es kam zu brutalen Polizeieinsätzen und handfesten wie verbalen Auseinandersetzungen, an denen eben auch Minister Kirn, der ja Ehrenvorsitzender der VVN war, und Fritz Nickolay und andere Kommunisten, die ja auch VVN-Mitglieder oder gar Funktionen innehatten, beteiligt waren.

Die nationale Frage, d.h. die Frage der Einheit Deutschlands schien den Kommunisten als die Grundlage friedlicher Entwicklung in der Mitte Europas, an der Nahtstelle der zwei Systeme. Die Sozialdemokraten setzten auf die enge Bindung an Frankreich, um künfige Sicherheit gegenüber einer ungewissen Entwicklung Deutschlands bzw. der Bundesrepublik zu erreichen.

Gemeinsam bereitete man den „Gedenktag der Opfer des Nationalsozialismus am 17. September 1950“ in Saarbrücken vor.

In seiner Gedenkrede betonte Senatspräsident Alfred Levy „daß die VVN nicht im Dienst einer politischen Partei stehe, sondern daß es ihre Aufgabe sei, auf freiheitlicher, menschlicher und überparteilicher Grundlage für alle Opfer des Faschismus einzutreten, gleichviel, ob sie wegen ihrem Glauben, wegen ihrer Rasse, oder irgendwelcher politischer Einstellung verfolgt worden sind.“

Vereinigung der Verfolgten
des Naziregimes Saar

Saarbrücken, August 1952.

Appell in ernster Stunde!

An alle, die den Frieden und die Heimat lieben!

Die Vereinigung der Verfolgten des Naziregimes Saar ist eine überparteiliche Organisation, deren Mitgliedschaft den verschiedensten Parteirichtungen, Glaubensbekenntnissen und Berufen angehört. Die Vereinigung entwickelte sich im gemeinsamen Kampf der politischen Gegner gegen Nationalsozialismus und Krieg als eine bewußte Kampfgemeinschaft in den Konzentrationslägern, Gefängnissen, Zuchthäusern und in der Emigration.

Nach der Niederlage des Hitlerfaschismus schuf die Kampfgemeinschaft gegen Krieg und Faschismus ihre jetzigen organisatorischen Formen durch Gründung von Vereinigungen der Verfolgten und Geschädigten des Hitlerterrors und der Widerstandskämpfer gegen Faschismus und Krieg in allen von dem Hitlerfaschismus ehemals unterdrückten Ländern.

Oberster und einheitlicher Grundsatz aller dieser Vereinigungen, ungeachtet der Weltanschauung oder der Religion ist:

Konsequenter unversönlicher Kampf zur Verteidigung der Menschenrechte!

Aufdeckung und gerechte Bestrafung der Kriegsverbrecher!

Beseitigung der Reste des Hitlerfaschismus!

Wachsamkeit und Kampf zur Verhinderung des Aufkommens eines neuen Faschismus, durch unermüdlichen und mutigen Einsatz gegen alle Pläne und Versuche, einen neuen Krieg heraufzubeschwören.

Für diese notwendigen und erreichbaren Ziele kämpft auch die VVN Saar.

Ihr Wirkungskreis als selbstständige Organisation ist das Saargebiet.

Getreu ihres Grundsatzes fühlt sich die VVN Saar angesichts der im Saargebiet geschaffenen Lage verpflichtet, folgende Erklärung abzugeben:

Die VVN Saar stellt fest, daß sich während der fünf Jahre wirtschaftlicher Lostrennung der Saar von Deutschland eine systematische Mißachtung der demokratischen Grundrechte der Saarbevölkerung bemerkbar gemacht hat. Eine Reihe von Gesetzen, Verfügungen und Verordnungen heben in der Praxis die demokratischen Grundrechte der Saarbevölkerung auf.

Pressegesetz gegen Meinungsfreiheit, Parteiengesetz gegen Koalitionsfreiheit, Versammlungs- und Zeitungsverbote, Paßentzug, Paßverweigerung, das Versagen politischer Rechte gegenüber der deutschen im Saargebiet ansässigen Nichtsaarländer, das Vorenthalten des Tarifvertragrechtes für mehrere Berufsgruppen, die Sabotage gegen das Mitbestimmungsrecht der Arbeiter, Angestellten und Beamten, Ausweisungen und Strafmaßnahmen gegen Menschen, die vor der Gefahr eines neuen Krieges warnen oder der Lostrennung der Saar von Deutschland ablehnend gegenüberstehen, Bereinigungsgesetz und Ministerratsbeschluß als Handhabe zur Entlassung von Bediensteten im öffentlichen Dienst die offenkundige Benachteiligung der Versorgungsberechtigten Opfer des Naziregimes durch Nichtauszahlung der gesetzlich festgelegten Rentensätze und viele andere undemokratische Maßnahmen mehr, sind ernste Verstöße, nicht nur gegen die demokratischen Grundrechte der Bevölkerung – sondern sind im Grunde genommen verwerfliche Verstöße gegen die Menschenrechte überhaupt.

Die VVN Saar erklärt ihre rückhaltlose Bereitschaft mit jeder anderen Vereinigung und mit Einzelpersonen gemeinsam, alle Mittel anzuwenden, die der Beseitigung dieser undemokratischen Maßnahmen und der Verteidigung der demokratischen Grundrechte der Bevölkerung dienen.

Die VVN-Kameraden wissen aus praktischen Erfahrungen, die sie im Kampf gegen den Hitlerfaschismus sammelten, daß die Einschränkung und Beseitigung demokratischer Rechte, diktatorische Maßregel und die Anwendung faschistischer Unterdrückungsmethoden gegen die Werktätigen, begleitet von einer nationalistischen Hetze der Kriegstreiber, die wichtigsten Voraussetzungen für das Gelingen von Kriegsprovokationen sind.

Das trifft nicht nur für die Saar, sondern in noch höherem Maße auf die Regierungspraxis Adenauers zu, dessen nervöse Eile, den amerikanischen Generalvertrag zu ratifizieren, ein untrüglicher Beweiß dafür ist. Gestützt auf den Generalvertrag könnten Adenauer und die Besatzungsmächte über ihre Militärdiktatur zum offenen Faschismus und damit zu ihrem Verderben bringenden verbrecherischen „Kreuzzug“ gegen die demokratischen Völker des Ostens – zum Überfall auf die Deutsche Demokratische Republick, nach dem Beispiel Korea, **zu einem für das ganze deutsche Volk verhängnisvollen Bruderkrieg übergehen. Das wäre auch für die Saar Tod und Vernichtung!**

Sich dieser unheildrohenden Entwicklung mit ganzer Kraft entgegenzustemmen, gilt auch für die Bevölkerung an der Saar.

Deshalb erklärt die VVN Saar mit allem Nachdruck, da diese Entwicklung nur durch die Spaltung Deutschlands möglich war, daß sie sich für die Schaffung der Einheit Deutschlands für die Einigung des ganzen deutschen Volkes auf dem Wege gesamtdeutscher Wahlen für eine Nationalversammlung zur Bildung einer gesamtdeutschen Regierung entschieden hat.

Weiter erklärt sich die VVN Saar für den beschleunigten Abschluß eines gerechten Friedensvertrages mit Deutschland, entsprechend dem Text des Potsdamer Abkommens und entsprechend der zusagenden Noten der Sowjetunion, in der diese die anderen Großmächte auffordert, dem deutschen Volke seine Einheit, den Friedensvertrag und vollste uneingeschränkte Souveränität zu geben.

Da die Deutschlandfrage, einschließlich der Saarfrage, nur durch den Friedensvertrag mit Deutschland geregelt werden kann und muß, vertritt die VVN Saar den Standpunkt, daß alle dem Friedensvertrag vorgreifenden Separatverträge keine völkerrechtliche Grundlage haben und deshalb beseitigt werden müssen.

Die VVN Saar entscheidet sich gegen Generalvertrag und Separatismus, weil beide zum Faschismus, zum Kriege und damit zur Vernichtung Deutschlands führen müßten, wenn die Völker und in erster Linie das deutsche Volk, ihre Beseitigung durch den erfolgreichen Kampf um seine demokratische Einhe[it] und einen gerechten Friedensvertrag nicht erzwingen würden.

Die VVN Saar appelliert an alle friedliebenden Menschen, an alle Opfer des Krieges, an alle, denen der Krieg nie vernarbende seelische und körperliche Wunden schlug, an alle jungen Menschen die vom Wehrgesetz und dem Dienst in der amerikanischen Söldnerarmee bedroht sind und aus einem 3. Weltkrieg niemals mehr wiederkehren könnten, wie viele 10000 deutsche Legionäre in Vietnam und Korea – appelliert an alle Menschen die guten Willens sind:

Erhebt Euch alle, verstärkt Eure Wachsamkeit, kämpft geschlossen und einig gegen alle finsteren Kräfte und Pläne eines neuen Völkermordens, entlarvt die Hetzer zum Bruderkrieg Deutsche gegen Deutsche!

Entscheidet Euch gegen Generalvertrag und Separatverträge

Entscheidet Euch für die Einheit unserer Heimat, für den Glück und Wohlstand sichernden Friedensvertrag!

Entscheidet Euch immer und überall für den Aufruf des Arbeitskreises für deutsche Verständigung zur Sammlung aller Deutschen -

Für den Friedensvertrag - gegen Generalvertrag!
Für die Einheit Deutschlands - gegen Separatismus!
Für Demokratie - Einheit - Frieden!

Die Delegierten der
Landes-Delegiertenkonferenz 1952
der VVN-Saar

I. A. Johann Lauer, 1. Vors.

Flugblatt vom August 1952

Es war wohl die letzte große gemeinsame Aktion der VVN. Städtisches Orchester, zwei Werkskapellen, der Intendant des Theaters und andere hatten mitgewirkt. Aber es war bemerkt worden, daß hochrangige Persönlichkeiten gefehlt hatten. Und schließlich: Von Oktober 1950 bis Mitte März 1951 erschien das VVN-Mitteilungsblatt nicht.

Im Januar 1951 wurde dann von bisherigen Funktionsträgern oder Mitgliedern der VVN öffentlich der Bruch mit ihrer bisherigen Verfolgtenorganisation vollzogen. Die oben erwähnten Vorfälle am 1. Mai 1950, „verlogene bolschewistische Agitation und Propaganda“, „heuchlerische und verlogene Friedenspropaganda“, „Dulden und Billigen von Konzentrationslagern in der Sowjetzone“ und ähnliche Vorwürfe mußten als Begründung für die Abspaltung herhalten.

Unter jenen Mitgliedern, die die Erklärung unterzeichnet hatten, waren R. Kirn, Dr. Heinz Braun, Luise Schiffgens, Karl Mössinger, Dr. Tinnes und andere. Mit Kirn und Dr. Braun und auch dem IV-Metall-Vorsitzenden Fliegler und anderen hatten Hauptexponenten des Separationskurses nun doch den Weg der Spaltung der Organisation eingeschlagen. Sie hatten in ihren Regierungsämtern bzw. in der Gewerkschaft bis dahin schon weitgehende Maßnahmen zur Isolierung und Entlassung ehemaliger kommunistischer Mitstreiter betrieben oder mitvertreten.

Andere, deren Namen unter der Erklärung erschienen, betonten danach öffentlich, daß ihre Unterschrift ohne Befragung darunter gesetzt worden war und sie betonten, in der VVN zu verbleiben, „die Treue zur VVN zu wahren“.

Der Landesvorstand reagierte in einer Erklärung:

„Die VVN duldet und billigt keine Konzentrationslager, wo sie auch seien. Sie wendet sich entschieden gegen die Mißachtung des Menschen, gleich welchen Glaubens, welcher Rasse, welcher Religion, welcher politischer Überzeugung und welcher Hautfarbe er sei, und in welchem Teil der Welt sie auch erfolgt.“

Äußerungen von Persönlichkeiten der politischen Parteien auf Parteiveranstaltungen seien für die VVN nicht bindend. Es wurde für April ein Landesdelegiertentag einberufen. Ab dieser Konferenz war dann Johann Lauer Vorsitzender der Landesvereinigung. Zur Delegiertenkonferenz im Juli 1952 waren 31 Ortsgruppen mit 98 Delegierten vertreten. Es wurden von 80 Teilnehmern 17 Mitglieder der SPS, 43 der KP zugerechnet. Parteilose oder Delegierte mit christlicher Bindung waren 29 gezählt worden.

Inhaltliche Veränderungen in der Aufgabenstellung der Vereinigung waren nicht festzustellen, wohl aber eine schärfere Akzentuierung der Entwicklung in der Bundesrepublik. Und mit den Forderungen in Entschließungen und Flugblättern, die sich der Fragen der „großen Politik“ annahmen, so gegenüber dem „Generalvertrag“ und EVG 1952, für einen Friedensvertrag und für Deutschlands Einheit befand man sich – ob man das nun wollte oder nicht – in Übereinstimmung mit der Politik der KP.

Das blieb so und wurde besonders deutlich in den Jahren 1954/55 als die Pariser Verträge ausgekungelt waren. Bekanntlich hatte Adenauer – mit dem sogenannten Europäischen Saarstatut – dem Verbleib des Saarlandes im Verbund mit Frankreich – nun „Europäisierung“ genannt – also der Lostrennung des Saarlandes von Deutschland zugestimmt.

In einer Volksabstimmung sollte aber die Bevölkerung über Annahme oder Ablehnung entscheiden. Es hatten sich seit Anfang der 50er Jahre Kräfte zu regen begonnen und ihre Stimme erhoben, die man mindestens als deutsche Nationalisten kennzeichnen muß. Sie formierten sich als „prodeutsche Parteien“, konnten ab Sommer 1954 legal wirken und Zeitungen herausgeben.

Hier versammelten sich z.T. alte Nazis mit jungen Nationalisten. Ihr Auftreten rief bei Antifaschisten – ob sie sich nun für oder gegen das Saarstatut engagierten – große Besorgnisse hervor. Das reichte bis hinein in die neugegründete Deutsche Sozialdemokratische Partei (DSP), in deren Gruppen oft mehr Nationalisten als soziale Demokraten zusammenwirkten.

Wie die KP votierte die Mehrzahl der VVN-Mitglieder für das Nein zum Statut und orientierte sich an dem Slogan: Gegen Chauvinismus und Separatismus.

Das Abstimmungsergebnis vom 23. Oktober 1955:

Für ein Ja zum Statut sprachen sich 201.898 = 32,3 Prozent der Bevölkerung aus, mit Nein stimmten: 423.655 = 67,7 Prozent.

Die Regierung trat sofort zurück. Die folgende Landtagswahl im Dezember 1955 brachte jenen oben charakterisierten Kräften auch die Landtagsmehrheit. Nun wurde Kurs auf die Eingliederung des Saarlandes in die BRD genommen. Das setzte sowohl eine Übereinstimmung Bonns mit Frankreich voraus – sie erfolgte per Vertrag von Luxemburg – und das Aushandeln der Bedingungen für den Anschluß nach Art. 23 GG. Die Hoffnung, mit dem Abstimmungsresultat und neuen Initiativen der DDR und der Großmächte zu einer gesamtdeutschen Lösung zu kommen, erwies sich als nicht realistisch.

Der Beitrittserklärung versagten KP (mit 2 Nein-Stimmen) und DPS (FDP) mit 13 Enthaltungen die Zustimmung.

Ab 1. Januar 1957 war das Saarland (politisch) ein Land der BRD. Erst am 6. Juli 1959, dem sogenannten Tag X, erfolgte mit der Währungsumstellung, der Lösung aus dem französischen Zollverbund auch die wirtschaftliche Eingliederung. Sie war ein Jahre währender Prozeß, dessen Lehren ab 1990 hätten befolgt werden können.

Ab nun war dann auch die VVN-Saar offiziell ein Landesverband der VVN in der Bundesrepublik Deutschland. Auf Johann Lauer folgten in Vorsitz der Landesvereinigung August Hey (1897–1978), der zweieinhalb Jahre Zuchthaus und das KZ Dachau überlebt hatte. Auf ihn folgte der ehemalige Interbrigadist Fritz Sicks, und seit Jahrzehnten steht Horst Bernard gemeinsam mit anderen Kameradinnen und Kameraden unserer Organisation vor.

L.B.

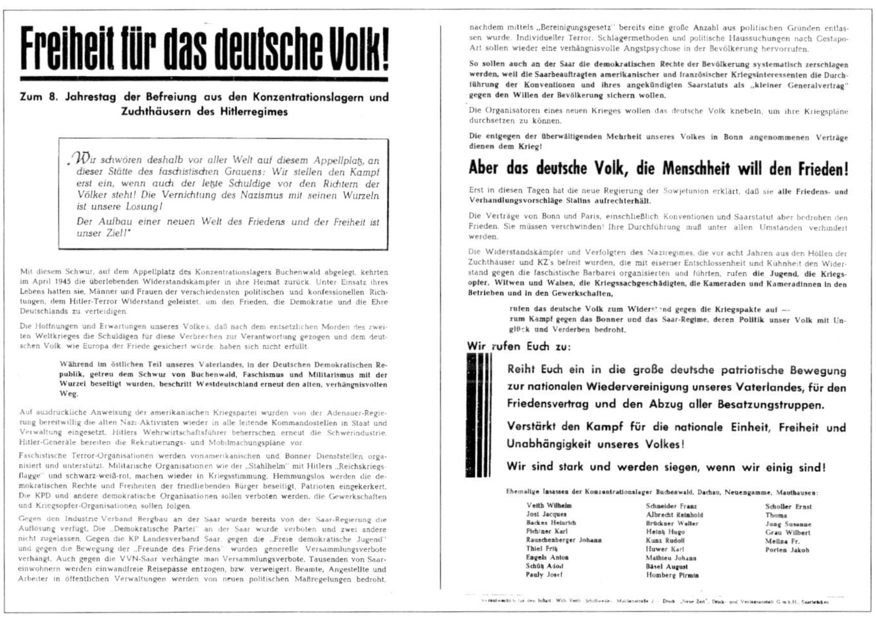

Freiheit für das deutsche Volk!

Zum 8. Jahrestag der Befreiung aus den Konzentrationslagern und Zuchthäusern des Hitlerregimes

„Wir schwören deshalb vor aller Welt auf diesem Appellplatz, an dieser Stätte des faschistischen Grauens: Wir stellen den Kampf erst ein, wenn auch der letzte Schuldige vor den Richtern der Völker steht! Die Vernichtung des Nazismus mit seinen Wurzeln ist unsere Losung!

Der Aufbau einer neuen Welt des Friedens und der Freiheit ist unser Ziel!"

Mit diesem Schwur, auf dem Appellplatz des Konzentrationslagers Buchenwald abgelegt, kehrten im April 1945 die überlebenden Widerstandskämpfer in ihre Heimat zurück. Unter Einsatz ihres Lebens hatten sie, Männer und Frauen der verschiedensten politischen und konfessionellen Richtungen, dem Hitler-Terror Widerstand geleistet, um den Frieden, die Demokratie und die Ehre Deutschlands zu verteidigen.

Die Hoffnungen und Erwartungen unseres Volkes, daß nach dem entsetzlichen Morden des zweiten Weltkrieges die Schuldigen für diese Verbrechen zur Verantwortung gezogen und dem deutschen Volk, wie Europa der Friede gesichert würde, haben sich nicht erfüllt.

Während im östlichen Teil unseres Vaterlandes, in der Deutschen Demokratischen Republik, getreu dem Schwur von Buchenwald, Faschismus und Militarismus mit der Wurzel beseitigt wurden, beschritt Westdeutschland erneut den alten, verhängnisvollen Weg.

Auf ausdrückliche Anweisung der amerikanischen Kriegspartei wurden von der Adenauer-Regierung bereitwillig die alten Nazi-Aktivisten wieder in alle leitende Kommandostellen in Staat und Verwaltung eingesetzt. Hitlers Wehrwirtschaftsführer beherrschen erneut die Schwerindustrie, Hitler-Generäle bereiten die Rekrutierungs- und Mobilmachungspläne vor.

Faschistische Terror-Organisationen werden vonamerikanischen und Bonner Dienststellen organisiert und unterstützt. Militarische Organisationen wie der „Stahlhelm" mit Hitlers „Reichskriegsflagge" und schwarz-weiß-rot, machen wieder in Kriegsstimmung. Hemmungslos werden die demokratischen Rechte und Freiheiten der friedliebenden Bürger beseitigt, Patrioten eingekerkert. Die KPD und andere demokratische Organisationen sollen verboten werden, die Gewerkschaften und Kriegsopfer-Organisationen sollen folgen.

Gegen den Industrie Verband Bergbau an der Saar wurde bereits von der Saar-Regierung die Auflösung verfügt. Die „Demokratische Partei" an der Saar wurde verboten und zwei andere nicht zugelassen. Gegen die KP Landesverband Saar, gegen die „Freie demokratische Jugend" und gegen die Bewegung der „Freunde des Friedens" wurden generelle Versammlungsverbote verhängt. Auch gegen die VVN-Saar verhängte man Versammlungsverbote. Tausenden von Saareinwohnern werden einwandfreie Reisepässe entzogen, bzw. verweigert. Beamte, Angestellte und Arbeiter in öffentlichen Verwaltungen werden von neuen politischen Maßregelungen bedroht, nachdem mittels „Bereinigungsgesetz" bereits eine große Anzahl aus politischen Gründen entlassen wurde. Individueller Terror, Schlägermethoden und politische Haussuchungen nach Gestapo-Art sollen wieder eine verhängnisvolle Angstpsychose in der Bevölkerung hervorrufen.

So sollen auch an der Saar die demokratischen Rechte der Bevölkerung systematisch zerschlagen werden, weil die Saarbeauftragten amerikanischer und französischer Kriegsinteressenten die Durchführung der Konventionen und ihres angekündigten Saarstatuts als „kleiner Generalvertrag" gegen den Willen der Bevölkerung sichern wollen.

Die Organisatoren eines neuen Krieges wollen das deutsche Volk knebeln, um ihre Kriegspläne durchsetzen zu können.

Die entgegen der überwältigenden Mehrheit unseres Volkes in Bonn angenommenen Verträge dienen dem Krieg!

Aber das deutsche Volk, die Menschheit will den Frieden!

Erst in diesen Tagen hat die neue Regierung der Sowjetunion erklärt, daß sie **alle Friedens- und Verhandlungsvorschläge Stalins aufrechterhält.**

Die Verträge von Bonn und Paris, einschließlich Konventionen und Saarstatut aber bedrohen den Frieden. Sie müssen verschwinden! Ihre Durchführung muß unter allen Umständen verhindert werden.

Die Widerstandskämpfer und Verfolgten des Naziregimes, die vor acht Jahren aus den Höllen der Zuchthäuser und KZ's befreit wurden, die mit eiserner Entschlossenheit und Kühnheit den Widerstand gegen die faschistische Barbarei organisierten und führten, rufen **die Jugend, die Kriegsopfer, Witwen und Waisen, die Kriegssachgeschädigten, die Kameraden und Kameradinnen in den Betrieben und in den Gewerkschaften,**

rufen das deutsche Volk zum Widerstand gegen die Kriegspakte auf — zum Kampf gegen das Bonner und das Saar-Regime, deren Politik unser Volk mit Unglück und Verderben bedroht.

Wir rufen Euch zu:

Reiht Euch ein in die große deutsche patriotische Bewegung zur nationalen Wiedervereinigung unseres Vaterlandes, für den Friedensvertrag und den Abzug aller Besatzungstruppen.

Verstärkt den Kampf für die nationale Einheit, Freiheit und Unabhängigkeit unseres Volkes!

Wir sind stark und werden siegen, wenn wir einig sind!

Ehemalige Insassen der Konzentrationslager Buchenwald, Dachau, Neuengamme, Mauthausen:

Veith Wilhelm	Schneider Franz	Scholler Ernst
Jost Jacques	Albrecht Reinhold	Thoma
Backes Heinrich	Brückner Walter	Jung Susanne
Fichtner Karl	Heintz Hugo	Grau Wilbert
Rauschenberger Johann	Kunz Rudolf	Melina Fr.
Thiel Fritz	Huwer Karl	Porten Jakob
Engels Anton	Mathieu Johann	
Schütz Adolf	Bäsel August	
Pauly Josef	Homberg Pirmin	

Flugblatt aus dem Jahr 1953

Wiedergutmachung und Kalter Krieg

In den drei westlichen Besatzungszonen wurden 1948 nach Genehmigung der jeweiligen Besatzungsmacht Wiedergutmachungsgesetze erlassen. Im USEG war bereits in § 2 eine Bestimmung enthalten, wonach Verfolgte, denen die bürgerlichen Ehrenrechte aberkannt waren oder die zu mehr als drei Jahren Zuchthaus verurteilt waren, von der Entschädigung ausgeschlossen wurden. Wir nannten dies einen überflüssigen Ehrenkodex, der auch kaum zur Anwendung kam.

Die Zonengesetze wurden durch das Bundesergänzungsgesetz vom 18.9.1953 abgelöst. Ihm wurde eine Präambel vorangestellt, in der u.a. gesagt ist, „daß der aus Überzeugung oder um des Glaubens oder des Gewissens willen gegen die nationalsozialistische Gewaltherrschaft geleistete Widerstand ein Verdienst um das Wohl des Deutschen Volkes und Staates war".

Im gleichen Atemzug wurde aber auch die Bestimmung aufgenommen, daß, „wer die freiheitliche demokratische Grundordnung bekämpft", den Anspruch auf Entschädigung verliert.

Wir sahen darin eine Drohung und den Versuch der Einschüchterung gegenüber Verfolgten, die gegen die Spaltung Deutschlands und die Wiederbewaffnung der BRD öffentlich wirkten. Vorläufig blieb der Knüppel im Sack.

Das BErg hatte viele Lücken und so mußte am 29.6.1956 das Bundesentschädigungsgesetz erlassen werden, das in § 6, Abs.2 die Bestimmung enthält, daß von der Entschädigung ausgeschlossen ist, „wer nach dem 23. Mai 1949 die freiheitliche demokratische Grundordnung im Sinne des Grundgesetzes bekämpft hat".

Wenige Wochen später am 16.8.1956 wurde die KPD durch das Bundesverfassungsgericht verboten. Damit war der Weg zur neuen Verfolgung von Antifaschisten frei, denen man zwar für ihren Widerstand gegen die Nazidiktatur ein Verdienst um das Wohl des Deutschen Volkes und Staates zuerkannte, aber nur, wenn sie auch regierungstreu sind.

Für uns als VVN wurde die Wiedergutmachung damit zur Prämie für Wohlverhalten gegenüber dem Adenauer-Staat. Im SPD-regierten Land Niedersachsen gingen besonders willige Staatsdiener so weit, daß Funktionären und Mandatsträgern der KPD die Wiedergutmachung entzogen wurde wegen ihrer legalen Parteitätigkeit. Das ging sogar dem Bundesverfassungsgericht zu weit.

In einem Urteil wurde entschieden, daß eine politische Tätigkeit für die KPD bis zu deren Verbot keine Nachteile im Bereich der Wiedergutmachung zur Folge haben darf.

Trotzdem mußten wir in der Folgezeit unzählige Fälle registrieren, in denen langjährigen Verfolgten ihre Entschädigung versagt oder bereits erfolgte Zahlungen zurückgefordert wurden. Allein im Land Niedersachsen wurden mehrere 100 Fälle bekannt. Generell ist die traurige Tatsache festzuhalten, daß die SPD-regierten Länder Hamburg, Nordrhein-Westfalen am härtesten vorgegangen sind.

In den folgenden Jahren waren unsere leitenden Organe im Bund und den Ländern mit der Verteidigung der Rechte unserer Mitglieder beschäftigt. Es wurden unzählige Prozesse geführt, bei denen wir Rechtshilfe gewährt haben. Eine aktive Sozialkommission unter Leitung der Kameradin Alice Stertzenbach hat zahlreiche Denkschriften unter Mithilfe namhafter Juristen herausgegeben. Wir haben mit Abgeordneten des Bundestages vorhandelt und nachgewiesen, daß der § 6, Abs. 2 BEG gegen internationales Recht verstößt.

In dem mit den westlichen Allierten abgeschlossenen Überleitungsvertrag vom 23. 10. 1954 ist die Bundesregierung die Verpflichtung eingegangen, „Entschädigungsansprüche und ihre Befriedigung ohne irgendwelche Diskriminierung irgendwelcher Gruppen oder Klassen verfolgter Personen sicherzustellen."

Wir haben damals im wahrsten Sinne geschuftet und hatten dabei noch den Verbotsprozeß am Hals.

Auf alle unsere Argumente erhielten wir am 19.11.1974 vom Bundesminister der Finanzen die zynische Antwort: „Für eine Änderung des § 6 BEG oder seiner Handhabung besteht keine Veranlassung."

Heute wissen wir, daß dieser Kalte Krieg gegen antifaschistische Widerstandskämpfer genauso rechtswidrig ist, wie die Berufsverbote oder die Bestrafung der vielen Friedensfreunde, die in Heilbronn oder Mutlangen die US-Pershing-Raketen blockiert haben.

Kein Minister, kein Parlamentarier hat bisher den Mut gefunden, sich bei den Betroffenen für das ihnen zugefügte staatliche Unrecht zu entschuldigen.

Die Wiedergutmachung von NS-Unrecht ist kein Ruhmesblatt für die BRD.

H.A.U.

1957

1. Januar Das Saarland wird 10. Bundesland der BRD

13. Januar Verteidigungsminister Strauß tritt für atomare Bewaffnung der Bundeswehr ein

25. März Unterzeichnung der „Römischen Verträge"

Frühjahr Kundgebungen zum 10jährigen Bestehen der VVN

1. April Einberufung der ersten Wehrpflichtigen zur Bundeswehr

12. April „Göttinger Appell" gegen atomare Ausrüstung der Bundeswehr

Mai/Juni „die tat" veröffentlicht Dokumentation über die Existenz von 400 alt- und neofaschistischen Organisationen in der BRD

17.–19. Mai 4. Bundeskongreß der VVN in München

21. Juni Tagung der VVN mit Vertretern der europäischen Widerstandsorganisationen gegen das Wiederauftreten der SS

15. September Bundestagswahl

2. Oktober Rapacki-Plan für eine atomwaffenfreie Zone in Mitteleuropa

24. November Forderung der VVN an Adenauer zur Entlassung von Staatssekretär Dr. Hans Globke

Die Toten mahnen – seid einig ! 1947–1957: 10 Jahre VVN

Die vierte Tagung der westdeutschen VVN vom 17.–19. Mai 1957 in München wurde bereits unter dem Titel Bundeskongreß durchgeführt.

Dieser Kongreß war ein deutlich sichtbares Zeichen für eine gestärkte VVN, die die Abspaltungen und massiven Angriffe auf die Organisation und ihre Leitungsgremien überwunden hatte.

Der Bericht von Dr. Marcel Frenkel an die Organisation und die anschließende Debatte zeigten, daß es den Verfolgten gelungen war, auf sozialpolitischem Gebiet erfolgreiche Beratungs- und Vertretungsarbeit zu leisten, wie die 240.000 Anträge zeigten, die die VVN-Sozialkommissionen seit 1953 zu den verschiedenen Schadenstatbeständen gestellt hatten.

Auch als friedenspolitische Kraft war die VVN sichtbar. Mehrere Redner gingen auf die verhängnisvollen Konsequenzen der Renazifizierung und Militarisierung ein, sie belegten aber auch, daß vor Ort praktische Erfolge gegen alte Nazis und in der Bewahrung der Erinnerung an Widerstand und Verfolgung möglich waren.

Die Zahl von über 100 Gästen auf diesem Kongreß ist ein Beleg für das große Ansehen, das die VVN genoß. So waren aus München und Dachau offizielle Vertreter

Fortsetzung Seite 60

Europäischer Protest gegen SS-Treffen

„Am 21. Juni 1957 trafen in Bonn auf Einladung der VVN Vertreter der europäischen Widerstandsbewegung zusammen, um gegen das in der Bundesrepublik geplante SS-Treffen zu protestieren.

Unter den Teilnehmern befand sich der Bürgermeister der italienischen Stadt Marzabotto, die im Oktober 1944 von der SS zerstört wurde, wobei, ähnlich wie in Oradour, 1.830 Menschen ermordet wurden. Desgleichen waren Capitain Oostenbroek und Frau aus dem holländischenStadtchen Putten anwesend, dessen Bevölkerung von der SS im Oktober 1944 in der Kirche zusammengetrieben und 600 Männer in deutsche Konzentrationslager verschleppt wurden, von denen nur wenige zurückkehrten. 130 Häuser wurden von der SS niedergebrannt. Eine weitere Delegation erschien aus Amsterdam, darunter Frau G. van der Molen vom Internationalen Ravensbrück-Komitee ... Vertreter aus Warschau und Lidice (CSSR) hatten ebenfalls ihre Teilnahme zugesagt, konnten aber ihr Reiseziel nicht erreichen. [Ihnen war das Einreisevisum verweigert worden, d. Verf.]

Alle ausländischen Teilnehmer erklärten übereinstimmend, daß das geplante europäische SS-Treffen eine infame Beleidigung der vielen Ermordeten in den verschiedenen Ländern Europas bedeuten würde ... Im Interesse eines friedlichen Zusammenlebens aller europäischen Völker darf es – gleichgültig in welcher Form – eine Rehabilitierung der SS niemals geben. Die in Bonn zusammengekommenen Opfer des SS-Terrors erwarten von der Bundesregierung und den Regierungen der Bundesländer, daß das geplante SS-Treffen und alle nazistischen Umtriebe und Publikationen verboten werden."

(Pressekommunique des Bundesvorstandes der VVN)

Als „Suchdiensttreffen" damals verharmlost: Die Treffen der SS, hier der „3. SS-Panzer-Division".

wie auch Persönlichkeiten des öffentlichen Lebens erschienen.

Zahlreiche internationale Delegationen verdeutlichten das politische Gewicht der VVN, wobei den Vertretern aus der Sowjetunion, Polen und Bulgarien von der Bundesregierung keine Einreisegenehmigung erteilt worden war.

Nach dem Anschluß des Saarlandes an Deutschland am 1.1.1957 wurde auch die dortige Landesorganisation der Verfolgten offiziell in die VVN aufgenommen.

Vor dem Hintergrund des 10jährigen Bestehens der VVN betont Frenkel, „daß die VVN eine Heimstätte für alle Opfer des Nationalsozialismus ist, daß Kameradschaft, Toleranz und gegenseitige Achtung das unerläßliche Fundament für ihr Bestehen sind."

Der Kongreß richtete daher einen Appell an AVS, BVN und andere Verbände „Über das Trennende hinweg, gemeinsam für die Forderungen aller Widerstandskämpfer, Opfer und Hinterbliebenen" einzutreten.

„Solidarität" für die Opfer der politischen Verfolgung

Die Verfolgung von politischen Gegnern der Adenauer-Rgierung, Mitgliedern der FDJ, der KPD und anderer als „kommunistische Tarnorganisation" bezeichneter Organisationen betraf in den 50er Jahren viele tausend Menschen, unter ihnen auch eine große Zahl ehemaliger Widerstandskämpfer.

So war es nur konsequent, daß Mitglieder der VVN sich in der „Vereinigung zur Verteidigung von Freiheit und Recht" Baden-Württemberg engagierten.

Fridl Reichle, die Witwe des ermordeten Arbeitersportlers Artur Göritz, stellte ihren Namen für die Zeitung „Solidarität" zur Verfügung. Hans Gasparitsch, ehemaliger Häftling von Dachau und Buchenwald, arbeitete als Redakteur dabei mit.

In der Ausgabe von März/April 1957 erinnert die Zeitung an Robert Steigerwald, der im Gefängnis Briefumschläge gummieren mußte, und an Jupp Angenfort, der bereits 1955 als ehemaliger KPD-Landtagsabgeordneter wegen FDJ-Arbeit zu fünf Jahren Zuchthaus verurteilt worden war.

Die Zeitung druckte einen Bericht von Kurt Lichtenstein, den dieser am 23.2.1957 unter Pseudonym in der „Westfälischen Rundschau" veröffentlichen konnte, über die Haftsituation Angenforts nach. Vor dem Bild eines ach so humanen Strafvollzuges fragte Lichtenstein in dem Artikel: „Ist es aber human, einen politischen Überzeugungstäter wie einen kriminellen Verbrecher zu behandeln?"

Und während Friedenskämpfer und Antifaschisten verfolgt wurden, konnten sich ehemalige Nazis in allen Ebenen der Justiz etablieren.

So verweist die „Solidarität" in der Juli-Ausgabe unter der Überschrift „Warum schweigt die Presse?" auf Materialien, die die DDR über 100 „blutige Juristen" auf einer Pressekonferenz vorgestellt habe, worüber jedoch die Presse der BRD faktisch nicht berichtete.

Offenherzig hatte dazu der amerikanische Sender in West-Berlin, RIAS, erklärt, „daß man die Enthüllungen in Ost-Berlin gar nicht zur Kenntnis nehmen wolle, auch wenn sie in jeder Zeile der Wahrheit entsprechen."

Er wurde zur negativen Symbolfigur des neuen Staates: Dr. Hans Maria Globke, ehemals Ministerialrat im NS-Reichsinnenministerium (linkes Bild) und als Sachbearbeiter für „Rassenfragen" maßgeblicher Kommentator der „Rassengesetze", die zur Grundlage der Judenverfolgung wurden. Mit höchster Wahrscheinlichkeit war Globke auch Mitverfasser dieser Gesetze: In einem Schreiben des Reichsinnenministers Frick an den „Stellvertreter des Führers" vom 25. April 1938 heißt es, Globke sei „in ganz hervorragendem Maße" am „Zustandekommen" dieser Gesetze beteiligt gewesen.

Globke beginnt 1949 als Ministerialrat im Bundeskanzleramt, wird 1950 Ministerialdirektor und Personalchef, 1953 Staatssekretär und „rechte Hand" Adenauers, der trotz jahrelang anhaltender Proteste der VVN und zahlloser Organisationen, Parteien und Institutionen im In- und Ausland an Globke festhält.

Marcel Frenkel auf dem Münchener Bundeskongreß 1957 über den Charakter der VVN

„Wenn auch die Schwächung der einheitlichen Widerstandsorganisation nicht aus der VVN heraus kam, so stehe ich aber auch nicht an, mit aller Deutlichkeit zu sagen, daß es auch innerhalb der Organisation Kameraden gegeben hat – sicher auch noch gibt –, die die Rolle und den Charakter der VVN mißverstanden haben. Die VVN ist eine demokratische, überparteiliche Organisation. Sie ist und kann an keine Partei gebunden sein. Das Programm, die Ziele und die Aufgaben der VVN haben ihre Wurzeln in dem Bekenntnis, das wir alle beim Verlassen der KZ-Höllen abgelegt haben. Und dieses Bekenntnis umschließt den Aufgabenkreis, enthält aber auch die Grenzen ihrer Betätigung.

Die VVN ist die Heimstätte für alle Opfer des Nationalsozialismus, gleich welchen Bekenntnisses, welcher Weltanschauung, welcher Partei. Keinem Mitglied der Organisation kann es versagt sein, seine Meinung zu äußern.

Aber ebenso deutlich sei gesagt, daß die VVN sich an eine Weltanschauung oder ein Bekenntnis nicht binden kann und wird.

Es ist nicht Aufgabe unserer Organisation, sich zu irgend einer Gesellschaftsordnung zu bekennen.

Auf eines allerdings kann und wird die Organisation nicht verzichten: ihr Wort dann zu sagen, wenn Militarismus und Faschismus, wo auch immer, ihr Haupt erheben und die Völker bedrohen."

„Ein Antrag auf Feststellung der Verfassungswidrigkeit der VVN sollte in Erwägung gezogen werden."

Die Strategie des Bundesinnenministers

„Bitte verübeln Sie es mir nicht, wenn ich Ihnen mit Freimut sage, daß ich keine Verständnis dafür habe, daß Sie die VVN offenbar mit Samthandschuhen anfassen", beklagte sich im November 1957 Peter Lütsches gegenüber Bundesinnenminister Schröder. Obwohl er doch auch diesem Brief Materialien der VVN begefügt hatte, die belegen sollten, daß es sich um eine kommunistisch gesteuerte Organisation handele, die gegen die Adenauer-Regierung polemisiere.

Im Innenministerium bereitete daraufhin ein Oberregierungsrat Dr. Reuter am 19. Dezember 1957 ein Vortragsexpose vor, in dem er auf das Problem verwies, daß die Innenministerkonferenz der Länder bisher keine einheitliche Meinung zum VVN-Verbot gefunden habe, vor allem, „daß das Hessische Innenministerium sich Verbotsmaßnahmen nicht anschließen werde. Auch die Vertreter anderer Länder machten politische Bedenken geltend." Doch sollte auf der nächsten Innenministerkonferenz erneut darüber befunden werden.

Als „weiteres Vorgehen gegen die VVN" schlug der Referent vor:

„Das Ergebnis der Erörterung der Innenministerkonferenz sollte abgewartet werden. Wenn dies nicht zu einheitlichen Verbotsmaßnahmen der Länder führt, sollte versucht werden, Belastungsmaterial für Strafverfahren gegen die führenden Funktionäre der VVN nach § 90a StGB zusammenzutragen. Auch ein Antrag der Bundesregierung auf Feststellung der Verfassungswidrigkeit der VVN nach § 129a StGB sollte in Erwägung gezogen werden."

Lütsches, über den Dr.Reuter die Informationen beim VS einholte, daß er „politisch unbedenklich", in seiner Position im BVN jedoch „nicht unbestritten" sei, wurde mit einem freundlich Schreiben bedacht, in dem bedauert wurde, daß „das Einschreiten gegen Organisationen, die sich verfassungsfeindlich betätigen, ... nach dem Grundgesetz in die Zuständigkeit der Länder" fällt.

Proteste gegen die geplante atomare Bewaffnung der Bundeswehr

Im April 1957 gab Konrad Adenauer auf einer Pressekonferenz bekannt, daß die atomare Bewaffnung der Bundeswehr vorbereitet werde. Die taktischen Atomwaffen, sagte er, seien nichts weiter als eine Weiterentwicklung der Artillerie. „Selbstverständlich können wir nicht darauf verzichten, daß unsere Truppen auch ... die neueste Entwicklung mitmachen."

Diese Ankündigung führte zu einer ganzen Reihe großer Protestaktionen. Am 4. April 1957 protestierten die Delegierten der Kreiskonferenz des DGB in München im Namen von 154.000 Gewerkschaftern gegen die Lagerung von Atombomben in der BRD. Im Namen von 740.000 jungen Gewerkschaftsmitgliedern wandten sich die Delegierten der Bundesjugendtagung des DGB, die Anfang 1957 in Köln stattfand, gegen die geplante Ausrüstung der Bundeswehr mit Atomwaffen.

Alarmierend wirkte jedoch der Aufruf von 18 Atomwissenschaftlern, unter ihnen die weltbekannten Physiker Max Born, Otto Hahn, Werner Heisenberg und Carl Friedrich von Weizsäcker. Der Aufruf der Wissenschaftler, später als „Göttinger Manifest" weltbekannt geworden, wirkte als Initialzündung für die Auslösung einer breiten Volksbewegung. Das „Göttinger Manifest" fand weltweites Echo. Bundeskanzler Konrad Adenauer erkannte die Tragweite des Auftretens dieser Wissenschaftler. Er lud einige von ihnen nach Bonn ein, um sie für seine Rüstungspolitik zu gewinnen. Die Wissenschaftler beharrten jedoch auf ihrem Standpunkt. Am 23. April 1957 schloß sich Friedensnobelpreisträger Albert Schweitzer dem Göttinger Manifest an.

Die VVN hatte bereits von Anbeginn an, als die ersten Pläne der Remilitarisierung bekannt wurden, vor den Folgen einer solchen Entwicklung gewarnt. Als nunmehr die Absicht deutlich wurde, an Atomwaffen heranzukommen, war es für die ehemaligen Widerstandskämpfer und Verfolgten des Naziregimes selbstverständlich, sich in diese Bewegung aktiv einzuschalten. Im Aufruf zur Bundestagswahl 1957 wurden unter anderen die Forderungen für eine sofortige Beendigung der Atombombenversuche, für die Einstellung der Produktion von Atomwaffen, für die sofortige Entfernung der Atombomben von deutschem Boden, für die Ablehnung der Ausrüstung der Bundeswehr mit Atomwaffen, für allgemeine Abrüstung, für Abschaffung der Wehrpflicht erhoben.

E.R.

1958

28. Februar Veranstaltung der VVN in München zum 25.Jahrestag des Reichstagsbrandes

10. März Aufruf „Kampf dem Atomtod“ (Frankfurt)

23. März Frankfurter Kundgebung des Aktionsausschuß „Kampf dem Atomtod“

28. März DGB fordert die Durchführung einer Volksbefragung über die atomare Bewaffnung

30. Juli Bundesverfassungsgericht erklärt Volksbefragung über Atombewaffnung der Bundeswehr für verfassungswidrig

29. August Urteil im „Ulmer Einsatzkommando-Prozeß“

25. September Termin des Anfechtungsprozesses zum VVN-Verbot in Rheinland-Pfalz

Oktober Denkschrift der VVN zumBEG

November Strafanzeige der VVN gegen Bundesinnenminister Schröder wegen „übler Nachrede“

1. Dezember Gründung der Ludwigsburger Zentralen Stelle der Landesjustizverwaltungen zur Verfolgung von NS-Gewaltverbrechen

Kampf dem Atomtod

Die sich breit entwickelnde Volksbewegung gegen die Atombewaffnung erhielt weiteren Auftrieb nach dem verhängnisvollen Beschluß der NATO-Ratstagung in Paris, in den europäischen NATO-Staaten Atomwaffen zu staionieren und Raketenabschußbasen zu schaffen.

Eine besondere Verantwortung kam dabei der SPD zu (die KPD war verboten). Am 26. Januar 1958 erklärte der Parteivorsitzende Erich Ollenhauer vor der Bonner Ortsgruppe seiner Partei, die SPD werde eine Welle des Widerstandes gegen den Atomtod organisieren, um die Öffentlichkeit noch stärker mit den Gefahren und Folgen der atomaren Aufrüstung bekanntzumachen.

Am 26. Januar 1958 wandten sich 44 Professoren von Universitäten und Hochschulen mit einem Appell zum gemeinsamen Vorgehen gegen die Atombewaffnung an die Gewerkschaften.

In diesem Appell hieß es: „Die Aufrüstung mit Atomwaffen auf unserem Boden verschärft die gefährlichen Spannungen, macht die Hoffnungen auf Wiedervereinigung aussichtslos und bedeutet im Konfliktfall die endgültige unabwendbare Vernichtung Deutschlands (...) Wir wenden uns besonders an die Gewerkschaften als größte berufsständische Organisation ... als Organisation freier Staatsbürger habe sie sich das Recht vorbehalten, zu entscheidenden Lebensfragen des Volkes Stellung zu nehmen. Uns scheint, dieses Recht ist jetzt zu einer Pflicht geworden! Jetzt geht es nicht mehr allein um Tarifverhandlungen ... Wollen die Gewerkschaften die Wissenschaftler angesichts der drohenden Gefahren allein lassen? Warum zögern und worauf warten sie?“

In dieser Situation entstand der Arbeitsausschuß „Kampf dem Atomtod“, zu dessen Leitung der Vorsitzende der SPD, Erich Ollenhauer, der Vorsitzende des DGB, Willy Richter, der FDP-Abgeordnete Thomas Dehler, Nobelpreisträger Prof. Max Born, die Professoren Helmut Gollwitzer und Walter Hagemann sowie Kirchenpräsident Martin Niemöller gehörten.

Insbesondere aus der Arbeiterschaft wurden Forderungen laut, entschiedener gegen die wahnsinnige Rüstung vorzugehen.

So führten Ende März 1958 10.000 Arbeiter des Volkswagenwerks in Braunschweig einen Warnstreik durch. Viele Mitglieder der Gewerkschaften verlangten von ihrem Vorstand den Generalstreik.

Eröffnung der Aktion „Kampf dem Atomtod“ am 23. März 1958, zu diesem Zeitpunkt noch mit dem SPD-Vorsitzenden Erich Ollenhauer (am Rednerpult).

Die Leitung der VVN orientierte auf eine aktive Mitarbeit in der Bewegung „Kampf dem Atomtod" in den verschiedensten Städten und Kreisen. In einer Botschaft wurde UN-Generalsekretär Hammarskjöld gebeten, an der Herbeiführung eines Beschlusses mitzuwirken, der die sofortige Einstellung aller Kernwaffenversuche fordert.

In dieser Situation erhielt der Parteitag der SPD, der vom 18. bis 23. Mai 1958 in Stuttgart stattfand, besondere Bedeutung.

In der Vorbereitung dieses Parteitages wurden auf den Bezirksdelegiertenkonferenzen Entschließungen für einen aktiven Kampf gegen die Atomkriegspolitik der Bundesregierung angenommen.

Der Stuttgarter Parteitag der SPD verurteilte in seiner Entschließung die atomare Bewaffnung der Bundeswehr. Er sprach sich für eine atomwaffenfreie Zone in Mitteleuropa und für ein gesamteuropäisches Sicherheitssystem aus.

Eine von Bremen und Hamburg bereits beschlossene Volksbefragung zur Atombewaffnung wurde vom Bundesverfassungsgericht auf Antrag der Bundesregierung für „nichtig" erklärt und damit verboten.

Der Vorstand der SPD beugte sich diesem verfassungswidrigen Beschluß. Er gab eine Erklärug ab, in der er die atomare Aufrüstung der Bundeswehr nach wir vor ab lehnte und auf die mit ihr verbundenen Gefahren hinwies, jedoch die Forderung nach einer Volksbefragung aufgab und damit dem Volkskampf gegen den Atomtod Abbruch tat.

In der Erklärung hieß es:

„Die Deutsche Sozialdemokratie als eine verfassungstreue und den Staat mittragende Säule respektiert den Urteilsspruch des höchsten deutschen Gerichts.
Die Volksbefragungen über die Atombewaffnung, die von den Stadtstaaten Hamburg und Bremen und einigen anderen Städten beabsichtigt waren, müssen nach diesem Richterspruch unterbleiben."

E.R.

Die Schuldigen von damals beziehen riesige Pensionen und Entschädigungen, während die Opfer des Faschismus und des Krieges verzweifelt um die Erfüllung ihrer berechtigten Ansprüche ringen müssen. Neuerdings versuchen Regierungskreise, die Wiedergutmachung an den Opfern und Hinterbliebenen des NS-Terrors abzuwürgen, um auch noch die Wiedergutmachungsgelder in die Aufrüstung zu stecken.

Ein Zeichen höchster Gefahr jedoch ist es, daß die ehemaligen Hitler-Generale und SS-Führer innerhalb der Bundeswehr Atom- und Raketenwaffen fordern.

In welchem Ausmaß unsere Politik von der Generalität bereits wieder überspielt wird, beweist die von den Militärs geforderte Ablehnung einer atomwaffenfreien Zone durch die Bundesregierung.

„Das Nein der Bundesregierung ist eine Kapitulation der Politik vor den Generalen",

erklärte der FDP-Bundestagsabgeordnete Mende in der außenpolitischen Debatte des Bundestages vom 22. Januar 1958.

Vor 25 Jahren warnten die Hitler-Gegner:

Aufrüstung führt zum Krieg!

Die Völker haben aus den Schrecken der Politik der Stärke und des Krieges gelernt. Sie verlangen Entspannung, Verständigung und Abrüstung.

Gewerkschaften und Jugendverbände, Atomforscher und Geistliche, Frauenorganisationen und verantwortungsbewußte Politiker und Geistesschaffende haben ihre Stimme gegen das Atomrüsten erhoben. 9000 führende Physiker der ganzen Welt forderten von den Vereinten Nationen die sofortige Einstellung der Versuche mit Massenvernichtungsmitteln. Zahlreiche Landes- und Stadtparlamente widersetzten sich der Errichtung von Abschußbasen für Atomraketen in der Bundesrepublik.

Wir Widerstandskämpfer wenden uns in dieser so gefahrvollen Stunde an alle Menschen guten Willens:

Laßt alles Trennende bei Seite!

Vereinigt Euch alle in der Forderung:

Keine Atomwaffen und Raketenbasen in der Bundesrepublik!

Eine atomfreie Zone in Europa!

Hitlers Politik der Stärke führte zur Katastrophe von 1945 – die Weiterführung der Atompolitik führt zur Vernichtung!

Frankfurt a. M., 26. Januar 1958

Die außerordentliche Bundesvorstandssitzung
der Vereinigung der Verfolgten des Naziregimes
V V N

VVN Rheinland-Pfalz bleibt verboten

Am Donnerstag, dem 25. September 1958, war vor dem Oberverwaltungsgericht Rheinland-Pfalz der Termin für den Anfechtungsprozeß Johannes Kannengießer, Speyer, und andere gegen das Land Rheinland-Pfalz anberaumt worden.

Es ging um das Verbot der VVN Rheinland-Pfalz, das bereits 1951 nach dem Verbot des „Rates der VVN" ausgesprochen worden war. Während jedoch in Niedersachsen schon 1954 das Verbot aufgehoben worden war, in Bayern das Verwaltungsgericht 1955 erklärt hatte, daß die VVN weder verfassungswidrig noch verboten sei, hatte die rheinland-pfälzische Landesregierung es mit einer Hinhalte-Taktik geschafft, einer juristischen Klärung aus dem Weg zu gehen.

Das Verbot von 1951 selber wurde nur sehr halbherzig verfolgt. Mitglieder der „verbotenen VVN" traten als VVN-Vertreter in Wiedergutmachungsverfahren als Rechtsvertreter der Antragsteller vor Gericht auf. Und es ist kein Fall bekannt, daß man gegen VVN-Mitglieder wegen deren Mitgliedschaft Gerichtsverfahren eingeleitet hätte. Dennoch, „die Gegenklage der VVN wurde jahrelang auf Eis gelegt," berichtet Hermann Morweiser.

Erst sieben Jahre nach dem Verbot sollte es zum Verfahren kommen. Mittlerweile waren auch im OVG 3 schwerbelastete Nazirichter wieder in Amt und Würden, so daß von einem „unabhängigen Verfahren" nur schwer gesprochen werden konnte. Da der Bundesvorstand einschätzte, daß in dieser Situation ein negatives Urteil mehr Schaden anrichten würde als überhaupt kein Urteil, zog die VVN ihre Anfechtungsklage zurück.

Und so konnte noch 1974 ein Vertreter des Landesinnenministeriums betonen, daß die „seinerzeit ergangene Verbotsfeststellung ... nicht aufgehoben worden" sei.

NS-Verbrechen sollen systematisch untersucht werden

Am 1. Dezember 1958 entstand in Ludwigsburg die Zentrale Stelle der Landesjustizverwaltungen zur Sammlung und systematischen Aufarbeitung aller Dokumente über NS- und Kriegsverbrechen. Es ist schon bezeichnend für den Umgang mit den Naziverbrechen und Tätern in der BRD, daß eine solche Einrichtung erst 13 Jahre nach Kriegsende entstehen konnte und von Anfang an mit den Forderungen, endlich einen „Schlußstrich“ zu ziehen, konfrontiert war.

Ausgangspunkt für die Entscheidung, eine solche Zentrale Stelle zu schaffen, waren die Erfahrungen des „Ulmer-Einsatzkommando-Prozesses“ vom Sommer 1958, wo das Problem der Bereitstellung der Beweisdokumente deutlich wurde. In zu vielen verschiedenen Archiven schlummerten die Täterdokumente und zweitens waren zu viele Gerichtsstandorte mit der Aufarbeitung beauftragt, bei denen – so die vielsagende Begründung – für diese Art von Verbrechen kompetente Staatsanwälte fehlten.

Der Auftrag der Zentralen Stelle lautete daher, „alle erreichbaren einschlägigen Unterlagen über die von ihr aufzuklärenden Straftaten zu sammeln, zu sichten, voneinander abgrenzbare Tatkomplexe herauszuarbeiten und den Verbleib der Täter festzustellen.“ (Rückerl) Es war damit eine Vorermittlungsstelle, die nicht erst auf Anzeige hin tätig wurde, sondern von sich aus Material für eine Anzeige und Anklageerhebung bereitstellte.

Die Arbeit der Ludwigsburger Zentralstelle wurde auch von der VVN unterstützt, indem sie Zeugen und Dokumente für diese Recherche zur Verfügung stellte.

Der Schwachpunkt war jedoch die tatsächliche Strafverfolgung. In der Ludwigsburger Verfahrenskartei sind bis heute über 14.000 Ermittlungs- und Strafverfahren registriert, viele davon wurden jedoch von den Staatsanwaltschaften nicht zur Anklageerhebung fortgesetzt oder im Verfahren abgebrochen.

Auch die Verjährungsdebatten führten immer wieder zu einer größeren „Zurückhaltung“ der Staatsanwaltschaften.

Erschreckend für die juristische Aufarbeitung der NS-Verbrechen ist folgende Bilanz: Von den 6436 1965/66 eingeleiteten Straf- und Ermittlungsverfahren zu NS-Verbrechen wurden 6372, d.h. 99%, ohne Bestrafung abgeschlossen.

Das Bundesentschädigungsgesetz muß novelliert werden!

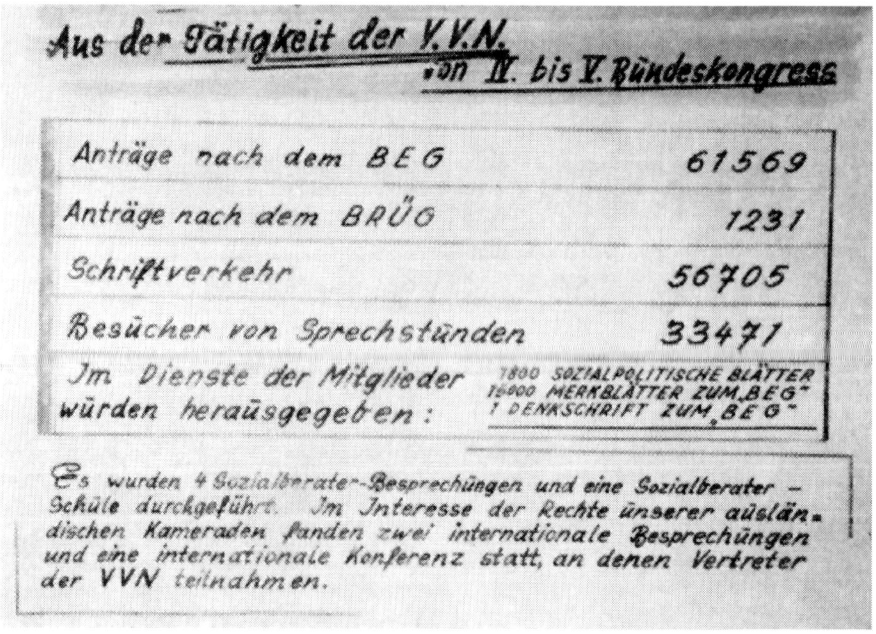
Aus der Tätigkeit der V.V.N. von IV. bis V. Bundeskongress

Anträge nach dem BEG	61569
Anträge nach dem BRÜG	1231
Schriftverkehr	56705
Besücher von Sprechstünden	33471
Im Dienste der Mitglieder würden herausgegeben:	7800 SOZIALPOLITISCHE BLÄTTER 16000 MERKBLÄTTER ZUM „BEG“ 1 DENKSCHRIFT ZUM „BEG“

Es wurden 4 Sozialberater-Besprechüngen und eine Sozialberater-Schüle durchgeführt. Im Interesse der Rechte ünserer ausländischen Kameraden fanden zwei internationale Besprechüngen und eine internationale Konferenz statt, an denen Vertreter der VVN teilnahmen.

Stolze Zwei-Jahres-Bilanz der sozialen Tätigkeit

Die negativen Erfahrungen der VVN mit der Umsetzung des BEG in seiner 1956 veränderten Form bewog die Sozialkommission der VVN dazu, in einem ausführlichen Memorandum an den Ausschuß für Wiedergutmachung im Deutschen Bundestag konkrete Forderungen zu erheben:

Die einschlägigen Gesetze seien so zu fassen, daß keine Benachteiligung der Anspruchsberechtigten durch willkürliche Auslegung der gesetzlichen Bestimmungen mehr möglich ist.

Auch sollten die Haushaltsmittel so erhöht werden, daß die bis zum 31. März 1963 gesetzte Frist zur Erledigung aller Ansprüche der Opfer des Nationalsozialismus unter allen Umständen eingehalten werden kann.

Dazu gehörte nach Meinung der VVN auch eine wesentliche Erhöhung des fachkundigen Sachbearbeiterstabes in den Ländern.

Die Kernforderungen waren jedoch:

„Der § 6 des BEG ist dahin zu ändern, daß der durch Widerstand und Verfolgung erworbene Rechtsanspruch auf Wiedergutmachung nicht durch Ausschließung verfallen kann. Der Grundsatz der Gleichheit vor dem Gesetz und die Rechtssicherheit müssen unter allen Umständen aufrechterhalten bleiben.

Der § 183 des BEG ist dahingehend zu ändern, daß entsprechend der ursprünglichen Regierungsvorlage die Verfolgten-Organisationen berechtigt sind, auch vor den Entschädigungsgerichten erster Instanz die Verfolgten zu vertreten.“

Um eine bessere Grundlage für ihre Beratungsarbeit zu haben, erwartete die VVN, daß allen Verfolgtenorganisationen in regelmäßigen Abständen statistische Unterlagen über den Stand der Wiedergutmachung zugestellt werden.

III.

VVN bis zum Ende der 60er Jahre

Zwischen Kaltem Krieg und Neuer Ostpolitik

Das Jahrzehnt vom Ende der 50er bis zum Ende der 60er Jahre war durch grundlegende Veränderungen in der Innen- und Außenpolitik geprägt, die alle gesellschaftlichen Bereiche erfaßten. Es ist unmöglich, in diesem kurzen Überblick alle Aspekte der Veränderung zu benennen, vollzog sich doch neben dem politischen Wandel ein solch grundsätzlicher Wertewandel, daß man die BRD am Ende dieses Jahrzehnts nur noch schwer wiedererkennen konnte.

Innenpolitik gegen die DDR

Begonnen hatte es jedoch Ende der 50er Jahre mit einer Verschärfung der internationalen und innenpolitischen Spannungen. Durch Remilitarisierung, NATO-Einbindung und Atomwaffenträume waren BRD-Politiker, allen voran Franz-Josef Strauß, bereits auf dem Weg zur Rückeroberung der DDR. Der Kalte Krieg gegen die DDR wurde auf wirtschaftlicher, politischer und kultureller Ebene verschärft.

Während einerseits Fachkräfte aus der DDR abgeworben wurden, bereiteten andererseits bereits Stäbe im Wirtschaftsministerium Pläne vor, welche vergesellschafteten Betriebe und LPGs an ihre früheren Besitzer zurückgegeben werden sollten. Jeder, der Vertreter der DDR zum Dialog einlud, für „normale" Beziehungen zur DDR oder gar für eine Verständigung zwischen beiden deutschen Staaten eintrat, stand im Verdacht, Kommunist zu sein und wurde durch Staatsschutzabteilungen und Justiz verfolgt. Dabei reichte es schon, Broschüren aus der DDR im Besitz zu haben, verschärfend wurde gerechnet, wenn man diese an Freunde, Bekannte oder Arbeitskollegen weitergegeben hatte. Dies konnte Folgen von der Vernichtung der beruflichen Existenz bis zu Strafverfahren mit oftmals langjährigen Haftstrafen haben. Über 500.000 Menschen in der BRD wurden in solchen Verfahren noch bis zum Ende der 60er Jahre wegen ihrer politischen Überzeugung verfolgt. Selbst wer Bertolt Brecht auf westdeutschen Bühnen spielen wollte, mußte mit der Kürzung öffentlicher Gelder rechnen.

In ein solches politisches Klima paßte auch der Antrag der Bundesregierung vom 20. Oktober 1959 auf Feststellung der Verfassungswidrigkeit der VVN beim Bundesverwaltungsgericht in Berlin. Nun schienen weder innen- noch außenpolitische Rücksichtnahmen mehr angebracht zu sein, um diese – in den Augen der Bundesregierung – „kommunistische Tarnorganisation" zu verbieten. Daß und wie dieses Verfahren für die Bundesregierung mit einem Eklat endete, verdeutlicht einmal mehr, daß auch 17 Jahre nach dem Ende der NS-Herrschaft die Erinnerung der europäischen Öffentlichkeit an die Nazi-Verbrechen und die Täter noch politikwirksam war.

Innenpolitisch glaubte man jedoch stärker zu sein. Selbst die SPD hatte seit dem Godesberger Parteitag und bei späteren Beschlüssen ihre grundsdätzliche Rolle als Oppositionspartei abgegeben. Sie hatte ihren Frieden mit dem Kapitalismus in der BRD, mit der Remilitarisierung und wenig später sogar mit der Atombewaffnung gemacht. In ihrer innenpolitischen Zielvorstellung unterschied sie sich nur noch marginal von der CDU/CSU.

Probleme bereiteten ihr jedoch noch die ersten Plänen von Innenminister Schröder für Notstandsgesetze vom Januar 1960. Dies war der Versuch, in der Bundesrepublik auch in absehbarer Zeit, politische „Grabesruhe" zu erhalten. Jeder, der gegen diese Politik opponierte oder überhaupt – ohne eine grundsätzliche Opposition zu betreiben – die Zielrichtung in Frage stellte, wurde als Gegner behandelt. Vor allem Journalisten, die teilweise ihre kritische Sichtweise behalten hatten, wurden gemaßregelt. Den Höhepunkt aber auch gleichzeitig Umkehrpunkt dieser Entwicklung stellte die „Spiegel-Affäre" von 1962 dar. Dieser eklatante Eingriff in die Pressefreiheit veranlaßte vor allem Intellektuelle zur Umorientierung.

Die internationalen Spannungen

Dieses innenpolitische Klima wurde begleitet durch eine Verschärfung der außenpolitischen Spannungen, die vor allem zwischen den USA und der UdSSR kulminierten. War schon in Korea die „Verteidigung der Freien Welt gegen den Kommunismus" geprobt worden, so verschärfte sich der propagandistische und praktische Gegensatz zwischen den Großmächten. Dabei mußte jedoch die USA erleben, daß ihr Handlungsspielraum gegenüber dem Osten deutlich geringer wurde. Es war ein leises Piepsen aus dem Weltall, was aller Welt zeigte, daß der technologische Vorsprung und die Unverwundbarkeit der USA aufgrund der großen Entfernungen zwischen den Kontinenten der Vergangenheit angehörte. Der „Sputnik-Schock" und der Flug Juri Gagarins als erster Mensch im All war weit mehr als eine technische Höchstleistung. Auch der Abschuß des Spionage-Flugzeuges U2 über dem Territorium der UdSSR und die Verhaftung des Flieger Powell im Vorfeld der Außenminister-Konferenz zeigte noch einmal deutlich, daß die Zeit der militärstrategischen Überlegenheit der USA bzw. der NATO endgültig der Vergangenheit angehörte. Es begann damit das, was später mit der Überschrift „Wettrüsten" betitelt wurde, und vielfache „Over-Kill"-Kapazitäten aufbaute.

Als das letzte Signal, daß die militärische Überlegenheit des Westens endgültig der Vergangenheit angehörte, ist der Bau der Berliner Mauer am 13. August 1961 anzusehen. Von den Politikern damals als Höhepunkt des Kalten Krieges zwischen Ost und West bezeichnet, machte dieses Bauwerk klar, daß alle Pläne der nichtfriedlichen Lösung der deutschen Frage hiermit der Vergangenheit angehörten. Die Vision von Franz-Josef Strauß, daß die Bundeswehr mit klingendem Spiel durchs Brandenburger Tor marschiere, erfüllte sich in den nächsten 30 Jahren nicht.

Die Westalliierten, die die Bedeutung dieser Maßnahme besser als deutsche Politiker erkannten, beließen es bei verbalen Protesten. Außerdem war die USA durch ihr beginnendes Engagement im Vietnam-Krieg in einem anderen Teil der Welt mit der Verteidigung der Freiheit beschäftigt.

Doch auch die Sowjetunion erfuhr die Grenzen ihrer neuen internationalen Machtposition.

Der Versuch, das Kuba Fidel Castros, das gerade das amerikanische „Schweinebucht-Abenteuer" überstanden hatte, im Oktober 1962 zum Raketenstützpunkt gegen die USA auszubauen, um die atomare Bedrohung der Vereinigten Staaten vor ihrer Haustür zu installieren, mußte aufgegeben werden.

Die Blockade Kubas durch amerikanische Schiffe hätte nur militärisch zerschlagen werden können. In diesem Moment stand die Welt tatsächlich nahe vor dem 3.Weltkrieg, der diesmal mit Atomwaffen ausgefochten worden wäre.

Der Rückzug der sowjetischen Führung leitete damals den Beginn von politischen Gesprächen ein, die die Grundlage für die spätere Politik der „friedlichen Koexistenz" bilden sollten.

Natürlich wirkten sich diese Spannungen auf die politsche Stimmung in der BRD aus.

Dabei war die Bereitschaft, für die „Verteidigung der freien Welt" in den Krieg zu ziehen bei den Politikern schon eher, bei der Bevölkerung jedoch weniger vorhanden. Man wollte die schönen Früchte des „Wirtschaftswunders" und der individuellen Behaglichkeit nicht aufs Spiel setzen.

Überhaupt offenbarte sich in diesen Jahren eine massive Entpolitisierung der Bevölkerung. Der „Ohne-Michel", der in den 50er Jahren noch das Symbol gegen Remilitarisierung war, verkam zu einem nur noch an seinem eigenen Wohlbefinden orientierten Kleinbürger.

Selbst in der Arbeiterbewegung fanden solche Tendenzen mit steigendem Wohlstand Eingang. Sozialpolitische Forderungen wurden oftmals ohne Streikkämpfe durchsetzbar, saß doch zumeist ein von beiden Verhandlungspartnern ungeliebter „Dritter" mit am Tisch, die DDR.

Entwicklung der Gegenkräfte

Dennoch entwickelte sich in den sechziger Jahren eine politische Gegenbewegung, die in aller Massivität den eklatanten Mangel an Reformen in der BRD aufgriff und in politisches Handeln umsetzte.

Die Ostermärsche, die anfangs nur von wenigen hundert Menschen getragen wurden, nahmen an Umfang und politischer Bedeutung zu.

Die Ostermarschierer beschränkten ihre Aktionen nicht allein auf den Kampf gegen Atomwaffen, sondern sie griffen auch den Zusammenhang von Atombewaffnung und innenpolitischer Repression auf. Und so erweiterten sich die politischen Themen und Losungen der Ostermärsche von Jahr zu Jahr.

Es ist nicht zuviel gesagt, wollte man die Ostermärsche zur ersten Massenbewegung gegen die geplanten Notstandsgesetze erklären.

Trotz der massiven politischen Verdrängungsleistung blieb das Thema NS-Vergangenheit ein politischer Dauerbrenner der 60er Jahre. Dabei gerieten alte Nazis zunehmend unter Druck. Der Rücktritt von Theodor Oberländer als Bundesminister und das Ausscheiden von Globke als Staatssekretär waren sichtbare Zeichen dafür, in welchem Maße die Adenauer-Regierung lange Jahre ihre Hand über NS-Verbrecher gehalten hat, aber auch daß diese Politik ein Hemmnis für die Durchsetzung weitergehender Interessen, besonders gegenüber dem Ausland, wurde.

Immer wieder wurde deutlich, wie wenig die NS-Verbrechen in der BRD tatsächlich aufgearbeitet worden waren.

Der Eichmann-Prozeß in Israel legte einmal mehr die Frage nach dem Umgang der Bundesrepublik mit den Tätern nahe. Die Dokumentationen über „unbewältigte Vergangenheit", das „Braunbuch" und anderes konnte zwar als „kommunistische Propaganda" denunziert werden, machte aber aller Welt deutlich, daß die alten NS-Eliten wieder zur bundesdeutschen Elite geworden war.

Zwar gab es seit Ende der 50er Jahre mehrere NS-Prozesse, so den „Ulmer Einsatzgruppen-Prozeß", doch öffentliche Aufmerksamkeit in der BRD fand eigentlich erst der Frankfurter Auschwitz-Prozeß von 1963 bis 1965. Dabei war es nicht allein die Monströsität der Verbrechen, die industriell organisierte Massenvernichtung von Juden im Vernichtungslager Birkenau, es war auch das Symbol „Auschwitz", das nachfragen ließ.

Die Nachfragen kamen nicht nur von den Überlebenden aus dem In- und Ausland, sondern besonders von den nachwachsenden Generationen.

Sie spürten und erfuhren, daß ihre Elterngeneration sehr viel mehr Täter waren, daß ihre Eltern jedoch versucht hatten, durch Tabuisierung dieses verbrecherischen Regimes die eigene Eingebundenheit in diese Verbrechen zu verdrängen. Eines der wichtigsten Bücher zu diesem Thema war die Veröffentlichung von Alexander und Margret Mitscherlich über „Die Unfähigkeit zu trauern", die diese Verdrängung analysierte.

Mit der Tabuisierung ging auch die Forderung nach „Schlußstrich" einher. Daher war es eines der politisch heiß diskutierten Themen der 60er Jahre, ob die Verjährungsfristen für NS- und Kriegsverbrechen aufgehoben werden solle oder nicht.

Und es war allemal ein öffentliches Ereignis, auf die NS-Vergangenheit von Politikern hinweisen zu können, auch wenn die Vertreter der politischen Klasse hierin kein Negativum sahen. Die Ohrfeige von Beate Klarsfeld für Bundeskanzler Kurt Georg Kiesinger im Oktober 1968 stand dabei symbolisch für die Distanzierung der jungen Generationen gegenüber der Tätergeneration.

Überhaupt begann die intellektuelle Jugend in dieser Phase verstärkt Fragen zu stellen und überkommene Wertigkeiten infrage zu stellen. Zwar nahm diese Bewegung ihren Ausgangspunkt in der Studentenschaft, griff aber bald auf Schüler und Arbeiterjugendliche über. Ob in der Musik, in der Kleidung und Haarpracht, ob im Verhalten oder im Umgang mit Tabu-Themen, diese Generationen vollzogen einen extremen Bruch mit dem Überkommenen. Dabei waren es beileibe nicht immer politische Gründe, die die Ablehnung von Autoritäten und Normen begründeten.

Doch die Suche nach neuen Orientierungspunkten verbunden mit der öffentlichen Diskussion politischer Fragen führte dazu, daß die antiautoritäre Bewegung zu einem tatsächlichen Aufschwung der demokratischen Bewegung in der BRD beitrug.

Wirtschaftliche und politische Probleme der 60er

Der wirtschaftliche Aufschwung der 50er Jahre kam mit der Schließung der DDR-Grenze ins Stolpern.

Dabei war es nicht der fehlende Absatzmarkt, sondern Arbeitskräftemangel, der bisher durch Pendler und Abwerbungen gedeckt werden konnte. Daher begann die Bundesrepublik in süd- und südosteuropäischen Ländern Menschen als „Gastarbeiter“ anzuwerben.

Bis Ende der 60er Jahre steigt die Zahl ausländischer Arbeitskräfte in Deutschland auf annähernd 4 Millionen, knapp 10% der Beschäftigten, an.

Man hatte Arbeitskräfte gerufen, aber es kamen Menschen, lautete ein geflügeltes Wort. Und diese wollten nicht wie Menschen 2. Klasse behandelt werden, sie sahen sich nicht als billige Verfügungsmasse auf dem Arbeitsmarkt, die nach Belieben wieder zurückgeschickt werden konnte. Sie begannen, in Deutschland selber Familien zu gründen oder ihre Familien nachzuholen.

Damit begann die Geschichte der BRD als Einwanderungsland, aber gleichzeitig zeigte sich in der aufkommenden Fremdenfeindlichkeit, daß das ideologische Erbe des faschistischen Rassismus noch lange nicht überwunden war.

Hatte sich der latente Antisemitismus in der BRD schon zur Jahreswende 1959/60 gezeigt – etwas was man später dem Staatssicherheitsdienst der DDR unterschieben wollte, so mußten die ausländischen Arbeitskräfte beim ersten konjunkturellen Abschwung in der Geschichte der BRD 1965/66 als Sündenböcke herhalten.

War in dieser Wirtschaftskrise der schöne Schein des immerwährenden Aufschwungs zerbröckelt, so zeigten sich die ideologischen Folgen dieser Krise in dem erfolgreichen Auftreten der NPD in den folgenden Monaten in den Landtags- und Kommunalwahlen.

Mit den einfachen Schlagworten von den Ausländern, die den Deutschen die Arbeitsplätze wegnehmen, von der Notwendigkeit, daß jetzt ein starker Mann kommen müsse, knüpfte die Partei recht erfolgreich an autoritäre und rassistische Denkstrukturen an.

Doch auch die Regierungsparteien hatten keine überzeugenden Konzepte. Nach dem Ende der Adenauer-Ära versuchte sich Ludwig Erhardt ziemlich erfolglos mit einer CDU/FDP-Koalition, bevor diese durch die „Große Koalition“ im Dezember 1966 abgelöst wurde.

Diese Koalition, die von den Fürsprechern als „Not-Anker“ in einer gesellschaftlichen Krise angesehen wurde, bedeutete die Ausschaltung jeglicher effektiver parlamentarischer Opposition.

Da eine tatsächliche Opposition im Parlament nicht mehr existierte, CDU/CSU und SPD gemeinsam die Formierung der Gesellschaft mit Notstandsgesetzen und anderen Einschränkungen demokratischer Freiheiten vorantrieben, entstand – nicht nur in den Universitäten – eine außerparlamentarische Opposition (APO). Man hatte das Gefühl, daß die Politik „der Herrschenden“ nur von der Straße her zu beeinflussen sei.

In vielen gesellschaftlichen Bereichen wurde offensichtlich, daß diese Regierung nur die Verteidigung des „status quo“ im Blick hatte, obwohl doch der Reformbedarf im Bildungswesen, an den Hochschulen, in der Justiz und Verwaltung offensichtlich war. Statt auf Reformen setzte die CDU/CSU auf das Konzept einer „formierten Gesellschaft“.

Daß dies ein Schritt weg von einer demokratischen Gesellschaft sein würde, wurde von vielen Intellektuellen, Schriftstellern, Kirchenvertretern, Rechtsanwälten und Hochschullehrern angeprangert. Auch Betriebsräte und einzelne Gewerkschaftsfunktionäre machten Front gegen Demokratie-Defizite in der BRD. Ein Signal für dieses gewandelte Demokratieverständnis war das politisch sehr breit besetzte Forum „Freiheit für die KPD“, auf dem ein unverkrampfter Umgang mit Kommunisten in der BRD gefordert wurde.

Und so kam es seit Mitte der 60er Jahre zu zahllosen Demonstrationen und Aktionen in der Öffentlichkeit gegen Notstandsgesetze und „formierte Gesellschaft“, für soziale Rechte, wie in der „Roten Punkt“-Bewegung, gegen die Macht der Pressezaren in der Anti-Springer-Kampagne und anderes mehr.

Gustav Heinemann Präsident, Willy Brandt Bundeskanzler

Die ungemein harte Reaktion des Staatsapparates, bis hin zum Mord an Benno Ohnesorg am 2. Juni 1967, führte zu Eskalationen, die sich in den Straßenschlachten des Jahres 1968 niederschlugen.

Ein „politischer Katalysator“ war dabei die Auseinandersetzung um den Vietnam-Krieg.

Während die Bundesregierung „in Treue fest“ zur amerikanischen Linie der „Verteidigung der Freien Welt“ durch Flächenbombardements und die verbrecherische Kriegsführung in Vietnam stand, entwickelte sich in der demokratischen Öffentlichkeit eine breite Anti-Vietnam-Kriegs-Bewegung, die sowohl pazifistisch, antimilitaristisch und internationalistisch geprägt war.

Auch die VVN engagierte sich von Anfang an in der Vietnam-Solidarität. Die inhaltlichen Zugänge, die sich auch in Aktionsformen ausdrückten, waren jedoch sehr unterschiedlich. Spektakuläre Höhepunkte waren sicherlich der Vietnam-Kongreß in Berlin, Massendemonstrationen in allen deutschen Großstädten und zahllose Aktionen, die bewußt die „öffentliche Ruhe und Ordnung“ störten.

Refomdruck gab es aber auch in sozialistischen Staaten. Besonders in der CSSR entwickelte sich 1967/68 diese Debatte unter dem Stichwort „Prager Frühling“. Es sollte ein „Sozialismus mit menschlichem Antlitz“ entstehen, der die Prinzipien sozialistischer Gesellschaften ohne bürokratische Einschränkungen verwirklichen wollte. Die Tatsache, daß auch NATO-Kräfte die sich hieraus ergebenden Freiräume für ihre Zwecke nutzten, wurde von den Warschauer Vertragsstaaten zum Vorwand genommen, um diese Entwicklung mit militärischen Mitteln zu beenden.

Das Einschreiten des Warschauer Vertrages in der CSSR vertiefte die Spaltung in der bundesrepublikanischen Linken, zwischen denjenigen, die mit den sozialistischen Ländern verbunden waren, und den „antirevisionistischen“, „reformsozialistischen“ Gruppen – oder wie auch immer sie sich titulierten.

Die VVN wurde von dieser Debatte insoweit berührt, als sie durch enge Verbindungen mit den antifaschistischen Strukturen in der DDR gebunden war.

Das Eingreifen in der CSSR machte außenpolitisch deutlich, daß sämtliche Hoffnungen auf westlicher Seite, die sozialistischen Staaten militärisch zu überwinden oder auf deren inneren Zusammenbruch zu hoffen, in dieser historischen Periode keine Erfüllung finden würden.

Und so begannen die realistischeren Kräfte in der Bundesregierung sich auf das Konzept einer „Neuen Ostpolitik“ vorzubereiten.

Dieses war jedoch nicht mit der CDU/CSU gemeinsam zu verwirklichen.

In der FDP hatte sich in der Oppositionszeit der linksliberale Flügel durchgesetzt, und so bot sich diese Partei als Koalitionspartner für diese neue politische Orientierung an.

Die Wahl von Gustav Heinemann am 5. März 1969 zum Bundespräsidenten gegen den CDU-Kandidaten Schröder war das deutlichste Signal für diese Koalitionsbereitschaft.

Die Wahl von Willy Brandt zum Bundeskanzler durch die SPD/FDP-Koalition im Herbst 1969 war dann nur noch der letzte Schritt auf diesem Weg.

1959

10. Januar Sowjetunion schlägt Friedensvertrag „mit beiden deutschen Staaten" vor.

20.–22. März III.Kongreß der FIR in Wien

11. Mai VVN-Memorandum an die Genfer Außenministerkonferenz

12.–14. Juni 5. Bundeskongreß der VVN in Frankfurt

1. Juli Wahl Heinrich Lübke zum Bundespräsidenten

31. Juli Beginn der Kampagne gegen Theodor Oberländer, VVN übergibt historische Dokumente

5.–6. September Waffen-SS-Treffen in Hameln

11. Oktober Veranstaltung in Dortmund „Steuern wir wieder zum „SS-Staat" ?

20. Oktober Bundeskabinett stellt Antrag beim Bundesverwaltungsgericht in Westberlin auf Feststellung der „Verfassungswidrigkeit der VVN".

13.–15. November Godesberger Parteitag der SPD

Ende Dezember Nazi-Schmiereien an der Kölner Synagoge

Neue Organisationsstruktur der VVN

Vor dem 5. Bundeskongreß der VVN vom 12.–14. Juni 1959 in Frankfurt am Main stand die Aufgabe, einerseits eine neuen Satzung zu verabschieden und andererseits in einem Orientierungs- und Aktionsprogramm die inhaltlichen Schwerpunkte zu bestimmen.

Man verständigte sich auf die Verstärkung der föderalen Struktur der VVN.

So entwickelte sich die VVN zur „Arbeitsgemeinschaft der Vereingungen der Verfolgten des Naziregimes", dessen 50köpfiges Leitungsgremium ein von den Landesverbänden gewähltes Präsidium war.

Dieses Präsidium wählte den Präsidenten, seine Stellvertreter und weitere Mitglieder des geschäftsführenden Präsidiums. Die Beschlüsse des zweijährigen Bundeskongresses waren verbindlich, während die Beschlüsse des Präsidiums den Charakter von Empfehlungen haben sollten.

Zum Präsidenten wurde erneut Dr. Marcel Frenkel gewählt, stellv. Präsidenten waren Dr. Josef Rossaint, Dr. Werner Korn und Oskar Müller.

Zum 1. Bundessekretär der 30.000 Mitglieder umfassenden Organisation wurde Max Oppenheimer gewählt.

In dem neugefaßten Programm forderte die VVN erneut:

„Säuberung des öffentlichen Lebens, der Verwaltung, Justiz und des Erziehungswesens von schwerbelasteten oder unbelehrbaren Nazis und Neonazis.

Gesetzliche Maßnahmen gegen Rassenhaß und Völkerhetze.

Verbot der HIAG sowie aller Organisationen, Vereinigungen, Zeitschriften usw., die nazistisches Gedankengut verbreiten.

Volle Betätigungsfreiheit für die Organisationen der Verfolgten des Naziregimes, sowie Beendigung jeglicher Diskriminierung und Zurücksetzung von Widerstandskämpfern.

Amnestie für alle politisch Inhaftierte und Einstellung aller Gesinnungs-Strafverfahren.

Volle Sicherung der Rede-, Presse- und Vereinsfreiheit."

Auch zur Erinnerungsarbeit wurden Forderungen erhoben.

„Das Vermächtnis des antifaschistischen Widerstandskampfes muß als wichtiger positiver Faktor in das deutsche Geschichtsbild eingefügt werden. Damit wird zugleich die Bedeutung der Widerstandskämpfer als patriotische Vorbilder bewußt gemacht.

Wahrheitsgetreue Vermittlung der Geschichte des deutschen Widerstandes, insbesondere an die Jugend.

Einführung eines gesetzlichen Gedenktages für alle Opfer des Nationalsozialismus."

Die letzte Forderung wurde im Jahre 1996 endlich erfüllt.

Aus der Ansprache von André Leroy, Generalsekretär der FIR:

Heute sind wir in der FIR zusammengeschlossen mit den gleichen Idealen der Gerechtigkeit, des Friedens und der Demokratie. Unsere Föderation umfaßt 35 Organisationen aus zwanzig Nationen, die viele Millionen Widerstandskämpfer und Opfer des Faschismus in ganz Europa vertreten. Mit der Gründung unserer internationalen Föderation ist die Résistance auf internationaler Ebene eine Kraft geworden, mit der die Feinde der Menschheit, die Militaristen und Faschisten zählen müssen.

Das wichtigste Ziel in unserer Tätigkeit war und ist die Einigung aller Widerstandskämpfer im Geiste ihrer Vergangenheit, um zu verhindern, daß unsere Feinde von neuem Freiheit und Frieden bedrohen.

V. Bundeskongreß in Frankfurt am Main, 12. bis 14. Juni im Volksbildungsheim

Steuern wir wieder zum „SS-Staat"?

Unter dieser Überschrift lud die VVN am 11. Oktober 1959 in Dortmund zu einer großen Protestkundgebung ein und forderte: „Macht Schluß mit der Unterwanderung durch die Totengräber der Demokratie !"

Unmittelbarer Anlaß war das immer unverschämtere öffentliche Auftreten der ehemaligen SS-Angehörigen und ihre Etablierung in Machtpositionen der Polizei und öffentlichen Verwaltung. So versammelten sich am 5./6.September in Hameln rund 8.000 ehemalige SS-Leute. Auf dem Treffen, an dem auch Sepp Dietrich, ehemals Generaloberst der Waffen-SS und Kommandeur der Leibstandarte Adolf Hitler, und Angehörige aller 38 ehemaliger SS-Divisionen und die KZ-Schinder der Totenkopf-Verbände teilnahmen, erklärte SS-General Meyer, genannt Panzermeyer, „wir nehmen den Staat wie er ist oder wie er sein sollte, wobei wir vor allem und zuerst dankbar sein wollen, daß es ihn überhaupt gibt, und sei er nur ein verfassungsmäßig deklarierter Übergang für kommende Entwicklungen."

Wie diese kommenden Entwicklungen aussehen sollten, konnte man sich bei dem verschärften Klima gegen die DDR und die osteuropäischen Staaten lebhaft ausmalen.

Und sie glaubten sich im Aufwind. Hatten doch CDU- und SPD-Politiker der Legende von der Waffen-SS als „vierten Wehrmachtsteil" nicht zuletzt aus wahltaktischen Gründen Vorschub geleistet.

Ungeachtet dessen warnte das Präsidium der VVN vor einer solchen Entwicklung und appellierte an Gewerkschaften, Parteien, Jugendverbände, an Geistes- und Kulturschaffende zusammen mit der deutschen Widerstandsbewegung mit allen zu Gebote stehenden Mitteln dem Treiben der Militaristen und Faschisten Einhalt zu gebieten.

SS-HIAG und Bundeswehr Seite an Seite

Der Fall Oberländer

Hatte die VVN im November 1957 bereits Adenauers Staatssekretär Hans Globke als wichtigen Kommentator der Nürnberger Rassegesetze entlarvt und seine Abberufung gefordert, so startete sie im Sommer 1959 eine weitere Kampagne gegen ein Mitglied der Adenauer-Regierung.

Am 31. Juli legte die VVN erste Dokumente über die verbrecherische Tätigkeit des Vertriebenenministers Theodor Oberländer vor.

Noch waren es unvollständige Unterlagen, doch zeigten sie bereits, daß Oberländer mehr als ein Mitläufer war.

Zwar verweigerte die Bundesregierung jegliche Stellungnahme, doch die „Frankfurter Rundschau" kam am 2. Oktober zu dem Schluß, daß Oberländer „auch heute noch dieselben Vorstellungen vertritt, wie in den Jahren der nationalsozialistischen Herrschaft."

Am 22. Oktober legte der Ausschuß für Deutsche Einheit in Berlin auf einer vielbeachteten Pressekonferenz ein umfassendes Dossier vor, in dem nachgewiesen wurde, daß Oberländer bereits 1923 am Hitler-Putsch teilgenommen hatte, als Führer des „Bund deutscher Osten" und des „Verein für das Deutschtum im Ausland" (VDA), als 5. Kolonne der Kriegsvorbereitung tätig, als Verantwortlicher für das Bataillon „Nachtigall" unmittelbar an Kriegsverbrechen in Lwow (Lemberg) beteiligt war und bis zum Schluß für die „Abwehr" in Prag gearbeitet hatte.

„Ist Oberländer als Minister noch tragbar?" fragte daraufhin die VVN-Stutgart auf einer öffentlichen Kundgebung am 30. Oktober 1959.

Ungeachtet der vorgelegten Dokumente hielt Adenauer an Oberländer als Minister fest.

Noch im Dezember 1959 ließ er auf Anfrage des SPD-Abgeordenten Ritzel im Bundestag erklären, „daß nach allem, was bekannt ist, gegen Herrn Kollegen Oberländer ein Vorwurf nicht erhoben werden kann."

Erst als die DDR im Frühjahr ein ordentliches Gerichtsverfahren gegen Oberländer eröffnete und der Versuch, mittels niederländischer Gewährsmänner eine Entlastungskampagne zu starten, kläglich scheiterte, mußte Oberländer am 3. Mai 1960 seinen Rücktritt erklären.

Die Debatte um seine Person waren für diese Bundesregierung hinderlich geworden bei der Umsetzung weiterreichender innenpolitischer Pläne.

Antisemitische Schmierereien an der Kölner Synagoge

Innenminister Dr. Schröder stellt Verbotsantrag

Die Kampagnen der VVN gegen Mitglieder der Bunderegierung waren wohl der letzte Anstoß für Innenminister Schröder, am 20.Oktober 1959 den Antrag beim Bundesverwaltungsgericht in Berlin auf Feststellung der „Verfassungswidrigkeit“ der VVN zu stellen.

Schon vorher war überlegt worden, ob nicht durch gemeinsames Handeln der Länder die Tätigkeit der VVN unterbunden werden könnte.

Da dieses jedoch am politischen Widerstand mehrerer Bundesländer scheiterte, sah sich die Bundesregierung zum Alleingang veranlaßt. Schröder hatte sich auf seine Art gut auf diesen Schritt vorbereitet.

Der Verfassungsschutz hatte – natürlich mit dem Stempel „VS-Nur für den Dienstgebrauch“ – im Sommer 1959 einen 52seitigen „Zusammenfassenden Bericht der kommunistischen Widerstandsbewegung“ erstellt, in dem die inhaltliche Verbindung von VVN und KPD mit dem schlagenden Argument bewiesen werden sollte: „Die politischen Themen und ihre Behandlung in den VVN-Veröffentlichungen entsprechen ... denjenigen in der kommunistischen Presse.“

Die VVN sei ein „dankbarer Abnehmer und Weiterverbreiter der Sowjetblock-Propaganda gegen die Bundesrepublik Deutschland.“

Auch glaubte man ausreichende Beweise dafür zu haben, daß die VVN „mindestens seit 1950 organisatorisch und personell von der SED/KPD gesteuert“ werde. So vorbereitet begab sich Schröder im Auftrag der Bundesregierung nach Berlin.

„Daß dieser Schritt jetzt erfolgt“, analysierte die VVN in NRW in einem ersten Flugblatt, „kann nur so erklärt werden, weil die VVN in der Öffentlichkeit die Durchsetzung der Justiz, Verwaltungen und Ministerien mit belasteten Nazis angeprangert, weil sie Unterlagen für die Aufdeckung ungesühnter Naziverbrechen an die entsprechende Stelle in Ludwigsburg liefert und schließlich, weil die VVN die Vergangenheit des Ministers Oberländer aufdeckte.“

Natürlich protestierte die VVN sofort gegen diesen erneuten Angriff auf die Freiheit der politischen Betätigung und die Rechte der ehemaligen Verfolgten des NS-Regimes.

In einer Erklärung vom 28. Oktober forderte das Präsidium der VVN, den Antrag unverzüglich zurückzunehmen.

„Wenn schon Dr. Schröder glaubt, Verbotsanträge stellen zu müssen, dann soll er sie gegen die wahren Feinde der Demokratie stellen, die sich u.a. als sogenannte „Entnazifizierungsgeschädigte“, in der Deutschen Reichspartei, in Traditionsverbänden, ja sogar im „Bundesverband der ehemaligen SS“ unter Einschluß der Totenkopfverbände neu organisiert haben.“

Weiter heißt es: „Nicht die Verfolgten des Naziregimes und ihre größten Organisationen, die VVN, sondern die über 1200 militaristischen und revanchistischen Verbände gefährden die Demokratie in der Bundesrepublik.“

Und zugleich warnte das Präsidium: „Der Anschlag auf die VVN, die mit Millionen Widerstandskämpfern ganz Europas verbunden ist, muß das Ansehen der Bundesrepublik im Ausland auf das schwerste schädigen.“

Diese Erklärung wurde zum Jahreswechsel 1959/60 in einem vierseitigen Flugblatt in zigtausend Exemplaren von allen Landesverbänden der VVN verbreitet.

Sie wollen wieder marschieren . . .

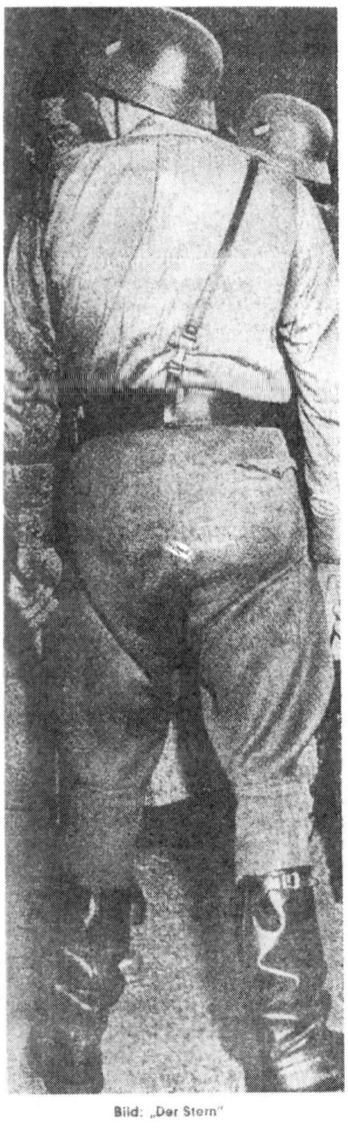

Bild: „Der Stern“

Was Dr. Schröder verschwiegen hat

Dr. Schröder verschwieg in seiner Rundfunkansprache wohlweislich die große soziale Tätigkeit der VVN, weil er damit seine eigene Argumentation widerlegen würde. Die VVN hat z. B. seit ihrem Bestehen mehr als 800 000 Wiedergutmachungsansprüche geltend gemacht. Zehntausende Verfolgte, Witwen, Waisen, Invalide und Kranke würden durch das Verbot der VVN ihres Schutzes und Rechtsbeistandes beraubt.

Nicht die wahrheitsgetreue Geschichtsvermittlung über die Jahre 1933—1945 durch die VVN vergiftet das Bewußtsein unseres Volkes, sondern die Überschwemmung der Bundesrepublik mit Büchern und Schriften ehemaliger Nazigrößen und Militaristen.

Nicht die Verfolgten des Naziregimes und ihre größten Organisationen, die VVN, sondern die über 1200 militaristischen und revanchistischen Verbände gefährden die Demokratie in der Bundesrepublik.

Im Interesse des deutschen Volkes

Gerade die VVN und die Widerstandsbewegung haben ihre Ziele stets offen vertreten. Dies entsprach auch ihrem Wesen und ihrer Aufgabe. Der Vorwurf der Tarnung durch Dr. Schröder ist deshalb ein Versuch zur Diffamierung und eine Konstruktion, um Verbotsgründe zu finden. Die Wahrheit ist, daß die Ziele und der Einsatz der Widerstandskämpfer, die in der VVN vereinigt sind, sich bis heute nicht geändert haben. Die Taten des Widerstandes sind das einzige wirkliche Aktivum, das Deutschland 1945 aufzuweisen hatte.

Der Anschlag auf die VVN, die mit Millionen Widerstandskämpfern ganz Europas verbunden ist, muß das Ansehen der Bundesrepublik im Ausland auf das schwerste schädigen.

Im Interesse des deutschen Volkes, in Wahrung der im Grundgesetz niedergelegten Rechte und Freiheiten, in Achtung vor der geschichtlichen Bedeutung des Widerstandskampfes und des opfervollen Einsatzes der Widerstandskämpfer — Gegner des Nationalsozialimus — fordert das Präsidium der Vereinigungen der Verfolgten des Naziregimes (VVN) die Zurückziehung des Antrages beim Bundesverwaltungsgericht.

Herne, den 28. Oktober 1959

Das Präsidium der VVN

Diese Frauen und Männer, Mitglieder und Anhänger der VVN, widersetzen sich allen Versuchen, die freiheitliche Ordnung und den Frieden zu gefährden.

Ausschnitt aus dem vierseitigen Flugblatt der VVN gegen Schröders Verbotspläne

1960

Januar Proteste gegen die Nazischmiereien in Köln

13. Januar Schröder-Entwurf zur Notstandsverfassung

März Flugblattaktion der VVN „Verteidigt die Demokratie gegen die Notstandspläne“

April Aktionen gegen den Verbotsantrag

Ostern erste Ostermärsche in der BRD

3. Mai Theodor Oberländer tritt als Bundesminister zurück

23. Mai Dem Israelischen Geheimdienst gelingt die Verhaftung Adolf Eichmanns

25. September Gemeinsame Kundgebung von FNDIRP und VVN in Struthof

28. September 1.Lesung der Notstandsgesetze im Bundestag

21.–25. November SPD-Parteitag für NATO und nicht mehr gegen Atombewaffnung

17. Dezember Gründung der Deutschen Friedens-Union (DFU)

Adolf Eichmann verhaftet

In einem gewagten Unternehmen gelang es am 23. Mai 1960 drei Angehörigen des israelischen Geheimdienstes, Adolf Eichmann in Argentinien auf offener Straße zu überwältigen und nach Israel zu bringen. Kein deutsches Gericht hatte sich bis dahin ernsthaft bemüht, diesen Kriegsverbrecher überhaupt aufzuspüren.

Immerhin war Adolf Eichmann Leiter des Judenreferates im Reichssicherheitshauptamt der Reichsführung der SS gewesen und damit verantwortlich für die systematische Ermordung von mehreren Millionen Juden.

Die VVN stellte im Zusammenhang mit dieser Verhaftung die Frage „nachdem gleichzeitig bekannt wurde, daß sich Eichmann noch bis vor wenigen Jahren unangefochten in der Bundesrepublik aufhielt – warum es nicht möglich war, diese Bestie in Menschengestalt bereits auf dem Boden der Bundesrepublik zu ergreifen und ihrer gerechten Strafe zuzuführen.

Die VVN kommt nicht umhin festzustellen, daß in der Bundesrepublik seit langem Kräfte am Werk sind, die solche Verbrecher decken, die an der Vertuschung ihrer Verbrechen interessiert sind, und daß eine weitverzweigte Untergrundorganisation Mittel und Wege hat, um NS-Verbrecher rechtzeitig zu warnen und ihnen, falls Gefahr für sie droht, zur Flucht ins Ausland zu verhelfen.“

Schon damals war man sich der Existenz einer Organisation OdESSA („Organisation der ehemaligen SS-Angehörigen“) bewußt.

Daher forderte die VVN erneut im Zusammenhang mit der Inhaftierung Eichmanns „wirksame Maßnahmen zur Ergreifung der zahlreichen in der Bundesrepublik lebenden Haupt- und Mitschuldigen an den Verbrechen eines Eichmanns und anderer NS-Verbrecher einzuleiten. Die VVN fordern ferner die rücksichtslose Aufdeckung und Unschädlichmachung der Hilfsorganisationen und Untergrundvereinigungen dieser Verbrecher und die gerechte Bestrafung der Drahtzieher.“

Freiheit für die VVN

Der Schritt der Bundesregierung, das Verbotsverfahren gegen die VVN einzuleiten, stieß national und international auf großen Protest. Die Warnung der VVN, daß durch dieses Verfahren das Ansehen der Bundesrepublik international Schaden nehmen würde, bestätigte sich schneller, als es den Initiatoren lieb sein konnte.

Zuerst aber entwickelte sich der politische Protest im Land selber. So konstituierte sich im Frühjahr 1960 auf Initiative der VVN ein Solidaritätsausschuß, dem folgende Persönlichkeiten angehörten:

- Clara Harnack, die Mutter der von den Nazis hingerichteten Widerstandskämpfern Arvid und Mildred Harnack,
- Herbert Mochalski, evangelischer Studentenpfarrer, der wegen seines Auftretens gegen Remilitarisierung und Atombewaffnung bekannt geworden ist,
- Kirchenpräsident Dr. Martin Niemöller, der lange Jahre als Hitlers „persönlicher Gefangener“ im KZ inhaftiert war und in den 50er Jahren zu einem der vehementesten Kämpfer gegen die Atombewaffung wurde,
- der Verleger Dr. Ernst Rowohlt,
- Oberbürgermeister i.R. Robert Scholl, Vater der von den Nazis 1943 hingerichteten Geschwister Scholl, und
- Rechtsanwalt Dr. Rudolf Zimmerle, der sich viele Jahre für eine Säuberung der Justiz von alten Nazis eingesetzt hatte.

Im Namen diese Persönlichkeiten wurde in der Bundesrepublik und im europäischen Ausland unter dem Aufruf „Freiheit für die VVN“ Unterschriften gesammelt. Innerhalb weniger Monate kamen in der BRD fast 100.000 und annähernd 500.000 im europäischen Ausland zusammen.

Auch gesellschaftliche Organisationen, wie DGB-Gliederungen, solidarisierten sich mit der VVN. So beantwortete beispielsweise der DGB Kassel am 27. September 1960 ein Schreiben der VVN:

„Der Kreisausschuß-Vorstand des DGB-KA Kassel wendet sich gegen ein Verbot der VVN ... Wir wünschen auch in Zukunft eine Betätigung der VVN umso mehr, da ein großer Teil ihrer Mitglieder sich oft unter Einsatz ihres Lebens, ihrer Freiheit und Existenz dem Naziregime gegenüber ganz klar und offen entgegengestellt haben.“

Wer bedroht die Demokratie?

Die Notstandspläne der Bundesregierung

Die 50er Jahre, die später gern mit dem Begriff „Wirtschaftswunder" verklärt wurden, waren auch ein Jahrzehnt harter gesellschaftlicher Auseinandersetzungen, selbst wenn es der Adenauer-Regierung in den meisten Fällen gelang, ihre reaktionäre Politik durchzusetzen. Auch die sozialpolitischen Forderungen nach Lohnfortzahlung im Krankheitsfall und 40-Stunden-Woche waren aufgrund des wirtschaftlichen Aufschwungs noch bezahlbar.

Was aber, wenn das Wirtschaftswunder mal zu Ende ginge und die oppositionellen Kräfte an Einfluß gewännen?

Dafür gedachte die CDU/CSU mit Notstandsgesetzen vorzubauen. Im Januar 1960 verabschiedete die Bundesregierung den Entwurf eines „Notstandsgesetzes", dem sie im Februar ein „Notdienstgesetz" folgen ließen. Man müsse für den „Ernstfall" gewappnet sein, ließ Innenminister Schröder verkünden.

Was dieser „Ernstfall" sein könnte, ob es streikende Arbeiter, demonstrierende Atomwaffengegner oder die Vorbereitung militärischer Abenteuer sein würden, erklärte er nicht. Nur daß der Bundestag mit einfacher Mehrheit den „inneren und äußeren Notstand" erklären könnte, womit folgende Grundrechte außer Kraft gesetzt würden:

- das Recht der freien Meinungsäußerung und der Pressefreiheit,
- das Recht der Versammlungsfreiheit
- das Recht der Vereinsfreiheit,
- das Recht der Freizügigkeit,
- das Recht der freien Wahl des Arbeitsplatzes,
- das Briefgeheimnis und das Recht der Unverletzlichkeit der Wohnung.

Darüberhinaus übertrug sich die Bundesregierung die direkte Verfügungsgewalt über sämtliche Polizeikräfte wie auch die Möglichkeit, die Bundeswehr zum Einsatz gegen den „inneren Feind" heranzuziehen.

Das Präsidium der VVN reagierte bereits im März 1960 mit einem Massenflugblatt, in dem es zurecht erklärte: „Jeder ist bedroht!" Es forderte: „Wartet nicht wieder, bis es zu spät ist. Sagt nein zu Schröders Notstands- und Notdienstplänen."

Auch im Bundestag regte sich Protest. Die erste Lesung im September 1960 machte bereits deutlich, daß dieser Gesetzentwurf keine ausreichende Unterstützung finden würde. Das Vorhaben war damit jedoch nicht aufgehoben, sondern nur aufgeschoben.

Jeder ist bedroht!

Verteidigt die Demokratie gegen die Notstands- und Notdienstpläne

Am 13. Januar hat die Bundesregierung den Entwurf eines sogenannten Notstandsgesetzes verabschiedet. Kurze Zeit darauf, am 24. Februar, verabschiedete das Kabinett den Entwurf eines Notdienstgesetzes, durch das Männer im Alter zwischen 18 und 65 Jahren und Frauen zwischen 18 und 55 Jahren zu sogenannten Notdienstleistungen verpflichtet werden können.

Beide Gesetze stellen eine schwere Gefährdung der Demokratie und der persönlichen Freiheiten jedes einzelnen dar. Das Notstandsgesetz gibt der Bundesregierung schrankenlose Ermächtigungen und ermöglicht praktisch die Ausschaltung der demokratischen Institutionen und der freiheitlichen Grundrechte auf unbefristete Zeit. Das Notstandsgesetz führt zur Rechtlosigkeit.

Ausgerechnet zu einer Zeit, da in der ganzen Welt die Bemühungen um Entspannung und Erhaltung des Friedens, um Abrüstung und Verständigung bei allen Menschen große Hoffnungen auf eine friedliche Entwicklung wachrufen, verlangt die Bundesregierung Vollmachten für den sogenannten „Ernstfall", der nach den Bestimmungen des Notstandsgesetzes und des Notdienstgesetzes für die Bundesregierung praktisch jederzeit gegeben sein kann.

Die in der Bundesrepublik betriebene Politik des Kalten Krieges und der atomaren Aufrüstung, die Politik des Antikommunismus und des starren Festhaltens an dem Ziel, die Deutsche Demokratische Republik in die Bundesrepublik einzuverleiben, soll durch diese Sondergesetzgebung ergänzt werden.

Notstandsgesetz kann Grundgesetz außer Kraft setzen! Nach dem von Herrn Schröder vorgelegten Gesetzentwurf kann eine einfache Bundestagsmehrheit (also die CDU) den inneren und äußeren Notstand beschließen. Der Notstand kann auch vom Bundeskanzler oder vom Bundespräsidenten allein, unter Ausschaltung des Bundestages, erklärt werden. Dadurch werden außer Kraft gesetzt:

das Recht der freien Meinungsäußerung und das Recht der Pressefreiheit —
jede Äußerung, jede Zeitung, die der Bundesregierung nicht paßt, kann verboten werden.

das Recht der Versammlungsfreiheit —
jede Versammlung, auch der Besuch einer Versammlung kann ohne jede Begründung untersagt werden.

das Recht der Vereinsfreiheit —
jeder Verein, jede Organisation, jede Partei kann, wenn es die Bundesregierung für zweckmäßig hält, aufgelöst werden.

das Recht de Freizügigkeit —
niemand darf seinen Wohnsitz ohne besondere Erlaubnis wechseln. Die Regierung kann den Wohnsitz jedes einzelnen bestimmen.

„Paßt wie angegossen!" (aus „Vorwärts")

das Recht auf freie Wahl des Arbeitsplatzes —
nach den Plänen Schröders, vor allem nach dem geplanten Notdienstgesetz, kann die Regierung jeden an einen beliebigen Ort der Bundesrepublik oder auch in einem anderen NATO-Land zum Arbeitseinsatz verpflichten.

das Briefgeheimnis, das Recht der Unverletzlichkeit der Wohnung, das Beschwerderecht können ohne nähere Begründung aufgehoben werden.

Enteignungen stehen in dem Ermessen der Regierung. Eine Beschwerde dagegen gibt es nicht. Jedermann kann von seinem Grund und Boden vertrieben werden, wenn es politische und militärische Zwecke erfordern.

Die Bundesregierung erhält die alleinige Verfügungsgewalt über sämtliche Polizeikräfte, ohne Rücksicht auf Länderhoheit. Der Bundesgrenzschutz und die Bundeswehr können auch zum Einsatz gegen den „inneren Feind" herangezogen werden.

Wer ist dieser „innere Feind"? Die Atomwaffen-Gegner? Streikende Arbeiter? Der Jahrgang 1922? Die Widerstandskämpfer?

Ohne jegliche parlamentarische Kontrolle, rein diktatorisch können also die demokratischen Grundrechte ganz oder teilweise auf beliebig lange Zeit aufgehoben oder eingeschränkt werden.

Innenminister Schröder hat dieses Gesetz in Presse und Rundfunk zu begründen versucht.

Er spricht dabei von einer angeblichen Bedrohung der Bundesrepublik von außen und malt wieder einmal das längst widerlegte antikommunistische Schreckgespenst eines Angriffes aus dem Osten an die Wand.

Er spricht auch von der Notwendigkeit, diejenigen, die mit der Politik der Bundesregierung nicht einverstanden sind, zu bekämpfen.

Diese Begründung steht in krassem Widerspruch zu den Tatsachen

Die Bundesrepublik wird nicht vom Osten bedroht. Sie wird ebenso wenig bedroht von den für Frieden und Verständigung eintretenden Menschen und Organisationen in der Bundesrepublik.

Eisenhower und Chruschtschow haben sich für die Lösung aller strittigen Fragen durch Verhandlungen erklärt und sich für die Nichtanwendung von Gewalt im Leben der Völker bekannt.

Nur die Bundesregierung sträubt sich immer noch, wie die außenpolitische Debatte am 9. Februar erneut beweist, von der Position des Kalten Krieges abzugehen.

Darin liegt die Gefahr für den Frieden!

Darin liegt die Bedrohung der Bundesrepublik!

Die Spuren schrecken!

Schon einmal spielten Ausnahmegesetze in unserem Vaterland eine verhängnisvolle Rolle.

Der Artikel 48 der Weimarer Verfassung ermöglichte 1933 Hitler die Außerkraftsetzung der Verfassung und die Erklärung des Ausnahmezustandes.

Einen Tag nach dem Reichstagsbrand, am 28. Februar 1933, verkündete Hitler auf Grund des Artikels 48 das berüchtigte „Gesetz zum Schutz von Volk und Staat". Damit wurde die Weimarer Verfassung beseitigt, eine Welle blutigen Terrors ergoß sich über Deutschland.

Wir, die wir damals erklärten: Hitler, das ist die Diktatur nach innen und der Krieg nach außen, erinnern auch heute daran: Als Hitler sein Ermächtigungsgesetz hatte, wurden die KPD, die SPD, die Gewerkschaften und ihre Zeitungen verboten und ihr Vermögen enteignet. Die restlichen Parteien, Friedensverbände, Jugendorganisationen, kirchliche Vereinigungen wurden gleichgeschaltet, die bürgerlichen Freiheiten wurden aufgehoben und die Presse zum Sprachrohr des NS-Regimes degradiert.

Zehntausende von aufrechten Demokraten, die die Nazidiktatur aus politischen oder religiösen Motiven ablehnten und bekämpften, wurden zusammen mit den jüdischen Mitbürgern in die Konzentrationslager verschleppt. Die Willkür der Gestapo und der SS wütete. Sondergerichte fällten Terrorurteile, das Fallbeil wurde zum blutigen Symbol Deutschlands. Mit der Parole des Antikommunismus und der Bedrohung von außen wurden alle Gegner mundtot gemacht und der dritte Weltkrieg vorbereitet.

55 Millionen Tote auf den Schlachtfeldern,

Millionen Hingerichtete, Erschossene, Erhängte, Vergaste in den Zuchthäusern und Vernichtungslagern,

namenloses Elend, zerstörte Städte in ganz Europa waren das Ergebnis.

Sagt nein zu Schröders Notstands- und Notdienstplänen

Im Namen derer, die im Widerstandskampf gegen die Nazidiktatur ermordet wurden,

im Namen von Rudolf Breitscheidt, Ernst Thälmann, Hans und Sofie Scholl, von Pfarrer Schneider, und Pater Delp appellieren wir heute an alle:

Laßt nicht noch einmal zu, daß die demokratischen Grundrechte beseitigt werden!

Noch ist es Zeit, den Notstands- und Notdienstplänen entgegenzutreten, die einer neuen Diktatur Tür und Tor öffnen.

Die Gefahr ist riesengroß — jeder einzelne ist bedroht.

Wartet nicht wieder, bis es zu spät ist.

Schließt Euch zusammen — protestiert, verteidigt Eure Bürgerrechte, rettet die Demokratie!

Vereinigungen der Verfolgten des Naziregimes (VVN)
Das Präsidium

Verantwortlich: Willi Höhn, Frankfurt a. M.
Druck: Fuldaer Verlagsanstalt GmbH., Fulda.

Flugblatt der VVN, März 1960

1961

Februar Zentraler Ausschuß „Ostermarsch der Atomwaffengegner" - Aktionen in allen Teilen der BRD vorbereitet

25./26. März Landeskonferenz Baden-Württemberg „Frieden für unser Volk – Freiheit für die VVN !"

7.–9. April Bundeskongreß der VVN in Stuttgart

11. April Eichmann Prozeß in Jerusalem eröffnet

20. April Schweinebucht-Abenteuer in Kuba gescheitert

13. August Bau der Mauer in Berlin

8. September NS-belastete Richter und Staatsanwälte können freiwillig in den vorzeitigen Ruhestand treten

17. September Bundestagswahlen

15. Dezember Adolf Eichmann wird in Jeruslaem zum Tode verurteilt

Schleswig-Holstein braunumschlungen

Unter diesem provokanten Titel legte die VVN im März 1961 einen über 40seitigen dokumentarischen Beitrag zur Nicht-Bewältigung der NS-Vergangenheit in diesem Bundesland vor.

Dabei wurde Ministerpräsident Kai Uwe von Hassel (CDU) immer wieder mit seinen verbalen Abgrenzungen gegenüber dem NS-Regime bei gleichzeitiger Tolerierung von alten Nazis in öffentlichen Ämtern konfrontiert.

Im Mittelpunkt der Dokumentation stand jedoch das skandalöse Verhalten der Landesregierung und höchster Justiz-Stellen im Fall Heyde-Sawade. Die VVN konnte nachweisen, daß seit 1954 der wegen Mordes offiziell gesuchte Euthanasie-Arzt Prof. Werner Heyde unter dem Namen Dr. Sawade in Schleswig-Holstein als Arzt und medizinischer Gutachter tätig sein konnte. Das war möglich, obwohl seit Dezember 1954 der Präsident des Landessozialgerichts und wenig später der Leiter der Landesgesundheitsbehörde in Kiel von der wahren Identität des Arztes unterrichtet waren.

Noch fünf Jahre hielten höchste politische und juristische Stellen die Hand über Heyde-Sawade, bevor dieser verhaftet werden konnte. Doch damit war dieser Fall nicht beendet. In der Presse und in einem Untersuchungsausschuß wurde die Frage nach der Verantwortung politischer Stellen gestellt, und es zeigte sich, daß weitere KZ-Ärzte, wie die SS-Ärztin aus Ravensbruck, Oberhäuser, bis zur Veröffentlichung ihres Falls durch Demokraten hier weitgehend unbehelligt als Arzt tätig sein konnten.

Bei der Übergabe der Dokumentation erklärte die VVN: „Seit Monaten haben das Präsidium der VVN sowie der Landesvorstand Schleswig-Holstein auf die nichtabreißende Kette der politischen Skandale im ‚Asyl für Ehemalige' – wie die ‚Stuttgarter Zeitung' schreibt - hingewiesen. Die Namen Heyde-Sawade, Oberhäuser, Schlegelberger, Lautz, Reinefarth u.a. sind Beweis für das Ausmaß der Durchsetzung des politischen Lebens in Schleswig-Holstein durch ehemalige Nazigrößen." Und es forderte: „Es gilt, das braune Netz zu zerreißen."

Ein Massenmörder vor dem Gericht der Völker

Auch wenn der Prozeß gegen Adolf Eichmann in Jerusalem vor einem israelischen Gericht stattfand, so beschäftigte er doch so sehr die internationale Öffentlichkeit, daß man mit gutem Grund von einem „Gericht der Völker" sprechen kann. In diesem Prozeß wurden nicht nur die Protokolle der 90 Verhöre, die vom Mai 1960 bis Februar 1961 mit Eichmann in Israel gemacht worden waren, und hunderte von historischen Dokumenten herangezogen. Auch zahlreiche überlebende Verfolgte, die in Berlin, Prag, Wien und Budapest Eichmanns Wirken am eigenen Leib erlitten hatten, traten als Zeugen in diesem Prozeß auf. Und die Weltöffentlichkeit verfolgte, wenn auch mit unterschiedlicher Intensität, dieses Verfahren.

Die VVN hatte bereits auf ihrem Stuttgarter Bundeskongreß festgestellt: „Der Eichmann-Prozeß hat bei bestimmten Kreisen großes Unbehagen ausgelöst. Hier ist der Beweis, daß die Vergangenheit nur überwunden werden kann, wenn die Gegenwart bewältigt wird. Der Eichmann-Prozeß wirft die Frage nach den Mitschuldigen an der Ermordung von Millionen Menschen auf."

In einem Schreiben an die politischen Repräsentanten des Staates Israel würdigte die VVN „die leidenschaftliche Anklage des israelischen Volkes gegen den erbarmungslosen Vollstrecker des nazistischen Rassenwahns" und erklärte:

„Die Mitglieder der VVN, die in den Konzentrationslagern, Zuchthäusern und Gefängnissen die Verbrechen Eichmanns und der Eichmänner ebenfalls am eigenen Leibe erdulden mußten, hoffen, daß dieser Prozeß zu einer gerechten Verurteilung dieses Massenmörders führt, aber auch eine Klärung der Rolle all jener bringt, die Auftraggeber und willige Mithelfer waren und heute oft wieder in hohen Positionen in der Bundesrepublik zu finden sind."

Der Prozeß dauerte sieben Monate, und jeder Verhandlungstag erinnerte ein ums andere Mal an das Leiden und Sterben von Juden.

Am 11. Dezember 1961 verkündete der Vorsitzende Richter das Urteil: Tod durch den Strang.

Am 31. Mai 1962 wurde die Todesstrafe vollstreckt, Eichmanns Leiche verbrannt und die Asche ins Meer gestreut.

Eichmann in Argentinien

„Unser Marsch ist eine gute Sache, weil er für eine gute Sache ist“

Dieser Refrain des Ostermarsch-Liedes wurde in den 60er Jahren zu einer der populärsten Zeilen des Agit-Prop. Dabei waren die Anfänge der Ostermarschbewegung 1960/61 außerordentlich bescheiden.

Der Rückzug der verantwortlichen Teile der SPD und des DGB aus der Anti-Atomtod-Bewegung ließ ein neues Bündnis von Kriegsdienstgegnern, Naturfreunden und Falken, konsequenten Betriebräten und Pfarrern und – natürlich – mit ehemaligen Widerstandskämpfern in der VVN entstehen. Auch die im Dezember 1960 gegründete „Deutsche Friedensunion“ (DFU) leistete ihren Beitrag in der gemeinsamen Mobilisierung von Friedensfreunden.

Die Ostermärsche hatten Militärstandorte, Stützpunkte und Waffenlager zum Ziel. Der im Februar 1961 gegründete Zentrale Ausschuß „Ostermarsch der Atomwaffengegner“ koordinierte bereits 15 Ostermärsche von Norddeutschland bis Bayern. Ein Teilnehmer erinnert sich: „Der Marsch 1961 prägte sich als der nasseste und kälteste ein. – Stefan Andres gab den in regenfester Kleidung zum Marsch durch den Odenwald Angetretenen mit auf den Weg: „Wir marschieren, weil wir gewillt sind, den Teufelskreis der Atomrüstung zu durchbrechen ! Wir fordern eine atomwaffenfreie Zone in Mitteleuropa.“

Anfangs waren es nur wenige hundert Teilnehmer. In den folgenden Jahren wurde die Ostermarschbewegung eine der größten demokratischen Bewegungen in der Geschichte der Bundesrepublik.

1961 und 1962 besuchten Kinder niedersächsischer Widerstandskämpfer Frankreich, u.a. auch die von der SS zerstörte Stadt Oradour.

Ein Bundeskongreß in schwieriger Zeit

In Stuttgart kamen vom 7. bis 9. April 1961 die Delegierten des 6. Bundeskongreß der VVN zusammen. Wie schon auf der baden-württembergischen Landeskonferenz war auch hier das Motto: „Frieden für unser Volk – Freiheit für die VVN."

Man konnte auf diesem Kongreß bereits als erste Bilanz ziehen, daß der Verbotsantrag die Organisation nicht gelähmt, sondern zu verstärktem öffentlichen Auftreten beflügelt hatte. So waren nicht nur die leitenden Gremien mit Erklärungen, Materialien und Aktionen in der Öffentlichkeit präsent. Auch in den Kreisen war neues Engagement zu spüren. So trat z.B. die VVN in Kassel im Jahr 1960 mit acht eigenen Flugblättern an die Öffentlichkeit. Und so wie in Nordhessen, war es in vielen Kreisen.

Die VVN konnte auf dem Kongreß zufrieden feststellen, daß „im Kampf zur Säuberung des politischen Lebens von belasteten Naziführern beachtliche Erfolge erzielt" werden konnten. Besonders der Rücktritt von Theodor Oberländer wurde als Erfolg bewertet. Doch es gab keinen Grund zur Euphorie. Erstens stand das Verfahren vor dem Bundesverwaltungsgericht noch aus und zweitens war der Versuch, die Widerstandskämpfer mundtot zu machen, nicht der einzige Angriff auf die demokratischen Grundfreiheiten. Die Notstandspläne waren noch nicht vom Tisch.

Der Kongreß wählte vier gleichberechtigte Präsidenten: Dr. J.C. Rossaint (oben, stehend), A. Karrenbauer (oben links), Willi Cronauer (linkes Bild) und Oskar Müller (rechtes Bild). Die Fotomontage ist dem Kongreßbericht entnommen.

Auch anläßlich dieses Kongresses verwahrten sich die VVN „gegen jeder Verfälschung des Widerstandskampfes und verurteilen entschieden alle Versuche der Diffamierung der einstigen Gegner des nationalsozialistsichen Unrechtsstaates. Sie sehen in diesen Versuchen eine nachträgliche Rechtfertigung des NS-Regimes." Deshalb sahen es die Widerstandskämpfer als vordringliche Aufgabe an, „an der Vermittlung eines wahrheitsgemäßen Geschichtsbildes mitzuarbeiten."

Durch den Tod von Dr.Marcel Frenkel wurde eine Neubesetzung der Leitungspositionen notwendig. Der Bundeskongreß wählte dabei vier gleichberechtigte Präsidenten, Willi Cronauer, München, A.Karrenbauer, Dillingen, Oskar Müller, Frankfurt und Dr.Josef Rossaint, Düsseldorf. Mit dieser Zusammensetzung sollte noch einmal der überparteiliche und föderative Charakter der VVN unterstrichen werden.

26. April 1961: Auf dem Weg zur Einweihung der Gedenkstätte Sachsenhausen

1962

15. März Demonstration und Kundgebung anläßlich des 15. Jahrestag der VVN-Gründung in Frankfurt/Main

11. April Hessischer Landtag debattiert über VVN

30. Juni VVN legt Dokumentation „Die unbewältigte Gegenwart“ vor.

2. Oktober Geschwister-Scholl-Jugend an Hamburger Senat

22. Oktober Beginn der „Kuba-Krise“

26./27. Oktober Polizeiliche Durchsuchung beim „Spiegel“

30. Oktober Studentendemonstration gegen die Spiegel-Aktion in Frankfurt

7. November Regierungskrise durch Spiegelaffäre, FDP-Minister treten zurück

29. November Eröffnung des Verbotsverfahrens gegen die VVN in Berlin

13.–16. Dezember IV.Kongreß der FIR in Warschau

15. Jahrestag der Gründung der VVN

Noch immer schwebte das Verbotsverfahren wie ein Damoklesschwert über der Organisation. Da nahm die VVN im März 1962 die Gelegenheit wahr, anläßlich des 15. Gründungsjubiläums der Vereinigung auf ihre Geschichte und ihre politischen Ziele aufmerksam zu machen. In Hessen hatte man aus diesem Anlaß unter dem Titel „Das Vermächtnis bleibt“ eine Festschrift über das Wirken der Organisation vorgelegt und für den 18. März zu einer Festveranstaltung eingeladen.

Tags zuvor trafen die internationalen Gäste, unter ihnen der Präsident der FIR, Prof. Dr. Ettore Tibaldi, der Vizepräsident des Dänischen Reichstags Rasmussen und der DDR-Staatssekretär für Kirchenfragen Hans Seigewasser für das Komitee der antifaschistischen Widerstandskämpfer, zu einem Empfang des Präsidiums der VVN in Frankfurt/M. zusammen. Im Anschluß an diesen Empfang nahmen die Teilnehmer an einem Schweigemarsch zum Denkmal für die NS-Opfer teil, wo unter der Losung „Betätigungsfreiheit für die VVN“ eine Kundgebung abgehalten werden konnte. Redner auf dieser Veranstaltung war Kirchenpräsident D. Martin Niemöller. Er erinnerte daran, daß die Widerstandskämpfer stets für das Recht der freien Überzeugung und freien Meinungsäußerung eingetreten sind und daß es heute darum ginge, alle Kraft für Frieden und Freundschaft einzusetzen.

Am folgenden Tag fand mit großer Resonanz im Turmpalast in Frankfurt die hessische Festveranstaltung statt.

Die Tatsache, daß ein DDR-Vertreter an dieser Veranstaltung teilgenommen und dort das Wort ergriffen hatte, wurde von der Presse an nächsten Tag breit ausgeschlachtet. Alle möglichen Zitate wurden Seigewasser, der schon längst wieder in Berlin war, angedichtet. Rechte Blätter fragten gar an, ob man ihn in Frankfurt nicht hätte „ein bißchen verhaften können“. Und Hessens Innenminister Schneider verstieg sich in seiner ersten Reaktion zu der Ankündigung, dieser Auftritt sei ein Grund, über ein Verbot der VVN nachzudenken.

Die Folgen waren auch in anderen Orten spürbar. Am 23. März verbot der Kasseler OB Lauritzen unmittelbar vor Beginn der Veranstaltung eine geplante VVN-Festveranstaltung mit der abstrusen Begründung: „Auf Grund der Frankfurter Ereignisse bin ich der Überzeugung, daß auch für die Kasseler Veranstaltung das Auftreten von Funktionären der sowjetzonalen SED zu erwarten ist.“ Daß ein Jahr später das Kasseler Verwaltungsgericht die Verbotsverfügung des OB für rechtswidrig erklärte, änderte nichts daran, daß wieder einmal das Handeln von Verfolgten des Naziregimes aus Gründen des Antikommunismus unterbunden worden war.

Martin Niemöller bei der Kundgebung zum 15. Jahrestag

Die „Spiegel-Affäre“

Einen „Abgrund von Landesverrat“ witterte der Verteidigungsminister Franz-Josef Strauß, als „Der Spiegel“ im Oktober 1962 einen kritischen Beitrag über die Verteidigungsfähigkeit der Bundeswehr abdruckte. Dabei hatte sich das Magazin mit keinem Wort gegen die Bundeswehr sondern für ihre konventionelle Stärkung ausgesprochen. Aber Rudolf Augstein hatte in den Augen von Adenauer den Fehler begangen, gegen die von Strauß propagierte atomare Aufrüstung zu polemisieren.

Augstein und der Redakteur Conrad Ahlers wurden verhaftet, die Verlagsräume durchsucht und umfangreiche Materialien beschlagnahmt. Man hoffte damit, die Informanten des Spiegels, die Adenauer in Kreisen des BND vermutete, zu enttarnen. Alle Versuche des Herausgebers, auf juristischem Wege diesem eklatanten Verstoß gegen die Pressefreiheit zu begegnen, wurden damit behindert, daß die Justiz keinerlei Beschwerdeverfahren zuließ. Auf dem Höhepunkt der „Kuba-Krise“ glaubte man ein politisches Klima zu haben, daß solche Eingriffe in die Demokratie möglich wären.

Doch die Öffentlichkeit reagierte anders. Spontan kam es in Frankfurt/M. und anderen Städten zu Demonstrationen für den „Spiegel“ und gegen Strauß und seine Atomwaffen-Pläne. Andere Zeitungen und Redaktionen solidarisierten sich mit Augstein. Zweieinhalb Jahre später mußte der Bundesgerichtshof das Landesverratsverfahren gegen den „Spiegel“ „mangels Feststellbarkeit des Tatvorwurfs“ einstellen.

Der Schaden für das politische Magazin war gering, für das Ansehen der Bundesregierung jedoch hoch.

Ein parlamentarisches Nachspiel

Das Auftreten von Hans Seigewasser auf der VVN-Veranstaltung beschäftigte am 11. April sogar den hessischen Landtag.

Auf eine Große Anfrage der FDP hin erläuterte Innenminister Schneider ausführlich das polizeiliche Überwachungsverfahren der VVN-Veranstaltung, wobei die Beamten übersehen hätten, daß der „SBZ-Funktionär" Hans Seigewasser im Saal gewesen sei.

Als ein Polizeikommissar nach der Versammlung von Pressevertretern vom Auftreten Seigewassers unterrichtet worden sei, sei es jedoch für ein Einschreiten bereits zu spät gewesen. Immerhin funktionierte die Überwachung so gut, daß dem Innenminister Seigewassers Rede im Wortlaut vorlag.

Anders als in seiner ersten Reaktion, wo er ein Verbot der VVN ins Auge gefaßt hatte, plädierte Schneider nun dafür, die Entscheidung des Bundesverwaltungsgerichtes abzuwarten.

In die Kritik der FDP und CDU war aber auch Generalstaatsanwalt Dr. Fritz Bauer geraten, der sich in einem freundlichen Schreiben für die Nichtteilnahme an der VVN-Veranstaltung entschuldigt hatte. Dem hielt der CDU-Abgeordnete Großkopf entgegen:

„Mit der Tatsache, mit der er sein Fernbleiben von der VVN-Tagung entschuldigt, hat er uns natürlich auch seine Einstellung zur VVN dokumentiert."

Auf diesen Angriff antwortete der SPD-Abgeordnete Albert Wagner: „Ich wende mich dagegen, daß uns KZ-Häftlingen und Verfolgten des Naziregimes verboten werden soll, mit Leuten zusammenzusitzen, die mit uns gelitten haben, auch wenn sie Kommunisten sind. Ich fühle mich mit diesen Leuten, die mit mir zusammen gesessen haben, enger verbunden als mit denjenigen, die diesen Antrag stellen, die während des Naziregimes an dieser Regierung partizipiert und Geschäfte gemacht haben. – Bitte, auch Sie sind Verfolgte! Ich fühle mich mit einem Hilpert und Kogon viel mehr verwandt als mit denen, die jetzt schreien und die das Unglück mitverursacht haben, die mitgelaufen sind, die die Leute unter Druck gesetzt haben und sie in Lebensgefahr brachten. Wenn die Verfolgten heute für sich tagen ..."

Weiter kam er nicht. Der wütende Protest der CDU verhinderte, daß Wagner seine Ausführungen ordnungsgemäß beenden konnte.

November 1962: Vor dem Bundesverwaltungsgericht

Das Verfahren gegen die VVN

Nachdem das Bundesverwaltungsgericht annähernd zwei Jahre gebraucht hatte, um alle Unterlagen für das Verfahren gegen die VVN zusammenzutragen, fand am 23./24. Januar 1962 vor dem Ersten Senat des BVerwG. in Karlsruhe die Vorverhandlung über den Verbotsantrag der Bundesregierung statt. Und es bestand tatsächlich die Absicht, wie auch der hessische Innenminister Schneider in der Debatte um den Seigewasser-Besuch ankündigte, die Hauptverhandlung Ende März 1962 zu eröffnen.

Durch verschiedene juristische Schritte gelang es, den Termin in den Herbst 1962 zu verschieben. Die VVN hatte damit die Möglichkeit, die Solidarität weiterzuentwickeln, weiter den öffentlichen Protest zu artikulieren und auf verschiedenen Ebenen ihre Tätigkeit fortzusetzen. Bis zum Sommer 1962 konnten etwa 50.000,00 DM an Spenden für die Prozeßkosten gesammelte werden.

Als der Termin auf Ende November festgelegt wurde, trat die Organisation auf zwei Ebenen an die Öffentlichkeit. In einem als „Eilbrief-Sendung" aufgemachten Massenflugblatt unter der Überschrift „In ernster Sorge" wandte sich das Präsidium „an alle verantwortungsbewußten Menschen, den antifaschistischen Widerstandskämpfern und Opfern des Naziterrors beizustehen. Lassen Sie nicht zu, daß die Vereinigungen derjenigen verboten werden, die sich, wie es in der Präambel des Bundesentschädigungsgesetzes heißt, ‚ein Verdienst um das Wohl des deutschen Volkes und Staates‘ erworben haben.“

Gleichzeitig präsentierte man in Frankfurt/M. ein Verteidigungskomitee, dem Persönlichkeiten wie Martin Niemöller, der Maler Otto Pankok, Rechtsanwalt Rudolf Zimmerle, der Gewerkschafter Heinz Seeger und der ehemalige Münchener OB Robert Scholl angehörten.

Zum Prozeßauftakt am 29.November selber waren hunderte Widerstandskämpfer aus dem In- und Ausland nach Berlin angereist. Stunden vor Beginn des Prozesses standen sie vor dem Gerichtsgebäude und demonstrierten so ihre Unterstützung für die VVN. Auch die 50 Presseplätze im Gericht waren restlos ausgebucht.

Interessant war die Strategie der Anklage, die als ihren ersten Vertreter Rechtsanwalt von Schlabrendorff auftreten ließ.

Ihm, der in familiärer Verbindung zum 20. Juli 1944 stand, war die Aufgabe zugefallen, die internationalen Beobachter zu beruhigen. Schlabrendorff zitierte das BEG, die Bibel und Prof. Dr. Helmut Gollwitzer, bevor er behauptete, daß die Mitglieder der VVN von der Bundesregierung als Widerstandskämpfer natürlich geachtet würden. Auch wurden die Angriffe gegen die FIR bei der Vorstellung der Anklageschrift außen vor gelassen. Stattdessen verwies die Anklage auf die kommunistische Lenkung der VVN, der „Tat“ und des Röderberg-Verlages. Sinnigerweise sollten Vokabeln wie „Blutrichter“ usw. beweisen, daß sich die „Tat“ in Übereinstimmung mit kommunistischen Erklärungen befände.

Doch weitere Vorwürfe konnte die Anklageseite aufgrund des Prozeßverlaufs nicht mehr vorbringen.

Internationale Solidarität und Presseresonanz

Der angestrebte Prozeß gegen die VVN bewegte wohl stärker noch als die deutsche die internationale Öffentlichkeit. Natürlich solidarisierten sich alle Mitgliedsverbände der FIR mit der VVN gegen diese Angriffe. In Briefen, Telegrammen und Erklärungen drückte sie ihren Protest gegen das Verfahren und ihre Unterstützung für die VVN aus.

Aus Frankreich, Italien, Österreich, Großbritannien, Rumänien oder Israel – aus allen Ländern flatterten Protestresolutionen nach Deutschland.

Auch offizielle Kontakte wurden genutzt. Der Vize-Präsident des Dänischen Reichstages, Herluf Rasmussen, protestierte gegenüber Bundestagspräsident Gerstenmaier gegen die Absicht, die VVN zu verbieten. Anschließend nahm Rasmussen demonstrativ an einem Empfang der VVN in Frankfurt teil. Der italienische Senator Renato Bitossi übergab der Bundesregierung eine Protestnote.

Norwegische Parlamentarier formulierten ihre Meinung, „daß Menschen, die Opfer von Verfolgung und Übergriffen seitens Nazi-Deutschlands gewesen sind, das Recht haben müssen, sich in Vereinen zusammenzuschließen.“

Unmittelbar vor Prozeßbeginn hatten erneut der Bürgermeister der italienischen Märtyrerstadt Marzabotto, Botenelli, und der französische Abbé Glasberg sich mit leidenschaftlichen Worten zur Solidarität mit der VVN bekannt.

Die französiche Zeitung Liberation erkannte sehr deutlich: Die VVN „haben die Oberländer, die Globke entlarvt. Das ist in dieser Bundesrepublik, die man uns so gerne als Avantgarde der Demokratie hinstellt, unverzeihlich ! ... Alle Widerstandskämpfer Europas und alle jene, die das Wiederaufflackern der Blutpest, die die Welt in den Zweiten Weltkrieg stürzte, vor unseren Toren fürchten, erwarten den Ausgang des Prozesses mit empörter Aufmerksamkeit.“

Auch die Times konstatierte: „Wenn sich herausstellen sollte, daß der Vorsitzende des Gerichts, der beauftragt wurde, ein Verbot für eine antifaschistische Organisation auszusprechen, selbst ein ehemaliger Nazi ist, wird das Prestige der Justiz in der Bundesrepublik, das durch die Entlassung eines Generalbundesanwaltes, dessen Vergangenheit als aktiver Nazi im vergangenen Sommer entlarvt wurde,.... erneut einen vernichtenden Schlag erleiden.“

Internationale Presse zum Verbotsprozeß

The Times

Angeschlagenes Prestige

Die VVN genießt in Deutschland und im Ausland als die bedeutendste von etwa 15 Vereinigungen ehemaliger Opfer der Nazizeit ein hervorragendes Ansehen. Wenn sich herausstellen sollte, daß der Vorsitzende des Gerichts, der beauftragt wurde, ein Verbot für eine antifaschistische Organisation auszusprechen, selbst ein ehemaliger Nazi ist, wird das Prestige der Justiz in der Bundesrepublik, das durch die Entlassung eines Generalbundesanwaltes, dessen Vergangenheit als aktiver Nazi im vergangenen Sommer entlarvt wurde, und durch die Unregelmäßigkeiten im „Spiegel“-Fall nicht erhöht wurde, erneut einen vernichtenden Schlag erleiden.

Le Monde

Beunruhigend

Es ist ganz normal, daß sich die Opfer des Nazismus nach ihrer Befreiung sowohl in der Absicht zusammengeschlossen haben, sich gegenseitig zu helfen, ihre Rechte auf Entschädigung geltend zu machen, als auch in der Absicht, weiterhin ihre gemeinsamen Ziele und Ideale zum Ausdruck zu bringen ... Es wäre paradox und beunruhigend, wenn die freie Meinungsäußerung und die Freiheit, sich zusammenzuschließen, gerade denjenigen verweigert werden, die dafür gekämpft haben, daß diese Freiheiten in Deutschland wiederhergestellt werden.

Liberation

Das Unverzeihliche

Sie (die VVN) haben die Oberländer, die Globke entlarvt. Das ist in dieser Bundesrepublik, die man uns so gerne als Avantgarde der Demokratie hinstellt, unverzeihlich! ... Sicher, es gibt Kommunisten in der VVN: In den Konzentrationslagern waren viele! ... Alle Widerstandskämpfer Europas und alle jene, die das Wiederaufflackern der Blutpest, die die Welt in den Zweiten Weltkrieg stürzte, vor unseren Toren fürchten, erwarten den Ausgang des Prozesses mit empörter Aufmerksamkeit.

Der Prozeß platzt

Die mündliche Verhandlung war auf den 29. November 1962 vor dem 1. Senat des Bundesverwaltungsgerichts in Berlin anberaumt.

Alfred Hausser, damals Mitglied der VVN-Prozeßkommission, erinnert sich an den entscheidenden zweiten Prozeßtag:

Im dicht besetzten Zuhörerraum waren deutsche und ausländische Antifaschisten sowie zahlreiche Journalisten vertreten. Der Senatspräsident Prof. Dr. Werner eröffnete die Verhandlung.

Plötzlich wird ihm aus dem Zuhörerraum zugerufen: „Herr Präsident, Sie waren ein großer Nazi. Hier sind die Beweise." Der Rufer hielt ein Bündel Papier in die Höhe.

Dieser Rufer war August Baumgarte, lange Jahre unter den Nazis aus politischen Gründen inhaftiert und damals VVN-Sekretär des Landesverbandes Niedersachsen. Er hatte den dokumentarischen Beweis dafür, daß der Senatspräsident seit Herbst 1933 der SA und seit 1937 der NSDAP angehört hatte. Schon seit 1926 war Werner hauptamtlicher Geschäftsführer des Landesverbandes Pommern des VDA, dessen nationalistische und NSDAP-unterstützende Politik hinlänglich bekannt war.

Beklemmende Stille. Dann richtete der Präsident an den Prozeßvertreter der Bundesregierung die Frage: „Machen Sie sich diesen Vorwurf zu eigen?" Antwort: „Nein", was anderes war von dieser Seite auch nicht zu erwarten. Die gleiche Frage wird an die Rechtsanwälte der VVN gerichtet. Antwort: „Nein". Sie wollten ein ordentliches Verfahren mit einem ordentlichen Freispruch für die VVN erreichen. Dann sprach Dr. Werner die Prozeßkommission der VVN an. Alfred Hausser sagte laut und deutlich: „Ja". Die Sensation war perfekt.

Daraufhin zog sich das Gericht zur Beratung zurück und verkündete nach einer halben Stunde den Beschluß: „Die Verhandlung wird vertagt, ein neuer Termin wird von Amts wegen bestimmt."

Wie ein politischer Sieg las sich bereits die schriftliche Begründung der Vertagung, die am 5. Dezember 1962 nachgereicht wurde. Das Gericht gab der Bundesregierung zu bedenken, daß der „der verfassungsmäßigen Ordnung zugrundeliegende Sühnegedanken, dessen Verwirklichung zu den vornehmsten Aufgaben der Bundesrepublik gehört, eine Abwägung verlangt, ob gegen eine Organisation von Verfolgten ein Verbot mit der damit untrennbar verbundenen Strafsanktion erlassen werden darf."

Schon damals urteilte die Neue Züricher Zeitung: „So wie die Dinge stehen, erscheint es nicht ausgeschlossen, daß der Prozeß auf längere Zeit vertagt und dann stillschweigend abgesetzt wird." Sie sollte recht behalten.

Die beharrliche Forderung der VVN nach Entfernung belasteter Nazis aus dem Staatsdienst (Foto: Kundgebung im Frankfurter Palmengarten 1960) bildete den Hintergrund der Maßnahmen gegen die VVN.

In vorauseilendem Gehorsam

Während das Bundesverwaltungsgericht das Verbotsverfahren gegen die VVN vorbereitete, praktizierte das Innenministerium von NRW bereits eine entsprechende Verbotspolitik.

„Auf Weisung der Landespolizeibehörde in Düsseldorf wird die für den 8.4.62 in Langenfeld vorgesehene Veranstaltung der Vereinigung der Verfolgten des Naziregimes aufgrund der §§ 1, Abs. 2 Nr. 2 und 5 Absatz 4 des Versammlungsgesetzes hiermit verboten."

Daß sich die genannte Paragraphen auf die Gefährdung der öffentlichen Ruhe und Sicherheit bezogen, störte dabei nicht. Offensichtlich glaubte man, auf diese Weise einen juristischen Trick gefunden zu haben, das öffentliche Auftreten der VVN schon vor einem Verbot unterbinden zu können.

In einem Protestschreiben der VVN NRW vom 18. Januar 1963 an Innenminister Weyer (FDP) wurden allein vierzehn solcher Verbote aufgelistet. Verboten wurden u.a. folgende Veranstaltungen:

- ein beabsichtigtes Freundschaftstreffen zwischen französischen und deutschen Widerstandskämpfern am 15.4.1962 in Essen,
- eine beabsichtigte Befreiungsfeier mit Kranzniederlegung am Mahnmal in Gelsenkirchen am 6.5.1962,
- in Bonn am 19.5.1962 eine Kranzniederlegung am Mahnmal im Hofgarten,
- eine geschlossene Versammlung am 3.6.1962 in Recklinghausen,
- am 23.9.1962 eine Gedenkfeier mit Kranzniederlegung auf dem Sennefriedhof bei Bielefeld,
- am 29.9.1962 eine öffentliche Kundgebung mit Treffen französischer Widerstandskämpfer in Velbert,
- am 29.9.1962 ein zentraler Ausflug in Priorei/Westfalen
- und am 9.11.1962 ein Schweigemarsch zum Mahnmal mit Kranzniederlegung in Düsseldorf.

An dieser Auswahl war schon deutlich das „verfassungsfeindliche" Treiben der VVN zu erkennen. Die Bitte des Landesvorstandes der VVN um ein Gespräch mit dem Innenminister über diese Maßnahmen vor dem Hintergrund des geplatzten Verbotsverfahrens, lehnte dieser lapidar ab. „Um nicht dem beim Bundesverwaltungsgericht schwebenden Verbotsfeststellungsverfahren gegen Ihre Organisation vorzugreifen, sehe ich mich nicht in der Lage, Sie zu einer Rücksprache zu empfangen."

1963

23.–25. Mai Internationaler Jugendkongreß der FIR in Genua

15. Juli Egon Bahr begründet neue Orientierung in der Ostpolitik: „Wandel durch Annhäherung“

5. August Abkommen der Großmächte zur Einschränkung der Kernwaffenversuche

28. August Marsch der amerikanischen Bürgerrechtsbewegung auf Washington

21.–22. September „großes Treffen der deutschen und europäischen Soldaten der ehemaligen Waffen-SS“ in Hameln geplant, nach internationalen Protesten abgesagt.

5.–6. Oktober VVN-Bundeskongreß in Frankfurt/M.

11.–13. Oktober Internationales Treffen gegen das Wiedererstehen des Nazismus und Faschismus in Florenz (FIR)

20. Dezember Der erste Frankfurter Auschwitz-Prozeß beginnt

Ein Bundeskongreß mit Hindernissen

Obwohl das Verbotsverfahren im November 1962 so schmählich für die Bundesregierung gescheitert war, wurde die Praxis der Schikanen und Verbote gegen die VVN fortgesetzt.

Wie schon im Jahr 1962 wurden auch in den folgenden Monaten in Niedersachsen und Nordrhein-Westfalen Gedenkveranstaltungen, politische Kundgebungen und Versammlungen der VVN untersagt. Selbst der ordentliche Bundeskongreß, der vom 10. bis 12. Mai 1963 in Köln stattfinden sollte, wurde verhindert.

Max Oppenheimer berichtet: „Die Geschäftsführung der Satory-Säle in Köln wurde massiv unter Druck gesetzt, um eine Kündigung des Vertrages mit der VVN zu erreichen. Gegen die geplante Abendveranstaltung wurde ein offizielles Verbot ausgesprochen, und während einer Pressekonferenz wurden die in- und ausländischen Gäste durch einen massiven Polizeieinsatz der Kölner Kriminalpolizei sistiert. Unter diesen entwürdigenden Umständen beschloß man, den Bundeskongreß auf Oktober zu verschieben.“

Am 5.und 6.Oktober tagte der Bundeskongreß in Frankfurt/M. Superintendent Werner Sanss, der das Hauptreferat hielt, verglich die aktuelle Situation mit der Endphase der Weimarer Republik und plädierte dafür, mit allen zur Verfügung stehenden Kräften die demokratischen Freiheiten zu verteidigen. Der Kongreß warnte vor den verhängnisvollen Plänen der Bundesregierung, Notstandsgesetze zu verabschieden, und vor dem immer unverschämteren Auftreten der SS in der BRD.

Das vorläufige Scheitern des Verbotsverfahrens nahm die VVN zum Anlaß, ein „Aufgebot des Widerstandes“ anzuregen, bei dem innerhalb von 1½ Jahren über 1.000 neue Mitglieder, über 1.000 neue Abonnenten der „Tat“ und gut 20.000 DM Spenden für die Organisation gesammelt werden konnten. Dies zeigte einmal mehr, daß es der VVN trotz aller Angriffe gelungen war, sich auch organisationspolitisch zu stabilisieren.

Internationaler Kampf gegen das Wiedererstarken des Nazismus

Mitte September 1963 rief die SS-HIAG ihre Anhänger erneut zu einem großen Treffen nach Hameln. Diesmal sollte es ein „Treffen der deutschen und europäischen Soldaten der ehemaligen Waffen-SS“ sein.

Natürlich wollten jene berüchtigten SS-Generäle, wie Steiner, Gille, Wolff, Lammerdinger, Sepp Dietrich und „Panzer“-Meyer auf diesem Treffen ihre Getreuen begrüßen.

Gemeinsam mit der FIR organisierte die VVN den nationalen und internationalen Protest. Aus allen Ländern Europas und aus Israel trafen bei den Bonner Behörden Protestschreiben und -erklärungen und zehntausende Postkarten ein, in denen das Verbot der SS-Provokation gefordert wurde. Die FIR selber gab aus diesem Anlaß eine Broschüre: „Schach der faschistischen Internationale, der SS und ihren Umtrieben!“ heraus. Vor allem der internationale Protest veranlaßte die SS zum Rückzug. Das geplante „Europa-Treffen“ mußte abgeblasen werden.

Doch damit war der Widerstand nicht abgeschlossen. Sichtbarster Ausdruck und organisatorischer Höhepunkt der Kampagne gegen das „Europa-Treffen der SS“ war ein internationales Treffen gegen das Wiedererstehen des Nazismus und Faschismus, das auf Initiative der FIR in Florenz vom 11. bis 13. Oktober stattfand. Schon im Mai hatte die FIR in Genua einen internationalen Jugendkongreß organisiert, an dem auch Vertreter der VVN und der Geschwister-Scholl-Jugend teilnahmen.

Nun, im Oktober 1963, kam es erneut zu gemeinsamen Aktionen der FIR und jungen italienischen Antifaschisten.

Von Florenz aus richteten die Widerstandskämpfer und Opfer des Faschismus „einen feierlichen Appell an alle ehemaligen Widerstandskämpfer, an alle Demokraten, an die Jugend, die die Schrecken der Nazibarbarei nicht gekannt hat“, wachsam zu sein, die Kräfte des Nazismus zu isolieren und zu schlagen. Parlamente und Bürger wurden aufgerufen, „auf die Anwendung der Gesetze und Verfassungsbestimmungen zu achten, die das Verbot und die Verfolgung jener Propaganda ermöglichen, die den Rassismus und Antisemitismus predigt, die nazistischen und faschistischen Regimes verherrlicht, die Geschichte verfälscht und die Hitler-Verbrechen abzustreiten und zu bagatellisieren versucht“.

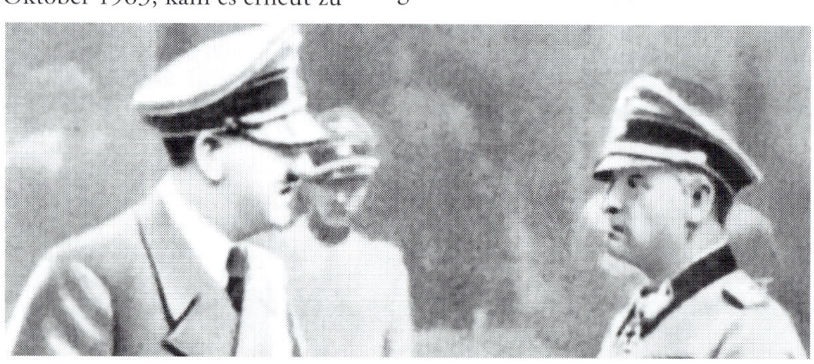

Zweimal SS-General Sepp Dietrich, wegen NS-Verbrechen verurteilt: Rechts mit Hitler, links als Redner bei der SS-HIAG

Kesseltreiben gegen Generalstaatsanwalt Bauer

Scharfe Abrechnung mit Neofaschismus und Antisemitismus

Der hessische Generalstaatsanwalt Dr. Fritz Bauer ist gewissen Leuten in der Bundesrepublik schon lange ein Dorn im Auge. Ein Mann, der sich ein selbständiges Urteil bewahrt hat und seine Aufgabe als Antifaschist und demokratischer Jurist ernst nimmt, paßt offenbar nicht in das Konzept der bundesdeutschen Führungsschicht. Dr. Bauer, dem kraft seines Amtes auch die Verfolgung der bestialischen Naziverbrechen obliegt, ist zur Zielscheibe neofaschistischer und reaktionärer Kreise geworden.

Als im vergangenen Jahr sein Vortrag vor dem Landesjugendring Rheinland-Pfalz über „die Wurzeln faschistischen und nationalsozialistischen Handelns" in Broschürenform an den höheren Lehranstalten und Berufsschulen verteilt werden sollte, da wurde diese lobenswerte Maßnahme durch den rheinland-pfälzischen Kultusminister Dr. Orth mit der faden-

Deutschland Anlaß zum Nachdenken gegeben. Jeder der Befragten hätte das Pro und Kontra abgewogen; eine spontane Antwort, etwa in der Richtung, den schlage das deutsche Volk sofort tot oder dergleichen, sei nicht erfolgt.

Dr. Bauer hatte dann auf den unterschwelligen Antisemitismus in der Bundesrepublik hingewiesen und zu dem Skandal in Würzburg bemerkt, die Stadt

Titelthema der „Tat" am 9. März 1963: Im Vorfeld des Auschwitz-Prozesses steht der hessische Generalstaatsanwalt Bauer unter rechtem Beschuß.

Geschwister-Scholl-Jugend in Hamburg

Auf dem Bundeskongreß der VVN 1963 in Frankfurt/Main schloß Peter Badekow, der Vertreter der Geschwister-Scholl-Jugend aus Hamburg mit den Worten:

„Unterstützt die Bildung von ähnlichen Jugendgruppen auch in anderen Ländern der BRD ... Wir müssen die Anregungen, die uns die Kameraden der VVN in Ihrem Kampf um die Verwirklichung der antifaschistischen Ideale vorleben, aufgreifen; wir müssen diese Ideale auch unter die übrige Jugend tragen, damit sie zur Richtschnur für ein wahrhaft demokratisches und freiheitliches Deutschland werden."

Damit fordere er die VVN auf, die Erfahrungen der VAN-Hamburg zur stärkeren Orientierung auf die Jugend zu nutzen: Mitte der fünfziger Jahre, auf dem Höhepunkt des kalten Krieges und des Antikommunismus, trafen sich auf Initiative der VAN – zunächst in lockerem Kreis – Kinder von ehemaligen Widerstandskämpfern und beschlossen zum Jahreswechsel 1957/1958 die Gründung der GESCHWISTER SCHOLL JUGEND – HAMBURG (GSJ).

Sie kannten sich zum größten Teil von internationalen Ferienlagern der FIR und wollten im Sinne ihrer Eltern politisch aktiv sein, ohne daß dabei das Interesse der Jugend an Gemeinschaftserleben und interessanter Jugendarbeit zu kurz käme.

Ihrem Anspruch konnte – auch vor dem Hintergrund des Verbotes der FDJ und der Jungen Pioniere – keine bestehende Jugendorganisation gerecht werden.

Im Mittelpunkt der nach außen wirkenden politischen Betätigung der Gruppe stand das Gedenken an den antifaschistischen Widerstandskampf und die Aktualisierung ihres Vermächtnisses. So führten sie an den Jahrestagen der Ermordung der Geschwister Scholl Mahnwachen an der Geschwister-Scholl-Straße und Gedenkveranstaltungen durch.

Zunächst blieb dies noch im Rahmen der GSJ und der VAN, doch bereits 1962 gelang es, in Zusammenarbeit mit dem SDS, eine Feier in der Universität zu veranstalten und 1963 rief erstmals der Landesjugendring zu einer Matinee in den Kammerspielen auf.

1960 bildete die GSJ eine Arbeitsgruppe, um Kurzbiographien junger Widerstandskämpfer zu verfassen. Vor allem die Forschungsarbeit zu Helmuth Hübener stieß zunächst auf eine Mauer des Schweigens und der Behinderung durch die Behörden. Durch Beharrlichkeit und Engagement vor allem des damaligen Vorsitzenden der GSJ, Ulrich Sander, gelang es, das Schicksal des siebzehnjährig wegen „Feindpropaganda" Hingerichteten dem Vergessen zu entreißen. Seine Mörder blieben jedoch bis heute unbestraft, das Todesurteil ist immer noch gültig.

Aktiv beteiligte sich die GSJ an den politischen Auseinandersetzungen, vor allem gegen die Zusammenrottung alter und neuer Nazis, für die Verurteilung der Nazimörder und Blutrichter, aber auch in der Bewegung „Kampf den Atomtod" und seit 1960 auf den Ostermärschen.

Durch öffentliche Veranstaltungen und durch Dokumentationen, die sie gezielt verschickte, wirkte die GSJ auch in andere Jugendorganisationen, so wurden Vertreter der GSJ von anderen Jugendorganisationen, u.a. Naturfreundejugend und CVJM, eingeladen, um über den Widerstandskampf und die aktuelle politische Situation zu diskutieren.

International wirkte die GSJ durch ihre Teilnahme an den Weltfestspielen der Jugend und Studenten, vor allem aber auch durch ihre Delegationsreisen in die DDR zu den Gedenkstätten der Konzentrationslager.

Dies waren in der Adenauer-Ära politische Pioniertaten, auf die andere Jugendorganisationen aufbauen konnten. Hierzu zählte auch die offizielle Teilnahme an den Deutschlandtreffen und Arbeiterjugendkongressen der DDR.

In den Jahren 1965/1966 verstärkte sich die Diskussion unter den kleineren linken Jugendorganisationen und neu entstandenen „Jugendclubs" zur stärkeren Zusammenarbeit.

Gleichzeitig erstarkte die außerparlamentarische Bewegung zur sog. „APO". An diesen Diskussionen und Bewegungen nahm die GSJ und ihre Mitglieder aktiv teil, 1968 wurde die GSJ aufgelöst. Damit wurde nicht das antifaschistische Anliegen der Geschwister Scholl Jugend aufgegeben sondern versucht, dies mit in die neuen Organisationsformen hineinzutragen.

P.B.

Die Eröffnung des Frankfurter Auschwitz-Prozesses

Am 20. Dezember 1963 begann im Plenarsaal des Frankfurter Römer der „Erste Auschwitz-Prozeß". Ausgehend von der Ermittlung des hessischen Generalstaatsanwalts Fritz Bauer standen 22 Angeklagte vor dem Frankfurter Schwurgericht unter Vorsitz von Landgerichtsdirektor Hans Hofmeyer. Diese Angeklagten, die im Vernichtungslager Auschwitz an führender Stelle tätig waren, haben – so die Anklageschrift – „in einer unbestimmten Vielzahl von Fällen" Mord oder Beihilfe zum Mord begangen.

Die Anklageschrift, die sich auf die Vernehmung von etwa 1.300 Zeugen stützte, umfaßte 700 Seiten.

Angeklagt waren Robert Mulka, SS-Obersturmführer, der vor allem für die Einführung der Morde mit Zyklon B verantwortlich gemacht wurde, Wilhelm Boger, der wegen besonderer Grausamkeit gegenüber Häftlingen und der Massentötung angeklagt war, Viktor Capesius, SS-Obersturmbannführer und wegen der Leitung der Häftlingsselektion zur Vergasung an der Rampe angeklagt, Josef Klehr, SS-Oberscharführer, als Sanitätsdienstgrad und Leiter des Vergasungskommandos wegen der Massenmorde und besonders bestialischer Mordtaten angeklagt, sowie SS-Oberscharführer Oswald Kaduk, der wegen der Teilnahme an den Selektionen zum Gastod, der Massenerschießungen, der Folterungen und Ermordung von Häftlingen angeklagt war.

Die meisten der Angeklagten waren vor ihrem Einsatz in Auschwitz bereits in anderen Konzentrationslagern, wie Buchenwald, Dachau, Neuengamme oder Groß-Rosen, eingesetzt.

Die Resonanz auf die Eröffnung des Verfahrens war groß, wobei die internationale Presse die Tatsache, daß dieses Verfahren nun endlich in der BRD begonnen wurde, in den Mittelpunkt stellte.

Auch die Nazi-Presse reagierte auf den Prozeß. Sie kritisierte, daß unmittelbar vor Weihnachten, dem „Fest der Liebe", dieser Prozeß eröffnet worden sei, und fragte angesichts der Zahl von 22 Angeklagten scheinheilig: „Kann eine so relativ kleine Gruppe von Verbrechern 6 Millionen umbringen?"

Der Prozeß bewies, daß – nicht sie allein – diese Angeklagten einen großen Anteil an den Massenmorden hatten.

45 / 9. November 1963 Die Tat Seite 9

KZ-Häftlinge auf dem Weg zur Fronarbeit

Kriegerdenkmal im Dom zu Magdeburg von Ernst BARLACH — 1929 — entfernt 1933 — wieder aufgestellt 1958

Gedenket der Opfer des Krieges und des Faschismus

Vor dem Gericht des Gewissens

…n diesen Tagen und Wochen senkt sich … die Menschen in Stadt und Land eine …ste Verhaltenheit. Es ist, als wolle …n im Gleichklang mit der Natur sein, …ht die Stille, dämpft die laute Betrieb…keit. Wie verständlich, daß alljährlich dieser Zeit viele Menschen zu den …ibern ihrer lieben Toten gehen. An…e versammeln sich an den Mahnmalen … die Opfer des Krieges und der natio… sozialistischen Verfolgung.

…Vorte der Trauer und der Tröstung …r auch der Bitterkeit und des Zorne… …sen den tiefen Schmerz aufwallen, de… …n unserer bei der Erinnerung an ein… … trübsten Epochen unseres Volkes be…chtigt, die in unser Bewußtsein tief …gebrannt ist.

…Mit Blumen und Kränzen wird jenen …chachtung und Liebe gezollt, die da…ls ihr Leben in die Waagschale warfen, weil sie für Humanismus, Gerechtigkeit und Frieden eintraten, und denen, die durch die Gewalt der Unmenschlichkeit grausam vernichtet wurden, und auch denen, die sinnlos ihr Leben hingeben mußten auf den Schlachtfeldern des Krieges oder in den Bombennächten der Heimat. Unser Volk gedenkt seiner Toten!

Aber wir dürfen nicht im Gestern verharren. Die Ehrung unserer Toten verpflichtet uns, in ihrem Geist den Lebenden, dem Leben der heutigen und der kommenden Generation zu dienen.

Erheben wir unser Haupt, verscheuchen wir die finsteren Schatten der Vergangenheit. Besinnen und entscheiden wir uns! Welch eine große Aufgabe ist uns zugefallen, hier in unserem Vaterland den Weg frei zu machen für ein Leben in Frieden und Freiheit, für ein besseres Morgen, aber auch, um mit unserer jüngsten Vergangenheit ins reine zu kommen.

Blicken wir noch einmal zurück, erinnern wir uns. Und jene, die es nicht erlebt haben, mögen es sich anschaulich vor Augen führen: Drei Jahrzehnte ist es jetzt her, daß sich über Deutschland die Nacht des Faschismus senkte. Mit dem Machtantritt des Naziregimes hatte das finstere Mittelalter seinen Einzug gehalten. Gierige Machtansprüche der Industrieherren und Militärs wurden angemeldet. Mit den primitivsten Menschenrechten wurde Schindluder getrieben, die niedrigsten Instinkte wurden durch zynische Menschenverächter aufgepeitscht. Die Deutschen wurden zum „Herrenvolk" gestempelt, das auf die anderen Völker mit Hochmut und Verachtung herabschauen sollte.

(Fortsetzung auf der nächsten Seite)

◀ **Am 9. November 1938 inszenierten die Nazis in Deutschland ein schau…**

Erich Kuby

Auschwitz und die Deutschen

Der große Prozeß, der gegen das Auschwitz-Personal mit phänomenaler Gründlichkeit von der Frankfurter Staatsanwaltschaft vorbereitet wurde, wird in besonders deutlicher Weise zeigen, daß es dabei nur vordergründig um die Bestrafung von Verbrechern geht, dahinter aber und in der Hauptsache um zeitgeschichtliche Aufhellung.

Es gibt nicht eine „Unzahl", aber es gibt doch eine große Zahl von Büchern, die sich, meistens in Memoirenform, mit dem … Jugend heute an die Generation stellt, die Hitler erlebt hat und sozusagen Wand an Wand mit der KZ-Welt ein dem Anscheine nach bürgerliches Leben führte, ganz unbeeindruckt davon, daß der Staat, dem sie angehörte und mehr oder weni-

(Fortsetzung auf der übernächsten Seite)

In dieser Ausgabe:

Mit mehreren Ausgaben bereitete die „Tat" ihre Leser auf den Beginn des Auschwitz-Prozesses vor.

1964

19. Februar Vertriebenenminister Hans Krüger (CDU) tritt wegen seiner Tätigkeit bei NS-Sondergerichten zurück

März Veranstaltungen in den hessischen Kreisen zum Auschwitz-Prozeß

28.–30. März Ostermarsch für eine atomwaffenfreie Zone in Europa

10. April Eröffnung der VVN-Ausstellung „Düsseldorfer Widerstand 1933–1945"

22.–27. Juni Medizinischer Kongreß der FIR in Bukarest

1. September DDR-Volkskammer beschließt Gesetz über Nichtverjährbarkeit von NS- und Kriegsverbrechen

26. September Internationale Kundgebung „Nie wieder Krieg, Faschismus, Auschwitz" in Frankfurt/M.

28. November Gründung der NPD in Hannover

Eine kleine Blütenlese

„Wenn in mehreren Ländern hemmungslose Diktatoren zur Macht gelangen konnten und sich unerhörte Greuel ereigneten, so lag es vor allem daran, daß Glauben, Sitte und Gewissen weithin nichts mehr galten." (Aus: Geschichte der Neuesten Zeit, Ernst Klett Verlag)

•

„Bereits 1938/39 wurde das Verhältnis von Staatskunst und Kriegshandwerk geradezu auf den Kopf gestellt: die Militärs kämpften gegen den Krieg, die Politiker erzwangen ihn." (Aus: Grundriß der Geschichte III)

•

„In den folgenden Jahren (nach 1933) lieferte sich Hitler immer mehr den dämonischen Kräften aus, die ihn seit frühester Jugend getrieben hatten . . . So wurde alles Positive, was er schuf, aller Antrieb, den er den Deutschen gab, von der Dämonie verschlungen und ins Gegenteil verkehrt." (Aus: Grundriß der Geschichte III)

•

„Zu Beginn des Krieges hatten die Polen unter den Deutschen in ihrem Land ein furchtbares Blutbad angerichtet. Das sollte eine Antwort sein auf die Agitation der Nationalsozialisten in Polen vor dem Krieg und auf den militärischen Überfall Hitlers. Nun aber überboten die nationalsozialistischen Machthaber die Untaten der Polen noch bei weitem. Gefangene wurden erschossen und Hilfsarbeiter für Landwirtschaft und Industrie nach Deutschland verschleppt." (Aus: Geschichte der Neuesten Zeit)

•

„In fast allen Ländern lag ein wesentlicher Grund für diese Art der Kriegführung (Partisanenkrieg) darin, daß die deutsche Besatzung den Verhältnissen nicht gerecht wurde, daß die Militärverwaltung zwar human, die daneben bestehenden SS- und SD-Instanzen aber meist brutal vorgingen . . ." (Aus: Grundriß der Geschichte III, Ernst Klett Verlag)

Ausgewählt durch Felix Molitor

Gegen „Geschichtsschreibung" dieser Art setzte die VVN Informationen und aufklärende Aktivitäten.

VVN-Aktivitäten zum Auschwitz-Prozeß

Die Eröffnung des Auschwitz-Prozesses war für die VVN mehr als ein Gerichtsverfahren. Und es war nur verständlich, daß das Präsidium, der Landesvorstand Hessen und die Kreisvorstände Anfang 1964 intensiv über die Möglichkeiten, die sich aus dem Prozeß ergaben, nachdachten.

In einem Schreiben vom 24.Februar listete Paul Grünewald namens des hessischen Landesvorstandes Aktionsvorschläge auf: „Bei Jugendorganisationen und Schulen, Gewerkschaften, überhaupt überall, wo Ansatzpunkte sind, sollte auf das Thema ‚Auschwitz' hingewiesen und Referenten nach dort vermittelt werden, um mitzuhelfen, die unbewältigte Vergangenheit zu überwinden."

Weiter hieß es: „Wir dürfen uns nicht nur mit Berichterstattung zufriedengeben. Wir fordern die Untersuchung und Aufdekkung der Hintergründe und Zusammenhänge zwischen Auschwitz und den deutschen Industriellen, die an den begangenen Verbrechen und Unmenschlichkeiten nicht nur beteiligt waren, sondern auch ungeheure Summen verdienten und heute als ‚geachtete' Bürger unter uns leben."

Zur gezielten Ansprache von Multiplikatoren schickte das Präsidium der VVN die wöchentlichen Presse-Informationen zur Weitergabe auch an die hessischen Kreisvereinigungen. Im Frühjahr organisierte die hessische VVN Veranstaltungen mit Prof. Dr. Peter Endes, Mitglied des VVN-Präsidiums und ehemaliger Auschwitz-Häftling. Er sprach in öffentlichen VVN-Versammlungen, ötv-Funktionärs-Beratungen und Lehrerkonferenzen sowie in der Universität Marburg auf Einladung des AStA. Immer wieder wurde die VVN von Lehrern und Schülergruppen angesprochen, mit ihnen das Thema Auschwitz zu behandeln.

Eine der größten Diskussionsrunden zum Thema war sicherlich das Jugendforum des Frankfurter Jugendrings am 9.November 1964. Unter dem Titel „Auschwitz – Vergangenheit, heute und morgen?" debattierten Christian Raabe, Rechtsanwalt, Hans Safran, der damalige Vorsitzende des hessischen Jugendrings und Werner Vitt vom Hauptvorstand der IG Chemie.

Dreißig Jahre später resumierte Peter Gingold die Wirkung dieser Diskussionen:

„Dieser Prozeß wurde durchaus zu einem Einschnitt in der Geschichte der Bundesrepublik, denn er war ein wichtiger Anfang, das kollektive Beschweigen der Nazivergangenheit aufzubrechen, das verdrängte Auschwitz ins kollektive Bewußtsein zu bringen. In der heranwachsenden jungen Generation war es aufgenommen worden."

Nie wieder Krieg Faschismus Auschwitz

Ausgehend von der großen öffentlichen Resonanz auf den Frankfurter Auschwitz-Prozeß ergriff die VVN gemeinsam mit dem Internationalen Auschwitz-Komitee die Initiative zu einem Gedenkmarsch und einer Internationalen Kundgebung am 26. September 1964 in Frankfurt/Main.

In einem Vorbereitungspapier heißt es: „Nach unserer Vorstellung sollte der Gedenkmarsch an der Festhalle beginnen. Dort wurden Frankfurter Bürger jüdischen Glaubens zusammengetrieben und in Konzentrationslager verfrachtet. Es ist hinreichend bekannt, daß die Frankfurter Firma ‚Degesch' das Gift Cyklon B geliefert hat. Eine Firma, die durch den Tod rentable Geschäfte gemacht hat und heute noch unter demselben Namen existiert."

Nach intensiver Diskussion entschieden sich die Initiatoren, keinen von Organisationen sondern von Einzelpersonen getragenen Aufruf herauszubringen. Als Verantwortliche traten Paul Grünewald für die Lagergemeinschaft Buchenwald, gleichzeitig 1. Vorsitzender der VVN Hessen, und Hermann Sittner, Vorsitzender der Naturfreundejugend Frankfurt, auf. Zu den Unterzeichnern gehörten die Präsidenten der VVN, Vertreter von Lagergemeinschaften, Gewerkschaftssekretäre und Betriebsräte,

Professoren, wie Klara Faßbinder, Otto Pankok, Renate Riemeck und Leo Weismantel, Pfarrer und Vertreter von Friedensgruppen.

„Die Verbrechen von Auschwitz und die Greuel des 2. Weltkrieges entsprangen dem Geiste brutalesten Machtstrebens und barbarischen Menschenhasses“, heißt es in dem Aufruf. „Viele der Schuldigen, die in führenden Stellungen des nationalsozialistischen Unrechtsstaates, in den Schlüsselpositionen der Großindustrie, in der SS und in der Gestapo den Namen unseres Volkes mit Schimpf und Schande bedeckt haben, sitzen wieder in neuen Machtstellungen.“ Die Initiatoren wandten sich „an alle Gegner der Aufrüstung und der atomaren Bewaffnung, an die junge Generation und ihre Organisationen, an die Gewerkschaften, an die Opfer des Naziregimes“ an der Kundgebung zum Auschwitz-Prozeß teilzunehmen. Als Redner waren für die französischen Verfolgten Raph Feigelson, für die niederländischen Auschwitzer Piet Oosterbroeck und für die deutschen Verfolgten Dr. Josef Rossaint vorgesehen.

Die Gründung der NPD

Ab 1963 bemühte sich vor allem die „Deutsche Reichspartei“ (DRP) an ihren Wahlerfolg von 1949 anzuknüpfen und das neofaschistische Wählerpotential für sich zu gewinnen.

Unter dem Vorsitz von Adolf von Thadden wurde 1963 begonnen, „nationaldemokratische Arbeitsgemeinschaften“ zu gründen, um unter Einbeziehung von Resten der „Deutschen Partei“ (DP), der „Gesamtdeutsche Partei“ und kleineren nationalistischen Gruppen eine neue, erfolgreichere Wahlformation zu bilden.

Im November 1964 wurde in Hannover die „Nationaldemokratische Partei“ (NPD) gegründet. Vorsitzender wurde der ehemalige Landesvorsitzende der „Deutschen Partei“, Friedrich Thielen, stellvertretender Bundesvorsitzender wurde der DRP-Chef von Thadden.

In der Wochenzeitung der VVN, der „DIE TAT“, heißt es zur Gründung der NPD u.a.: „Daß sich diese Partei ... auf finanzkräftige Freunde stützen kann, beweist die Tatsache, daß nach einem Aufruf zu Geldspenden Schecks mit vierstelligen Zahlen in die Sammelbüchsen geworfen wurden“ (05.12.64).

Von Anfang an wies die VVN darauf hin, das es sich bei der neugebildeten NPD um eine Nachfolgeorganisation der NSDAP und bei deren Funktionärskader oftmals um alte Nazis bzw. Funktionäre der 1952 verbotenen SRP und der DRP handelte.

Gestützt auf die bisherige Parteistruktur der DRP gelang es der NPD, bis zum April 1966 in allen 11 Bundesländern funktionierende Landesverbände, 66 Bezirks-, 336 Kreis- und 240 Ortsverbände aufzubauen.

Die NPD wuchs zu einer neuen Sammlungsbewegung des Neofaschismus an.

VN

Ausstellung „Düsseldorfer Widerstand 1933–1945“

Obwohl die VVN auf der einen Seite politischer Verfolgung ausgesetzt war, bemühten sie sich mit Erfolg auf der anderen Seite im öffentlichen Raum tätig zu bleiben. Ein herausragendes Beispiel war die Ausstellung „Düsseldorfer Widerstand 1933–1945“, die im April 1964 präsentiert werden konnte.

Auf 16 Tafeln stellte die Ausstellung den Weg von 1932 bis 1945 dar, anders als in den damals vorherrschenden Geschichtsbüchern. So fand man unter dem Kapitel „Ende der Weimarer Republik“ auch die Besprechungen von Hitler mit Thyssen und dem Bankier Schröder, der frühe Widerstand in Düsseldorf wurde in seiner ganzen Breite von Kommunisten, Gewerkschaftern und Sozialdemokraten dargestellt. NS-Kriegs- und Vernichtungspolitik wurde konfrontiert mit dem mutigen Handeln des „Anderen Deutschlands“ – und zu diesem gehörten der Katholik Dr. Rossaint und die Kommunistin Berta Karg. Die Ausstellung, in der der lokale Widerstand und die großen Ereignisse, wie das Nationalkomitee „Freies Deutschland“ und der 20. Juli 1944 verbunden waren, schloß mit dem Appell: „Die heroische Geschichte des antifaschistischen Widerstandes lehrt uns, stets einig, konsequent und rechtzeitig Frieden und Demokratie zu verteidigen. Ist die heute lebende Generation entschlossen, niemals wieder nazistische Herrschaft, Rassenhochmut und Vorbereitung zu Angriffskriegen auf deutschen Boden zuzulassen, dann waren Kampf und Opfer der Hitlergegner nicht vergebens.“

Man sieht es der Ausstellung an, daß an ihrer Erstellung und Gestaltung neben Düsseldorfer Widerstandskämpfern auch der Künstler Hanns Krahlik beteiligt war.

Die Resonanz auf diese VVN-Ausstellung war erstaunlich. Innerhalb von 8 Tagen wurde sie von über 1.000 Personen besucht. Obwohl sich die Stadt Düsseldorf vorher bedeckt gehalten hatte, empfahlen nun Ratsherren der SPD und der CDU, sowie Vertreter der Kirche den Besuch. Doch wie weit die offizielle Zustimmung der Stadt ging, wurde an den Präsentationsorten sichtbar. Nicht im Rathaus oder in öffentlichen Gebäuden, sondern nur in Kneipen, wie dem „Remscheider Hof“ und in der Waldschänke „Eller-Freiheit“, konnte die Ausstellung gezeigt werden.

Aus der Düsseldorfer Ausstellung: Titelblatt einer Broschüre vom Mai 1933.

1965

Februar Beginn schwerer US-Bombenangriffe auf Nordvietnam Ansatzpunkt der Vietnam-Bewegung

5. Februar Prozeß der VAN wegen Flugblatt zur Verjährung

4. März Bundesverwaltungsgericht teilt mit, daß der VVN-Prozeß ohne Urteil beendet sei.

13. März Gesetz über die Neuberechnung strafrechtlicher Verjährungsfristen

25. März Verjährungsfrist für NS-Verbrechen wird verlängert

13.–15. April Internationale Konferenz über den Unterricht zur Geschichte der Widerstandsbewegung (FIR) in Prag

13. Mai Aufnahme diplomatischer Beziehungen zwischen der BRD und Israel

28.–30. Mai Bundeskongreß der VVN in Duisburg

24. Juni Im Bundestag scheitert Grundgesetzänderung zugunsten einer Notstandsverfassung am Widerstand der SPD

19. August Urteile im Frankfurter Auschwitz-Prozeß

19. September Bei der Bundestagswahl erhält die NPD ca. 2%

8.–12. Dezember V. Kongreß der FIR in Budapest

Dezember Appell von 178 Schriftstellern und Wissenschaftlern gegen den Krieg in Vietnam

Das Urteil im Frankfurter Auschwitz-Prozeß

Bevor das Gericht nach 20monatiger Prozeßdauer am 19. August 1965 das Urteil sprechen konnte, mußten 359 Zeugen aus 19 Nationen vernommen werden. Trotz fehlender diplomatischer Vereinbarungen führte das Gericht im Dezember 1964 sogar einen Lokaltermin in Auschwitz selber durch.

Das Gericht wollte so die Begründung – „keinen politischen Prozeß führen" und versuchte, sich auf die individuelle Tatverantwortung der Angeklagten zu beschränken. Auch die Verteidigung, in der ein ehemaliger NS-Sonderrichter, der in Polen an Todesurteilen mitgewirkt hatte, Dr. Stolting II, tätig war, war an einer Aufdeckung des Zusammenhangs von IG-Farben-Konzern, Zwangsarbeit und Massenmord nicht interessiert. Es war das Verdienst der Vertreter der Nebenklage, die von Prof. Dr. Kaul aus der DDR und den Rechtsanwälten Henry Ormomd und Christian Raabe wahrgenommen wurde, daß diese Zusammenhänge im Prozeß mehrfach thematisiert wurden.

Von ursprünglich 22 Angeklagten wurden nur 17 verurteilt, sechs von ihnen, die Angeklagten Boger, Hofmann, Kaduk, Baretzki, Klehr und Bednarek, zu lebenslangem Zuchthaus. Dabei wurde der Angeklagte Klehr für schuldig erkannt „des Mordes in mindestens vierhundertfünfundsiebzig Fällen und der gemeinschaftlichen Beihilfe zum gemeinschaftlichen Mord in mindestens sechs Fällen, davon in zwei Fällen begangen an mindestens siebenhundertfünfzig Menschen, im dritten Falle an mindestens zweihundertdreißig Menschen, im vierten Falle an mindestens siebenhundert Menschen, im fünften Falle an zweihundert Menschen und im sechsten Falle an mindestens fünfzig Menschen."

Dennoch wurde die Urteile von vielen Beobachtern als zu milde bewertet. Rudolf Schneider, damals Berichterstatter für die „Tat", verdeutlicht dies am Beispiel des Angeklagten Capesius. Dieser „schickte nach Ansicht des Gerichts mindestens achttausend Männer, Frauen und Kinder in die Gaskammern von Birkenau. Nach Ansicht des Schwurgerichts ist das nur ‚Beihilfe' zum gemeinschaftlichen Mord und wird mit neun Jahren Zuchthaus abgebüßt.

Kein Zweifel, Capesius und seinesgleichen werden schon innerhalb kurzer Zeit wieder in die Gesellschaft eingegliedert, denn die verbrachte Untersuchungshaft wird angerechnet und bei ‚guter Führung' ist mit baldiger Entlassung zu rechnen."

Auschwitz-Prozeß: Der Angeklagte Boger

Verjährung von Naziverbrechen?

Der Frankfurter Auschwitz-Prozeß und der Limburger Euthanasie-Prozeß machten öffentlich, daß der juristisch übliche 20-Jahres-Zeitraum der Verjährung von Gewaltverbrechen dazu führen würde, daß – mit dem 8. Mai 1965 – zahllose Täter unbehelligt bleiben würden. Die Bilanz der bisherigen Ermittlungsverfahren war so wenig zufriedenstellend, daß die Verjährung einer Generalamnestie gleichkäme. Die DDR hatte bereits am 1. September 1964 die Nichtverjährbarkeit von NS- und Kriegsverbrechen beschlossen.

Im Januar 1965 wandte sich die VVN mit verschiedenen Materialien an die Öffentlichkeit, um eine Aufhebung der Verjährung zu erreichen. Dabei wurden nicht nur die Taten, sondern auch die Täter angeprangert. Die VAN Hamburg brachte im Januar 1965 ein Flugblatt heraus, in dem in Wort und Bild die Verbrechen der Nazis und ihrer Helfeshelfer, der Wehrmacht und der SS dokumentiert und neben anderem die Menschenversuche an KZ-Häftlingen im Auftrag des IG-Farben-Konzerns angeprangert wurden. Der Bayer-Konzern versuchte die Verbreitung dieses Flugblattes durch eine einstweilige Verfügung zu stoppen. (siehe auch „VAN gegen Bayer-Konzern")

Die öffentliche Debatte um die Verjährung war nicht stark genug, eine Unverjährbarkeit durchzusetzen. Der Bundestag war am 25. März nur bereit, die Frist von 20 auf 30 Jahre anzuheben.

Auch der V. Kongreß der FIR im Dezember 1965 beschäftigte sich mit dem Thema. Angesichts der halbherzigen Entscheidung des Deutschen Bundestages forderte der Kongreß von allen Widerstandskämpfern und Opfern des Nazismus verstärkte Anstrengungen, „die Bestrafung aller Naziverbrecher zu erreichen". Die FIR plädierte für eine UNO-Konvention, „welche die Verbrechen gegen den Frieden, gegen die Menschlichkeit und die Kriegsverbrechen, wie sie in Nürnberg definiert worden sind, für unverjährbar erklärt."

Hamburger VAN gegen Bayer

Das Flugblatt der VAN Hamburg „Verjährung für NS-Gewaltverbrechen? Urteilen Sie selbst!" hatte noch ein umfangreiches juristisches Nachspiel. Am 5. Februar 1965 erwirkten die Farbenfabriken Bayer AG, Leverkusen eine einstweilige Verfügung gegen die VAN, durch die ihr bzw. den verantwortlichen Personen bei Androhung einer Geldstrafe in unbegrenzter Höhe oder einer Haftstrafe bis zu 6 Monaten verboten wurde, den Namen „Bayer" im Zusammenhang mit den Menschenversuchen an KZ-Häftlingen zu erwähnen.

Gegen diese Verfügung legte die VAN durch ihren Rechtsanwalt Dr. Wessing Widerspruch ein. Als Beweismittel reichte die Organisation mehrere hundert Dokumente aus dem Nürnberger IG-Farben-Prozeß und anderen Veröffentlichungen ein. Das Landgericht Hamburg ließ sich überzeugen und hob am 26. Mai 1965 die einstweilige Verfügung auf. Damit war – wie es in der Urteilsbegründung deutlich wurde – die Aussage: „... im Auftrag von Konzernen und Firmen, wie z.B. Bayer, wurden von SS-Ärzten verbrecherische Versuche an Häftlingen vorgenommen" als Tatsachenbehauptung vom Gericht sanktioniert worden.

Gegen dieses Urteil des Landgerichts Hamburg legte die Bayer AG beim Oberlandesgericht Berufung ein. Trotz eines fünfköpfigen Anwaltsstabes und umfangreicher Schriftsätze konnte die Bayer AG jedoch die historischen Tatsachen nicht aus der Welt schaffen. Und so sah die VAN auch keine Veranlassung, in der Berufungsverhandlung vor dem OLG auf den Vergleichsvorschlag der Bayer-Anwälte einzugehen, die VAN solle schriftlich erklären, daß man in dem Flugblatt die „Farbenfabrik Bayer AG" nicht gemeint habe. Anderenfalls drohte man mit der schweren finanziellen Keule, da - so zitiert Albin Stobwasser die Bayer AG - die aufgestellten Behauptungen der VAN geeignet seien, „den Kredit der Firma zu gefährden und sonstige Nachteile wirtschaftlicher Art für sie herbeizuführen." Eine sich daraus ableitende Schadensersatzklage hätte die VAN wirtschaftlich ruiniert.

Doch es kam anders. Albin Stobwasser berichtet: „Als endlich der Termin der Verhandlung und Urteilsverkündung festgelegt war, zog die Firma ihre Berufung einige Tage vor dem Termin zurück. Damit war das Urteil des Landgerichts Hamburg rechtskräftig."

Der Bundeskongreß 1965 in Duisburg wandte sich in einer Entschließung gegen die Verjährung von NS-Verbrechen: „Die nazistischen Verbrechen gegen den Frieden und die Menschlichkeit, die Verbrechen des Massen- und Völkermordes sind ihrer Natur nach unverjährbar. Das entspricht sowohl dem Beschluß des Europarates wie dem Völkerrecht. Die VVN wenden sich daher gegen die offene und versteckte Absicht, eine weitere Verfolgung und Bestrafung der Personen zu verhindern, die an nazistischen Verbrechen des Mordes oder Völkermordes ausführend oder befehlsgebend beteiligt waren. Sie fordern die gerechte Bestrafung der Schuldigen." Das Bild zeigt in- und ausländische Gäste zusammen mit Vertretern des VVN-Präsidiums. rechts Oskar Müller, daneben (in der 2. Reihe) Kirchenpräsident Niemöller.

Der Fall Max Heitland – die Praxis des § 6 BEG

Wie massiv der § 6 Bundesentschädigungsgesetz als Diskriminierung von kommunistischen Widerstandskämpfern eingesetzt wurde, macht das Beispiel des Dortmunder Rentners Max Heitland deutlich.

Heitland, geboren 1903, war gelernter Bergarbeiter und in der Weimarer Zeit Mitglied der SPD. Wegen Hochverrats 1936 zu viereinhalb Jahren Zuchthaus verurteilt, kam er nach weiterer Lagerhaft 1943 zum Strafbataillon 999 und geriet in Kriegsgefangenschaft, aus der er erst 1948 zurückkehrte. Als Konsequenz aus seinen Erfahrungen mit Faschismus und Krieg trat er 1948 der KPD bei und wurde als Mitglied der KPD-Fraktion bis 1956 in den Rat der Stadt Dortmund gewählt.

Im Rahmen der Wiedergutmachung erhielt er als einmalige Haftentschädigung 12.000 DM und später nach den Richtlinien des BEG eine Verfolgtenrente in Höhe von 70 DM monatlich. Da er bis zum KPD-Verbot für diese Partei tätig war, sollte ihm schon 1958 die Verfolgtenrente aberkannt werden. Mit Unterstützung der „Kommission für Rechte und Forderungen der VVN" gelang es, in der 1. Instanz dieses Vorhaben abzuwenden. Das Land verzichtete damals auf die Berufung.

Da jedoch Max Heitland seiner kommunistischen Überzeugung treu blieb, beim „Dortmunder Echo", das – laut Gericht – im Auftrag der KPD erschien, als Redakteur tätig war und sich als „unabhängiger Kandidat" in Dortmund zur Wahl stellte, wurde er am 22. Juli 1962 verhaftet und in einem Verfahren vor dem Dortmunder Landgericht im April 1965 zu 8 Monaten Freiheitsentzug verurteilt. In der Urteilsbegründung wurde Heitland einerseits als „besonders gefährlicher Funktionär der illegalen KPD" bezeichnet, der jedoch „im übrigen ein untadeliges Leben geführt" habe.

Parallel zu diesem politischen Verfahren hatte die Entschädigungsbehörde die Weiterzahlung der Verfolgtenrente eingestellt.

Die Klage von Max Heitland gegen diese Entscheidung wurde am 8. Juli 1965 von der Entschädigungskammer des Landgerichts Arnsberg abgelehnt mit der Begründung: Der Kläger sei gemäß § 6 Abs.II BEG von der Entschädigung ausgeschlossen, weil er nach dem 23. Mai 1949 die freiheitliche demokratische Grundordnung im Sinne des Grundgesetzes bekämpft habe." Zur Beweis wurde auf die Akten der politischen Strafprozesse Bezug genommen.

1966

7. Januar Bundesregierung unterstützt amerikanische Vietnam-Politik
15. Februar Gemeinsame Erklärung von VVN und FNDIRP
8. Mai Harz-Gedenkfahrt der VVN-Niedersachsen
13. Mai DGB-Bundeskongreß lehnt Notstandsgesetze prinzipiell ab
1. Oktober Albert Speer und Baldur von Schirach werden aus ihrer Haft in Berlin-Spandau entlassen.
30. Oktober Frankfurter Kongreß „Notstand der Demokratie" 25.000 Notstandsgegener demonstrieren in Frankfurt
6. November Bei der hessischen Landtagswahl erreicht die NPD mit 7,9% 8 Sitze
20. November In Bayern erreicht die NPD 7,4% der Stimmen
Dezember Regierungskrise in Bonn. Kabinett Erhardt wird durch Große Koalition abgelöst.

Der antifaschistische Internationalismus

Lange bevor die Politiker der verschiedenen Staaten mit schönen Worten und teuren Programmen die Verständigung zwischen den Völkern Europas propagierten, hatten die ehemaligen Widerstandskämpfer und Überlebenden der NS-Verfolgung diese Völkerverständigung bereits praktiziert.

Nicht nur durch die Zusammenarbeit in der FIAPP und später der FIR auch auf bilateraler Ebene zwischen Landes- und Kreisorganisationen gab es enge und intensive Patenschaften.

Eindrucksvolles Zeichen war sicherlich die gemeinsame Kundgebung von mehreren tausend deutschen und französischen Widerstandskämpfern und Deportierten im September 1960 vor dem Mahnmal in Natzweiler-Struthof. In diesen Jahren entwickelten sich Patenschaftsbeziehungen mit gegenseitigen Besuchen, gemeinsamen Befreiungsfeiern und Totenehrungen. Bei diesen Kontakten wurden von der VVN oft auch junge Leute angesprochen, so daß hiermit auch eine Verständigung über Generationsgrenzen hinweg begonnen wurde.

In der Dokumentation über 20 Jahre VVN in Baden-Württemberg heißt es dazu:

„Die gemeinsame Erklärung des Präsidiums der VVN und der ständigen Delegation des nationalen Büros der FNDIRP in Paris vom 15. Februar 1966 wurde für uns zur Bestätigung, daß wir mit unserer Patenschaftsarbeit auf dem richtigen Wege sind, durch ständige gegenseitige Kontakte, durch Austausch von Erfahrungen und Dokumente, durch gemeinsame Veranstaltungen zur Einheit der internationalen Widerstandsbewegung, zur Verständigung zwischen den Völkern und zu einem dauerhaften Frieden beizutragen."

Gesamtdeutsche Gespräche der Widerstandskämpfer

Frankfurt am Main

„Auf ewig geteilt? – Widerstandskämpfer aus West und Ost zur deutschen Frage" war das Motto einer Veranstaltung der VVN Hessen, an der im Auftrage des Präsidiums des Komitees der Antifaschistischen Widerstandskämpfer in der DDR die Kameraden Greta Kuckhoff und Willi Kling und als Vertreter des Präsidiums der VVN die Kameraden Dr. Rossaint und Pfarrer Redhardt teilnahmen.

Trotz der relativ kurzen Vorbereitungszeit waren etwa 200 Besucher zu diesem interessanten Gespräch gekommen. Die Referenten beleuchteten die verschiedenen Aspekte und Probleme, die einer Normalisierung der Beziehungen zwischen den beiden deutschen Staaten im Wege stehen. Gleichzeitig entwickelten sie Vorschläge, die sicherlich zum Abbau der gegenwärtigen Spannungen beitragen können. Zahlreiche Fragen und die lebhafte Diskussion waren eine Widerspiegelung der Unklarheiten als auch des Intersses der Bevölkerung für die gesamtdeutsche Problematik. Es war der Wunsch aller, im Herbst diese Art von Veranstaltungen in allen Teilen der Bundesrepublik fortzuetzen.

Kassel

Auch in Kassel fand am 11. Juli im Scheidemannhaus ein Forum statt, an dem die Kameraden Ludwig Einicke und Ernst Melis, beide Mitglieder des Präsidiums des Komitees der Antifaschistischen Widerstandskämpfer in der DDR, teilnahmen.

Gesamtdeutsche Veranstaltung in Frankfurt am Main. Am Rednerpult Willi Kling; daneben Greta Kuckhoff.

Die Veranstaltung, die durch das Mitglied des Präsidums der VVN, Willi Belz, eröffnet wurde, ergab weitgehende Übereinstimmung über die Notwendigkeit einer gesamtdeutschen Verständigung. Für den Herbst ist ein weiteres Forum in Kassel vorgesehen.

Hannover

In den Casino-Sälen war der Generaldirektor der Deutschen Staatsbibliothek und Mitglied des Präsidums des Komitees der Antifaschistischen Widerstandskämpfer in der DDR, Ludwig Einicke, der Referent des Abends.

Auch hier enspann sich eine lebhafte Diskussion, die zeigte, wie wichtig solche Gespräche sind.

(Aus: „Stimme des Widerstandes", Juli 1966)

Abschlußkundgebung des Kongresses „Notstand der Demokratie" auf dem Frankfurter Römerberg, 30. Oktober 1966

Notstandsgesetze – „Notstand der Demokratie"

Unter diesem Titel fand am 30. Oktober 1966 in der Frankfurter Universität ein großer Kongreß gegen die von der Bundesregierung geplanten Notstandsgesetze statt. Über 5.000 Gewerkschafter, Antifaschisten, demokratische Politiker, Hochschullehrer und Studenten nahmen an diesem Kongreß teil.

Mehr als 25.000 Menschen versammelten sich zu einer Abschlußkundgebung auf dem Römerberg, wo Prof. Ernst Bloch mahnte, die Fehler der Weimarer Republik dürften sich auf keinen Fall wiederholen.

Die VVN, die schon 1960 gegen Schröders Notstandspläne zu Felde gezogen war, hatte auf ihrem Bundeskongreß 1965 in Duisburg erklärt:

„Diese Gesetze, mit denen schon in Friedenszeiten das Kriegsrecht gegen die eigene Bevölkerung eingeführt werden soll, sind als verfassungswidrig zu verwerfen. Gesetze, Verordnungen und Verbote, die die Freiheiten der Bürger und die Rechte demokratischer Organisationen einschränken, sind aufzuheben, um die Rechtstaatlichkeit und die freiheitlich-demokratische Grundordnung wieder herzustellen."

Antifaschistische Wissenschaftler, wie Prof. Werner Hofmann und Prof. Wolfgang Abendroth warnten mit deutlichem Hinweis auf die Erfahrungen der Weimarer Republik mit dem Verfassungsartikel 48, solchen ausnahmegesetzlichen Regelungen zuzustimmen. Abendroth erinnerte daran, daß 1948/49 im Parlamentarischen Rat bewußt auf eine Regelung analog Artikel 48 verzichtet worden sei. Gegen alle verharmlosenden Argumentationen, man wolle das Grundgesetz nur ergänzen, betonte er Ende 1966:

„Man hatte also nicht etwa die Möglichkeiten einer weitergehenden Regelung der Notstandsbefugnisse ... vergessen, sondern sie ganz bewußt vermieden, und zwar in einer Periode, in der auf dem Höhepunkt des Kalten Krieges und vor dem wirtschaftlichen Aufschwung außenpolitisch wie innenpolitisch die öffentliche Gewalt wesentlich gefährdeter erscheinen mußte als heute."

Da damals von einer realen Bedrohung nicht gesprochen werden konnte, inszenierte die Bundesregierung in der Übung „Fallex 1966" mit Tagung des Notparlamentes in einem Bunker einen solchen Spannungsfall, um die Parlamentarier von der Notwendigkeit der Ausnahmegesetze zu überzeugen.

„Erkenntnisse" des Verfassungsschutzes

Die VVN war nicht nur durch Verbotsverfahren bedroht. Auch der Verfassungsschutz bespitzelte systematisch die Organisation und sammelte „Erkenntnisse". Es ist jedoch schon bezeichnend, mit welcher Akribi solche Spitzelberichte verfaßt wurden, wenn es um den Präsidenten der VVN, Kaplan Dr. Josef Rossaint, ging.

Ein Schreiben vom 28. April 1966 an das Einwohnermeldeamt der Stadt Düsseldorf „zur Frage der Paßversagung für Dr. Rossaint", das sich fast wie ein VVN-Rechenschaftsbericht las, enthielt „folgende bemerkenswerte und beweisbare einschlägige Erkenntnisse":

„1.Dr. R. ist weiterhin einer der vier gleichberechtigten Präsidenten der VVN. Er gehört ebenfalls weiterhin dem Landesvorstand NRW der VVN an. Er nimmt laufend an Tagungen dieser Gremien und sonstigen Veranstaltungen der VVN teil.

Er ist seit 1959 ununterbrochen als Vertreter der VVN einer der Vizepräsidenten der kommunistisch gelenkten ‚Internationalen Föderation der Widerstandskämpfer' (FIR). Er unternimmt in dieser Eigenschaft häufig Auslandsreisen zu Tagungen und sonstigen Veranstaltungen der FIR und der ihr angeschlossenen Organisationen."

Nachfolgend wurden siebzehn solcher Aktivitäten von Dezember 1961 bis Dezember 1965 aufgelistet, unter anderem:

– Teilnahme und Redebeitrag auf der Tagung des Generalrates der FIR im Dezember 1961 in Wien. „Der Inhalt dieser Ansprache ist nicht bekannt."

– Am 18. März 1962 Rede auf einer öffentlichen Kundgebung zum 15. Jahrestag der VVN in Frankfurt/M.

– Teilnahme am IV. Kongreß der FIR im Dezember 1962 in Warschau. Es wurde auf die politische Resolution „hingewiesen, deren die Bundesrepublik diffamierende Passagen Dr. R. hinnahm bzw. im Rahmen der Resolution billigte."

– „Dr. R. nahm am 9.3.1965 in London an einer Zusammenkunft von ‚Vertretern der europäischen Widerstandsbewegung' ... teil, die in einer gemeinsamen Erklärung gegen die Verjährung von Kriegsverbrechen protestierten."

Der Gipfel der „verfassungsbedrohenden Aktivitäten" war:

– „Dr. R. sprach auf einer vom DGB-Kreisausschuß Rhein-Wupper-Leverkusen veranstalteten Feier am 2.5.1965 zum Gedenken an die NS-Opfer von Wenzelberg bei Leichlingen."

Protestaktion gegen die NPD am Volksbildungsheim, Frankfurt, 2. September 1966

1966: Aufschwung der NPD

Hatte die NPD bei den Bundestagswahlen 1965 mit 2% der Wählerstimmen den Einzug in den Bundestag noch klar verfehlt, begann mit den Landtagswahlen im Jahre 1966 ihr Einzug in zahlreiche Landtage. Dabei fiel auf, daß die NPD gerade in den Gebieten ihre besten Wahlergebnisse verzeichnen konnte, in denen schon die NSDAP bei den Reichstagswahlen im Jahr 1930 ihre Hochburgen besaß. So zog die NPD in Hessen 1966 mit 7,9% und 150 457 Wählerstimmen in das Landesparlament ein.

Spitzenergebnisse erzielte die NPD dabei in Hilpershausen (40%) und Gersdorf (30 %). „Der Erfolg der Neonazis in Hessen", so die Wiener „Arbeiter-Zeitung" 1966, „ist nach besorgniserregenden Stimmengewinnen in Norddeutschland ein Alarmzeichen erster Ordnung. Viele NPD-Wähler kamen von der FDP, die ihnen zuwenig national erschien. Für uns Österreicher ist in diesem Zusammenhang wichtig, daß auch schon bei uns als rechtsradikale Abspaltung der FPÖ eine NPÖ – der deutsche Name leicht abgeändert – entsteht, zu deren Proponenten unter anderem Burger gehört. Das Beispiel Hessen ist für uns eine dringende Mahnung, diese Splitterpartei nicht zu unterschätzen". Angesichts erster Wahlerfolge der NPD entwickelt sich eine breite Gegenbewegung.

Am 17. Juni nahmen anläßlich des 2. Bundesparteitages der NPD in Karlsruhe ca. 20.000 Menschen an einer vom DGB mitinitierten und von der VVN unterstützten Demonstration gegen den Neofaschismus und die Notstandsgesetze teil. In Wuppertal zogen 800 Antifaschisten in die Stadthalle, in der eine NPD-Kundgebung stattfand und erreichten durch Sprechchöre einen vorzeitigen Abbruch der Veranstaltung.

VN

Gedenkfahrten – Form antifaschistischer Erinnerungsarbeit

In mehreren Kreis- und Landesverbänden gehörten Gedenkfahrten zu wichtigen Ereignissen im Leben der Organisation. Damit wurde aber auch erreicht, daß die Stätten der Verfolgung und des Widerstandes nicht in Vergessenheit gerieten.

So konnte die Kreisvereinigung Bad Lauterberg am 8. Mai 1966 320 Teilnehmer bei ihrer Harz-Gedenkfahrt zählen. Die Fahrt, an der auch Gäste vom Buchenwald-Komitee aus Frankreich und vom Komitee der antifaschistischen Widerstandskämpfer der DDR teilnahmen, führte von Bad Lauterberg über Herzberg nach Osterode.

An allen Mahnmalen, Gedenksteinen und Grabstätten von Häftlingen des KZ Dora, die auf dem Todesmarsch durch den Harz umgekommen sind, wurden Kränze niedergelegt. Auch auf den weiteren Stationen in Clausthal-Zellerfeld und Goslar wurden in Gedenkansprachen der „Dora"-Opfer gedacht. Auf einer Schlußkundgebung in Viennenburg plädierte der niedersächsische Landesvorsitzende der VVN, Ludwig Landwehr, gemeinsam mit dem Leiter der DDR-Delegation für ein normaleres Verhältnis zwischen beiden deutschen Staaten.

Auch die Kreisvereinigung Ludwigsburg, die am 22. Mai mit einer Abordnung an der Befreiungsfeiern der Lagergemeinschaft Heuberg-Kuhberg-Welzheim in Ulm vertreten war, organisierte im November des Jahres wieder ihre „Rundfahrt der Treue" zu den Grabstätten der Opfer des Hohenasperg, zu Zwangsarbeiterfriedhöfen und Grabstätten ehemaliger KZ-Häftlinge. In einer kurzen Ansprache und Kranzniederlegung am Grabmal der in Ludwigsburg umgekommenen sowjetischen Bürger ehrte man alle ausländischen Toten, die in Ludwigsburg im Dritten Reich umgekommen sind.

In der Einladung betonte die VVN „An den Gräbern der Opfer der Nazi-Herrschaft bekennen wir uns für den Frieden und die Demokratie, sowie für die Verständigung mit allen Völkern einzutreten. Wir erfüllen damit das Vermächtnis dieser Toten."

1967

17.–19. Februar Studienkreis zur Erforschung und Vermittlung des antifaschistischen Widerstandes 1933–1945 wird in Frankfurt gegründet.

18.–19. Februar LDK-Hessen der VVN zum Thema „Entwicklung des Neonazismus in der BRD".

2. Mai Internationales Vietnam-Tribunal Stockholm

5.–7. Mai VVN Bundeskongreß in Frankfurt

2. Juni Bei einer Anti-Schah-Demonstration in Berlin wird der Student Benno Ohnesorg von der Polizei erschossen

4. Juni NPD zieht mit 10 Abgeordneten in den niedersächsischen Landtag

13. Oktober Willy Brandt tritt für eine „Neue Ostpolitik" ein

10. November Demonstration gegen den Bundesparteitag der NPD in Hannover

Gründung des Studienkreises „Deutscher Widerstand"

Das wichtigste praktische Resultat der Schulbuchkonferenz vom Februar 1967 war die Gründung eines „Studienkreis zur Erforschung und Vermittlung der Geschichte des deutschen Widerstandes". Zum ersten Vorsitzender dieses Studienkreises wurde Prof. Dr. Heinz-Joachim Heydorn, zum Sekretär Edgar Weick gewählt.

Die Ziele dieses Vereins waren durch den etwas sperrigen Titel hinreichend beschrieben. Max Oppenheimer, damals Bundessekretär der VVN und einer der Initiatoren des Studienkreises, formulierte: „Unser Anliegen war es damals, den Widerstand der Arbeiterbewegung, der quantitativ der stärkste und der erste gewesen war, und der in der Bundesrepublik in der Periode des Kalten Krieges unterdrückt wurde, zu erforschen und ihn im Kontext des Gesamtwiderstandes darzustellen und zu vermitteln."

Wissenschaftler der von Wolfgang Abendroth geprägten „Marburger Schule", wie Wolfgang Klafki, Gerd-Ekkehard Lorenz und Kurt Beutler, gehörten ebenfalls zu den Gründern des Studienkreises. „Für mich als einen damals jungen Erziehungswissenschaftler," so Kurt Beutler, „war dabei das maßgebliche Motiv, über die Lehrerausbildung ein klein wenig mitzuwirken an der Revision des Geschichtsbildes, das der jungen Generation eine beschönigende Legende über die historische Rolle der Väter-Generation aufdrängte."

Für Hanna Elling war das wichtigste, daß 20 Jahre nach der Befreiung „in einem zentralen Institut Material über die Entwicklung zum Faschismus vor 1933, über seine Herrschaft, über Widerstand und Verfolgung seiner Gegner gesammelt, ausgewertet und interessierten Menschen zugänglich gemacht werden (konnte). Der Studienkreis war u.a. gefordert, besonders jungen Menschen aus Dokumenten und Berichten von Zeitzeugen eine Analyse der faschistischen Herrschaft, ihrer Ursachen und ihrem Haß gegen Andersdenkende zu vermitteln."

So war es nur konsequent, daß die VVN von Anfang an die Tätigkeit des Studienkreises und den Aufbau des Dokumentationsarchivs des deutschen Widerstandes mit der Einbringung ihres historischen Archivs und finanziellen Mitteln sicherstellte.

Kampf um ein wahrheitsgemäßes Geschichtsbild

Die Schulbuchkonferenz

Die Auseinandersetzung um die Darstellung des antifaschistischen Widerstandes besonders in den Geschichtsbüchern an den Schulen wurde Mitte der 60er Jahre zu einem wichtigen Arbeitsfeld der VVN.

Schon 1966 hatte die Landesgeschichtskommission der VVN-Niedersachsen, wie Hanna Elling berichtet, eine Schulbuchanalyse vorgenommen und eine sehr lückenhafte Darstellung von Verfolgung und Widerstand 1933–1945 feststellen müssen.

Die VVN stieß mit dieser Untersuchung bei Wissenschaftlern und Schulbuchverlegern auf großes Interesse. Und es gelang den ehemaligen Verfolgten, wie Max Oppenheimer gemeinsam mit Prof. Wolfgang Abendroth und Edgar Weick vom 17. bis 19. Februar 1967 eine Schulbuchkonferenz zu organisieren. Etwa 80 Historiker, Pädagogen, Vertreter der Widerstandsbewegung, Schulbuchverlage und Autoren kamen in Frankfurt/M. zusammen.

Referenten dieser Tagung waren u.a. Wolfgang Abendroth, Immanuel Geiss, Iring Fetscher, Hans Mommsen und Ernst Wolf.

Wolfgang Abendroth kritisierte in seinem Referat u.a.: „In Westdeutschland hat die Forschung über die Opponenten des Dritten Reiches fast ausschließlich die christlichen Kirchen und die Gruppierungen um den 20. Juli 1944, bestenfalls noch die sozialdemokratische Emigration in den Vordergrund gerückt."

Und Studienrat Stiehler verwies darauf, daß die Tatsache weitgehend verdrängt werde, „daß die KZs und die Zwangsarbeiterlager gleichzeitig ein Riesengeschäft für die großen deutschen Industrieunternehmen gewesen sind, besonders als billiges Arbeitsreservoir".

Zurecht betonte Edgar Weick in diesem Zusammenhang: „Von den Geschichtsbüchern für die Schulen ist nicht mehr und nichts Besseres zu erwarten, als die Historiker vom Fach den Autoren dieser Bücher an wissenschaftlichen Erkenntnissen anbieten."

Kritisiert wurde in einigen Beiträgen auch die Totalitarismus-Doktrin, die durch Beschluß der Kultusministerkonferenz vom 1962 für die Schulbücher verbindlich war. Die Konferenz erarbeitete Thesen, die den zuständigen Stellen zugesandt wurden.

Die VVN arbeitete auch auf Landesebene mit diesen Materialien. So legte 1970 der damalige hessische Landesvorsitzende Prof. Dr. Jürgen Redhardt eine vielbeachtete Studie über „NS-Zeit im Spiegel des Schulbuchs" vor.

Und im März 1971 veranstaltete der Landesverband Nordrhein-Westfalen ebenfalls eine große Schulbuchkonferenz.

20 Jahre VVN
Landeskonferenzen und Frankfurter Bundeskongreß

Die Landeskonferenzen und der Frankfurter Bundeskongreß im Mai 1967 waren Anlaß, einen Rückblick auf 20 Jahre der VVN Arbeit zu wagen. Die Baden-Württemberger VVN legte aus diesem Anlaß eine Dokumentation ihres 20jährigen Ringens „für die Bewältigung der nazistischen und militaristischen Vergangenheit Deutschlands, für eine Politik des Friedens und der Verständigung, ... für das Recht auf Wiedergutmachung gegenüber allen Widerstandskämpfern" vor.

Der Bundeskongreß beschäftigt sich unter dem Motto „Vermächtnis des deutschen Widerstandes – Grundlagen der demokratischen Zukunft" stärker mit den Perspektiven der Arbeit. Da die Verjährung für NS-Verbrechen nur aufgeschoben, aber nicht aufgehoben war, bot das Referat von Staatsanwalt Kurt Pfeufer (Köln) über „Verjährungsfrist und NS-Prozesse" genug Stoff zur Diskussion. Reinhard Kühnl (Marburg) analysierte „Wurzeln und Erscheinungsformen des Neonazismus".

Als Konsequenz aus der sich anschließenden Diskussion entstand die Entschließung zum Neonazismus: „Die NPD ist ... extremster Ausdruck politischer Erscheinungen, für die der Nährboden bereits vorher durch militärisches Machtstreben ... geschaffen wurde. Der Neonazismus ist die logische Folge der ‚Politik der Stärke' und der besonders gegen die osteuropäischen Völker gerichteten antikommunistischen Kreuzzugsideologie."

Und so wurde der Kampf gegen die NPD mit dem Ringen um den politischen Verständigungsprozeß zwischen Ost und West verbunden.

Arno Klönne (Münster) richtete den Blick der Organisation auf den Jugendwiderstand und stellte Beziehungen zu den aktuellen Formen der Studenten- und Schülerbewegung her. Als praktische Konsequenz dieses Beitrages wurde beschlossen, neue Möglichkeiten zu finden, um junge Menschen, die aktiv gegen den Neonazismus kämpfen, als gleichberechtigte Mitglieder in die VVN aufzunehmen.

Das bemerkenswerteste an dieser Auswahl von Referenten ist, daß es der VVN sichtlich gelungen war, unter kritischen Akademikern Gesprächspartner und Mitstreiter zu finden und daß es andererseits zu diesem Zeitpunkt nicht mehr als „staatsfeindlich" galt, bei der VVN zu sprechen.

Die Landesdelegiertenkonferenz der VVN Hessen beschloß, sich für die Schaffung einer breiten demokratischen Bewegung gegen den Neonazismus einzusetzen und beauftragte den neugewählten Landesvorstand, eine ständige Aufklärungsaktion über die Gefahren des Neonazismus durchzuführen. Die VVN erneuerte ihre Ablehnung jeglicher Notstandsgesetze, forderte von der Bundesregieurng den Widerstand gegen den Internationalen Vertrag über das Verbot der Weitergabe von Atomwaffen aufzugeben. Die VVN verlangt die Einstellung der amerikanischen Bombardements auf Nordvietnam.

20 Jahre VVN:

Großkundgebung vor dem Opernhaus Hannover

Vietnam: Ein Krieg wird zum innenpolitischen Thema

Schon in den 60er Jahren, unter der Präsidentschaft Kennedys, begann das Engagement der USA in Vietnam. Es war damals einer der vielen Schauplätze, an denen die „Freie Welt" vor dem Kommunismus verteidigt werden sollte.

Anfangs regte sich wenig Widerspruch gegen diese Politik. Doch während auf der einen Seite ein Ende des Kalten Krieges sichtbar wurde, eskalierte die US-Kriegführung bis zum Beginn regelmäßiger amerikanische Luftangriffe auf Nordvietnam seit 1964. Nun erst begann sich in den USA und international Widerstand zu regen.

Im Dezember 1965 schlossen sich 178 Schriftsteller und Professoren der BRD, unter ihnen der Antifaschist Günter Weisenborn, in einer Erklärung in den „Blättern für deutsche und internationale Politik" „den 5.000 amerikanischen Professoren und Dozenten an, die für die sofortige Beendigung des Krieges und für die Neutralisierung ganz Vietnams eintreten. ... Wir appellieren an alle Demokraten in der Bundesrepublik, diese Erklärung und ihre politischen Forderungen zu unterstützen und in die Öffentlichkeit zu tragen."

Demonstrativ betonte daraufhin in Vasallentreue am 7. Januar 1966 die Bundesregierung ihre Unterstützung der amerikanischen Vietnampolitik, während andere europäische Regierungen bereits auf Distanz gegangen waren.

Die VVN nahm den Appell der Schriftsteller und Wissenschaftler auf und unterstützte durch Beiträge in der „Tat" und praktische Solidarität das vietnamesische Volk.

Während die Mehrzahl der Zeitungen die offizielle Linie der Unterstützung der USA anfangs auch in ihrer Berichterstattung beibehielt, richtete „Die Tat" eine regelmäßige Spalte mit Berichten und Analysen zum Thema Vietnam ein. Ausführlich informierte sie die Leser über das internationale Tribunal gegen den Vietnam-Krieg, das ab dem 2. Mai 1967 in Stockholm stattfand.

Doch die VVN leistete darüber hinaus auch praktische Solidarität mit dem vietnamesischen Volk. Allein die VAN in Hamburg konnte bis zum Jahr 1967 rund 10.000 DM an Solidaritätsspenden sammeln.

Demonstration gegen die NPD am 24. November; Zoo-Gesellschaftshaus Frankfurt

Der Mord an Benno Ohnesorg

Die Öffnung des Blicks der VVN auf die junge Generation entstand einerseits aus der Erkenntnis, daß ohne die Verbindung zu den nachfolgenden Generationen das Vermächtnis des Widerstandes nicht bewahrt werden könnte, andererseits Studenten, Schüler und Arbeiterjugendliche sich immer sichtbarer in die gesellschaftliche Auseinandersetzung einmischten.

In der massiven Reaktion der Polizei auf diese Studentenaktionen sah die VVN nicht zuletzt eine Bestätigung ihrer Warnungen vor der Gefahr eines Notstandsstaates.

Besonders deutlich wurde dies beim Tod von Benno Ohnesorg. Der Student war am 2. Juni bei einer Demonstration gegen den Schah von Persien in Westberlin von der Polizei erschossen worden. Die Polizei hatte den Schah-Besuch und die angekündigte Gegendemonstration zu einer Notstandsübung großen Stils genutzt.

Die „Tat" kommentierte den Tod von Benno Ohnesorg: „Nach dem blutigen Schah-Besuch ist die Front der Notstandsgegner breiter noch als zuvor. Die Widerstandskämpfer der Nazizeit nehmen in ihr einen festen Platz ein. Voller Mitgefühl neigen auch sie sich an der Bahre Benno Ohnesorgs."

Gemeinsam mit dem Landesverband Niedersachsen legten Vertreter des VVN-Präsidiums im Lichthof der Technischen Hochschule Hannover Kränze zum Gedenken an Benno Ohnesorg nieder.

Dabei betonte die VVN, daß sie sich „mit den Studenten und der demokratischen Öffentlichkeit im Kampf um die Erhaltung der politischen Rechte der akademischen Jugend solidarisiert. Die Einrichtung von Schnellgerichten, das Demonstrationsverbot und die Disziplinarverfahren der Westberliner Universität werden aufs Schärfste verurteilt."

1968

17./18. Februar Internationaler Vietnam-Kongreß an der TU Berlin

2.–3. März Treffen der europäischen Widerstandsbewegung in Rom

11. April Attentat auf Rudi Dutschke – studentische Osterunruhen

28. April NPD gewinnt in Baden-Württemberg 12 Landtagssitze

11. Mai Sternmarsch von 100.000 Teilnehmern gegen die Notstandsgesetze

30. Mai Notstandsgesetze werden im Bundestag verabschiedet

22./23. Juni Internationale Kundgebung gegen den Neonazismus in Dachau, Treffen europäischer Widerstandskämpfer

21. August Eingreifen der Warschauer-Vertrags-Armeen in der CSSR – Ende des „Prager Frühlings"

8. September Im KZ Dachau wird ein Mahnmal eingerichtet

27. September Urteil des Landgerichts Hannover gegen die NPD: „Die NPD ist arbeitnehmerfeindlich, antidemokratisch, neonazistisch, rechtsradikal ..."

7. November Beate Klarsfeld ohrfeigt Bundeskanzler Kiesinger

Zwei Bilder vom Sternmarsch gegen die Notstandsgesetze, Bonn im Mai 1968. Verschiedene Generationen, unterschiedliche Lebensmodelle und Verhaltensweisen – die VVN hatte gelegentlich Probleme mit den Aktionsformen der Studentenbewegung.

Studentenbewegung und VVN

Das Jahr 1968 war zweifellos der Höhepunkt der Studentenbewegung. Seit dem Mord an Benno Ohnesorg rissen die Demonstrationen, Sit-Ins, Teach-Ins und andere zeitgemäße Aktionsformen nicht mehr ab.

Schon im Februar 1968 richtete die VVN aus Anlaß des Hinrichtungstages der Geschwister Scholl ein Grußschreiben an alle Allgemeinen Studentenausschüsse der westdeutschen Hochschulen und erklärte:

„Wir, die Widerstandskämpfer und Verfolgten des Nazi-Regimes begrüßen die Tatsache, daß sich plötzlich eine Opposition zeigt, daß wichtige Teile der studentischen Jugend sich von der Passivität über eine gesunde Skepsis zu einem provozierenden Engagement weiter entwickelt haben, daß eine Generation heranwächst, die auf Grund ihres differenzierten Denkens nicht einfach mit dem zufrieden ist, was ihr vorgekaut wird, sondern daß sie politische Probleme erkannt hat ... Der Widerstand versteht die Studenten, denn er weiß durch die eigene Existenz, daß im Leben eine Entscheidung notwendig ist zwischen dem, was immer dahertrottet, und dem, was Fortschritt bedeutet und den Menschen dient. Wenn wir uns auch nicht mit jeder Äußerung der studentischen Aktionen identifizieren, so begrüßen wir in jedem Fall das kritische Engagement, die illusionslose Analyse der Zeit und der Aufgaben, und wir hoffen und glauben, daß dieses alles Elemente einer neuen deutschen Gesellschaft und Nation darstellen. Sie kann aber nur erreicht werden, wenn es zu einem Zusammenwirken aller vorwärtsdrängenden Kräfte kommt, wenn sich die Aktivität mit der richtigen Geduld zu paaren versteht und sie sich nicht von den Massen derer, die ähnlich denken, trennen läßt."

In ihrer Skepsis gegenüber den Aktionsformen sah sich die VVN in den folgenden Monaten manchesmal bestätigt. Der „Vietnam-Kongreß" im Februar in Frankfurt, der Mordanschlag auf Rudi Dutschke am 11. April und die darauf folgenden Aktionen der „Enteignet Springer"-Kampagne, die Straßenaktionen im Mai 1968, all das prägte das Bild der deutschen Hochschulen. Im SDS verschärften sich die „Strategie-Debatten" zwischen den verschiedenen Flügeln.

Neben den politischen Themen wurde auch der Kulturbruch mit allen tradierten Konventionen sichtbar. Und so war das Verhältnis von Menschen, die auf viele Jahre politische Erfahrungen zurückblicken konnten, aber auch durch vollkommen gegensätzliche Lebensmodelle geprägt waren, zur Studentenbewegung recht widersprüchlich. Vielleicht waren die meisten Studenten tatsächlich nur „wildgewordene Kleinbürger", aber ihre Aktionen veränderten diese Republik, was auch die ehemaligen Widerstandskämpfer anerkannten.

***Bild oben:* Kundgebung gegen die Verabschiedung der Notstandsgesetze auf dem Frankfurter Römerberg**

***Bild unten:* Protest gegen den Einzug der NPD in den „Römer", das Frankfurter Stadtparlament**

Notstandsgesetze verabschiedet

Die Unruhen in den großen Universitätsstädten wurden von der Bundesregierung der „Großen Koalition" zum Aufhänger genommen, die Verabschiedung der Notstandsgesetze zu forcieren.

Während die SPD bis 1966 noch politische Vorbehalten formuliert und die CDU/CSU-Pläne im Parlament blockiert hatte, unterstützte sie als Partner der „Großen Koalition" diese Gesetzesverschärfung.

Die Bewegung gegen die Notstandsgesetze nahm seit 1966 kontinuierlich zu. Besonders wichtig war es, daß der DGB im Sommer 1967 einstimmig eine Entschließung gegen die geplanten Notstandsgesetze verabschiedete. In vielen Orten entstanden unter Einbeziehung von VVN und Gewerkschaften Initiativen und Bündnisse gegen den „Notstand der Demokratie". Die geplante Verabschiedung der „NS-Gesetze", wie es in zeitgenössischen Flugblättern hieß, wurde zum beherrschenden Thema und zum mobilisierenden Effekt der Ostermärsche des Jahres 1968.

Zum Höhepunkt des demokratischen Widerstandes gegen die Regierungspläne wurden die Aktionen am 11. Mai 1968, die Kundgebung von 20.000 Gewerkschaftern in der Dortmunder Westfalen-Halle und der Sternmarsch von etwa 80.000 Menschen in Bonn. Unter der Losung „Für Freiheit und Demokratie – Häftling Nr. ..." marschierten Kameraden der VVN in ihren Häftlingsanzügen an der Spitze der Marschroute der Jugendverbände.

Ungeachtet dieser Proteste – selbst noch am Tag der 3. Lesung – verabschiedete der Bundestag am 30. Mai gegen 53 Stimmen aus der SPD-Fraktion und die meisten FDP-Abgeordneten das Gesetzespaket.

CSSR – August 1968

Spätestens seit 1961 war klargeworden, daß der militärische Weg nach Osten für die Bundesrepublik versperrt war. Doch damit waren die Hoffnungen der Revanchisten nicht beendet. Als sich 1968 aus den Versuchen, verkrustete politische Strukturen in der CSSR zu reformieren, der „Prager Frühling" entwikkelte, da witterten nicht nur die Ostlandritter Morgenluft.

Das Präsidium der VVN, das immer wieder für eine Verständigung zwischen Ost und West und die Anerkennung der politischen Nachkriegsrealitäten eingetreten war, warnte vor den Gefahren einer solchen Politik, die „Wandel durch Annäherung" auf ihre Fahnen geschrieben hatte. Jeder Versuch – so die VVN –, unter Ostpolitik die Aufweichung der Gesellschaftsordnung in den sozialistischen Staaten zu verstehen, muß zum Scheitern und zu einer Verhärtung der Fronten führen.

Diese Haltung bestimmte auch die Reaktion der VVN auf die Ereignisse vom August 1968 in der CSSR. Die VVN verurteilte das Eingreifen nicht, auch gab es keine Stellungnahme zur Entwicklung in der CSSR selber, obwohl in Diskussionen manche Funktionäre der VVN den „Prager Frühling" als „Konterrevolution" bezeichneten.

Wichtiger in der Argumentation war für die VVN jedoch, daß die neue „Öffnung" Begehrlichkeiten der Vertriebenen- und Revanchistenverbände geweckt hatte. An Hand zahlreicher Stellungnahmen des BdV und der Sudetendeutschen Landsmannschaft konnte aufgezeigt werden, wie sich diese Kräfte die Rückholung der „deutschen Ostgebiete" vorstellten. In dem militärischen Eingreifen der Warschauer Vertrags-Staaten sah die VVN daher vor allem eine Maßnahme, die der Aufrechterhaltung des politischen Gleichgewichts in Europa diente.

Gemeinsam mit der tschechoslowakischen Partnerorganisation CSSPB verstärkte daher die VVN ihre Aktivitäten für die Schaffung eines Systems der kollektiven Sicherheit in Europa.

Gedenkstätte Dachau vollendet

Mit der Errichtung eines Mahnmals für die Toten des Lagers Dachau am 8. September 1968 war der Aufbau der Gedenkstätte Dachau faktisch vollendet. Acht Jahre, nachdem im Jahr 1960 im Krematoriumsgebäude die erste provisorische Ausstellung errichtet worden war, hatte es bis zu diesem Abschluß gedauert.

Schon 1955 war bei dem ersten großen internationalen Dachau-Treffen aus Anlaß des 10. Jahrestages der Befreiung die Forderung nach Schutz und Bewahrung der Überreste des KZs erhoben worden.

Der damalige bayerische Ministerpräsident Wilhelm Hoegner warnte: „Das deutsche Volk vergißt zu schnell. Es will aus der Geschichte nichts lernen."

Auf Verlangen des neugegründeten Internationalen Dachau-Komitees wurde das ehemalige KZ seit 1956 als Grab- und Gedenkstätte gepflegt.

Nach der provisorischen Ausstellung des Jahres 1960 begannen in Bayern Überlegungen, wie Dachau als Gedenkstätte entwickelt werden könne.

Mit Buchenwald, Ravensbrück und Sachsenhausen hatte die DDR bereits Maßstäbe gesetzt. Auch Österreich mit Mauthausen und Polen mit Auschwitz hatten bereits eindrucksvolle Mahn- und Gedenkstätten geschaffen. Am 5. Mai 1965, anläßlich des 20. Jahrestages der Befreiung des KZ Dachau, konnte Minister Alois Hundhammer, selbst ehemaliger Dachau-Häftling, die eigentliche Gedenkstätte eröffnen. „Als ein großes Gedenk- und Mahnmal," erklärte Minister Hundhammer, „soll der gesamte hiesige Lagerkomplex in seinem Grundcharakter und in würdiger Form erhalten und gestaltet werden, den kommenden Geschlechtern zur bleibenden Erinnerung und Warnung."

Vertraglich geregelt wurden die Mitspracherechte des Internationalen Dachau-Komitees für alle inhaltlichen und konzeptionellen Fragen.

In den ersten Jahren ihres Bestehens wurde die Gedenkstätte jährlich von mehr als 350.000 Menschen besucht, die meisten von ihnen kamen aus dem Ausland.

IV.

Die siebziger Jahre

Zwischen „Mehr Demokratie wagen“ und NATO-Doppelbeschluß

Die siebziger Jahre in der Bundesrepublik waren durch ein Wechselbad von Reformeuphorie und konservativer Wende in der Innen- und Außenpolitik geprägt.

Die Wahl von Gustav Heinemann zum Bundespräsidenten im März 1969 und die Ablösung der „Großen Koalition“ durch eine sozial-liberale Regierung unter Willy Brandt im September 1969 signalisierten einen gesellschaftlichen Umschwung, der große Hoffnungen in die Demokratisierung und Reformierbarkeit der bundesdeutschen Gesellschaft setzte. Durch die 68er-Bewegung angestoßen, wollte man nun daran gehen, Reformvorstellungen in praktisches Handeln umzusetzen.

Dazu gehörten erweiterte Mitbestimmungsrechte durch das Betriebsverfassungsgesetz, eine Verbesserung des Mieterschutzes, die Öffnung und Demokratisierung der Hochschulen, Verkürzung der Wehrdienstzeit und Abschaffung der „Gewissensprüfung“ für Kriegsdienstverweigerer. Auch der Bereich des Sexualstrafrechts, besonders die §§ 175 und 218, sollte reformiert werden. Stehende Redewendungen lauteten damals: „Mehr Demokratie wagen“, so die Formulierung in Willy Brandts Regierungserklärung, und „alte Zöpfe abschneiden“. Diese Politik wurde vom linksliberalen Flügel der FDP aktiv mitgetragen.

Diese Jahre waren auch Zeiten breiter wirtschafts- und sozialpolitischer Auseinandersetzungen. Beginnend mit den Septemberstreiks 1969 erlebte die Republik bis 1974 zahlreiche Arbeitskämpfe, Betriebsbesetzungen und gewerkschaftliche Aktionen gegen „Lohnleitlinien“, für den Erhalt von Arbeitsplätzen, gleichen Lohn für gleiche Arbeit und für weitere soziale Forderungen.

Im Mittelpunkt der öffentlichen Diskussion stand jedoch die Frage einer neuen Ostpolitik. Schon als Außenminister der „Großen Koalition“ hatte Brandt über ein verändertes Verhältnis zu den osteuropäischen Staaten nachgedacht. Nun, als Regierungschef setzte er diese Politik mit großer Geschwindigkeit um. Bereits im März 1970 reiste Brandt als erster westdeutscher Regierungschef zu einem offiziellen Gespräch in die DDR. Zwar konnte auch er nicht über seinen eigenen politischen Schatten springen und dieses Treffen in Berlin/Hauptstadt der DDR durchführen, aber die Begegnung in Erfurt und der Gegenbesuch in Kassel im Mai 1970 dokumentierten, daß die Eiszeit zwischen beiden deutschen Staaten beendet sei.

Ostverträge ...

Das war die Basis für die „Ostverträge“ mit der UdSSR und Polen. Im Moskauer Vertrag zwischen der BRD und der UdSSR über Gewaltverzicht bestätigten beide Vertragsparteien die Unverletzlichkeit der Nachkriegsgrenzen in Europa. Damit wurde die Oder-Neiße-Grenze als polnische Westgrenze anerkannt, was auch im Warschauer Vertrag fixiert wurde. 1973 folgte der Vertrag mit der CSSR, der das Münchener Diktat als von Anfang an ungültig bezeichnete. Vor diesem Hintergrund einigten sich die vier Alliierten im September 1971 auf das Viermächte Abkommen über Westberlin, das den freien Transit nach Berlin garantierte, im Gegenzug jedoch den besonderen Status der Stadt, die kein Teil der BRD sei, noch einmal hervorhob.

Bis 1972 standen die Ostverträge im Zentrum der politischen Auseinandersetzungen in der Bundesrepublik.

Die äußerste Rechte, neonazistische Organisationen, Vertriebenenpolitiker, Grauzonenpolitiker der CDU/CSU organisierten sich in der „Aktion Widerstand“, die mit solch eingängigen Parolen wie „Hängt die Verräter“ oder „Brandt an die Wand – Widerstand“ den politischen Protest auf der Straße organisierten. Das mobilisierbare Potential war sehr hoch, hatte doch die NPD bei der Bundestagswahl 1969 mit über 4 Prozent gezeigt, welches Wählerpotential sie im politischen Spektrum der BRD erreichen konnte.

Auch in der CDU/CSU lief man – teils moderater – Sturm gegen die Verträge. Dabei hoffte man auf Überläufer aus der FDP und dem Vertriebenen-Flügel der SPD. Diese Auseinandersetzung bewegte nicht nur die Parlamentarier sondern die ganze Nation. Bis in die kleinsten Dörfer reichten Versammlungen, Kundgebungen und Demonstrationen zu diesem Thema. Die SPD/FDP-Regierung konnte in dieser Frage auf einen großen Rückhalt in der Bevölkerung rechnen. Als letztes Mittel, die Verabschiedung der Ostverträge zu verhindern, versuchte die CDU/CSU im April 1972 ein „konstruktives Mißtrauensvotum“ gegen Willy Brandt durchzusetzen. Man hoffte, genug Überläufer und unsichere Kantonisten gefunden zu haben, um die Regierungsmehrheit zu kippen. Dieser Coup mißlang, da selbst Abgeordnete der CDU/CSU dem CDU-Kandidaten Rainer Barzel die Stimme verweigerten.

Doch der Versuch des Mißtrauensvotums bewirkte eine enorme gesellschaftliche Mobilisierung. Am 26./27. April fanden überall in der BRD Demonstrationen für die Ostverträge und die Regierung Brandt statt, in zahlreichen Städten des Ruhrgebiets kam es am Tag der Abstimmung selber zu spontanen Arbeitsniederlegungen.

Nach dem Scheitern des Mißtrauensvotums handelte die SPD/FDP-Regierung mit der CDU/CSU einen Deal aus, der eine Zustimmung des Bundestages zu den Verträgen unter dem Vorbehalt einer späteren gesamtdeutschen Regelung stellte. Auf dieser Basis kam eine parlamentarische Mehrheit für die Verträge zustande.

... und Berufsverbote

So groß auch die Zustimmung zur Ostpolitik war, schon damals begann eine innenpolitische Gegentendenz, die faktisch einen Abbau demokratischer Rechte bedeutete.

Am 28. Januar 1972 faßten unter Leitung von Bundeskanzler Brandt die Ministerpräsidenten der Länder jenen „Beschluß zur Verfassungstreue im öffentlichen Dienst", der unter dem Titel „Berufsverbot" selbst international unrühmlich bekannt wurde. Dieser Beschluß führte zu einer Gesinnungsschnüffelei, bei der in 15 Jahren seines Bestehens 3,5 Millionen Bewerber für den öffentlichen Dienst politisch überprüft wurden.

Vorgeblich um „Radikale von rechts und links" aus den Schulen fernzuhalten, richtete sich der Beschluß in seiner Konsequenz vor allem gegen DKP-Mitglieder und andere kritische Ansätze. Es spricht weder für den Beschluß noch für Willy Brandt, daß dieser den Erlaß Ende der 80er Jahre als „Irrtum" bezeichnete.

Die Ära Brandt endete mit seinem Rücktritt im Mai 1974. Obwohl die SPD bei der vorgezogenen Bundestagswahl im Herbst 1972 einen überwältigenden Erfolg erringen konnte, gelang es ihr nicht, ein Konzept gegen die sich abzeichnende Wirtschaftskrise und für eine grundlegende wirtschaftspolitische Reform zu finden.

Die sozialpolitischen Versprechungen und Erwartungen brachen sich an den ökonomischen Realitäten. Die Regierung stand vor der Entscheidung, eine gewerkschafts- oder unternehmerorientierte Wirtschaftspolitik zu forcieren. Dabei entschied sie sich gegen konsequentere Reformen, sei doch die Wirtschaftskrise nur mit den Unternehmern zu bewältigen. Diese Orientierung brachte der Regierung Brandt einen deutlichen Vertrauensverlust.

Und so war das Bekanntwerden der Tatsache, daß der langjährige Kanzlerberater Günter Guillaume ein Mitarbeiter der DDR-Staatssicherheit war, nur ein günstiger Vorwand für Willy Brandts Rücktritt. Er wurde durch Helmut Schmidt abgelöst, der schon damals das Image des „Machers" in der SPD hatte.

Internationalismus

Die siebziger Jahre waren in der BRD auch geprägt von einer Internationalisierung der Politik. In keiner Phase vorher und nachher erhielt der Internationalismus einen größeren Stellenwert. Es begann mit der breiten Kampagne „Freiheit für Angela Davis", in der sich die Unterstützung für die Antirassismus- und Bürgerrechts-Bewegung in den USA manifestierte. Zahlreiche politische Gruppen und Initiativen versammelten sich unter dieser Losung. Unterschriftensammlungen, Petitionen und Demonstrationen waren die Aktionsformen. Hierin drückte sich auch eine tiefe Skepsis gegenüber dem „freiesten Land der Welt" aus, was die konservativen Kräfte als „Antiamerikanismus" deklarierten.

In diesen Jahren konnte die internationale Solidaritätsbewegung auch konkrete Erfolge ihrer langjährigen Arbeit verbuchen.

Seit Mitte der 60er Jahre hatte die Vietnam-Solidarität einen breiten Raum in der politischen Diskussion eingenommen. Zahlreiche Demonstrationen und Hilfsaktionen dokumentierten das große öffentliche Interesse der Demokraten an diesem Thema. Mit der Erklärung des Bombenstopps in Kambodscha im August 1973 begann tatsächlich der Rückzug der amerikanischen Truppen aus Indochina. Zwar hatte man versucht, das Land „in die Steinzeit" zurückzubomben, hatte die Wälder in Südvietnam entlaubt und mit Pestiziden für die nächsten Jahrzehnte vergiftet, doch es gelang nicht, dieses kleine Volk militärisch niederzuringen.

Die beginnenden Friedensverhandlungen in Paris waren ein sichtbares Zeichen, daß eine große Macht, wie die USA, von einem kleinen Volk, das die Unterstützung der internationalen Solidaritätsbewegung besitzt, bezwungen werden konnte. Das war eine Hoffnung nicht nur für Vietnam.

Im Widerspruch dazu standen die Ereignisse in Chile, der Sturz des gewählten sozialistischen Präsidenten Salvador Allende am 11. September 1973.

Für alle Welt offensichtlich hatten die amerikanischen Konzerne „United Fruit Company", ITT und der CIA den Umsturz vorbereitet und organisiert. Daß auch bundesdeutsche Konzerne, wie die Hoechst AG, an dieser Entwicklung beteiligt waren, beinhaltete eine zusätzliche Dynamik. So war es nicht überraschend, daß unmittelbar nach der Machtübernahme durch General Pinochet eine breite Protestwelle durch die BRD lief. Dabei verband sich der Protest gegen diesen Sturz mit der Enttäuschung, daß das Experiment des friedlichen Weges zum Sozialismus, der als Hoffnung und Modell für andere Länder angesehen wurde, so abrupt beendet wurde.

Die internationale Solidarität mit dem chilenischen Volk, die auf politischer, materieller und kultureller Ebene entwickelt wurde, war eine breite Bewegung, in der christliche Gruppen und politische Verbände gemeinsam mit Exil-Chilenen aktiv wurden. Daß diese Solidaritätsbewegung, in der sich auch die VVN-Bund der Antifaschisten engagierte, viel mit der deutschen Innenpolitik zu tun hatte, wurde nicht zuletzt durch den Besuch von Franz J. Strauß bei Pinochet deutlich.

Hier zeigte sich, welchen politischen Ausweg aus der Krise sich die bundesdeutsche Rechte durchaus vorstellen konnte, um „Stabilität und Ordnung im Lande zu schaffen".

Daß ein faschistischer Ausweg aus der Krise in Europa jedoch immer weniger Chancen hatte, wurde Mitte der 70er Jahre ebenfalls deutlich.

Innerhalb von 1½ Jahren zerbrachen die drei noch bestehenden faschistischen Regime. In Portugal vollzog sich im April 1974 mit der Nelken-Revolution ein gesellschaftlicher Wechsel, der Hoffnungen auf eine sozialistische Entwicklung machte. Die antifaschistisch-demokratische Neugestaltung verband viele Elemente der politischen mit einer sozialen und wirtschaftlichen Demokratisierung. Die ersten Reformmaßnahmen der MFA waren die Übernahme der gesellschaftlichen Kontrolle von Banken, Versicherungen und der Großindustrie, sowie die Agrarreform, die den kleinen Bauern zum ersten Mal Land und in den Kooperativen die Möglichkeit eigenverantwortlicher Gestaltung gab.

Das Ende der griechischen Militärjunta im Sommer 1974 und die Auflösung der KZ Insel Jaros wurde ebenfalls zu einem sichtbaren Zeichen, daß die Zeit faschistischer Regime gezählt war.

Nur in Spanien hielt sich noch Franco als Ikone des Faschismus an der Macht. Der Protest gegen das Franco-Regime wurde in der BRD sehr stark von den Verbänden der spanischen Arbeitsmigranten getragen. Gemeinsam mit deutschen antifaschistischen Organisationen organisierte man Aktionen gegen politische Verfolgungen und Verurteilungen von spanischen Demokraten. Im November 1975 verstarb Franco. Angesichts der Erfahrungen in Portugal und Griechenland hatten die politisch Herrschenden in Spanien jedoch vorgesorgt. Sie schafften trotz politischer Proteste einen „weichen Übergang" zu König Juan Carlos. Die „Guardia Civil" und die alten politischen Strukturen blieben weitgehend unangetastet.

Während die USA in Chile und durch die Unterstützung entsprechender reaktionärer Regime in den 70er Jahren in Mittel- und Lateinamerika, in ihrem „Hinterhof", Grabesruhe schaffen wollte, begann in Nicaragua 1978 der erfolgreiche Kampf gegen die Somoza-Herrschaft, die sandinistische Revolution. Im Juli 1979 flüchtete Somoza endgültig ins Exil nach Miami.

Mit dem Ende des Schah-Regimes im Januar 1979 im Iran, verschwand eine weitere blutige Diktatur von der politischen Bildfläche. Auch wenn es nicht die permanente Aufmerksamkeit der deutschen Solidaritätsbewegung besaß, so hat das Schah-Regime, beginnend mit dem Protesten in den 60er Jahren bis zu seinem Ende immer wieder die Öffentlichkeit bewegt.

Diese Veränderungen der Herrschaftsstrukturen und damit des weltpolitischen Kräfteverhältnisses waren einer der Gründe, warum die USA in der NATO über eine neue Globalstrategie nachdenken ließen. Politischen Terrainverlust versuchte man durch militärische Aufrüstung auszugleichen. Die Folge war eine neue Runde des „Wettrüstens". Neue Waffengenerationen (Neutronenbombe) wurden erprobt und – als Herausforderung an die sozialistischen Staaten – der sogenannte NATO-Doppelbeschluß im Dezember 1979 verabschiedet. Mit einem „Nachrüstungsprogramm" im Bereich der nuklearen Mittelstreckenraketen sollte eine angebliche sowjetische Überlegenheit kompensiert werden.

Dieser Beschluß kam vor dem Hintergrund einer lebhaften Diskussion in der Bundesrepublik zustande. Doch diese BRD war schon nicht mehr das Land der „neuen Ostpolitik" und der Reformeuphorie. Besonders innenpolitisch hatte sich vieles verändert.

Statt „Reformeuphorie" RAF-Hysterie

Mit der Wahl von Helmut Schmidt zum Bundeskanzler war der Abschied von der Reformpolitik vorprogrammiert. Schmidt galt in der SPD als „Macher" in der Wirtschaftspolitik. Ihm wurde zugetraut, die beginnende Wirtschaftskrise und die daraus resultierende Einschränkung des politischen Handlungsspielraums in den Griff zu bekommen. Das deutlichste Zeichen für das Ende des ungebremsten wirtschaftlichen Aufschwungs war die „Öl-Krise" Ende 1973. Die Antwort, der „autofreie Sonntag", war nicht das Ergebnis ökologischer Vernunft, sondern mehr demonstrative Aktion gegen „das Diktat der Öl-Scheichs", wie es die Bild-Zeitung titulierte. Daß es die Ölkonzerne waren, die an der Energiepreisschraube kräftig drehten, wurde erst später erkannt.

Das politische Klima wurde in diesen Jahren durch gegensätzliche Tendenzen beeinflußt. Zum einen erlebte die BRD am 10. Mai 1975 in Frankfurt die mit 40.000 Teilnehmenden bis dahin größte antifaschistische Demonstration aus Anlaß des Jahrestages der Befreiung von Faschismus und Krieg.

Gleichzeitig wurde das innenpolitische Klima durch eine massive Terroristen-Hysterie vergiftet. Anschläge der Gruppe um Andreas Baader und Ulrike Meinhof Anfang der 70er Jahre wurden zum Vorwand genommen, um RAF-Mitglieder als „Staatsfeinde Nr. 1" zu bezeichnen und mit bundesweiten Fahndungsaufrufen, Rasterfahndungen und anderen polizeitaktischen Spielchen zu suchen.

Im Jahr 1975 eskaliert die Auseinandersetzung. Der Berliner CDU-Vorsitzende Peter Lorenz wird Ende Februar entführt, um verurteilte RAF-Mitglieder freizupressen, im April wird die deutsche Botschaft in Stockholm überfallen und im Mai 1975 beginnt der Baader-Meinhof Prozeß in Stuttgart-Stammheim.

Im Zusammenhang mit diesen Konflikten wurde das Strafgesetz derart verändert, daß schon die Befürwortung von Straftaten und die Bildung einer kriminellen Vereinigung verfolgt werden konnten.

Diese Paragraphen erwiesen sich als solche „Gummiparagraphen", wie es von demokratischen Juristen von Anfang an kritisiert wurde. Diese Gesetze dienten als Vorwand, um illegalerweise die Gespräche zwischen Anwälten und Häftlingen abzuhören. Die Verteidiger der RAF-Verurteilten standen permanent im Risiko wegen „Unterstützung einer terroristischen Vereinigung" ebenfalls angeklagt zu werden. Im Gefolge dieser Gesetzesänderung wurden auch zahlreiche Verfahren gegen die „Sympathisanten-Szene" eingeleitet. Als in der Göttinger AStA-Zeitung anläßlich des Attentats gegen den Generalbundesanwalt Siegfried Buback vom April 1977 ein RAF-kritischer Beitrag seine „klammheimliche Freude" über den Tod Bubacks ausdrückte, war dies der Startschuß für eine ideologische Offensive der Rechtskräfte. Alle sich als gesellschaftskritisch begreifende Personen waren Anwürfen ausgesetzt. Die Berliner Staatsanwaltschaft stellte Anklage gegen Unterstützer dieser Erklärung wegen „Volksverhetzung, Verunglimpfung des Staates und des Andenkens Verstorbener".

Das politische Klima war so vergiftet, daß sich im Oktober 1977, als der damalige Arbeitgeberpräsident Hanns-Martin Schleyer von der RAF ermordet worden war, nur noch wenige Medien trauten, daraufhinzuweisen, daß Schleyer nicht nur ein Vertreter des Großkapitals, sondern auch ehemaliger SS-Mann war.

Ein Stück Gegenöffentlichkeit wurde im Herbst 1977 erkennbar, als Günther Wallraff seinen Report über die BILD-Zeitung „Der Mann, der bei BILD Hans Esser war" vorlegte. Nun wurde erneut darüber diskutiert, welchen Einfluß die Medienindustrie für die Beeinflussung der öffentlichen Meinung und welche spezielle Rolle die BILD-Zeitung in diesem Kontext hat.

Ökologie-Bewegung, ...

Auf einem anderen innenpolitischen Themenfeld begann in den 70er Jahre eine Bewegung, die bis heute politikbildende Potenz hat: die Ökologie-Bewegung. Der Protest gegen die industrielle Umweltverschmutzung und die Planungen, die BRD mit einem Netz von Atomkraftwerken und „schnellen Brütern" zu überziehen, ließ immer mehr Menschen aktiv werden. Dabei waren es zuerst die unmittelbar Betroffenen, wie z.B. die Bauern, Fischer und Winzer im Kaiserstuhl, die sich gegen den Bau des KKW Wyhl engagieren. In der öffentlichen Debatte wurde immer klarer, daß es beim Atomprogramm nur vordergründig um die Sicherstellung der Energieversorgung ging.

Der Propaganda der Energiekonzerne „Ohne Atomstrom gegen morgen die Lichter aus" stellte die Umweltbewegung ihre einfache Losung „Atomkraft – nein danke!" gegenüber. Die erste überregionale Großdemonstration fand am 14.November 1976 in Brokdorf statt, als 30.000 Menschen gegen das geplante KKW demonstrierten. Gleichzeitig dokumentierte hier der Atomstaat, mit welcher Entschlossenheit er bereit war, die Interessen der Energieversorger durchzusetzen. Dennoch demonstrieren wenig später 35.000 gegen den schnellen Brüter in Kalkar.

Der erste Atomunfall in Harrisburg (USA) motivierte im Oktober 1979 etwa 100.000 zur Teilnahme an der bis dahin größten Demonstration gegen die Atomenergie in Bonn.

Die Kritik an umweltbeeinträchtigenden Großprojekten zeigte sich auch in Hessen. Dort war eine ganze Region im Widerstand gegen den Bau der Startbahn 18 West des Frankfurter Flughafens.

... Friedensbewegung ...

In Verbindung mit dem Aufschwung der Ökologie-Bewegung war auch ein deutlicher Aufschwung der Friedensbewegung erkennbar. Es bedurfte dabei noch nicht einmal inhaltlicher Klammern, wie den Hinweis auf die Möglichkeiten der Atomwaffenproduktion durch in Kalkar benötigtes angereichertes Uran oder die militärische Bedeutung der Startbahn 18 West. Die Friedensbewegung entwickelte aus der Losung „Beendet das Wettrüsten" und den neuen Herausforderungen der NATO-Strategie eine eigene Dynamik. Jährlich fanden Großdemonstrationen des Komitees für Frieden, Abrüstung und Zusammenarbeit statt, regionale Schwerpunkte bildeten die Antikriegstagsaktionen, die seit Mitte der 70er Jahre in vielen Regionen stattfanden. Die beginnende Debatte um eine NATO-"Nachrüstung" führte zu einem enormen Aufschwung der Aktivitäten, was sich nicht allein in der Beteiligung an Demonstrationen ausdrückte.

... und Antifaschismus

Obwohl in den 70er Jahren die Herausforderungen der Gegenwart dominierten, blieb die NS-Zeit aktuell. Das Interesse an historischer Aufarbeitung und geschichtlichen Informationen wuchs bei den jungen Generationen. Ein Indikator dafür war sicherlich die große Resonanz auf den Schüler-Wettbewerb „Deutsche Geschichte". Auch gesellschaftspolitisch blieb die Auseinandersetzung mit der NS-Vergangenheit brisant.

Der Kampf gegen die SS-Traditionsverbände und die Debatte um die Verjährung von Kriegs- und Naziverbrechen schärften das öffentliche Bewußtsein für dieses Thema.

Dies traf Baden-Württembergs Ministerpräsident Filbinger. Er mußte im Sommer 1978 zurücktreten, nachdem bekannt wurde, daß er als Marinerichter noch kurz vor dem Ende des Zweiten Weltkrieges an Todesurteilen gegen Soldaten mitgewirkt hatte.

Die Erinnerung an die Reichspogromnacht war 1978 zum ersten Mal Anlaß zu vielfältigen Massenaktionen. Dazu hatte nicht zuletzt das Wiederaufleben neonazistischer Gruppen und Verbände beigetragen. Der Protest gegen NPD und andere Naziorganisationen wurde von vielen jungen Leuten nicht allein aus dem Umfeld der VVN – Bund der Antifaschisten getragen. Sie entwickelten dabei ganz eigene Aktionsformen, wie das erste große „Rock gegen Rechts"-Konzert 1979 gegen das NPD-Deutschland-Treffen in Frankfurt/Main zeigte.

Welche Verdrängungsleistung in der historischen Aufarbeitung der NS-Zeit die BRD in den zurückliegenden 30 Jahren tatsächlich vollbracht hatte, wurde im Januar 1979 offensichtlich.

Ein amerikanisches Melodram über die Geschichte der Vernichtung der Juden, der Film „Holocaust", bewegte die Nation in einem Maße, wie wenig andere Medienereignisse zuvor. Jetzt begannen junge Leute verstärkt nach den geschichtlichen Ereignissen zu fragen, selbst ältere brachen ihre Erinnerungsblockaden auf. Ehemalige Widerstandskämpfer wurden in einem Maße als Zeitzeugen gefragt wie niemals zuvor.

Nicht so sehr der Film, sondern die daraus folgende öffentliche Diskussion hat den Umgang mit Geschichte in den 80er Jahren geprägt.

1969

1. Februar Demonstration des „Demokratischen Aktionszentrums“ in Kassel

5. März Gustav Heinemann wird Bundespräsident

6.–8. Juni Bundeskongreß der VVN in Köln

25. Juli Terrorauftritt des NPD-“Ordnerdienstes“ in Frankfurt gegen Demonstranten

27. Juli Gedenkveranstaltung der VVN Rheinland-Pfalz für Pfarrer Paul Schneider wird verboten

4. August Verlängerung der Verjährung von Mord auf 30 Jahre, um Verfolgung von NS-Verbrechen zu ermöglichen

Herbst Röderberg-Verlag beginnt die „Bibliothek des Widerstandes“

16. September In Kassel schießt einer der führenden Funktionäre des „Ordnerdienstes“, Klaus Kolley, zwei Antifaschisten mit Pistolenschüssen nieder.

28. September Bei der Bundestagswahl wird die Große Koalition durch eine sozialliberale Koalition abgelöst.

21. Oktober Willy Brandt wird Bundeskanzler

14.–16. November VI. Kongreß der FIR in Venedig

VVN als Seismograph gesellschaftlicher Veränderungen

Der Bundeskongreß der VVN vom Juni 1969 signalisierte nicht so sehr wegen der Diskussionsbeiträge, sondern durch die Resonanz im gesellschaftlichen Spektrum eine Veränderung des politischen Klimas.

Die Tatsache, daß ein offizieller Repräsentant der Stadt Köln den Kongreß begrüßte, und daß ausgewiesene Demokraten, wie Bernt Engelmann, der Jurist Hans Heinz Heldmann, der Historiker Dr. Werner Röder, der Mediziner Prof. Dr. Wolfgang von Nathusius auf diesem Kongreß Kurzvorträge hielten, war beeindruckend.

Auch die Zahl und die Namen der Ehrengäste aus dem ganzen demokratischen Spektrum der BRD, die Grußschreiben von politischen Organisationen und Verbänden verdeutlichten, daß – unter der Kongreßlosung „Gemeinsames Handeln aller Demokraten versperrt dem Neonazismus den Weg“ – die Zeiten der Isolation der VVN endgültig vorbei waren. Bewußt ging der Kongreß mit einem öffentlichen Jugendforum zum Thema: „Gibt es einen Faschismus ? – Hat der Widerstandskampf gegen Hitler noch etwas zu sagen ?“ in die Räumlichkeiten der Universität. Die Resonanz war überzeugend.

Auch die internationale Anerkennung der Organisation war hoch. Neben dem Generalsekretär der FIR waren 35 Gäste aus 15 europäischen Ländern – aus Ost und West – anwesend. Dies zeigte einmal mehr, welche große Bedeutung die internationalen Widerstandorganisationen der Situation in Deutschland und dem Wirken der VVN beimaßen.

Der Kölner Bundeskongreß bereitete dabei vor, was auf dem 6. FIR-Kongreß im November 1969 in Venedig unter dem Stichwort „Für die Sicherheit Europas“ beschlossen wurde. Die Hauptforderungen waren u.a.:

– die Anerkennung der Realitäten, die aus dem zweiten Weltkrieg und aus der Nachkriegsentwicklung hervorgegangen sind,
– die Anerkennung und die Unverletzbarkeit der bestehenden Grenzen,
– die Normalisierung der Beziehungen zwischen den beiden deutschen Staaten auf der Grundlage der Gleichberechtigung,
– die Erklärung, daß das Münchener Abkommen, das dem tschechoslowakischen Staat ultimativ aufgezwungen wurde, von Anbeginn ungültig ist.

Dies bestimmte tatsächlich die innen- und außenpolitische Debatte der folgenden Jahre.

Antifaschistische Aktionen der Jugend

Wie in anderen Städten auch waren in Kassel die politischen Jugendverbände eine der treibenden Kräfte im Kampf gegen Neonazismus und für die Verteidigung der Demokratie. Schon im September 1968 forderten Jusos, Jungdemokraten, Evangelische Studentengemeinde, der Arbeitskreis gegen Neonazismus, dem auch die VVN angehörte, und Jugendverbände der Gewerkschaften ein Verbot der NPD.

Zur Erinnerung an den 30. Januar 1933 organisierte dieses Bündnis als „Demokratisches Aktionszentrum“ eine Demonstration und Kundgebung am 1. Februar in Kassel. Über 2.000 Teilnehmer, vorwiegend junge Menschen, nahmen daran teil.

Die politischen Losungen, die – durchaus vom 30. Januar 1933 abgeleitet – auf dieser Demonstration vertreten wurden, waren zuerst gegen den Neofaschismus in der BRD gerichtet. Der Protest richtete sich aber auch gegen das faschistische Regime im Spanien Francos und gegen die Diktatur der Obristen in Griechenland. Faschismus war somit nicht allein ein historisches Thema. Die Bedrohung der Demokratie in der BRD durch Pläne für eine „Vorbeugehaft“ wurde ebenfalls thematisiert.

Besonders eindrucksvoll war es für die Jugendlichen, daß an der Spitze des Zuges eine Gruppe ehemaliger antifaschistischer Widerstandskämpfer in ihrer Häftlingskleidung marschierte. So verband sich ganz augenfällig die Widerstandstradition mit dem Protest der jüngeren Generationen.

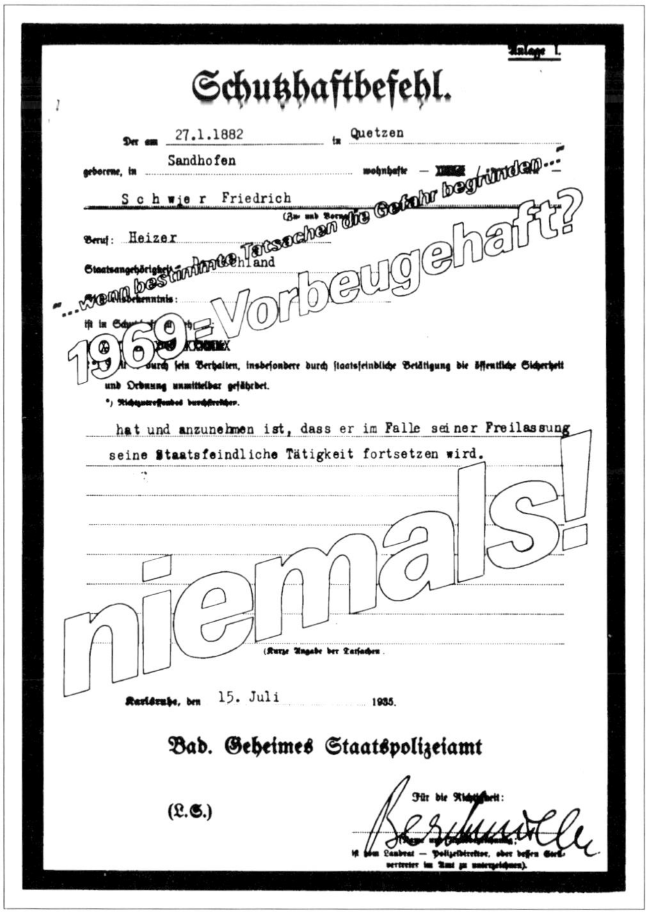

Anlage 1.

Schutzhaftbefehl.

Der am 27.1.1882 in Quetzen geborene, in Sandhofen wohnhafte – [redacted] –

S c h w i e r Friedrich
(Zu- und Vorname)

Beruf: Heizer

Staatsangehörigkeit: Deutschland

ist in Schutzhaft zu nehmen.

... durch sein Verhalten, insbesondere durch staatsfeindliche Betätigung die öffentliche Sicherheit und Ordnung unmittelbar gefährdet.

*) Nichtzutreffendes durchstreichen.

hat und anzunehmen ist, dass er im Falle seiner Freilassung seine Staatsfeindliche Tätigkeit fortsetzen wird.

(Kurze Angabe der Tatsachen.)

Karlsruhe, den 15. Juli 1935.

Bad. Geheimes Staatspolizeiamt

(L.S.)

Für die Richtigkeit:

(Name und Amtsbezeichnung; ist vom Landrat – Polizeidirektor, oder dessen Stellvertreter im Amt zu unterzeichnen).

Gewalt-eskalation durch NPD

Auf den Höhepunkt der Auseinandersetzungen um die NPD verfügte die Partei über 40.000 Mitglieder (1968) und war in zahlreichen Landtagen, wie z.B. in Baden-Württemberg (9,8%), Bayern (7,4%), Bremen (8,8%), Rheinland-Pfalz (6,9%), Niedersachsen (7%), Schleswig-Holstein (5,8%) vertreten. Die Proteste gegen die NPD, vom DGB mit seinen Gewerkschaften und der VVN maßgeblich mitgetragen, erreichten vor der Bundestagswahl 1969 ihren Höhepunkt.

Kaum eine öffentliche Veranstaltung der NPD, die nicht von Protesten begleitet wurde: In Düsseldorf blockierten 5.000 antifaschistische Demonstranten die Kongreßhalle, in der der NPD-Chef von Thadden vor halbleerem Saal spricht, in Offenbach erreichten 3.000 Demonstranten das Verbot einer NPD-Kundgebung und versperrten den Zugang zur Stadthalle und in Oberhausen riegeln 5.000 Antifaschisten eine NPD-Kundgebung mit von Thadden kurzerhand ab. Die Neofaschisten reagieren auf ihre Weise – mit brutaler Gewalt. Der Ordnerdienst der NPD, eine militärisch organisierte Schlägertruppe, schlug Antifaschisten mit Fäusten und Knüppeln zusammen. Während einer NPD-Kundgebung in der Stadthalle von Pirmasens, in der 110 „Saalschützer" der NPD zusammengezogen worden waren, schlugen NPD-Ordner mit den Rufen „Man müßte einen abschlachten" und „Jetzt stürmen wir raus und machen ein paar exemplarisch fertig" auf Gegendemonstranten und einen Pressefotografen ein. In anderen Städten werden die Büros fortschrittlicher Organisationen und Parteien zum Ziel neofaschistischer Anschläge.

In ihrer Broschüre „NPD und Neonazis" enthüllte das Präsidium der VVN die kriminellen Karrieren zahlreicher Funktionäre dieser Partei, die sich ansonsten gerne in demagogischer Form gegen die „bedrohlich wachsende Kriminalität" aussprach. Das Oberlandesgericht Celle urteilte am 28. Februar 1969: „Die NPD ist arbeitnehmerfeindlich, antidemokratisch, neonazistisch, rechtsradikal".

Mit 4,3% und 1.430.000 Wählern verfehlte die NPD 1969 nur knapp den Einzug in den Bundestag. Der Aufwärtstrend der NPD war gebrochen, die Partei stagnierte und sank auf einen Tiefpunkt. Die VVN hatte ihr oberstes Ziel in diesem Wahlkampf erreicht: Den Einzug der NPD in den Bundestag zu verhindern.

VN

D 6633 C

die tat

deutsch unabhängig antifaschistisch demokratisch

Die NPD-Gorillas in den Fußstapfen von Himmlers SS

Blutiger Einsatz in Frankfurt / Wie lange noch neonazistische Schlägertrupps?

Gewerkschaft und Bürgeraktionen stärker als NPD

Antifaschistische Bewegung in Düsseldorf und Frankfurt brachte Erfolg

Der Kampf gegen den Neonazismus tritt in eine neue Etappe ein. Das zeigten am vergangenen Samstag Düsseldorf und Frankfurt. In Düsseldorf marschierten Tausende vor der Kongreßhalle auf und blockierten die geplante Kundgebung des von Thadden. Daß Ministerpräsident Kühn aufgefordert hatte, die NPD „unter sich zu lassen", und daß sein Innenminister Weyer persönlich den Polizeischutz für Adolf II. leitete, hielt die Antifaschisten nicht von ihrer Aktion ab. Auch DGB und Polizeigewerkschaft stellten sich gegen das NPD-Auftreten.

Kampf gegen die NPD: Zwei Ausgaben der „tat" vom August 1969

„Mehr Demokratie wagen" – eine antifaschistische Hoffnung?

Daß die Tage der „Großen Koalition" gezählt waren, war seit Frühjahr 1969 für alle offensichtlich geworden. Die Wahl von Gustav Heinemann zum Bundespräsidenten gegen den CDU-Kandidaten Schröder war ein Signal in Richtung sozial-liberaler Koalition. Die große Unwägbarkeit war jedoch das Abschneiden der NPD bei der Bundestagswahl, hatten doch CDU/CSU bereits durchblicken lassen, daß sie grundsätzlich auch zu einer Koalition mit dieser Partei bereit seien.

So konzentrierte sich das politische Handeln der VVN darauf, den Einzug der NPD in den Bundestag zu verhindern. Das Ergebnis der Bundestagswahl war daher in zweifacher Hinsicht für die VVN zufriedenstellend: erstens konnte die NPD – wenn auch mit 4,3% der Stimmen nur knapp – gestoppt werden, zweitens wurde nach 20 Jahren CDU-Herrschaft zum ersten Mal eine sozial-liberale Regierung möglich.

Mit der Wahl Willy Brandts zum Bundeskanzler trug erstmals ein Politiker Regierungsverantwortung, der selbst aus der Tradition des Widerstandes der Arbeiterparteien und des politischen Exils kam. Dies und seine Regierungserklärung, in der Brandt die Losung „Mehr Demokratie wagen" verkündete, ließen hoffen.

In einer Stellungnahme zur Regierungserklärung begrüßte die VVN natürlich die neuen Möglichkeiten der politischen Entwicklung besonders in Bezug auf die Außenpolitik, warnte aber vor Illusionen und der Überschätzung des politischen Spielraums.

NPD geschlagen – weg mit Strauß und mit Kiesinger

Bürgeraktionen erfolgreich - Jetzt müssen SPD/FDP Regierung bilden

Im Wahlkampf für den 6. Bundestag standen für uns drei Hauptaufgaben vor allem im Vordergrund: 1. Die NPD darf nicht in den Bundestag kommen. 2. Der CDU/CSU, die dem Neonazismus den Boden beschaffen hat, muß eine Niederlage bereitet werden. 3. Die Wahl muß eine Mehrheit für die Ausschaltung der CDU/CSU aus der Regierung erbringen. Von diesen drei Aufgaben sind zwei erfüllt: Die NPD hat keinen Abgeordneten, der Bundestag weist eine Mehrheit von zwölf Sitzen gegen die CDU/CSU auf.

Die „tat" lag richtig: NPD nicht im Bundestag – Willy Brandt wird Bundeskanzler.

Die VVN verwies auf jene mächtigen Wirtschaftsgruppen, die ein ökonomisches und politisches Interesse an der Aufrechterhaltung der Spannungen in Europa hätten, die auch nach der Bundestagswahl die echte Macht im Staate darstellen würden.

Daher sah die VVN die dringende Notwendigkeit, die außerparlamentarischen Kräfte „verstärkt für eine Verwirklichung der progressiven Gedanken in der Regierungserklärung zu mobilisieren. Nur so wird es möglich sein, von Worten zu Taten zu kommen."

Paul Schneider – christlicher Märtyrer oder Verfassungsfeind ?

Diese Alternative scheint sich dem Innenministerium von Rheinland-Pfalz im Juli 1969 gestellt zu haben.

Planten doch das Präsidium der VVN und der Landesverband Saar-Rheinland-Pfalz eine gemeinsame Gedenkveranstaltung für Pfarrer Paul Schneider, zu der auch Margarete Schneider, die Witwe des „Predigers von Buchenwalds" ihre Teilnahme zugesagt hatte.

Sprechen sollte zu Ehren des im KZ Buchenwald von den Nazis 30 Jahre zuvor ermordeten evangelischen Pfarrers Dr. Jürgen Redhardt, Dozent für Theologie in Gießen und hessischer Landesvorsitzender der VVN.

Während in allen anderen Bundesländern das VVN-Verbot aufgehoben und nach der Neufassung des Vereinsgesetzes auch in Hamburg mit der Tolerierung der VAN ein „modus vivendi" gefunden worden war, blieb die CDU-Regierung von Rheinland-Pfalz bei ihrer harten Haltung.

Die Tatsache, daß die VVN ihren Klagewiderspruch 1958 zurückgezogen hatte, wurde als Begründung genommen, die VVN als verboten zu erklären.

Tatsächlich jedoch wurde die Tätigkeit der VVN Saar-Rheinland-Pfalz bis dahin nicht behindert.

Doch im Juli 1969 reagierte die Landesregierung. Sie setzte den Wirt des Versammlungslokals unter Druck, den Vertrag mit der VVN zu kündigen. Der Vertreter des Innenministeriums Kaesberger verstieg sich in dem Zusammenhang zu der Behauptung, „daß es in Rheinland-Pfalz keine Betätigung der VVN gäbe, solange in ihren Reihen Kommunisten wären, und daß die Veranstaltung zu Ehren von Pfarrer Schneider nur eine Art Tarnung für verfassungswidrige Zwecke sei."

Ungeachtet von Protesten verschiedener demokratischer Kräfte mußte die Veranstaltung abgesagt werden. Doch aus dieser Erfahrung entwickelte die VVN verstärkt Anstrengungen, auch in Rheinland-Pfalz eine „legale" Organisation aufzubauen.

Am 12. Mai 1973 konnte sich hochoffiziell die VVN – Bund der Antifaschisten Rheinland-Pfalz konstituieren.

1970

14. Februar 6.000 Antifaschisten demonstrieren gegen die Abhaltung des NPD-Parteitags in Wertheim (Bayern)

19. März Erfurter Treffen von Willi Stoph und Willy Brandt

21. Mai Kasseler Treffen zwischen Brandt und Stoph. Neonazis wollen durch Provokationen ein Scheitern der Gespräche erreichen.

31. Juli Stellungnahme der Bundesregierung gegenüber der UNO zum Thema Neonazismus (Artikel 139 GG)

12. August Unterzeichnung des Moskauer Vertrages

3. November Würzburger Treffen „Aktion Widerstand“

10. November Empfang für Widerstandskämpfer beim Stuttgarter Oberbürgermeister

7. Dezember Unterzeichnung des Warschauer Vertrages, Willy Brandts Kniefall am Mahnmal des Warschauer Ghettos

Protest in Essen gegen die von der NPD organisierte „Aktion Widerstand“

Kassel, 21. Mai:

Für Verständigung mit der DDR – gegen die NPD

„Stoph und Brandt im Hessenland – die DDR wird anerkannt“, das war eine der vielen Parolen und Losungen, die am 21. Mai 1970 durch die Kasseler Innenstadt hallten. An diesem Tag trafen sich die beiden Regierungschefs zu ihrem zweiten offiziellen Gespräch nach dem ersten Treffen in Erfurt nun in der nordhessischen Metropole.

Dieser Staatsbesuch war für die VVN aus zweierlei Gründen eine politische Herausforderung:

Durch den offiziellen Kontakt zwischen beiden Staaten wurden zum einen die organisationspolitischen Verbindungen der VVN zur DDR legalisiert. Nach dem jahrzehntelangen Verbot und der Verfolgung von Antifaschisten wegen Beziehungen zur DDR war dies ein echter Fortschritt. Andererseits galt es, den angekündigten entspannungsfeindlichen Provokationen der NPD mit allen Mitteln zu begegnen.

Sehr schnell kam man in Kassel überein, diesen Besuch in einem politischen Bündnis aus Gruppen und Einzelpersönlichkeiten vorzubereiten.

Die VVN war eine der Initiatoren der „Kasseler Initiative 21. Mai“. Als erste gemeinsame Aktion führte man eine Podiumsdiskussion „8. Mai 1945 – Niederlage oder Befreiung für das deutsche Volk?“ durch. Gerade zu Beginn der Verständigung mit der DDR war es angebracht, sich mit den historischen Voraussetzungen der damaligen Situation auseinanderzusetzen. Der gute Besuch der Veranstaltung verdeutlichte, was für ein Diskussionsbedarf vorhanden war.

Der 21. Mai selber war voller Dramatik, waren doch von der Polizei mehrere entspannungsfeindliche Demonstrationen genehmigt worden.

Schon am Vorabend versuchte die NPD, in der Innenstadt eine Kundgebung mit Adolf von Thadden durchzuführen. Der massive und lautstarke Protest Kasseler Antifaschisten zwang sie jedoch, ihre Versammlung nach 20 Minuten abzubrechen.

Am folgenden Tag hatten Neonazis mehr Erfolg: So der Wikingjugend-Führer, der mit einer Rauchbombe das Kanzlerfahrzeug angriff, oder die drei DJO-Mitglieder, die unbehelligt von der Polizei vor dem Versammlungort die DDR-Fahne herunterholten und zerstörten.

Peinlich für die gastgebende Stadt wurde es, als eine geplante Kranzniederlegung Stophs am Ehrenmal für die Opfer des Nationalsozialismus ausfallen mußte. Neonazis hatten den Platz besetzt. Und die Polizei war nur damit beschäftigt, die Antifaschisten daran zu hindern, den Platz für die Kranzniederlegung freizumachen.

Trotz solcher Ereignisse war die Stadt an diesem Tag durch die Anhänger der Entspannungspolitik geprägt. Gut 6.000 Teilnehmer einer Kundgebung, unter ihnen viele VVN-Mitglieder, demonstrierten am späten Nachmittag des Tages noch einmal: Kassel will eine Stadt des Friedens und der Verständigung sein.

Das Bündnis zum 21. Mai lebte noch einmal zum Antikriegstag 1970 auf. Über 200 Teilnehmer konnte der VVN-Kreisvorsitzende Georg Merle zu einer Forumsdiskussion begrüßen. Eine der Forderungen des Abends war die Entfernung von Staatsanwalt Dr.Krebs aus dem Bundessozialgericht. Es war nämlich bekannt geworden, daß Krebs während des Krieges Todesurteile gegen Antifaschisten beantragt hatte.

Dies versprach Bonn, gegen den Neonazismus zu tun

Maßnahmen, die noch auf sich warten lassen

Am 31. Juli 1970 erklärte die Bundesregierung in einem Bericht an die Generalversammlung der UNO:

1. Die Regierung der Bundesrepublik Deutschland unternimmt seit Jahren wirksame Maßnahmen für das Verbot nazistischer und rassistischer Organisationen und Gruppen für deren gerichtliche Verfolgung

...

6. Das ausdrückliche Verbot von nazistischen Organisationen und die Tatsache, daß man nazistischen Tendenzen vorbeugt, folgern gleichermaßen aus dem Grundgesetz, und zwar in der Richtung, daß die von den alliierten und deutschen Behörden zur Befreiung des deutschen Volkes vom Nationalsozialismus und Militarismus in Kraft gesetzte Gesetzgebung auch weiterhin in Kraft ist.
Aber neben der Verpflichtung der Legislative, Exekutive und Gerichtsbarkeit verpflichtet das Grundgesetz auch den einzelnen Bürger, seine Rechte und Interessen dem Prinzip der Achtung der Würde seiner Mitmenschen unterzuordnen. Jedermann, der gegen dieses Prinzip verstößt, sieht sich strengen, durch das Gesetz vorgeschriebenen Maßnahmen gegenüber.

...

8. Darüber hinaus ermöglichen zahlreiche Gesetze Regierungsdienststellen, insbesondere strafverfolgenden Behörden, Verletzungen des Verbots über die Verbreitung der nazistischen Ideologie zu verfolgen. So sieht das Strafgesetzbuch in § 130 Gefängnis bis zu fünf Jahren vor für den Tatbestand der „Volksverhetzung"...
Wer in einer Weise, die geeignet ist, einen Friedensbruch herbeizuführen, die Würde anderer angreift durch
a) die Betreibung von Hetze gegen Teile der Bevölkerung
b) die Provozierung von Gewalttaten oder willkürlichen Maßnahmen gegen sie
c) Beleidigung, Verspottung und Diffamierung
wird mit Gefängnis von drei Monaten bis zu fünf Jahren bestraft. Darüber hinaus kann eine Geldstrafe verhängt werden.
§ 86 des Strafgesetzbuches sieht Gefängnis bis zu drei Jahren für die Verbreitung von nazistischem Propagandamaterial vor. § 86 (a) sieht die gleiche Strafe für die Verbreitung oder den Gebrauch von nazistischen Symbolen, wie Fahnen, Grüßen oder Losungen vor.

...

10. Vereinigungen in der Bundesrepublik Deutschland unterliegen ebenfalls der Forderung nach Toleranz gegenüber anderen Völkern und Rassen. Artikel 9, Absatz 2 des Grundgesetzes legt fest: Vereinigungen, deren Zwecke oder deren Tätigkeit den Strafgesetzen zuwiderlaufen oder die sich gegen die verfassungsmäßige Ordnung oder gegen den Gedanken der Völkerverständigung richten, sind verboten.
Darüber hinaus sieht § 3, Absatz 1 des Vereinsgesetzes vor: Ein Verein darf erst dann als verboten behandelt werden, wenn durch Verfügung der Verbotsbehörde festgestellt ist, daß seine Zwecke oder seine Tätigkeit den Strafgesetzen zuwiderlaufen oder daß er sich gegen die verfassungsmäßige Ordnung oder den Gedanken der Völkerverständigung richtet;...
Die Praxis hat gezeigt, daß es rechtliche Instrumente gibt, die ausreichen, um effektive Maßnahmen zu ergreifen.

...

14. Das Wesen des Rechtssystems in der Bundesrepublik Deutschland entspricht voll und ganz den Prinzipien der Charta der Vereinten Nationen und der Allgemeinen Erklärung der Menschenrechte.

Zitiert nach: „Maßnahmen, die gegen Nazismus und Rassenintoleranz zu ergreifen sind." Bericht des UN-Generalsekretärs. Auszug: Stellungnahme der BRD. Dokument A/8056, S. 14–22.

„Aktion Widerstand" – Formierung eines militanten Neofaschismus

Die Bundestagswahlen 1969 hatten für die neofaschistische NPD einen tiefen Einschnitt bedeutet. Nachdem eine sozialliberale Koalition die CDU/CSU-Regierung abgelöst und die NPD ihr selbstgestecktes Ziel, in den Bundestag einzuziehen, knapp verfehlt hatte, nahmen die innerparteilichen Auseinandersetzungen zu. Die aktionistischen Kreise der NPD warfen der Parteiführung „Legalismus" vor und plädierten für gewaltsame Aktionen.

In dieser Situation versuchte die NPD, die „Aktion Widerstand" als außerparlamentarisches Instrument gegen den Zerfallsprozeß zu etablieren.

Ausgangspunkt für die „Aktion W" war eine militante Demonstration verschiedener „nationaler Gruppen" gegen das Treffen des Bundeskanzlers Brandt mit dem DDR-Ministerpräsidenten Stoph im Mai 1970.

Anfang Oktober schlossen sich Mitglieder verschiedener Organisationen (NPD, Arbeitskreis Volkstreuer Verbände, Deutsches Kulturwerk Europäischen Geistes) und Zeitschriften (Nation Europa, Deutsche Wochen-Zeitung) um den Herausgeber der Zeitschrift „MUT", Bernhard C. Wintzek zur „Aktion Widerstand e.V." zusammen, um gegen die neue Ostpolitik der sozialliberalen Bundesregierung Front zu machen. Dabei hoffte die NPD-Führung außerdem, in Randbereiche der CDU/CSU bzw. der Vertriebenenverbände einzudringen und neue Wähler zu gewinnen. Dieser Vorstellung standen allerdings zahlreiche militante Veranstaltungen der „Aktion W" entgegen.

Schon am Abend des Gründungskongresses waren Demonstranten mit Parolen wie „Brandt an die Wand" durch Würzburg gezogen; gewalttätige Auseinandersetzungen prägten in der Folgezeit die Veranstaltungen.

Infolge der zunehmenden Militanz und der damit geringer werdenden Bündnisfähigkeit in Bezug auf die Unionsparteien zog sich der NPD-Parteivorstand Anfang des folgenden Jahres aus der „Aktion W" zurück.

Ein Beschluß, der die Abspaltung eines Teils ihrer zumeist jugendlichen aktionistischen Mitglieder zur Folge hatte und vor allem im Land Nordrhein-Westfalen zur Bildung eine Reihe gewaltbereiter, neofaschistischer (Kampf-)Grüppchen führte.

Der Niedergang der NPD war – entgegen der Intention der Parteiführung – mit der „Aktion Widerstand" nicht gestoppt, sondern vielmehr beschleunigt worden.

Eine Ausdifferenzierung des neofaschistischen Spektrums in einen parlamentarischen und einen militanten neonazistischen Flügel war die Folge.

KH

VVN-Präsident Minister a.D. Oskar Müller verstorben

Im Alter von 73 Jahren verstarb am 14. Januar 1970 Oskar Müller, einer der Präsidenten der VVN. Oskar Müller war zweifellos eine der prägendsten Persönlichkeiten für die Geschichte der VVN.

Schon in der Weimarer Zeit engagierte er sich aus politischer Überzeugung gegen den faschistischen Ungeist. Als Leiter des Kampfbundes gegen den Faschismus hatte er den Haß der Nazi-Banden, als auch die Verfolgung durch die Weimarer Justiz erleben müssen. Im November 1933 verhaftet, wurde er zu langjähriger Zuchthaushaft verurteilt und anschließend in das KZ Sachsenhausen überführt. Als erster politischer Lagerältester versuchte er, das Leben der Häftlinge soweit wie möglich zu erleichtern.

Mit Beginn des Krieges wurde er entlassen, jedoch wenig später wegen Fortsetzung der antifaschistischen Arbeit verhaftet und ins KZ Dachau gebracht. Auch dort wurde er Dank der Unterstützung der illegalen Organisation der Häftlinge zum Lagerältesten bestellt. Selbst die Berichterstatter der amerikanischen Armee gestanden 1945 zu: „Er übte seine Funktion zum Wohle aller Häftlinge im Lager aus, um zu retten, was unter den katastrophalen Lebensbedingungen in Dachau menschenmöglich war."

Aus der Haft entlassen beteiligte sich Oskar Müller als Kommunist in Hessen am demokratischen Neubeginn. Im Herbst 1945 wurde er von den Amerikanern in die neue Landesregierung als Arbeits- und Sozialminister berufen. Obwohl er nur ein gutes Jahr im Amt war, tragen die sozialpolitischen Festlegungen der Hessischen Landesverfassung, das hessische Betriebsverfassungsgesetz und die erste Regelung der Kriegsopferversorgung seine Handschrift.

Seit den ersten Anfängen der Organisation 1946 war Oskar Müller Mitglied in der VVN. 1952 wurde er nach dem Verbot des Rates der VVN zum Generalsekretär der Zentalen Leitung der westdeutschen VVN gewählt. Man hoffte insgeheim, daß er als Bundestagsabgeordneter der KPD Immunität genieße, die auch die VVN weniger angreifbar machen würde. Bis zu seinem Tode bekleidete er verschiedene zentrale Funktionen, zum Schluß 10 Jahre die Aufgabe eines Präsidenten. Auch im Generalrat der FIR und im internationalen Dachau-Komitee war er tätig.

Neben seinem sozialpolitischem Engagement war die Vermittlung des Vermächtnisses des Widerstandskampfes an die jungen Generationen sein zentrales Anliegen in der VVN-Arbeit.

„Aktion W" in Aktion – mit Megaphon: Günther Deckert, späterer NPD-Chef

Ein nicht alltäglicher Besuch: Die VVN beim Bundespräsidenten

Am 19. Februar 1970 fand im Bundespräsidentenpalais ein Gespräch zwischen dem Bundespräsidenten Gustav Heinemann und einer Vertretung der VVN – bestehend aus dem geschäftsführenden Präsidenten Dr. J.C. Rossaint, Dr. Jürgen Redhardt, Landesvorsitzender der VVN Hessen, sowie Max Oppenheimer, Mitglied des geschäftsführenden Präsidiums – statt.

Im VVN-Pressedienst hieß es dazu:

„Dabei wiesen die Vertreter der VVN darauf hin, daß in der Wiedergutmachungs-Gesetzgebung und -Praxis noch immer erhebliche Elemente der Benachteiligung wie auch Diskriminierung bestimmter Gruppen von Verfolgten vorhanden sind. Dieser Zustand sollte ebenso beendet werden wie das nach wie vor aufrechterhaltene Betätigungsverbot der VVN in Rheinland-Pfalz und die Ignorierung der VVN bei Fachgesprächen auf ministerieller Ebene.

Des weiteren wurde der Herr Bundespräsident über einige Vorhaben des Präsidiums der VVN informiert, wie z.B. die Durchführung von Kundgebungen zum 25. Jahrestag der Beendigung des Krieges und der Hitler-Diktatur und die Vorbereitung einer Ausstellung, die den Widerstand der Jahre 1933–1945 zum Inhalt hat.

Die Präsidialmitglieder der VVN brachten des weiteren ihre Besorgnis über die Duldung der neonazistischen Aktivitäten der NPD zum Ausdruck, die zwangsläufig aktive Demokraten in Konflikt mit den die NPD-Veranstaltungen schützenden Organen des Staates und der Länder bringen muß. Ihrer Meinung nach ist die Auflösung bzw. das Verbot dieser Partei notwendiger denn je.

Zur Information über die Tätigkeit der VVN wurden dem Herrn Bundespräsidenten Publikationen, darunter Dokumente über den Widerstand gegen den Nationalsozialismus, überreicht."

Dies blieb der einzige offizielle Kontakt eines Staatsoberhauptes der BRD mit der Organisation der Widerstandskämpfer und Verfolgten des Naziregimes.

1971

Februar Bewaffnete neonazistische Wehrsportgruppe in Köln ausgehoben.

7. März Ausstellung „Der deutsche Widerstand 1933–1945" in Frankfurt in der Paulskirche eröffnet.

8. April Mordanschlag auf Bundespräsident Heinemann mit rechtsradikalem Hintergrund

20.–22. Mai VVN-Bundeskongreß in Oberhausen. Erweiterung der Organisation zum „Bund der Antifaschisten".

September Der Röderberg-Verlag legt die Reihe „Antifaschistische Arbeitshefte" auf

3. September Vier-Mächte-Abkommen über Berlin

18.–20. November Konferenz in Rom der Verbände der Kriegsopfer und Widerstandskämpfer mit dem „Appell von Rom"

10. Dezember Willy Brandt erhält den Friedensnobelpreis

Die VVN und die junge Generation

Seit dem Zeitpunkt, als die VVN über den Charakter einer reinen Interessenvertretung der Verfolgten hinausgegangen war, stellte sich auch die Frage, ob und wie weit sich diese Organisation für Nichtverfolgte des Naziregimes öffnen könne.

Dabei gab es verschiedene Meinungen, die jedoch weniger mit politischen Richtungen als vielmehr mit dem Selbstverständnis der jeweiligen Mitglieder zu tun hatte. Unstrittig war von Anfang an, daß die Familienangehörigen von Verfolgten des Naziregimes Mitglied werden konnten. Doch immer wieder mußten die Überlebenden feststellen, daß Kinder der Verfolgten wenig Neigung verspürten, VVN-Mitglied zu werden, während andere Jugendliche aus politischer Überzeugung die Nähe zu den Widerstandskämpfern und ihrer Organisation suchten.

In den 50er Jahren griff man zu der Hilfskonstruktion, daß FDJler, die als Friedenskämpfer Widerstand gegen Krieg leisteten und dabei politisch verfolgt wurden, Mitglied in der VVN werden konnten. Die Feriencamps Anfang der 60er Jahre und die Gründung der Geschwister-Scholl-Jugend waren ebenfalls Resultate solcher jugendpolitischen Überlegungen. Man erkannte in der VVN, daß junge Menschen nur mit jugendgemäßen Aktionsformen

angesprochen werden konnten. Doch diese Schritte blieben in den Anfängen stecken, da die Mitgliedschaft und die damit verbundene politische Verantwortung in der Organisation negativ beantwortet wurde.

Warum sollten sich junge Leute dort organisieren, wenn sie offensichtlich keine Mitsprachemöglichkeiten hatten? Begannen doch gerade Jugendliche ihr Recht auf politische Mitsprache im öffentlichen Raum durch Demonstrationen und unkonventionelle Aktionen durchzusetzen.

Ausschlaggebend für das Umdenken der ehemaligen Verfolgten war das in der 68er-Bewegung sichtbar gewachsene Interesse an einer historischen Aufarbeitung, sowie die konkrete Erfahrung mit dem Handeln überwiegend junger Menschen gegen die NPD und für die Erweiterung demokratischer Rechte. Hier waren Antifaschisten, die nicht aus eigenem Erleben oder familiärer Tradition sondern aus politischer Überzeugung handelte. In dieser Zeit war es fast üblich, sich zu organisieren. Hierin sah nun die VVN eine Chance, das eigene Anliegen den nachfolgenden Generationen weiterzugeben.

Doch darf nicht übersehen werden, daß es in den Landes- und Kreisorganisationen oft starke Widerstände in der Verwirklichung des Oberhausener Beschlusses gab. Warum sollten diejenigen, die seit 20 Jahren die Leitung der Organisation innehatten, nun die „Macht" teilen? Waren denn die Jugendlichen, die mit gänzlich anderen Lebensvorstellungen und teils akademischer Ausbildung kamen, überhaupt „geeignet" für Organisationsarbeit, wollten sie nicht nur einfach alles anders machen? Solche und ähnliche Fragen bewegten nicht wenige langjährige Mitglieder der VVN.

Und es war nur in einem gemeinsamen Lernprozeß möglich, diese Vorbehalte aufzubrechen – zugunsten einer starken gemeinsamen antifaschistischen Organisation.

Plenum des in die Zukunft führenden Bundeskongresses 1971

Bundeskongreß in Oberhausen:

Die VVN wird Bund der Antifaschisten

In der Sondernummer der „Stimme des Widerstandes" heißt es zum Beschluß des Oberhausener Kongresses vom 20. bis 22. Mai 1971:

„Statt VVN wird es in Zukunft VVN-Bund der Antifaschisten heißen. Diese Änderung der Visitenkarte beendet eine Etappe der Diskussionen, die schon seit Jahren in der Mitgliedschaft geführt wurden. Die VVN – einst als einheitlicher Verband aller Widerstandskämpfer gegen Faschismus und Krieg und der Opfer der Hitler-Diktatur gegründet –, hatte sich längst mehr und mehr den politischen Aufgaben der Gegenwart zugewandt ...

Die hierdurch entstandene Gemeinschaft mit vielen Tausenden Demokraten und Antifaschisten, die keine eigenen Erfahrungen mit dem Terror und der Unmenschlichkeit der 30er Jahre und 40er Jahre hatten, schuf einen neuen Stellenwert der VVN. Immer mehr wurde sie zum Initiator von Maßnahmen, die zur Erhaltung der Demokratie und Freiheit gemeinsam geplant und durchgeführt wurden. Viele dieser neu gewonnenen Freunde stellten die Frage nach einer Mitgliedschaft in unserer Organisation, die den Kampf gegen den Faschismus auf ihre Fahnen geschrieben hat ...

Für die VVN wurde deshalb immer dringlicher, auch im Erscheinungsbild und im Namen der Öffentlichkeit deutlich zu machen, daß in ihren Reihen Platz für alle ist, die bereit sind, aktiven Anteil an der Verteidigung des Humanismus und der Demokratie gegen Neonazismus und Rechtskartell zu nehmen. Damit soll nicht gesagt werden, daß die VVN-Bund der Antifaschisten sich anmaßt, die Sammlung aller Gegner des Neonazismus zu sein. Eine solche Front wird nur wirksam werden, wenn neben unseren Vereinigungen die Gewerkschaften, Jugend- und Studentenverbände und bekannte Einzelpersönlichkeiten gemeinsam tätig werden. Aber für alle diejenigen, die denken, in den Reihen der VVN am besten und wirksamsten die alten und neuen Feinde und Gefahren bekämpfen zu können, ist nach der Namensänderung jede Möglichkeit einer aktiven Betätigung gegeben."

Bundeskongreß Oberhausen: Faschismus-Diskussion

Der „Appell von Rom"

Eine neue Dimension der Entspannungspolitik

Die Organisationen der Widerstandskämpfer und Deportierten sahen es als ihre große Verantwortung, getreu dem Vermächtnis „Schaffung einer neuen Welt des Friedens und der Freiheit" ihren Beitrag zum Prozeß der politischen Entspannung zu leisten.

Schon im Sommer 1970 trafen sie sich in Belgrad mit Vertretern der ehemaligen Kriegsteilnehmern (FMAC) und Kriegsbeschädigten und berieten, welchen Beitrag die Millionen Opfer des Krieges und des Faschismus zur Festigung eines dauerhaften Friedens in Europa leisten könnten.

Aus dieser Beratung, an der auch die VVN teilgenommen hatte, ging im November 1971 die Konferenz von Rom hervor. Da auf dieser Konferenz die nationalen Vertretungen der Dachverbände aus 18 europäischen Ländern zusammenkamen, traf hier die VVN mit dem Reichsbund, dem VdK und dem Verband der Heimkehrer zusammen, um über Perspektiven für Frieden, Sicherheit und Zusammenarbeit in Europa zu beraten.

Trotz dieser politisch recht heterogenen Zusammensetzung wurden in der Abschlußdeklaration die Ostverträge und das Viermächte-Abkommen über Westberlin gewürdigt. Man verständigte sich sogar auf einen Katalog von einzuhaltenden Bedingungen für eine dauerhafte friedliche Entwicklung in Europa:

- Die absolute Unverletzlichkeit der Grenzen zwischen Staaten.
- Die Verpflichtung, die nationale Souveränität in allen ihren Aspekten zu achten; dies schließt auch die Nichteinmischung in die inneren Angelegenheiten anderer Staaten ein;
- Die Ächtung jeder Form des Rassismus und jeder Doktrin religiösen oder nationalen Hasses zwischen Menschen und Völkern.

Außerdem trat die Konferenz für die schrittweise Auflösung der vorhandenen Militärblöcke ein.

Obwohl alle beteiligten Verbände diese Erklärung von Rom begrüßten, trat eigentlich nur die VVN für diese Positionen in der BRD ein. Die anderen Verbände lobten zwar das Treffen von Rom. Politische Konsequenzen für ihr Handeln in Deutschland ergaben sich daraus nicht.

JUGENDFORUM OBERHAUSEN

Freitag **21.** Mai 71
19.30 Uhr / Stadthalle

Faschismus und Antifaschismus heute:

Ist Strauss ein FASCHIST?

Es diskutieren:

Heinz Brieden (1. Vorsitzender Naturfreunde-Jgd. Oberhausen)
Max von der Grün (Schriftsteller)
Manfred A. Hodel (Deutsche Jungdemokr., Bez.-Vors. Hess.-Süd)
Manfred Kugelmann (Jungsozial.-Vors., Unt.-Bez. Oberhausen)
Klaus Kreppel (Kritischer Katholizismus)
Rolf Priemer (SDAJ-Bundesvorsitzender)
Ein Vertreter des Arbeitskreises junger Lehrer und Erzieher der GEW Oberhausen
Vertreter der VVN und ihrer europ. Bruderverbände

Veranstalter: Arbeitskreis Junger Antifaschisten

Vorweggenommen und verstärkt hatten die Zusammenarbeit mit Jugendlichen und Jugendorganisationen die vom Präsidium initiierten „Arbeitskreise junger Antifaschisten", die vor allem zu einem Instrument der Bündnisarbeit zwischen und mit demokratischen Jugendorganisationen wurden.

Der deutsche antifaschistische Widerstand 1933–1945

Das gewachsene Interesse der Öffentlichkeit für das „andere Deutschland" war nach den Jahren der Verdrängung von Geschichte offensichtlich. Die Tatsache, daß im November 1970 zum ersten Mal Widerstandskämpfer von einem Stuttgarter Oberbürgermeister empfangen wurden, war – so betonte der damalige VVN-Landesvorsitzende Alfred Hausser – ein Ausdruck der politischen und moralischen Anerkennung des deutschen Widerstandes.

Eine solche Anerkennung erfuhr der Widerstand auch durch die große Ausstellung über den antifaschistischen Widerstand 1933–1945 in der Frankfurter Paulskirche im März 1971. Träger dieser vom Studienkreis Deutscher Widerstand und der VVN erarbeiteten Ausstellung waren außerdem der Bund für Volksbildung und das Hilfswerk für die Opfer des Nationalsozialismus e.V.

Auf 70 großen Texttafeln dokumentierten 180 Fotos und 270 Dokumente die Geschichte, die politische Breite und das Märtyrertum des deutschen Widerstandes.

Dabei dokumentierte die Ausstellung das antifaschistische Handeln aus der Arbeiterbewegung vor 1933 ebenso, wie dem Widerstand gegen Gleichschaltungsversuche, das organisierte Handeln von antifaschistischen Gruppen und den Mut von einzelnen Repräsentanten der Kirchen, das Wirken des Nationalkomitees Freies Deutschland und den 20. Juli 1944. Damit vermittelte die Ausstellung zum ersten Mal ein umfassendes und wahrheitsgetreues Bild des Widerstandes.

Zur Eröffnung am 7. März sprach neben dem Vorsitzenden des Studienkreises Prof. Dr. Heinz-Joachim Heydorn auch Frankfurts OB Walter Möller (SPD). Die Resonanz auf diese Ausstellung war überraschend gut. In knapp 3 Wochen wurden 20.000 Besucher, darunter 190 Schulklassen gezählt. Die Medien berichteten nicht nur über die Eröffnung, Berichte in Zeitungen, Rundfunk und Fernsehen beschäftigten sich ausführlich mit den Inhalten der Ausstellung.

Die Ausstellung wurde in den folgenden Jahren von der VVN oder gemeinsam mit anderen Trägern in München, Hannover, Mannheim, Dachau, Hanau, Nürnberg, Stuttgart, Offenbach und Bremen gezeigt. Rund 140.000 Besucher sahen diese Ausstellung, die meisten von ihnen waren junge Menschen.

Die Gemeinsamkeiten so unterschiedlicher Menschen wie dem Pfarrer Julius von Jan, der Arbeiterin Gustel Breitzke, dem KPD-Funktionär Anton Saefkow, der Studentin Sophie Scholl, dem Lehrling Fritz Theilen, dem Metzgermeister Sebastian Reithofer, dem Grafen Dietlov von der Schulenburg und der Kinderpflegerin Marianne Joachim bestanden darin:

Dem von den Nazis mit den Mitteln des Terrors, der Demagogie und Verführung zum gewissen- und willenlosen Befehlsempfänger degradierten Menschen haben sie ihr humanistisches Menschenbild der verantwortungsbewußten Persönlichkeit entgegengesetzt.

In Verantwortung nicht nur für das eigene Schicksal, sondern auch für das des eigenen Volkes wie der Menschheit haben sie der totalitären Vereinnahmung durch das Nazisystem getrotzt.

Selbst unter extremen, aussichtslos erscheinenden Bedingungen haben sie so an der Verwirklichung der besten Menschheitshoffnungen – dem Traum von der Gleichheit, Freiheit und Brüderlichkeit – gearbeitet, nicht zuletzt auch um der Zukunft kommender Generationen willen.

Für alle, die heute von der Eltern- und Großelterngeneration ehrliche Antworten

Unter extremen Bedingungen dem Nazisystem getrotzt

Aus dem Katalogvorwort

fordern, stellt dieser antifaschistische Widerstand eine Chance dar, im mühevollen Prozeß der Aneignung der Geschichte, auch ihrer finstersten Kapitel, zu einer positiven Identifikation zu gelangen.

Dabei werden ihnen neben den Stärken auch die schwachen Seiten der Männer und Frauen des Widerstandes nicht verborgen bleiben, nicht ihre Widersprüche und Illusionen, ihre Kurzsichtigkeiten und Ängste.

Sicher aber werden sie erkennen können,

- daß diese Menschen des Widerstandes ihr privates Wohlergehen nicht mit dem Unglück oder gar dem Tod anderer zu erkaufen bereit waren;
- daß sie die Herstellung einer gerechten und friedlichen Gesellschaft als Voraussetzung für das eigene Glück erkannten;
- daß sie nicht in bequemer Selbsttäuschung oder angstvollem Ignorieren die Verantwortung für das damalige Geschehen auf andere abgewälzt haben und
- daß viele von ihnen auch nach Beendigung des Krieges nicht die Hände in den Schoß legten, sondern schworen, den Kampf erst einzustellen, wenn eine Welt des Friedens und der Freiheit aufgebaut sei.

1972

28. Januar Ministerpräsidenten beschließen den „Radikalen-Erlaß“, Beginn der Berufsverbotepolitik

26. Februar Frankfurter Kongreß für die Ratifizierung der Ostverträge (AJA und Frankfurter Jugendverbände)

April spontane Demonstrationen in den Betrieben und auf den Straßen gegen den Versuch, die Brandt/Scheel-Regierung zu stürzen

27. April Konstruktives Mißtrauensvotum scheitert

17. Mai Bundestag stimmt den Verträgen von Moskau und Warschau zu

Mai mehrere Bombenanschläge, die der RAF zugerechnet werden, Beginn der Terrorismus-Debatte

26. August Anläßlich der Olympischen Spiele in München eröffnet die VVN eine Ausstellung über antifaschistische Sportler

19. November SPD/FDP-Koalition siegt bei den Bundestagswahlen

21. Dezember Grundlagenvertrag zwischen BRD und DDR unterzeichnet

„Kein Fußbreit den Entspannungsgegnern“

Die Ostverträge werden ratifiziert

Die innenpolitische Auseinandersetzung um die Ostverträge spitzten sich im Frühjahr 1972 deutlich zu. Die Versuche der CDU/CSU durch Abwerben von Abgeordneten aus der FDP und vom Vertriebenen-Flügel der SPD eine Mehrheit im Parlament gegen diese Verträge zu erreichen, mobilisierte die außerparlamentarischen Kräfte.

Aktionen, Informationsstände, Unterschriftensammlungen und Diskussionsveranstaltungen fanden überall im Lande statt. Daß in diesen Aktionen auch die VVN-Mitglieder ihren Platz hatten, ergab sich aus ihrer Überzeugung, daß die Verträge ein Signal dafür seien, daß nie wieder von deutschem Boden ein Krieg ausgehe.

Einen ganz eigenen Beitrag zu dieser Diskussion leistete der „Arbeitskreis junger Antifaschisten“. Dieser von der VVN-BdA initiierte Arbeitskreis, der exemplarisch die Öffnung der VVN zur jungen Generation umsetzen sollte, organisierte unter dem Titel „Aktion gegen die Feinde der Entspannung“ am 26. Februar 1972 einen „Frankfurter Kongreß für die Ratifizierung der Ostverträge und für europäische Sicherheit“. Auf dieser von fast allen Frankfurter Jugendverbänden getragenen Konferenz diskutierten u.a. Georg Herde über „Warum hetzen Strauß und Springer gegen

Ostverträge und Entspannung?“ und Reinhard Opitz und Rainer Rilling über „Militär-industrieller Komplex: Blockade gegen Entspannung“. An der abendlichen Kundgebung, auf der Emil Carlebach als ehemaliger Buchenwald-Häftling sprach, nahmen fast 1.000 Menschen teil.

Anläßlich des „konstruktiven Mißtrauensvotums“ demonstrierten zehntausende Gewerkschafter, traten Belegschaften spontan in den Ausstand, um ihre Unterstützung der SPD/FDP-Regierung und ihrer Ostpolitik zu bekunden.

Der Versuch, die Regierung zu stürzen, scheiterte. Mit der Ratifizierung der Ostverträge und der Unterzeichnung des Grundlagenvertrages mit der DDR begann die Normalisierung der Beziehungen zu den osteuropäischen Ländern.

Zurecht erinnerte die VVN-BdA in diesem Zusammenhang daran, daß die Inhalte des Grundlagenvertrages vor nicht allzu langer Zeit „von den Herrschenden als verfassungswidrig hingestellt (wurden). Zahlreiche Widerstandskämpfer wurden deshalb verfolgt, vor Gericht gestellt und verurteilt.“

In diesen Wochen erreicht die Auseinandersetzung um die Ratifizierung der Verträge von Moskau und Warschau ihren Höhepunkt. Unter dem Druck der reaktionären Kräfte in der Union hat sich die Opposition in Bonn endgültig auf eine Ablehnung der Verträge festgelegt. Strauß und seine Hilfstruppen scheuen selbst vor der Androhung einer Verfassungsklage nicht zurück, um die notwendige Entscheidung für einen dauerhaften Frieden in gesicherten Grenzen zu verhindern. Axel Caeser Springer benutzt seinen Manipulationsapparat und altbewährte Mittel der Meinungs- (besser: Stimmungs-) mache, um der Bevölkerung einzureden, durch die Abkommen mit der Sowjetunion und Polen würde die bundesrepublikanische

sammenleben aller Völker in Europa sichern. Darüber hinaus ist ihre Ratifizierung notwendig, um der Bevölkerung West-Berlins die Vorteile des Berlin-Abkommens zu garantieren.

26.2. Volksbildungsheim Großer Saal AKTION gegen die Feinde der Entspannung

Die Interessen derer, die noch heute die Kriegsschuld des ehe-

sind nur allzu durchsichtig. Sie fürchten die Entspannung, weil sie in der Atmosphäre des Kalten Krieges besser ihren Geschäften nachgehen können. Ein Hauptziel ist es, die Rüstung weiter voranzutreiben, die hohe Profite sichert. Mit der Waffe des Antikommunismus soll die Forderung nach Demokratisierung der Gesellschaft in allen Bereichen diskreditiert und abgewiesen werden. Zu der Konzertierten Aktion der inner- und außerparlamentarischen Rechten können und werden wir nicht schweigen. Es gilt, Entspannung in Europa mit Gewaltverzicht und gesicherten Grenzen, Abrüstung und friedliche Koexistenz zu fordern und durchzusetzen.
Wir wollen den Entspannungsfeinden, die zum Marsch auf

Die Berufsverbotepolitik

Schluß mit der roten Pädagogik!

Der Senat hat heute die Oberschulrätin Dr. Olga Essig sowie die Schulräte Ballerstaedt und Zelk vorläufig beurlaubt. Zu kommissarischen Oberschulräten wurden Dr. Behne und der Lehrer Wilhelm Schulz-Geesthacht ernannt.

*

Die Sozialdemokraten haben sich in Hamburg die Landesschulbehörde planmäßig zu einer ihrer Hochburgen ausgebaut. Fast alle bedeutenden Stellen waren in ihren Händen. Sie bestimmten von dort aus die ganze hamburgische Erziehungsarbeit nach Form und Inhalt. Alle Lehrkräfte, vor allem die jüngeren, mußten sich dem anpassen, was von obenher beliebt wurde. Dabei sind viele junge Lehrer geistig von der volkszerstörenden marxistischen Schulideologie völlig eingefangen worden.

Mit klarem Blick hat die neue Hamburgische Regierung erkannt, daß hier gründlich aufgeräumt werden muß, wenn wir zu gesunden nationalen Verhältnissen kommen wollen. Das Schulwesen muß wieder frei gemacht werden von dem lähmenden Druck, der es solange fesselte. Einige besonders prominente Vertreter des Marxismus haben die rote Hochburg in der Dammtorstraße jetzt verlassen müssen. Die Oberschulrätin Olga Essig, die ihre „modernen Theorien" jetzt wahrhaftig lange genug auch Mädchenerziehung und Berufsschulwesen anwenden konnte, und zwei marxistische Parteileute, die immerwährend ihre internationale eingestellte Partei mit dem deutschen Volk verwechselten, die Schulräte Ballerstaedt und Zelck, sind bis auf weiteres beurlaubt worden. Der letztgenannte Herr ist vor allem dadurch übelbekannt, daß er sich in der Lehrerschaft zum Vorkämpfer eines landesverräterischen Pazifismus und der unsagbar flachen Freidenkerei machte. Sein Name wurde in letzter Zeit häufiger genannt und zwar im Zusammenhang mit der Sabotage an den Gasschutzmaßnahmen, die ein kleiner Kreis von Lehrern betreibt. Gottseidank hat diese Meinung in den breiteren Kreisen der Lehrer kaum genügenden Rückhalt gefunden. Man darf hoffen, daß die nationale Erziehungsarbeit die jetzt beginnt, auch die letzten schädlichen Einwirkungen der roten Bonzen beseitigen wird. Die Namen der neu eingesetzten kommissarischen Oberschulräte, der Pg. Dr. Behne und Wilhelm Schulz, Geesthacht, bieten dafür die beste Gewähr.

Hamburger Tageblatt vom 19. März 1933 (aus der nebenstehend genannten Dokumentation der VAN Hamburg).

Der Beschluß der Ministerpräsidentenkonferenz vom 28. Januar 1972 über „Grundsätze zur Frage der verfassungsfeindlichen Kräfte im öffentlichen Dienst" berührte von Anfang an auch die VVN.

War die Organisation schon in den 50er und 60er Jahren – obwohl der Versuch, sie als verfassungswidrig verbieten zu lassen, gescheitert war – als verfassungsfeindlich eingestuft worden, so traf nun die Berufsverbotepolitik Kinder von Verfolgten des Naziregimes und andere VVN-Mitglieder. Exemplarisch macht dies der Fall Ilse Jacob aus Hamburg deutlich.

Ilse Jacob ist die Tochter von Franz Jacob, der als kommunistischer Widerstandskämpfer von den Nazis im August 1933 das erste Mal verhaftet und lange Jahre im Zuchthaus und KZ Sachsenhausen eingekerkert wurde. 1944 erneut verhaftet, wurde Franz Jacob am 18. September 1944 wegen „Hochverrats" im Alter von 38 Jahren hingerichtet.

Als die Tochter dieses Antifaschisten Ende 1971 zur Beamtin auf Lebenszeit ernannt werden sollte, trug das Hamburger Landesamt für Verfassungsschutz unter dem ehemaligen NS-Staatsanwalt Schrübbers in einem Dossier folgende Vorwürfe gegen Ilse Jacob zusammen:

- „8.–9.4.1961: J. nimmt als Delegierte am Bundeskongreß der VVN in Stuttgart teil ...
- März 1969: J. stimmt einer ADF-Erklärung gegen die Vorbeugehaft schriftlich zu ...
- August 1969: J. ist Erstunterzeichner eines Aufrufes der Demokratischen Aktion für eine Anti-NPD-Kundgebung ...
- 1971 Mitglied der DKP und des Vorstandes der DKP-Betriebsgruppe Lehrer."
- Aus diesen Vorwürfen leitete der Verfassungsschutz „erhebliche Bedenken" gegen die Verbeamtung von Ilse Jacob ab.

Die VAN in Hamburg reagierte auf diesen Angriff mit einer Dokumentation „Jacob und Schrübbers – heute wie damals", in der sie die unheilvolle Tradition der Kommunistenverfolgung durch die NS-Justiz und den bundesdeutschen Verfassungsschutz belegte.

Die Solidarität im Fall Ilse Jacob war außerordentlich breit. Sicherlich war es auch die unheilvolle historische Kontinuität, die die demokratische Öffentlichkeit und die Medien in einem solchen Maße bewegte, daß sich der Hamburger Senat wenig später zum Einlenken gezwungen sah. Ilse Jacob wurde Lebenszeitbeamtin.

Doch dies war erst der Anfang einer massenhaften Gesinnungsschnüffelei, die noch viele Mitglieder der VVN-Bund der Antifaschisten treffen sollte und teilweise ihre berufliche Existenz vernichtete.

Das Jahr 1972 begann mit einem Beschluß der Ministerpräsidentenkonferenz vom 28. Januar „Grundsätze zur Frage der verfassungsfeindlichen Kräfte im öffentlichen Dienst", der unter dem Schlagwort „Radikalenerlaß" immer wieder die innenpolitische Diskussion in der Bundesrepublik bis weit in die achtziger Jahre hinein bestimmen sollte und eine ganze Generation junger Menschen vor die Frage stelle, politische Freiheitsrechte um der beruflichen Karriere willen preiszugeben.

Kern des Radikalenerlasses waren folgende Sätze: „Gehört ein Bewerber einer Organisation an, die verfassungsfeindliche Ziele verfolgt, so begründet diese Mitgliedschaft Zweifel daran, ob er jederzeit für die freiheitlich-demokratische Grundordnung eintreten wird. Diese Zweifel rechtfertigen in der Regel eine Ablehnung des Anstellungsantrages."

Das Ziel war die Bekämpfung der im Wachsen begriffenen DKP und der mit ihr verbundenen Organisationen, insbesondere des Marxistischen Studentenbundes Spartakus, der im Bereich der Hochschulen einen nicht unerheblichen Einfluß gewonnen hate.

Bereits am 24. Juni 1971 fand eine geheime Sitzung des Innenausschusses des Deutschen Bundestages statt, in der der Bundesinnenminister über die rechtliche und tatsächliche Beurteilung der DKP berichtet hatte, und am 23.11.1971 entschied der SPD-geführte Senat Hamburgs, daß die Ernennung zum Beamten auf Lebenszeit bei politischen Aktivitäten des Bewerbers in rechts- oder linksradikalen Gruppen unzulässig sei.

Der Radikalenerlaß kam also nicht überraschend, sondern war die Antwort der herrschenden Parteien auf das Erstarken der Linken, wobei die SPD die Initiative ergriffen hatte.

Die Bekämpfung der Linken erfolgte nicht mehr in erster Linie in der politischen Auseinandersetzung, sondern durch ihre Diskriminierung als Verfassungsfeinde mit der Folge des Berufsverbots.

Es war ein schmerzlicher Lernprozeß für eine Generation, die angetreten war, die Gesellschaft zu demokratisieren und den im Grundgesetz garantierten Freiheitsrechten zum Leben zu verhelfen, durchleben zu müssen, persönlich bespitzelt und

Das Jahr der Berufsverbote

als Verfassungsfeind diffamiert zu werden, nur weil man von seinem Grundrecht Gebrauch machte, Mitglied einer nicht verbotenen Partei oder Organisation zu werden.

Die Praxis war um so willkürlicher, als letztlich die jeweiligen Innenminister und damit der Verfassungsschutz festlegten, welche angeblichen verfassungsfeindlichen Ziele verfolgt würden und die Distanzierung von der Partei oder Organisation verlangten, wobei der Bewerber und Befragte genau diese Ziele in seiner Partei oder Organisation nicht verfolgte und auch von anderen Mitgliedern nicht verfolgt sah.

Der Verfassungsschutz war jetzt wieder wer. Bewerber um eine Referendarstelle für den Schul- oder Justizdienst mußten jetzt ja schließlich überwacht werden, damit Erkenntnisse gewonnen werden konnten für das Anhörungsverfahren.

Viele Bewerber werden sich mit Grausen an die Schreiben in den Einstellungsverfahren erinnern: „Es liegen Erkenntnisse gegen Sie vor. Sie haben teilgenommen (es folgte die Aufzälung von Veranstaltungen, Demonstrationen, ja sogar Kinobesuchen), Sie haben kandidiert (es wurden die Kandidaturen für Studentenparlamente z.B. auf den Listen des MSB Spartakus aufgezählt), Sie haben folgende Flugblätter herausgegeben oder Artikel verfaßt. Auf Grund dieser Erkenntnisse ergeben sich Zweifel daran, daß Sie jederzeit bereit sind, für die freiheitlich-demokratische Grundordnung im Sinne des Grundgesetzes einzutreten. Sie haben Gelegenheit, die Zweifel in der Anhörung am ... auszuräumen." Die Frage „Wer war der Spitzel", die Erkenntnis, daß man überwacht wurde, gruben sich tief in die Psyche ein, das Verhalten wurde verändert, man wog ab, ob man sich politisch informieren oder engagieren sollte um den Preis, den Berufswunsch nicht erfüllen zu können, umsonst studiert zu haben.

Der Radikalenerlaß zeigte Wirkung und brachte seinen Initiatoren leztlich den gewünschten Erfolg: Bestimmte Politikansätze konnten nur noch um den Preis eines Berufsverbotes verfolgt werden, insbesondere als alle Bereiche des Öffentlichen Dienstes, die Hochschulen, Bahn und Post erfaßt wurden, und neben den Beamten auch die Angestellten und Arbeiter.

WO

1973

27. Januar Waffenstillstandsvertrag für Vietnam unterzeichnet
22. Februar LDK Hessen debattiert Konsequenzen der Öffnung der VVN-BdA
28. April VVN-BdA Rheinland-Pfalz mit Delegation in Dijon (F)
11. Mai Grundlagenvertrag mit der DDR vom Bundestag verabschiedet
Mai Staatsbesuch L. Breshnew in Bonn
31. Mai–1. Juni Bundeskongreß in Hannover
16.–17 .Juni „Europäisches Treffen gegen Neonazismus und Neofaschismus" der FIR in Brüssel
3. Juli Beginn der KSZE in Helsinki
11. September Militärjunta stürzt die Volksfront-Regierung in Chile unter Präsident Allende
18. September BRD und DDR werden Mitglied in den Vereinten Nationen
25. September SALT-II-Verhandlungen beginnen
30. Oktober MBFR-Verhandlungen beginnen in Wien
26.–28. November VII.FIR-Kongreß in Paris
11. Dezember Aufnahme diplomatischer Beziehungen zwischen BRD und der CSSR, Münchener Diktat wird durch den Prager Vertrag offiziell annulliert.

Antifaschismus – ideologisch offensiv

In mehreren Veranstaltungen des Jahres 1973 zeigte sich, daß das Thema „Antifaschismus" auf großes Diskussionsinteresse stieß.

Von besonderer Bedeutung war sicherlich die Hanauer Konferenz vom 27./28. Januar, auf der Wolfgang Abendroth, Reinhard Kühnl, Gunnar Matthiesen, Joseph C. Rossaint, Eckart Spoo und Horst Stuckmann über die gesellschaftlichen Wurzeln und Folgen von Faschismus und Militarismus referierten. Diese Veranstaltung, die anläßlich des 40. Jahrestages der Machtübertragung an die NSDAP veranstaltet wurde, machte deutlich, daß Faschismus und Militarismus auch in Zeiten der Entspannungspolitik weiterhin eine politische Bedrohung darstellen.

Die Konferenz stieß besonders unter jungen Leuten auf große Resonanz. Um die Ergebnisse noch besser verbreiten zu können, wurden die Referate als Doppelheft der „Antifaschistischen Arbeitshefte" herausgegeben.

Vom 9. bis 15. Mai des Jahres veranstaltete der Röderberg-Verlag in Frankfurt aus Anlaß des 40. Jahrestages der faschistischen Bücherverbrennung seine erste antifaschistische Buchwoche mit einer Ausstellung, Lesungen und Diskussionsrunden.

Im Volksbildungsheim eröffnete der damalige Kulturdezernent Hilmar Hoffmann die Ausstellung, in der neben aktueller Literatur und Broschüren auch historische Zeitschriften, illegale Flugschriften aus dem antifaschistischen Widerstand und anderes gezeigt wurde.

Diese Ausstellung, die auf enorm positive Resonanz bei Besuchern, bei Zeitungen, Rundfunk und Fernsehen stieß, konnte später von der VVN noch in Hannover, Oberhausen, Hamburg, Lübeck und Düsseldorf gezeigt werden.

Zur Erinnerung an einen wichtigen antifaschistischen Schriftsteller und als Impuls für Wissenschaftler, sich mit der Geschichte von Faschismus und Widerstand zu beschäftigen, hatte die VVN-BdA 1972 einen „Günther-Weisenborn-Literaturpreis" gestiftet, der im September 1973 in der Hanauer Stadthalle feierlich verliehen wurde. Es spricht für das gewachsene Ansehen der Organisation, daß auch hier ein Vertreter der Stadt sprach. Dabei hob Hanaus Bürgermeister Dr. Drexler in seiner Begrüßungsrede die Bedeutung der Erforschung der Geschichte des antifaschistischen Widerstandes hervor.

„Demokratisierung aller Gesellschaftsbereiche" war das große Thema des Bundeskongresses 1973; dazu sagte in seiner Rede VVN-Vizepräsident Prof. Jürgen Redhardt (rechts) u.a.:

„Militarismus hier und Faschismus da sind todbringende Blutsbrüder von gleicher Provenienz. Sie mobilisieren zuweilen mit, manchmal aber auch ohne den Rassismus die gesellschafts- und menschenprägenden Deformations- und Regressionskräfte unserer Epoche in einer Art und Weise, wie das in früheren Zeitläufen der abendländischen Geschichte kaum vorstellbar war. Wo Militarismus und Faschismus sogar gemeinsam miteinander agieren, vervielfacht sich ihre Raubgier und steigert sich ihre Inhumanität bis ins Spiralnebelhafte geplanter industrialisierter Völkermorde nach den gehabten Vorbildern von Auschwitz, Majdanek und Treblinka. Wer heute noch das Märchen glaubt von der guten, alten Wehrmacht auf der einen und den bösen, mordlustigen SS-Nazis auf der anderen Seite, dem ist wahrhaftig nicht mehr zu helfen! Fließende Übergänge herrschten im Nazistaat zwischen faschistischem Staatsapparat und militärischer Führung nicht nur im Ideologischen, sondern auch im Organisatorischen."

Verleihung des Günther-Weisenborn-Literatur-Preises an Dr. Astrid Delmhorst-Jacobsen und Dr. Friedrich Kabermann (in der Mitte die Mitglieder des Präsidiums der VVN-Bund der Antifaschisten Dr. Barbara Bromberger und Dr. J.C. Rossaint) in der Hanauer Stadthalle, September 1973.

Aus Pressestimmen zur „Antifaschistischen Buchwoche":

Neben der Einzigartigkeit der Ausstellung hoben die Medien vor allem die politische Breite der ausgewählten Schriften hervor:

„Gut dokumentiert sind die Widerstandsversuche christlicher und jüdischer Gruppen. Am intensivsten informiert die Ausstellung über die linken Parteien, über die oppositionellen Teile der Arbeiterschaft, über ihre Unterdrückung und Verfolgung ... Die Ausstellung gibt also Anschauungsmaterial genug. Sie verfolgt die verschiedenen Phasen des Nationalsozialismus bis in die Details und dokumentiert in fairer Weise die verschiedenen Formen des Widerstandes."

Frankfurter Allgemeine Zeitung

„Kein Zweifel: Die Ausstellung ist verdienstvoll, ausgewogen, sie setzt den Schwerpunkt des politischen Widerstandes durchaus berechtigt bei den linken Gruppierungen ..."

Frankfurter Rundschau

Die größte Literatursammlung, die je zu diesem Thema zusammengetragen worden ist."

WDR

„Zu loben bleibt das Auswahlprinzip: Vorbehaltlos hat man auf Werke von Autoren zurückgegriffen, die sich in ihren weltanschaulichen Positionen unterschieden haben, sich aber in ihrem Widerstand gegen die ‚braune' Diktautr und faschistische Strömungen jeder Art einig waren und blieben. Das ergibt ein breites Spektrum. Einerseits erhält man Auskunft über den Bestand an antifaschistischer Literatur, andererseits läßt sich prüfen, welche Wirkungen dem geschriebenen und gedruckten Worte zukommen. Diese dokumentarische Buchausstellung verdient als eine ‚Lektion in Sachen politischer und geschichtlicher Entwicklung' gewürdigt zu werden."

Hamburger Abendblatt

„Die ‚Antifaschistische Buchwoche' ist in dieser Form der erste Versuch in der Bundesrepublik, Bücher und Zeitschriften aus der Zeit von 1933 bis heute in möglichst breiter Auswahl zu dokumentieren und anhand dieser Literatur ein Bild des Dritten Reiches und des antifaschistischen Widerstandes zu geben."

Westfälische Rundschau

Nach den „Ostverträgen":

Von der politischen zur militärischen Entspannung

Mit der Ratifizierung der Ostverträge und der Verabschiedung des Grundlagenvertrages mit der DDR am 11. Mai 1973 waren die völkerrechtlichen Grundlagen für eine friedliche Entwicklung in Europa gelegt. Nun sollte es darauf ankommen, wie es auch schon in dem Massenmaterial der VVN hieß, die politische Entspannung fortzusetzen und durch eine militärische zu ergänzen.

Sichtbare Zeichen des Entspannungsprozesses waren der Staatsbesuch von Leonid Breschnew im Mai des Jahres, wie auch die Aufnahme der BRD und der DDR als gleichberechtigte Mitglieder in der UNO. Selbstverständlich wurden beide Ereignisse von der VVN positiv kommentiert. Auf dem Bundeskongreß in Hannover hob Prof. Dr. Jürgen Redhardt hervor, „gerade wir als VVN-Bund der Antifaschisten knüpfen daran die Hoffnung und Erwartung, daß dieses historische Ereignis eine neue Etappe in den Beziehungen zwischen unseren beiden Ländern zum Nutzen der Bevölkerung der Bundesrepublik und der Völker der UdSSR einleitet ... Wir werden danach streben, nicht nur gutnachbarliche, sondern freundschaftliche Beziehungen zwischen unseren Völkern herzustellen."

Aber, so warnte Jürgen Redhardt weiter, man dürfe nicht verkennen, „daß sich zahlreiche Erscheinungen auf innen- und speziell auf rüstungspolitischem Gebiet in diametralem Gegensatz zum Kurs in der Außenpolitik befinden."

Und so sah es die VVN-Bund der Antifaschisten im Herbst als wichtigen Schritt an, daß die SALT-II-Verhandlungen über die Begrenzung strategischer Waffen und die Wiener MBFR-Verhandlungen über Truppenbegrenzungen in Mitteleuropa ihren Anfang nahmen.

Gemeinsam mit den anderen Delegierten unterstützte daher die VVN auf dem 7. Kongreß der FIR im November 1973 in Paris die Losung: „Für ein Europa des Friedens !" Dazu gehörten nach einstimmiger Aussage der Widerstandskämpfer, der Nazi- und Kriegsopfer die Einhaltung der bestehenden Verträge, der Stopp der Kernwaffenverbreitung, die Bereitschaft zur Abrüstung und zum Abbau der bestehenden Militärblöcke.

El pueblo unido – jamas sera vencido!

Wenn es eines Beweises für die Aktualität faschistischer Gefahr bedurft hätte, dann war der CIA-finanzierte Putsch von General Pinochet gegen den demokratisch gewählten sozialistischen Präsidenten Salvador Allende in Chile am 11. September 1973 das beste Beispiel.

Die Tatsache, daß die chilenische Linkskoalition auf parlamentarisch-demokratischem Wege eine Mehrheit für eine sozialistische Entwicklung 1971 erreichen konnte, hatte auch in Deutschland Hoffnungen unter der Linken geweckt.

Verbunden mit politisch-strategischen Debatten in Italien und Frankreich hoffte man, hier einen „friedlichen Weg zum Sozialismus" zu finden.

Das Ende dieses sozialistischen Experiments durch den Putsch einer faschistischen Militärjunta, die durch die „United Fruit Company", ITT und den CIA unterstützt worden war, hatte auch Auswirkungen auf das Denken in der BRD.

Die VVN als antifaschistische Organisation erklärte bereits am Tage nach dem Putsch:

„Chile zeigt erneut, daß die Mächtigen in Industrie und Banken nicht davor zurückschrecken, mit Waffengewalt und faschistischen Methoden ihre unumschränkte Herrschaft durchzusetzen ... Alle Demokraten, alle Antifaschisten, alle Menschen, die Freiheit, Fortschritt und Frieden wollen, müssen in dieser ernsten Stunde sich an die Seite des mutig um seine Freiheit kämpfenden chilenischen Volkes stellen."

Es bedurfte nicht dieses Aufrufes, um eine der breitesten internationalistischen Solidaritätskampagnen in der Geschichte der BRD auszulösen. In vielen Städten der Bundesrepublik kam es unter Beteiligung der VVN-BdA zu Solidaritätsaktionen, Demonstrationen, Kundgebungen und Gründungen von Chile-Komitees. In hunderten Solidaritäts-Konzerten hallten die gemeinsamen Rufe „Venceremos" und „El pueblo unido – jamas sera vencido !"

Daß es dabei um mehr als internationale Solidarität ging, machte das Antifaschistische Arbeitsheft 10, das der Röderberg-Verlag noch im Herbst 1973 vorlegen konnte, deutlich. Sein Titel: „Ist Chile bei uns möglich?"

Bundeskongreß der antifaschistischen Einheit

In Offenbach tagte der Bundeskongreß der VVN vom 8. bis 11. Mai 1975. Er war damit der zeitlich längste in der Geschichte der VVN und auch einer der größten. Immerhin wurden über 400 Delegierte für diesen Kongreß auf den Landeskonferenzen gewählt.

Zusammen mit fast 100 Gästen aus der Bundesrepublik und aus den Bruderverbänden aus ganz Europa wurde dieser Kongreß zu einem tatsächlichen Höhepunkt in der Geschichte der VVN.

Im Mittelpunkt standen zwei Ereignisse, die nur mittelbar etwas mit dem Kongreß zu tun hatten: die Massendemonstration am 10. Mai in Frankfurt am Main und das Solidaritätskonzert am Abend des 10. Mai mit der Gruppe Quilapayun, Fasia Jansen und Franz Josef Degenhardt.

Die Resonanz auf beide Veranstaltungen zeigte, daß Antifaschismus eine Herausforderung auch für die jungen Generationen geworden ist.

Die Zusammensetzung des Kongresses selber dokumentierte die Ergebnisse der Öffnung der Organisation seit Oberhausen. Fast 30 Prozent der Delegierten waren unter 30 Jahre alt. Diese Orientierung auf die jüngeren Generationen spiegelte sich auch im Appell an die Jugend der BRD, den der Kongreß verabschiedete.

Der Kongreß wurde durch den Oberbürgermeister der Stadt Offenbach, Walter Buckpesch begrüßt. Er dankte den Widerstandskämpfern und Verfolgten „für ihre saubere politische und menschliche Haltung in der Zeit des Hitlerfaschismus". „Sie waren es," erklärte Buckpesch, „die in dieser Zeit das Ansehen unseres Volkes aufrechterhielten, die mit ihrer vorbildlichen Haltung den Glauben anderer Völker an die Kraft, die Moral und die Anständigkeit des deutschen Volkes aufrechterhielten und die einzigen waren, die nach 1945 das Recht hatten, über die Grenzen hinweg den anderen Völkern wiederum die Hand zu reichen."

Daß dies auch 1975 noch galt, machten die zahlreichen Grußadressen ausländischer Verbände und die Ansprachen der internationalen Gäste deutlich.

In fünf Arbeitsgruppen wurden die politischen Zukunftsaufgaben der VVN-Bund der Antifaschisten diskutiert, wobei der Arbeitskreis Geschichtserforschung und -vermittlung mit über 90 Teilnehmern der am stärksten besuchte war.

Der Offenbacher OB Walter Buckpesch begrüßt den Kongreß

Kennzeichnend für die Entwicklung der VVN zum Bund der Antifaschisten: Jugend am Mikrophon

Abendveranstaltung mit der chilenischen Gruppe Quilapayun

Baader-Meinhof-Prozeß und Terroristenhysterie

Während auf der einen Seite Antifaschismus als gesellschaftlicher Konsens immer mehr Unterstützung fand, nahmen die politisch Herrschenden in der BRD Brandanschläge und andere Aktionen von militanten Gruppen zum Vorwand, um in „Schauprozessen" eine terroristische Gefahr vorzuführen und um in deren Gefolge Gesetze im parlamentarischen Schnellverfahren zu ändern. Schon bald galt die Solidarität mit den Gefangenen der Roten Armee Fraktion (RAF), wie sich die Anhänger der Baader-Meinhof-Gruppe später nannten, als strafbare „Unterstützung einer terroristischen Vereinigung". Verteidiger und selbst Familienangehörige standen unter dem dauernden Verdacht, zur Sympathisanten-Szene zu gehören. Im Oktober 1975 wurden die Sondergesetze durch den Bundestag gepeitscht, die einen unmittelbaren Abbau demokratischer Rechte beinhalteten.

Die VVN-Bund der Antifaschisten erklärte dazu:

„Die jetzt beschlossenen Sondergesetze dienen ausschließlich der Reaktion, nutzen den Geschäften der Herren Dregger, Strauß und Leber genauso wie den Machenschaften eines Springer, Löwenthal oder Dr. Frey.

Abgeordnete der SPD, wie Dr. Coppik, haben im Bundestag darauf hingewiesen, daß Berufsverbotegesetze eine Kettenreaktion gegen die antifaschistisch-demokratischen Kräfte bis in die Reihen der Sozialdemokraten und Liberalen auslösen. Dennoch stimmten sie für den Selbstmord der Demokratie auf Raten.

Die Strauß, Dregger, Carsten und Co. haben keinen Zweifel daran gelassen, daß sie auf der Grundlage des jetzt vom Bundestag vollzogenen Verfassungsbruches zu gegebener Zeit den Rest besorgen wollen. Die Debatte über das Sondergesetz im Bundestag hat wieder einmal bewiesen, daß die rigorosesten Feinde unserer Verfassung in den Reihen der CDU/CSU zu finden sind.

Durch diese Sondergesetze wurden die unabdingbaren Grundrechte unserer Verfassung und damit die in vielen internationalen Verträgen verankerten Menschenrechte verletzt."

Der Majdanek-Prozeß wird eröffnet

Am 26. November 1975 begann – 31 Jahre nach der Befreiung von Faschismus und Krieg – in Düsseldorf die Hauptverhandlung gegen fünfzehn Angeklagte im Majdanek-Prozeß.

Unter den Angeklagten befand sich kein Mitglied der Lagerleitung, diese waren bereits – zumeist zu Hause in ihren Betten – verstorben. Auch der Lagerarzt Dr. Heinrich Rindfleisch, der sowohl für Selektionen wie für individuelle Morde verantwortlich war, verstarb bereits vor Prozeßeröffnung.

Angeklagt waren neun Männer und sechs Frauen, unter ihnen der erste Lagerführer SS-Hauptsturmführer Hermann Hackmann, Hildegard Lächert, die nur als „Blutige Brigitta" bekannt war, und Arnold Georg Strippel, dem noch weitere Verbrechen in anderen Lagern zur Last gelegt wurden.

Majdanek war von 1941 bis 1944 ein Konzentrations- und Vernichtungslager, das durchaus mit Auschwitz zu vergleichen war.

Im Prozeß machten die Zeugen deutlich, daß es in Majdanek „so gut wie keine Perversität (gab), die nicht ausgeführt wurde: Da wurden Menschen in Fäkaliengruben erstickt, mit den Armen nach hinten an Bäume gehängt, da wurden Gefangene bei lebendigem Leib von Bluthunden zerfleischt, da wurden am Boden Liegende mit Nagelstiefeln die Halsschlagadern zugedrückt, da wurden an einem einzigen Tag – am 3. November 1943 – unter den Klängen zackiger Marschmusik 18.000 Menschen unter Maschinengewehrsalven niedergemäht."

Ab Herbst 1942 wurden in Majdanek Vergasungen mit Zyklon B durchgeführt. Von Herbst 1942 bis Sommer 1944 ist ein Verbrauch von 7,7 Tonnen dieses Giftgases nachweisbar.

Von Anfang an versuchte die Verteidigung, mit Hilfe der Strafprozeßordnung den Prozeß zum Platzen zu bringen. Eine Flut von Befangenheitsanträgen gegen das Gericht und jeden einzelnen Gutachter hatten nur das eine Ziel einer systematischen „Verschleppungstaktik".

Dabei scheuten sich die Verteidiger auch nicht, mit antisemitischen Thesen ausgewiesene Fachleute zu provozieren. Dem Gutachter Dr. Scheffler wurde beispielsweise vorgeworfen, daß er bei einem jüdischen Wissenschaftler promoviert habe und über die NS-Zeit „von jüdischen Freunden und Wissenschaftlern unterrichtet worden" sei.

Diese Blockade-Taktik der Verteidigung wurde während des gesamten Prozesses fortgesetzt, sodaß die VVN-BdA in einem Aufruf zu einer Demonstration 1980 von einem „fünfjährigen Skandal" sprach.

Außenansicht der Gaskammer von Majdanek

1976

13. März Internationale Solidaritätsaktion in Straßburg gegen die Berufsverbote in der BRD (10.000 Teilnehmer)

9. Mai In Stuttgart-Stammheim wird Ulrike Meinhof tot in ihrer Zelle aufgefunden

11. Mai Demonstration in Kassel gegen das Berufsverbot für Silvia Gingold

22. Mai „Beendet das Wettrüsten" Demonstration des Komitee für Frieden, Abrüstung und Zusammenarbeit in Bonn mit 40.000 Teilnehmern

29. Mai Internationale Kundgebung gegen die Berufsverbote in der BRD in Karlsruhe

22. Juni Kundgebung in Bonn „Verteidigt die demokratischen Grundrechte"

8. Juli „Für ein Europa ohne Faschismus", VVN-Veranstaltung in Ludwigshafen

3. Oktober Bundestagswahl

17.–23. Oktober 16 Treffen von SS-Verbänden

26. Oktober Nazioffizier Rudel wird durch das Bundeswehr-Aufklärungsgeschwader „Immelmann" geehrt.

1. November Nach Protesten u.a. der VVN-BdA wird der Chef der Bundesluftwaffe Krupinski und sein Stellvertreter Franke entlassen

14. November 30.000 Menschen demonstrieren gegen den Kernkraftwerksbau in Brokdorf

16. November Wolf Biermann aus der DDR ausgebürgert

2. Dezember Veröffentlichung der VVN-Dokumentation „SS-Traditionen in der Bundeswehr"

Weg mit den Berufsverboten! – A bas les Berufsverbote!

Das Jahr 1976 war einer der Höhepunkte in dem Kampf demokratischer Kräfte gegen die Berufsverbote.

Die staatlichen Verfolgungsmaßnahmen gegen Antifaschisten, gegen organisierte und nicht organisierte Linke wurden nicht mehr als individuelle Aktionen bekämpft, sondern in gemeinsamen Massenaktionen, die auch große internationale Unterstützung erfuhren. Am Beispiel von Ilse Jacob und Silvia Gingold wurde die verhängnisvolle Kontinuität der Verfolgung von Kindern von Widerstandskämpfern eindrucksvoll belegt. Diesen Zusammenhang verdeutlichte die VVN-Bund der Antifaschisten auch in einem Massenmaterial. Nicht nur in der Bundesrepublik, auch in Frankreich bildeten sich Solidaritätskomitees gegen die Berufsverbote.

Am 13. März 1976 organisierten das deutsche und französische Berufsverbotekomitee eine Internationale Kundgebung gegen die Berufsverbote vor dem europäischen Parlament. 10.000 Teilnehmer aus Deutschland und Frankreich dokumentierten eindrucksvoll ihren Widerstand gegen diese Einschränkung demokratischer Rechte. Abgesandte von Widerstandskämpfer- und Deportierten-Organisationen aus sechs Ländern wurden offiziell im Europaparlament empfangen und angehört.

Am 11. Mai fand in Kassel der Prozeß von Silvia Gingold gegen das Land Hessen auf Übernahme in das Lehramt vor dem Verwaltungsgericht statt. Ehemalige Widerstandskämpfer demonstrierten an diesem Tag in Kassel in ihren KZ-Kleidungen, um deutlich zu machen, daß sie als Verfolgte heute gegen jegliche Einschränkung demokratischer Freiheiten warnen. Zu dem Prozeß-Termin in Kassel war der französische Rechtsanwalt Pierre Kaldor und mit ihm zahlreiche ausländische Beobachterdelegationen erschienen. 2.000 Menschen folgten dabei einem Demonstrationsaufruf des Soildaritätskomitees gegen die Berufsverbote.

Sylvia Gingold – ihr „Fall" machte Schlagzeilen

Eine Grundsatzentscheidung zu den Berufsverboten sollte das Bundesverfassungsgericht in diesem Jahr fällen. Daher richtete sich Ende Mai eine internationale Kundgebung in Karlsruhe gegen die Berufsverbotepolitik.

Diese breite politische Mobilisierung wurde auf einer Großdemonstration „Verteidigt die demokratischen Grundrechte" am 22. Juni 1976 in Bonn zusammengefaßt. Zu dieser Demonstration hatten das „Komitee gegen die Berufsverbote" und zahlreiche demokratische Organisationen und Einzelpersonen aufgerufen.

Internationale Demonstration gegen Berufsverbote in Straßburg

Der Fall Rudel – oder: Bundeswehr rechts schwenk marsch !

Welch verhängnisvoller Tradition die Bundeswehr anhängt, wurde im Jahr 1976 offensichtlich. Schon viele Jahre existierten Kontakte zu den SS- und Wehrmachtstraditionsverbänden, die weit mehr waren als Vereinigungen ehemaliger Kriegsteilnehmer. Sie pflegten die Tradition der faschistischen Verbrecher.

Das Verhältnis zwischen Bundeswehr und SS-HIAG war mehr als herzlich.

In Kasernen existierten z.T. Traditionskabinette, HIAG-Leute wurden zu Manövern eingeladen, und am 6. März 1976 wollte die Bundeswehr sogar zusammen mit der HIAG in Hamburg eine Gedenkfeier für SS-Obersturmbannführer Skorzeny abhalten. Diese Feier mußte auf öffentlichen Druck abgesagt werden.

Im September jedoch nahmen Offiziere in Uniform an einem Empfang in Aumühle bei Hamburg für den 85jährigen designierten Hitler-Nachfolger Dönitz teil.

Im Herbst nun kündigte die HIAG 16 öffentliche Treffen der SS-Verbände an:

Die Divisionen „Horst Wessel" und „Charlemagne" trafen sich in Würzburg, die „Leibstandarte Adolf Hitler" in Ebstord, die 10. SS-Polizeidivision in Marktheidenfeld und Anfang Oktober trafen sich 400 frühere SS-Junker in Bad Tölz.

Die VVN forderte zwar ein Verbot der SS-HIAG, doch dies hielt die Bundeswehr nicht ab, noch engere Kontakte zu pflegen.

Zu einem politischen Skandal wurde erst die Einladung von Luftwaffenoberst Hans-Ulrich Rudel als Ehrengast zu einem Traditionstreffen des Aufklärungsgeschwaders „Immelmann" der Bundesluftwaffe in Bremgarten bei Freiburg.

Rudel war immerhin hochdekorierter Offizier der faschistischen Luftwaffe und ein wichtiger Repräsentant der verbotenen faschistischen „Sozialistischen Reichspartei" (SRP). Als diese Einladung im Oktober 1976 ruchbar wurde, verteidigten die Luftwaffengeneräle Walter Krupinski und Karl-Heinz Franke demonstrativ die Einladung an Rudel.

Die VVN nahm in einem offenen Brief an Verteidigungsminister Leber (SPD) zu diesem Skandal Stellung, 40 SPD-Bundestagsabgeordnete forderten die Entlassung der Luftwaffengeneräle.

Erst dabei wurde bekannt, daß man die Einladung Rudels schon seit 6 Monaten im Ministerium debattierte. Krupinski und Franke wurden im November 1976 frühpensioniert, jedoch „nur" wegen ihrer Ausfälle gegenüber SPD-Fraktionschef Herbert Wehner, das „Traditionstreffen" wurde hiervon nicht berührt.

Vom Präsidium der VVN herausgegebene Broschüre 1976

25.–27. JUNI 1976: EINE OFFIZIELLE ABORDNUNG DER BUNDESWEHR nimmt in München gemeinsam mit der SS-Nachfolgeorganisation HIAG an einem „europäisch-amerikanischen Freundschaftstreffen ehemaliger Soldaten" teil. Zu diesem „Freundschaftstreffen" hat auch die bayerische Staatsregierung die Teilnahme einer offiziellen Delegation zugesagt. Schirmherr ist der bayerische Ministerpräsident Goppel (CSU).

16. 7. 1976: Neugründung der HIAG Kreisgemeinschaft Ingolstadt. In Oberhaunstadt, Lokal „Alter Wirt": An der Veranstaltung beteiligen sich Vertreter der Bundeswehr und verschiedene Traditionsverbände.

SOMMER 1976: Die 25-Jahr-Feier des HIAG-Landesverbandes NRW, gleichzeitig Geburtstagsfeier für NS-Brigadeführer und Generalmajor der Waffen-SS Heinz Harmel, findet in Mülheim/Ruhr statt. Den musikalischen Teil gestaltet die Bundeswehr-Musikkapelle „Combo" vom Heeresmusikkorps 7 aus Düsseldorf.

25./26. 9. 1976: Divisionstreffen des SS-Traditionsverbandes der 6. Gebirgsdivision „Nord" der ehemaligen Waffen-SS am Hohen Brendten. Die Bundeswehr ist mit einer Feldküche der Mittenwalder Gebirgsjäger beteiligt.

Kurzer Auszug aus der VVN-Broschüre

Bild und Text aus der oben genannte Broschüre der VVN. Und so lautete damals der Text:

Ein aufschlußreiches Foto aus dem HIAG-Blatt „Der Freiwillige" (5/75). Die HIAG Stuttgart stellt im gleichen Blatt den Mann am Rednerpult vor: „Die Arbeitsgemeinschaft der Soldatenverbände hatte im März 1975 zu einer gemeinsamen Veranstaltung eingeladen. Herr Dr. Manfred Wörner, Mitglied des Bundestages und verteidigungspolitischer Sprecher der CDU/CSU-Fraktion, Major d. Res. der Bundeswehr, sprach über das Thema ‚Wie sicher ist die Bundesrepublik?'." Wörner, Seite an Seite mit HIAG-Leuten, wäre bei einem Wahlsieg der CDU/CSU Bundesverteidigungsminister geworden. Auch am Bundeswehrskandal um Rudel ist Wörner beteiligt: Er hatte brieflich die Zulassung Rudels zum Treffen der „Immelmänner" in der Bundeswehrkaserne gefordert und zollte dem Alt- und Immer-noch-Nazi Rudel seinen „hohen Respekt".

Beendet das Wettrüsten!

Die Ergebnisse der Entspannungspolitik zwischen Ost und West waren für alle Menschen immer deutlicher spürbar. Und so wurde die militärische Abrüstung zu einer aktuellen politischen Aufgabe.

Im Frühjahr 1976 hatte sich bereits in Bonn das „Komitee für Frieden, Abrüstung und Zusammenarbeit" gegründet, das in der BRD den KSZE-Prozeß voranbringen wollte. Auch die VVN-Bund der Antifaschisten war in diesem Komitee vertreten.

Der erste Höhepunkt deren Aktivitäten war eine Demonstration in Bonn am 22. Mai unter dem Motto „Beendet das Wettrüsten !", an der 40.000 Menschen teilnahmen. Trotz der doch recht abstrakten Losung waren viele Teilnehmer mobilisierbar, erhofften sie doch konkrete Schritte in Richtung Abrüstung und Sicherung des Entspannungsprozesses.

Zur Förderung des europäischen Entspannungsprozesses organisierte die VVN-Bund der Antifaschisten sieben internationale Kundgebungen in Ludwigshafen, München, Stuttgart, Saarbrücken, Köln, Bochum und Bremen mit Referenten aus Frankreich, Luxemburg, Polen, der Sowjetunion und Spanien. Die Veranstaltungen standen unter der Überschrift: „Für ein Europa ohne Faschismus – für ein Europa ohne Berufsverbote, für Frieden, Entspannung und Völkerverständigung". Im gleichen Sinne war auch die internationale Jugendbegegnung im August im Jugendzentrum Ronneburg angelegt. 60 junge Antifaschisten aus 10 Nationen nahmen hieran teil.

Zur Bundestagswahl legte die VVN-Bund der Antifaschisten „Wahl-Prüfsteine" vor. Darin hieß es: „Einfrieren der Rüstung und sukzessive Senkung des Rüstungshaushaltes" und „Volle Anerkennung der Schlußakte von Helsinki und Achtung der territorialen Integrität aller europäischen Staaten".

Jedoch sah sich keine der im Parlament vertretenen Parteien veranlaßt, dazu Stellung zu nehmen. Das Wahlresultat vom Oktober 1976 offenbarte – so die Einschätzung des Präsidiums – eine „Rechtstendenz".

Von der Entspannung zur Abrüstung

„Zur Fortsetzung der in Helsinki eingeleiteten Entspannungspolitik gehört die Abrüstung. Durch sie wird die Entspannung gefestigt und ergänzt. In Helsinki haben sich die 35 Staaten Europas und Nordamerikas zur Abrüstung verpflichtet. Die Ergebnisse der KSZE verlangen auch nachgerade, daß die Abrüstung als nächste wichtige Aufgabe gelöst wird und zu einem kollektiven Sicherheitssystem hinleitet.

Doch die Abrüstung wird nie allein auf regierungsamtlicher und diplomatischer Ebene erreicht werden. Sie muß zur Sache der Völker werden ...

Durch Jahrzehnte ist die bundesdeutsche Bevölkerung an den Gedanken gewöhnt worden, daß nur die Rüstung Sicherheit biete. Ihr ist – nicht ohne Erfolg – eingeredet worden, sie werde von außen, von der Sowjetunion und den sozialistischen Staaten, bedroht.

Aber die Erfahrungen der letzten beiden Jahrzehnte haben das Gegenteil gelehrt. Die erhöhte Rüstung hat keine Sicherheit gebracht. In Mitteleuropa löste vielmehr – am Schnittpunkt der beiden gegensätzlichen Gesellschaftssysteme – eine Krise die andere ab ...

Die Erfahrungen mit dieser gefährlichen Politik, die Unsicherheit produzierte, haben schließlich auch im Westen zu der Einsicht geführt, daß Verhandlungen besser sind als Kriegsdrohungen, daß Kooperation vorteilhafter ist als ständige Konfrontation. Die KSZE ist das Ergebnis dieser Einsicht.

Nachdem der Gewaltverzicht ausgesprochen worden ist, ist nicht mehr einzusehen, warum das Wettrüsten weitergehen soll.

Ist der Gewaltverzicht von allen ernst gemeint, worauf die Völker drängen sollten, gibt es keinen Grund mehr für eine Steigerung und Intensivierung der Rüstung. Jetzt ist die Abrüstung möglich geworden.

Und sie ist dringend notwendig."

Aus der Erklärung der VVN-Bund der Antifaschisten „Für ein Europa ohne Faschismus – Für eine Europa ohne Berufsverbote, für Frieden, Entspannung, Völkerverständigung".

Die Internationale Jugendbegegnung im Jugendzentrum Ronneburg, August 1976

1977

14. Januar Martin Niemöller wird erster Träger der vom VVN-Präsidium gestifteten Ehrenmedaille des Widerstandes

28. Januar Studienkreis eröffnet das „Dokumentationsarchiv des deutschen Widerstandes"

26. Februar Der Abhörfall Traube wird durch „Spiegel" öffentlich gemacht

12. März Festveranstaltung zum 30. Gründungstag der VVN in der Frankfurter Paulskirche.

20.–22. Mai Bundeskongreß der VVN-BdA in Mannheim

21. Mai Kundgebungen „Beendet das Wettrüsten" in Bremen, Essen, Frankfurt/M. und München

3. Juni Offener Brief der VVN-BdA Rheinland-Pfalz an Ministerpräsident Vogel wegen SS-Treffen

11. Juni Brüsseler Appell für die Auflösung der SS-Verbände – gegen die Rehabilitierung des Nazismus (FIR u.a.)

15. August Der Kriegsverbrecher Herbert Kappler wird in Rom befreit und kann unbehelligt in der BRD leben

5. September Hanns-Martin Schleyer, ehemaliger SS-Mann und Arbeitgeberpräsident, wird von der RAF entführt.

4. Oktober wegen antisemitischer Äußerungen werden an der Bundeswehrhochschule München elf Leutnants dienstenthoben.

13. Oktober Pressekonferenz der VVN-BdA und der VDJ zur Tätigkeit von SS-Verbänden und ehemaligen SS-Führern in der Bundeswehr

18. Oktober Nach dem Sturm auf eine entführte Lufthansa-Maschine in Mogadischu durch GSG-9-Truppen, werden in Stuttgart-Stammheim drei verurteilte RAF-Mitglieder tot in ihren Zellen aufgefunden. Die Gefängnisverwaltung behauptet, es sei Selbstmord gewesen.

November Franz J. Strauß besucht Pinochet und wird mit einer Ehrendoktorwürde ausgezeichnet

VVN-BdA ehrt Widerstandskämpfer

Aus Anlaß des 30. Jahrestages der Gründung der VVN 1977 stiftete das Präsidium der VVN-BdA eine „Ehrenmedaille des deutschen Widerstandes".

Zwar hieß es in der Präambel des Bundesentschädigungsgesetzes von 1956: „Der um des Glaubens und Gewissens geleistete Widerstand gegen die nationalsozialistische Gewaltherrschaft war ein Verdienst um das Wohl des deutschen Volkes und Staates", doch das war die gesamte Anerkennung, die der bundesdeutsche Staat den ehemaligen Widerstandskämpfern zukommen ließ.

Vereinzelt wurden Antifaschisten mit dem Bundesverdienstkreuz, durch Landesehrungen wie der Wilhelm-Leuschner-Medaille oder Ehrenbriefe einer Stadt ausgezeichnet.

Doch Kommunisten, obwohl sie doch einen bedeutenden Anteil am Widerstand hatten, waren unter ihnen bis dahin so gut wie nie zu finden.

Daher beschloß das Präsidium, selber eine solche Ehrenmedaille herauszugeben. Auf einer Feierstunde in der Frankfurter Paulskirche am 12. März, auf der die Theologin Prof.Dr. Uta Ranke-Heinemann, der Schriftsteller Bernt Engelmann, Inge Aicher-Scholl, Emil Carlebach und Dr. Joseph C. Rossaint sprachen, wurde die Medaille zahlreichen Überlebenden des Widerstandes übergeben. Der erste Träger dieser Ehrenmedaille war Pfarrer Martin Niemöller. Seine Ehrung war eine symbolische Wiedergutmachung der VVN für die Ausgrenzungen gegen Niemöller in den 40er Jahren.

Plakat zur Festveranstaltung in der Paulskirche. Im Kreis unten rechts: Wiedergabe der Ehrenmedaille

„Deutschland im Herbst“

Das innenpolitische Klima wurde durch die Ereignisse vom Herbst 1977 massiv geprägt. Nach der Ermordung von Jürgen Ponto Ende Juli löste die Entführung von Arbeitgeberpräsident Hanns Martin Schleyer die größte Terroristen-Hatz aus, die die BRD je erlebt hatte. Rasterfahndungen, Straßensperrungen und anderes ließ einen manchmal vermuten, in einem südamerikanischen Land zu leben.

Mitte Oktober eskalierte die Situation, als eine Spezialeinheit der GSG 9 in Mogadischu (Somalia) die Passagiere einer gekidnappten Lufthansa-Maschine befreite.

In derselben Nacht starben unter niemals geklärten Umständen in Stuttgart-Stammheim drei RAF-Mitglieder. Am nächsten Tag wurde die Leiche von Hanns Martin Schleyer gefunden.

Diese Eskalation der Gewalt wurde von der Bundesregierung zum Anlaß genommen, um eine weitere Verschärfung der Gesetze durchzusetzen.

Schon im Mai 1977 hatte die VVN vor allen Versuchen gewarnt, „mit der Begründung der notwendigen Terroristenabwehr das Demonstrationsstrafrecht zu verschärfen, die grundgesetzwidrige Abhörpraxis gesetzlich zu verankern, die Gespräche von Anwälten und ihren Mandanten abzuhören, die Polizei mit schweren Waffen auszurüsten und ihr den Todesschuß zu erlauben.“

Im Herbst 1977 sah sich das Präsidium der VVN-BdA zu einer prinzipiellen Erklärung zum Terrorismus veranlaßt, in der es betonte, es teile „die berechtigte Empörung der Bevölkerung über den verbrecherischen Terrorismus.“ Es erklärte den Terrorismus zu einer „typischen Nazi-Methode, auch wenn diese Kräfte sich hinter scheinbar linken Parolen tarnen.“

Gleichzeitig warnte man davor, „jedermann als Sympathisanten des Terrorismus zu brandmarken, der sich für soziale Reformen und mehr Demokratie einsetzt.“

Diese Erklärung war eine Art Selbstschutz, wurde doch bereits der historisch belegte Hinweis darauf, daß Hanns Martin Schleyer SS-Mann gewesen sei, in diesen Wochen als Unterstützung des Terrorismus gewertet.

Dokumentationsarchiv des deutschen Widerstandes eröffnet

Zehn Jahre nach der Gründung des Studienkreises zur Erforschung und Vermittlung der Geschichte des deutschen Widerstandes 1933–1945 e.V. konnte am 28. Januar 1977 in der Rossertstr. 9 das erste Dokumentationsarchiv des deutschen Widerstandes in Frankfurt/Main eröffnet werden.

Grundlage dieser Sammlung waren die Bestände des historischen Archivs der VVN-Bund der Antifaschisten, sowie zahlreiche Nachlässe und Deposita ehemaliger Widerstandskämpferinnen und -kämpfer. Der 1977 verstorbene Interbrigadist Karl Sauer legte mit einer Schenkung von über 300 zum Teil sehr seltenen Broschüren und Büchern den Grundstock einer Sonderabteilung zum spanischen Bürgerkrieg.

Das Archiv umfaßte damit Originaldokumente aus dem antifaschistischen Widerstand, Tarnschriften und Berichte über Widerstandsgruppen, Erinnerungen und Aufzeichnungen der Verfolgten. Von Anfang an sammelten die beiden Mitarbeiterinnen, Dr. Barbara Mausbach-Bromberger und Dr. Ursel Krause-Schmitt, solche Berichte von Widerstandskämpfern. Hier wurde bereits „oral history“ praktiziert, bevor die historische Zunft überhaupt darüber diskutierte.

Neben den Originaldokumenten, mehreren Tausend Büchern und Broschüren wird das Archiv durch eine große Zahl von Fotos von Frauen und Männern des deutschen Widerstandes, von antifaschistischen Aktionen und Orten des Widerstandes und der Verfolgung ergänzt.

Max Oppenheimer, lange Jahre für die Geschichtsarbeit der VVN verantwortlich, sah als eine wichtige Aufgabe des Studienkreises an, „mit dafür zu sorgen, daß die Geschichte des Widerstandes kein papiernes Wissen bleibt, daß sie nicht losgelöst von Gegenwartsfragen, die heute junge Menschen interessieren, behandelt wird. Jugendliche sollen die Geschichte des Widerstandes durchforsten, sich mit den Erfahrungen der Menschen, die im Widerstand waren, auseinandersetzen und prüfen, was für ihr Weltbild wichtig ist.“ Und das Dokumentationsarchiv war von Anfang an ein Ort für solche „Spurensuche“.

Die Möglichkeiten „entdeckenden Lernens“ und die Begegnung mit Zeitzeugen führten zu einer enormen Resonanz unter Schulklassen und Jugendgruppen. Doch auch zahlreiche Studenten, Wissenschaftler und Journalisten nutzten und nutzen die Bestände des Archivs.

Festveranstaltung in der Paulskirche

Gegen Rechtsentwicklung – antifaschistische Alternativen

Unter dieser Überschrift stand der Bundeskongreß der VVN-BdA vom 20.–22. Mai 1977 in Mannheim. Aus Anlaß des Kongresses fand am Abend des 20. Mai ein Antifaschistischen Lieder-Festival statt, zu dem 1.300 Besucher kamen.

Parallel zu den großen Friedenskundgebungen in Bremen, Essen, Frankfurt/Main und München debattierten 320 Delegierte der VVN-BdA über die Perspektiven antifaschistischer Arbeit.

In seiner Einschätzung der politischen Lage in der BRD betonte Hans Jennes: „Wir können die Augen nicht vor der Tatsache verschließen, daß die Entwicklung bei uns in zunehmendem Maße nach rechts driftet. Davon zeugt die durch die zunehmende antikommunistische Hetze verursachte politische Intoleranz, die sich in der extensiv betriebenen Berufsverbotepraxis, in der Bespitzelung Hunderttausender Bürger ausdrückt. Davon zeugen auch die offen eingestandenen gesetz- und verfassungswidrigen Abhöraktionen der Geheimdienste, die Einschränkung der Verteidigerrechte, die zunehmende Verstärkung und Anwendung der Repressivgewalt des Staates, wie das der bürgerkriegsmäßige Aufmarsch von Brokdorf bewiesen hat, die ständige Aushöhlung unserer Verfassung sowie der Versuch der Totalrevision des Grundgesetzes in Richtung auf eine autoritäre polizeistaatliche Regierungsmethode."

„Diese Rechtsentwicklung ist um so besorgniserregender, als gleichzeitig die offen neofaschistischen Gruppierungen wie die Deutsche Volksunion, die NPD, die in der HIAG zusammengeschlossenen ehemaligen SS-Verbände ... unter dem Schutz von Polizei und Justiz ungestört in der Öffentlichkeit" agieren dürften, betonte Hans Jennes.

„Unvermindert werden wir unsere Bemühungen für die Aufhebung der Berufsverbotepraxis fortsetzen und unseren Teil dazu beitragen, den weiteren Abbau demokratischer Rechte und Freiheiten und die Aushöhlung unseres Grundgesetzes zu verhindern. ... Wir werden unsere erhöhte Aufmerksamkeit allen neonazistischen, neofaschistischen und militaristischen Umtrieben in unserem Lande widmen. Unser Bestreben geht dahin, durch möglichst breite, antifaschistisch-demokratische Bündnisse, gestützt auf die Verfassung und die Strafgesetze, die Bevölkerung zu mobilisieren, Regierung und Behörden zu veranlassen, diese Aktivitäten zu unterbinden."

Diese Berufung auf Verfassung und Strafgesetze war auch als Abgrenzung gegen autonome Kräfte, die unter antifaschistischem Handeln eher die direkte Aktion verstanden, zu sehen.

Internationale Initiative gegen die SS-Verbände

„Im Jahr 1977 sind in der Bundesrepublik 33 Treffen von SS-Traditionsverbänden geplant. Darunter SS-Regiment ‚Der Führer', SS-Panzerdivision ‚Das Reich', SS-Division ‚Totenkopf', SS-‚Leibstandarte Adolf Hitler', SS-Gebirgsdivision ‚Prinz Eugen'", warnte Hans Jennes auf dem Bundeskongreß 1977. In einem offenen Brief an den Ministerpräsidenten von Rheinland-Pfalz Vogel forderte Pfarrer Horst Stuckmann namens der VVN-BdA ein Verbot solcher Treffen.

Um diesem Protest auch international Gewicht zu verleihen, luden auf Initiative der VVN-BdA die FIR und verschiedene nationale Verbände am 11. Juni 1977 nach Brüssel zur Gründung einer „Internationalen Initiative des Widerstandes und der Opfer des Nazismus und Faschismus" ein.

Das Ziel der Gründung dieser Initiative war es, Organisationen der Widerstandskämpfer, Deportierten und Opfer des Faschismus, die nicht Mitglied der FIR waren, in den gemeinsamen Kampf gegen die SS-Verbände zu integrieren. Und so konzentrierte sich der „Appell von Brüssel", der von über 100 internationalen Verbänden unterzeichnet wurde, auf die beiden Hauptforderungen: „Auflösung der SS-Verbände" und „Verbot nazistischer Propaganda und Aktivitäten".

Als praktische Maßnahme wurde die Vorbereitung einer internationalen Manifestation am 22. April 1978 in Köln beschlossen.

Mit einer Broschüre zur „SS-Tradition in der Bundeswehr?" und der im Dezember 1976 erschienenen Dokumentation „Die Verbrechen der Waffen-SS" konnte die VVN überzeugende Materialien über die verhängnisvolle Rolle der SS-Verbände präsentieren. Auch vor Ort war die VVN aktiv. So legte die Marburger VVN eine Dokumentation zum SS-Regiment „Westland" vor, als dieses sich in Marburg-Biedenkopf zu einem Traditionstreffen versammeln wollte.

Eine breitere Öffentlichkeit erreichte die VVN-BdA in dieser Frage auf einer internationalen Pressekonferenz am 13. Oktober in Bonn. Gemeinsam mit der Vereinigung Demokratischer Juristen (VDJ) machte man vor allem deutlich, daß die Tätigkeit der SS-Verbände nach deutschem und internationalen Recht verboten sei und deswegen unterbunden werden müßte.

1978

März Streiks in der Druckindustrie verhindern erstmals das Erscheinen von Zeitungen

1. März Das 1. Heft des Funktionärsorgans der VVN-BdA „effektiv" erscheint.

29. März „Russel-Tribunal" in Frankfurt verurteilt die Berufsverbote in der BRD

22. April Internationale antifaschistische Manifestation in Köln für die Auflösung der SS-Verbände

5. Mai Filbinger weist alle Vorwürfe, als „furchtbarer Jurist" tätig gewesen zu sein, zurück: „Was damals Recht war, kann heute nicht Unrecht sein".

20. Mai Friedensdemonstration in Bonn „Nein zur Neutronenbombe"

24.–26. Mai VIII. Kongreß der FIR in Minsk

17. Juni Aktionen gegen ein „Deutschland-Treffen" der NPD in Frankfurt, brutaler Polizeieinsatz gegen Antifaschisten

7. August Hans Filbinger tritt als baden-württembergischer Ministerpräsident zurück nach öffentlichen Protesten wegen seiner Tätigkeit als Marinerichter

13. August neuerlicher Versuch der NPD, in Frankfurt zu demonstrieren, wird verhindert

31. August Appell des Präsidiums der VVN: Nazimorde dürfen nicht verjähren !

8./9. November In zahlreichen Städten der BRD finden Kundgebungen und Veranstaltungen zur Erinnerung an die Reichspogromnacht statt, allein in Hamburg demonstrieren 15.000 Menschen

Frankfurt – die „erste deutsche Stadt"?

Den 17. Juni, von der Adenauer-Regierung noch als „Tag der deutschen Einheit" verordnet, nahm die NPD 1978 zum Anlaß für eine bundesweite Mobilisierung nach Frankfurt. Diese Stadt sollte, so die NPD-Parole, die „erste deutsche Stadt" werden. Der Aufmarsch zielte bewußt gegen die große Zahl ausländischer Bürger in dieser Stadt.

Es war klar, daß die antifaschistischen Kräfte sich dieser Provokation entgegenstellen müßten. Der Versuch, auf juristischer Ebene ein Verbot der Aktion zu erreichen, scheiterte. Die VVN-BdA beteiligte sich in einem Bündnis mit gewerkschaftlichen Kräften unter der Parole „Nazis raus aus Frankfurt" an einer Kundgebung, die am Rande des geplanten Kundgebungsortes durchgeführt wurde. Andere sich antifaschistisch verstehende Gruppierungen versuchten, die NPD-Kundgebung auf dem Römerberg selber zu verhindern. Dabei kam es zu einem brutalen Polizeieinsatz, in dessen Verlauf 72 Personen verletzt wurden.

Diese Ereignisse führten in der VVN-BdA auch zu einer lebhaften Diskussion über antifaschistische Bündnisarbeit. Mit welchen Gruppen und Kräften kann und sollte man Bündnisse gegen Rechts eingehen?

Als im folgenden Jahr die NPD erneut in Frankfurt ihre Demonstration anmeldete, erkoren sich der „Kommunistische Bund", der „Arbeiterbund" und andere Gruppen dieses zu ihrem bundesweiten politischen Schwerpunkt. Während vor Ort die VVN-BdA mit gewerkschaftlichen und anderen Gruppen eine Kundgebung vorbereitete, mobilisierten diese Kräfte schwerpunktmäßig auf ein „Rock gegen Rechts"-Konzert. Überall luden sie zu „Aktionseinheitsgesprächen" ein und erklärten, daß es unabdingbar sei, nun bundesweit nach Frankfurt zu fahren. Die VVN-BdA lehnte, wie die meisten gewerkschaftlichen Gruppen, eine Zusammenarbeit ab. Ausschlaggebend für die VVN-BdA waren praktische Erfahrungen mit diesen Gruppen, wie auch die Orientierung auf grundlegende Abgrenzung gegenüber den K-Gruppen, wie sie von der DKP, dem DGB und anderen betrieben wurde.

Dennoch wurde das „Rock gegen Rechts"-Konzert 1979 ein großer Erfolg. 40.000 jugendliche Besucher strömten am 16./17. Juni nach Frankfurt.

Protest gegen den NPD-Aufmarsch in Frankfurt am 17. Juni 1978

Kölner Manifestation gegen die SS-Verbände

Eine solche Demonstration hatte die Kölner Innenstadt noch nicht gesehen:

Französische Parlamentarier mit ihren Tricolore-Schärpen, italienische, belgische und niederländische Widerstandskämpfer mit ihren Traditionsfahnen und zahlreichen Verdienstorden, ehemalige KZ-Häftlinge in ihren Häftlingskleidungen gemeinsam mit Bundeswehrsoldaten in Uniform, Fahnen und Transparente von Delegierten aus 18 europäischen Ländern, all das bewegte sich mit 40.000 anderen Teilnehmern am 22. April 1978 durch die Kölner Innenstadt zum Neumarkt.

Hier fand eine eindrucksvolle Abschlußkundgebung unter dem Motto „Zum Schutz von Freiheit und Demokratie: Für die Auflösung der SS-Verbände – gegen die Rehabilitierung des Nazismus" statt. Auf dieser Demonstration war auch eine große Zahl von jungen Leuten zu sehen, die ebenfalls diese politischen Ziele unterstützten.

Zum ersten Mal wurde deutlich, welch hohen moralischen Stellenwert ein gemeinsamer Appell von Widerstandskämpfern und Verfolgten in der Öffentlichkeit hatte. Viele demokratische Organisationen unterstützten in Grußbotschaften das Anliegen der Kölner Kundgebung.

Das Presseecho zeigte, daß diese Demonstration einen ungewöhnlich großen Widerhall in den Massenmedien fand. Der Ring des Schweigens um die Aktivitäten der Antifaschisten konnte durchbrochen werden, erklärte rückblickend die VVN-BdA.

Die Manifestation in Köln war kein Endpunkt, sondern ein erster Höhepunkt im Kampf gegen die SS-Verbände, der sich in den folgenden Jahren immer mehr an die Orte der geplanten SS-HIAG-Treffen verlagerte. Auch bekam er 1979 mit der Frage der Verjährung von Nazi- und Kriegsverbrechen einen weiteren aktuellen Bezugspunkt.

„Hitlerwelle" der 70er Jahre

Aus kleinen Anfängen entwickelte sich in den 70er Jahren die sogenannte „Hitlerwelle". In ungeheuren Mengen wurden, unter dem Deckmantel der „Dokumentation", Produkte wie die Zeitschrift „Das Dritte Reich", Schallplatten mit Hitler-Reden, Filme usw. auf den Markt geworfen.

Von einer naturgegebenen „Welle" kann aber keine Rede sein. Zweifelhafte Verlage und Autoren, das Fernsehen und andere Medien stürzten sich „nach Ende der Schamfrist" auf den Führer. Die Geschäftemacherei verband sich früh mit dem Interesse, den kritischen und antifaschistischen Blick auf das „Dritte Reich" zurückzudrängen. Das Erkennen eigener Schuld in Krieg und Führerstaat, die Auseinandersetzung mit den Opfern, die Kenntlichmachung der Hauptnutznießer; all das sollte in einem gigantischen Medienspektakel untergehen.

In breiter Front beteiligten sich konservative und profaschistische Autoren daran, das Bild vom „dämonischen Hitler" wiederaufleben zu lassen und den Faschismus nunmehr „objektiv" zu betrachten.

Sie verbreiteten erneut die alten entlastenden Legenden wie „wenn das der Führer wüßte" (David Irving) oder die Mär vom „großen Mann", der die Geschicke ganz allein geleitet und verantwortet habe (Joachim Fest). Ein unterschwelliger Antisemitismus verband sich mit der Klage, daß Hitler die Deutschen „verraten" habe und diese deshalb die eigentlichen Opfer seien. (Sebastian Haffner)

Ziel des Ganzen war dabei, die „guten Seiten" des Faschismus zu isolieren und wieder als politische Mittel einzuführen. Insbesondere wurde so getan, als sei das Führen eines Krieges eine ganz normale Sache. Der II. Weltkrieg habe mit dem Völkermorden nichts zu tun gehabt, vielmehr seien diese „Fehler" gewesen, die die Niederlage herbeigeführt hätten.

Unter der Hand wurde versucht, die in Verruf geratenen Maßstäbe nationalistischer und militaristischer Politik wieder einzuführen.

Die sich ebenfalls während der 70er Jahre formierenden offen neonazistischen Gruppen nutzten die Gunst der Stunde. Ihr „Führer" Michael Kühnen sprach offen aus, daß es darauf ankomme, das unkritische Medieninteresse vor den eigenen Karren zu spannen.

TW

Filbinger – der „furchtbare Jurist"

Der „furchtbare Jurist" Filbinger übte von 1966 bis 1978 das Amt des baden-Württembergischen Ministerpräsidenten aus. Zunächst in eine Großen Koalition mit der SPD eingebunden, erreichte die Filbinger-CDU bei der Landtagswahl 1972 mit Hilfe der NPD eine absolute Mehrheit von 52,9%. Die NPD, von 1969 bis 1972 mit 9% im Landtag vertreten, hatte ihre Kandidatur zurückgezogen und zur Wahl der CDU aufgerufen.

In den sechs Jahren seiner Alleinregierung trimmte der Ex-Marinerichter Filbinger, das vordem liberal geprägte Bundesland Baden-Württemberg auf strammen Rechtsaußenkurs. Beim Gesinnungsschnüffeln und der rigiden Anwendung der Berufs- und Ausbildungsverbote ließ sich Filbinger auch von seinem bayerischen Amtskollegen Strauß nicht übertreffen. So hatte der baden-württembergische Innenminister Karl Schieß 1973 die „karteimäßige" Überprüfung sämtlicher Bewerber für den öffentlichen Dienst verfügt – rund 10.000 politische Überprüfungen pro Jahr. Über unbequeme Redakteure ließ er Dossiers anfertigen.

Vehement bekämpfte Filbinger die Entspannungspolitik der Sozialliberalen Bundesregierung und baute freundschaftliche Beziehungen zu geistesverwandten Regimen, wie Franco-Spanien, Salazar-Portugal, Südafrika und Chile auf. Während im McCarthy-Stil Demokraten beschnüffelt und diszipliniert wurden, schrieben Filbingers Kultusminister Hahn und sein Innenminister Schieß ungeniert Beiträge für das deutschsprachige italienische Neofaschistenblatt „Oltre Confine". Auf dem Höhepunkt der Terroristenhysterie im Sommer 1977 erklärte Filbinger Schulen, Hochschulen, Gewerkschaften zu Brutstätten des Terrorismus und verleumdete Professoren, Schriftsteller, Theologen, Journalisten als „Handlanger und geistige Wegbereiter des Terrors".

Während der Schleyer-Entführung durchsuchten Staatsschutz und Polizei in einer Nacht- und Nebelaktion das Landesbüro der VVN-Bund der Antifaschisten – angeblich um Hinweisen nachzugehen, daß der entführte Arbeitgeberpräsident dort gefangengehalten wird.

Am 17. Februar 1978 enthüllte Schriftsteller Rolf Hochhuth, daß Filbinger als Hitlers Marinerichter noch in britischer Kriegsgefangenschaft am 29. Mai einen 24jährigen Soldaten zu 6 Monaten Gefängnis verurteilt hatte, weil der sich das Hakenkreuz von der Uniform gerissen und „Ihr Nazischweine" gerufen hatte. Dieser Enthüllung folgten weitere: Am 9. April 1945 hatte Filbinger einen Matrosen wegen Fahnenflucht im Felde und am 17. April einen weiteren wegen Fahnenflucht und Wehrkraftzersetzung zum Tode verurteilt. Die Vollstreckung der von ihm als Marinestaatsanwalt geforderten Todesstrafe durch Erschießen hatte er gleich selbst geleitet: Am 17. März starb der 22jährige Matrose Walter Gröger, weil er Vorbereitungen zur Desertion getroffen hatte.

Die VVN-BdA kämpfte gemeinsam mit anderen Demokraten für Filbingers Rücktritt. Tausende Baden-Württemberger setzten ihre Unterschrift unter die von der VVN-BdA initiierte Unterschriftensammlung: „Filbinger muß zurücktreten". Mit Demonstrationen wurde dieser Forderung Nachdruck verliehen. Auch der Rückhalt in seiner eigenen Partei begann zu schwinden. Am 7. August 1978 mußte der „furchtbare Jurist", für den, was „gestern rechtens war, heute nicht unrecht sein" konnte, als Ministerpräsident zurücktreten. Der 82jährige steht heute dem von ihm gegründeten Studienzentrum Weikersheim, das eine Scharnierfunktion zwischen Neofaschisten und Rechtskonservativen ausübt, vor. Die Südwest-CDU hat ihn zum Ehrenvorsitzenden ernannt. EG

„Als die Synagogen brannten"

Der 40.Jahrestag der Reichspogromnacht im November 1978 war ein Höhepunkt in der antifaschistischen Erinnerungsarbeit.

Zum ersten Mal gelang es bundesweit, das Gedenken an die Opfer der antijüdischen Pogrome umfassend mit den politischen Forderungen der Gegenwart zu verbinden. Ohne dem eigentlichen Anlaß etwas überzustülpen, verbanden zahlreiche lokale und regionale Initiativen die Erinnerung an den Jahrestag mit dem Kampf gegen Neofaschismus heute und mit den Losungen „Für die Auflösung der SS-Verbände – gegen die Rehabilitierung des Nazismus".

Die VVN-BdA hatte sich vorgenommen zu verdeutlichen, „wozu Volksverhetzung, Rassenhaß, Demagogie und nazistische Propaganda, begleitet von der Unterdrückung jeglicher demokratischer und humanistischer Regungen, begleitet von der Verfolgung politisch Andersdenkender und der Einschüchterung breiter Teile der Bevölkerung, schon einmal geführt haben."

Auf großes Interesse stieß dabei das Buch „Als die Synagogen brannten", das Max Oppenheimer im Auftrag des Präsidiums der VVN herausgegeben hatte. Es mußte innerhalb kurzer Zeit in einer zweiten Auflage herausgegeben werden. In vielen Fällen begann man sich mit den lokalen Ereignisse zu beschäftigen, teils in Geschichtskommissionen, teils in kleinen Veröffentlichungen oder – wie in Marburg – mit einer szenischen Lesung „Vor den Augen dieser Stadt".

Von der VVN-BdA initiierte breite politische Bündnisse bereiteten den Jahrestag vor. Aktionen, Kundgebungen und Demonstrationen in der ganzen Republik prägten das politische Bild dieses Jahrestages. Das breiteste Bündnis war sicherlich die „Antifaschistische Initiative Hamburg", in der über 40 Organisationen der Hansestadt vertreten waren. Sie vermochte es, zu diesem 9. November 15.000 Menschen, überwiegend junge Leute, zu einer Demonstration zu mobilisieren.

1979

22. Januar Die Ausstrahlung der amerikanischen Fernsehserie „Holocaust" löst langanhaltende öffentliche Diskussionen aus.

26. Januar Pressekonferenz des Internationalen Auschwitz-Komitees in Bonn zur Nichtverjährung von Nazi-Verbrechen

2. Februar Europaparlament bekennt sich zur Nichtverjährbarkeit von Kriegsverbrechen und Verbrechen gegen die Menschlichkeit

15. März Strafantrag des VVN-Präsidiums gegen die Wehrsportgruppe Hoffmann wegen des Verdachts der Gründung einer terroristischen Vereinigung

31. März In Bonn demonstrieren 35.000 Menschen gegen die Berufsverbote. Gleichzeitig demonstrieren in Hannover 40.000 Menschen gegen die geplante Atommüll-Deponie in Gorleben

19. April Vier wegen Beihilfe zum Mord angeklagte Personen werden im Majdanek-Prozeß freigesprochen

21. April In Straßburg nehmen 30.000 Menschen an einer Kundgebung der „Internationalen Initiative für die Auflösung der SS-Verbände – gegen die Rehabilitierung des Nazismus" teil

25.–27. Mai Bundeskongreß der VVN-BdA in Dortmund

18. Juni SALT II-Abkommen unterzeichnet

3. Juli Bundestag spricht sich für die Nichtverjährung von Kriegsverbrechen und Verbrechen gegen die Menschlichkeit aus

17. Juli Somoza-Regime in Nicaragua wird durch Sandinisten gestürzt.

1. September Friedensdemonstration „Den Frieden sichern! – Das Wettrüsten beenden!" in Bonn

13. September OLG Celle verurteilt sechs junge Neonazis zu Freiheitsstrafen zwischen vier und elf Jahren

14. Oktober 100.000 Menschen demonstrieren in Bonn gegen AKWs

18. Oktober „Botschaft von Rom" – Das Wettrüsten beenden! beim Welttreffen ehemaliger Kriegsteilnehmer, Deportierter und Widerstandskämpfer verabschiedet

8. Dezember 8.000 Antifaschisten demonstrierten gegen den NPD-Bundesparteitag in Ketsch

12. Dezember NATO-Doppelbeschluß bereitet die Stationierung amerikanischer Pershing II und Cruise Missiles auf dem Boden der BRD vor

Naziverbrechen dürfen nie verjähren!

Für die antifaschistische Diskussion im Jahr 1979 gab es nur zwei Themen, einmal die Wirkung des Filmes „Holocaust" und – damit unmittelbar verbunden – die Auseinandersetzung um die drohende Verjährung von Nazi- und Kriegsverbrechen zum 31.12.1979. Bekanntlich war es Ende der 60er Jahre nur gelungen, eine Verlängerung der Verjährungsfrist um 10 Jahre zu erreichen. Nun ging es darum, entsprechend den internationalen Vereinbarungen eine Aufhebung der Verjährung durchzusetzen. Zu recht betonte das Präsidium zur Bedeutung der Debatte: „Es geht dabei um das Verhältnis unseres Volkes zu seiner Geschichte, um die Lehren, die aus der Geschichte gezogen oder nicht gezogen werden, um die Stellung zum Antifaschismus als Bestandteil unserer Verfassung."

Am 26. Januar 1979 trat das Internationale Auschwitz-Komitee mit der Forderung nach Nichtverjährung in Bonn vor die Presse.

Auch die „Internationale Initiative für die Auflösung der SS-Verbände" nahm diese Forderung bei ihrer großen internationalen Demonstration der europäischen Widerstandsorganisationen am 21. April 1979 in Straßburg auf.

Unter der Losung „Keine Verjährung für Kriegsverbrechen und Verbrechen gegen die Menschlichkeit – Auflösung der SS-Verbände – Unterbindung jeglicher Nazipropaganda!" demonstrierten 30.000 Menschen durch die Stadt des europäischen Parlaments. Aus allen Teilen der Bundesrepublik waren mit Bussen, PKWs und Züge gut 10.000 Teilnehmer nach Straßburg gekommen. Die Kundgebungsredner wiesen auf die skandalösen Freisprüche im Majdanek-Prozeß und das geplante Treffen der SS-Totenkopfverbände in Arolsen hin, um die Forderung nach Nichtverjährung zu bekräftigen.

Auch vor Ort ging der politische Kampf gegen die SS weiter. Ende April demonstrierten etwa 3.000 Menschen in Arolsen gegen das SS-Traditionstreffen.

Es war ein Erfolg der antifaschistischen Initiativen, daß sich der Bundestag am 3. Juli für die Nichtverjährbarkeit von Kriegsverbrechen und Verbrechen gegen die Menschlichkeit aussprach.Es warf jedoch ein bezeichnendes Licht auf dessen politische Glaubwürdigkeit, daß während dieser Diskussion, ehemalige Naziverfolgte in ihrer KZ-Kleidung gewaltsam von der Zuschauertribüne des Bundestages entfernt wurden, als sie gegen provokante Äußerungen eines CSU-Abgeordneten protestierten.

Ehemalige KZ-Häftlinge wenden sich auf der Tribüne des Bundestages gegen die Verjährung von NS-Verbrechen (in der Mitte: Emil Carlebach)

„Holocaust“ – ein Melodram bewegt die Republik

Als im Januar 1979 die ARD den amerikanischen Vierteiler über die Verfolgung und Vernichtung der deutschen Juden mit dem Titel „Holocaust“ ausstrahlte, da passierte etwas in dieser Republik, was bisher noch nicht geschehen war. Der Film stieß von Abend zu Abend auf größere Resonanz, bis er schließlich 20,3 Millionen Zuschauer erreichte. Er durchbrach auch das bisherige Schweigen über die Geschichte und löste heftige Diskussionen in den Familien und in der Öffentlichkeit aus. Selbst die „Expertenrunden“ nach dem Film erwiesen sich als wahre Publikumsmagneten.

Natürlich ließ dieser Spielfilm über das Schicksal der Familie Weiß viele Fragen nach den Ursachen und Hintergründen, nach den Nutznießern und den Gegnern dieser Politik offen. Aber er provozierte Fragen. Und so konnte die VVN-BdA in Reaktion auf den Film ein Flugblatt mit dem Titel „Antworten auf Holocaust“ in einer Auflage von 500.000 Exemplaren verbreiten. Besonders Jugendorganisationen, Jugendzentren und Bildungsstätten bestellten das Material und organisierten dazu Diskussionsrunden. Volkshochschulen und Kirchengemeinden griffen das Thema spontan auf und fragten bei der VVN-BdA nach Referenten und weitergehender Literatur. So fanden die Aktionen zur Reichspogromnacht von 1978 ihre inhaltliche Fortsetzung.

War es bis dahin für VVN-Mitglieder oftmals schwierig in Schulen aufzutreten, so empfahl nun die Hamburger Bürgerschaft ausdrücklich die Heranziehung ehemaliger Naziverfolgter zu Vortragsveranstaltungen in Schulen und Bildungsstätten.

Das NRW-Kultusministerium forderte in einem Erlaß, in den Schulen die Zeit der Naziherrschaft und den Widerstand dagegen verstärkt zu behandeln. Die Anfragen nach Zeitzeugen war so groß, daß die meisten Kreisvereinigungen große Mühe hatten, den zahlreichen Einladungen von Widerstandskämpfern zu Vorträgen in Schulen, Seminaren und anderen Veranstaltungen nachzukommen.

Die internationale Demonstration in Straßburg

Proteste in Düsseldorf nach den Freisprüchen im Majdanek-Prozeß

Nein zum NATO-Doppelbeschluß

Neben dem Kampf gegen die SS-Verbände und für antifaschistische Geschichtsarbeit besaß die Friedensarbeit der VVN-BdA einen hohen Stellenwert.

Er wuchs noch, als im Laufe des Sommers 1979 offensichtlich wurde, daß die NATO – trotz der Unterzeichnung des SALT-II-Abkommens – eine neue Runde des Wettrüstens mit der Stationierung atomarer Mittelstreckenraketen auf dem Gebiet der Bundesrepublik einläuten wollte. In der Presse begann eine breite Kampagne zur angeblichen Bedrohung unseres Landes durch sowjetische SS-20 Raketen. Dagegen engagierten sich bereits viele Menschen. Der Antikriegstag am 1. September wurde von Friedensinitiativen, Gewerkschaftsgruppen und dem Komitee für Frieden, Abrüstung und Zusammenarbeit zu zahlreichen Demonstrationen und Veranstaltungen unter dem Motto „Den Frieden sichern! – Das Wettrüsten beenden!“ genutzt.

Noch war jedoch das Bewußtsein von der Bedrohung nicht konkret genug. Deutlicher sahen die Herausforderung die Organisationen der ehemaligen Kriegsteilnehmer. Mit starker Unterstützung der FIR und in ihren Reihen der VVN-BdA versammelten sich vom 18. bis 20. Oktober 1979 in Rom 406 Delegierte von 135 Organisationen zum „Welttreffen der ehemaligen Kriegsteilnehmer für die Abrüstung“.

Diese Versammlung forderte nach eingehender Diskussion in ihrer „Botschaft von Rom“ u.a. „wirksame Maßnahmen der nuklearen Abrüstung, die Einstellung der Weiterverbreitung von Kernwaffen, das Verbot der Entwicklung, Herstellung, qualitativen Perfektionierung und der Verbreitung sämtlicher Massenvernichtung ... Gleichzeitig halten wir eine ausgewogene und ausgeglichene Reduzierung der Streitkräfte und der konventionellen Rüstungen für unerläßlich.“

Papst Johannes Paul II. empfing die Teilnehmer der Versammlung in einer Audienz, selbst Bundeskanzler Helmut Schmidt sandte eine Grußbotschaft. Wie wenig ernst es Schmidt mit seiner Begrüßung meinte, bewies er schon wenige Wochen später, als er sich in der NATO mit Vehemenz für den NATO-Doppelbeschluß einsetzte, der eine Stationierung von Cruise-missiles und Pershing II in der BRD vorsah.

Bundeskongreß in Dortmund, 25.–27. Mai

Gestandene Antifaschisten beim Dortmunder Bundeskongreß (von links): Alix Lhote, Generalsekretär der FIR, Alfred Hausser, J.C. Rossaint

„Aktion 80“ – ein Wettbewerb in der VVN-BdA?

Natürlich machten sich die leitenden Gremien regelmäßig Gedanken über die organisationspolitische Entwicklung der VVN. Besonders der Mitgliedergewinnung und der Abonenntenwerbung für die „Tat“ schenkte man besondere Aufmerksamkeit.

Dabei standen die Mitgliedsbeiträge nur bedingt im Zentrum der Überlegung, war doch schon damals ein großer Teil der Organisationskosten mit Hilfe von Zuwendungen von Partnerverbänden in der DDR abgesichert. Es ging vorrangig darum, aus den neuen Kontakten, dem gewachsenen Ansehen der VVN-BdA politisch stabile Verbindungen zu entwickeln, jüngere Kräfte für die Organisation zu gewinnen, und damit das organisatorische und politische Gewicht der VVN-BdA zu erhöhen. Der Dortmunder Bundeskongreß beschloß daher einen Mitgliederwettbewerb mit dem Ziel:

- „unsere Reihen durch mehr Mitglieder zu stärken;
- die VVN-Bund der Antifaschisten bekannt zu machen und ihren Einfluß zu erhöhen;
- das Leben unserer Organisation attraktiver zu gestalten und unsere Arbeit zu verbessern;
- mehr Leser für die antifaschistische Wochenzeitung ‚die tat‘ zu gewinnen.“

Wie bei jedem Wettbewerb wurden Ziele vorgegeben, die erreicht und nach Möglichkeit übererfüllt werden sollten, nämlich 2.500 neue Mitglieder und 2.500 neue Leser der Zeitung bis zum 1. 9. 1980.

Diese anspruchsvolle Vorgabe war nicht erfüllbar. Statt Werbeaktionen machte die Organisation vor Ort durchaus erfolgreich Politik. Um die Ziele des Wettbewerbs noch erreichen zu können, wurde der Zeitraum bis zum 28.2.1981 verlängert, um dann verkünden zu können, daß 2.778 neue Mitglieder und 1.895 neue „tat“-Leser gewonnen werden konnten. Diese an sich beeindruckende Zahl wurde jedoch dadurch relativiert, daß nach Ende des Wettbewerbs die Zahl der Neuaufnahmen rapide zurückging. Auch vermochten viele Kreisvereinigungen nicht, den schwersten Teil dieses Wettbewerbes umzusetzen, nämlich die neugewonnenen Mitglieder in die Arbeit der Organisation einzubinden.

V.

Die achtziger Jahre

Zwischen „Nachrüstung" und Zusamenbruch des Sozialismus

Zwar war am Anfang dieses Jahrzehnts die Reformhoffnung selbst bei den größten Optimisten verflogen, doch niemand konnte erwarten, daß am Ende dieser Periode eine grundlegend veränderte Welt stehen würde. Negative Veränderungen erwartete man damals eher hinsichtlich des Entspannungsprozesses. Hatte doch der NATO-Nachrüstungsbeschluß deutlich gemacht, daß eine neue Runde des Wettrüstens bevorstände und daß durch die Stationierung der atomaren Mittelstreckenraketen Deutschland selber zum Aufmarschgebiet werden würde. Das löste eine breite Debatte in Deutschland aus, die von linken Kräften bis hinein in kirchliche und konservative Kreise reichte.

Auch der Neofaschismus erreichte Anfang der 80er Jahre eine neue Gefährlichkeit. Waren terroristische Übergriffe gegen Repräsentanten von Staat und Wirtschaft bisher die Domäne der RAF, versuchten nun militante neonazistische Gruppen mit gezieltem Terror gegen Ausländer und mit Bombenattentaten, wie in München beim Oktoberfest, die BRD politisch zu destabilisieren. Dabei ging es ihnen nicht um die Beseitigung politischer Gegner, sondern um eine Demonstration eigener Präsenz und eine allgemeine Verunsicherung. Ziel war es, den Ruf nach dem „starken Mann", der endlich Ordnung im Lande schafft, in den Köpfen der Bevölkerung zu verankern. Und dieser „starke Mann" stand bei der Bundestagswahl 1980 mit Franz-Josef Strauß zur Wahl. Die Kandidatur dieses Repräsentanten der äußersten Rechten, des Vertreters des Rüstungskapitals und Anhängers von Chiles Diktator Pinochet bewegte noch einmal viele Menschen in der BRD, sich unabhängig von parteipolitischer Orientierung und Organisationszugehörigkeit unter der Losung „Stoppt Strauß" zu engagieren. In Demonstrationen und Kundgebungen, mit Flugblättern und Aufrufen, mit dem Tragen von Buttons, mit kreativen Aktionen, wie dem „anachronistischen Zug" entwickelte sich ein politisches Klima, das der SPD/FDP-Koalition noch einmal einen deutlichen Wahlsieg ermöglichte. Nicht wenige wählten damals die Koalition nicht wegen ihres Programms, sondern gegen Franz-Josef Strauß.

Dies machte sich schon wenige Monate später bemerkbar, als die Regierung von einer Krise in die nächste geriet. Vor allem auf die Wirtschaftskrise fand diese Koalition keine Antworten. In der FDP hatte gleichzeitig ein Richtungswechsel stattgefunden, so daß der Austritt von vier FDP-Ministern aus der Koalition im September 1982 nicht mehr überraschte. Mit Hilfe eines konstruktiven Mißtrauensvotums wurde der neue Kandidat der CDU/CSU, Helmut Kohl, zum Bundeskanzler gewählt. Vor dem Hintergrund einer leichten konjunkturellen Belebung sah die neue Koalition es als günstig an, im März 1983 Neuwahlen anzusetzen. Dabei wurde die Koalition von CDU/CSU und FDP bestätigt. Nun endlich konnte Helmut Kohl in der Regierungerklärung sein Programm zur „geistig-moralischen Wende" propagieren.

Der erste praktische Schritt dieser „Wende" war die hundertprozentige Unterordnung der BRD unter die Strategie der NATO. Schon Kanzler Schmidt hatte den „Nachrüstungsbeschluß" der NATO forciert, erfuhr jedoch in seiner eigenen Partei noch deutlichen Widerspruch. Die Mitte-Rechtskoalition setzte nun diese Politik fort. Im Oktober 1983 setzte sie einen Stationierungsbeschluß im Bundestag durch.

Diese Veränderungen der außenpolitischen Orientierung gingen einher mit internationalen Entwicklungen, die auf die politische Bewegung in der BRD Auswirkungen hatten.

1980 entwickelte sich in Polen der innenpolitische Streit um die Bewegung Solidarnosc, der nur durch die Verhängung des Kriegsrechts beendet werden konnte.

In diesem Streit kamen sowohl innere Reformnotwendigkeiten und von außen forcierte Einwirkungsversuche auf die polnische Gesellschaft zusammen. Die folgende Unterdrückung der Bewegung durch das Militär wurde auch von denen, die nur eine Destabilisierung der sozialistischen Länder erreichen wollten, mit Krokodilstränen bejammert. Das Scheitern dieser Einwirkungsversuche führte mittelbar zur Veränderung der NATO-Strategie, die nunmehr das Konzept „Air-Land-Battle" und später das „SDI-Projekt", was als Sternenkriegsprojekt bekannt wurde, entwickelte.

Innenpolitisch hatte der Streit um Solidarnosc ebenfalls Auswirkungen. Besonders in den Gewerkschaften wurde er als Vehikel zur Ausgrenzung von Mitgliedern und Sympathisanten der DKP, die in den 70er Jahren manche Positionen erringen konnten, genutzt. Ehemalige Bündnisbeziehungen wurden mit dem Abgrenzungsvorbehalt belastet. Auch diese Diskussion lähmte die ehemals breite Bewegung zur internationalen Solidarität.

Anders als in den 70er Jahren, wo Internationalismus für viele Beteiligte auch etwas mit Antiimperialismus zu tun hatte, wurden nun „allgemeine Menschenrechte", die jedoch meist von ihren sozialen und wirtschaftlichen Grundlagen abgekoppelt waren, proklamiert. Nur wenige erkannten, daß sich nicht die politischen Strukturen, sondern nur die Einwirkungsformen über Internationalen Währungsfond (IWF) und Marionettenregime verändert hatten.

Deutlich weniger Menschen engagierten sich in der Chile-Solidarität, die Unterstützung für der politischen Veränderungen in Nicaragua wurde allein Sache der politischen Linken. Breitere Unterstützung bis hinein in kirchliche Kreise fand die Solidarität mit der Anti-Apartheits-Bewegung in Südafrika.

Die krisenhafte Entwicklung der deutschen Wirtschaft brachte Anfang der 80er Jahre große sozialpolitische Auseinandersetzungen. Während in den 70er Jahren die Verteilungs- und Tarifkämpfe meist mit tragfähigen Kompromissen abgeschlossen wurden, waren die öffentlichen und privaten Arbeitgeber hierzu immer weniger bereit.

Es bedurfte großer Anstrenungen der Gewerkschaften, tatsächliche soziale Erfolge durchzusetzen. Herausragendes Beispiel ist sicherlich der Kampf um die 35-Stunden-Woche, den die IG Metall im Jahr 1983/84 geführt hat. Es waren nicht so sehr die Verhandlungen, sondern die Mobilisierung von 100.000 Kollegen in den Betrieben, die Warnstreiks und andere Aktionen, die letztlich den Durchbruch im Herbst 1984 erreichten. Wenn es auch mit 38,5 Stunden begann, der Weg zur Arbeitszeitreduzierung bei vollem Lohnausgleich war vorgezeichnet.

Der Versuch, diese Errungenschaften auch für den öffentlichen Dienst umzusetzten, stieß auf den massiven Widerstand der Bundesregierung. Und auch hier bedurfte es breiter Bewegungen der Gewerkschaftsmitglieder – von anderen Einzelgewerkschaften unterstützt –, bevor ein Einlenken sichtbar wurde. Daraufhin versuchte die Bundesregierung 1986, mit einer Neufassung des § 116 AFG eine Einschränkung der Gewerkschaftsrechte durchzusetzen. Und es zeigt die Veränderung der politischen Handlungsmöglichkeiten, daß es dem DGB nicht gelang, diesen Angriff auf seine Rechte zurückzuweisen.

Demobilisierend wirkte dabei der wachsende Sockel an Dauerarbeitslosen, der jedem noch Beschäftigten seine mögliche Zukunft vor Augen führte.

Es ist nicht vermessen, wenn man die 80er Jahre als Jahrzehnt der Friedensbewegung in der BRD bezeichnet. Seit dem NATO-Nachrüstungsbeschluß vom Dezember 1979 entwickelte sich die Friedensbewegung zu einer echten Massenbewegung.

Sichtbarer Ausdruck dafür waren sowohl der Krefelder Appell, wie auch die Massendemonstrationen für den Frieden Anfang der 80er Jahre. Die Stärke des Krefelder Appells, der 1980 von einer bundesweiten Friedensversammlung in der nordrhein-westfälischen Stadt verabschiedet worden war, lag in seiner strikten Beschränkung auf die klare Forderung „Keine neuen Atomraketen in Mitteleuropa".

Zwar wurde immer wieder versucht, die Bewegung als kommunistisch gesteuert zu diffamieren, aber immer weniger Menschen ließen sich durch diese Propaganda abhalten, ihre Sorge vor einer Gefährung in Mitteleuropa in Handeln umzusetzen. Über 5 Millionen Unterschriften wurden von Friedensinitiativen im ganzen Land unter den Appell gesammelt, mehr als je bei einer politischen Aktion in der BRD zuvor.

In Demonstrationen mit stetig wachsender Teilnehmerzahl zeigte die Friedensbewegung, daß sie die geplante Stationierung ablehnte. Die Friedensversammlungen am 22.Oktober 1983 in Bonn, Stuttgart, Neu-Ulm und Hamburg wurde mit mehr als 500.000 Teilnehmern die größten Demonstrationen, die die Bundesrepublik bis zu dem Zeitpunkt erlebt hatte.

Der Stationierungsbeschluß der Bundesregierung vom Herbst 1983 ließ manche Teilnehmer der Friedensdemonstrationen resignieren. Doch bald entwickelten sich neue Formen des Widerstandes gegen die Atomraketen vor Ort. Schon 1983 begannen die Aktionen der Friedensbewegung an den Stationierungsorten in Hasselbach und Mutlangen. Dabei wurden massenhaft Formen des zivilen Ungehorsams erprobt. Die Blockade der Zufahrtswege, das Anketten an Einrichtungen der Stationierungsorte und andere demonstrative Aktionen. Die Bundes- und Landesregierungen reagierten mit Strafverfahren wegen Nötigung und anderen zivilrechtlichen Repressionen. Massenhaft wurden Geldstrafen bzw. ersatzweise Haft wegen Landfriedensbruch verhängt. Da sich die Friedensfreunde weigerten zu bezahlen, gingen zahlreiche Blockierer daraufhin tage- bzw. wochenweise in Haft.

Doch konnte auch das nicht verhindern, daß Blockade-Aktionen von immer mehr Menschen, auch und gerade von Prominenten unterstützt wurden. Ob Nobelpreisträger und Friedensforscher, Schriftsteller oder NS-Verfolgte in ihren Häftlingskleidungen, sie allen demonstrierten gemeinsam mit den vielen Tausend Friedenskämpfern, daß sie nicht bereit waren, sich mit dem Stationierungsbeschluß abzufinden.

Und es war zweifellos auch ein Erfolg der Friedensbewegung, als im Dezember 1987 das Abkommen zwischen den USA und der UdSSR über die Beseitigung der atomaren Mittelstreckenraketen aus Europa abgeschlossen wurde. Im September 1988 begann der Abzug der Pershing-II Raketen aus Heilbronn.

Es sollte aber noch bis Anfang der 90er Jahre dauern, bis das Bundesverfassungsgericht entschied, daß die Blockade der Stationierungsstandorte weder Landfriedensbruch noch Nötigung sei und alle Verurteilungen aus diesem Grund rechtswidrig wären. Dieser juristischen Rehabilitierung folgte jedoch kein Wort der politischen Entschuldigung.

Auch die Ökologiebewegung gewann in diesen Jahren politische Konturen.

Neben dem Kampf gegen die Bonner Atompolitik erlangte noch der Widerstand gegen den Bau der Startbahn West in Frankfurt überregionale Bedeutung. Nach mehrjährigen Auseinandersetzungen in der Region versuchten die Bürgerinitiativen, Anfang der 80er Jahre einen Volksentscheid über den Bau durchzusetzen. Der Landtag und der hessische Verwaltungsgerichtshof lehnten dieses ab. Das war der Anstoß zur politischen Eskalation der Auseinandersetzung, die zum Schluß nur noch mit Polizeimitteln entschieden wurde.

Ähnlich gestaltete sich der Streit um eine geplante Wiederaufbereitungsanlage in Wackersdorf.

Bis 1986 leisteten Bürgerinitiativen, Öko-Gruppen und politische Kräfte, wie der Landrat, Widerstand. Dann erst verabschiedete sich die Betreibergesellschaft von dem Konzept der WAA. Einfluß auf diese Entscheidung hatte sicherlich auch das gesellschaftliche Schockerlebnis über die Katastrophe von Tschernobyl (UdSSR) Ende April 1986. Nach dem Reaktorunglück von Harrisburg (USA) wurde zum zweiten Mal die Bedrohung, die von AKW ausging, manifest. Diesmal jedoch war die BRD unmittelbar durch den atomaren „fall-out" betroffen, so daß die Reaktion der Bevölkerung um so intensiver ausfiel. Und es waren nicht allein finanzielle Gründe, die auch die Pläne zum Bau des „schnellen Brüters" in Kalkar in diesen Jahren scheitern ließen.

Unmittelbar von diesem Stimmungsumschwung profitieren konnten die GRÜNEN. Nach anfangs eher lokalen Erfolgen etablierten sie sich in diesen Jahren als politische Kraft in den Kommunal- und Landesparlamenten. In Hessen wurden gar die ersten „rot-grünen"-Koalitionen geschlossen, die jedoch noch keinen dauerhaften Bestand hatten. Dabei war für diese neue Koalitionsperspektive auch die FDP verantwortlich, die sich deutlich von ihren ehemals linksliberalen Ideen verabschiedete.

In den 80er Jahren kam das System der parlamentarischen Demokratie in eine „Sinnkrise". Immer mehr Menschen erlebten, daß trotz breiter Proteste die Parlamente Entscheidungen gegen die Interessen der Bürger fällten.

Auch der Umgang mit der Opposition, die sich zumeist mit den GRÜNEN im Parlament zeigte, war wenig konstruktiv.

Gleichzeitig wurde in der Parteispendenaffäre 1984/85 sichtbar, daß die Vertreter des großen Geldes ihre Interessen durch finanziell unterfütterte Lobby-Arbeit durchsetzten, wobei FDP und CDU im Geldwäsche-Verfahren dazu beitrugen, daß diese Spenden auch noch steuerbegünstig waren.

Der Verlust an Glaubwürdigkeit schlug in Skepsis um, je mehr dieser Staat aus vorgeblichem Sicherheitsinteresse immer stärkeren Zugriff auf die Privatsphäre der Bürger forderte.

Das Thema „Datenschutz" war nun nicht mehr etwas für Experten, auch die Bürger entwickelten eine Abwehr gegen den „gläsernen Menschen". Die Verabschiedung von Datenschutzgesetzen und die Benennung von Datenschutzbeauftragten konnte nicht beruhigen, wie die politische Debatte um die Volkszählung von 1986/87 zeigte. Viele tausend Menschen verweigerten trotz Strafandrohung die Mitwirkung an dieser Datenerhebung. Sie hatten Sorge, was mit den so erhobenen Daten geschehen würde. Noch waren die Erfahrungen mit Rasterfandungen und anderen Zugriffen im

Rahmen der Terroristenhysterie nicht vergessen.

Daß das politische Klima dieser Republik nicht liberaler wurde, zeigte auch die öffentliche Behandlung der AIDS-Thematik in der zweiten Hälfte der 80er Jahre. Den Stammtisch-Parolen folgend, entwickelte sich diese Debatte zu einem Ausgangspunkt für biologistische und rassistische Thesen und eine erneute Ausgrenzung von Homosexuellen und Drogenabhängigen. Und es konnte nicht überraschen, daß gerade junge Leute sich aufgrund solcher Erfahrungen mit dem politischen System nicht mehr an Wahlen beteiligten. Das Schlagwort von der „Parteienverdrossenheit" wurde geboren.

Ein zentrales Aktionsfeld der „geistig-moralischen Wende" sollte die Geschichtspolitik werden. Kanzler Kohl machte dies von Anfang an zur Chef-Sache. Dabei wollte man sich keinen Flop leisten, wie die Peinlichkeit der „Stern"-Veröffentlichung zu den angeblichen Hitlertagebüchern im Mai 1983. Das ideologische Ziel war die Ablösung des Antifaschismus durch den Antitotalitarismus.

Der damalige CDU-Generalsekretär Heiner Geißler setzte dafür Maßstäbe, als er in der Debatte um die Stationierung der Mittelstreckenraketen den Pazifismus der Weimarer Zeit für Auschwitz verantwortlich machte.

Helmut Kohl steigerte dies, als er sich im Oktober 1986 in einem Interview zu dem Vergleich verstieg, den damaligen sowjetischen Präsidenten Gorbatschow mit Goebbels gleichzusetzen. Schon im Jahr zuvor hatte Kohl sein neues Geschichtsbild präsentiert, als er im Mai 1985 mit dem amerikanischen Präsidenten Ronald Reagan in Bitburg die „Versöhnung über den Gräbern der SS" zelebrierte. Es war das denkbar schlechteste Symbol, um die unverbrüchliche Partnerschaft zwischen BRD und USA zu bestätigen.

Vor dem Hintergrund dieser Neudefinition von Geschichte war es nur eine Frage der Zeit, daß auch renommierte Historiker sich mit Thesen an die Öffentlichkeit wagen würden, die dieser Linie entsprächen. Ernst Nolte war derjenige, der mit seiner These, daß die sowjetischen GULAGs die Voraussetzung für Auschwitz gewesen seien, als ideologischen Reflex auf die veränderten politischen Rahmenbedingungen den „Historiker-Streit" auslöste.

In diesem kurz aber heftig ausgetragenen Streit gelang es jedoch noch, diese Formen der Geschichtsrevision und andere Infragestellungen historischer Grunderkenntnisse über Faschismus und Krieg zurückzuweisen. Ungeachtet dessen betrieb die Bundesregierung eigene Pläne zur Geschichtsdefinition mit den Beschlüssen für historische Museen in Berlin und Bonn.

Die Schwierigkeiten der Geschichtsrevision lagen nicht zuletzt in der großen Aufmerksamkeit, die der Antifaschismus in der öffentlichen Diskussion der damaligen Zeit genoß. Angestoßen durch den Film „Holocaust", entwickelte sich ein starkes Interesse an einer wahrheitsgemäßen Aufarbeitung der Geschichte, wozu auch die Frage nach dem Umgang mit den Tätern gehörte.

So war es politisch nicht mehr widerspruchslos möglich, sich als SS-Verband zu treffen, möglicherweise noch unter Schirmherrschaft der Kommunalpolitiker. Immer häufiger traten antifaschistische Bündnisse diesen Kräften selbst in kleinen Orten entgegen. Arolsen, Bad Harzburg, Bad Hersfeld, Nesselwang und Oberaula waren Orte, an denen bis zu 10.000 Menschen gegen die SS-Verbände demonstrierten.

Dabei war der Antifaschismus handlungsleitend: Gedenktage, wie der 8. Mai 1980 und der 30. Januar 1983, waren Anlässe für Massenaktionen und öffentliche Debatten. 1985 fanden mehrere hundert Veranstaltungen in der ganzen Republik zum 8. Mai als Jahrestag der Befreiung statt. Die Großdemonstrationen in Hamburg, Köln und Frankfurt zeigten eine politische Mobilisierung, die weit über den Rahmen der organisierten antifaschistischen Kräfte hinausging.

Ein Reflex auf diese starke antifaschistische Grundströmung war sicherlich auch die Rede des damaligen Bundespräsidenten Richard von Weizsäcker, der als erster Repräsentant dieses Staates den 8. Mai als „Tag der Befreiung" bezeichnete und die Bedeutung des antifaschistischen Widerstandes einschließlich des kommunistischen würdigte.

Ein Höhepunkt dieser Form antifaschistischer Erinnerungsarbeit war der November 1988, als es zum 50. Jahrestag der Reichspogromnacht eigentlich keinen Ort, keine Schule oder Bildungseinrichtung gab, wo nicht an dieses Verbrechen erinnert und über Konsequenzen für heute nachgedacht wurde.

Dieses Nachdenken über politische Konsequenzen war um so notwendiger, als sich Ende der 80er Jahre neue faschistische Parteien (REPs und DVU-Liste D) in parlamentarischen Positionen etablieren konnten. Die Wahlerfolge bei den Europa-Wahlen, in Bayern, Baden-Württemberg, Berlin, in Bremen und Schleswig-Holstein kamen jedoch nicht von ungefähr.

In den 80er Jahren war eine latente Zunahme der Ausländerfeindlichkeit wahrzunehmen. Erste Mordanschläge gegen Asylbewerber-Unterkünfte, gewaltsame Übergriffe gegen ausländische Mitbürger fanden statt. Für eine breitere Öffentlichkeit wurde dieses Thema jedoch erst durch die Veröffentlichung von Günther Wallraff: „Ganz unten" sichtbar. Zwar bemühten sich offizielle Stellen, diese Vorgänge als „Einzelfälle" abzutun, doch waren eine zunehmende Ausländerfeindlichkeit und selbst latenter Antisemitismus im Alltag und in den Betrieben nicht zu übersehen. Für wirtschaftliche und gesellschaftliche Probleme wurden „Sündenböcke" gesucht. Dabei liefen die Aktivitäten neofaschistischer Gruppierungen durchaus mit Kampagnen gegen Asylbewerber auf staatlicher Ebene parallel. Gewerkschaften brachten Aufkleber „Mach meinen Kumpel nicht an" heraus, antifaschistische Initiativen und die VVN-BdA organisierten Aktionskonferenzen gegen Neofaschismus und Rassismus.

Und trotz aller Erfolge in der Friedensbewegung, trotz breitester Akzeptanz des Antifaschismus waren die letzten Jahre der 80er von keiner Aufbruchstimmung, wie in den 70er Jahren geprägt. „Es wird kälter im Land", hieß es in einem Text 1988. Und das, obwohl eigentlich die letzten Formen des „kalten Krieges" der Vergangenheit anzugehören schienen.

Trotz CDU/FDP-Regierung kam die Normalisierung des Verhältnisses zur DDR voran. Der Besuch Erich Honeckers in der BRD im September 1987 war ein sichtbares Zeichen dieser Tendenz. Bis hinein in die CDU gab es daraufhin die Diskussion, die DDR endlich auch völkerrechtlich anzuerkennen. Immerhin machte man, wie der Milliardenkredit und der Warenaustausch zeigte, mit diesem Staat lukrative Geschäfte. Nur die Hard-Liner um Alfred Dregger & Co. plädierten noch für das „Offenhalten der Deutschen Frage".

Für viele politisch interessierte Menschen in der BRD war in diesen Jahren die Entwicklung in der Sowjetunion, die unter den Schlagworten „Glasnost" und „Perestroika" ablief, von großem Interesse. Das gleichnamige Buch von Gorbatschow entwickelte sich in der BRD zu einem Bestseller. Und der Besuch dieses sowjetischen Staatschefs im Sommer 1989 wurde von einer Welle der Sympathie begleitet, die sehr breite Kreise der Öffentlichkeit erfaßte.

Dabei zeigte sich hier schon, daß die damals sozialistischen Länder sich auf einer Gratwanderung zwischen Reformprozeß und Erosionsprozeß befanden. Seit dem Frühjahr 1989 setzte eine forcierte Fluchtbewegung aus der DDR über BRD-Botschaften in anderen sozialistischen Länder ein. Besonders Ungarn und die CSSR verbanden mit ihrer eigenen innenpolitischen Veränderung eine Öffnung nach Westen, was von zahlreichen DDR-Bürgern zur Ausreise in die BRD genutzt wurde. Diese Entwicklung fand nicht nur die Aufmerksamkeit sondern auch die Unterstützung durch die Medien der BRD.

Es war der Anfang vom Ende der sozialistischen Staaten.

1980

30. Januar Die neonazistische Wehrsportgruppe Hoffmann wird verboten

6. Mai Öffentliches Bundeswehrgelöbnis in Bremen führt zu gewalttätigen Auseinandersetzungen zwischen Polizei und autonomer Szene

10./11. Mai Mannheimer Kongreß „Wie Faschismus entsteht – und verhindert wird“. 25.000 Menschen demonstrieren aus Anlaß des 35.Jahrestages der Befreiung

26. Juni VVN-Präsidium stellt Strafanzeige gegen 9 noch lebende Richter beim „Volksgerichtshof“

2. August In Bologna (Italien) sterben 80 Menschen bei einem neofaschistischen Bombenaschlag

22. August Ein Bombenanschlag der „Deutschen Aktionsgruppe“ unter Manfred Roeder auf ein Ausländerwohnheim in Hamburg tötet 2 Vietnamesen

29. September Neonazis zünden auf dem Münchener Oktoberfest eine Bombe – 13 Tote.

5. Oktober Bundestagswahlen – Kampagne „Stoppt Strauß“ hat Erfolg

29.–30. Oktober Internationales Symposium der FIR „Kampf gegen Nazismus und Faschismus“ in Frankfurt/Main

15. November „Krefelder Appell“ „Atomtod bedroht uns alle“ verabschiedet.

4. Dezember VVN-Präsidium stellt Strafanzeige gegen insgesamt 30 noch lebende Richter und Staatsanwälte beim „Volksgerichtshof“

Bombenanschlag in München

Am 26. September 1980 kamen bei einem Bombenanschlag auf dem Münchener Oktoberfest 13 Menschen ums Leben. 219 Personen wurden dabei zum Teil schwer verletzt.

Der Täter, Gundolf Köhler, unterhielt Kontakte zum „Hochschulring Tübinger Studenten“ (HTS) und wurde noch 1979 als aktives Mitglied der „Wehrsportgruppe Hoffmann“ geführt an deren Wehrsportübungen er auch teilgenommen hatte.

Von offizieller Stelle wurde der Anschlag als Werk eines Einzeltäters hingestellt. Recherchen bewiesen jedoch das Gegenteil. Provokatorisch hatte WSG-Chef Karl-Heinz Hoffmann, dessen Truppe auch als Saalschutz für die „Deutsche Volksunion“ (DVU) des Gerhard Frey tätig geworden war, zuvor auf einer von ihm herausgegebenen Postkarte gefragt: „Muß Blut fliessen?“.

Der damalige Generalsekretär der VVN-BdA, Hans Jennes, betonte auf einer ersten Pressekonferenz der VVN-BdA, das Verbrechen von München erinnere an den Mordanschlag im italienischen Bologna und sei eine „Ausgeburt faschistischer Vernichtungsideologie“. Offenbar solle damit „Unruhe, Unsicherheit und Angst in die Bevölkerung getragen und der Ruf nach einem „starken Mann“ und der Kopf-ab-Justiz provoziert werden“ („die tat“ 3. 10. 1980).

Der damalige bayerische Innenminister Tandler äußerte jedoch befriedigt, es gebe „nicht den geringsten Anlaß zu glauben, daß es sich hier um eine Tat gehandelt hat, die von der „WSG Hoffmann“ vorbereitet, organisiert und durchgeführt wurde“ und ließ Hoffmann wieder frei.

Im Januar 1980 wurde die „WSG Hoffmann“ auf Grund des starken öffentlichen Protestes verboten, Hoffmann selbst wurde 1986 wegen anderer Delikte zu 9½ Jahren Gefängnis verurteilt.

Bereits lange vor dem Bombenanschlag, im Mai 1979, hatte die VVN gegen die „WSG Hoffmann“ Anzeige erstattet und deren Verbot gefordert.

Der damalige Generalbundesanwalt hatte diese Forderungen zurückgewiesen, weil keine „tatsächlichen Anhaltspunkte“ dafür sprächen, daß „meiner Zuständigkeit unterliegende Straftaten begangen“ worden seien („die tat“ 3.10.1980).

VN

Spontis, Autonome, Bunte und andere politische Exoten

Während in den 70er Jahren die politische Szene durch große organisationspolitisch ausgerichtete Gruppen bestimmt war, auf der Linken vor allem durch die K-Gruppen, die DKP-orientierten Kräfte und die linken Sozialdemokraten, entstanden Ende der 70er in den Universitäten und in der Jugendkultur Basisgruppen und sogenannte Spontis.

Sie entzogen sich Organisationsstrukturen, zeichneten sich jedoch andererseits durch eine deutlich höhere Militanz in der Auseinandersetzung mit dem politischen Gegner aus, als traditionelle Gruppen. Auch die VVN-BdA hatte große Hemmungen, diese Kräfte als Mitstreiter in der gemeinsamen antifaschistischen Sache, als Teil eines antifaschistischen Bündnisses zu akzeptieren. Dabei hatten diese Gruppen oftmals auch garnicht das Bedürfnis, gemeinsam mit der VVN-BdA gegen Naziaufmärsche und anderes vorzugehen.

Zum ersten Mal von sich Reden machten diese autonomen Kräfte am 6. Mai 1980 bei ihrem Auftritt gegen das Bundeswehrgelöbnis in Bremen. Die VVN-BdA hatte gemeinsam mit pazifistischen und gewerkschaftlichen Gruppen zu einer Kundgebung fern ab vom Weserstadion aufgerufen. Die autonome Szene ging gezielt zum Ort des Geschehens. Dabei kam es zu gewalttätigen Auseinandersetzungen, die große Sachschäden in Geschäften und Polizeieinrichtungen hervorriefen. So richtig auch die Abgrenzung gegen solch gewalttätigen Formen politischen Handelns durch die VVN-BdA war, so wenig erkannte sie damals, daß hierin auch ein zu gewinnendes Potential von antifaschistisch engagierten jungen Menschen zu finden war.

Mehrfach konnte man in der Folgezeit erleben, daß das Handeln dieser „Freunde der direkten Aktion“ sich erfolgreich gegen Naziprovokationen gerichtet hatte.

Auch begannen sie systematisch die Naziszene auszuleuchten und einzelne Repräsentanten und organisatorische Verflechtungen aufzuspüren. Aufgrund ihrer Bereitschaft zur Gewalt gegen Sachen, blieben jedoch diese Gruppierungen für Antifaschisten recht ambivalent.

Wie Faschismus entsteht – und verhindert wird

Anläßlich des 35. Jahrestages der Befreiung von Faschismus und Krieg demonstrierten 25.000 Menschen am 10. Mai 1980 in Mannheim.

Martin Niemöller appellierte auf der Abschlußkundgebung leidenschaftlich und unter großem Beifall:

„Fort mit allem Faschismus, der nur sich selbst kennt und will, und fort mit jedem Gedanken an kriegerische Gewalt, überhaupt an alle Gewalt ... Sie ist ein Verbrechen, wenn Staaten sie als Werkzeug benutzen und das dann mit tausend Gründen zu rechtfertigen suchen ... Wir wollen, wir brauchen Verständigung; wir brauchen und wir wollen Entspannung und Frieden!"

Um sich darüber Klarheit zu verschaffen, was die Voraussetzungen für Faschismus heute sei und wie Handlungsstrategien dagegen aussehen könnten, hatte die VVN-BdA zum gleichen Datum im Rahmen der „Antifaschistischen Initiative" zu einem Kongreß unter dem Thema „Wie Faschismus entsteht – und verhindert wird" eingeladen.

Ausgewiesene antifaschistische Wissenschaftler, wie Wolfgang Abendroth, Reinhard Kühnl, Reinhard Opitz, Norman Paech und Max Oppenheimer führten in die Themenschwerpunkte „Faschismus – Ursachen und Folgen", „Rechtsentwicklung und Neofaschismus", „Widerstand gegen Faschismus und Krieg – damals und heute" ein, die anschließend lebhaft diskutiert wurden.

Reinhard Kühnl resumierte die Bedeutung des Kongresses: „Dieser Kongreß und die Demonstration – die politische Breite der Veranstalter, die große Beteiligung – haben gezeigt, daß der Antifaschismus – zusammen mit dem Kampf für den Frieden – dasjenige Ziel ist, das in der BRD das größte politische Potential für ein umfassendes Bündnis mobilisieren kann. Das ist nun nicht mehr nur eine Hoffnung, sondern eine konkrete Erfahrung."

Ende Oktober zeigte sich noch einmal auf dem internationalen Symposium „Kampf gegen Nazismus und Faschismus – ein Beitrag zur Verteidigung der Demokratie und des Friedens", das die FIR gemeinsam mit der VVN-BdA in Frankfurt durchführte, welche Ausstrahlungskraft der Antifaschismus hatte.

170 Teilnehmer, darunter Wissenschaftler aus der BRD, wie auch Vertreter nationaler Widerstands- und Deportiertenverbände, diskutierten und forderten gemeinsam, daß die gesetzlichen Handhaben gegen Nazismus und Rechtsextremismus voll auszuschöpfen, und besonders rechtsextreme Umtriebe und Nazi-Propaganda zu unterbinden seien.

Großkundgebung im Mannheimer Rosengarten, mit Martin Niemöller

Demonstration der 25.000 durch die Mannheimer Innenstadt

Aus der Erklärung von Mannheim:

„... diejenigen in unserem Land, die Demokratie, Frieden und Freiheit wollen, sind stärker als die Ewiggestrigen. Sie müssen sich nur zum gemeinsamen Engagement zusammenfinden. Diesem Anliegen wollten wir mit unserem Mannheimer Kongreß dienen. Es galt, eine Basis des gemeinsamen Handelns aller Antifaschisten gegen die uns drohenden Gefahren zu finden. Auf dieser Basis wollen wir in Zukunft weiter zusammenarbeiten.

Unabhängig von Weltanschauung, parteipolitischer Bindung oder sozialer Herkunft ist es erforderlich, daß sich die antifaschistisch gesinnten, demokratischen Bürger unseres Landes zusammenfinden, um ein Klima zu schaffen, in dem der Neonazismus sich nicht entfalten kann, sondern zurückgedrängt wird.

Die Aufklärungsarbeit über den Faschismus und seine Verbrechen, zu der wir mit diesem Kongreß beitragen wollen, werden wir fortsetzen, um die antifaschistischen Initiativen zu stärken und weiter zu entwickeln. Neue Mitstreiter gilt es dabei zu gewinnen."

Roeders Bomben-Terror

Manfred Roeder (*1929 Berlin), ehemaliger Rechtsanwalt, gründete 1971 die „Deutsche Bürgerinitiative", die, so Roeder, aus seinem „Kampf gegen Sittenverwilderung und Pornographie" hervorgegangen war. Roeder betätigte sich als Mitarbeiter der Zeitschrift „Die Bauernschaft" des ehemaligen SS-Offiziers in Auschwitz, Thies Christophersen, für dessen Hetz-Pamphlet „Die Auschwitz-Lüge" Roeder das Vorwort verfaßte. 1977 wegen Widerstands gegen Polizeibeamte und vorsätzlicher Körperverletzung verurteilt, setzte sich Roeder 1978 erst in die Schweiz, dann nach Österreich ab. Mit der von ihm gegründeten „Deutschen Aktionsgruppe" beging er, heimlich nach Deutschland zurückgekehrt, 1980 zahlreiche Bombenanschläge, so u.a. auf das Landratsheim in Esslingen, in dem zu diesem Zeitpunkt eine Ausstellung über das KZ Auschwitz gezeigt wurde. Roeder, dessen „Deutsche Aktionsgruppe" eng mit der „Wehrsportgruppe Hoffmann" und ausländischen Faschisten zusammenarbeitete, wird im September 1980 verhaftet und 1982 wegen Rädelsführerschaft, Bildung einer terroristischen Vereinigung sowie Anstiftung zu sieben Brand- und Sprengstoffanschlägen zu 13 Jahren Haft verurteilt. VN

„Stoppt Strauß" oder: Eine politische Bewegung hat Erfolg

Als die CDU/CSU im Sommer 1979 F.J. Strauß zum Kanzlerkandidaten kürte, war es nicht nur eine Personalentscheidung, es war ein Programm für eine grundlegende Veränderung der Bundesrepubik. Strauß stand synonym für ein ganzes Programm des Abbaus demokratischer Freiheiten, der Gewerkschaftsrechte, der sozialen Grundlagen dieser Republik und eines Wechsels in der Außenpolitik.

Die Ankündigung der Kandidatur erforderte – so die „Blätter für deutsche und internationale Politik" –, „eine breitangelegte Aufklärungarbeit zu leisten, um der Öffentlichkeit das Ausmaß der Herausforderung voll bewußt zu machen, ja vielen – vor allem in der jüngeren Generation – überhaupt erst vor Augen zu führen, daß F.J. Strauß nicht als bayerische Skurrilität oder als bloßer politischer Anachronismus abgetan werden kann, daß er vielmehr eine der Schlüsselfiguren, ja Exponent und Führer der reaktionärsten Kräfte in Großkapital, Politik und Militär ist."

Ausgehend von dieser Analyse entwickelte sich unter der Losung „Stoppt Strauß" eine breite Volksbewegung, an der die VVN-BdA großen Anteil hatte. Viele örtliche und regionale Bündnisse und deren Aktionen wurden von der VVN-BdA unterstützt.

Über die „antifaschistische Rundschau" wurden Erfahrungen und Vorschläge ausgetauscht.

Mitglieder und Repräsentanten unterstützten den Aufruf „Gemeinsam gegen rechts – Stoppt Strauß jetzt".

Die sichtbare antifaschistische Gemeinsamkeit im Kampf gegen den Kandidaten Strauß führte den damaligen hessischen CDU-Vorsitzenden Dregger zu der sorgenvollen Frage:

„Wird es zum großen antifaschistischen Bündnis aller Linken gegen alle anderen kommen oder wird das Bündnis der Demokraten gegen alle Extremisten von links und rechts wiederhergestellt werden können ?"

In diesem Falle triumphierte das große antifaschistische Bündnis, wenngleich die Zusammenarbeit nicht immer freundschaftlich war. So wurden Aktivitäten, wenn sie von falschen politischen Gruppen unterstützt wurden, ignoriert, wie beispielsweise der „Anachronistische Zug". Die Tatsache, daß hier Gruppen federführend waren, die ansonsten mit der VVN-BdA wenig positiven Kontakt pflegten, bewirkte, daß es keine Verständigung mit dieser Anti-Strauß-Initiative gab und dort, wo vor Ort Verbindungen bestanden, versucht wurde, diese zu unterbinden.

Trotz solcher bündnispolitischer Probleme gelang es, ein politisches Klima in der BRD zu entwickeln, welches Franz Josef Strauß am 5. Oktober 1980 als Kandidaten stoppen konnte.

1981

Januar Die Beerdigung von Hitler-Nachfolger Dönitz wird zum Aufmarsch von Alt-und Neonazis

28. Februar 100.000 Menschen demonstrieren trotz großem Polizeieinsatz gegen den Bau des KKW Brokdorf

5. März In Nürnberg werden 164 Jugendliche im alternativen Jugendzentrum „Komm“ nach einer Demonstration festgenommen

2.–3. Mai Bundesfunktionärskonferenz der VVN-BdA in Frankfurt/M

7. Mai Appell „Dem Naziterror Einhalt gebieten“ wird mit 9.000 Unterschriften an den Bundestag übergeben

30. Juni Urteilsverkündung im Düsseldorfer Majdanek-Prozeß

10. Oktober 300.000 Menschen demonstrieren in Bonn gegen die Stationierung neuer US-Mittelstreckenraketen

15. November Schwere Auseinandersetzungen der Polizei mit Gegnern der geplanten „Startbahn West“ nach einer Großdemonstration in Frankfurt

21. November Zweites „Krefelder Forum“ mit 20.000 Teilnehmern in Dortmund. Bis dahin unterzeichneten 1,5 Millionen Menschen den Krefelder Appell

Wo steht die VVN zu Beginn der 80er Jahre ?

War der Generationswechsel in der VVN-Bund der Antifaschisten gelungen? Welchen Anteil hatte die Organisation im Kampf für Frieden, Abrüstung, gegen Atomraketen und gegen Neonazismus?

Diese und viele andere Fragen der Organisationsentwicklung beschäftigten im Mai 1981 auf der Bundeskonferenz in Frankfurt 350 Funktionäre der VVN-BdA.

Zweifellos war das Ansehen der Organisation in den politischen Bewegungen gestiegen. Auch der Anteil junger Mitglieder in Funktionen auf Kreis-, Landes- und Bundesebene war sichtbar angewachsen.

Doch die Zusammenarbeit zwischen jungen und älteren Antifaschisten gestaltete sich nicht immer unproblematisch.

Das Präsidium mahnte in Bezug auf die Zusammenarbeit an, den neuen Mitgliedern verantwortliche Arbeit in der Organisation zu übertragen und sie gleichberechtigt in Leitungen zu wählen.

Auch das Organisationsleben solle stärker den Bedürfnissen junger Mitglieder angepaßt werden.

Doch wie sollte das vereinbar sein, wenn ältere Mitglieder aus 30jähriger Erfahrung für klare Formen und „Generalversammlungen“ plädierten, während Jugendliche mehr informelle Treffs und losere Strukturen bevorzugten?

Neue Formen der VVN-Arbeit, z.B. antifaschistische Bildungszirkel, antifaschistische Arbeitskreise offen für Nichtmitglieder und antifaschistische Kulturarbeit, wurden mit ganz unterschiedlichem Erfolg erprobt.

Leider gelang es oftmals nicht, die große Zahl junger Mitglieder so in die Organisation zu integrieren, daß sie mit allen ihren Fähigkeiten und Kräften Bestandteil der VVN-BdA wurden. Dadurch verlor die Organisation manch neugewonnenes Mitglied.

Nicht zu übersehen war, daß damals auch andere Gruppen und Initiativen, besonders im Jugendbereich, antifaschistisches Engagement zeigten. Antifaschismus war nicht mehr das alleinige Arbeitsgebiet der VVN-BdA. Es brauchte noch einige Zeit, bevor die gesamte Organisation erkannte, daß hier gleichberechtigte Bündnispartner mit durchaus eigenem Profil entstanden waren.

Krefelder Appell – neue Dimension der Friedensbewegung

Schon im November 1980 initiierten Persönlichkeiten, wie Pfarrer Martin Niemöller, Josef Weber (DFU), General a.D. Bastian, Petra Kelly (GRÜNE) und andere, den Krefelder Appell „Der Atomtod bedroht uns alle !“ mit der Forderung nach Aufgabe der Stationierungspläne für atomare US-Mittelstreckenraketen.

Unter diesen Appell begann eine Unterschriftenkampagne, die alles bisher Dagewesene in den Schatten stellte. Bereits im November 1981 konnten auf dem zweiten „Krefelder Forum“ 1,5 Millionen Unterschriften vorgelegt werden. Besonders ausgezeichnet hatte sich dabei die kommunistische Antifaschistin Etty Gingold, die alleine weit über 10.000 Unterschriften sammelte – bei jeder sich bietenden Gelegenheit, bei Ostermarschaktionen und anderen Demonstrationen, auf Veranstaltungen und in ihrem politischen und privaten Umfeld.

Die Resonanz auf diesen Appell entsprach einer breiten Friedensmobilisierung in dieser Zeit. Schon der Evangelische Kirchentag in Hamburg im Juni des Jahres stand ganz im Zeichen der Ablehnung des NATO-Beschlusses. Am 10. Oktober demonstrierten in Bonn 300.000 Menschen gegen den NATO-Doppelbeschluß und im

November kamen noch einmal 20.000 Teilnehmer nach Dortmund zu einer Veranstaltung des Krefelder Forums. Im ganzen Land entstanden Friedensinitiativen, örtliche Bündnisse und berufsbezogene Friedensgruppen, wie „Metaller für den Frieden“, „Richter und Staatsanwälte für den Frieden“, „Sportler für den Frieden“, „Lehrer und Pädagogen für den Frieden“ und andere.

Die VVN-BdA sah hierin eine politische Herausforderung: „Den Frieden zu sichern heißt auch,“ erklärte die VVN-BdA damals, „sich gegen Neonazismus und Rechtsentwicklung zur Wehr zu setzen. Diesen Zusammenhang vor allem jungen Menschen in den Friedensinitiativen zu vermitteln und zur Zusammenarbeit der vielfältigen demokratischen Bündnisse im Widerstand gegen Rechts und gegen atomare Bedrohung beizutragen, gehört zu den Aufgaben der VVN-Bund der Antifaschisten.“ Diese Orientierung setzte sie beispielsweise bei örtlichen Veranstaltungen zum Antikriegstag oder Volkstrauertag, wie in Pinneberg und anderen Kreisen, um.

Der Majdanek-Prozeß oder: Die Unfähigkeit zur juristischen Verfolgung von Naziverbrechen

Nach fünfjähriger Prozeßdauer wurde am 30. Juni 1981 das Urteil im Düsseldorfer Prozeß gegen neun ehemalige SS-Schergen des Vernichtungslagers Majdanek, in dem nachweislich 250.000 Menschen – wahrscheinlich jedoch eine vielfach größere Zahl – ermordet worden waren, verkündet.

Während der Prozeß die Aufmerksamkeit der internationalen Presse fand, wobei besonders die Person der „Butigen Brgyda“ die Medien bewegte, behandelte die bundesdeutsche Presse, sieht man von der „tat“ und den Rhein-Ruhr-Zeitungen ab, das Verfahren eher stiefmütterlich. Die VVN-BdA unterstützte interessierte Journalisten und Agenturen mit Presseerklärungen und Dokumentensammlungen zum Prozeßhintergrund. Doch nur wenige berichteten über das skandalöse Verhalten der Verteidigung, der auch jener schon im Frankfurter Auschwitz-Prozeß unrühmlich bekannt gewordene Rechtsanwalt Stolting II angehörte, die mit teils antisemitischen Parolen versuchte, durch Ablehnung von Sachverständigen und die Hinauszögerung des Verfahrens den Zeitpunkt einer möglichen Verjährung von NS- und Kriegsverbrechen zu erreichen.

Trotz erdrückender Beweislast waren die Urteile des Gerichtes außerordentlich milde.

Schon am 19. April 1979 wurden vier ehemalige Angeklagte freigesprochen. Und im Verfahren gegen die verbliebenen Angeklagten erhielt nur eine die Höchststrafe (lebenslängliche Haft), sieben Angeklagte erhielten Haftstrafen zwischen 3 und 12 Jahren, ein Angeklagter wurde freigesprochen.

Zu dem Urteil, das weit unter den Anträgen der Staatsanwaltschaft lag, erklärte das Präsidium der VVN-BdA:

„Das Düsseldorfer Urteil trägt dazu bei, daß sich das Klima der Verharmlosung faschistischer Verbrechen in der Bundesrepublik Deutschland weiter ausbreitet. In diesem Klima wächst und gedeiht die Saat alter und neuer Nazis, die sich in Wehrsportgruppen wie die WSG Hoffmann organisieren und durch Terroranschläge auf die künftige Gestaltung dieses Staates Einfluß nehmen wollen.

Wir sind empört und bestürzt über das Urteil von Düsseldorf, weil es erneut beweist, daß die Justiz unseres Landes Mitschuld an der Verharmlosung der Verbrechen des Hitlerfaschismus trägt.“

Ökologie-Bewegung, Alternative und VVN

In den meisten politischen Bewegungen der BRD-Geschichte hatte die VVN-BdA ihren mehr oder minder starken Anteil. Dieses traf jedoch auf die Anfänge der Ökologie-Bewegung nicht zu.

Die Tatsache, daß 40.000 Menschen schon im März 1979 in Hannover gegen die geplante Atommüll-Deponie in Gorleben demonstrierten, war zwar eine Meldung in der „Tat“, eine Überlegung für Handlungsorientierungen entstand daraus aber noch nicht. Im Zentrum der Aktivitäten standen die Aktionen gegen die SS-Verbände und die Friedensfrage, auch wenn im Herbst 1979 bereits 100.000 Menschen in Bonn gegen AKWs demonstrierten. Erst als am 28. Februar 1981 über 100.000 Menschen trotz großem Polizeiaufgebots gegen den Bau des KKW Brockdorf demonstrierten, da äußerte sich die Organisation zu dieser Bewegung. Zurecht kritisierte sie den massiven Polizeieinsatz als Verstoß gegen demokratische Grundrechte und forderte, daß keine weitere Verfolgung der Anti-Atom-Bewegung stattfinden dürfe. Zu den Forderungen der Bewegung selber, nahm sie jedoch keine Stellung. Zu unterschiedlich war auch in ihren eigenen Reihen die Haltung gegenüber der AKW bzw. KKW-Technik. Erst langsam entwickelte sich eine Argumentation, die auch von der VVN-BdA unterstützt wurde, daß das Bonner Atomprogramm neben der Energiepolitik vorrangig rüstungspolitische Ziele verfolge und daher abzulehnen sei. Nun erst sah die Organisation hier Handlungsbedarf.

Schneller reagierte die VVN-BdA auf einen anderen politischen Skandal in dieser Republik. Im März 1981 wurden 164 jugendliche Besucher des alternativen Jugendzentrums „KOMM“ in Nürnberg festgenommen, da nach einer nicht genehmigten Demonstration Teilnehmer dorthin gegangen sein sollen. Dieser Schritt war ein so eklatanter Verstoß gegen demokratische Rechte, daß die VVN-BdA sich von Anfang an mit den Jugendlichen solidarisierte. So entwickelten sich Kontakte, die später im politischen Handeln wirksam wurden. Gemeinsam mit der VVN-BdA wurden Veranstaltungen im „KOMM“ durchgeführt, junge Mitglieder konnten gewonnen werden.

Dortmund, 21. November 1981: Kundgebung der „Krefelder Initiative gegen Atomraketen"

Materialien der VVN (aus verschiedenen Jahren)

1982

27. Januar Zwei Neonaziorganisationen werden von Innenminister Baum wegen „Wiederbelebung des Nationalsozialismus" verboten

30. Januar Erneut schwere Auseinandersetzungen um die Startbahn West. 140 Demonstranten werden von der Polizei verletzt, 90 verhaftet.

31. Januar Akademische Neofaschisten veröffentlichen das „Heidelberger Manifest", das sich gegen „Überfremdung" wendet und offen Rassismus propagiert

20. März Festveranstaltung zum 35. Jahrestag der VVN-Gründung in Düsseldorf

31. Mai Semra Ertan Bilir, eine Türkin, verbrennt sich in Hamburg aus Protest gegen Ausländerfeindlichkeit in der BRD

10. Juni 500.000 Menschen demonstrieren in Bonn anläßlich des NATO-Gipfels gegen Atomwaffen und Rüstungswahnsinn

24. Juni In Nürnberg werden drei Ausländer von dem Neonazi Helmut Oxner erschossen.

8.–10. September IX. Kongreß der FIR in Berlin/DDR

17. September Ende der SPD/FDP-Koalition durch Austritt der FDP-Minister

1. Oktober Helmut Kohl wird nach einem „konstruktiven Mißtrauensvotum" zum Bundeskanzler gewählt

Eine „geistig-moralische Wende" – der Beginn der Ära Kohl

Im Herbst 1982 war die SPD/FDP-Regierung am Ende. Vier FDP-Minister traten zurück und öffneten den Weg für ein „konstruktives Mißtrauensvotum" gegen Bundeskanzler Helmut Schmidt.

Anders als im Jahr 1972 entwickelte sich keine gesellschaftliche Bewegung, die die Wahl des CDU-Kandidaten Helmut Kohl am 27. Oktober verhinderte.

Dieses war mehr als ein einfacher Regierungswechsel, es wurde tatsächlich der Beginn eines grundlegenden Richtungswechsels in der deutschen Politik. Natürlich kritisierte die VVN-BdA diesen Regierungswechsel, wobei besonders das Kaufen von Abgeordneten der FDP durch den Flick-Konzern und anderen im Zentrum der Agitation stand.

Doch noch war nicht absehbar, welch grundlegender Wechsel sich hier vorbereitete.

Noch schienen die gesellschaftlichen Bewegungen zu dominieren, hatten doch erst im Juni 1982 anläßlich des Bonner NATO-Gipfels 500.000 Menschen gegen die Stationierungspläne demonstriert.

Auch die Massenaktionen zum 50. Jahrestag der Machtübertragung an den Faschismus verstärkten die Einschätzung, daß CDU/CSU und FDP zwar die Regierungsverantwortung, in der Rüstungsfrage und anderen Politikfeldern jedoch die Mehrheitsmeinung der Bevölkerung gegen sich hätten. Es wurde erst langsam deutlich, was sich diese Regierung unter der Parole der „geistig-moralischen Wende" vorstellte, nämlich nationalistische Identität und Abwicklung der Geschichte, und daß sie den propagierten Anspruch auf ideologische Hegemonie ernst meinte.

1988 analysierte die VVN die zurückliegende Periode klarer:

„Seit Beginn der Wende 1982 versuchte die CDU/CSU, die Zustimmung zu ihrer reaktionären Politik zurückzugewinnen und neu zu befestigen. Das hieß vor allem, den antifaschistischen Charakter des Grundgesetzes zu leugnen und den sogenannten antitotalitären Konsens der Bundestagsparteien zum Grundgesetz zu erhalten und so ein weiteres Vordringen antifaschistischer Positionen verhindern zu können. Gleichzeitig ging es darum, den ja tatsächlich laufenden Prozeß der Herausbildung eines bundesrepublikanischen Nationalbewußtseins in ihrem Sinne zu beherrschen und einen neuen Nationalismus als Integrations- und Mobilisierungselement zu entwickeln."

Dies sei – so die VVN-BdA – ein aus historischer Defensive heraus entwickeltes rechtskonservatives Offensivkonzept.

35 Jahre Kampf für Frieden und antifaschistische Demokratie

In der Düsseldorfer „Tonhalle" fand am 20. März 1982 die zentrale Gedenkveranstaltung zum 35.Jahrestag der Gründung der VVN statt. Welches gesellschaftliche Ansehen die Organisation mittlerweile gewonnen hatte, wurde weniger durch die 1.500 Besucher der Veranstaltung als vielmehr in den Grußschreiben deutlich:

Der nordrhein-westfälische Kultusminister fand sich hier ebenso, wie die Naturfreunde und die Naturfreundejugend, die Christliche Friedenskonferenz und die Deutsche Friedensunion, die Initiative Demokratischer Sozialisten und die Deutsche Kommunistische Partei, der Sozialistische Hochschulbund und der MSB-Spartakus, der Verband Deutscher Schriftsteller und die Antiapartheitsbewegung, der Bund demokratischer Wissenschaftler und der Reichsbund der Kriegsopfer, Lagergemeinschaften und die Verbände der FIR, selbst der Leiter der Ständigen Vertretung der DDR übersandte Glückwünsche. Auffällig war jedoch das Fehlen von Schreiben aus Gewerkschaftskreisen, obwohl auch hier die VVN-BdA zunehmend an Ansehen und politischem Gewicht gewann.

Das Motto dieser Veranstaltung lautete: „35 Jahre Kampf für antifaschistische Demokratie – für Frieden und Abrüstung – für nationale Souveränität". Damals verstand jeder, daß der letzte Spiegelstrich nicht Nationalismus bedeutete, sondern als Umsetzung der Erkenntnis, niemals wieder dürfe von deutschem Boden ein Krieg ausgehen, gegen die NATO-Planung zur Stationierung gerichtet war. Die Losung wurde obsolet, als der Bundestag wenige Monate später diese Maßnahme sanktionierte.

In einem zum Ende der Veranstaltung von Esther Bejarano verlesenen „Appell an die Jugend" wandte sich die VVN-BdA „vor allem an diejenigen, die unter dem Ausmaß der gegenwärtigen Wirtschaftskrise besonders zu leiden haben ...

Laßt Euch nicht irreführen von Personen oder Gruppen, die Euch weismachen wollen, an der gegenwärtigen Misere seien die ausländischen Arbeiter schuld ... Laßt es nicht zu, daß erneut Ausländerfeindlichkeit und Rassenhaß in unserem Lande um sich greifen ... Ihr gehört an die Seite der antifaschistischen Widerstandskämpfer, gleich welche Weltanschauung Ihr habt oder zu welcher Partei Ihr gehört. Helft mit, das Vermächtnis des antifaschistischen Widerstandes zu erfüllen.

Verlangt mit uns die Auflösung aller Neonazigruppen und die Unterbindung der Propagierung von Rassenhaß, Nazismus und Militarismus.

Kämpft mit uns gegen die Stationierung neuer amerikanischer Atomraketen in unserem Land, so wie die junge Generation gemeinsam mit uns in den fünfziger Jahren gegen die Remilitarisierung und in den Ostermärschen der sechziger Jahre für Entspannung und gegen den Atomtod eingetreten ist.

Es gibt nichts Wichtigeres als den Frieden!"

„Aufstehen für den Frieden": Die Kundgebung auf den Bonner Rheinwiesen gegen Atomwaffen und Rüstungswahnsinn wurde zur größten Friedensdemonstration der Nachkriegsgeschichte.

Schultüren für Antifaschisten geschlossen?

Es vergeht heute keine Woche, ohne daß die Überlebenden der Verfolgung und die Frauen und Männer aus dem Widerstand wieder eine neue Einladung zu Gesprächen in Schulen über NS-Zeit und politische Konsequenzen für heute bekämen. Anfang der 80er Jahre gab es tatsächlich Versuche, diese Art lebendigen Geschichtsunterricht als Beitrag zur „geistig-moralischen Wende" offiziell zu behindern.

Hanna Renate Laurien, Berliner Schulsenatorin (CDU), spielte Vorreiterin und erließ im August 1982 eine Anweisung, mit der die antifaschistischen Widerstandskämpfer und Mitglieder der VVN-VdA Gertrud Skubich und Heinz Schröder im Zusammenhang mit einem antifaschistischen Projekttag im Berliner Fichtenberg-Gymnasium Redeverbot erhielten.

Dabei war es Frau Laurien egal, daß beide in der Nazizeit im sozialdemokratischen Widerstand gekämpft hatten. Der CDU-Senat bereitete damit eine Verordnung vor, nach der das Auftreten von VVN-Mitgliedern in allen Westberliner Schulen verboten werden sollte.

Von dem Westberliner Beispiel angeregt, erließ auch der Frankfurter Schulrat Mihm (CDU, Witiko-Bund und „Verein für das Deutschtum im Ausland" – VDA) das Verbot, Mitglieder der VVN-BdA als Zeitzeugen in Frankfurter Schulen einzuladen.

Damit erhielten Kommunisten, wie Emil und Lotte Schmidt, Sozialdemokraten, wie Alfred Marchand, und Christen, wie Prof. Jürgen Redhardt, faktisch Hausverbot. In anderen Schulämtern gab es das Bemühen, Einladungen an Kommunisten zu verhindern. Doch damit konnte das Interesse und die verstärkten Nachfragen von Schülern und Jugendlichen an diese historische Epoche nicht unterdrückt werden.

Und nicht der Reiz des Verbotenen, sondern das Engagement von Schülern und Lehrkräften ließ diese Anordnung ins Leere gehen.

Der unter der Schirmherrschaft des Bundespräsidenten laufende Schülerwettbewerb „Deutsche Geschichte" forderte geradezu dazu auf, Frauen und Männer aus Widerstand und Verfolgung als Zeitzeugen intensiv zu befragen. So konnte die Blokkadepolitik der CDU-Schulpolitiker erfolgreich überwunden werden.

So erfolgreich, daß sich die „Zeitzeugen" bis heute vor Anfragen oftmals kaum retten können.

Dazu auf den folgenden Seiten: „Ein Hohelied auf unsere Zeitzeugen".

Rassismus wird gesellschaftsfähig –

Das Heidelberger Manifest

Schon in den vorangegangenen Jahren versuchten neofaschistische Gruppen, wie die NPD, die DVU oder die Neonazis um Michael Kühnen, mit ausländerfeindlichen Initiativen Anhänger zu rekrutieren.

Aufbauen konnten sie auf einer weit verbreiteten rassistischen Einstellung innerhalb der bundesdeutschen Bevölkerung, so hielten im Jahr 1981 laut einer Umfrage des SINUS-Institutes 39% der Bevölkerung den Satz „ Nicht nur unsere Umwelt, sondern auch unsere Rasse muß rein erhalten werden" für ganz oder teilweise richtig.

Dennoch war das offensive Vertreten rassistischer Positionen in der Öffentlichkeit weitgehend verpönt.

Das änderte sich jedoch zunehmend mit dem Auftreten des „Heidelberger Kreises", einer Gruppe von Professoren, die unter dem Titel „Heidelberger Manifest" eine rassistische Erklärung vorlegte.

Mit ihren akademischen Titeln verliehen die Autoren dem Pamphlet einen honorigen, bzw. „wissenschaftlichen" Charakter.

Nachdem ein Entwurf des Heidelberger Manifestes bereits 1981 an die Öffentlichkeit gelangt war und einen empörten Aufschrei hervorrief, wurde am 31. Januar 1982 eine „bereinigte Fassung" vorgelegt. In dem „Manifest" wird für das deutsche Volk „ein natürliches Recht auf Erhaltung seiner Identität und Eigenart in seinem Wohngebiet" eingefordert und in der Integration „nichtdeutscher Ausländer" eine „Gefährdung des eigenen Volkes" gesehen.

Nicht nur der „Schutzbund für das deutsche Volk", der von einem Teil der Manifestunterzeichner gegründet wurde, auch von zahlreichen neofaschistischen Gazetten wurde das „Manifest" begeistert aufgegriffen und für ihre rassistische Propaganda genutzt.

Inhaltlich überschnitt sich die Argumentationslinie der rassistischen Professoren mit der etablierter Parteien, insbesondere der CDU/CSU. Diese war in Hamburg bereits 1981 mit Thesen zur „Ausländerpolitik" gegen Zwangsintegration („Zwangsgermanisierung") von Ausländern angetreten. Und im Februar 1982 spricht sich der Vorsitzende der CDU-Bundestagsfraktion, Alfred Dregger, dafür aus, die „nationale Identität zu bewahren" und fordert die „Rückführung von Ausländern".

Wie weit der Einfluß rassistischer Argumentation geht, macht auch eine Tagung der Ministerpräsidenten der Länder deutlich, wie weit die Asylverfahren und „Asylanten" „Einfluß hätten auf die wachsende Ausländerfeindlichkeit in der Bevölkerung" (FAZ).

In der Folge des „Heidelberger Manifests" entdecken Politik und Medien „Ausländer" als Sündenböcke für gesellschaftliche Probleme wie Arbeitslosigkeit, Wohnungsmangel, Kriminalität etc.

Begriffe wie „Scheinasylanten", „Asylmißbrauch", die bis Ende der siebziger Jahre fast ausschließlich von Rechtsradikalen verwendet wurden, tauchten in Politikerreden und den Schlagzeilen zahlreicher Medien auf.

Knapp 10 Jahre nach Erscheinen des „Heidelberger Manifests" versuchte schließlich die CDU, die Themen der Rechtsradikalen zu belegen. Ihr Generalsekretär Volker Rühe forderte in einem Rundschreiben die Basis dazu auf, die Asylpolitik zum Wahlkampfthema zu machen.

In eine vorformulierten Musterresolution hieß es beispielsweise:

„Eine weitere nennenswerte Zuweisung von Asylbewerbern ist für die Stadt ... nicht mehr zu verkraften."

Das angepeilte Ziel, das im Grundgesetz garantierte Asylrecht weitestgehend abzuschaffen, erreichte die CDU/CSU schließlich im Mai 1993.

KH

Ein Hoheslied auf unsere Zeitzeugen

Nachdenken über die Rolle der Zeitzeugen in den 50 Jahren der VVN

Stadtrundgang der VVN in Hamburg zu Stätten der Verfolgung und des Widerstandes

Sie waren nicht gefragt im ersten Jahrzehnt nach 1945. Als die erste Nachkriegsgeneration heranwuchs, war es kaum anders. Die gesamte erwachsene deutsche Bevölkerung hätte damals Zeitzeuge sein können. Aber es war die lange Nachkriegsperiode des Verschweigens, des Verdrängens. Wie wichtig wäre es für die Nachgeborenen gewesen, wenn damals jeder, der in dieser entsetzlich schrecklichen Zeit gelebt hat – auch wenn er sich nicht an Untaten beteiligte, doch sie duldete und nicht den Mut zum Widerstand fand –, bereit gewesen wäre, als Zeitzeuge über sein Versagen zu sprechen. Dies hätte zugleich auch einen aktuellen Bezug: Nicht mehr wegsehen, dulden, nicht mehr versagen gegenüber Unrecht, das heute geschieht (was selbstverständlich nicht mit dem von damals gleichgesetzt werden kann).

Allenfalls erzählten die damaligen Lehrer in den Schulen, wenn sie überhaupt über die Nazizeit sprachen, von ihren Kriegstaten und vor allem, daß alle schwer gelitten haben, alle Opfer waren. Typisch für die heranwachsende erste Generation, daß sie so gut wie nichts aus der Zeit erfuhr, weder von ihren Eltern noch in der Schule. Es sei denn dieses: Daß es „so schlimm auch nicht war"; „daß Hitler die Autobahn gebaut und die Arbeitslosigkeit beseitigt hat." Hinzu kamen die Vertreibung der Deutschen aus ihrer Heimat und das Schicksal Deutscher vor allem in der russischen Kriegsgefangenschaft.

In der Regel hörte der Geschichtsunterricht so ungefähr bei Bismarck auf. Meine beiden Töchter, die in den 50er Jahren in der Schule waren, hätten aus der Zeit zwischen 1933 und 1945 so gut wie nichts erfahren, wenn sie nicht ihre Eltern hätten. Fast alle heute 50- bis 60jährigen bestätigen es, so war es. Nicht im Traum war in dem ersten Jahrzehnt nach 1945 daran zu denken, was doch heute endlich gang und gäbe ist: Zeitzeugen des Naziterrors und des Widerstandes in Schulen einzuladen.

Dies hat sich nun doch, seit wir es mit der zweiten und dritten Nachkriegsgeneration zu tun haben, wesentlich geändert. Durch den ersten Auschwitzprozeß in der Mitte der 60er Jahre erfuhren viele junge Menschen von dem Unfaßbaren. Was ihnen an hohen Werten gelehrt worden war, zerschellte an Auschwitz und wurde ein wesentliches Motiv der Revolte 1968, als die Studenten ihren Professoren, ihren Lehrern, ihren Eltern bohrende Fragen stellten nach dem, was sie ihnen verschwiegen hatten. So begannen eigentlich die Anforderungen von Zeitzeugen seit den 70er Jahren, mit dem Heranwachsen der zweiten Nachkriegsgeneration, die allenfalls ihre überlebenden Großeltern befragen konnte. Diese Nachgeborenen waren weniger beinflußt von der Naziideologie als die erste Nachkriegsgeneration durch die vorangegangene, wobei bei ihr auch die Rücksicht auf ihre Eltern, sie nicht beschämen, ihre Ehre nicht antasten zu wollen, eine Rolle spielte. Die jungen Menschen, die uns heute begegnen, sind eher fähig, unbefangen mit der Vergangenheit umzugehen und Geschichte anzunehmen. Sie können sich durchaus mit den Frauen und Männern des Widerstandes identifizieren. Hinzu kam, daß viele 68er die Lehrkräfte in den Schulen und Hochschulen stellen, auch in den Medien präsent sind. Das begründete – oft angeregt von jungen Menschen, die sich mit der Vergangenheit beschäftigen – eine immer mehr wachsende Nachfrage nach Zeugen des Naziterrors und des Widerstandes. Dies allerdings in einer Zeit, als die Zahl der Zeugen so sehr zusammengeschrumpft ist, daß sie kaum noch den Anforderungen gerecht werden können. Darin liegt eine große Tragik. Die sich noch zur Verfügung stellen können, haben alle inzwischen ein hohes Alter erreicht; viele von ihnen sind physisch nicht mehr hierzu in der Lage.

Und doch haben unsere Zeitzeugen schon in den 50er Jahren und danach ungeheures geleistet. Unentwegt haben sie gegen das Vergessen gekämpft. Denn jeder, der irgendwie mit viel Glück der Nazihölle entronnen ist, hat mit der Aufgabe überlebt, hiervon Zeugnis abzulegen, den Nachkommen ihr Erleben mitzuteilen; denn sie müssen wissen, was geschehen war. Wie sollen sie sonst immun werden gegen einen Rückfall in eine ähnliche Barbarei. Eine umfangreiche Memoirenliteratur ist entstanden, die die Vergangenheit in die Gegenwart brachte, sie der Vergessenheit entzog. Aber nichts ersetzt das Gespräch mit den Zeitzeugen, die Begegnung mit ihnen, sie befragen zu können. Nichts ersetzt die erlebte, erzählte Geschichte für die jungen Menschen. Wer als Zeitzeuge in der Schule war, hat am Ende immer wieder von Lehrern oder Lehrerinnen und von den Schülern bestätigt bekommen: das wiegt ein Jahr Geschichtsunterricht auf. Das Schildern aus einer so schweren Zeit der Bewährung für jeden, fordert unausgesprochen auch Verantwortung für heute heraus, für richtige Entscheidungen, ohne dabei den moralischen Zeigefinger zu erheben (was unsere Zeitzeugen tunlichst vermeiden). Es gibt nichts, was so sehr im Gedächtnis verankert bleibt, als die Schilderung des Erlebten in allen Details. Wie hat man sich zur Wehr gesetzt, den Foltern widerstanden, die Würde nie aufgegeben, den Humor bewahrt dem so schwer zu ertragenden Druck zum Trotz, die alltägliche Solidarität. Auch den Konflikt, die Zweifel, die Ängste. Das persönliche Erlebnis mit all seinen Emotionen – um es noch einmal zu sagen, nichts kann es ersetzen.

Erlebnisse haben immer ihre Einmaligkeit. Sicherlich wollte und will kein Zeitzeuge, keine Zeitzeugin als Held, als Heldin auf dem Podest stehen, sich bewundern oder bemitleiden lassen. Für die jungen Menschen ist es enorm wichtig zu erfahren, wie man zum Widerstand kam, wie man seine Ängste überwand und in Situationen über sich selber hinausgewachsen ist. Was die Nachgeborenen selber nicht wissen können, ist die Atmosphäre dieser Zeit, die sie von den Zeitzeugen erfahren können.

Die heutigen Nachgeborenen – das ist meine Erfahrung in unzähligen Gesprächen mit Jugendlichen – wollen genau wissen, wie es war. Sie sollten es wissen in allen Einzelheiten, den Widerstand erfahren als die tagtägliche Überwindung von Ängsten. Doch in der Mitteilung ihrer Erfahrungen sind Zeitzeugen immer unterschiedlich. Jeder hat seine eigenen Erlebnisse, seine Lebenserfahrung, seine eigene Sicht. Aber seine Zeugnisse sind immer die Berührung der Nachgeborenen mit der Zeitgeschichte. Unsere Augenzeugen haben leibhaftig für die Nähe der schrecklichen, fürchterlichen, entsetzlichen Ereignis dieser Zeit gebürgt. Mit ihrer Schilderung, wie es gewesen ist, versäumten sie nie, darüber zu sprechen: Wie ist es gekommen? Warum war es nicht verhindert worden? Hätte es verhindert werden können? Es ist auch die Frage, die zumeist von Jugendlichen gestellt wird.

Zu den Zeugnissen zählen die Vorstellung, die Visionen, Träume und auch Illusionen vom Aufbau einer neuen Welt nach der Zerschlagung des Faschismus. Die meisten hatten überschwengliche Vorstellungen von einem wirklichen Neubeginn. Im Gespräch mit den Nachgeborenen war es immer wichtig darüber zu sprechen, was daraus geworden ist. So begreifen sie, daß das Befassen mit der Vergangenheit mit der Gegenwart und ihrer Zukunft zu tun hat. Je älter die Zeitzeugen werden – in absehbarer Zeit wird es keine mehr geben – je größer der zeitliche Abstand, umso zwingender, dringlicher ist es, die Erfahrung zu vermitteln. Dies gilt auch für die Zeitzeugen, die die Nazizeit als Kinder erlebt haben. Je mehr die Zahl der Zeitzeugen schmilzt, umso größer empfinden die noch Wenigen diese Verantwortung. Es ist ein Alptraum der wenigen noch lebenden Zeitzeugen: Wenn es niemanden mehr gibt, wird dann alles noch geglaubt, wenn die Nachfahren diese Zeit nur noch aus Büchern, Filmen, Videos, Kassetten und Kunstwerken erfahren?

Es ist das große Verdienst unserer Zeitzeugen, daß sie einer unübersehbaren Zahl von Jugendlichen den Anstoß gaben für ihr antifaschistisches Engagement. Sie haben ihre Wachsamkeit geschärft gegen alle Erscheinungen, die zu einem Rückfall in eine ähnliche Barbarei führen können: gegen Rassismus, Antisemitismus, Nationalismus, Militarismus, Ausländerfeindlichkeit. Sie haben sie zum Nachdenken angeregt über die jeweils notwendige Haltung zur Auseinandersetzung mit allen Fragen der Passivität, der Anpassung, der individuellen Verantwortung. Sie haben das Vermächtnis, das der deutsche Widerstand hinterlassen hat, in den Herzen vieler junger Menschen verankert.

PG

Zum Beispiel Theo Gaudig

Mit 92 Jahren vermittelt er noch immer Geschichte

15 Jahre seines Lebens verbrachte Theo Gaudig hinter Gittern und Stacheldraht. Stationen seines Lebens:

Theo Gaudig wurde 1904 in Essen geboren. Er erlernte den Beruf des Drehers, aber seine Liebe gehörte der Fotografie.

1923, während der Besetzung des Ruhrgebietes, wurde er wegen antimilitaristischer Propaganda von einem französischen Militärgericht zu einem Monat Haft verurteilt.

1928 ging er nach Bukarest, wo er in einem Fotoladen Arbeit gefunden hatte.

1930 wurde er im halbfaschistischen Rumänien wegen illegaler Arbeit verhaftet und zu 15 Jahren Zwangsarbeit verurteilt. Die Haft mußte er in der Zwingburg Doftana verbringen.

1942 übergaben ihn die rumänischen Behörden der deutschen Gestapo. Theo wurde nach Buchenwald gebracht.

Nach der Befreiung 1945 kehrte er zu seiner Familie zurück. Seinen Vater traf er nicht mehr an.

Der Antifaschist Otto Gaudig war am 13. April, zwei Tage vor der Einnahme des Ruhrgebietes durch englische Truppen, in der Wenzelnbergschlucht bei Solingen zusammen mit 70 weiteren Häftlingen von den Nazis ermordet worden.

Theo Gaudig wurde aktives Mitglied der VVN. Er befaßte sich vor allem mit der Erforschung der Geschichte des Nationalsozialismus in Essen. An der Schaffung der ständigen Ausstellung „Widerstand und Verfolgung in Essen" in der Alten Synagoge hatte er maßgeblichen Anteil. Jahrzehntelang begleitete er Schulklassen und Jugendliche bei historischen Stadtrundfahrten. In Zusammenarbeit mit dem Jugendamt der Stadt Essen stellte er sich immer wieder als Zeitzeuge bei den „Historischen Stadterkundungsspielen" zur Verfügung.

Noch heute, mit 92 Jahren, macht Theo auf Anfrage Führungen in der Alten Synagoge und spricht vor Schulklassen über die Zeit des Nationalsozialismus.

In der Person Theo Gaudig vereinigen sich Selbsterlebtes und umfassendes historisches Wissen mit der Fähigkeit, dieses Wissen Jugendlichen zu vermitteln. Wenn Theo erzählt, wird Geschichte lebendig und nachvollziehbar. Dabei versäumt er es nie, den Bezug zur Gegenwart herzustellen und die Jugend zur Wachsamkeit aufzurufen.

RVJ

Theo Gaudig bei einer alternativen Stadtrundfahrt mit den „Falken", 1980

1983

29. Januar Antifaschistische Manifestationen in Hamburg, Köln, Frankfurt, München und Mössingen. Über 100.000 Teilnehmer

5. Februar SS-Hauptsturmführer und Gestapo-Chef von Lyon, Klaus Barbie, wird in Frankreich verhaftet

20. Februar Justizministerium erklärt, daß alle Urteile des NS-Volksgerichtshofes im Bundeszentralregister gelöscht seien. Damit ist jedoch keine Rehabilitierung der Opfer verbunden.

6. März Neuwahlen zum Bundestag, Kohl bleibt Bundeskanzler

1.–4.April Ostermärsche gegen Raketenrüstung

4. Mai VVN-Präsidium fordert sofortiges Verbot der ANS/NA

13.–15. Mai Bundeskongreß der VVN-BdA in Hamburg

21. Mai In Bad Hersfeld demonstrieren 10.000 Menschen gegen Treffen der SS-Verbände „Leibstandarte Adolf Hitler“ und „Hitlerjugend“

15. Juni CDU-Generalsekretär Geißler im Bundestag: Pazifismus habe Auschwitz erst möglich gemacht.

30. August Kemal Altun, türkischer Asylbewerber, begeht wegen drohender Abschiebung an die Militärjunta in Berlin Selbstmord

1. September Beginn der Blockade-Aktionen am US-Depot in Mutlangen

15.–22. Oktober Aktionswoche gegen die Stationierung neuer US-Raketen: hunderttausende Rüstungsgegner nehmen an Volksversammlungen, Mahnwachen und Blockaden teil. 108 km lange Menschenkette von Stuttgart nach Ulm. Bisher 5 Millionen Unterschriften unter Krefelder Appell

22. November Regierungskoalition stimmt im Bundestag für die Stationierung amerikanischer Mittelstreckenraketen

27. November ehemalige CSU-Abgeordnete gründen die Partei „Die Republikaner“

Dezember Nachdem „die tat“ als eigenständiges Organ eingestellt werden mußte, erscheint die „antifaschistischen rundschau“, die neue Mitgliederzeitschrift der VVN-BdA

6. Dezember Die Bundesregierung verbietet die ANS/NA

21. Dezember Der Bundesvorstand der Arbeitervereine der Türkei (FIDEF) und die VVN-BdA vereinbaren verstärkte Zusammenarbeit im Kampf gegen Ausländerfeindlichkeit und Neofaschismus

Der 30. Januar

Erinnerung und Orientierung

Schon im Herbst 1982 hatte die VVN-BdA darauf orientiert, den 50. Jahrestag der Machtübertragung an den Faschismus zum Anlaß für vielfältige regionale Aktivitäten zu nehmen. Gleichzeitig arbeitete sie – wie schon 1975 – an einem Personenaufruf für fünf überregionale Demonstrationen in Frankfurt/M., Hamburg, Köln, Mössingen und München. Diese Aktionen sollten unter den Losungen stehen: „Nie wieder Faschismus, nie wieder Krieg, keine neuen Atomraketen!“

In der Erklärung des Präsidiums zu diesem Datum hieß es:

„Unser Erinnern an diesen 30.Januar 1933 ist durch den Willen geprägt, Lehren und Erfahrungen des antifaschistischen Widerstandskampfes an die heute Lebenden weiterzugeben: Die Notwendigkeit gemeinsam gegen Faschismus und Krieg einzustehen, alles Trennende beiseite zu schieben, um unserem Volk und künftigen Generationen Faschismus und Krieg zu ersparen ...

Aus den Erfahrungen von damals erscheint es uns heute besonders notwendig, jede Form des Faschismus und der Rechtsentwicklung zu bekämpfen, dem Abbau demokratischer und sozialer Rechte entgegenzutreten ...

Der 50. Jahrestag des Machtantritts des deutschen Faschismus darf nicht zum ersten Jahr der Stationierung neuer US-Atomraketen in unserem Land werden.“

Die Mobilisierung für die verschiedenen

Aktivitäten stellte alle Erwartungen in den Schatten. In vielen Orten fanden Diskussionen, Veranstaltungen zur Geschichte, Mahnwachen, antifaschistische Stadtrundgänge und andere Formen der historischen Erinnerung statt. Bei den fünf zentralen Demonstrationen wurden über 100.000 Teilnehmer gezählt. Bis zuletzt erweiterte sich der Kreis der Unterstützer. Das Bündnis vereinte antifaschistische Widerstandskämpfer und Verfolgte, Gewerkschafter und Schriftsteller, Christen beider Konfessionen und Künstler, Vertreter von Initiativen und Organisationen.

Die gewachsene Bedeutung antifaschistischer Orientierung im gewerkschaftlichen Bereich, die sich bereits bei den Demonstrationen am 29. Januar gezeigt hatte, wurde im Mai 1983 sichtbar, als auf gemeinsame Initiative von VVN-BdA und DGB in Bad Hersfeld (Hessen) 10.000 Menschen zusammenkamen, um gegen ein Treffen der SS-Verbände „Leibstandarte Adolf Hitler" und „Hitlerjugend" zu demonstrieren. Der DGB Hessen und zahlreiche Bezirks- und Landesvorstände von Einzelgewerkschaften unterstützten den Protest.

Die Kölner Kundgebung zum 50. Jahrestag

Bundeskongreß in Hamburg

Gewachsene Anerkennung und neues Programm

„In der Tradition des antifaschistischen Widerstandes – gemeinsam für Frieden, Abrüstung und Demokratie", unter dieser Losung stand der Hamburger Bundeskongreß der VVN-BdA vom 13. bis 15. Mai 1983.

Schon die Zusammensetzung der Delegierten machte deutlich, daß der Generationswechsel in der Organisation endgültig vollzogen wurde. Vor dem Hintergrund der großen Aktionen der Friedensbewegung zog die VVN-BdA durchaus stolz eine Bilanz der vergangenen vier Jahre. Und man hatte viel vorzuweisen, wenn man sich nur einmal die Liste der Gäste und Grußworte betrachtete. Ein eindrucksvolles Grußwort des Ersten Bürgermeisters Klaus von Dohnanyi, Beiträge von Vertretern der GRÜNEN, der DKP, der Jusos, Jungdemokraten und der SDAJ, sowie der DFG/VK. Leonhard Mahlein als Vorsitzender der IG Druck und Papier und andere Gewerkschaftsfunktionäre sandten Grußbotschaften.

Der Kongreß hatte ein sehr umfangreiches Programm zu bewältigen, beginnend mit einem Kulturabend zum Jahrestag der Bücherverbrennung und endend mit der Verabschiedung des neuen Orientierungs- und Aktionsprogramms. Dazwischen lagen anstrengende Tage, an denen in sechs Arbeitskreisen über die politischen Arbeitsfelder der Organisation beraten wurde. Die Tatsache, daß mehr als die Hälfte der Delegierten sich in den AGs „Verteidigung demokratischer Rechte – gegen Neofaschismus und Ausländerfeindlichkeit" und „Organisatorische Stärkung der VVN – Bund der Antifaschisten" wiederfand, spiegelte die praktischen Bedürfnisse der Arbeit wider. Geschichts- und Bildungsarbeit war eher noch Spezialistenarbeit, wobei kritisch darauf verwiesen wurde, daß schon jetzt daran gearbeitet werden müsse, junge Mitglieder für die antifaschistische Geschichtsvermittlung zu qualifizieren, da in absehbarer Zeit, die Gründergeneration nicht mehr zur Verfügung stände.

Ein Schwerpunkt der Konferenz war die Beratung und Verabschiedung eines neuen Orientierungs- und Aktionsprogramms.

Zwar lagen dem Kongreß 250 Änderungsanträge vor, doch war die Intensität der Debatte recht unterschiedlich. Die meisten Änderungsvorschläge kamen von „den Hamburgern". Da manches davon nicht in die politisch dominierende Vorstellung paßte, wurden Kontroversen oft per Abstimmung beendet. Noch fehlte eine Offenheit im Umgang mit unterschiedlichen Positionen innerhalb der Organisation.

Grußwort von Hamburgs Bürgermeister Klaus von Dohnanyi

Zwischen Massendemonstrationen und Blockaden

Das Jahr 1983 war vor allem von den Aktionen der Friedensbewegung geprägt. Alles war darauf gerichtet, den Stationierungsbeschluß zu verhindern.

Allein drei Massenaktionen waren in diesem Jahr zu verzeichnen: die Demonstrationen zum 30. Januar mit über 100.000 Teilnehmenden, die Ostermärsche, bei denen über 750.000 Teilnehmer auf den verschiedenen Etappen gezählt wurden, und die Aktionen gegen die Raketenstationierung vom 15. bis 22. Oktober.

Mehr als eine Millionen Menschen beteiligten sich an den „Volksversammlungen für den Frieden" in Hamburg, Bonn, Stuttgart und Neu-Ulm. Die ungewöhnlichste und gleichermaßen eindrucksvolle Aktion war eine 105 km lange Menschenkette von Stuttgart nach Neu-Ulm.

Auf der Großkundgebung im Bonner Hofgarten sprachen Willy Brandt als Vorsitzender der SPD, der Schriftsteller Heinrich Böll und – als Vertreterin der VVN-Bund der Antifaschisten – Etty Gingold.

Willy Brandt unterstrich seine Ablehnung der Stationierung und erklärte: „Wir stehen hier für die Mehrheit unseres Volkes. Über 70 Prozent der Menschen in der Bundesrepublik – und das ist gut so – halten nichts davon, daß Deutschland noch immer vollgepackt wird mit atomarem Teufelszeug."

Etty Gingold verwies auf die historischen Erfahrungen und hob – als bewußte Zurückweisung der Geißlerschen Polemik, der Pazifismus habe Auschwitz erst ermöglicht – hervor:

„Hitler, Krieg und Auschwitz war möglich, weil die Antifaschisten, die Demokraten, die Sozialdemokraten und Kommunisten nicht zusammenstanden, weil alle, die damals sagten: Nie wieder Krieg!, nicht zueinander gefunden haben ... Dort, wo es um Leben und Tod geht, muß das Gemeinsame stärker sein als das Trennende."

Dabei war das Gemeinsame immer auch in Gefahr, durch komplizierte Debatten verschüttet zu werden.

Was war von der Forderung der GRÜNEN nach einer „blockübergreifenden Friedensbewegung" zu halten, wo doch für die VVN-BdA die Sowjetunion ein „Partner im Kampf für das Überleben" darstellte?

Wie soll man mit Blockaden, physischem Widerstand gegen die geplante Stationierung und mit Aktionen des zivilen Ungehorsams umgehen?

Es spricht für die Bündnisfähigkeit, wenn auf dem Bundeskongreß betont wurde:

„Wir müssen dabei sein, wenn junge Menschen zum Blockieren gehen, und auch gerade unsere alten Kameraden sollten dabei sein, wenn vor Raketenstationierungsorten blockiert wird. Das hat in der Öffentlichkeit einen sehr großen Effekt."

Bei der Bonner Großkundgebung „Volksversammlung für den Frieden" sprachen Willy Brandt, Heinrich Böll (neben ihm sitzend) und Etty Gingold (vorn links) für die VVN-BdA

Blockade-Aktion am Raketenstützpunkt Mutlangen, 1. September. In der vorderen Reihe Mitglieder des Präsidiums der VVN-BdA.

Aktionen der VVN-BdA Nordrhein-Westfalen am 21. November in Bonn zur Bundestagsdebatte über Atomraketen

„Wegweiser“ für antifaschistische Spurensuche

Ende 1983 wurde ein Projekt zur antifaschistischen Geschichtsarbeit der Öffentlichkeit vorgestellt, das bis heute vergleichbares sucht. Der „Studienkreis zur Erforschung und Vermittlung der Geschichte des Widerstandes 1933–1945“ legte den ersten Band der „Heimatgeschichtlichen Wegweiser zu Stätten des Widerstandes und der Verfolgung 1933–1945“ vor. Gemeinsam mit dem Präsidium der VVN-Bund der Antifaschisten herausgegeben, sollte das Projekt „dazu beitragen, daß aus den Stätten des Widerstandes und der Verfolgung, die überall in der engeren Umgebung zu finden sind, Stätten der Aufklärung werden. Diese Aufklärung vor Ort, erprobt in vielen antifaschistischen Stadtrundfahrten, in Projekten der Spurensicherung und in den Schülerwettbewerben ‚Alltag im Nationalsozialismus‘, ist heute notwendiger denn je.“

Der Band 1 umfaßte das Bundesland Hessen. Auf über 130 Seiten wurden detailliert die bekannten Haftstätten, die Orte des Widerstandes, die Zwangsarbeiterlager und Gedenktafeln für NS-Opfer und Verfolgung zusammengetragen.

Der Landesvorsitzende des DGB Hessen, Jochen Richert, unterstrich in seinem Vorwort die Notwendigkeit solcher Aufarbeitung:

„Der unzureichenden lokal- und regionalgeschichtlichen Forschung entspricht die jahrzehntelange Vernachlässigung einer umfassenden Aufklärung über die Ursachen, die zum Faschismus führten, über den Alltag dieses unmenschlichen Systems, über den Widerstand, der vor allem von der Arbeiterbewegung geleistet wurde. Aufgrund dieser Versäumnisse bleiben auch die Anfänge der Bundesrepublik im Dunkeln, die zweifellos von antifaschistischem Gedankengut geprägt waren.“

Dem etwas entgegen zu setzen und eigene antifaschistische Geschichtsarbeit anzuregen, sollte das Ziel dieses und weiterer geplanter Bände sein. Denn, so Ursula Krause-Schmitt, die Archivarin des Studienkreises,

„der Wegweiser wurde nicht für den Bücherschrank, sondern zum häufigen Gebrauch geschrieben:

– für jung und alt zum Nachlesen, was in der eigenen Umgebung an die Zeit des Faschismus erinnert, oder wo eigentlich Gedenkzeichen sein sollten ...
– für Jugendgruppen, die vor Ort ‚Spuren sichern‘ wollen ...“

„Aus der Geschichte Konsequenzen ziehen!“

Im Vorwort zum „Heimatgeschichtlichen Wegweiser Hessen“ verbindet Jochen Richert, hessischer DGB-Vorsitzender, die Tatsache vernachlässigter Aufarbeitung der Vergangenheit mit zunehmenden neofaschistischen Aktivitäten in der Gegenwart:

Die Folgen unzureichender Aufklärung si2nd heute unübersehbar. Die zunehmenden Terrorakte jugendlicher Neoanzis weisen auf gesellsahftliche Probleme und Konflikte, aber auch auf Fehler in der Vergangenheit hin. Hakenkreuzschmierereien, die Schändung jüdischer Gräber, Brandanschläge und Überfälle, Terroranschläge auf Ausländerwohnheime ziehen eine blutige und deutliche Spur rechtsradikaler Gewalttätigkeit durch unser Land. Es ist kein Zufall, daß rechtsextreme Gruppen Anhänger zu gewinnen suchen, indem sie die Angst vor den bei uns lebenden Ausländern erzeugen und schüren. Die Gefahr des Faschismus ist nicht gebannt. Der Rechtsradikalismus ist eine Herausforderung für alle demokratischen Kräfte.

Die wachsende Aggressivität neofaschistischer Gruppen wird durch die skandalöse Rehabilitierung der „Hilfsgemeinschaft auf Gegenseitigkeit der ehemaligen Angehörigen der Waffen-SS“ (HIAG) gefördert. Der HIAG wurde im August 1983 von der Regierung Kohl/Genscher bescheinigt, daß sie „bis auf weiteres im Verfassungsschutzbericht nicht mehr als rechtsextremistische Gruppe erwähnt werden wird ...“. Obwohl bekannt ist, daß die Waffen-SS eine Gliederung der allgemeinen SS war, die in den Nürnberger Prozessen als „verbrecherische Organisation“ verurteilt und einschließlich aller Nachfolgeorganisationen für immer verboten wurde, ist diese Erklärung abgegeben worden. Die Folgen: freie Bahn für Geschichtsfälscher. Völkermord wird zur militärischen Aktion. Massenmörder werden zu Landsern.

Diese Entwicklung verstärkt die Forderungen des Deutschen Gewerkschaftsbundes nach Verbot und Auflösung aller faschistischen und neofaschistischen Organisationen. Wir können es uns angesichts der Massenarbeitslosigkeit, der Abwälzung der Krisenlasten auf die Arbeitnehmer, angesichts des Rüstungswahnsinns nicht leisten, die Verbrechen des deutschen Faschismus in Vergessenheit geraten zu lasswen. Wir müssen aus den Erfahrungen der Geschichte Lehren und Konsequenzen ziehen, damit jede Widerholung undenkbar wird.

1984

30. Januar Bundesweiter Aktionstag gegen die Raketenstationierung

28. Februar VVN übergibt auf einer Pressekonferenz Material über die anhaltende „Traditionspflege" der SS-Verbände

31. März Über 6.000 Antifaschisten demonstrieren in Oberaula gegen ein Treffen der SS-Totenkopf-Division

4. Mai VVN-Präsidium übergibt einen Appell „SS-Traditionsverbände sind zu verbieten"

19. Mai Über 2.000 Antifaschisten demonstrieren in Bad Harzburg gegen ein geplantes SS-Treffen

23. Mai Richard von Weizsäcker wird neuer Bundespräsident

12. September Beginn des Prozesses gegen den Naziterroristen Hoffmann in Nürnberg

20. Oktober Aktionen der Friedensbewegung gegen Raketenstationierung

Dezember Helmut Kohl eröffnet die Debatte um den 8. Mai, indem er ihn als „einen Tiefpunkt unserer Geschichte" bezeichnet.

„antifaschistische rundschau" als Mitgliederzeitschrift

Mit der Nummer 1/84 erhielten alle Mitglieder der VVN-Bund der Antifaschisten per Postzeitungsvertrieb eine neue Zeitung zugestellt, die „antifaschistische rundschau".

Die Herausgabe einer solchen Mitgliederzeitschrift wurde nötig, da die antifaschistische Wochenzeitung „die tat", die seit 1950 das Organ der VVN war, sich mit der „Deutschen Volkszeitung" vereinigen mußte.

Wer dabei wem Kraft und Unterstützung gegeben hat, ist heute nur noch schwer zu sagen.

Jedenfalls bedeutete diese Fusion, daß die Redaktion nach Düsseldorf wechselte und die neue Zeitung „Deutsche Volkszeitung/ die tat" sich nunmehr als „Sprachrohr des breiten Bündnisses für Frieden, Abrüstung und Demokratie" verstand. Antifaschismus hatte nur noch als wöchentliche Rubrik seinen Platz.

Die breite Unzufriedenheit in der Mitgliedschaft mit dieser Entwicklung bewog das Präsidium, über eine Mitgliederzeitschrift nachzudenken.

Die Zeitschrift sollte, so Generalsekretär Kurt Erlebach, „Forum der Diskussion und des Erfahrungsaustausches sowie der gegenseitigen Arbeitshilfe ... sein. Die Zeitschrift soll mithelfen, neue Kräfte für die antifaschistische Bewegung zu gewinnen, die in der Tradition des antifaschistischen Widerstandes gegen die Bedrohung der Menschheit durch Faschismus und Krieg heute den Kampf führen. Sie soll weiterhin die Erfahrungen des Widerstandes gegen den zunehmenden Neofaschismus vermitteln und den Kampf organisieren helfen."

Verantwortlich zeichneten Hermann Müller und Klaus Poweleit. Es gelang ihnen, eine ansprechende Zeitschrift herauszubringen, die sowohl Berichte über die Aktivitäten der VVN vor Ort, Materialien und Argumentationen für politische Schwerpunkte, Analysen und Hintergrundberichte zu aktuellen Themen, geschichtliche Darstellungen und Beiträge zur antifaschistischen Erinnerungsarbeit enthielt.

Wichtig war auch die Rubrik „wir gedenken". Erinnerte sie doch an diejenigen Frauen und Männer aus dem Widerstand und der Gründergeneration, denen die VVN-Bund der Antifaschisten ihren Bezugspunkt verdankte.

Einzig die Diskussion kam etwas zu kurz. Kontroversen, die sich in der VVN entwickelten, fand man nur in den Leserbriefspalten.

19. Mai, Bad Harzburg: Demonstration für das Verbot aller Naziverbände

„Die Republikaner" gründen sich

Im November 1983 erscheint eine neue Rechtspartei in der politischen Landschaft der Bundesrepublik. Als Abspaltung von der CSU gründet sich die Partei „Die Republikaner". Politischer Schwerpunkt dieser Partei ist das Bundesland Bayern. Zahlreiche Mitglieder und Funktionäre der CSU verlassen in dieser Zeit aus Enttäuschung über das Ausbleiben einer „geistig-moralischen Wende" (Ende 1982 hatte eine Koalition von CDU/CSU und FDP die sozialliberale Bundesregierung abgelöst) ihre Partei.

Vor allem die erwartete radikale Änderung der Deutschlandpolitik blieb aus und der bayerische CSU-Vorsitzende Franz Josef Strauß, bis dahin wesentliche Integrationskraft für viele Rechtsradikale, stellte sich durch die Vermittlung eines Milliardenkredites an die DDR, in das Zentrum der Kritik.

Zwei Bundestagsabgeordnete der CSU, Franz Handlos und Ekkehard Voigt, verließen deshalb im Herbst 1983 ihre Partei und warfen der Bundesregierung vor, das DDR-System zu stabilisieren. Darüber hinaus kritisierten sie die „Ein-Mann-Demokratie" des Parteivorsitzenden Strauß.

Zu ihnen stieß der Journalist Fanz Schönhuber, vormaliger Hauptabteilungsleiter beim Bayerischen Rundfunk und Moderator einer populären Fernsehsendung. Der Strauß-Spezi war in Ungnade gefallen, weil er – so die Süddeutsche Zeitung – unter dem Titel „Ich war dabei" „seine Zugehörigkeit zur SS in einem plumpen, stellenweise peinlichen Buch den Ewiggestrigen zur Rechtfertigung" dargeboten hatte und versicherte, daß seine Kameraden von der Waffen-SS „gläubige, tapfere und anständige Menschen" gewesen seien.

Rhetorisch geschickt verstand es vor allem Schönhuber, rechtsradikale Inhalte an das Wahlvolk zu bringen. Er drängte diejenigen, die in den Republikanern lediglich eine bessere CSU sehen wollten, schnell an den Rand der Partei. Bereits 1985 verließen Handlos und Voigt die Republikaner und warfen der Partei „rechtsextreme Tendenzen" vor.

Unter dem Vorsitz Schönhubers entwickelten sich die REP, trotz verbaler Abgrenzung von „rechtsextremen" Organisationen, zunehmend zum Sammelbecken rechtsradikaler und neofaschistischer Kräfte, die von Schönhuber gefördert und geduldet wurden, solange sie seine Alleinführung nicht in Frage stellten. So förderte er die innerparteiliche Karriere des ehemaligen NPD- und DVU-Funktionärs Harald Neubauer und baute ihn zu seinem Kronprinz auf. Mit seiner Polemik gegen die Umerziehung, die Auschwitz-Keule, seinem Bekenntnis zur (Waffen-)SS, einem unterschwelligen Antisemitismus und offener Ausländerfeindlichkeit gelang es den „Republikanern" bei der bayerischen Landtagswahl 1986 auf Anhieb 3,0 Prozent der Stimmen zu erzielen.

Die Versuche, auch in anderen Bundesländern Organisationsstrukturen aufzubauen, entwickelten sich äußerst schleppend. Selbst in Bremen, wo fast der vollständige wehrpolitische Arbeitskreis der CDU und zwei Landtagsabgeordnete zu den Republikanern übertraten, konnte die Partei keine Erfolge erzielen. Bis Ende der 80er Jahre blieb sie weitgehend auf Bayern beschränkt.

KH

Gegen Neofaschismus und SS-Traditionspflege

Einen ersten Erfolg gegen den stärker werdenden Neofaschismus konnte die antifaschistische Bewegung verbuchen, als am 6. Dezember 1983 die terroristische ANS/NA verboten wurde.

Doch wurde dieses Verbot von der Bundesregierung nur halbherzig umgesetzt, Ersatzorganisationen insbesondere die FAP wurden toleriert.

Für alle Antifaschisten war es damit offensichtlich, daß nur eigener Widerstand ernsthaft zur Unterbindung neofaschistischer Aktivitäten beitragen konnte. Dazu gehörten Aktionen gegen Nazi-Treffen vor Ort, wie die große Kundgebung gegen das jährliche DVU-Treffen in Passau, Aufklärungsarbeit durch Flugblätter und Broschüren über neofaschistische Strukturen in der Region und Aktivitäten gegen die SS-Traditionsverbände.

Die Tatsache, daß seit der politischen Wende 1983 die SS-HIAG nicht mehr im Verfassungsschutzbericht vermerkt worden war, sahen diese Verbände als Aufmunterung, sich erneut in aller Öffentlichkeit zu treffen.

Doch die VVN-Bund der Antifaschisten und mit ihr viele andere Antifaschisten stellten sich dieser Verharmlosung der SS-Traditionspflege entgegen. Unter dem Motto: „Für Frieden und Demokratie, Widerstandskämpfer, Opfer des Faschismus und junge Antifaschisten fordern: Auflösung der SS-Verbände! Unterbindung jeglicher Nazipropaganda!" verstärkte sie die Aufklärungsarbeit über diese Art von „Traditionspflege".

Gleichzeitig unterstützte sie alle Bündnisaktivitäten gegen diese Treffen, selbst wenn sie in abgelegenen Gegenden Deutschlands stattfanden. So demonstrierten zum ersten Mal 6.000 Menschen in Oberaula (Hessen) gegen SS-„Totenkopf"-Division. In Bad Harzburg versuchte sich das Panzerkorps Leibstandarte Adolf Hitler als Wirtschaftstreffen zu tarnen – vergeblich: 2.000 Gewerkschafter und Antifaschisten verhinderten mit ihrem Protest das Treffen. Die mehr als 1.000 Antifaschisten in Marktheidenfeld (Bayern) konnten zwar das Treffen der 4. SS-Polizei-Panzer-Grenadier-Division nicht verhindern, zeigten aber, daß auch hier alte Nazis nicht willkommen waren.

Kundgebung gegen SS in Marktheidenfeld

Trotz Raketenbeschluß:

Die Friedensbewegung bleibt aktiv

Bereits im Dezember 1983, nur wenige Tage nach dem Raketenbeschluß des Bundestages vom November 1983, begann die Stationierung der Pershing II Raketen zunächst in Mutlangen bei Schwäbisch Gmünd.

Von Anfang an stießen die schweren Raketentransporter dort auf die gewaltfreien SitzdemonstrantInnen der Friedensbewegung. In den kalten Nächten des Winter 1983/84 begann die Dauerblockade des Mutlanger Raketentores, die dort und später auch auf der Heilbronner Waldheide bis zum schließlichen Abzug der Raketen im Jahre 1988 andauern sollte. „Unser Mut wird langen" – die Stationierungsorte der Atomraketen wurden zum Symbol des anhaltenden Widerstands der Friedensbewegung. Aber nicht nur die Sitzblockaden sondern weitere große Massenaktionen brachten die Ablehnung der Aufrüstungspolitik durch die Mehrheit der Bevölkerung zum Ausdruck. Über 600.000 Menschen nahmen bundesweit an den Ostermärschen 1984 teil. Im Juni 1984 wandten sich die Friedensgruppen mit einer „Volksbefragung" an mehrere Millionen Menschen vor den Wahllokalen zur Europawahl und im Friedensherbst 1984 bildeten erneut Hunderttausende Friedensketten gegen das Erstschlagskonzept von USA, NATO und Bundesregierung. Auch die VVN-Bund der Antifaschisten trug viel dazu bei, daß die Friedensbewegung nach der Niederlage durch die Raketenstationierung nicht zerfiel, sondern weiterhin als Parteien und Weltanschauungen übergreifendes Bündnis aktiv blieb. Immer wieder verwiesen ihre Mitglieder dort, wo es wie in Baden-Württemberg zu Aufkündigungen der Zusammenarbeit kam, auf die Erfahrungen aus dem antifaschistischen Widerstand. Häufig waren es gerade die Mitglieder der Gründungsgeneration der VVN, die durch ihre unermüdliche Mitarbeit in den örtlichen Friedensgruppen und den überregionalen Friedensbündnissen zur Stabilisierung der Strukturen der Friedensbewegung beitrugen. Auch im Bonner Koordinierungsausschuß der Friedensbewegung arbeitete die VVN-BdA weiterhin als eine von insgesamt dreißig Mitgliedsorganisationen in diesem Sinne engagiert und initiativ mit.

Die Ablehnung der Raketenstationierung blieb weiterhin eine zentrale Forderung der Friedensbewegung. Zunehmend wurde sie jedoch mit neuen Aufrüstungskonzepten im Rahmen der westlichen Erstschlagskonzepte konfrontiert und begann neue Themenfelder zu erschließen. In den Jahren 1985 und 1986 wandte sie sich mit breiten Kampagnen gegen die Militarisierung des Weltalls, gegen Aufrüstungsprojekte, für die Senkung des ständig steigenden Rüstungshaltes, für Solidarität und Gerechtigkeit für die Länder der Dritten Welt durch Verbot von Rüstungsexporten und Senkung der Rüstungslasten.

Neue Verhandlungsangebote der Sowjetunion, die unter dem neuen Generalsekretär Gorbatschow den alten westlichen Verhandlungsvorschlag der „Null-Lösung" aufgriff, und das sowjetische Angebot „atomwaffenfrei ins Jahr 2000" setzten den Abzug der atomaren Erstschlagsraketen wieder mit neuen Verwirklichungschancen auf die internationale Tagesordnung. US-General Rogers nannte den eigenen Vorschlag nun nachträglich eine „Narretei" und die FAZ wußte 1986, er sei „im Vertrauen darauf ausgesprochen worden, daß Moskau nicht bereit wäre, seine Mittelstreckenraketen total zu beseitigen".

Nun ging es für die Friedensbewegung darum, einen Vorschlag gegen jene Kräfte durchzusetzen, die ihn wie auch die Bundesregierung vor Jahren selbst propagiert hatten.

Höhepunkte dieser neuen/alten Kampagne, in der die Friedensbewegung fast wieder an die Größe der Massenaktionen bis 1984 anknüpfte, waren eine Großdemonstration am Stationierungsort der Cruise missile in Hasselbach im Hunsrück 1986 mit etwa 180.000 TeilnehmerInnen und eine Demonstration am 11. Juni 1987 im Bonner Hofgarten mit ca. 100.000 FriedensdemonstrantInnen aus allen Teilen der Bundesrepublik.

Im September desselben Jahres gab der internationale „Olof-Palme-Friedensmarsch", zu dem auch die VVN-BdA aufgerufen hatte, mit Teilnehmerinnen aus der Bundesrepublik, der DDR und der CSSR auf seiner Abschlußkundgebung auf der Heilbronner Waldheide erneut dem Willen der Menschen in Ost und West Ausdruck: Wir wollen ohne Atomwaffen leben, wir wollen mit der Abrüstung beginnen, wir wollen eine Null-Lösung für alle Atomraketen!

D.L.

Beim Ostermarsch 1984 in Neuengamme

Ein Leben mit Brüchen und Widersprüchen
Zur Erinnerung an Martin Niemöller

„Was würde Jesus dazu sagen?" Vor diese Frage stellte Martin Niemöller, wie er in einem Film betonte, sein ganzes Leben.

Und offensichtlich war Jesus in der Lage, viele Antworten zu geben. Es begann damit, daß Niemöller – aufgewachsen und geprägt in der Kaiserzeit – als U-Boot-Kommandant den ersten Weltkrieg mitmachte. Bevor er in der Weimarer Zeit den Weg auf die Kanzel fand, machte er einen politischen Ausflug zu den Freikorps und ließ sich, schon als Pfarrer, von der NSDAP beeindrucken.

Doch der Faschismus an der Macht griff dermaßen in Bereiche ein, die Niemöller als originär kirchlich ansah, daß er bereits im September 1933 den Pfarrernotbund und wenig später die Bekennende Kirche mitbegründete. Seine gradlinige Haltung brachte ihn in Konflikt mit der NS-Führung.

Obwohl ein Prozeß gegen ihn 1937 mit Freispruch endete, wurde er als „persönlicher Gefangener" Hitlers für acht Jahre ins KZ verschleppt. Es gehört zu den vielen Brüchen in Niemöllers Leben, daß er sich im September 1939 in einem Brief an Hitler freiwillig zum Marineeinsatz als U-Boot-Kommandant meldete – doch die Nazis legten keinen Wert auf ihn.

1945 befreit durch die Amerikaner, geriet er wiederum in Konflikt mit der neuen Obrigkeit.

Aus seiner konservativen Prägung sprach er sich für eine monarchistische Herrschaft aus, was ihm den Vorwurf eines „Reaktionären" eintrug.

Die hessische VVN lehnte daraufhin im Juni 1947 einstimmig die Aufnahme von Martin Niemöller in die Organisation ab, da er Vorwürfe über seine Haltung gegenüber den Nazis nicht habe entkräften können.

Doch bald schon erlebten die Antifaschisten, welchen Mitstreiter sie in diesem evangelischen Pfarrer hatten. Voll Überzeugung wandte sich Martin Niemöller seit Anfang der 50er Jahre gegen Antikommunismus und Spaltungspolitik. Lange vor Konrad Adenauer reiste er 1952 als einer der ersten Prominenten aus dem Westen in die Sowjetunion. Er engagierte sich als Christ gegen Remilitarisierung und Atombewaffnung.

„Ich habe mich von einem sehr konservativen Menschen zu einem fortschrittlichen Menschen und am Schluß zu einem revolutionären Menschen entwickelt"

Auch zur VVN entwickelte er ein neues Verhältnis. In der Zeit der massivsten Angriffe Ende der 50er Jahre stellte er sich öffentlich auf ihre Seite.

Seit dieser Zeit war er auf verschiedenen Ebenen für die VVN aktiv, zuletzt als Mitglied des Ehrenpräsidiums. Dabei mußte die Organisation manchen Widerspruch aushalten, plädierte doch Niemöller beispielsweise aus christlicher Begründung (Vergebung der Sünden) für die Verjährung von NS-Verbrechen.

Es war auch eine Wiedergutmachung seitens der VVN-Bund der Antifaschisten, daß Niemöller als erste Person im Januar 1977 die „Ehrenmedaille des deutschen Widerstandes" erhielt.

Niemöller blieb bis ins hohe Alter besonders in der Friedensfrage aktiv. Von der Christlichen Friedenskonferenz bis zum Weltfriedensrat, von der Mannheimer Konferenz bis zum Krefelder Appell – immer wieder war er präsent, er wurde gerufen und er ließ sich rufen. Er war ein Symbol der Friedensbewegung.

Am 6. März 1984 starb Martin Niemöller im Alter von 92 Jahren.

Das war Martin Niemöller

1985

Frühjahr VVN-BdA stellt Ausstellung zum „Neofaschismus in der Bundesrepublik Deutschland" vor

5. April Internationale Kundgebung im Romberg-Park „Appell von Dortmund" der Initiative des Widerstandes und der Opfer des Nazismus und Faschismus aus 12 europäischen Ländern zum Handeln für Abrüstung, gegen Revanchismus und Neofaschismus

4. Mai 90.000 Menschen demonstrieren in Hamburg, Köln und Frankfurt/Main zum „40. Jahrestag der Befreiung und des Friedens"

5. Mai Kohl und Reagen praktizieren in Bitburg die Versöhnung über den Gräbern der SS

8. Mai Bundespräsident Richard von Weizsäcker hält eine auch international vielbeachtete Rede zum 8. Mai 1945. Darin wird u.a. der Widerstand in seiner ganzen Breite anerkannt.

11. Mai In Nesselwang (Allgäu) demonstrieren 5000 Menschen gegen das Treffen der SS-"Leibstandarte Adolf Hitler"

16. Juni Helmut Kohl übernahm die Festrede auf dem Deutschlandtreffen der Schlesier

16. August Erneuter Protest gegen die IG Farben AG i.A. in Frankfurt

14. September Hiroshima-Gedenken in Hannover

20. September Die FIR fordert von der Bundesregierung die Unterbindung der geplanten Aktivitäten der SS-Traditionsgemeinschaften

28. September Bei einer Demonstration gegen ein NPD-Treffen in Frankfurt wird Günter Sare von einem Wasserwerfer der Polizei überrollt und tödlich verletzt.

11. November In Frankfurt führt das Faßbinder-Stück „Die Stadt, der Müll und der Tod" zu einem politischen Skandal, da dem Text antisemitische Tendenzen vorgeworfen werden.

23./24. November Internationale Konferenz zum Nürnberger Prozeß

31. Dezember Demonstration von 500 Antifaschisten gegen ein Treffen der Wiking-Jugend in Hilders/Rhön

Antifaschismus als „direkte Aktion"?

In diesen Jahren entstand das, was später unter dem Begriff „autonome Szene" politisch eingeordnet wurde. Zumeist junge Leute, die in verschiedenen Aktionen den Staat und seinen Polizeiapparat als Repressionsmacht erfahren hatten, zogen daraus für sich Konsequenzen im politischen Handeln. Dort, wo sich ihre Aktionen gegen neonazistische Treffen und Aufmärsche richteten, bekämpften sie die „Faschos" und gleichermaßen den bürgerlichen Staat, der mit seiner Polizei diese Neonazis schützte.

Diese Gruppen sahen es oft als sinnvoller an, neonazistische Kräfte in „direkten Aktionen" zu bekämpfen. Sie lehnten es ab, in breiten demokratischen Bündnissen fern ab vom Geschehen zu demonstrieren. Zwar strebten auch sie Bündnisse an, jedoch hatten sie eine etwas andere Art, solche Kooperation zu entwickeln. Vor Aktionen gegen Neonazi-Aufmärsche u.ä. trafen sich die Insider in Jugendzenten oder Szene-Häusern zu „Bündnistreffen". Mehr als einmal waren solche Treffen von massiven Auseinandersetzungen zwischen „Traditionalisten" der VVN-BdA und den „Autonomen" über Aktionsformen und den potentiellen Gegner geprägt. Dabei soll nicht übersehen werden, daß die „Autonomen" in den unmittelbaren Aktionen oftmals zahlreiche Jugendliche mobilisieren konnten. Auffällig war, daß diese Gruppen zwar gegen NPD, JN und andere Neonazi-Gruppen mobilisierten, sich für SS-Treffen jedoch weniger interessierten.

Dort, wo sich die autonomen Gruppen strukturell stabilisieren konnten, begannen sie, systematisch Material über faschistische Gruppen zu sammeln und zu verbreiten. Eine der ersten Zeitschriften war das Berliner „Antifaschistische INFO-Blatt". Die Recherchen bezogen sich vor allem auf Personen und ihre Verbindungen im neofaschistischen Netzwerk. Schon früh war erkennbar, daß die Zersplitterung im Neofaschismus eher Taktik, denn tatsächliche Diffusion war. Begründet wurde solche Recherche damit, so das „Braunschweiger Antifa-Info Nr.Einz", um Fascho-Banden gezielter angreifen zu können.

Der Tod eines Demonstranten

Wie so oft demonstrierten am 28. September 1985 in Frankfurt Antifaschisten gegen eine NPD-Versammlung im Bürgerhaus Gallus.

Und wie so oft war wieder die Frankfurter Polizei eingesetzt, um Neonazis zu schützen.

Der oberste Dienstherr, CDU-OB Walter Wallmann, hatte „hartes Durchgreifen" angeordnet, sei doch – so die Behauptung – die ganze Demonstration von „Autonomen" gelenkt.

Und die Polizisten griffen durch. Der 36-jährige Günther Sare bezahlte diesen Polizeieinsatz mit dem Leben. Er wurde, wie die Videoaufzeichnungen belegten, von einem Wasserwerfer gezielt angegriffen, erfaßt, überrollt und dabei tödlich verletzt.

In der Folgen kam es zu weiteren massive Straßenschlachten zwischen Antifaschisten, autonomen Kräften und der Polizei, bei denen auch ein paar Fensterscheiben gut versicherter Banken und Konzerne zu Bruch gingen.

Während die politisch Verantwortlichen alles daran setzten, die beteiligten Polizisten zu verteidigen, organisierte die VVN-Bund der Antifaschisten Mahnwachen am Ort des Geschehens und unterstützte die Mutter des Getöteten.

Bei der Beerdigung beklagte Pfarrer Helm: „Bis heute hat es kein einziger fertiggebracht, sich zu seiner Verantwortung zu bekennen; nicht die Besatzung der Wasserwerfer, nicht die, die hartes Durchgreifen angeordnet haben, und nicht die, die es den Nazis erlaubt haben, sich hier zu treffen, so, als hätten sie nicht schon genug Unheil angerichtet."

Auf der Trauerfeier sprach auch Emil Carlebach für die VVN-Bund der Antifaschisten. Er würdigte Günther Sare als Antifaschisten und zählte ihn „zu der langen Reihe der Märtyrer der antifaschistischen Bewegung."

40. Jahrestag der Befreiung – 8. Mai 1985

Während die reaktionären Kräfte den 8. Mai noch mit ihren Inhalten zu füllen versuchten, prägten die Aktionen der Antifaschisten das öffentliche Bild der Bundesrepublik.

Am Karfreitag, den 5. April stand Dortmund im Zeichen des Antifaschismus. Widerstandskämpfer und Opfer des Faschismus aus zwölf europäischen Ländern waren zum Gedenken an die Morde vom Rombergpark zusammengekommen. In einem Appell von Dortmund forderten sie: Beendet das Wettrüsten, unterbindet SS-Treffen und Nazipropaganda, setzt gute Nachbarschaft und Freundschaft zwischen den Völkern durch.

Viertausend Persönlichkeiten hatten den Aufruf zum 40. Jahrestag der Befreiung und des Friedens unterzeichnet. Dabei bewies die Unterzeichnerliste, daß es gelungen war, breite Kreise der Gewerkschaften, aller Parteien links von der Regierungskoalition, aus Kirchen und Intellektuellen für diesen Aufruf zu gewinnen.

Der Kasseler SPD-Bundestagsabgeordnete Horst Peter begründete in einem Kommentar für die „antifaschistische rundschau" seine Unterschrift folgendermaßen: „Die deutsche Demokratie kann im 8. Mai nur den Tag erkennen, an dem durch den Sieg der Anti-Hitler-Koalition und durch die militärische Niederwerfung des Faschismus der Weg geebnet wurde zu ihrer Neukonstituierung. Für die deutsche Demokratie ist der 30.1.1933 das Datum, das sie als Katastrophe empfinden muß."

Über 100.000 Menschen beteiligten sich am 4. Mai an den drei großen Kundgebungen in Hamburg, Köln und Frankfurt, sowie bei einer Aktion gegen den Reagen-Besuch.

Gleichzeitig fanden von Neumünster bis Penzberg in der ganzen Republik Gedenkveranstaltungen, Kranzniederlegungen, Friedensfeste und andere Aktionen zur Erinnerung an den 40. Jahrestag statt. In mehreren Orten wurden aus Anlaß des Jahrestages Gedenktafeln und -steine errichtet. Mehr als ein symbolischer Akt war auch die Umbenennung der Kegelhofstraße in Ernst-Thälmann-Platz am 9. April in Hamburg. Ein kleines Stück politischer Normalität im Umgang mit Kommunisten in der deutschen Geschichte wurde hier sichtbar.

Daß der 8. Mai nicht nur der Erinnerung dienen dürfe, bewiesen am 11. Mai 5.000 Antifaschisten in Nesselwang (Allgäu), als sie gegen ein geplantes SS-Treffen demonstrierten.

Dortmund im Zeichen des Antifaschismus: Gedenken an die Morde vom Rombergpark am 5. April 1985

Am 4. Mai in ...

Hamburg

Köln

Frankfurt

400 Juristen diskutierten Nürnberger Prozesse

Welche Bedeutung der Prozeß gegen die Hauptkriegsverbrecher von 1945 für heute habe, war das Thema einer internationalen Konferenz am 23./24. November 1985 in Nürnberg.

Eingeladen hatten die Internationale Vereinigung demokratischer Juristen und die VDJ in der BRD, die FIR und die VVN-Bund der Antifaschisten, die Arbeitsgemeinschaft sozialdemokratischer Juristen, die Gustav Heinemann-Initiative, die Humanistische Union und der Republikanische Anwaltsverein. Mit Abwesenheit glänzte nur das offizielle Bonn.

400 Juristen aus 13 Staaten Europas und den USA waren nach Nürnberg gekommen, unter ihnen der stellvertretende US-Hauptankläger Robert M.J. Kempner. Dabei beleuchteten die Juristen und Repräsentanten der Anti-Hitler-Koalition verschiedene Aspekte des Prozesses nicht allein als Rückschau auf den Faschismus, sondern mehr in ihren Auswirkungen auf die Entwicklung des nationalen Rechts sowie in ihrer Bedeutung für die Gegenwart.

Auf dieser Veranstaltung wurde auch eine Bilanz der Sühne der Naziverbrechen und der Umsetzung der Prinzipien des Nürnberger Urteils in der BRD gezogen. Sie fiel für das Land nicht positiv aus: Erst wenige Monate zuvor war öffentlich gegen den Skandal um die IG Farben, die in Nürnberg verurteilt worden waren und sich seit 37 Jahren „in Abwicklung" befinden, demonstriert worden. Emil Carlebach erinnerte daran, wie schnell die verurteilten IG-Farben Bosse wieder in den Machtzentralen der Nachfolgekonzerne zu finden waren. An anderen Beispielen wurde belegt, wie sich KZ-Mörder, wie Arnold Strippel, ihren Richtern entzogen. Auch die offiziell geduldete, wenn nicht gar geförderte, Tätigkeit der SS-Traditionsverbände HIAG wurde von Helmut Stein und Martin Kutscha mit allen juristischen Konsequenzen erörtert.

Wie aus solchem Boden neofaschistische Gruppen sprießen, davon konnten sich die ausländischen Gäste selbst ein Bild machen, als Neonazis am Rande der Konferenz mit Naziparolen und -liedern provozierten; mit Genehmigung der Behörden und unter dem Schutz der Polizei übrigens, wie die „antifaschistische rundschau" berichtet.

Zwischen Bitburg, Dregger und Weizsäcker – der 8. Mai im offiziellen Sprachgebrauch

Der 8. Mai 1985 erwies sich für die Regierung Kohl auf ihrem Weg zur „geistig-moralischen Wende" als Stolperstein. Noch im Herbst 1984 meinte Helmut Kohl, er wisse nicht, was er am 8. Mai feiern solle.

Der Vorsitzende der CDU/CSU-Fraktion, Alfred Dregger, assistierte ihm mit dem Hinweis, der 8. Mai sei eine der größten Katastrophen Europas gewesen und Katastrophen könne man nicht feiern. Heiner Geißler sprach gar vom „Tiefpunkt deutscher Geschichte".

Die internationale Öffentlichkeit war hingegen nicht bereit, solche Abstinenz zu üben. Auf Antrag sozialistischer und nichtpaktgebundener Staaten beschloß die UNO-Vollversammlung, den 8. und 9. Mai zu Tagen des Sieges über den Nazismus und Faschismus zu erklären.

Auch die NATO-Verbündeten Dänemark, Frankreich, Großbritannien und Norwegen wollten den 8. Mai mit nationalen Gedenkfeiern begehen. So geriet die Bundesregierung immer mehr unter Druck. Helmut Kohl lud sich daraufhin selbst als Redner zur offiziellen Gedenkfeier in Bergen-Belsen am 21. April ein.

Den Besuch Ronald Reagans beim Wirtschaftsgipfel sah er als geeignete Gelegenheit, sein Geschichtsbild zu demonstrieren. Auf dem Soldatenfriedhof von Bitburg sollte es am 5. Mai eine „Versöhnung über den Gräbern" geben. Es wurde – welch Ironie der Geschichte – eine Versöhnung über den Gräbern der SS, die bei Kohl zu einfachen Kriegsopfern mutierten. Statt ein positives Signal setzen zu können, erlebte Helmut Kohl Proteste aus der ganzen Welt. „Bitburg" wurde zum Symbol für Geschichtsverfälschung.

Bundespräsident Richard von Weizsäcker nutzte – mit Gespür für die politische Bedeutung dieses Tages – am 8. Mai 1985 die Gelegenheit der Feierstunde im Deutschen Bundestag, um eine ausehenerregende Rede zu halten. Zum ersten Mal bekannte sich ein Repräsentant der BRD zum Faktum „Befreiung vom Faschismus".

In seiner historischen Einordnung benannte er den 30. Januar als Ursache des 8. Mai und der damit verbundenen Gebietsveränderungen Deutschlands.

Bei seiner Beschreibung der Gegenkräfte würdigte Weizsäcker den antifaschistischen Widerstand in seiner ganzen Breite, einschließlich des kommunistischen Widerstandes. Es waren nicht zuletzt diese Passagen, die „die Rede", wie sie später nur noch genannt wurde, so bedeutend machte.

Daß diese Position jedoch nicht Regierungsmeinung war, demonstrierte Helmut Kohl im Juni 1985 bei seinem Auftritt auf dem „Deutschlandtreffen der Schlesier" in Hannover.

5. Mai 1985: Juden aus Frankreich und Belgien protestieren in Bitburg gegen den Besuch Kohls und des US-Präsidenten Reagan auf dem „Ehrenfriedhof Kolmeshöhe" mit Gräbern von SS-Leuten

Exkurs: Röderberg-Verlag / „die tat“

Wochenzeitung, Bücher, Broschüren
Antifaschistische Kontinuität

Am 19. Juli 1985 vermeldete die „Frankfurter Rundschau“: „Wachsende Sympathie für Widerstandskämpfer – 60 Prozent der Bundesbürger meinen, die Arbeit gegen Hitler zeichne einen Menschen aus.“ Zwanzig Jahre zuvor waren nur ganze 29 Prozent dieser Meinung.

Eine überaus erfreuliche Meldung, fand man in der Redaktion der „tat“ und im Röderberg-Verlag, die zu diesem Zeitpunkt gerade 35 Jahre alt wurden. Und so konnte diese erfreuliche Meldung fast als eine Art positiver Zwischenbilanz der eigenen Arbeit erscheinen: Runde 1.800 Ausgaben der antifaschistischen Wochenzeitung waren seit Nr. 1 vom 25. Februar 1950 erschienen. Das hieß: 1.800mal Enthüllungen und Materialien über alte und (sehr bald wieder) neue Nazis; 1.800mal Berichte und Dokumente über den ganzen antifaschistischen Widerstand. Und es hieß zu diesem Zeitpunkt: Hunderte von Röderberg-Titeln in beharrlicher antifaschistischer Kontinuität und bemerkenswerter Ausweitung des Verlagsprogramms. War der Verlag 1955, als zur Zeitung die Buchproduktion hinzukam, mit drei Titeln gestartet (darunter gleich ein Spitzentitel: Lord Russels „Geißel der Menschheit“), so wurden Mitte der achtziger Jahre rund 40 Titel in jedem Jahr herausgebracht – von Sachbüchern über Faschismus und Widerstand bis hin zu antifaschistischen Romanen wie „Nackt unter Wölfen“ von Bruno Apitz.

Die eben zitierte Meldung über wachsende Sympathien für den Widerstand bestätigte im übrigen einen ganz deutlichen, über Jahre hin sich vollziehenden Klima- und Bewußtseinswandel. Antifaschismus war vom Unwort, das nur in Anführungszeichen oder noch besser gar nicht verwendet wurde, zum Begriff mit hohem Stellenwert geworden. Daß Hitler und das NS-Regime 1933 nicht vom Himmel gefallen waren, daß Widerstand nicht erst am 20. Juli 1944 geleistet worden war, hatte sich inzwischen unter jüngeren Lehrern, Professoren, Redakteuren und weiteren Multiplikatoren herumgesprochen.

Weder „tat“-Redaktion noch Verlag überschätzten den je eigenen Anteil an solchem Klima- und Sinneswandel. Daß der Anteil aber erheblich ist, steht außer Zweifel, auch wenn (oder gerade weil) Zeitung und Verlag über lange Jahre hin recht einsame Rufer in der Wüste waren, im Kalten Krieg eher behindert, totgeschwiegen, verfolgt und gemieden, bis schließlich in Wechselwirkung mit der Studentenbewegung und „APO“ in der zweiten Hälfte der 60er Jahre und in den siebziger Jahren der Durchbruch kam. „Die Mauern des Schweigens“, so eine Lesart jener Jahre, „wurden durchbrochen“.

Der Aufmacher der „Tat“ Nr. 33, Jahrgang 1, blieb „Thema mit Variationen“ bis zuletzt.

Zwei gewichtige Titel aus den ersten Jahren der Buchproduktion

Die „Explosion der jungen Generation“

Welche Berge zu versetzen waren, beschrieb Wolfgang Abendroth höchst eindrucksvoll in seinem Beitrag zum 30. Jahrestag des Verlages:

Weil die ökonomischen Klassen und sozialen Schichten, die ihn (den Nationalsozialismus; Red.) erst herbeigeführt und dann zwölf Jahre getragen hatten, ihre Positionen wieder eingenommen hatten oder wieder einzunehmen begannen, mußten sie das Bild der Realitäten zwischen 1933 und 1945 vor sich selbst verzerren, um ihr Selbstbewußtsein wiedergewinnen zu können, und alles tun, um vergessen zu machen, wann der Widerstandskampf gegen die Inhumanität entstanden war, wer ihn getragen hatte, was seine Ziele gewesen waren.

Nur die winzigen Teile der ehemaligen „Rechten“, gewiß tapfere Pfarrer und Gläubige der christlichen Konfessionen und liberale Literaten, denen ihre humane Tradition wichtiger gewesen war als die Teilhabe an der Macht im Dritten Reich, durften im Gedächtnis der „herrschenden Meinung“ der Wissenschaft bleiben.

Exkurs: Röderberg-Verlag / „die tat“

Widerstandskämpfer aus der Arbeiterklasse, mit kommunistischer oder sozialistischer Gesinnung, wurden als „Totalitäre“ aus der deutschen Geschichte verwiesen.

Um so wichtiger war es und bleibt es, daß gleichwohl 1950 im Röderberg-Verlag ein Verlag – und damit ein geistiges Zentrum – und in der „tat“ eine Zeitung entstanden, die trotz allen kalten Krieges hierzu Widerpart bilden halfen. Denn es galt den jungen Generationen, die nun groß wurden, zu helfen, die Wahrheit zu erfahren, damit sie keinesfalls zum zweiten Mal in den gleichen Strudel hineingezogen werden könnten, wie die, die nach 1933 groß geworden waren. Das war eine schwere Arbeit – die „herrschende Meinung“ der „Wissenschaft“ jeglichen Fachbereiches schwieg die Publikationen eines solchen Verlages tot oder denunzierte sie als „kommunistische Unterwanderung“.

Aber sie ist nicht erfolglos geblieben. Wäre ohne diese Vorarbeit und ohne die Materialien, die sie zugänglich gemacht hat, die Explosion der jungen Generation möglich geworden, wie sie seit der Mitte der sechziger Jahre an den westdeutschen Universitäten erfolgt ist? Denn sie war vor allem auch dadurch motiviert, daß die jungen Menschen zu erkennen begonnen haben, daß ihre Professoren zum großen Teil einst begeisterte Nationalsozialisten gewesen waren, daß ein großer Teil der Richter, Staatsanwälte, Verwaltungsjuristen und Diplomaten, der Obersten, der Generale und Admirale einst treue Diener Hitlers waren, daß ehemalige Gestapo-Leute in den Geheimdiensten der Bundesrepublik saßen. Der Amtsantritt eines Pg. der NSDAP als Bundeskanzler (zudem in einer „großen Koalition“ einschließlich der SPD) hatte das entscheidende Signal zum moralischen Aufstand geboten.

So erwiesen sich die Literatur des Röderberg-Verlages und die Veröffentlichungsbreite der „tat“ trotz ihrer damals noch geringen Auflagen als gewichtiges Mittel der Aufklärung und Vorbereitung einer demokratischen Rückbesinnung.

Was tut es, daß dabei sicher in früheren Zeiten manche Enge der Publikationen und – vor allem – manche Irrationalität der Studentenbewegung eingeflossen ist? Das war unvermeidlich. Aber die Restauration in der Bundesrepublik wurde durchbrochen, und die Vorbedingungen einer antifaschistischen Massenreaktion wurden wieder geschaffen (...)

Mit einigen wenigen Titeln hatte der Verlag bis Mitte der sechziger Jahre den Boden mühsam bestellt und mit Büchern wie „Macht ohne Moral“ von Raimund Schnabel, einer ersten umfassenden Dokumentation über die SS, mit Siegfried Einsteins „Eichmann – Chefbuchhalter des Todes“ und Brüdigams „Der Schoß ist fruchtbar noch“, eine Aufsehen erregende Dokumentation über „neonazistische, militaristische, nationalistische Literatur und Publizistik in der Bundesrepublik“ Profil gewonnen und zumindest bei Fachleuten Beachtung gefunden.

Blitzartig erhellte Heinz Brüdigams Buch einen bis dahin in der Öffentlichkeit nicht beachteten, allenfalls geleugneten Tatbestand. Die Presse reagierte betroffen: „Erschreckend“, konstatierte der „Vorwärts“, und fuhr fort: „Wer nach Lektüre dieses Buches noch zu behaupten wagt, es handele sich nur um Randerscheinungen, dem kann man eigentlich nur noch Ignorantentum, wenn nicht Schlimmeres vorwerfen.“

Etwa zur gleichen Zeit bereitete die „tat“ ihre Leser mit umfangreichen Materialien auf den Frankfurter Auschwitz-Prozeß vor, den sie dann Woche für Woche bis zuletzt publizistisch begleitete.

Bibliothek des Widerstandes

Neben gewichtigen Einzeltiteln wurden ab 1969 spezifische Buchreihen prägend für die Arbeit des Verlages, der von Hans Bär geleitet wurde; Lektor und für die Produktion zuständig war seit 1970 Peter Altmann. Mit Willi Bohns „Stuttgart: Geheim“ eröffnete der Verlag 1969 die „Bibliothek des Widerstandes“.

Mit diesen in der Regel von Beteiligten und Zeitzeugen erarbeiteten Darstellungen der Breite und Vielfalt des antifaschistischen Widerstandes auf lokaler Ebene gelang es, die bis dahin dominierenden vor allem auf den 20. Juli beschränkten Darstellungen des Widerstandes entscheidend zu korrigieren.

Noch im gleichen Jahr erschienen Ursel Hochmuths/Gertrud Meyers „Streiflichter aus dem Hamburger Widerstand“ und Max Oppenheimers „Der Fall Vorbote“. Es folgten, um nur einige zu nennen, Aurel Billsteins „Der eine fällt, die anderen rükken nach“ (Krefeld), Fritz Salms „Im Schatten des Henkers“ (Mannheim), Wilhelm Schumanns „Ihr seid den dunklen Weg für uns gegangen“ (Hann. Münden), Hermann Schirmers „Das andere Nürnberg“, Sbosny/Schabrods „Widerstand in Solingen“, Barbara Mausbach-Brombergers „Arbeiterwiderstand Frankfurt am Main“, Detlev Peukerts „Ruhrarbeiter gegen den Faschismus“, Gerda Zorns „Widerstand in Hannover“, Hanna Ellings „Frauen im deutschen Widerstand“, Karl Schabrods „Widerstand. Gegen Flick und Florian“ (Düsseldorf), Ulrich Schneiders „Marburg 1933–1945“, Bringmann/Diercks „Die Freiheit lebt“ (Elmshorn), Rossaint/Zimmermanns „Widerstand gegen den Nazismus in Oberhausen“, Ernst Schmidts „Lichter in der Finsternis“ (Essen).

Allein schon diese Aufzählung läßt erkennen, welche einzigartige Form der Erarbeitung und Vermittlung von Geschichte mit dieser Buchreihe entwickelt worden war. Vor allem diese „Bibliothek des Widerstandes“ war gemeint, als 1980 der „Studienkreis Deutscher Widerstand“ dem Röderberg-Verlag gratulierte:

Mit seiner kontinuierlichen Aufarbeitung des deutschen Faschismus und des Widerstandes gegen ihn hat sich der Verlag zu einem wirklichen Zentrum demokratischer historischer Bildung und antifaschistischer Bewußtseinsbildung in diesem Land entwickelt und dabei mehr für die Verankerung eines demokratischen Geschichts- und Politikverständnisses geleistet als die meisten der öffentlichen oder öffentlich geförderten Instanzen dieser postfaschistischen, verdrängungsbeflissenen Bundesrepublik. Daß es ihm in den letzten Jahren zunehmend gelungen ist, einen beachtlichen Teil der Jugend – und nicht nur der jungen Intelligenz – zu erreichen, spricht für die Lebendigkeit und den Aktualitätsbezug Eurer Arbeit und stimmt optimistisch. Vor allem mit der Geschichte des Widerstandes gegen den deutschen Faschismus sind viele Schü-

Exkurs: Röderberg-Verlag / „die tat“

ler, Lehrlinge und Studenten – sozusagen in einem die Defizite des schulischen Unterrichts ausgleichenden historischen Nachhilfe-Unterricht – zuerst über Eure Publikationen vertraut gemacht worden, in denen der Widerstand der deutschen Arbeiterbewegung in seine historischen Rechte wieder eingesetzt wurde.

Seit langem trägt der Röderberg-Verlag durch die Veröffentlichung lokal- und regionalgeschichtlicher Darstellungen zur konkreten Erforschung und Veranschaulichung der Widerstandsgeschichte bei – ein Bereich der Geschichtserarbeitung und -aneignung, der nunmehr bei jüngeren Wissenschaftlern und lokalen Initiativen auf breites Interesse stößt.

Diesen Prozeß der inhaltlich differenzierten, regional und lokal konkretisierten Erschließung und Vermittlung der Widerstandsgeschichte weiter zu fördern und publizistisch zu begleiten, dürfte zu den reizvollsten und wichtigsten Arbeitsperspektiven des Verlages gehören (...)

Der große Bild-/Text-/Dokumentenband wurde zum Standardwerk über den antifaschistischen deutschen Widerstand

Beiträge zur demokratischen Erziehung

Die Darstellungen des antifaschistischen Widerstandes gipfelten schließlich in dem großen Text-/Bildband von Altmann/Brüdigam/Mausbach-Bromberger/Oppenheimer: „Der deutsche antifaschistische Widerstand 1933–1945“.

Dieser umfangreiche Großband, der auf der gleichnamigen Ausstellung des Studienkreises basierte, erreichte mehrere Auflagen und wurde schnell zum anerkannten Standardwerk. „Ein Lehrbuch für alle, die lernen können und lernen wollen“, befanden die „Gewerkschaftlichen Monatshefte“; der Bayrische Rundfunk erkannte:

„Die Bilder und Texte dieses Buches fordern eindringlich dazu auf, die Geschichte des Widerstandes als Beitrag zur demokratischen Erziehung zu begreifen“.

Dieses Stichwort „Beitrag zur demokratischen Erziehung“ stand im Grunde über nahezu allen Produktionen des Verlags, besonders ausgeprägt in der 1971 begonnenen Reihe der „Antifaschistischen Arbeitshefte – Texte zur Demokratisierung“.

Zwei Tatbestände waren Ausgangspunkt dieser neuen Reihe, die sich mit griffigen, knapp gefaßten und preiswerten Heften vor allem an junge Leser wandte: Einerseits bestätigten repräsentative Erhebungen das unglaubliche Unwissen und die skandalöse Desinformation großer Teile der jungen Generation (und somit das weitgehende Versagen der offiziösen Geschichtsvermittlung). Andererseits wuchs deutlich spürbar das Verlangen vieler Jugendlicher nach zuverlässiger Information über das „Dritte Reich“ und seine Vorgeschichte, über Faschismus und Widerstand. Besonders nachdrücklich wurde die Frage gestellt, wie die Nazis zur Macht kommen konnten. So ist es nicht verwunderlich, daß gleich das zweite Heft der Reihe, „Von Brüning zu Hitler“, zu einem besonders großen Erfolg mit mehreren Neuauflagen wurde.

Weitere kennzeichnende Titel dieser äußerst erfolgreichen Reihe, von denen einige bis zu 25.000 Auflage erreichten, waren „Neofaschismus in der Bundesrepublik“, „Faschismus: Entstehen und Verhinderung“, „Faschismus und Militarismus – Analysen und Thesen für die antifaschistische Praxis“, „Ist Chile bei uns möglich?“, „Der antifaschistische Auftrag des Grundgesetzes“, „Ossietzky aktuell“, „Waffen-SS in der Bundesrepublik“.

Außerhalb der Reihe erschienen, obwohl thematisch dazugehörend, kritische Auseinandersetzungen mit damaligen Schulbüchern: Jürgen Redhardts „NS-Zeit im Spiegel des Schulbuchs“, ferner „Schulbücher auf dem Prüfstand“, „Schulgeschichtsbücher zitiert, kritisiert, korrigiert“ und „Demokratisierung der Lehrinhalte“. Der kritischen Auseinandersetzung folgte die praktikable schulische Nutzanwendung: 1976 startete die Reihe „Demokratische Lehrinhalte“, beginnend mit Axel Böings Unterrichtseinheit „Auschwitz“.

Während die 1972 begonnene Reihe der Röderberg-Taschenbücher vornehmlich literatur- und politikwissenschaftliche Beiträge, dazu klassische Belletristik und Philosophie enthielt und sich mit ihren

Exkurs: Röderberg-Verlag / „die tat“

unglaublich preiswerten Lizenzausgaben des Leipziger Reclam-Verlages vor allem ein breites studentisches Publikum erschloß, so war eine 1978 begonnene weitere Reihe ein riskantes, aber notwendiges Experiment: Es erschien, herausgegeben von Uwe Naumann, „Sammlung 1 – Jahrbuch für antifaschistische Literatur und Kunst“.

Obwohl namhafte Autoren fundierte, kontroverse, oft spannende und sonst nirgends zu findende Studien zu antifaschistischer Literatur, bildender Kunst, zu Dramatik und Filmkunst gleicher Thematik lieferten, und obwohl die Presse – von „Literatur konkret“ bis FAZ – positiv reagierte, wurden die Jahrbücher zumindest kommerziell kein Erfolg.

Die Reihe endete 1982 mit „Sammlung 5“. Vielleicht kam „SAMMLUNG“ zu früh; wahrscheinlich erreichte die wenige Werbung nicht das potentielle Publikum; und mit Sicherheit waren die finanziellen Möglichkeiten viel zu gering – zumal es um Kultur ging.

Schwerpunkte, Blickpunkte, Höhepunkte

Natürlich setzten sich knappe vierzig Jahre Röderberg-Buchproduktion nicht nur aus Reihen zusammen. Einzeltitel standen oft im Vordergrund, dominierten bei der alljährlichen Präsentation des Verlags auf der Frankfurter Buchmesse. Etliche wurden zu echten Standardwerken und Auflage-Rennern.

Unmöglich, alle hier aufzulisten; ungerecht andererseits, manche fortzulassen. Nennen wir stellvertretend für viele andere Titel das „Braunbuch über Reichstagsbrand und Hitlerterror“, den Faksimilenachdruck des Originals von 1933; nennen wir Lore Wolfs „Ein Leben ist viel zu wenig“ und Lina Haags „Eine Handvoll Staub“ (noch bis heute als Lizenzausgabe auf dem Büchermarkt). Nennen wir Heinz Brüdigams „1933 – Faschismus an der Macht“, und Bücher, die Standardwerke wurden und von anderen Verlagen bis heute verbreitet werden: Emil Carlebachs „Hitler war kein Betriebsunfall“, das von Max Oppenheimer u.a. herausgegebene „Als die Synagogen brannten“, Ernst Atonis „KZ. Von Dachau bis Auschwitz“, Helmut Eschweges „Kennzeichen J“.

Fast eine eigene Reihe bildeten die Einzeldarstellungen nazistischer Konzentrationslager wie Buchenwald, Osthofen, Majdanek, Neuengamme, Sachsenhausen, Ravensbrück, die Moorlager. In einsame Auflagenhöhen steigerte sich das wohl erfolgreichste Buch des Verlages: Fania Fénelons „Das Mädchenorchester in Auschwitz“, das nicht nur mehrere hohe Auflagen erreichte, sondern mit Vanessa Redgrave in der Hauptrolle als (Fernseh-)Film lief, später als Lizenzausgabe in anderen Verlagen erschien und durch den entsprechenden finanziellen Erfolg dazu beitrug, andere wichtige, aber weniger populäre Bücher zu finanzieren.

Weitere Schwerpunkte, Blickpunkte, Höhepunkte der Verlagsarbeit waren natürlich Werke wie der frühe Klassiker der Widerstandsliteratur, Günther Weisenborns „Der lautlose Aufstand“, Emil Carlebachs „Zensur ohne Schere“ über die Gründerjahre der „Frankfurter Rundschau“, Irene Hübners „Unser Widerstand“, Karl-Heinz Jahnkes „Jugend im Widerstand“, Uwe Naumanns „Lidice – Ein böhmisches Dorf“, und „Feinde des Lebens – NS Verbrechen an Kindern“, von Hans Mausbach und Barbara Mausbach-Bromberger.

Vierzig Jahre nach Kriegsende und Befreiung trug eine Röderberg-Produktion erneut dazu bei, „weiße Flecke“ in der Geschichte aufzuarbeiten: Als Fortsetzung des Bandes über den deutschen antifaschistischen Widerstand erschien im gleichen Format der von Peter Altmann herausgegebene Text-/Bildband über die frühe Nachkriegszeit: „Hauptsache Frieden. Kriegsende – Befreiung – Neubeginn“. Der Untertitel „Vom antifaschistischen Konsens 1945 zum Grundgesetz 1949“ deutete an, daß hier ein bis dahin weithin unbekanntes, zumindest stark vernachlässigtes und eher verschleiernd und desinformierend behandeltes Geschichts-Kapitel aufgeschlagen wurde. Der „Hessische Rundfunk“ erkannte recht gut, worum es dabei ging: „Die Verfasser betonen einen antifaschistischen Konsens bis in weite Kreise der CDU, der ursprünglich nicht nur gründliche Entnazifizierung, Entmilitarisierung und sozialstaatliche Demokratie umfaßte, sondern sich auch auf eine Einschränkung des Einflusses von Großunternehmen erstreckte, da diesem weithin ein wesentlicher Anteil an der Herrschaft des NS-Regimes beigemessen wurde.“

Vieles noch müßte genannt und gewürdigt werden – die antifaschistischen Stadtführer, die Reihe „Exil“ als Lizenzausgabe von Reclam, die Belletristik von Peter Edels „Wenn es ans Leben geht“ bis zu Paul Zechs „Deutschland, dein Tänzer ist der Tod“ – eine ebenso verdienstvolle wie, von Ausnahmen abgesehen, wenig erfolgreiche Reihe.

Exkurs: Röderberg-Verlag / „die tat“

Das letzte Kapitel

Unverdient und unrühmlich das letzte Kapitel des Verlages. Hatte sich schon die Fusion der „tat“ mit der „Deutschen Volkszeitung“ als Fehler zu Lasten der „tat“ und insgesamt der antifaschistischen Sache erwiesen, so führte auch die dem Verlag aufgenötigte Fusion mit dem (vermeintlich stärkeren) Pahl-Rugenstein-Verlag zum Verhungern der antifaschistischen Literatur.

Zwar konnten zunächst noch einige wichtige Werke erscheinen wie Hans Fladungs „Erinnerungen“, Harald Poelchaus „Die letzten Stunden“ und „Von Buchenwald bis Hasselbach“ (zum 40. Geburtstag der VVN); zwar wurde das Bilder-/Lesebuch „Martin Niemöller: Was würde Jesus dazu sagen“ (nach dem Film von Karnick und Richter) noch eine Art letzter „Klassiker“ – bald aber ging, unterm Datum des 29. Juni 1989, die lakonische Meldung an die Presse:

„Der Pahl-Rugenstein-Verlag hat sein Programm kräftig gekürzt ... Keine Neuerscheinungen im Weltkreis-Programm, wenig in der Röderberg-Reihe“. Nämlich gerade mal noch ein Titel im Herbstprogramm 1989.

Wenig später, mit dem Ende der DDR, gingen dann auch bei Pahl-Rugenstein selbst die Lichter aus.

PA

Exkurs: Röderberg-Verlag / „die tat"

1950 bis 1983: „die tat"

Zum 30. Jahrestag der „tat" zeichnete Emil Carlebach, als Nachfolger von Werner Stertzenbach und dessen Vorgängern Richard Kettner und Fritz Hollstein langjähriger Chefredakteur der „tat", ein bis zuletzt gültiges Porträt der antifaschistischen Wochenzeitung:

Die antifaschistische Wochenzeitung „die tat" und der Röderberg-Verlag sind nicht zu trennen: Mit der Herausgabe dieser Zeitung eröffnete Röderberg 1950 sein Verlagsprogramm. Vom ersten Tage an stand nicht die Herausgabe abstrakter Materialien, sondern das aktive Eingreifen in die Tagespolitik unseres Landes auf dem Programm. Als Blatt der ehemaligen Insassen der Gefängnisse, Zuchthäuser und Konzentrationslager, als Blatt all der Deutschen, die aus der Zwangsemigration heraus oder in der Illegalität im eigenen Lande für Freiheit und Frieden kämpften, entstand „die tat".

Zum Unterschied von anderen Ländern Europas wurde diese Zeitung von den Regierenden nicht nur nicht geschätzt, sondern diskriminiert und verfolgt. Im September 1951 gab die Regierung Adenauer den Erlaß heraus, daß kein Unternehmen der Bundesrepublik mit amtlichen Aufträgen rechnen können, wenn es in der „tat" inseriert. Die antifaschistische Wochenzeitung sollte finanziell kaputtgemacht werden. Die überwältigende Solidarität der Leser machte diesen Anschlag zunichte.

Am 23. Juni 1951 verbot die Polizei das Erscheinend er „tat". Begründung: „die tat" habe „Propaganda für die sogenannte Volksbefragung gegen die Remilitarisierung und für den Abschluß eines Friedensvertrages im Jahre 1951" betrieben. Von der nächsten Ausgabe an konnte „die tat" wieder erscheinen, und sie vertrat unbeirrt den Standpunkt, daß die Aufstellung der Bundeswehr und die Reaktivierung der Hitlerwehrmacht mit ihren unseligen „Traditionen" für unser Volk nicht Sicherheit, sondern Gefährdung bedeutet; Gefährdung der Demokratie im Innern und Gefährdung des äußeren Friedens.

Im September 1959 erschien die Polizei erneut in der Druckerei; erneute Beschlagnahmung: Durch in den Druckereibetrieb eingeschleuste Spitzel war berichtet worden, daß in der betreffenden Ausgabe die Rolle des Bundesministers Theodor Oberländer bei dem Massaker behandelt werden sollte, das Wehrmacht, SS und NS-Geheimdienste nach der Besetzung Lembergs beim Überfall auf die Sowjetunion verübten. Die Polizeiaktion löste eine breite Protestaktion in ganz Europa aus. Jahrelang lief der Prozeß gegen „die tat" – aber Adenauer mußte seinen Minister Oberländer fallenlassen.

Woche für Woche zog „die tat" den Schleier weg, der den tiefbraunen Hintergrund der Bonner Restaurationspolitik verdecken sollte. Die Enthüllungen der „tat" wirkten mit, daß Senatspräsident Canter vom Bundesgerichtshof, Generalbundesanwalt Frenzel, Bundeswehrgeneral Molinari und Dutzende andere Prominente der Adenauer-Ära verschwinden mußten, weil an ihren Fingern Blut klebt.

Minister Krüger mußte zurücktreten, dem IG-Farben-Gewaltigen Bütefisch mußte das Bundesverdienstkreuz wieder abgenommen werden – sie alle hatten sich unter der braunen Diktatur schwerstens gegen die Menschenrechte vergangen. „die tat" enthüllte ihr wahres Gesicht.

Inzwischen ist eine junge Generation herangewachsen, die Hitlerkrieg und Faschismus nicht selbst zu erleben brauchte. Für diese junge Generation will „die tat" Helfer sein beim Erkennen der Geschichte des eigenen Volkes. Wegweiser beim Kampf um eine echte Demokratie, die die Fehler, Halbheiten und selbstmörderischen Inkonsequenzen der Weimarer Republik vermeidet. Vorkämpfer bei der Niederringung des Neofaschismus, der auf dem Sumpfboden der verfassungswidrig geduldeten Organisationen der Altnazis und ihrer Propaganda aufkeimte.

Es ist vielleicht die größte Leistung dieser Zeitung, daß sie Ohr und Herz der jungen Generation gefunden hat, daß sie es vermied, „Veteranenblatt" zu werden mit rückwärts gerichtetem Blick.

„die tat" ist eine Zeitung, die sich zur Aufgabe gesetzt hat, ihre Leser die Gegenwart erkennen zu lassen und die Zukunft zu meistern. Besser zu meistern, als es der vorigen Generation in der verunglückten Republik nach dem Ersten Weltkrieg gelungen war.

Vor dreißig Jahren hatten wir den Namen unseres Blattes mit vollem Bewußtsein gewählt. Er umreißt unser Programm: „die tat".

Bundeswehr erfand „Neue Denkschule" / Seite 16

D 6633 C

die tat

deutsch unabhängig antifaschistisch demokratisch

[…]nkfurt am Main · 25. Jahrgang · Nr. 6 · 5. Februar 1972 · Preis 0,60 DM

Bundesgrenzschutz-General Boullay kommandierte bei SS-,Bandenbekämpfern'

VVN/Bund der Antifaschisten beweist: Aus Himmlers Stab zum BGS

In dieser Ausgabe

EWG: Wirtschafts- oder Waffengemeinschaft?

K. H. Schieder Seite 5

Unsere Information für die Truppe

Paul Wilhelm Felix Boullay, Brigadegeneral des Bundesgrenzschutzes, stammt aus der engsten Umgebung des Reichsführers SS Himmler und gehörte dem Stab der schlimmsten Mördertruppe der SS — der „Bandenkampfverbände" — an. Beweismaterial für diese Tatsache legt das Präsidium der VVN / Bund der Antifaschisten vor, während Bundesinnenminister Genscher versucht, den mit Artillerie und Panzern ausgerüsteten Grenzschutz als Polizei gegen die eigene Bevölkerung einzusetzen.

Die Akten über den Grenzschutzgeneral Boullay weisen aus: geboren am 28. 7. 1913. Offiziers-Anwärter der Polizei unter der Hitler-Diktatur seit 1936. Vorgeschlagen zur „bevorzugten Beförderung zum SS-Sturmbannführer" durch den Chef des Stabes beim Reichsführer SS Himmler am 7. Dezember 1944.

Bundestag vorgelegt hat, um diese Truppe als „Polizei" im Innern einsetzen zu können. Es ist unbegreiflich, daß demgegenüber im Pressedienst der Gewerkschaft ÖTV (17. Januar 1972) dieses Gesetz durch das ÖTV-Vorstandsmitglied Gerhard Schmidt begrüßt wird und daß Schmidt allen Ernstes behauptet, dieses Gesetz sei „ein wichtiger Schritt um

Trotz erfolgreicher Werbekampagnen und Gewinnung vieler, vor allem junger Leser, trotz Auflagensteigerung (Chefredakteurin war inzwischen Ingrid Schuster) kam drei Jahre später, 1983, das ganz und gar unnötige Ende der „tat". Durch die von vermeintlich schlauen Fachleuten (außerhalb von Redaktion und Verlag) erwirkte Fusion mit der „Deutschen Volkszeitung" wurde die antifaschistische Wochenzeitung inhaltlich bis zur Unkenntlichkeit dezimiert. Zwar blieben alle organisatorischen Belange bei Röderberg, die bei der „Volkszeitung" (mit einigen übernommenen „tat"-Redakteuren) angesiedelte Redaktion behandelte Antifaschismus jedoch als eine Art zweitrangiges „Fachressort" unter bedeutenderen anderen; der gemeinsame Titel der neuen Zeitung – große Zeile „Volkszeitung", ganz klein darunter „die tat" – signalisierte zutreffend die neuen Relationen. Leser der einstigen „tat" und Mitglieder der VVN in großer Zahl waren zunehmend unzufrieden mit der neuen Wochenzeitung, die sie nicht mehr als „ihre Zeitung" erkannten.

Das Präsidium der VVN/BdA reagierte 1986 darauf mit der Schaffung der monatlich erscheinenden Mitgliederzeitung „antifaschistische rundschau".

PA

1986

15. Januar Die Sowjetunion schlägt vor, bis zum Jahr 2000 weltweit alle Atomwaffen abzuschaffen

14. Februar antisemitische Äußerungen des CDU-Bürgermeisters von Korschenbroich, Graf von Spee, verursachen eine Welle des Protestes. Von Spee muß zurücktreten.

1. März Der schwedische Ministerpräsident Olof Palme wird in Stockholm ermordet

8. März Demonstration in Hameln gegen FAP-Aufmarsch

19. März Ehemelige Zwangsarbeiter unter dem NS-Regime gründen eine Interessensgemeinschaft und fordern moralische Wiedergutmachung und materielle Entschädigung.

Mai Antifaschistische Aktionskonferenzen in Frankfurt, Hannover, Kaiserslautern und Bremen

15. Mai Der SS-Stabsscharführer Wolfgang Otto wird von einem Krefelder Schwurgericht wegen Beihilfe zum Mord an Ernst Thälmann zu 4 Jahren Gefängnis verurteilt.

17–19. Mai Mit massivem Polizeieinsatz werden Proteste gegen das WAA Wackersdorf beantwortet.

6. Juni Prof. Ernst Nolte löst durch revisionistische Thesen zum Verhältnis von GULAg und Auschwitz den „Historiker-Streit“ aus.

21. Juni 8.000 Antifaschisten demonstrieren in Duisburg für die Auflösung und das sofortige Verbot der FAP

21. September Kulturpolitische Veranstaltung zum 50. Jahrestag des Einsatzes der Internationalen Brigaden im Spanischen Bürgerkrieg in Frankfurt/M.

11. Oktober 180.000 Menschen demonstrieren in Hasselbach (Hunsrück) gegen die Stationierung der atomaren Erstschlagswaffen

27. Oktober Kohl vergleicht Gorbatschow in einem „Newsweek“-Interview mit Goebbels

13. November Erste Verschärfung der Asylgesetzgebung, Erleichterung der Abschiebung.

Dezember 2. Welttreffen ehemaliger Kriegsteilnehmer und Widerstandskämpfer in Wien „Eskalation der Rüstungen beenden“

Warum Interessengemeinschaft der ehemaligen Zwangsarbeiter?

Während des 2. Weltkrieges waren rund acht Millionen Menschen aus allen besetzten Ländern zur Sklavenarbeit in Deutschland verpflichtet.

Prof. Herbert, Freiburg kommt zu dem Ergebnis, daß ab 1942 die deutsche Kriegswirtschaft ohne die Zwangsarbeiter/innen nicht mehr im Gang gehalten werden konnte. Jedes dritte Flugzeug und jeder dritte Panzer wurde von Zwangsarbeitern hergestellt. Das Internationale Kriegsverbrechertribunal in Nürnberg hat Zwangsarbeit als Verbrechen gegen die Menschlichkeit abgeurteilt. Eine Entschädigung für dieses Unrecht blieb den Betroffenen nach deutschem und internationalem Recht bis auf einige Ausnahmen versagt.

Am 16.1.1986 hat das Europäische Parlament in Strasbourg in einer einstimmig angenommenen Entschließung festgestellt, daß die ehemaligen Zwangsarbeiter einen moralischen und materiellen Anspruch auf Nachbezahlung des einbehaltenen Lohnes an ihre damaligen Arbeitgeber haben und die deutsche Industrie aufgefordert wird, diese Pflicht baldigst zu erfüllen.

Darin sahen wir auch einen Auftrag an die VVN-BdA. In der Presse erschienen plötzlich Berichte über das Los der Zwangsarbeiter in Betrieben. Diskussionen in den leitenden Organen der VVN-BdA führten zu dem Ergebnis, daß es notwendig ist, die erreichbaren Zwangsarbeiter zu organisieren, weil erfahrungsgemäß auch klare Verpflichtungen an Staat und Industrie nur durch Druck von außen erfüllt werden. Da es sich bei der Mehrzahl der Betroffenen um keine bewußten Antifaschisten handelt, schien es ratsam, eine besondere Form der Erfassung außerhalb der VVN-BdA in die Wege zu leiten. Wir haben daraufhin über vorhandene Adressen und öffentlich zu einer Gründungsversammlung am 21. 5.1986 in das Gewerkschaftshaus nach Frankfurt eingeladen. Rund 200 Frauen und Männer, darunter auch aus Holland, waren gekommen.

Unser Vorschlag zur Gründung einer „Interessengemeinschaft der ehemaligen Zwangsarbeiter unter dem NS-Regime“ wurde gutgeheißen und ein fünfköpfiger Vorstand gewählt. Zwei Kameraden davon, Willi Heinskill aus Duisburg und Oskar Neumann aus München sind zwischenzeitlich verstorben.

Zehn Jahre danach kann folgende Bilanz gezogen werden:

In drei Dokumentationen wurde über viele Betriebe und die Bedingungen der Zwangsarbeit berichtet. Mit zahlreichen Firmen, darunter Bosch, Daimler-Benz, VW, dem Bundesverband der Deutschen Industrie wurde korrespondiert, um zu erfahren, wie man der Forderung des Europa-Parlamentes gerecht werden will. Mit teils primitiven Antworten wurde das „Nein“ begründet.

Die Fraktionen von Bündnis 90/Die Grünen und SPD im Bundestag haben in zwei Legislaturperioden Anträge zur Errichtung von Stiftungen zur Entschädigung von Zwangsarbeitern eingebracht, die teils abgelehnt, teils verschleppt werden.

Eine umfangreich Korrespondenz vor allem mit Zwangsarbeitern aus den Oststaaten war und ist zu bewältigen. Auf vielen Fachtagungen der Kirchen, Aktion Sühnezeichen-Friedensdienste usw. haben wir unsere Forderungen vorgetragen und Zustimmung gefunden, aber die Blockade der Schuldner ist noch wirksam.

Unter vielfachem Druck hat die Bundesregierung in Polen, Russland, Weißrussland und der Ukraine Stiftungen unter dem Kennwort „humitäre Hilfe“ errichtet und dafür 1,5 Milliarden für alle Opfer zur Verfügung gestellt. Das ist nur ein Tropfen auf den heißen Stein.

Wenn nicht bald eine umfassende Regelung erfolgt, wird sich das Problem biologisch lösen. Auf einer Fachtagung Ende Oktober 1996 in der Katholischen Akademie in Stuttgart-Hohenheim gab der Leiter der Stiftung in der Ukraine bekannt, daß von 2,242 Millionen Zwangsarbeitern in der Ukraine noch 640 000 leben.

Da die Ansprüche nicht vererblich sind, spart die Industrie mit dem Spiel auf Zeit gewaltige Summen.

Insgesamt kann gesagt werden: Die Interessengemeinschaft hat mit großem personellen aber bescheidenen finanziellen Aufwand ein verdrängtes Problem auf die politische Tagesordnung gesetzt.

HAU

Der Thälmann-Mord-Prozeß: Ein unendlicher Justiz-Skandal

„Die Strafverfolgungsbehörden der BRD haben sich in dem Ermittlungsverfahren gegen die ihnen genannten Mörder Ernst Thälmanns so verhalten wie der Jagdhund, der zur Jagd getragen werden muß", beklagte schon im August 1979 der DDR-Jurist Prof. Karl Kaul.

Und wenn man das Verfahren gegen Wolfgang Otto, den letzten in den 80er Jahren noch lebenden Täter nachvollzieht, dann kann man dieser negativen Bewertung nur zustimmen.

Schon 1961 bzw. 1962 erstatteten Ludwig Landwehr, der damalige niedersächsische VVN-Vorsitzende, und Rosa Thälmann, die Witwe Ernst Thälmanns, Anzeige gegen Wolfgang Otto und einen zweiten Angehörigen des Exekutionskommandos.

Statt zu ermitteln, wurde bis 1979 das Verfahren fünfmal mit unterschiedlichen Begründungen eingestellt.

Erst durch ein Klageerzwingungsverfahren von RA Heinrich Hannover im Jahre 1983 wurde erreicht, daß die Staatsanwaltschaft Klage gegen Otto zu erheben habe.

Es sollte jedoch noch bis zum November 1985 dauern, bevor tatsächlich ein Verfahren gegen Wolfgang Otto vor der Strafkammer in Krefeld eröffnet wurde.

Der Prozeß fand eine große öffentliche Aufmerksamkeit. Das Gericht beschränkte sich in dem Verfahren auf eine Tatsachenentscheidung, die sich vor allem auf die vorhandenen Ermittlungsakten stützte. Es kam – entgegen aller Erwartungen – am 15. Mai 1986 in seinem Urteil zu dem Schluß, daß Otto der Beihilfe zum Thälmann-Mord schuldig sei, und verurteilte ihn zu vier Jahren Freiheitsstrafe.

Otto legte Revision ein. Das Landgericht in Düsseldorf kam ebenfalls nicht umhin, die Mittäterschaft Ottos zu bestätigen. Sie beurteilte jedoch seine Rolle in diesem Verbrechen anders und sprach ihn daher am 29. August 1988 von der Mordanklage frei.

Der Vertreter der Nebenklage, RA Heinrich Hannover, resumierte:

„Die bundesdeutsche Strafjustiz ist sich und ihrer Tradition treugeblieben. Der ungesühnte Mord an dem großen Arbeiterführer und ungebeugten Kommunisten Ernst Thälmann wird eine Anklage gegen diese Justiz bleiben."

Kundgebung in Krefeld, 15. Mai 1986

Verfassungsschutz als Zensor zur Geschichte

Daß bereits die sorgfältige Aufarbeitung der Geschichte des Widerstandes und das Erinnern an die Orte der Verfolgung verfassungsfeindlich sein könnte, bewies der niedersächsische Verfassungsschutz 1986. In seinem Jahresbericht für 1985 nahm er sich den gerade erschienenen „Heimatgeschichtlichen Wegweiser zu Stätten des Verfolgung und des Widerstandes Niedersachsen I" aufs Korn.

Ohne auch nur den Hauch eines Beleges zu bringen, heißt es über das Buch: „Der Band ist eine geschickte Mischung aus teilweise sehr beeindruckender zeitgeschichtlicher Recherche, aber auch aus ideologischer Geschichtsklitterung und kommunistischer Propaganda. Er versucht, dem auch emotional angesprochenen Leser zu suggerieren, daß es auf westdeutschem Boden keinen historischen Bruch gibt zwischen dem Dritten Reich und der Bundesrepublik, sondern daß der politische (Un)Geist des Nationalsozialismus noch immer in den Behörden und Institutionen spürbar ist und eine Bewältigung der Vergangenheit (im ‚antifaschistischen' Sinne!) verhindert." Der VS muß es ja wissen, könnte man zum letzten Satz einwenden, wenn es nicht so bitter ernst gemeint wäre.

Gegen diese Denunziation wehrten sich nicht nur der Studienkreis zur Erforschung und Vermittlung der Geschichte des deutschen Widerstandes 1933–1945 und die VVN-Bund der Antifaschisten, die gemeinsam Herausgeber des Bandes waren, auch die KZ-Gedenkstätte Neuengamme und die Lagergemeinschaft, sowie das Gedenkstättenreferat der Aktion Sühnezeichen/ Friedensdienste nahmen ausführlich gegen diese Bewertung Stellung. Als selbst das Magazin „Monitor" über diesen Fall berichtete, versuchte Innenminister Möcklinghoff (CDU) diese Verfassungsschutz-Beurteilung zu verteidigen. Dabei fand er jedoch bei der SPD-Opposition im niedersächsischen Landtag keine Unterstützung.

Rolf Wernstedt, stellvertretender SPD-Fraktionsvorsitzender, schrieb damals im Vorwort zum Wegweiser Niedersachsen II: „Der Wegweiser ist Hilfe für die, die aus ihrer Heimat die Jahre 1933–45 nicht verbannen, sondern sie in angemessener Erinnerung geschichtlich wieder hereinholen wollen. Er kann Anreger für weitere Nachforschungen, Ergänzungen und Verbesserungen sein."

„Kein neuer Morgen für die von gestern"

Dieses Motto prägte im Frühjahr 1986 mehrere Aktionskonferenzen gegen Neofaschismus und Ausländerfeindlichkeit im ganzen Bundesgebiet. Dabei war der Ausgangspunkt das gemeinsame Handeln gegen die FAP, die in einigen Bundesländern Organisationen aufbauen konnte und teilweise zu Wahlen antreten wollte.

In Gelsenkirchen machten sich knapp 200 vorwiegend jüngere Mitglieder darüber Gedanken, wie man kontinuierliche Arbeit gegen Neofaschismus entwickeln könne. Wie kommen wir davon weg, daß wir meistens immer nur auf neofaschistische Aktivitäten reagieren, anstatt sie schon im Vorfeld unmöglich zu machen ?

Ähnliche Überlegungen bewegten auch die Konferenzen in Frankfurt/M., Hannover, Kaiserslautern, Bremen, Kaufbeuren, Neumünster und Mainz, die zumeist im Bündnis mit anderen Gruppen organisiert worden waren. Die überraschend breite Resonanz aus der VVN-Mitgliederschaft und dem Bündnisumfeld zeigte, daß hier Diskussionsbedarf vorhanden war.

Auftrieb und Unterstützung erhielten diese Beratungen durch eine klare Positionierung der Gewerkschaften zum Antifaschismus. Hatten bereits auf den 8. Mai Kundgebungen 1985 führende Repräsentanten der DGB-Gewerkschaften gesprochen, so folgten auf den Gewerkschaftskonferenzen 1986 klare Beschlüsse.

So forderte beispielsweise die Delegiertenkonferenz des DGB Frankfurt ein „Verbot aller faschistischer Organisationen einschließlich NPD, EAP, DVU und FAP, graue Wölfe, Verbot von Kundgebungen, Versammlungen und Treffen faschistischer Organisationen, die die Vorgänge des 3. Reiches verherrlichen oder verharmlosen".

Der DGB strebte an, „an jedem Jahrestag der Nazi-Regierungs-Übergabe (30. Januar), zur Reichspogromnacht („Reichskristallnacht") gegen die jüdische Bevölkerung (1938) und am Tag der Befreiung (8. Mai) öffentlich in Erscheinung zu treten."

„Die FAP verbieten" – eine Aktionskampagne

Etwa 8.000 Menschen demonstrierten am 21. Juni 1986 auf einer landesweiten Demonstration in Duisburg für die Auflösung und das sofortiges Verbot der FAP. Diese Demonstration in Duisburg war nur einer von zahlreichen Höhepunkten einer über mehrere Jahre geführten Aktionskampagne für das Verbot der terroristischen „Freiheitlichen Deutschen Arbeiterpartei" (FAP) um Michael Kühnen.
Mit aktiver Unterstützung der VVN-BdA fanden in zahlreichen Städten, vor allem in NRW, kleinere und größere Aktionen und Demonstrationen für das Verbot und die Auflösung der „FAP" statt. Selbst Ratsversammlungen, z.B. in Dortmund und Bielefeld, unterstützten auf Grund des öffentlichen Druckes diese Forderung.

Erst einige Jahre später, am 24. Februar 1995, wurde die „FAP", die zu diesem Zeitpunkt ihre langjährige Funktion als wichtigstes Sammelbecken der militanten Neofaschisten bereits verloren hatte, vom Bundesinnenminister verboten.

VN

„Vergangenheit, die nicht vergehen will“

Unter dieser Überschrift veröffentlichte Prof. Ernst Nolte (Berlin) am 6. Juni 1986 in der FAZ einen Aufsatz, mit dem er eine breite öffentliche Debatte, den „Historikerstreit“, auslöste. Seine Thesen lauteten sinngemäß: Der Holocaust stelle keine Einmaligkeit dar. Die Vernichtungslager seien nur die Reaktion auf Bedrohungsängste Hitlers durch den Bolschewismus, das „Archipel GULag“ sei daher die Voraussetzung für Auschwitz, und letztlich stelle Auschwitz in diesem Rahmen nur eine Art „technischer Innovation“ dar.

Im Umfeld von Nolte konnte man auch Andreas Hillgrubers „Zweierlei Untergang“ lesen. Hillgruber bewertete die Rolle der deutschen Wehrmacht neu, deren Niederlage eigentlich eine „Niederlage ganz Europas“ gewesen sei. 1944/45 habe das deutsche Ostheer doch auch für die „Bewahrung der Eigenständigkeit der Großmachtstellung des Deutschen Reiches“ gekämpft und sie habe die Menschen geschützt in den „preußisch-deutschen Ostprovinzen, denen im Fall einer Überflutung ihrer Heimat durch die Rote Armee ... ein grauenhaftes Schicksal drohte.“

Solch offen geschichtsrevisionistische Thesen kannte man vorher nur von neofaschistischen Autoren. Bezeichnend für den Stand der Geschichtswissenschaft war, daß es dem Philosophen Jürgen Habermas vorbehalten war, in dem ersten umfangreichen Beitrag über „apologetische Tendenzen in der deutschen Zeitgeschichte“ diese Thesen als „eine Art Schadensabwicklung“ zurückzuweisen. Bis zum Frühjahr 1987 sollte der Streit um das Geschichtsbild die Feuilletons der Zeitungen und der Fachpresse beherrschen.

Im Zuge dieser Debatte wurde auch eine Neubewertung des Überfalls auf die Sowjetunion 1941 als deutscher „Präventivschlag“ gefordert, so von Günther Gillessen und Joachim Hoffmann; oder die Bedeutung des antifaschistischen Widerstandes zu negieren, wie von Hillgruber im Zusammenhang mit seiner Aufwertung der Wehrmacht. Neofaschisten, wie Gerhard Frey, frohlockten bereits, die Tage der Vergangenheitsbewältigung seien gezählt.

Doch noch waren die kritischen Stimmen stärker. Der Zeithistoriker Wolfgang J. Mommsen überschrieb daher seinen abschließenden Beitrag mit dem Titel „Weder leugnen noch vergessen befreit von der Vergangenheit.“

Den ideologischen Kern des Streites analysierte Reinhard Kühnl folgendermaßen: „Tatsächlich aber geht es auch und wesentlich darum, welche Konsequenzen sich aus der faschistischen Vergangenheit für uns ergeben und welchen Weg dieses Land einschlagen soll. Nicht um die Vergangenheit also geht es primär, sondern um die Zukunft.“ Ähnlich hatte der damalige Kanzlerberater Prof. Michael Stürmer in einem Aufsatz das offizielle geschichtspolitische Credo formuliert: „In einem geschichtslosen Land (gewinnt derjenige) die Zukunft, der die Erinnerung füllt, die Begriffe prägt und die Vergangenheit deutet.“

Im Jahr 1986/87 scheiterte diese Geschichtsrevision, aber sie lieferte Stichworte für die Politik und Impulse für den zukünftigen akademischen Geschichtsrevisionismus.

Der 11. Oktober in Hasselbach

Die Großdemonstration der Friedensbewegung am 11. Oktober 1986 in Hasselbach/Hunsrück gegen die dort bereits begonnene Stationierung von 96 Marschflugkörpern wurde mit 180.000 bis 200.000 Teilnehmern zur größten Friedensaktion seit 1983. Die Abschlußerklärung faßte die Forderungen zusammen, die die verschiedenen Kundgebungsredner zuvor ausführlich begründet hatten: Keinerlei Beteiligung an Weltraumwaffen; Pershing II und Cruise-Missiles müssen weg; der Bundestag muß seinen Stationierungsbeschluß wieder aufheben; Senkung des Rüstungshaushaltes; keine weitere Aufrüstung der Bundeswehr mit Offensivwaffen; Rüstungsexporte müssen eingestellt werden; die Bundesrepublik muß sich der Unterdrückung von Völkern der Dritten Welt entgegen stellen; der Einfluß der Militärs auf unser Leben muß zurückgedrängt werden.

50 Jahre nach Beginn des Spanischen Bürgerkrieges verbindet sich die Erinnerung an den Freiheitskampf der spanischen Demokraten und der Internationalen Brigaden mit der Solidarität für Nicaragua und die Kämpfer gegen Rassismus in Südafrika.

1987

15. Januar Sowjetunion unterbreitet Programm zur schrittweisen Beseitigung der Kernwaffen

25. Januar Bundestagswahl, trotz Verlusten behauptet sich die Regierungskoalition

31. Januar VVN-Veranstaltung zur „Historiker-Debatte“

23. Februar ILO erklärt die Berufsverbote in der BRD für völkerrechtswidrig

15. März 40. Jahrestag der Gründung der VVN-BdA

9. Mai Männer und Frauen des Widerstandes blockieren das Pershing-II-Depot in Mutlangen

10.–15. Mai X. FIR-Kongreß in Athen

25. Mai Stichtag der Volkszählung in der BRD

29.–31. Mai Bundeskongreß der VVN-BdA in Frankfurt/M.

13. Juni In Bonn demonstrieren 100.000 Menschen für Abrüstung

4. Juli Barbie wird in Lyon zu lebenslanger Haft verurteilt.

11. Juli VVN-Veranstaltung 50. Jahrestag des „Katholiken-Prozesses“ – Christen in der Verantwortung – gestern und heute

7. August Protestaktion der VVN-BdA und anderer gegen die Hauptversammlung der IG Farben i.A. in Frankfurt/M.

17. August Der Tod von Hitler-Stellvertreter Rudolf Heß gibt Anlaß zu neofaschistischen Aufzügen

August NS-Verfolgte fordern Asyl in Deutschland für 15 mit dem Tode bedrohte chilenische Antifaschisten

7.–11. September Staatsbesuch von Erich Honecker in der BRD

13. September Bei der Landtagswahl in Bremen kann die „DVU-Liste D“ ins Landesparlament einziehen

18. Oktober Studienkreis eröffnet anläßlich seines 20. Jubiläums neue Ausstellung „Antifaschistischer Widerstand 1933–1945“

14. November 3.000 Antifaschisten demonstrieren gegen den NPD-Bundesparteitag in Höchstadt

8. Dezember Unterzeichnung eines Abkommens zwischen den USA und der UdSSR zur Beseitigung der Mittelstreckenraketen.

Volkszählung und Boykott

Nachdem 1983 zum ersten Mal das Gesetz über die Volkszählung wegen schwerer datenschutzrechtlicher Bedenken gescheitert war, versuchte die Bundesregierung 1987 einen zweiten Anlauf.

Mit Stichtag 25. Mai 1987 sollten erneut alle Bürger und Arbeitsstätten einer umfassenden Zählung unterzogen werden.

Dabei war der Katalog der Fragen so umfangreich, reichte so stark in die private Sphäre des einzelnen hinein, daß viele Menschen Skepsis und Zweifel an einem solchen Unternehmen anmeldeten. Auch schien ihnen die Trennung zwischen den persönlichen Angaben und den allgemein notwendigen Fragen nicht gewährleistet.

Initiativen gegen die Volkszählung verwiesen darauf, daß es sich hier um eine umfassende „Volksaushorchung“ handele, die, verknüpft mit den sogenannten Sicherheitsgesetzen eine lückenlose Überwachung aller Bürger ermögliche.

Daher sei äußerstes und öffentlich artikuliertes Mißtrauen geboten.

Die VVN steuerte zu dieser Diskussion historische Erfahrungen mit der Volkszählungen von 1933 bei, die die organisatorische Grundlage für die systematische rassistische Vernichtungspolitik legte.

Das Präsidium der VVN-Bund der Antifaschisten forderte daher die Aussetzung der Volkszählung und begrüßte Aufforderungen zum Boykott. Es rief dazu auf, die Bürgerinitiativen gegen die Volkszählung zu unterstützen.

Die Friedensbewegung hatte ein eigenes Motto zur Volkszählung entwickelt: „Die Regierung hat uns nicht gefragt, als sie uns die Raketen vor die Haustür setzte. Jetzt hat sie kein Recht, uns nach unseren persönlichen Daten zu fragen.“

Man geht davon aus, daß gut 5% der Befragten aktiv boykottierten, ein größerer Teil unkorrekte Angaben machte.

Bevor die Daten jedoch ausgewertet werden konnten, waren sie durch die politischen Veränderungen der 90er Jahre bereits überholt.

Hamburg, 16. Mai 1987: 15.000 demonstrieren gegen die Volkszählung

Antifaschisten blockierten Pershing-II-Depot

Anläßlich des 42. Jahrestages der Befreiung von Faschismus und Krieg blockierten etwa 100 Mitglieder der VVN-Bund der Antifaschisten das US-Pershing-Depot in Mutlangen. Auf einer Kundgebung vor dem Tor des Raketenlagers forderten Gertrud Müller von der Lagergemeinschaft Ravensbrück, Oskar Neumann, Vorsitzender der VVN-Bund der Antifaschisten Bayern, und Jon Brockopp, Mitglied des US-Friedensnetzwerkes Frankfurt/Main, die Bundesregierung auf, den Gorbatschow-Vorschlag einer doppelten Nullösung bei den Atomraketen anzunehmen und die Blockierung der Genfer Abrüstungsverhandlungen endlich aufzugeben. Die Redner verwiesen auf den Schwur der Antifaschisten „Nie wieder Faschismus – Nie wieder Krieg" und forderten, daß von deutschem Boden nie wieder ein Krieg ausgehen dürfe. Die Forderungen der Friedensbewegung nach Abzug und Liquidierung aller Mittelstreckenraketen sei durch den Gorbatschow-Vorschlag in greifbare Nähe gerückt. Dennoch, so betonten die Redner, bleibe für die Friedensbewegung viel zu tun, um dieses Ziel zu erreichen, um die Ursachen der Kriege und den Faschismus mit seinen Wurzeln auszurotten.

Studienkreis Deutscher Widerstand

Seit 20 Jahren der historischen Erforschung und Vermittlung verpflichtet

Im Oktober 1987 beging der Studienkreis zur Erforschung und Vermittlung der Geschichte des deutschen Widerstandes sein 20jähriges und das Dokumentationsarchiv des deutschen Widerstandes sein 10jähriges Jubiläum. Es war bezeichnend für die politische Kultur dieser Republik, daß diese Einrichtung die einzige ihrer Art in der BRD war und bleiben sollte.

Max Oppenheimer ließ noch einmal die Anfänge und die Entwicklung der Arbeitsbedingungen des Studienkreises Revue passieren. Er machte deutlich, daß es der Studienkreis nicht gerade leicht gehabt habe. „Trotz Gemeinnützigkeit gab und gibt es keine staatlichen Mittel, weder von der Landesregierung Hessen noch vom Bund." Um so höher seien die erreichten Ergebnisse zu bewerten.

Das Jubiläum war der Anlaß zum 3. Frankfurter Gespräch, auf dem sich Prof. Dr. Annette Kuhn, Dr. Ute Osterkamp und Dr. Ulrich Schneider mit dem Thema „Gegnerschaft – Verweigerung – Widerstand" beschäftigten.

Als eigenes „Geburtstagsgeschenk" präsentierte der Studienkreis die neue Ausstellung „Antifaschistischer Widerstand 1933–1945". Als Träger für diese Ausstellung

konnten neben dem Studienkreis und dem Bundesvorstand der VVN-Bund der Antifaschisten, der Christliche Friedensdienst und der DGB-Landesbezirk Hessen gewonnen werden. Bei der Eröffnung der Ausstellung, auf der auch der Schriftsteller Bernd Engelmann sprach, formulierte Barbara Bromberger: „Die Ausstellung will aber nicht bloß einen schwarzen Fleck im Geschichtsbild aufhellen, obwohl schon diese Aufgabe wichtig genug ist. Sie will an dem erwachten Interesse der Jugendlichen anknüpfen und das Gefühl der Betroffenheit, das in der Auseinandersetzung mit der Nazizeit entstanden ist, zu politischem Verantwortungsbewußtsein weiterentwickeln helfen."

Nach der ersten Präsentation in Frankfurt wurde die Ausstellung mit großem Erfolg in Großstädten und kleinen Gemeinden von unterschiedlichen Veranstaltern gezeigt. Mal war es die VVN-Bund der Antifaschisten, meist waren es örtliche Trägerkreise aus Parteien und Gewerkschaften, Volkshochschulen und Kirchengemeinden, manchmal sogar Gemeindeverwaltungen.

Der Barbie-Prozeß in Frankreich

Wie die Justiz eines Landes konsequent mit Nazi- und Kriegsverbrechern umgehen kann, machte die französische Justiz im Frühsommer 1987 deutlich.

In Lateinamerika verhaftet, wurde dem Auslieferungsbegehren der französischen Regierung gegen den als „Schlächter von Lyon" bekannten SS-Obersturmbannführer und Gestapo-Chef Klaus Barbie stattgegeben und ihm in Lyon der Prozeß gemacht.

Barbie war neben der Verfolgung von Kämpfern der französischen Resistance als Leiter des „Judenreferates" für die Deportationen französischer Juden nach Auschwitz zuständig.

So meldete er am 6.April 1944 als „Erfolg": „In den heutigen Morgenstunden wurde das jüdische Kinderheim ‚Colonie enfant' in Izieu-Ain ausgehoben. Insgesamt wurden 41 Kinder im Alter von 3 bis 13 Jahren festgenommen ... Der Abtransport nach Drancy erfolgt am 7.4.1944."

Für diese und viele andere Verbrechen wurde er am 4. Juli 1987 zu lebenslanger Haft verurteilt.

Der Prozeß hatte große Bedeutung für die innerfranzösische Diskussion über Kollaboration. Schon fünf Jahre zuvor hatte Serge Klarsfeld mit dem Buch „Vichy-Auschwitz" auf die Beteiligung französischer Stellen an den Deportationen hingewiesen. Doch die Versuche der Verteidigung, die Kollaboration als Entlastung für die Taten Barbies anzuführen, schlugen fehl.

Das französische Gericht verurteilte Klaus Barbie aufgrund seiner Taten und seiner Verantwortung.

Damit setzte das französische Gericht ein anderes Signal als die bundesdeutsche Justiz, die am 25. März 1987 dem Revisionsbegehren des Thälmann-Mörders Wolfgang Otto stattgab und das Urteil des Krefelder Gerichtes aufhob.

„Wir haben überlebt, weil wir Asyl erhielten"

In einem Brief an Bundeskanzler Kohl forderten eine Reihe ehemaliger NS-Verfolgter Asyl für 15 mit Tod bedrohte chilenische Antifaschisten:

„Denn wir dürfen und wollen nicht hinnehmen, daß einer rechten radikalen Minderheit der Regierungskoalition erlaubt wird, der Bundesrepublik in einer Kardinalfrage der Menschlichkeit ihren Negativstempel aufzudrücken. Wir sprechen von führenden Politikern der CSU, insbesondere vom Ministerpräsident Strauß und Bundesinnenminister Zimmermann, und ihrem Versuch, 15 vom Tode bedrohten Chilenen das grundgesetzlich garantierte Recht auf Asyl vorzuenthalten ...

Wenn Bundesinnenminister Zimmermann diesen chilenischen Widerstand nun beharrlich als „Terrorismus" diskriminiert und die antifaschistischen Kämpfer als „kommunistische Gewalttäter" und „Mörder", dann macht er sich zum Anwalt der faschistischen Diktatur, ihrer Geheimpolizei und Todesschwadronen. Die dort mit dem Tode bedroht sind, werden hier einem Gesinnungsprozeß unterzogen. Herr Zimmermann und etliche seiner Freunde würden, daran lassen ihre Formulierungen keinen Zweifel, die Männer des 20. Juli heute wieder verurteilen ...

Wir fordern Sie auf, der unerträglichen Diskussion im Kabinett endlich dadurch ein Ende zu machen, daß die Bundesregierung sich unverzüglich zur Aufnahme der 15 chilenischen Antifaschisten bereiterklärt."

Hamburg, 8. August:
Demonstranten fordern Asyl für die 15 vom Tode bedrohten Chilenen

DVU in der Bremischen Bürgerschaft

Bei den Landtagswahlen 1987 gelang es der „Liste D – Deutsche Volksunion", erstmalig mit einem Abgeordneten in die Bürgerschaft einzuziehen. Mit ihm – Hans Altermann – beginnt eine dritte und bis heute andauernde Phase parlamentarischer Präsenz des Neofaschismus nach den 40/50er und den 60/70er Jahren.

Dies bedeutet einen tiefgreifenden Wandel der politischen Verhältnisse: Sie ist einerseits eine Folge der „Wende-Politik" und andererseits der Unfähigkeit der gesellschaftlichen Opposition, politische Alternativen zu formulieren.

Die detaillierte Analyse dieser Wahl belegt, daß die Wahlerfolge der Neofaschisten Ergebnis von „sozialer Isolation" sind. Die DVU lag vorallem in den Wohnquartieren vorn, die in besonderem Maß von Arbeitslosigkeit und der Gefahr des Statusverlustes bedroht sind und die von der Bildungs-, Wohn- und Städtebaupolitik vernachlässigt werden. Besonders hoch war die Zustimmung zudem bei alten und sehr jungen Männern.

Zu tiefer Besorgnis Anlaß gibt die Tatsache, daß hier nicht diejenigen ihre Stimme den Neofaschisten gegeben haben, von denen man dies aufgrund ihrer Geschichte erwarten kann. Der Unterschied zu früheren Erfolgen der NPD liegt vielmehr darin, daß es der DVU gelungen ist, in die Milieus der Arbeiterbewegung, die traditionell von Gewerkschaften und SPD dominiert werden, einzubrechen.

Bei der Liste D handelt es sich um ein taktisches Bündnis von DVU und NPD, das der DVU zu Erfolgen verhalf, die sie allein nie erreicht hätte.

Trotz unverkennbarer organisatorischer Schwäche gelang es ihr, sich mit einem ungeheuren Wahlkampfaufwand als die „deutsche Alternative" darzustellen. Sie konzentrierte sich dabei – zeitweise mit Erfolg – auf primitive und brutale Hetze gegen Ausländer und Flüchtlinge.

Im Parlament setzte sie ihre brutale Demagogie fort, ohne sich auch nur den Anschein parlamentarischer Mitarbeit zu geben.

Die Aktivitäten der DVU Bremens sind dabei von dem Münchner Verleger der „Deutschen Nationalzeitung" und DVU-Führer Gerhard Frey ferngesteuert.

Weiterhin fielen die Abgeordneten der DVU und ihrer späteren Abspaltung durch illegale Verwendung von Geldern und persönliche Bereicherung auf. Dies sollte aber nicht von dem eigentlichen Finanzskandal ablenken: Die DVU erhielt in der Zeit, in der sie in der Bürgerschaft vertreten war, ca. 1 Million DM aus Steuermitteln.

Der deutsche Staat mißachtet damit nicht nur das weiterhin bestehende Verbot der NSDAP und ihren Nachfolge- und Ersatzorganisationen, also auch der DVU, sondern finanziert die Aktiväten des Neofaschismus direkt aus staatlichen Töpfen.

Die Kritik aus parlamentarischen und journalistischen Kreisen, der die DVU ausgesetzt war, konzentrierte sich auf die „fachlichen" Mängel ihrer Abgeordneten und ihre Raffmentalität. Mit den neofaschistischen Inhalten setzten sich dagegen vor allem außerparlamentarische Gruppen verschiedenster Prägung auseinander.

TW

Mit einer aufsehenerregenden Aktion vor dem Düsseldorfer Industrieclub erinnert die VVN an die Geldgeber Hitlers

Das Verbot neofaschistischer Parteien fordern VVN und andere Gruppen auf einer Kundgebung in Bonn, 25. Juli

1988

Januar VVN-BdA startet „Aktion Carl von Ossietzky“ – Kampagne zur Stärkung der Organisation

30. Januar Historisch-politische Konferenz der VVN-BdA: „Der Weg in den Zweiten Weltkrieg“ in München

Demonstrationen in Stuttgart, Düsseldorf und Frankfurt

8. Februar Eine internationale Historiker-Kommission bestätigt Vorwürfe gegen den österreichischen Bundespräsidenten Kurt Waldheim wegen seiner NS-Vergangenheit

14. Mai Arbeitskonferenz der VVN-BdA „Strategien gegen Neofaschismus“

28. August Bei einer Flugschau auf dem US-Luftwaffenstützpunkt Ramstein kommen bei einem Absturz 54 Menschen ums Leben, 500 werden verletzt.

1. September Beginn des Abzugs der Pershing-II-Raketen aus Heilbronn

1./2. Oktober Historikersymposium der FIR in Wien: „Die Aggressionen Nazideutschlands in Europa 1939–1945 – Geschichte und Geschichtsfälschung“

7.–10. November breite politische Aktionen zum Jahrestag der Reichspogromnacht

5./6. November Internationale Konferenz der VVN-BdA und der FIR in Bonn zum 50. Jahrestag der Reichspogromnacht

10. November Bundestagspräsident Jenninger propagiert „Stammtisch-Parolen“ und muß deshalb zurücktreten (11. November)

„Erinnern für die Zukunft“: Großdemonstration in Stuttgart am 30. Januar, 55. Jahrestag des NS-Machtantritts

Erinnern für die Zukunft

Daß historische Gedenktage politische Mobilisierungsmöglichkeiten sind, wurde in diesen Jahren immer wieder praktisch unter Beweis gestellt. Um jedoch deutlich zu machen, daß es nicht allein um historischen Rückblick und folgenloses Gedenken gehen soll, prägte die VVN-Bund der Antifaschisten die Losung „Erinnern für die Zukunft“.

Dabei ging es nicht um vordergründige Analogien, wie böswillige Interpreten aus dem Hause des Verfassungsschutzes glaubten, sondern um demokratisches Handeln heute aus Einsicht in historische Erfahrungen. Ziel solcher aktiven Erinnerungsarbeit, hieß es in der „ar“, sei „nicht nur die bessere Vermittlung von historischen Fakten, sondern die reale Veränderung des politischen Klimas in den Städten und Gemeinden, um durch die Aufarbeitung und Verarbeitung der Geschichte von Faschismus und Widerstand den Weg freizumachen für eine antifaschistische Bundesrepublik.“

Die Aktionen zum 30. Januar 1988 verdeutlichten dies. In Stuttgart forderten die Demonstranten „Neonazis Einhalt gebieten!“ Auch in Düsseldorf richtete sich die Aktion unter der Überschrift „Aus der Geschichte lernen! Den Terror stoppen! Nazi-Organisationen auflösen und verbieten!“ vor allem gegen die Fortführung der FAP-Strukturen. „Für ein antifaschistisches Hessen – für Frieden und Demokratie“ war das Motto der Frankfurter Aktion. Hier sprachen der Schriftsteller Bernt Engelmann, Peter Gingold und der Arzt Winfried Beck, dem – wie so vielen anderen Antifaschisten auch – wegen der Teilnahme an den Sitzblockaden vor dem Pershing-Depot in Mutlangen der Prozeß gemacht werden sollte.

Zur Auseinandersetzung mit geschichtsrevisionistischen Tendenzen veranstaltete die VVN-Bund der Antifaschisten am 30. Januar 1988 in München eine historisch-politische Konferenz unter dem Titel: „Vor 50 Jahren: Der Weg in den Zweiten Weltkrieg“. Damit leistete die VVN-BdA, wie auch schon mit der erfolgreichen Veranstaltung zum Historikerstreit im Jahr zuvor, einen wichtigen Beitrag zur Geschichtsdebatte.

Zum 8. Mai 1988 veröffentlichte die „Volkszeitung" den von Aktion Sühnezeichen/Friedensdienste und der VVN-Bund der Antifaschisten initiierten Appell „Erinnern für die Zukunft", der von einem breiten Spektrum antifaschistischer Kräfte, von christlichen Friedensgruppen bis Abgeordneten der GRÜNEN, von AvS-Vertretern und Gedenkstätteninitiativen mitunterzeichnet worden war. Er schloß mit der Formulierung:

„Der Schwur der Häftlinge des Konzentrationslagers Buchenwald bleibt Verpflichtung für Überlebende und Nachgeborene, uns über die Gedenktage hinaus tagtäglich für eine Politik einzusetzen, bei der die Rechte des Menschen Maßstab aller Handlungen sind."

„Lernen aus der Vergangenheit" auch in Hildesheim: Demonstration am 30. Januar

Die „Carl-von-Ossietzky"-Kampagne der VVN-BdA

Aus der richtigen Erkenntnis, daß sich Antifaschismus zunehmend als Handlungsorientierung für demokratische Kräfte erwies, ergab sich nicht zwingend auch die Stärkung der VVN-Bund der Antifaschisten.

Daher beschloß der Bundesvorstand bereits im Herbst 1987 eine „Aktion Carl-von-Ossietzky" zur Mitgliederwerbung und Stärkung der Organisation auszurufen. Vom 1. Januar 1988 bis 1. September 1989 sollten 5.000 neue Mitglieder gewonnen werden.

In der politischen Begründung formulierte Marion Lehmicke als Sprecherin der Kommission zur Stärkung der VVN-BdA:

„Antifaschismus erweist sich mehr und mehr als gestaltende Kraft für Gegenwart und Zukunft ... Um dieser Aufgabe gerecht zu werden, muß die VVN-BdA weiterentwickelt werden zu einer Gemeinschaft, die über parteipolitische, weltanschauliche und auf generationsbedingte Unterschiede hinweg die Tradition des antifaschistischen Widerstandes fortsetzt und die als Kampfgemeinschaft des organisierten Antifaschismus stark genug ist, einen wirksamen Beitrag zur Verwirklichung der antifaschistischen und antimilitaristischen Gebote unserer Verfassung zu leisten. Wir brauchen eine noch stärker auf Massen orientierte, die Massen gewinnende Organisation."

Gleichzeitig beschäftigte sich der Bundesvorstand kritisch mit dem organisationspolitischem Zustand der VVN-BdA.

Erste Aufgabe war eine genaue Bestandsaufnahme über den Stand der Kassierung, die Durchführung von Mitgliederversammlungen, die Teilnahme an Veranstaltungen, die Mitarbeit in Vorständen und andere Formen der Mitgliederaktivierung.

Man war sich darüber im klaren, daß eine wesentliche Voraussetzung, den Grad der Aktivität der Mitglieder zu erhöhen, darin bestehe, ihnen ein Forum für die politische Diskussion und Meinungsbildung zu bieten.

Doch das war nicht unbedingt die stärkste Seite der VVN. In einem Leserbrief in der „antifaschistischen rundschau" zur Aktion hieß es:

„Wir brauchen freie Diskussion, Offenheit und Transparenz. Mit unserem herkömmlichen Organisationsstil sind wir für kritische neue Mitglieder unattraktiv."

Scharf kritisierte der Verfasser einen Konformismus in der VVN, „der abweichende Meinungen nur solange duldet, wie sie das satte Mehrheitsmeinen nicht gefährden; solange sich alte Vorstände so passend ihre neuen Mitglieder zuwählen lassen, daß alles bei der alten Mehrheit bleibt, solange kann eine Kampagne nach der anderen zur Stärkung ausgerufen werden, nur: stärker werden wir nicht."

Die komplette Veröffentlichung des Briefes in der „ar" war ein Signal zur Diskussionsbereitschaft, doch blieb – besonders unter manchen jüngeren Mitgliedern – Skepsis gegenüber „denen in den Rossertstraße".

Handlungskompetenz gegen Neofaschismus

Der spürbare Einflußgewinn neofaschistischer Kräfte in dieser Zeit forderte von organisierten Antifaschisten neue Überlegungen zur Strategie. Autonome antifaschistische Gruppen beantworteten dies zumeist mit direkten Aktionen gegen Repräsentanten der neofaschistischen Gruppen und ihre Logistik.

Schon im Sommer 1986 hatte die VVN-Bund der Antifaschisten mit dem Diskussionspapier „Neofaschismus in der Bundesrepublik Deutschland" einen Beitrag zur Analyse und damit zur Entwicklung antifaschistischer Strategie geleistet. Auf der Grundlage dieser Arbeit entstand 1988 die Ausstellung „Neofaschismus in der Bundesrepublik Deutschland".

Neben dieser Aufklärung über Neofaschismus wurde es immer dringender, klare Handlungsorientierung zu entwickeln. Daher lud die VVN-BdA am 14. Mai 1988 zu einer Arbeitskonferenz „Strategien gegen Neofaschismus" nach Frankfurt ein.

In der sehr lebendigen Diskussion wurde die Palette antifaschistischen Handelns an praktischen Beispielen deutlich. Diskutiert wurde vor allem, wie es gelingen könne, über eine reine „Verhinderungsstrategie" gegen neonazistische Provokationen hinauszukommen.

Antifaschistische Strategie, die nicht nur reagiert, sondern selbst die Bedingungen des Handelns setzen will, muß auf die Veränderung des gesellschaftlichen Klimas hinarbeiten, war das Ergebnis. Es reiche nicht, nur gegen Neofaschismus aufzutreten, man müsse den Beteiligten – zumeist jungen Leuten – auch Zukunftsorientierungen anbieten können. Hier sei es einmal mehr notwendig, die Aussage „Antifaschismus ist mehr als eine Gegenbewegung" zu konkretisieren. Mit der Frankfurter Konferenz zeigte die VVN-BdA deutlicher Handlungskompetenz gegen Neofaschismus. Sie mündete in verschiedenen Aktionen und die Bremer Konferenz gegen Rassismus und Neofaschismus.

Zum 55. Jahrestag der Machtübergabe an die Nazis: Große Demonstrationen in Stuttgart (Foto), Düsseldorf und Frankfurt

Erfolg der Friedensbewegung:

Abzug der Mittelstreckenraketen

Am 8. Dezember 1987 unterzeichneten Reagan und Gorbatschow in Washington den Vertrag über Abzug und Verschrottung der in Europa stationierten US-amerikanischen und sowjetischen atomaren Mittelstreckenraketen. Nach mehreren Rüstungskontrollverträgen wurde damit der erste wirkliche Abrüstungsvertrag zwischen den beiden Blockkontrahenten geschlossen. Die internationale Friedensbewegung hatte nach 8jährigem beharrlichen Kampf gegen die Stationierung atomarer Erstschlagsraketen einen Erfolg errungen.

Besonders die Friedensbewegung im Hauptstationierungsland Bundesrepublik hatte daran einen wichtigen Anteil. Millionen Menschen hatten gegen den Widerstand der eigenen Regierung in den Jahren 1979 bis 1987 Unterschriften gesammelt, waren auf die Straße gegangen, hatten die Raketenstandorte gewaltfrei blockiert. Tausende von ihnen wurden dafür kriminalisiert und wie Verbrecher behandelt. Wer erinnert sich noch, daß der damalige baden-württembergische Innenminister Roman Herzog extra eine Polizeikostenverordnung einführte, um die FriedensdemonstrantInnen für das Verhaftetwerden noch bezahlen zu lassen? 1989 waren beim Amtsgericht Schwäbisch Gmünd noch 400 Verfahren wegen Friedensblockaden anhängig. Insgesamt mehrere tausend FriedensblockiererInnen waren schon zuvor wegen „gewaltsamer Nötigung" verurteilt wurden. Viele von ihnen saßen ihre Strafe im Gefängnis ab. Es sollte bis März 1995 dauern bis die RaketenblockiererInnen durch ein Urteil des BVG rehabilitiert wurden. Allein dieser Umgang mit den FriedensdemonstrantInnen beweist, daß nicht, wie die Bundesregierung jetzt behauptete, ihre Politik es war, die zum Abrüstungserfolg beigetragen habe, sondern daß dieser Erfolg von der Friedensbewegung erzwungen werden mußte.

Noch bevor der vereinbarte Abzug begann, wurden neue Pläne bekannt: USA und NATO arbeiteten an neuen Konzepten, die mit Hilfe der Modernisierung und Neustationierung von atomaren Kurzstreckenwaffen den Verlust der Erstschlagskapazität durch die Abrüstung der Mittelstreckenraketen ausgleichen sollten. Noch lange, nachdem in Washington der INF-Vertrag unterzeichnet war, wurden in Heilbronn, Mutlangen und Ulm die Raketenstandorte ausgebaut. Die Bundesrepublik versuchte, einen Anspruch auf die Mitverfügung über Atomwaffen im Rahmen einer westeuropäischen Kooperation zur Geltung zu bringen. In Böblingen bei Stuttgart wurde eine deutsch-französische Brigade, der Kern des heutigen Eurokorps, aufgestellt. Die Friedensbewegung mußte beginnen, sich auf die neuen Auseinandersetzungen und Gegebenheiten einzustellen. Für den Herbst rief sie zu Aktionen in Hamburg, Böblingen und Linnich auf.

Dennoch: Die Friedensbewegung hatte allen Grund im Abrüstungsjahr 1988 zu feiern. Am Antikriegstag 1988 schließlich knallten auf der Heilbronner Waldheide die Sektkorken: der heiß erkämpfte Abzug der atomaren Mittelstreckenraketen aus der Bundesrepublik begann. Eine breite, Partei- und Weltanschauungsgrenzen übergreifende außerparlamentarische Bewegung war zu einem durchsetzungsfähigen politischen Faktor geworden. Die VVN/Bund der Antifaschisten hatte mit ihren Erfahrungen und ihrer Kraft das ihre dazu beigetragen. Die Auseinandersetzung um den NATO-Doppelbeschluß hatte bewiesen: Es lohnt sich, für den Frieden zu kämpfen!

DL

Reichspogromnacht – Aktionen 1988

Die VVN-Bund der Antifaschisten spitzte die Beschäftigung mit historischen Gedenktagen auf die Frage zu, „ob die Geschichte verdrängt wird und sich damit die Traditionslinie durchsetzt, die bereits zu zwei Weltkriegen von deutschem Boden führte, oder ob die Geschichte aufgearbeitet und folglich eine Politik entwickelt werden kann, die den Lebensinteressen unseres Volkes, den Erfahrungen des Widerstandes und den antifaschistischen Inhalten in Völkerrecht, Grundgesetz und Länderverfassungen entspricht."

Die Aktivitäten zum 50. Jahrestag der Reichspogromnacht signalisierten jedenfalls, daß es eine gesellschaftliche Bewegung gab, die in Richtung antifaschistischer Orientierung strebte.

Konferenzen zur historischen Aufarbeitung, so das gemeinsame Symposium von VVN-BdA und FIR am 5./6. November in Bonn oder die Tagung von GEW und VVN-BdA Hessen „für einen antifaschistisch-demokratischen Unterricht", standen neben einer Vielzahl von regionalen Aktionen, Mahnwachen, Demonstrationen und Kundgebungen, Spurensuche und antifaschistischen Stadtrundgängen in den Tagen vom 7. bis 10. November.

Nur in den wenigsten Fällen war die VVN-BdA der alleinige Träger, meist waren es Bündnisaktivitäten, oftmals fanden solche Aktionen auch ganz ohne VVN-Beteiligung statt.

Auch antifaschistische Geschichtsarbeit war nicht mehr die alleinige Domäne der VVN-Bund der Antifaschisten.

Schüler- und Jugendgruppen, Geschichtswerkstätten, Kirchengemeinden, die Gesellschaften für christlich-jüdische Zusammenarbeit und andere Kreise engagierten sich anläßlich dieses Jahrestages.

Damit wurde, stellte die VVN-BdA fest, „das so lange und so negativ wirkende Aufklärungstabu gegenüber den Verbrechen des Faschismus gebrochen."

So entstand ein gesellschaftliches Klima, in dem die Rede von Bundestagspräsident Jenninger zum 50. Jahrestag der Pogromnacht, in der dieser unkommentiert Stammtisch-Parolen kolportierte, zum Skandal geriet.

Jenninger mußte aufgrund der öffentlichen Empörung am 11. November zurücktreten.

„antifaschistische rundschau" mit Materialien zum 50. Jahrestag

Eine von ungezählten Aktionen zum 50. Jahrestag der Pogromnacht: Mahnwache an der „Alten Synagoge" in Essen

VI.

Die neunziger Jahre

Ein Jahrzehnt der Veränderungen

Das alles dominierende Thema der 90er Jahre in der BRD war das Ende der DDR und die Vereinigung. Dabei waren es nicht in erster Linie die Ereignisse, die zur Vereinigung führten, sondern die Folgen der Einheit auf wirtschaftlicher Ebene und im politischen Klima, die für die neue BRD prägend wurden.

Begonnen hatte es 1989 mit einer Ausreisewelle aus der DDR über Ungarn bzw. deutsche Botschaften in anderen osteuropäischen Staaten. Dies war jedoch nur der Ausdruck innerer Erosionen. Die Widersprüche zwischen sozialistischem Anspruch und tatsächlicher Politik wurden so stark, daß sich hieraus eine Massenbewegung gegen verkrustete Strukturen im staatlichen Apparat und im gesellschaftlichen Leben der DDR entwickelte. Große Teile der DDR-Bürger waren nicht mehr bereit, geschönte Wahlergebnisse oder Plan-Erfüllungszahlen für die Realität zu halten. Die Losung der Montagsdemonstrationen „Wir sind das Volk" sprach von einem gewachsenen Selbstbewußtsein und der Veränderungsnotwendigkeit in diesem Land. Viele hofften noch auf einen verbesserten Sozialismus, wie die Kundgebung am 4. November 1989 mit Markus Wolf u.a. auf dem Alexanderplatz zeigte.

Diese Aktivitäten fanden jedoch eher die Aufmerksamkeit der westlichen Medien als die der DDR-Staatsführung, so daß sich hier eine explosive innenpolitische Situation entwickelte. Die Öffnung der Grenze am 9. November dokumentierte dabei einmal mehr nicht die Reformfähigkeit sondern die Handlungsunfähigkeit der DDR-Regierung. Unterstützt von rechten politischen Gruppen in der BRD gewannen in der Folgezeit diejenigen Kräfte die Oberhand, die statt einer Veränderung des Sozialismus den Anschluß an die BRD anstrebten. So dominierte bald die Losung „Wir sind ein Volk".

Doch die Bundesregierung besaß kein Handlungskonzept für diese politische Entwicklung. Im auch im Westen erwachenden Vereinigungstaumel – das wichtigste Symbol dieser Monate war die Banane – wurden politische Entscheidungen getroffen, die sich langfristig ökonomisch verheerend auswirkten.

Statt sich auf eine langfristige Konföderation und einen gleichberechtigten Vereinigungsprozeß mit der neugewählten Regierung der DDR einzulassen, vollzog die BRD die wirtschaftliche Annektion. Der Massenstimmung in der DDR folgend, die sich in der Parole ausdrückte: „Kommt die DM nicht zu uns, gehen wir zu ihr", verkündete die Bundesregierung zum 1. Juli eine Wirtschafts- und Währungsunion und bereitete mit der „Treuhand" den Ausverkauf des ehemaligen Volkseigentums der DDR an westliche Konzerne, Banken und Versicherungen vor.

Von den Runden Tischen blieb nichts

Bis heute sind die Folgen des unsäglichen Beschlusses über „Rückgabe vor Entschädigung" ehemaligen Eigentums in der DDR zu erleben. Nach Abschluß dieses Verfahrens konnten – nach bisherigen Schätzungen – die Vereinigungsgewinnler Milliardenbeträge einsacken, während dem Steuerzahler Verluste von 160 Mrd. DM aufgebürdet wurden.

Von den „Runden Tischen", dem Symbol des demokratischen Veränderungsprozesses in der DDR, und der Verfassung der DDR mit ihren weitgehenden sozialen Rechten blieb nichts. Nur der Tatsache, daß man die Zustimmung der UdSSR für eine grundsätzliche vertragliche Regelung über Deutschland, den sogenannten „Zwei plus Vier"-Vertrag erreichen wollte, führte zu der Bereitschaft der Bundesregierung, die Ergebnisse der Sozialisierungsmaßnahmen von 1945–1949 nicht anzutasten und die polnische Westgrenze an der Oder-Neiße-Linie endgültig anzuerkennen. Vielleicht hätte Helmut Kohl dieses Problem nur etwas aussitzen müssen. Denn auch in der UdSSR vollzog sich ein Erosionsprozeß, der die Auflösung der Sowjetunion zum Jahresende 1991 bewirkte. So vorbereitet wurde der Anschluß bzw. Beitritt der DDR am 3. Oktober 1990 vollzogen.

Innenpolitisch veränderte dieser Prozeß das Klima in der BRD deutlich. Nach den ersten Wochen der Vereinigungseuphorie wurden bereits erste Probleme sichtbar. Reaktionäre, nationalistische und neofaschistische Kräfte sehen ihre Stunde gekommen, wobei in den ersten Monaten Chauvinismus, neofaschistische und rassistische Übergriffe besonders in den neuen Ländern sichtbar wurden.

Politische Realisten und kritische Kräfte, die - wie Oskar Lafontaine u.a. - vor den Kosten und Problemen eines schnellen Vereingungsprozesses warnen oder die die Art und Weise des Anschlusses kritisieren, wurden als „vaterlandslose" Gesellen diffamiert. Auf dieser Welle der Einheitshoffnung wurde die Regierung Kohl bei Bundestagswahl Dezember 1990 erneut bestätigt. Bei dieser Wahl kam auch eine Partei in den Bundestag, die sich dezidiert als antifaschistische und linke Kraft versteht, die PDS.

Friedenspolitik

Spürbar wurde deren Präsenz schon in den ersten Wochen, als der drohende Golfkrieg Ende 1990/Anfang 1991 als außenpolitisches Thema die innenpolitische Debatte überlagerte.

Die Sorge, daß das neue Deutschland militärische Großmachtambitionen haben könnte, brachte lebhafte Debatten im Parlamente und löste eine Welle von Massendemonstrationen aus. Unter der Losung „Stoppt den Krieg am Golf – Kein Blut für Öl" demonstrierten 200.000 Menschen am 26. Januar 1991 in Bonn.

Noch hielt sich die Bundesregierung mit direktem militärischem Engagement zurück, wenngleich sie mit Milliardenbeträgen den Krieg finanzierte. Doch im Gefolge dieses Krieges wurde von nationalistischen Kräften die Diskussion forciert, daß das neue Deutschland nun militärische Verantwortung in der Welt übernehmen müsse. Unter dem wahrlügenden Wort „friedenspolitische Verantwortung" wurde bereits im Juli 1993 die Zustimmung des Bundestages zum Bundeswehr-Einsatz in Somalia durchgesetzt. SPD und GRÜNE beschränkten sich darauf, „rein humanitäre Einsätze" unter der Verantwortung der UNO zu tolerieren. Zum Schutz dieser „humanitären Einsätze" wurden jedoch Kampftruppen bereitgestellt. Die Warnung der Friedensbewegung, daß damit die Tür für echte Kampfeinsätze geöffnet worden sei, bestätigte sich im Juni 1995, als der Bundestag – trotz Protesten in der Bevölkerung und im Parlament – zur direkten Einmischung in den Konflikt in Ex-Jugoslawien einen Beschluß zum Kriegseinsatz der Bundeswehr faßte.

Schon im Sommer 1994 hatte sich die Bundesregierung durch das Bundesverfassungsgericht einen Freibrief für Bundeswehreinsätze außerhalb des NATO-Territoriums geben lassen. Parallel dazu begann die Bundeswehrführung, ihre Militärstrategie unter dem Stichwort „out of aera" – entsprechend der NATO-Orientierung – neu zu organisieren.

Europäische Einigung

Da Deutschland viel zu sehr mit der eigenen Vereinigung beschäftigt war, fand der europäische Einigungsprozeß geringere Aufmerksamkeit. Die Bundesregierung strebte einen freien europäischen Handels- und Kapitalmarkt an, sie lehnte jedoch politische Partizipation von Nicht-Deutschen grundsätzlich ab. Noch im Oktober 1990 erklärte das Bundesverfassungsgericht die Gesetze über Ausländerwahlrecht in Schleswig-Holstein und Hamburg für verfassungswidrig.

Doch von dieser Grundsatzhaltung mußte die Regierung abgehen, als sie den „Vertrag von Maastricht" im Februar 1992 unterzeichnete. Dabei sah dieser Vertrag Visafreiheit und größere politische Rechte nur für EU-Bürger in allen EU-Staaten vor. Der Vertrag schränkte zwar an einzelnen Punkten die nationale Souveränität ein, doch bildete er die Basis zum Aufbau der „Festung Europa". Die Liberalisierung im Inneren wurde mit einer Abschottung nach außen gekoppelt.

Und dieses korrespondierte mit wachsendem Rassismus und Ausländerfeindlichkeit in der neuen BRD. Nicht nur Politiker der Regierungsparteien und Medien kolportierten Schlagworte, wie „Ausländerflut", „Asylantenschwemme" und „Wirtschaftsflüchtlinge". Dies und eine „Das Boot ist voll"-Mentalität veränderten das politische Klima, was sich am deutlichsten in dem erschreckenden Anwachsen der Zahl rassistischer Übergriffe zeigte.

Rassismus und Neofaschismus

Pogrome gegen Flüchtlinge und andere Nicht-Deutsche schreckten zum ersten Mal im September 1991 die Öffentlichkeit auf. Via Fernsehen konnte man live miterleben, wie sich fünf Tage lang Politik und Staatsorgane in Hoyerswerda als unfähig erwiesen, gegen eine randalierende Horde das Grundrecht auf körperliche Unversehrtheit für alle Menschen durchzusetzen. Nicht die Politik, sondern Demokraten und Antifaschisten setzten im November aus Anlaß des Jahrestages der Reichspogromnacht deutliche Zeichen des Protestes. Über 100.000 Menschen demonstrierten gegen Rassismus und Antisemitismus.

Im August 1992 erlebte man in Rostock-Lichtenhagen erneut Pogrome gegen ausländische Bürger. Da solche Ausschreitungen das internationale Ansehen der BRD zu gefährden drohten, sah sich die Bundesregierung veranlaßt, zu einer offiziellen Kundgebung „für Artikel 1,2 Grundgesetz" in Berlin aufzurufen.

Anders als wohl erwartet, machten 350.000 Menschen dies zu einer Demonstration gegen Rassismus und geistige Brandstifter, die – wie die Bundesregierung – eine Änderung des Grundrechts auf Asyl betrieben.

Der politische Streit um die Veränderung des Asylrechts und zahlreiche weitere Brandanschläge gegen Flüchtlingsunterkünfte, Wohnungen und Einrichtungen ausländischer Mitbürger, wobei in Mölln drei Menschen ermordet wurden, bewegte vom November 1992 bis Januar 1993 Millionen Menschen in der ganzen BRD.

Lichterketten gegen Rassismus, Antisemitismus und Naziterror, „Rock gegen Rechts"-Konzerte, Massendemonstrationen gegen die Grundrechtsänderung, Nachtwachen vor bedrohten Häusern, antirassistische Telefondienste und viele andere Aktionsformen mobilisierten so viele Menschen, wie nie zuvor in der Geschichte der BRD.

Daß dabei auch manche, die eher zu den geistigen Brandstiftern gehörten, wie die BILD-Zeitung und die Bundesregierung „auf den fahrenden Zug aufsprangen", macht einmal mehr die gesellschaftliche Dimension dieser Bewegung deutlich.

Ende 1992 sah sich die Bundesregierung sogar gezwungen, seit langem geforderte Verbote gegen neonazistische Organisationen auszusprechen.

Die Umsetzung dieser Beschlüsse blieb jedoch halbherzig, wie die Vorfälle um den Fuldaer Hess-Gedenkmarsch anschaulich belegten.

Trotz Massenbewegung und politischer Proteste in Bonn gelang es nicht, den rassistischen Konsens im Bundestag zu verhindern, mit dem am 26. Mai mit Zweidrittel-Mehrheit das Grundrecht auf Asyl massiv beschnitten wurde. Selbst große Teile der SPD glaubten, aus „staatspolitischer Verantwortung" – faktisch jedoch aus Populismus – diesem Gesetz zustimmen zu müssen.

Die Neonazis interpretierten diese Entscheidung als Signal zum Weitermachen.

Am 30. Mai starben bei einem neonazistischen Brandanschlag in Solingen 5 Angehörige einer türkischen Familie. Weitere spektakuläre Anschläge, wie die Brandstiftung in der Lübecker Synagoge und der Anschlag auf das dortige Asylbewerberheim, der zehn Menschenleben forderte, erschütterten in den folgenden Jahren die Öffentlichkeit.

Obwohl die tatsächlichen Zahlen rassistischer Gewalttaten etwas anderes sagten, beruhigte sich die Regierung damit, daß dieses Thema bald nicht mehr im Zentrum des Medieninteresses stand.

Am meisten beruhigte diese Politiker jedoch, daß neofaschistische Parteien und Gruppierungen im sogenannten „Superwahljahr" 1994, wo innerhalb von zehn Monaten allein 18 Wahlen stattfanden, deutlich hinter den befürchteten Ergebnissen zurückblieben. Weder zum Europa-Parlament, noch zum Bundestag konnten die REPs zählbare Wahlerfolge erzielen. Auch in den neuen Bundesländern, einem Schwerpunkt rassistischer Gewalttaten, blieben ihre Wahlergebnisse deutlich niedriger als in den alten Bundesländern.

Dort etablierte sich als soziale und politische Protestpartei endgültig die PDS, die über Direktmandate auch den Einzug in den Bundestag schaffte. Damit waren die Wahlen durchaus ein Stimmungsindikator, wobei die größte Gruppe die „Partei der Nichtwähler" war. Für diese Menschen besaßen die ökonomischen Probleme, die Abwicklung von Betrieben und damit der Verlust von Arbeitsplätzen und Zukunft eine viel größere Bedeutung als ein Urnengang. Das Zerplatzen der propagandistischen Seifenblase von den „blühenden Landschaften im Osten" (Helmut Kohl)

„Die VVN - weder Versuchslabor noch Wagenburg“

Die innerverbandliche Debatte in der VVN-BdA wurde im Laufe des Jahres 1989 schärfer und polemischer.

Waren schon auf dem Bundeskongreß des Jahres 1987 und in seiner Auswertung die Überwindung von Defiziten in der Meinungsbildung und innerverbandlichen Demokratie angemahnt worden, so spitzte sich der Streit in mehreren Landesverbänden, im Bundesvorstand selber und in den Spalten der „antifaschistischen rundschau“ sichtbar zu.

Dabei wurde gegen die „Durchsetzung alter Machtstrukturen“ auf LDKs polemisiert, es ging aber auch um Veränderungen der Arbeit, die den neuen Bedingungen antifaschistischen Handelns besser Rechnung tragen sollten.

Aus der Tatsache, daß Antifaschismus nicht mehr die alleinige Domäne der VVN-BdA war, weder in der Geschichtsarbeit noch im Kampf gegen Neofaschismus und Rassismus, und zum anderen die Aktion „Carl von Ossietzky“ zur Mitgliederentwicklung in den Kreisen sehr viel mehr Probleme bereitete, als beim Beschluß erwartet, leiteten einige Leitungsmitglieder die Überlegung ab, die VVN von einer Mitgliederorganisation zu einer Serviceorganisation für antifaschistische Initiativen zu entwikkeln.

Die inhaltliche Kompetenz sollte für Analysen, die Bereitstellung von Materialien und die Organisation von Bündnissen genutzt werden, jedoch nur in zweiter Linie zur eigenen mitgliedermäßigen Stärkung.

Mit einer solchen Alternative war die Mehrheit in den leitenden Gremien, aber auch in den Kreisvereinigungen nicht einverstanden. Luitwin Bies beispielsweise mochte sich an eine „Fragestellung in Richtung VVN-Selbstinfragestellung“ nicht gewöhnen.

Die Debatte, wie die Struktur und Arbeit der VVN-BdA zukünftig verändert und damit verbessert werden könnte, wurde überlagert durch die Auseinandersetzungen in der DKP zwischen „Erneuerern“ und „Traditionalisten“.

Daß dieser Streit, der originär nichts mit der VVN-BdA zu tun hatte, massiv in der Organisation ausgetragen wurde, war auch ein Ausdruck davon, wieviele VVN-Funktionäre DKP-Mitglieder und dort in den Richtungsstreit eingebunden waren.

Viele Kreisvereinigungen reagierten zurückhaltend auf diesen Streit.

Zwar war es neu und teilweise auch spannend, sämtliche divergierenden Positionen in der „ar“ nachlesen zu können, doch – so ein Leserbrief – die „ar“ sollte nicht zum Dissonanzforum werden. Damit war sicher nicht der Wunsch nach einer „heilen“ Organisation gemeint.

Vielmehr blockierten die Debatten in den Bundes- und Landesvorständen Aktivitäten in den Kreisen.

Charakteristische Problemfelder, Fragen, Streitthemen zum Jahr 1989 – Titelseite der „antifaschistischen rundschau“.

28./29. Januar in Bremen: Aktionskonferenz gegen Neofaschismus und Rassismus – Richtungsstreit inbegriffen

Die VVN und die politische Krise in der DDR

Die Mehrzahl der VVN-Mitglieder hätte, wäre sie 1989 befragt worden, die DDR als das antifaschistische Deutschland bezeichnet.

Waren doch nach 1945 dort die gesellschaftlichen Wurzeln für eine faschistische Herrschaft beseitigt worden und die sozialpolitischen Forderungen des antifaschistischen Konsenses verwirklicht. Auch in der Bewahrung des Andenkens an den antifaschistischen Widerstand, der Pflege der Gedenkstätten und der Traditionen unterschied sich die DDR deutlich von der Bundesrepublik.

Dies war entscheidend für die Sichtweise der meisten Mitglieder in der VVN-BdA. Daß es in der DDR auch Kritikwürdiges gab, wurde als „Entwicklungsproblem" oder als ursächlich vom Westen hervorgerufen bezeichnet.

Vor diesem Hintergrund reagierte die VVN-BdA auch nicht auf die sich verschärfende innenpolitische Krise in der DDR im Sommer des Jahres 1989. Fluchtwellen, Montagsdemonstrationen, selbst die Massenkundgebung vom 4. November in Berlin für demokratische Reformen im Sozialismus fanden in der VVN keinen Widerhall.

Natürlich wurde in der Organisation über diese Entwicklung debattiert, gemeinsame Antworten gab es nicht.

Erst in der Dezember-Ausgabe der „ar" fanden sich Beiträge zum Thema, darunter die Stellungnahme von Wissenschaftlern und Antifaschisten aus West und Ost anläßlich einer Konferenz am 24./25. November in Jena.

Die Teilnehmer warnten vor den „zunehmenden rechtsextremen Tendenzen und Erscheinungen in der DDR" und forderten „Antifaschismus als Bestandteil und Maßstab der Demokratie. Antifaschismus ist kein Monopol einer Gruppe, Organisation oder Partei. Wir brauchen ein umfassendes Bündnis aller Demokraten ohne Führungsansprüche einer Gruppe."

Darin äußerte sich eine – wenn auch späte – Kritik an dem Antifaschismus-Konzept der SED. Im Wortlaut wurde die Erklärung der Zentralleitung des Komitees der antifaschistischen Widerstandskämpfer der DDR abgedruckt:

„Die tiefe Krise, in die unser Land jetzt geraten ist, wurde durch fehlerhafte, undemokratische Entscheidungen, nicht bewältigte Folgen des Stalinismus, Willkür und Machtmißbrauch auf vielen Gebieten verursacht. Es schmerzt uns besonders, daß einige antifaschistische Widerstandskämpfer dafür maßgeblich verantwortlich sind. Wir fühlen uns mitverantwortlich, weil wir nicht entschieden und rechtzeitig genug entsprechend unseren politischen und moralischen Pflichten auf aufgestaute Probleme hingewiesen haben."

Eine weitere kritische Auseinandersetzung war in der „antifaschistischen rundschau" nicht mehr möglich. Durch den Wegfall der Spenden aus der DDR mußten im Dezember auf Bundesebene sämtliche hauptamtlich Beschäftigten der VVN-BdA entlassen werden, das Erscheinen der Zeitung wurde ausgesetzt.

„Für eine antifaschistische Bundesrepublik"

Als am 8. Mai 1989 Vertreter des Bundesvorstandes der VVN-Bund der Antifaschisten in Frankfurt ein Thesenpapier unter dem Titel „Für eine antifaschistische Bundesrepublik" der Öffentlichkeit vorlegten, sollte dies anläßlich des 40. Jahrestages der Gründung der BRD auf den antifaschistischen Konsens der Nachkriegsjahre hinweisen.

Diesen Konsens nicht nur historisch zu beschwören, sondern als Ausgangspunkt für Zukunftsüberlegungen dieser BRD zu nehmen, war das eine der Anliegen des programmatischen Papiers. Gleichzeitig war es aber auch Ausdruck innerverbandlicher Auseinandersetzungen. Dabei ging es nicht um den Wortlaut an sich, sondern um seine Funktion.

Ausgehend von der Bremer Konferenz gegen Neofaschismus und Rassismus war begonnen worden, eine bundesweite antifaschistische Bewegung mit breiter bündnispolitischer Struktur aufzubauen.

Gedacht war dabei – von den Initiatoren – an mehr als ein zeitweiliges Bündnis. „Bei der Entwicklung dieser Bündnisse ist die inhaltliche Einigungslinie neben der Ablehnung neofaschistischen und rassistischen Gedankenguts die gemeinsame Suche nach Inhalt und Formen einer modernen Antifaschismuskonzeption, die aufbaut auf der bisherigen Arbeit, aber nun stärker die aktuellen und zukünftigen Bedingungen für Antifaschismus in den Mittelpunkt stellt. Mit dem Papier ‚Für eine antifaschistische Bundesrepublik' hat die VVN-BdA einen Beitrag für diese Diskussion geleistet", schrieb Kurt Faller.

Und so war es nicht überraschend, daß es im Verlauf des Jahres 1989 keine ernsthaften Anstrengungen gab – weder einen Aufruf zur Debatte noch Stellungnahmen in der „ar" –, diese Thesen zum Gegenstand der innerverbandlichen Diskussion zu machen.

Mit dem Umbruch in der VVN zum Jahresende 1989 war auch dieses Papier obsolet geworden.

1990

13./14. Januar VVN-BdA Krisenkonferenz in Frankfurt/M

10./11. Februar 2. Bundesweite Aktionskonferenz gegen Neofaschismus und Rassismus in Frankfurt/M

18. März Volkskammerwahlen in der DDR

Mai Gründung eines „Bundes der Antifaschisten" für das Gebiet der DDR

9.–10. Juni Bundeskongreß der VVN-BdA in Düsseldorf

1. Juli Währungsunion mit der DDR

August Über 1.000 Neonazis marschieren beim „ Rudolf-Hess-Gedenkmarsch" durch Wunsiedel

12. September Unterzeichnung des „Zwei-plus-Vier"-Vertrages „über die abschließende Regelung in bezug auf Deutschland" in Moskau

3. Oktober Anschluß der DDR an die BRD

31. Oktober Bundesverfassungsgericht erklärt kommunales Wahlrecht für Ausländer in Schleswig-Holstein und Hamburg für verfassungswidrig

9./10. November Antifaschistischer Ratschlag in Gießen

14. November Unterzeichnung des deutsch-polnischen Grenzvertrags

2. Dezember Bundestagswahl – Regierung Kohl wird bestätigt

Antifaschismus in der Umbruchphase

Antifaschistische Handeln war mehr denn je in dieser Umbruchphase gefordert. Weniger Probleme mit den neuen Verhältnissen hatten autonome Antifaschisten, die sehr schnell auch in Ost-Berlin und einzelnen Orten der damaligen DDR Antifa-Gruppen aufbauten bzw. unterstützten. Mehrfach organisierten sie in Berlin militante antifaschistische Demonstrationen mit mehreren tausend Teilnehmern, die sich gegen neofaschistische Zentren richteten.

Zu einem Höhepunkt dieser Aktivitäten wurde die Demonstration gegen das geplante Heß-Gedenken in Wunsiedel (Bayern) am 18. August 1990. Über 5.000 Demonstranten, unter ihnen auch viele Mitglieder der VVN-Bund der Antifaschisten, zeigten, daß erfolgreiches Handeln gegen Neonazismus und Rassismus nicht nur nötig, sondern auch möglich ist.

Dabei war es anfangs für die VVN-Bund der Antifaschisten äußerst kompliziert, mußte sie doch neben dem Verlust der hauptamtlichen Struktur auch die Auseinandersetzungen im Bündnisumfeld aushalten. Manche Bündnisbeziehungen wurden auf die Probe gestellt und erwiesen sich als nicht tragfähig. So brach beispielsweise der erst 1989 entstandene „Arbeitsausschuß gegen Neofaschismus und Rassismus" wieder auseinander, als auf der Frankfurter Konferenz im Februar 1990 die Mehrheit der Teilnehmenden nicht bereit war, eine Ausgrenzung von DKP und SDAJ zu akzeptieren.

Erst langsam begannen sich erneut Bündnisse zu entwickeln. Als wichtig erwies es sich, wenn antifaschistisch eingestellte Personen in anderen Organisationen den ersten Schritt unternahmen. So wurde der 2. Antifaschistische Ratschlag im November 1990 in Gießen – initiiert von der DGB-Jugend – zu einem sichtbaren Zeichen der wiedergefundenen Zusammenarbeit gegen Neofaschismus, Rassismus, Geschichtsrevision und Nationalismus.

Auch in der ehemaligen DDR entwickelten sich neue antifaschistische Verbände. Neben dem Interessensverband ehemaliger Teilnehmer am antifaschistischen Widerstand, Verfolgter des Naziregimes und Hinterbliebener (IVVdN), der sich in der Tradition der ehemaligen VVN verstand, bildete sich im Mai 1990 der „Bund der Antifaschisten". Seine Hauptaussage lautete: „Antifaschismus ist Humanismus in Aktion". Einer ihrer ersten inhaltlichen Schwerpunkte war die Aufarbeitung der Erfahrungen mit dem Antifaschismus in der DDR.

***Dezember 1989:* Die letzte Ausgabe der „antifaschistischen rundschau"**

Frage: Die Krise der VVN-BdA zeigte sich ja bereits seit dem Frühjahr 1989. Was waren Deiner Meinung nach die Ursachen und wie hast Du diese Debatte erlebt?

Horst:
Ich habe vor 1989 nie den Eindruck einer „VVN-Krise" gehabt. Vielmehr war ich von der Basis her immer der Meinung die VVN sei eine intakte Organisation. Wir haben in der Ortsgruppe, aber auch im Kreis und Land ungestört gearbeitet. Wir haben uns nie bevormundet gefühlt.

Kurt:
Etwa um die Jahreswende 1988/89 wurde die bis dahin kameradschaftliche Zusammenarbeit der Mitglieder des Sekretariats empfindlich gestört. Obwohl der Frankfurter Bundeskongreß (Mai 1987) die politische Grundlagen für die nächste Arbeitsperiode beschlossen hatte, wurden von einigen Sekretariatsmitgliedern Fragen über den künftigen Kurs unserer Vereinigung, über den Beschluß zur Mitgliederwerbeaktion „Carl von Ossietzky", über Strukturfragen, über die Geschichtsaufarbeitung aufgeworfen. Durch die Vorgänge in den osteuropäischen Ländern, besonders in der DDR, brachen im Herbst 1989 die Auseinandersetzungen verschärft auf. Das hatte Auswirkungen auf die weitere Arbeit der Vereinigung. Verschärft wurde die gesamte Situation durch das schlagartige Ausbleiben der solidarischen materiellen Unterstützung durch Antifaschisten der DDR, die uns zu Sofortmaßnahmen zwang.

Günter:
Das waren die Folgen des sich ankündigenden Zusammenbruchs der sozialistischen Staaten. In diesem Prozeß hat die Führung der KPdSU geschichtliche Vorgänge eingestanden, die von der moskautreuen kommunistischen Bewegung bis dahin beschönigt wurden. Damit wurde bei vielen Leuten die Grundlage für ihre politische Tätigkeit zerstört. Das mußte Auswirkungen auf die VVN haben, sind doch viele gerade wegen ihrer Nähe zur DKP und dem sozialistischen Lager eingetreten.

Ich habe die Debatten in der Zeit vor dem Mauerfall nur aus 2. Hand mitbekommen. Die Berichterstattung in der „Antifaschistischen Rundschau" war doch sehr geschönt. Bei Berichten über Landesdelegiertenkonferenzen konnte man nur anhand von kryptischen Sätzen vermuten, daß es Differenzen gab. Worin sie bestanden, entnahm man dann der taz oder dem „Arbeiterkampf".

P.C.:
Hauptursache der Krise war zweifellos die enge politische und personellen Verknüpfung mit der damaligen kommunistischen Partei und die materielle Abhängigkeit von der DDR. Der Zusammenbruch des Staatssozialismus hat dann auch die VVN in die Existenzkrise gebracht. Es macht keinen Sinn, diese Tatsachen schweigend zu übergehen und es anderen zu überlassen, sie zu ihnen passenden Zeiten ins Spiel zu bringen. Fehler müssen offengelegt werden, auch um daraus zu lernen.

Marianne:
Die Krise bezog sich auch auf andere linke Organisationen. Ihre starke Verunsicherung, z.B. von Mitgliedern, die auch in der DKP waren, mußte auch in der VVN sichtbar werden.

Jupp:
Es gab m.E. in der Debatte nach vorn gerichtete Gedanken und Ideen, aber auch solche, die geeignet waren, von wichtigen Aufgaben wegzuführen. Ich habe alles als nach Vorne gerichtet empfunden, was in Richtung breiterer Bündnispolitik und Stärkung und Ausbau der innerorganisatorischen Demokratie ging. Für problematisch habe ich z.B. Vorschläge gehalten, die darauf hinausliefen, den Begriff Antifaschismus in den Hintergrund treten zu lassen und an seine Stelle im Wesentlichen den Begriff Humanismus oder humanistisch zu setzen. Ich habe damals die Auffassung unterstützt, daß antifaschistische Organisationen eine spezifische Aufgabe haben. Sie ist selbstverständlich humanistisch.

1989/90

Zusammenbruch, Umbruch, Aufbruch

VVN in der Krise – aus der Krise?

Stefan:
Ich hatte den Eindruck, als ob viele Kameradinnen und Kameraden schon lange mit ihrer eigenen politischen Arbeit unzufrieden waren und die „Krise" dazu nutzten, um sich von der Organisation trennen zu können.

Barbara:
Die Veränderungen und Umbrüche in den sozialistischen Ländern und in der DDR führten an meinem Arbeitsplatz (Bildungsabteilung beim Bundesvorstand, d.Vf.) zu heftigen Diskussionen und Auseinandersetzungen zwischen den DogmatikerInnen und den an einer Erneuerung interessierten KollegInnen und Präsidiumsmitgliedern. Ich empfand diese Diskussionen damals als eher anregend und nicht als bedrohlich. Ich war lange Zeit optimistisch, daß sich die Erneuerungskräfte durchsetzen würden.

Es geht ja um die großen Menschheitswerte. Die Besonderheit bei antifaschistischen Organisationen aber ist, daß für diese Werte gewirkt wird mit der tiefen Überzeugung – und mit der Vermittlung dieser Überzeugung –, daß all dies nur möglich ist, wenn Faschismus und alle faschistischen Tendenzen im gemeinsamen Handeln zurückgedrängt und schließlich überwunden werden.

Frage: Die Finanzierung der VVN war lange Zeit tabu. Durch den Wegfall der DDR-Gelder wurde das Thema in aller Schärfe auf die Tagesordnung gesetzt. Wie war Deine Reaktion/Einschätzung?

Kurt:
Die solidarische materielle Unterstützung durch Antifaschisten der DDR entstand in den 50er Jahren, als durch die Verbotsmaßnahmen und Repressalien der Adenauerregierung die Existenz der VVN gefährdet war und der Neonazismus ins Kraut schoß. Die Vereinigung hätte die umfangreiche antifaschistische Arbeit ohne

die Hilfe nicht leisten können. Die Mitgliedsbeiträge, Spenden und Erbschaften reichten dazu nicht aus.

Alfred:
Die Finanzierung war nur zum Teil tabu, denn es wurden ja Mitgliedsbeiträge kassiert und Spenden gingen ein, die bei uns in Baden-Württemberg als Dank für erzielte Wiedergutmachungen an die Organisation abgeführt wurden. Man konnte aber annehmen, daß noch weitere Quellen bestanden. Sonst wäre es unmöglich gewesen, Werbematerialien zu drucken, Literatur herauszugeben und andere Aktivitäten zu finanzieren.

Barbara:
Die Frage der Finanzierung des großen VVN-Apparates in Frankfurt durch die DDR war für mich kein Geheimnis. Um die Art des Geldtransfers wurde immer ein großes Geheimnis gemacht, aber nur so ließ sich erklären, daß die Bezahlung der Gehälter und Miete sofort im Dezember 1989 eingestellt werden sollte, da kein Geld mehr da sei. Mitte Dezember erhielten wir MitarbeiterInnen die Kündigung zum Jahresende. Auch als der finanzielle Zusammenbruch offensichtlich war, haben die für die Finanzen Verantwortlichen die Karten nicht auf den Tisch gelegt.

Marianne:
Die finanzielle Hilfe der DDR habe ich als Ausdruck der Solidarität gegenüber der VVN betrachtet, so selbstverständlich wie unsere Solidarität z.B. gegenüber Kuba oder den Flüchtlingen in der BRD. Eine offene Diskussion darüber wäre allerdings nicht nur hilfreich, sondern notwendig gewesen.

P.C.:
Ich habe die Finanzierung aus der DDR nicht unterbinden können, also habe ich sie akzeptiert. Sie hatten ja auch den Vorteil, daß sie eine umfangreiche Arbeit ermöglichte. Sie hatte jedoch den großen Nachteil, daß die Geldgeber auch den Kurs bestimmten. Das führte zu parteipolitisch dominierten Ausrichtungen und entsprechenden Verengungen. Es unterdrückte und verhinderte kritische Stellungnahmen gegenüber kritikwürdigen Vorgängen in der DDR und im Sowjetblock. Und es führte, wie sich zeigte, zu nahezu völliger materieller Abhängigkeit, weil der relativ große Apparat in diesem Ausmaß auf finanzielle Hilfe angewiesen war.

Conny:
Der Hamburger Landesvorstand hat am 15.12.89 festgestellt: „Wir danken allen Spendern, die unsere Arbeit in der Vergangenheit unterstützt haben, ausdrücklich für ihre solidarische Unterstützung des antifaschistischen Kampfes in der BRD ... Es wirft ein bezeichnenden Licht auf den Zustand der BRD, daß die unzureichende öffentliche Förderung der Vereinigung der Widerstandskämpfer und Verfolgten des Nazi-Regimes ... die VVN-BdA dazu zwingt, ihre Arbeit wesentlich über Spenden zu finanzieren." Gleichzeitig wurden die sofortige Einberufung einer Sitzung des Bundesvorstands mit KreisvertreterInnen und die „lückenlose und detaillierte Offenlegung der Finanzsituation" gefordert. Damit war ich sehr einverstanden.

Gesa:
Ich wollte – offen gestanden – nicht glauben, daß die VVN von der DDR finanziert wurde. Erst in der Finanzkommission wurde in erschreckender Weise deutlich, wie sehr einige Mitglieder des Präsidiums am Vorstand vorbei gearbeitet hatten. Daß die Herkunft von Spendengeldern in beträchtlicher Höhe im Kassenbericht nicht deutlich deklariert, ja teilweise als „von ungenannten Geldgebern" stammend bezeichnet wurde, löste Empörung aus. Auch das Verhältnis Spenden/Beiträge wurde scharf kritisiert. Spendengelder waren mehr als doppelt so hoch wie die Beiträge, was die VVN politisch abhängig machte von ihren Geldgebern.

man als Querulant, der nur dem Verfassungsschutz in die Hände arbeitet. Deshalb gab es bei mir durchaus eine gewisse Schadensfreude, als die nicht unerheblichen Zuwendungen eingestanden werden mußten.

Frage: Du hast Dich damals – wie alle Befragten – entschieden, weiter in der VVN zu arbeiten. Warum?

Alfred:
Die Existenz einer Organisation, die konsequent im Sinne des Schwurs von Buchenwald wirkt, war für die politische Landschaft der BRD eine zwingende Notwendigkeit. Heute kann man die Bilanz ziehen, daß wir die einzige generationsübergreifende und bundesweit wirkende Organisation von Antifaschisten sind.

Gesa:
Nach dem 40.Jahrestag der Reichspogromnacht war ich in die VVN eingetreten. Hier habe ich überhaupt erst jenen Geschichtsunterricht über das Dritte Reich erhalten, den ich bis zum Abitur nicht erhalten hatte ... Die radikale demokratische Umgestaltung der VVN einerseits und stärker werdende, teils militante Neofaschisten andererseits haben mir deutlich gemacht, wie nötig die VVN ist.

Das Sagen hätte die DKP

Böses Erwachen für VVN nach Stopp der Gelder aus der DDR

kal FRANKFURT A. M., 16. Januar. Die Vereinigung der Verfolgten des Naziregimes-Bund der Antifaschisten (VVN-BdA) wurde jahrelang mit Geldern aus der DDR finanziert, die über Konten der Deutschen Kommunistischen Partei (DKP) flossen. Der Preis war hoch: sämtliche Personalentscheidungen der VVN-BdA, so wurde jetzt auf einer Bundesvorstandssitzung der VVN-BdA in Frankfurt enthüllt, fällte der DKP-Vorstand. Die Abhängigkeiten waren nach dem finanziellen Zusammenbruch der Bundesgeschäftsstelle der VVN-BdA offenbar geworden, berichtete der bisherige Pressesprecher Kurt Faller.

Gegen den harten Widerstand eines Teils des Bundesvorstandes wurde auf der Sitzung zur Aufklärung der Vorwürfe eine Kommission gewählt. Sie soll einen VVN-Bundeskongreß vorbereiten. Zuvor waren Präsidium und Sekretariat der Organisation zurückgetreten. Der bisherige Generalsekretär Kurt Erlebach bestritt jede politische Abhängigkeit von der DKP.

Kommissionsmitglied Norbert Müller forderte, der VVN-BdA müsse dem Vermächtnis des antifaschistischen Widerstandes wieder eine Zukunft ermöglichen. „Geheimbündlerische Absprachen" dürfe es künftig nicht mehr geben.

„Tief verstrickt" in die Entwicklungen war nach eigenem Eingeständnis Jörg Ehret, der bisherige Organisationssekretär des VVN-BdA und DKP-Mitglied. Zwar wäre lange Jahre konsequente Friedensarbeit in der Bundesrepublik ohne das Geld aus der DDR nicht möglich gewesen, sagte er. Der Fehler sei jedoch, daß darüber nicht gesprochen worden sei. So sei es zu immer mehr unkontrollierten Einflußnahmendurchdie Parteigekommen.

„Alle Bewerbungsunterlagen von allen hauptamtlichen Mitarbeitern gingen zunächst zum Parteivorstand der DKP, Abteilung Personalpolitik", eröffnete Ehret den VVN-BdA-Mitgliedern. „Erst wenn von dort grünes Licht kam, wurde in den Gremien der VVN-BdA die Diskussion darüber begonnen."

Frankfurter Rundschau, 17. Januar 1990: Bericht von der Krisenkonferenz der VVN/BdA

Günter:
Das hat mich nicht gewundert. Mir hatte einmal ein Funktionär der DKP zu verstehen gegeben, daß Geld aus dem Osten kommt. Innerhalb der Organisation wurde das geleugnet, und bei Nachfragen galt

Horst:
Die politische Situation während und gleich nach der Wende (bezeichnend die Parolen auf den Montagsdemos in der DDR: von „wir sind das Volk" über „wir

sind ein Volk" zu „Deutschland einig Vaterland") war für mich Grund, die VVN für nötiger denn je zu halten. Die Neonazis hatten ihre Struktur in den Neuen Bundesländern sehr schnell auf die Beine gebracht. Außerdem kann ich meine Überzeugung nicht einfach „an der Garderobe abgeben".

Conny:
Die bereits zitierte nationalistische Stimmungsmache, die ganz besonders nach dem 9. November 1989 täglich neue Blüten trieb, die revanchistische Positionen wieder gesellschaftsfähig werden ließ, machten mir eine starke antifaschistische Organisation unverzichtbar. Außerdem habe ich mich den alten Widerstandskämpferinnen und Verfolgten nie stärker verpflichtet gefühlt als in dieser Situation.

Stefan:
In erster Linie war ich von Menschen beeindruckt, die trotz einer ihrer größten Niederlagen und auch persönlichen Enttäuschungen und Verletzungen in der VVN-BdA weitergemacht haben und sich nicht, obwohl das manchmal für sie sehr schmerzhaft war, nach innen und außen einer Auseinandersetzung entzogen haben. Diese Menschen wollte und konnte ich nicht alleine kämpfen lassen.

Jupp:
Ich habe die Nazizeit und vor allem in ihr den zweiten Weltkrieg mit allen seinen Schrecken und Grausamkeiten erlebt. Die Schlußfolgerung war, daß sich so etwas nie wiederholen dürfe. Auf dieser Lebenserfahrung und dem Wunsch, dazu beizutragen, gründet sich meine Tätigkeit in der VVN-BdA.

Barbara:
Mein Grund in der VVN-BdA zu bleiben, lag damals einzig und allein in unserer Offenbacher Kreisorganisation. Meine Verantwortung gegenüber den Mitgliedern und besonders den alten AntifaschistInnen in Offenbach haben mich dazu veranlaßt, die Arbeit in der VVN-BdA fortzusetzen. Da ich als eine der „Bezahlten" auch – zumindest teilweise – mitverantwortlich war, hätte ich es falsch gefunden, mich durch Austritt zurückzuziehen.

P.C.:
Als die Existenz der VVN auf dem Spiele stand, habe ich mich, als Sozialdemokrat, zusammen mit anderen für den Erhalt und die weitere Wirkungsmöglichkeit der VVN engagiert, weil ich eine antifaschistische Organisation mit dieser Tradition und Menschen aus dem Widerstand und der Naziverfolgung für unbedingt notwendig betrachte. Antifaschismus ist für mich ein konstitutives Element unserer Republik, welches eine organisierte Unterstützung braucht.

***Frage:* Welche Änderungen in Politik und Organisationsstruktur waren damals Deiner Meinung nach notwendig?**

Alfred:
Eine grundlegende Umschreibung unserer politischen Aufgaben und Ziele war nicht erforderlich. Die Schwerpunkte waren und blieben: Gegen Neonazismus, Antisemitismus, Ausländerfeindlichkeit, gegen atomare Bewaffnung, gegen Berufsverbote – für mehr Demokratie, Wahrnehmung der Rechte der Verfolgten.

Conny:
Zunächst mußte die Organisationsstruktur von einer hauptamtlich angeleiteten zu einer von der Basis ehrenamtlich getragenen entwickelt werden. Die Kreisvereinigungen mußten stärkeres politisches Gewicht erhalten, die Organisation auf Bundesebene mußte von den Landesverbänden getragen werden. Ich glaube, es war uns – d.h. denen die geblieben sind – damals allen klar, daß wir nur gemeinsam eine Chance hatten, das hieß, unser künftiges Profil konnte nur im Konsens gefunden werden und mußte die vorhandenen unterschiedlichen Zugänge zum Antifaschismus respektieren, die Gemeinsamkeiten mußten ins Zentrum gestellt, Trennendes hintan gestellt werden. Wir mußten eine Diskussionskultur entwickeln, in der Kontroversen solidarisch ausgetragen und einvernehmliche Lösungen angestrebt werden. Wir mußten Erinnerungsarbeit und Eingreifen in die aktuelle politische Auseinandersetzung auf eine uns eigene Weise miteinander verbinden und wir mußten unsere Bündnisarbeit auf breitere Basis stellen. So konnten wir auch wieder für neue Mitglieder attraktiv werden – und das war notwendig.

Stefan:
Die VVN-BdA muß in die Lage versetzt werden, unterschiedliche Positionen nebeneinander stehen zu lassen, wenn es keinen Konsens gibt. Sie muß ein Sammelbecken für alle antifaschistischen Kräfte werden analog der unterschiedlichen Zugänge des antifaschistischen Widerstandes.

Günter:
Eine notwendige Änderung in der Politik war und ist die Öffnung zur Autonomen Antifa und zur linken Szene außerhalb von Gewerkschaften, SPD und DKP. Bezüglich der Organisationsstrukturen war die Einrichtung von Sprecherkreisen überfällig.

P.C.:
Notwendig waren und sind Strukturen, die den erforderlichen Pluralismus für alle antifaschistischen Positionen, strikte Überparteilichkeit und gleichzeitig einen politikfähigen Minimalkonsens sichern. Dazu gehört, daß die Grundpositionen jeder antifaschistischen Politik – Schutz der Menschenrechte, Frieden, Freiheit, Demokratie, Toleranz und Humanismus – von uns beachtet und befolgt werden. Das ist doch unsere Aufgabe: aktiv diese antifaschistischen Werte und Ziele zu vertreten. Sie stehen jeder faschistischen Entwicklung entgegen. Alle weitergehenden Ziele, etwa welche sonstige Politik oder Gesellschaft angestrebt wird, sind nicht Aufgabe der VVN und würden unseren Konsens sprengen.

Barbara:
Die Organisation ist durch die veränderten Führungsstrukturen mit SprecherInnenkreis, Landes- /Bundesausschuß transparenter geworden, und die Möglichkeit der Mitarbeit auf allen Ebenen ist besser gesichert. Die Politik der VVN ist politisch offener geworden. Durch die Krise ist die Wachsamkeit gegenüber Bevormundung, Einflußnahme von außen oder Machtmißbrauch hoch. Das Verhältnis zwischen den unterschiedlichen politischen Richtungen innerhalb der VVN-BdA ist ständig neu auszubalancieren, und dies findet heute – im Gegensatz zu früher – eher (aber nicht immer) offen statt.

Horst:
Politisch muß auch Stellung zu den Unrechtstaaten in Osteuropa bezogen werden, z.B. Stalinismus, Auslieferung von Kommunisten unter Stalin an die Nazis, Vertreibung von Antifaschisten aus der DDR usw.

***Frage:* Der Bundeskongreß 1990 hat beschlossen, nie wieder ein Abhängigkeitsverhältnis gegenüber einer Partei zuzulassen. Was ist Deine Meinung dazu?**

Conny:
Natürlich war der Beschluß zunächst „Vergangenheitsbewältigung" in Richtung DKP. Es schien aber damals auch keineswegs abwegig, daß die SPD versuchen könnte, Einfluß zu gewinnen. Auf jeden Fall war es die Versicherung, daß wir uns auf die eigenen Kraft verlassen müssen, wollen und können.

Barbara:
Jedes Abhängigkeitsverhältnis der VVN-BdA von einer Partei lehne ich ab. Pluralismus und Offenheit muß das oberste Prinzip sein. Ich weiß durch die Ehrlichkeit meiner damaligen direkten Kollegen, daß es nur mit einer DKP-Mitgliedschaft und der vorherigen Nachfrage beim Parteivorstand überhaupt möglich war, bei der VVN als Mitarbeiter eingestellt zu werden. Eine wesentliche Dienstleistung der damaligen DKP für die VVN-BdA bestand nach meiner Einschätzung im Finanz- und Ideologietransfer aus der DDR. Die Ge-

fahr einer potentiellen Abhängigkeit von der SPD habe ich damals nicht erlebt. Das Engagement u.a. von SPD-Leuten, aber auch von vielen anderen in der Übergangszeit habe ich als solidarisch und zumeist konstruktiv empfunden.

Alfred:
Von einer generellen Abhängigkeit der VVN von der DKP kann man nicht sprechen. Man muß aber von der Tatsache ausgehen, daß viele DKP-Funktionäre von der Spitze bis zur Basis als Antifaschisten verfolgt wurden und deshalb zugleich Mitglied der VVN-BdA waren.

Günter:
Eigentlich geht es doch um das Vertreten von politischen Positionen. Wenn sich da die Standpunkte der VVN mit denen einer Partei decken, ist das ersteinmal nicht verwerflich. Es setzt aber voraus, daß sich die VVN ihre Meinung demokratisch gebildet hat und sie sich dadurch nicht in eine materielle Abhängigkeit begibt, die es ihr unmöglich macht, ihre Position wieder zu ändern.

Jupp:
Eine Abhängigkeit, von welcher Partei auch immer, ist falsch und schädlich. Umgekehrt halte ich es für richtig, mit allen Parteien und Organisationen, ganz besonders mit Gewerkschaften, zusammenzuarbeiten, bei denen das im Sinne der Verteidigung und Verwirklichung (auch punktuell) der Werte des Antifaschismus möglich ist.

Noch eine abschließende Bemerkung?

Günter:
Damals hat die VVN viele gute Leute verloren.

Alfred:
Die VVN hat zwar durch den Umbruch Mitglieder verloren, hat sich aber inzwischen konsolidiert und ist handlungsfähig. Wir verdanken dies der aufrechten Haltung anerkannter Persönlichkeiten, wie z.B. Dr. Josef Rossaint, Lore Wolf, Gertrud Schröter, Norbert Müller, Max Oppenheimer, Oskar Neumann und anderen.

P.C.:
Als entscheidend für die weitere Existenz und vor allem für die Politkfähigkeit der VVN betrachte ich, daß sich politische Breite und Glaubwürdigkeit, Überparteilichkeit und Pluralismus in unserem Auftreten und Handeln, aber auch in der personellen Zusammensetzung unserer Gremien widerspiegelt. Hier sehe ich uns auf dem richtigen Weg.

Horst:
Wenn auch die VVN durch Mitgliederschwund geschwächt wurde, so hat sie sich doch recht gut erholt. Die Arbeit ist durchsichtiger geworden. Wir müssen allerdings zu den gegenwärtig aktuellen Problemen noch stärker Stellung beziehen. Noch einmal: Die VVN ist nötiger denn je.

Jupp:
Heute sehe ich, um nur ein Beispiel zu nennen, einen wichtigen Ansatzpunkt in der Verteidigung der sozialen Menschenrechte.

Wir haben Massenarbeitslosigkeit. Schon die Furcht vor der Arbeitslosigkeit, auch bei denen die noch Arbeit haben, bringt ein Verkümmern demokratischer Rechte und Freiheiten mit sich. Viele Menschen wagen garnicht mehr, sie zu nutzen, deutlich ihre Meinung zu sagen. Eben deshalb halte ich gemeinsame Anstrengungen für das Recht auf Arbeit, bezahlbare Wohnungen, für den Zugang zu Bildung und Kultur für wichtig gerade heute. Solch ein gemeinsames Handeln ist auch geeignet, den extremen Rechten, auch den Neonazis, etwas vom Nährboden zu nehmen.

Kurt:
Die VVN sollte für eine enge Zusammenarbeit mit den antifaschistischen Verbänden und den Lagergemeinschaften in Ostdeutschland wirken und die Zusammenarbeit mit den Verbänden in der FIR verstärken.

Auf die Fragen haben geantwortet:
Jupp Angenfort (NRW), Kurt Erlebach (HH), Alfred Hausser (BaWü), Stefan Hölzer (Nied), Conny Kerth (HH), Barbara Leissing (Hessen), Horst und Gesa Metzger (Sch-Hol), Günther Reschke (Bayern), Peter C. Walther (Hessen), Marianne Wilke (Sch-Hol.)

BUND DER ANTIFASCHISTEN VVN

RUNDBRIEF

des Bundesausschusses der VVN / Bund der Antifaschisten

Nr. 1 September 1990

Nach dem Bundeskongreß

Weiterarbeit in neuen Strukturen

Bescheidener Neubeginn mit dem vierseitigen „Rundbrief" an alle Mitglieder – Vorläufer der „antifa-rundschau"

Gefährlicher Aufschwung des Neonazismus

Der Verfassungsschutzbericht 1990 wartete mit der verblüffenden Erkenntnis auf, daß die Mitgliederzahl rechtsextremistischer Organisationen um 10 % zurückgegangen und selbst die Zahl militanter Neonazis um 100 gesunken sei. Außerdem wurden nur 12 Brandanschläge registriert, bei denen wegen „der Begleitumstände eine rechtsextremistische Motivation angenommen werden muß". Zum Glück sei jedoch die Zahl der Brand- und Sprengstoffanschläge, bei denen „eine rechtsextremistische Motivation (z.B. rassistische Fremdenfeindlichkeit) zumindest mit ursächlich gewesen sein kann", um 30% zurückgegangen.

Selten klafften „Erkenntnisse" des VS und Realität weiter auseinander als in dieser Einschätzung. Dabei war es sicher richtig, daß den neofaschistischen Parteien, wie den REPs, der DVU und der NPD, durch die von der Kohl-Regierung forcierte Vereinigung Argumente für die deutschlandpolitische Agitation etwas ausgegangen waren. Doch bereits die endgültige Anerkennung der Oder-Neiße-Linie als polnische Westgrenzen stellte ihr ursprüngliches Propagandapotential wieder her. So tauchten vor der Bundestagswahl im Dezember 1990 Nazi-Flugblätter mit der Parole: „Das ganze Deutschland soll es sein!" auf.

Die Tatsache, daß viele neonazistische Gruppen, besonders ihre Aktivisten, ihr Aktionsfeld nach Osten verlagert hatten, führte offensichtlich zum Streichen aus der VS-Zählkartei. Schon im März 1990 hatten REPs und NPD, letztere unter dem Namen „Mitteldeutsche Nationaldemokraten", begonnen, in der DDR Organisationsstrukturen aufzubauen.

Michael Kühnen baute sich über die „Deutsche Alternative", die in Berlin als „Nationale Alternative" agierte, einen legalen Arm für seine Tätigkeit auf. Durch Hausbesetzungen in Berlin in der Weitlingstraße schufen sich deren Anhänger Aktionszentren. Von dort aus provozierten sie besonders in Berlin zahlreiche Straßenschlachten gegen Nicht-Deutsche, politische Gegner und die Volkspolizei. Im Juli 1990 trafen sich dort Michael Kühnen und Gary Lauck. Dabei kündigten sie vollmundig eine „legale Neugründung" der NSDAP an.

Unter starker Beteiligung aus den Ländern der DDR marschierten im August anläßlich des Heß-Gedenkens 1.000 Neonazis durch Wunsiedel.

Ein Lichtblick der Entwicklung war nur, daß die REPs bei der Bundestagswahl – trotz starker Stimmengewinne – den Einzug ins Parlament verpaßten und auch in Berlin wieder die Plätze im Abgeordnetenhaus räumen mußten. Damit war ihre Bedeutung im neonazistischen Spektrum jedoch nicht geschmälert, wie spätere Wahlerfolge zeigen sollten.

Die damalige Berliner Neonazi-Zentrale in der Weitlingerstraße 122

Antifaschistische Geschichtsarbeit – wichtiger denn je

Während die politischen Rahmenbedingungen sich deutlich veränderten und die bundesweiten Strukturen der VVN-BdA durch den Umbruch gelähmt waren, konzentrierten sich viele Kreisvereinigungen darauf, was schon früher ihre inhaltliche Stärke war: die Geschichtsarbeit.

Mit antifaschistischen Stadtrundgängen und anderen Angeboten zur geschichtlichen Aufarbeitung versuchte die Organisation, wie z.B. in Fulda und im Kreis Offenbach, ohne Hilfe der Bundesebene der Verdrängung von Geschichte in der Vereinigungseuphorie entgegenzuarbeiten. Auch das größere Deutschland habe sich seiner Geschichte zu stellen.

In einer im Herbst 1990 von der Kasseler VVN-BdA herausgegebenen Biographie wurde betont, daß es gerade heute wichtig sei, über Frauen und Männer aus dem Widerstand zu berichten, „in einer Zeit, in der vor lauter „Wende" und Nationalismus die Traditionen der Arbeiterbewegung, des antifaschistischen Widerstandes und des demokratischen Neubeginns in Gefahr sind, verschüttet zu werden."

Auch die Kreisvereinigung Ludwigsburg konnte in dieser Zeit die Hefte 3 und 4 ihrer „Streiflichter aus Verfolgung und Widerstand 1933–45 im Kreis Ludwigsburg" vorlegen.

Und diese Arbeit fand öffentliche Anerkennung.

So wurde trotz Protesten aus der CDU der VVN-Kreisvorsitzende des Main-Kinzig-Kreises, Rudi Schneider, vom Landrat mit der Kreis-Medaille für besondere Verdienste um die Geschichtsforschung und die Heimatpflege ausgezeichnet.

Rudi Schneider sei, so der Landrat wörtlich, „in die Rolle des Gewissens des Main-Kinzig-Kreises gekommen."

1991

12. Januar Stoppt den Krieg am Golf – Kein Blut für Öl, Massendemonstrationen in der ganzen BRD

17. Januar Beginn des Golf-Krieges

20. Januar bei der Hessischen Landtagswahl lösen SPD/Grüne die Regierung Wallmann ab.

26. Januar 200.000 Menschen demonstrieren in Bonn gegen den Golfkrieg

8. April Der Beginn des visafreien Reiseverkehrs zwischen Polen und Deutschland wird durch randalierende Neonazis gestört

23. April BVG stellt fest, daß Sozialisierungsmaßnahmen in der SBZ (1945–1949) nicht rückgängig machbar sind.

2./3. Mai Internationale Konferenz in Leiden/Niederlande „Gegen Diskrimination"

Juni Krakauer Appell der Präsidenten der Internationalen Lagergemeinschaften zum Schutz der KZ-Gedenkstätten

20.–25. Juni XI.FIR-Kongreß in Moskau, gemeinsame Erinnerung an den 50. Jahrestag des Überfalls auf die Sowjetunion

August 2.000 Neonazis marschieren durch Bayreuth, nachdem der Heß-Gedenkmarsch in Wunsiedel verboten worden war.

17.–22. September Rassistische Ausschreitungen in Hoyerswerda

9. November Weit über 100.000 Menschen demonstrierten aus Anlaß des Jahrestages der Reichspogromnacht gegen Rassismus und Antisemitismus

28. November Stadt Frankfurt ehrt als erste Stadt der alten BRD Männer und Frauen für ihre Leistungen im Widerstand mit der „Johanna-Kirchner-Medaille"

25. Dezember Die Sowjetunion löst sich als Staat auf, Gorbatschow tritt zurück.

Eskalation des Neofaschismus

Lange vor den gewalttätigen Ausschreitungen von Hoyerswerda warnte die VVN-BdA in einem Schreiben im Mai 1991 an alle Bundestagsfraktionen vor einer zunehmenden rassistischen Gewalt. Darin forderte die Organisation ein unverzügliches Verbot der FAP und die Prüfung, ob eine „Verbotsverfahren vor dem Bundesverfassungsgericht gegen neonazistische Kleinparteien wie die ‚Nationale Liste', die ‚Deutsche Alternative', die ‚Nationalistische Front' und die ‚Nationale Alternative' möglich erscheint. Wir verweisen darauf, daß nach Art. 139 des Grundgesetzes die Existenz solcher Parteien ohnehin ausgeschlossen sein sollte."

Die SPD-Fraktion antwortete, sie sei „seit Jahren bemüht, ein Verbot rechtsextremistischer Organisationen zu erreichen und eine weitere Ausbreitung des Neofaschismus zu verhindern". Auch Bündnis 90/GRÜNE und die PDS unterstützen das Anliegen und erklärten ihr Interesse an einer Zusammenarbeit.

Wie dringend solche gemeinsamen Aktivitäten waren, zeigten anschaulich der Marsch von 2.000 Neonazis im August durch Bayreuth anläßlich des verbotenen Heß-Gedenkens in Wunsiedel und die rassistischen Gewalttaten in den neuen Ländern, wobei die Ausschreitungen in Hoyerswerda vom 17. bis 22. September nur die Spitze des Eisbergs darstellte. Allein in der Woche danach gab es über 20 weitere gewalttätige Übergriffe auf Asylunterkünfte.

Auch die Ergebnisse der Bürgerschaftswahlen in Bremen waren ein deutliches Warnsignal. Gelang es doch der DVU und den anderen neofaschistischen Gruppen, begünstigt durch rassistische Pressekampagnen, einen Wahlkampf der CDU, der im Themenbereich Asyl/Ausländer kaum unterscheidbar war von dem der DVU, und durch populistische Positionen der SPD, ihren Stimmenanteil auf 6,2% annähernd zu verdoppeln.

Auch die hessischen GRÜNEN warnten in dieser Situation vor einem Anheizen der Asyldebatte. Wer dies forciere, befände sich „in der Rolle politischer Brandstifter". Daher sah es die VVN-BdA als eine Aufgabe – neben dem demonstrativen Handeln für die von Ausländerfeindlichkeit bedrohten – in die anlaufende Debatte um das Asylrecht einzugreifen.

Skandal um Ravensbrück / Seite 4

antifa-rundschau

Herausgegeben vom Bundesausschuß der VVN / Bund der Antifaschisten

Nr. 5 August/September 1991

Neonazi konnte Gericht als freier Mann verlassen

Skinheads griffen Ausländerheim an

Jüdische Gräber geschändet

Rechtsextreme Parteien blasen zum Sammeln

Die Gewaltspirale dreht sich

Rechtsradikaler Trend unter Jugendlichen / Aggression gegen Ausländer

Brandanschlag auf Heim für Asylbewerber

Rechtsradikale erhalten Hilfe aus dem Westen

Skinheads prügelten Teilnehmer eines Frühlingsfestes in Mahlsdorf zusammen

Wo deutsche Rechtsausleger „Superpriorität" wittern

Schönhubers „Republikaner" wollen sich in den neuen Bundesländern etablieren

Bombendrohung und skandalöse Schmierereien

Wieder Neonazi-Überfall

Rechtsextremismus wuchert

Neonazis überfielen Polen

Eine Stadt in Angst und Scham

Skinhead-Terror forderte in Dresden erstes Todesopfer

Dresden erlebte am Wochenende das bisher größte Treffen von Neonazis in Ostdeutschland

Neonazis randalierten

Polizei duldete Treffen von Hunderten Neonazis in München

Redner leugneten vor den Augen der Beamten Mord an Juden in Auschwitz / Festnahmen wegen Hitler-Gruß

Neonazis machen Sachsen Sorge

Eskalation des Neofaschismus

Bundesausschuß der VVN-BdA fordert in Schreiben an die Bundestagsfraktionen Gegenmaßnahmen / Antwort der SPD

Titelseite der „antifa-rundschau" 5/1991

Der langjährige Präsident der VVN-BdA, Josef Rossaint, ist tot

Wer über „große Persönlichkeiten" der VVN sprechen will, kommt an Dr. Josef Cornelius Rossaint nicht vorbei. 1902 in Eupen geboren, wurde der überzeugte Katholik nach seinem Studium in der Weimarer Zeit Kaplan in Oberhausen und Düsseldorf.

Als Mitglied des „Friedensbundes deutscher Katholiken" und führendes Mitglied der „katholischen Sturmscharen", wohin es ihn aus der bündischen Jugend kommend geführt hat, widersetzte er sich schon vor 1933 dem Machtanspruch der Nazis. Dabei kämpfte er gemeinsam mit Sozialdemokraten und Kommunisten, was ihm am 27. April 1937 im Prozeß vor dem Volksgerichtshof in Berlin, im „Katholiken-Prozeß", den Vorwurf „versuchte Bildung einer Einheitsfront zwischen Katholiken und Kommunisten" und 11 Jahre Haft einbrachte. Josef („Jupp") Rossaint erlebte so die Befreiung vom Faschismus als seine ganz individuelle Befreiung.

Am antifaschistisch-demokratischen Neubeginn beteiligte sich Jupp Rossaint als Publizist und Verleger, bis er erneut durch politische Willkür daran gehindert wurde – diesmal von der Adenauer-Administration. Als Widerstandskämpfer und Verfolgter gehörte Jupp Rossaint zu den Mitbegründern der VVN. Anders als manche katholischen Mitstreiter blieb er trotz aller Anfeindungen der Organisation verbunden, seit den 50er Jahren als einer ihrer führenden Repräsentanten. In der Zeit des Verbotsprozesses wurde er einer der Präsidenten der Organisation und vertrat die VVN im Generalrat der FIR. Ein Spitzelbericht des Verfassungsschutzes belegt, wie engagiert er für die VVN und die FIR tätig war.

In seine Präsidentschaft fällt auch die Öffnung der VVN zum Bund der Antifaschisten, eine Entwicklung, die Jupp Rossaint sehr begrüßt hatte. Immer wieder bemühte er sich, seine historischen und politischen Erfahrungen an die jungen Generationen weiterzugeben. Auch wenn seine katholisch und bündisch geprägten Vorstellungen nicht von allen geteilt wurden, so genoß er als Antifaschist ein sehr hohes Ansehen außerhalb und innerhalb der Organisation.

Und es war mehr als nur eine Ehrung für Jupp Rossaint, daß er auf dem Düsseldorfer Bundeskongreß 1990 einstimmig zum Ehrenpräsidenten der VVN-BdA ernannt wurde. Dies war der einzige einstimmige Beschluß auf diesem Kongreß. Er zeigte aber auch, daß es eine Basis antifaschistischer Gemeinsamkeiten gab, auf der eine Weiterarbeit der Organisation möglich wäre. Das Ergebnis dieser Gemeinsamkeit erlebte Dr. Josef Cornelius Rossaint nicht mehr. Er starb am 16. April 1991 im Alter von 88 Jahren.

Der Krakauer Appell

Die internationalen Komitees der faschistischen Konzentrationslager:
Auschwitz-Birkenau: Maurice Goldstein, Buchenwald-Dora; Pierre Durand, Dachau: Arthur Haulot, Mauthausen: Jos Hammelmann, Natzweiler-Struthof: Germain Lutz, Neuengamme: Robert Pincon, Sachsenhausen: Charles Désirat, Ravensbrück: Rose Guérin
– wir, die Vertreter der zallosen Opfer und der immer geringer werdenden Zahl der Überlebenden der faschistischen Konzentrations- und Vernichtungslager, haben uns auf dem gequälten Boden Polens unweit der Nekropole Auschwitz-Birkenau versammelt.

Wir wenden uns an die Konferenz über Sicherheit und Zusammenarbeit in Europa – K.S.Z.E. – um die Stätten der faschistischen Konzentrationslager als Teil des kulturellen Erbes Europas zu bewahren und zu erhalten.

Wir vertreten die dem Hitlerterror ausgelieferten Völker Europas, einschließlich des deutschen Volkes. Wir sind die Repräsentanten eines historischen Erbes, bestehend aus Mut, Leiden und Tod; uns hinterlassen von Millionen Männern, Frauen und Kindern, die im Kampf gegen die Unterdrückung oder aufgrund ihrer Herkunft bzw. ihres Glaubens ermordet wurden.

Wir sind uns des unermeßlichen historischen, staatsbürgerlichen und moralischen Wertes bewußt, den die Spuren unserer Vergangenheit, der Schrecken und die Greueltaten des Faschismus, aber auch die Ideale derer, die unter schwierigsten Bedingungen für die Menschenrechte und die Freiheit kämpften, verkörpern.

Wir rufen die K.S.Z.E. auf, allen zuständigen Organen zu empfehlen, die Stätten der Verschleppung durch die Nationalsozialisten, die integraler Bestandteil des nationalsozialistischen Unterdrückungsapparates waren und mit seinen Eroberungen über ganz Europa ausgedehnt wurden, als Teil des kulturellen Erbes Europas anzuerkennen und alle geeigneten Maßnahmen zu ihrer Erhaltung und zur Wahrung ihres Bedeutungsinhaltes in der Zukunft zu ergreifen.

Es darf kein Versuch direkter oder indirekter Art zur Vertuschung der Verantwortung des Hitlerfaschismus oder gar zu seiner Rehabilitierung unter welcher Form auch immer geduldet werden.

Wir richten einen dringenden Appell an die öffentliche Meinung in Europa:
Die Nekropolen, als die sich so viele Orte der Internierung, der Deportation, der Folter und des Völkermordes darstellen, sind heilige Zeugnisse des Kampfes der Menschheit gegen die Barbarei, für den Frieden und für die Menschenrechte.

Sie müssen erhalten, geschützt und betreut werden und sie bedürfen der Erläuterung, damit sich die Jugend unserer Länder in einem Europa der Freiheit und des Friedens entfalten kann.

Krakau, im Juni 1991

„Die stärksten antifaschistischen Aktionen seit Jahren“

Demonstration in Hamburg zur Pogromnacht

Unter der Überschrift „Die stärksten antifaschistischen Aktionen seit Jahren“ konnte die „antifa-rundschau“ Nr. 7 den Erfolg der Aktionen zum 9. November 1991 zusammenfassen.

Es war für alle Beteiligten beeindruckend, daß – unter unterschiedlichen Bündnissen – in Saarbrücken 20.000 Menschen, in Berlin 15.000, in München fast 10.000, über 6.000 in Hamburg, in Göttingen, Aachen, Köln und Kiel ebenfalls mehrere tausend Demonstranten den Jahrestag der Reichspogromnacht als antifaschistischen und antirassistischen Gedenktag begingen.

Dabei schufen natürlich die Auseinandersetzungen um das Asylrecht, den Rassismus und die gewalttätigen Übergriffe gegen Nicht-Deutsche einen großen Handlungsbedarf. Der Anlaß war Grund genug, politische Streitigkeiten um der Sache willen hintan zu stellen, so daß sich Bündnisse über alte Grenzen hinweg entwickelten.

Auf der Kundgebung in Marburg betonte Prof. Reinhard Kühnl: „Der Kampf gegen Rassismus und Ausländerfeindlichkeit, das ist der Punkt, der uns alle einigen kann.“

Neben Aktionen auf den Straßen war der 9. November vielerorts auch Anlaß zum gemeinsamen Nachdenken über antifaschistische und antirassistische Handlungsmöglichkeiten. In Stadtkonferenzen, wie in Kassel, Ratschlägen und Runden Tischen gegen Rassismus wurden Perspektiven und gemeinsame Strategien diskutiert.

Für die VVN-BdA war dieser 9. November 1991 ein wichtiger Markstein in der Entwicklung der Organisation.

Zum ersten Mal seit der innerverbandlichen Krise war sie wieder mit einem dezidiert antifaschistischen Thema in der Öffentlichkeit. Ihre Kompetenz und Bündnisfähigkeit war an diesem Punkt unbestritten. Oftmals war sie sogar Impulsgeber für antifaschistische Zusammenarbeit.

Die Aktionen bewirkten darüber hinaus, daß zahlreiche Mitglieder, die sich in der Umbruchphase zurückgezogen hatten, erneut aktiv und Kreisvereinigungen wieder sichtbar wurden.

Nicht Abwicklung des Antifaschismus, sondern Ehrung des Widerstandes

Während in den neuen Bundesländern durch die Veränderung von Straßennamen, die Löschung von Titeln für Schulen und anderen öffentlichen Einrichtungen, die „Säuberung" von Bibliotheken und Traditionskabinetten eine Abwicklung des Antifaschismus versucht wurde, konnte man am 28. November 1991 im Frankfurter Römer das genaue Gegenteil solcher Geschichtsbereinigung erleben.

51 Frauen und Männer des Widerstandes, unter ihnen zahlreiche Mitglieder der VVN-Bund der Antifaschisten, u.a. Emil Carlebach, Etty und Peter Gingold, Gertrud und Paul Grünewald, Alfred Marchand, Lotte und Emil Schmidt, Willy Schmidt, Albert Simmedinger und Lore Wolf, wurden durch Oberbürgermeister Andreas von Schoeler (SPD) mit der „Johanna-Kirchner-Medaille" für die Leistungen und Verdienste im antifaschistischen Widerstand ausgezeichnet. Frankfurt/Main ist damit die erste Stadt, die eine solche Auszeichnung schuf.

In ihren Festreden nahmen Andreas von Schoeler und Prof. Peter Steinbach auch Stellung gegen Versuche der Geschichtsrevision.

Steinbach hob in seiner Laudatio die Breite und Vielfalt des antifaschistischen Widerstandes in Deutschland hervor und betonte:

„Kommunisten, wie John Schehr, Ernst Thälmann, Erich Honecker und Walter Ulbricht können wir nicht aus der Widerstandsgeschichte eliminieren, nur weil sie uns politisch nicht passen oder sie nach 1945 in andere Hinsicht schuldig wurden."

Von Schoeler unterstrich die politische Aktualität der Erinnerung an die Frauen und Männer des Widerstandes, indem er auf die Zunahme nationalistischer, rassistischer und antisemitischer Auschreitungen verwies.

„In dieser Zeit an die Frauen und Männer des Widerstandes zu erinnern, ist verpflichtend:

Mitleiden mit den Opfern, Hilfsbereitschaft, Festhalten an den Werten der Zivilisation und des Humanismus, Zivilcourage – das ist heute von uns gefordert."

Etty und Peter Gingold werden mit der „Johanna-Kirchner-Medaille" geehrt

Der Golfkrieg und Massenaktionen der Friedensbewegung

Daß das Ende des Ost-West-Konfliktes durch den Zusammenbruch der sozialistischen Staaten nicht zu einer Phase des Friedens in der Welt führen würde, wurde Ende 1990/Anfang 1991 durch die Eskalation der Auseinandersetzung am Golf deutlich.

Innerhalb der VVN-BdA gab es durchaus unterschiedliche Positionen, welche Bedeutung die Aggression des Iraks gegen Kuweit habe und ob ein Einsatz amerikanischer Truppen, wenn sie denn im UN-Mantel kämen, akzeptabel wäre oder nicht.

Einen wichtigen Beitrag zur inhaltlichen Klärung leistete die Göttinger Konferenz der Friedensbewegung Anfang Dezember 1990, an der auch Mitglieder der VVN teilnahmen.

Die Konferenz einigte sich auf einen Aufruf: „Stoppt den Krieg am Golf! Kein Blut für Öl!", der einen Katalog von Vorschlägen für Aktivitäten gegen den drohenden Krieg enthielt und auf eine Verhandlungslösung orientierte.

Am 12. Januar, drei Tage vor Ablauf des Ultimatums gegen den Irak, sollte in mehreren bundesdeutschen Städten „um fünf vor zwölf" demonstriert werden. Was niemand in dieser Größenordnung erwartet hatte, trat ein. Viele Tausend, vor allem junge Leute, waren in diesen Tagen gegen den Krieg auf den Straßen. Allein in Kassel demonstrierten annähernd 20.000.

Die VVN-BdA beteiligte sich sichtbar an diesen Aktionen und unterstützte Mahnwachen und Behinderungsaktionen von militärischen Transportwegen. Unter den 200.000 Friedensdemonstranten am 26. Januar 1991 in Bonn waren ebenfalls viele Antifaschisten und Fahnen der VVN-BdA zu sehen.

Besondere Brisanz bekam die Auseinandersetzung im Golfkrieg durch die Drohung des Irak, Israel durch mit deutscher Hilfe in Irak entwickelten C-Waffen anzugreifen. Damit waren jüdische Menschen erneut durch deutsches Giftgas bedroht. Die Frage Krieg und Frieden blieb also ein zentraler Punkt antifaschistischer Arbeit. Die Losung: „Von deutschem Boden darf nie wieder Krieg ausgehen" erhielt damit ungeahnte Aktualität.

1992

7. Februar „Vertrag von Maastricht" wird von den Außen- und Finanzministern der EG-Staaten unterzeichnet

Februar Fraktion der GRÜNEN bringt in den hessischen Landtag eine Anfrage „betreffend Verfolgung und Vernichtung durch das NS-Regime in Hessen" ein

11. April 3.000 Teilnehmer bei der Gedenkveranstaltung des Internationalen Buchenwaldkomitees

9. Mai 10.000 Antifaschisten demonstrieren in Berlin zum Jahrestag der Befreiung

18. Mai Urteil gegen Gerd Bögelein („Mord" an einem Naziblutrichter)

23./24. Mai Bundeskongreß der VVN-BdA in Frankfurt

August 2.000 Neonazis marschieren zum Heß-Gedenken in Rudolstadt/Thüringen auf

23.–25. August Pogrome gegen ausländische Bürger in Rostock-Lichtenhagen

26. September Brandstiftung in der Gedenkstätte Sachsenhausen

6.–8. November Gedenkstättenkongreß in Braunschweig

7. November Massenaktionen gegen Rassismus und Veränderung des Artikel 16 GG

8. November Offizielle Demonstration für Artikel 1,2 GG in Berlin mit 350.000 Teilnehmern

9. November 15–20.000 Menschen demonstrieren in Köln: „Grundrechte verteidigen – Flüchtlinge schützen – Rassismus bekämpfen", 100.000 Menschen beteiligen sich am Rock gegen Rechts-Konzert

14. November 100.000 Menschen demonstrieren in Bonn gegen jede Änderung des Grundrechts auf Asyl

23. November Rassistischer Brandanschlag in Mölln, 3 Tote

6. Dezember In München demonstrierten 400.000 Menschen mit einer Lichterkette gegen Rassismus, Antisemitismus und Naziterror

In Frankfurt „Rock gegen Rechts"-Konzert mit 200.000 Teilnehmern „Heute Die! Morgen Du!"

Dezember Bundesregierung verbietet mehrere Naziorganisationen („Nationalistische Front", „Deutsche Alternative", „Nationale Opposition")

Bundeskongreß in Frankfurt

„Am eigenen Schopf aus dem Sumpf?"

Wer noch den Bundeskongreß vom Juni 1990 in Düsseldorf in Erinnerung hatte, erwartete mit Spannung, wie die VVN-BdA nach zwei Jahren neuer Struktur und neuer Offenheit aussehen würde. Esther Bejarano hatte in ihrem Referat zum Rechenschaftsbericht noch einmal die Ausgangssituation benannt: „Wir standen vor der Notwendigkeit eines personellen und strukturellen Neubeginns und vor der Aufgabe, uns mit bisherigen Positionen der VVN-Bund der Antifaschisten kritisch auseinanderzusetzen. Uns verband der Wille, unsere Organisation auf Bundesebene aufrecht zu erhalten und wieder politikfähig zu machen – wir bewegten uns dabei zwischen Angst und Hoffnung."

Auf dem Bundeskongreß hatten der Bundesausschuß und der Sprecherkreis tatsächlich etwas vorzuweisen. Es war gelungen, die Zerfallstendenzen nicht nur aufzuhalten, sondern sogar umzukehren. Die neuen Leitungen auf Bundesebene diskutierten wieder stärker die politischen Aufgaben und nicht ihren eigenen Zustand. Und mit der regelmäßigen Herausgabe der „antifa-rundschau" hatte die Organisation wieder ein Mitteilungsblatt, das alle Mitglieder erreichte und in Ansätzen zur Orientierung und Mobilisierung beitragen konnte.

Realistisch wurden auf dem Kongreß, der unter dem Motto „Antifaschismus kennt keine Grenzen" stand und damit ein Zeichen in der Asylrechtsdebatte setzen sollte, die beiden Hauptprobleme benannt. Das eine war – wie konnte es nach dem Wegfall der externen Finanzen anders sein – die finanzielle Lage der VVN. Es bedurfte großer Anstrengungen und einer hohen Spendenbereitschaft einzelner Mitglieder, um die „antifa-rundschau" und weitere politische Projekte zu verwirklichen.

Das zweite Problem ergab sich aus der neuen politischen Vielfalt in der Organisation. Es ging um die Frage der Einschätzung von Nation, nationaler Politik und – daraus abgeleitet – um das Konzept antifaschistischer Bündnispolitik. Es ging jedoch nicht mehr um Ausgrenzung, sondern um die Bandbreite der Bündnisse. „Wir müssen uns entscheiden, ob wir uns selbst als ein Bündnis verstehen mit einem breiten antifaschistischen und vielfach neu zu bestimmenden Konsens oder als Organisation begreifen, die festgefügt und geschlossen um ein linkes und antikapitalistisches Programm ihren Weg geht", spitzte es Ulrich Sander in einem Zeitungsbericht zu.

Die Wahl des neuen Sprecherkreises sprach eher für ein breites Bündniskonzept. Da das Orientierungs- und Aktionsprogramm ebenfalls erst auf dem nächsten Bundeskongreß verabschiedet werden sollte, wurde auch damit keine Richtungsentscheidung vorgegeben. Und so war der Einschätzung in den „Antifa-Nachrichten" durchaus zuzustimmen, daß der Bundeskongreß „die Handlungsfähigkeit unseres Verbandes auf Bundesebene verbessert" hat.

23./24. Mai: Bundeskongreß im „Haus der Jugend"

Aktionsherbst 1992
Zwischen Lichtenhagen und Lichterketten

Seit dem 23. August 1992 stand in der öffentlichen Diskussion in der BRD wieder das Thema Rassismus und Ausländerfeindlichkeit an erster Stelle. Wer geglaubt hatte, die Erinnerung an Hoyerswerda sei nun verblaßt, der erlebte mit den Pogromen von Rostock-Lichtenhagen die bedrohliche Aktualität des Ausländerhasses. Unter dem Beifall johlender Bürger und mehr als halbherzigem Eingreifen der Polizei wurden von jugendlichen Neonazis Nicht-Deutsche gejagt, ihre Wohnungen in Brand gesteckt.

Daß die antifaschistische Gegendemonstration wenige Tage später von einem riesigen Aufgebot von Polizei und Bundesgrenzschutz begleitet wurde, signalisierte den politischen Zustand der neuen Republik.

Die gesellschaftliche Stimmung schlug jedoch um, als sich im Gefolge von Rostock flächendeckend rassistische Übergriffe ereigneten, bis zum Brandanschlag von Mölln (Schleswig-Holstein), bei dem die ersten Toten rassistischer Gewalt offiziell zugegeben werden mußten. Antirassistische und demokratische Organisationen nahmen die Erinnerung an die Reichspogromnacht zum Anlaß, um gegen diese Ausschreitungen zu protestieren und gegen eine geplante Änderung des Grundrechts auf Asyl zu demonstrieren. Am 7. November kamen 40.000 in Stuttgart zusammen, am 9.November beteiligten sich 100.000 bei einem Rock-gegen-Rechts Konzert in Köln, am 14. November kamen 100.000 zu einer Kundgebung für die Verteidigung des Asylrechts nach Bonn. Die VVN-BdA war bei all diesen Aktionen beteiligt, teilweise auch mit Rednern, wie Kurt Bachmann in Köln, auf den Kundgebungen vertreten.

Selbst die Bundesregierung, alle Bundestagsparteien und gesellschaftliche Institutionen riefen am 8. November zu einer Kundgebung nach Berlin auf, zur Bekräftigung des Artikels 1,2 Grundgesetz. Anders als die Initiatoren erwarteten, demonstrierten viele der 350.000 auch für die Verteidigung des Asylrechts und gegen die „geistigen Brandstifter" in den Reihen der Regierungsparteien.

Ein Signal für den antirassistischen Konsens in weiten Teilen der Gesellschaft wurden die „Lichterketten". Die erste große Aktion dieser Art fand am 6. Dezember 1992 in München statt. Nicht Organisationen sondern prominente Personen initiierten unter der Losung „Eine Stadt sagt nein – gegen Ausländerhaß und Rechtsextremismus" eine symbolische Aktion, die 400.000 Menschen zur „Lichterkette" auf die Straße brachte.

Diese Aktionsform fand in vielen Städten der Bundesrepublik Nachahmung, fast immer mit einer Beteiligung, die vieles bisher Erlebte in den Schatten stellte. Daß diese Aktionen teils auch von Kräften unterstützt wurden, die man eher zu den Stichwortgebern der rassistischen Stammtischparolen rechnen würde, wie BILD oder Hamburger Morgenpost, machte nicht die Aktion schlechter, sondern verdeutlicht einmal mehr die damalige gesellschaftliche Stimmung.

Zur inhaltlichen Auseinandersetzung mit Fremdenfeindlichkeit und den Propagandabegriffen, wie „Scheinasylanten" usw., legte die VVN-BdA Baden-Württemberg ein Massenmaterial „Kein schöner Land ..." zu 9 Vorurteilen über Fremde auf, das zehntausendfache Verbreitung fand.

Auf der Stuttgarter Großkundgebung am 7. November

Das Ringen um antifaschistisches Gedenken

Daß historische Erinnerungarbeit nicht das alleinige Anliegen der VVN-BdA war, bewiesen im Februar 1992 einmal mehr die GRÜNEN im hessischen Landtag. Sie legten eine umfangreiche Anfrage „betreffend Verfolgung und Vernichtung durch das NS-Regime in Hessen" vor. Damit sollten der Stand der Aufarbeitung dokumentiert und gleichzeitig mögliche Defizite in der Wiedergutmachung und Gedenkstättenarbeit offengelegt werden. Die Anfrage war so umfangreich, daß sie in der laufenden Legislaturperiode nicht mehr beantwortet werden konnte, damit erneut eingebracht werden mußte und erst 1995 öffentlich behandelt wurde.

So lange sollte es bei der Umgestaltung der Gedenkstätten Buchenwald und Sachsenhausen nicht dauern, wenn es nach dem Willen der Abwickler aus Bonn gegangen wäre. Die Beseitigung der internationalen Ausstellung in Sachsenhausen, massive Versuche, das Thema der alliierten Internierungslager auf dem Gelände der ehemaligen KZs in den Mittelpunkt einer totalitaristischen Ausrichtung der Gedenkstätten zu rücken, und beginnende Demontage des Ansehens ehemaliger Häftlinge waren kennzeichnend für eine Seite des Umgangs mit diesen Mahn- und Gedenkstätten. Auf der anderen Seite gelang es den ehemaligen Häftlingen und antifaschistischen Verbänden aus Ost und West, diese Stätten zu Orten des politischen Gedenkens zu machen. 3.000 Teilnehmer bei der Kundgebung des Internationalen Buchenwaldkomitees am 11. April zum Jahrestag der Selbstbefreiung waren ein sichtbares Zeichen.

Im Herbst 1992 beging der Studienkreis „Deutscher Widerstand" sein 25jähriges Bestehen. Es war ein großer Erfolg, daß diese historisch unverzichtbare Einrichtung den politischen Umbruch und den Wegfall der materiellen Unterstützung der VVN-BdA überstanden hat. Dazu haben neben zahlreichen Einzelspendern auch die Unterstützung durch die Stadt Frankfurt beigetragen. Ein Beleg für die Lebendigkeit des Studienkreises war das Erscheinen des sechsten Bandes der „Heimatgeschichtlichen Wegweiser" für Bremen.

„Heimatgeschichtlicher Wegweiser" Bremen des Studienkreises

Gedenkstättenkongreß in Braunschweig

Geschichts- und Gedenkstättenarbeit war von Anfang an ein wichtiges Aufgabenfeld der VVN und blieb es auch nach der Öffnung zur VVN-BdA.

Eine besondere Brisanz erhielt das Thema seit 1990 durch die Auseinandersetzungen über die Gedenkstätten in der ehemaligen DDR, wo u.a. Diskussionen über die kommerzielle Nutzung der Gelände (KZ Ravensbrück, KZ Dora) die Existenz der Gedenkstätten in Frage stellte und wo die Frage der inhaltlichen Ausgestaltung der Gedenkstätten (KZ Sachsenhausen und KZ Buchenwald) Kontroversen auslöste.

Auch in den alten Bundesländern befand sich die Gedenkstättenarbeit im Umbruch, war es doch, wie z.B. in Niedersachsen mit der neugewählten SPD/Grünen-Regierung zu einem verstärkten auch finanziellen Engagement der Landesregierung in diesem Bereich gekommen, während es gleichzeitig zu inhaltlichen Auseinandersetzungen und zu einem Rückgang der Besucherzahlen in einigen Gedenkstätten kam.

So beschloß unsere Organisation 1991 gemeinsam mit einem Trägerkreis, in dem neben der VVN-BdA die FIR, IVVdN, VVN-VdA (Berlin) und Bund der Antifaschisten viele Lagergemeinschaften vertreten waren, für den 6. bis 8. November 1992 zu einem Kongreß „Zukunft der Gedenkstätten zur Erinnerung an Verfolgung und Widerstand unter dem Nationalsozialismus" nach Braunschweig einzuladen. Gefördert durch das Niedersächsische Ministerium für Bundes- und Europaangelegenheiten, das in Niedersachsen für die Gedenkstättenarbeit verantwortlich war, trafen sich an diesem Wochenende in Braunschweig über 200 Vertreterinnen und Vertreter von Gedenkstätten, Gedenkstätteninitiativen, Geschichtswerkstätten, ehemalige Häftlinge u.v.a., um gemeinsam sowohl im Plenum als auch in Arbeitsgruppen zum Thema zu arbeiten.

Der Kongreß begann am Freitagabend mit einer sehr gut besuchten öffentlichen Kulturveranstaltung „Dem Vergessen entgegenwirken – Lieder aus Ghetto und Widerstand" von Esther und Edna Bejarano und der Gruppe Coincidence.

Am Sonntagvormittag wurde gemeinsam die KZ-Gedenkstätte Salzgitter-Drütte, die sich auf dem Gelände der damaligen Hermann-Göring-Werke, heute Preussag AG, auf dem immer noch Stahl produziert wird, befindet, besucht und Kränze im Gedenken an die Opfer niedergelegt.

Zu unqualifizierten und verletzenden Angriffen kam es während der Podiumsdiskussion am Samstagabend über die Situation der Gedenkstätten in der ehemaligen DDR, wo Teilnehmende gegen anwesende VertreterInnen der Gedenkstätte Buchenwald pauschale Vorwürfe erhoben, wovon sich der Bundesausschuß ausdrücklich distanzierte.

Zusammenfassend sind drei wichtige Aspekte zu nennen, die die Diskussion des Kongresses bestimmten, wie sie Ulrich Schneider formulierte:

1. Gedenkstättenarbeit ist auch zukünftig von großer Aktualität;
2. In der weiteren Arbeit müssen – in Ost und West – dringend vorhandene Defizite, die „vergessenen/verdrängten Opfergruppen" in den Blick genommen werden.
3. Eine Gleichsetzung oder Vermischung der KZ-Gedenkstätten mit den Opfern der alliierten Internierungslager ist weder wissenschaftlich noch aus der Sicht der Opferverbände akzeptabel.

Sie flossen in die sechs Punkte umfassende Erklärung der Teilnehmerinnen und Teilnehmer des Kongresses ein, die am Sonntagnachmittag verabschiedet wurde.

Festzuhalten bleibt, daß die VVN mit diesem Kongreß nach einer Phase, in der viele schon die Organisation am Ende sahen, positiv in die Öffentlichkeit getreten war.

Für viele Teilnehmende war neben der inhaltlichen Diskussionen im Plenum und in den Arbeitsgruppen die Möglichkeit des Dialoges untereinander wichtig, der Austausch, die Kontakte, die Gespräche gerade auch am Rande der Veranstaltungen.

SH

Prof. Reinhard Kühnl auf der Marburger Demo am 9. November:

Zugleich werden die Bedrohungsängste erzeugt, daß eine „Flut von Asylanten" uns Deutsche erstickt. Ist es dann da verwunderlich, wenn ein solches Klima erzeugt wird, wenn frustrierte Jugendliche und rechtsextreme Banden Asylantenheime anzünden?

Uns Deutschen, uns Deutschen nehmen die Asylanten die Wohnungen weg – mir und Dir und dem Kohl und dem Krupp und der Deutschen Bank nehmen diese Asylanten die Wohnungen weg. Es ist ganz offenkundig, daß hier die Volksgemeinschaft wieder in Marsch gesetzt werden soll. Und da muß man sich nicht wundern, daß Jugendliche und rechtsextreme Banden Asylantenheime anzünden.

Wir leben aber nicht mehr im Jahre 1938. Wir haben die Möglichkeit, gegen diese Politik öffentlich Front zu machen.

Und wir sind dabei diesmal gar nicht so schwach und gar nicht so allein. Wir haben in den letzten zwei Jahrzehnten in dieser Bundesrepublik politische Kräfte entwickelt, die auch wirklich bereit sind, gegen diese Politik Front zu machen. Wir haben im Antifaschismus, wir haben in der Friedensbewegung, wir haben in der ökologischen Bewegung so etwas wie eine Sensibilität dafür entwickelt, was das eigentlich heißt, Menschenrechte und internationale Solidarität. Wir haben auch Kräfte in den Kirchen, die sehr im Gegensatz zum damaligen Verhalten der Kirchen in dieser Frage sehr mutig und sehr konsequent ihre Position vertreten (...)

Wir haben, auch im Gegensatz zu damals, relevante Kräfte in der Wissenschaft (...)

Wir haben auch starke Kräfte in den Gewerkschaften, die oft genug gegen den Widerstand ihrer eigenen Basis und ihrer eigenen Mitglieder (denn dort herrscht natürlich Angst um die Arbeitsplätze, und die Leute lesen in der Bild-Zeitung, daß die Ausländer schuld daran sind) für die Solidarität mit den ausländischen Kollegen kämpfen. Und wir haben eine junge Generation, der in ihrer großen Mehrheit der ganze Humbug vom Deutschtum und von deutscher Seele und vom deutschen Blut zum Hals heraus hängt, und der ganze Militarismus dazu.

Wenn es uns gelingt, dieser Kräfte zu bündeln – und ich denke, der Kampf gegen Rassismus und Ausländerfeindlichkeit, das ist der Punkt, der uns alle einigen kann –, dann haben wir durchaus Chancen, diese Angriffe auf Menschenrechte und Menschenwürde in unserem Lande abzuwehren.

Marburger Demo gegen Rassismus und Ausländerfeindlichkeit am 9. November

RECHTSEXTREMISTEN

„Verbot war überfällig"

Die Bundesregierung ist bisher zu lax im Umgang mit Rechtsextremisten gewesen. Diese Ansicht vertrat die Vereinigung der Verfolgten des Naziregimes (VVN) am Sonntag in Göttingen.

GÖTTINGEN ■ Mit deutlichen Zweifeln am Willen der Bundesregierung, konsequent gegen Rechtsextremismus und Neofaschischmus vorzugehen, hat am Sonntag der Bundesausschuß (= Bundesvorstand) der Vereinigung der Verfolgten des Naziregimes und des Bundes der Antifaschisten (VVN/BdA) auf seiner Sitzung in Göttingen auf das Verbot der „Nationalistischen Front" (NF) durch Innenminister Rudolf Seiters (CDU) reagiert.

Die frühzeitige öffentliche Ankündigung des Verbots sei einer Warnung an die NF gleichggekommen, belastendes Material und gefährdete Personen in Sicherheit zu bringen.

Da die bestehenden Ausweichorganisationen nicht gleichermaßen in das Verbot einbezogen wurden, seien die NF-Neofaschisten in ihrer Handlungsmöglichkeit kaum eingeschränkt worden. Nach Einschätzung der VVN/BdA spricht alles dafür, daß der Bundesregierung bei diesem Verbot die PR-Wirkung maßgeblich war und nicht die Wirkung auf die Neofschisten.

Der Bundesausschuß gab in Göttingen folgende Erklärung ab: „Das Verbot der ‚Nationalistischen Front' ist ein erster, wenn auch längst überfälliger Schritt in die richtige Richtung. In der Verbotsbegründung wird auf Fakten verwiesen, die schon seit Jahren bekannt sind und auf deren Basis die VVN/BdA schon seit Jahren das Verbot dieser Organisation forderte.

Sowenig Verbote allein das Problem des Rechtextremismus lösen, so wichtig ist es doch, derartigen Gruppen die Möglichkeit zu nehmen, sich öffentlich zu präsentieren und für ihr Treiben zu werben. Jetzt kommt es jedoch darauf an, Verbot und Auflösung konsequent durchzusetzen und auch die bereits bestehenden zahlreichen Ausweich- und Nachfolgeorganisationen wie die ‚Deutsche Volkspartei (DVP)' oder den ‚Deutschnationalen Block/ Völkischer Bund' mit zu zerschlagen.

Wir fordern darüber hinaus, auch die anderen rechtsextremistischen und neofaschistischen Gruppen umgehend zu verbieten und aufzulösen."

(red)

Aus „Hessisch-Niedersächsische Allgemeine"

1993

30. Januar Die vier Verbände VVN-BdA, VVN-VdA, IVVdN und BdA geben eine gemeinsame Erklärung zum 60. Jahrestag der Machtübertragung an die NSDAP heraus. gleichzeitig zahlreiche Veranstaltungen in München,Stuttgart, Mössingen, Düsseldorf, Bremen, Frankfurt, Hamburg

11. Februar Beschluß des Europäischen Parlaments zur Gedenkstätten-Frage

April Initiative für ein Referendum „Doppelte Staatsangehörigkeit“ beginnt mit der Unterschriftensammlung

26. Mai Bundestag beschließt mit Zweidrittel-Mehrheit Einschränkung des Grundrechts auf Asyl – Massenaktionen in Bonn (ab 1.Juli in Kraft)

30. Mai Neonazistischer Brandanschlag in Solingen – 5 Menschen sterben in den Flammen

9. Juni 10.000 Menschen nehmen an der Trauerkundgebung in Köln teil

27. Juni In Bad Kleinen werden bei einem GSG-9-Einsatz ein Polizist und Wolfgang Grams erschossen

2. Juli Bundestag stimmt dem Bundeswehr-Einsatz in Somalia zu

14. August Neo-Naziaufmarsch zum Hess-Todestag unter Polizeischutz in Fulda

14. November Bundesregierung eröffnet in Berlin die „Neue Wache“ als „Zentrale Gedenkstätte der Bundesrepublik Deutschland für die „Opfer von Krieg und Gewaltherrschaft“

17. November Auschwitz-Symposium in Frankfurt aus Anlaß des 30. Jahrestages des 1. Auschwitz-Prozesses

November „Einblick“ – eine Zeitung der Anti-Antifa listet antifaschistische Personen, Organisationen und Institutionen auf und macht sie damit zu potentiellen Opfern neofaschistischer Gewalt

Dezember 10 Briefbomben österreichischer Neonazis verletzen engagierte Demokraten

Antifaschistische Bündnisse zum 30. Januar

War schon die Erinnerung an die Pogromnacht im November 1992 durch Massenaktionen dominiert worden, so war auch die Erinnerung an den 60. Jahrestag der Machtübertragung am 30. Januar 1933 aktionsmäßig geprägt:

Große Zahlen konnte man schreiben, wo Lichterketten organisiert wurden, wie die 40.000 Teilnehmer in Kassel, und jeweils mehrere Tausend in Darmstadt, Hanau und Offenbach. Selbst zu einer von der VVN-BdA initiierten Podiumsdiskussion zum Thema „Droht ein neues 1933?“ kamen 700 Interessierte ins Frankfurter Gewerkschaftshaus.

In Stuttgart, wie in vielen anderen Städten organisierten Aktionsbündnisse Veranstaltungen unter dem Motto: „Miteinander Leben – gegen Fremdenhaß und Gewalt“. Dabei wurden oftmals auch Mitglieder der VVN-BdA gebeten, auf solchen Kundgebungen zu sprechen. So forderte Esther Bejarano auf der Münchener Abschlußkundgebung die Teilnehmer auf, „für eine Bundesrepublik Deutschland (zu) kämpfen, in der Rassismus und Neofaschismus, nationaler Größenwahn und Militarisierung keinen Platz mehr haben.“

Eine besondere Bedeutung hatte an diesem Datum sicherlich die von der VVN-BdA in NRW aktiv betriebene Demonstration und Kundgebung in Düsseldorf.

„60 Jahre danach – aus der Geschichte lernen! Nie wieder Krieg, nie wieder Faschismus! Stoppt den Rassismus und Neofaschismus! Laßt die Flüchtlinge rein, aber die Waffen und Bundeswehr nicht raus!“.

Mit dieser langen Losung sollte auch politische und gesellschaftliche Ursachen und antifaschistische Konsequenzen des 30. Januar 1933 benannt werden. Die Stationen der Demonstration: Thyssen-Haus, Industrieclub und Mahn- und Gedenkstätte waren bereits Aussage genug. Trotz Totschweigens in der Presse, die einer abendlichen Lichterkette den Vorrang gaben, beteiligten sich 7.000 Teilnehmer.

Zum 30. Januar veröffentlichten die vier antifaschistischen Verbände Bund der Antifaschisten, Interessenverband der VdN, VVN-Bund der Antifaschisten und VVN-Verband der Antifaschistinnen und Antifaschisten, Berlin, unter dem Titel „Anlaß zur Mahnung – Aufruf zum Handeln!“ eine gemeinsame politische Erklärung. Es war die erste gemeinsame politische Aussage dieser Organisationen und damit ein wichtiger Schritt für das Zusammengehen der vier Verbände, die sich in der Tradition des antifaschistischen Widerstandes verstehen. Mancher hätte sich klarere Positionen in diesem Aufruf gewünscht, gab es doch über das Verständis von Antifaschismus heute reichlich Debatten auf allen Seiten. Doch zurecht betonte der Vorsitzende des IVVdN in einem „ar“-Gespräch im Sommer 1993, man könne nur „durch gemeinsame Aktivitäten zusammenwachsen“.

„Die VVN-BdA sagt strikt Nein zum Bonner Asylkompromiß“

Asyl-„Kompromiß“ und Anschlag von Solingen

Der Kampf um die Bewahrung des Asylrechts ging im Frühjahr 1993 in seine entscheidende Phase. Viele Millionen Menschen hatten gegen Rassismus und Ausländerfeindlichkeit demonstriert, doch deutlich weniger setzten sich für die Bewahrung des Grundrechts auf Asyl ein. Die Parolen der Bundesregierung, man wolle mit dem „Asyl-Kompromiß“ die Ursachen des anwachsenden Naziterrors und Rassismus bekämpfen, verfingen bei manchen gutwilligen Bürgern. Gegen diese Demagogie setzte die VVN-Bund der Antifaschisten ihr klares Nein zum Grundrechtsabbau. Sie zeigte auf, welche verhängnisvollen Konsequenzen die sogenannte „verfolgungsfreie-Drittstaaten“- und Flughafen-Regelung haben würde. Zwar gäbe es noch ein begrenztes Asylrecht, aber de facto könne es niemand mehr auf legalem Wege wahrnehmen.

Frauen und Männer aus dem antifaschistischen Widerstand, die durch die Naziverfolgung ins Exil getrieben worden waren, legten als eigenen Beitrag zu dieser Debatte den Appell: „Auch wir waren Asylanten!“ vor. Darin erinnerten sie, daß der Artikel 16,2 GG als Konsequenz der Erfahrung mit der Naziherrschaft formuliert worden sei.

Tausende Verfolgte aus Deutschland verdankten ihr Überleben dem Gastrecht, das sie in anderen Ländern fanden. Dieser Appell fand auch in den Medien einen großen Widerhall.

Die VVN-BdA unterstützte verschiedene Aktionen von demokratischen und Menschenrechtsorganisationen, so auch das von den GRÜNEN initiierte Referendum für eine „doppelte Staatsbürgerschaft“. Damit sollte der Ausländerfeindlichkeit Wind aus den Segeln genommen werden. Über 1,5 Millionen Menschen unterstützten mit ihrer Unterschrift die Initiative, ins Parlament kam sie dennoch nicht. Auch mit Demonstrationen anläßlich der 2. und 3. Lesung konnten die antirassistischen Kräfte nicht verhindern, daß eine „Große Koalition“ gegen das Grundgesetz stimmte. Nur GRÜNE und PDS stimmten geschlossen gegen den „Kompromiß“.

Die Neonazis sahen in dieser Entscheidung eine deutliche Ermunterung. Die REPs erklärten stolz, daß die Bundesregierung endlich das vollzogen hätte, was ihre Partei seit langem gefordert habe. Und die militanten Nazis setzten diese Gedanken in praktisches Handeln um: Am 30. Mai starben fünf Mitglieder einer türkischen Familie in Solingen bei einem Brandanschlag.

Protestkundgebung in Solingen

Anti-Antifa-Terror

Erschrecken in der Öffentlichkeit: Im Dezember 1993 veröffentlichen Neonazis unter dem Titel „Der Einblick“ eine Liste von mehr als 250 antifaschistisch aktiven Menschen, mit Anschriften und Personenbeschreibungen. Die Broschüre, die aus dem dänischen Ort Randers verschickt wurde, ruft dazu auf, ihren Gegnern „unruhige Nächte“ zu bereiten. „Wir werden es hier tunlichst vermeiden, zur Gewalt im Sinne von Körperverletzungen, Tötungen usw. gegenüber unseren Gegnern aufzurufen. Jeder von uns muß wissen, wie er mit den ihm hier zugänglich gemachten Daten umgeht. Wir hoffen nur, Ihr geht damit um!!!“ – heißt es drohend in der Broschüre. Umgehend beschreiben die Verfassungsschutzbehörden die „Anti-Antifa“-Kampagne der Neonazis als Reaktion auf antifaschistische Aktivitäten und unterschlagen dabei, daß das Aufstellen von „Todeslisten“ durch Rechtsradikale eine lange Tradition haben. So wurde bereits 1953 der „Bund deutscher Jugend“ eben darum verboten, weil Tötungslisten von politischen Gegnern erstellt wurden. Mitte der 80er Jahre begannen Neonazis aus dem Umfeld Michael Kühnens in einem „Referat Sicherheit“ Daten politischer Gegner zu sammeln und zu veröffentlichen.

Ausgelöst wurde die neuerliche Kampagne von der von Christian Worch herausgegebenen Neonazi-Zeitung „Index“, die im September 1992 als Versuchsballon eine Liste von linken und alternativen Einrichtungen in Hamburg veröffentlichte. Nach Erscheinen des Einblicks wurde die „Anti-Antifa“-Kampagne von verschiedenen neofaschistischen Gruppen aufgegriffen und dient seither als Bindeglied zwischen den ansonsten selbständig operierenden Organisationen und Kameradschaften. Informationen über politische Gegner werden inzwischen auch über das Internet und das Thule-Netz verbreitet.

Nur wenige Tage nach dem Erscheinen des Einblicks zeigten Neofaschisten, daß sie ihre verbalen Drohungen auch in die Tat umsetzen. Zehn Briefbomben an österreichische Politiker/innen eröffneten eine Reihe von Anschlagsserien, die bisher vier Todesopfer und zahlreiche Verletzte forderte. Die Urheber der Anschläge, die ihre Bekennerschreiben als Bajuwarische Befreiungsarmee unterzeichnen, sind bisher nicht identifiziert worden.

Die Ängste, die in der Öffentlichkeit vor einem rechtsradikalen Terror herrschen, werden durch innerhalb der Neonazi-Szene kursierende Schriften und Computer-Disketten mit Anleitungen zur Sprengstoffherstellung und zum Aufbau von klandestinen Terroreinheiten verstärkt. Funktionäre wie der Neonazi Christian Worch drohen angesichts der Anfang der 90er Jahre erfolgten Verbote neofaschistischer Organisationen ganz offen: „Wenn die bundesdeutsche Justiz nicht aufhört, meine Kameraden mit Terrorurteilen zu unterdrücken, kann niemand die Folgen absehen. Ich kann nicht verhindern, daß einzelne Kameraden zur Waffe greifen. Dann gäbe es eine zweite Terrorfront.“

Der im Ostharz ansässige Steffen Hupka empfiehlt seinen „jungen Kameraden“ sogar, „eine Ausbildung bei Bundeswehr oder Polizei in Erwägung zu ziehen, mit dem Ziel, sich in besonders qualifizierten Spezialeinheiten das nötige Wissen und Können anzueignen.“ KH

Frankfurter Auschwitz-Symposium

Am 20. Dezember 1963, begann in Frankfurt/Main der erste Auschwitz-Prozeß. Zur Erinnerung an dieses Datum fand am 17.November 1993 im Haus Gallus, am historischen Ort der Verhandlungen, ein Symposium statt. Auf Anregung der VVN-Bund der Antifaschisten fand sich ein breiter Trägerkreis aus Organisationen ehemaliger Verfolgter, wie dem Auschwitz-Komitee, Lagergemeinschaften, Gewerkschaften, wie dem DGB Hessen, der IG Medien und der GEW, dem Dokumentationszentrum Deutscher Sinti und Roma und dem Studienkreis „Deutscher Widerstand".

Plakat und Buch vom Auschwitz-Symposium

Bei diesem Symposium ging es um die Lagergeschichte und die Aktualität von Auschwitz und seine Aufarbeitung. Dabei stand die Auseinandersetzung mit den geschichtsrevisionistischen Thesen zur Ermordung durch Giftgas nur am Rande. Ins Zentrum trat die in vielen Aufarbeitungen – und auch im Prozeß selber – vernachlässigte Seite der „Vernichtung durch Arbeit".

Auschwitz war neben seiner zentralen Funktion als Vernichtungslager eines der Konzentrationslager, in denen die meisten Arbeitssklaven im Interesse von SS und Industrie ausgenutzt wurden.

In verschiedenen Beiträgen wurde über die Wirkungsgeschichte des Prozesses und den Geschichtsrevisionismus reflektiert. Die von Adorno formulierten „kategorischen Imperative", daß Auschwitz nicht noch einmal sei, sei die erste Forderung an Erziehung bzw. daß man nach Auschwitz keine Gedichte mehr schreiben könne, wurden hinterfragt. Dabei stellte sich auch die Frage nach pädagogischen Konsequenzen „nach Auchwitz". Die Forderung „Nie wieder Faschismus", die in diesem Falle Pädagogik und antifaschistische Widerstandskämpfer eint, bedarf jedoch auch des Nachdenkens um seine Rahmenbedingungen und Realisierbarkeit.

Gut 180 Personen, unter ihnen Gäste aus Polen, Ungarn und Belgien nahmen am Symposium teil. Zu einem Forum der Begegnung wurde das Symposium am Nachmittag, als in Kleingruppen zu den Themen „Berichte aus Auschwitz", „Die Verfolgung von Sinti und Roma", „Wie erlebten Zeitzeugen den Auschwitz-Prozeß?" zahlreiche Überlebende und Zeitzeugen mit den Teilnehmern ins Gespräch kamen.

Einen für ein historisch-politisches Symposium sicherlich ungewöhnlichen Beitrag lieferten der Schriftsteller Oskar Ansull und der Musiker Theo Jörgensmann. Mit Textkollagen und in der Verbindung von Lyrik und Musik gelang ihnen ein sehr emotionaler Zugang zu den an diesem Tag behandelten Themen. Für alle Teilnehmer wird dies ein bleibender Eindruck vom Symposium sein. Zum Abschluß faßte Peter Gingold zusammen: Auschwitz bleibt aktuell.

Die Tatsache, daß neben diesem Symposium zum 30. Jahrestag des Prozesses ein weiterer Kongreß stattfand und eine dreiteilige Fernsehsendung ausgestrahlt wurde, verdeutlicht, wie stark Auschwitz als „offene Wunde dieser Gesellschaft" virulent ist.

VVN aktiv – 50 Jahre nach 1933: Broschüren, Flugblätter, Veranstaltungen

1994

7. März Anhörung des Bundestages in Sachsenhausen: „Beteiligung des Bundes an Mahn- und Gedenkstätten"

März BGH-Urteil zur Auschwitz-Leugnung im Fall Deckert

19. März FIR-Erklärung zur Europa-Wahl fordert: „Keine Rassisten und Faschisten ins Europa-Parlament"

25. März Brandanschlag auf die Lübecker Synagoge

23. Mai Roman Herzog wird zum Bundespräsidenten gewählt

28./29. Mai Bundeskongreß der VVN-BdA in Braunschweig

12. Juni Wahlen zum Europäischen Parlament

12. Juli BVG-Urteil legitimiert Bundeswehreinsätze außerhalb des NATO-Bereichs

16. Juli Veranstaltung der VVN-BdA und des IVVdN zu „Gesichter des Widerstandes" – Diskussion um den 20. Juli 1944

20. Juli Offizielles Gedenken der Bundesregierung zum 20. Juli 1944

10. August Mannheimer Landgericht erklärt Günther Deckerts Motive der Auschwitz-Leugnung als „ehrenwert und untadelig" – VVN-BdA erstattet Strafanzeige

17./18. September Bürgerforum Paulskirche Zivilcourage gegen Rechts!

16. Oktober Bundestagswahl

20./21. Oktober Internationales Symposium „Europa gegen Diskriminierung; wachsam für Demokratie und Freiheit" in Straßburg

Dezember 1. Friedenspolitischer Ratschlag in Kassel

Urteil „Soldaten sind Mörder"

Das Superwahljahr

Das sogen. „Superwahljahr" 1994/1995 mit Europa-, Bundestags- sowie zahlreichen Landtags- und Kommunalwahlen brachte den neofaschistischen Parteien nicht die erhofften Stimmengewinne und Wahlkampfkostenerstattungen, sondern vor allem Niederlagen.

Die Erwartungen der Neofaschisten Anfang 1994 über den erneuten Einzug der REP ins Europaparlament sowie weiterer Wahlerfolge und damit die Möglichkeit, neofaschistische Positionen in der Politik auszubauen, trafen nicht zu, trotz des weitgehenden Wahlverzichts von NPD, DVU und DL zugunsten der REP wie vor dem Hintergrund der mangelnden eigenen Erfolgsaussichten.

Das Bild der REP wurde folglich bestimmt von heftigen Auseinandersetzungen um Listenplätze. Noch mehr aber bestimmte die öffentliche Diskussion über ihren neofaschistischen Charakter das Bild. Anlaß war das Urteil des OVG Münster im Januar 1994, das die Beobachtung durch den Verfassungsschutz für gerechtfertigt erklärte.

Ermittlungsverfahren gegen REP-Funktionäre, die Durchsuchung der REP-Bundesschiedsstelle, antisemitische Äußerungen Franz Schönhubers, medienwirksame Austritte von Funktionären und die gemeinsame Erklärung von Franz Schönhuber und Gerhard Frey im August 1994 prägten das Bild der REP ebenso wie Flügelkämpfe, Austritte und Abspaltungen sowie Gerichtsverfahren.

Dennoch erzielten die REP bei der Europawahl im Juni 1994 bundesweit noch 3,9 %, was zwar nicht mehr den Einzug ins Parlament bedeutete und von der neofaschistischen Szene als klare Niederlage empfunden wurde, was aber auch 9 Millionen Wahlkampfkostenrückerstattung bedeutet.

Seit 1993 hatten die REP bei Wahlen die 5 %-Hürde nicht mehr überschreiten können.

Die 1,9 % bei den Bundestagswahlen sind ein weiterer Tiefpunkt einer Partei, von der eine Zeitlang zu befürchten war, daß sie sich in der politischen Landschaft erst etablieren könne und im weiteren dann bei den anderen Parteien akzeptiert werde und Koalitionen mit ihnen nicht mehr ausgeschlossen wären. Von dieser Etablierung scheinen die REP ebenso weit entfernt wie andere neofaschistische Parteien, woran auch der Führungswechsel von Schönhuber zu Rolf Schlierer, der sich um eine neue „Koalitionsfähigkeit" bemüht, nichts geändert hat.

Neben den selbstverschuldeten Ursachen ihrer Misere waren alle neofaschistischen Parteien konfrontiert mit der Übernahme rechter Inhalte durch die bürgerlichen Parteien (Nationalismus, Rassismus u.a.), wodurch sie überflüssig geworden sind, sowohl für den „Rechtswähler" wie für den Staat, um die Rechtswende als Reaktion auf erstarkte neofaschistische Parteien zu erklären.

Dennoch bleiben REP, NPD, DVU und DL eine Gefahr für die parlamentarische Demokratie, ebenso wie die Bestrebungen des neofaschistischen Lagers nach den Mißerfolgen des „Superwahljahres", organisationsübergreifende Zusammenhänge zu schaffen.

Dies sind sowohl Sammlungsbemühungen neofaschistischer Parteien als auch Anti-Antifa-Aktivitäten, Vernetzungen und Umstrukturierung zu vorgeblich autonomen Strukturen und der erneute Schulterschluß mit rechtskonservativen Kräften gegen diese Republik.

MI

Buchenwald im Juli 1994: Protest gegen Schändung der Gedenkstätte

Gemeinsam gegen Rechts – für eine antifaschistische Republik

War der Bundeskongreß 1990 in Düsseldorf von der Aufarbeitung des Umbruchs und einer daraus folgenden Satzungsdiskussion beherrscht, versuchte bereits der Frankfurter Kongreß 1992 Ansätze eines inhaltlichen Klärungsprozesses.

Nun, vier Jahre nach dem Neuanfang und mit vielen praktischen Erfahrungen der neugewonnenen Stärke, der Eingebundenheit in Massenaktionen, sowie eigener profilierter Beiträge für die antifaschistische Arbeit – wie Gedenkstättenkongreß und Auschwitz-Symposium – ausgestattet, kamen über 140 Delegierte Ende Mai zum Bundeskongreß der VVN-BdA in Braunschweig zusammen und versuchten, eine gemeinsame inhaltliche Grundlage zu formulieren.

Grußworte und Schreiben aus dem In- und Ausland, u.a. von Rolf Wernstedt, Kultusminister in Niedersachen, machten das gewachsene Ansehen der Organisation sichtbar.

Dabei wurde in der Diskussion des Kongresses auch deutlich, wie viele Möglichkeiten und Aufgaben wir aufgrund unserer realen Stärke nicht wahrnehmen konnten. Auf das Problem der personellen Stärkung der Organisation konnte der Kongreß keine ausreichende Antwort geben. Dennoch hatten die Delegierten Grund, mit der geleisteten Arbeit zufrieden zu sein. Gelang es doch in fast allen Fragen tragfähige Kompromisse zu entwickeln, die unterschiedlichen Positionen in der Organisation ernstzunehmen und zu integrieren. Auch in der Wahl der neuen Sprecherin und der Sprecher, die mit klaren Mehrheiten bestätigt wurden, drückte sich diese Gemeinsamkeit aus.

Ein großer Erfolg war die Verabschiedung des Leitantrages unter dem Titel „Gemeinsam gegen Rechts – Für eine antifaschistische Republik! Neonazis stoppen! Kriegseinsätze verhindern! Humanismus durchsetzen!"

Nach zweijähriger Diskussion wurde damit eine gemeinsame programmatische Grundlage geschaffen, die sowohl Analyse, wie auch politische Aufgaben formulierte. Das Papier, das mit überwältigender Mehrheit beschlossen wurde, war ein Kompromiß, aber einer, mit dem alle Richtungen in der Organisation leben konnten, und auf dessen Basis gemeinsame Aktionen möglich wurden. Meinungsvielfalt als produktive Kraft, auch wenn es manchmal schwer ist, liebgewonnene Traditionen immer wieder hinterfragen zu sollen, das war eine wichtige Erkenntnis dieses Kongresses.

Streiflichter aus dem „Superwahljahr" 1994

Der Fall Deckert – ein deutscher Justizskandal

Günter Deckert, ein bekannter Neonazi, Vorsitzender der NPD, hatte bereits 1991 in seinem Heimatort Weinheim eine Veranstaltung mit dem selbsternannten „Auschwitzexperten" Fred Leuchter organisiert, und mit diesem behauptet, in Auschwitz hätten gar keine Massenvergasungen stattfinden können. Dafür war er zunächst vom Mannheimer Landgericht zu der außerordentlich milden Strafe von einem Jahr mit Bewährung verurteilt wurden. Aber der deutsche Justizskandal der 90er Jahre sollte erst beginnen:

Der Bundesgerichtshof entschied in einer Revisionsverhandlung zu Deckerts Gunsten: Das Leugnen der Massenvernichtung in Auschwitz allein sei keine Volksverhetzung. Erforderlich sei eine genaue Prüfung, ob diese Leugnung in agitatorischer Absicht erfolgt sei.

Dieses bis heute gültige Grundsatzurteil bedeutet einen Freibrief für Geschichtsrevisionisten aller Art: Kommt die Auschwitzlüge nur wissenschaftlich verbrämt daher, bleibt sie straffrei. Obwohl die VVN-Bund der Antifaschisten sofort öffentlich gegen dieses Urteil protestierte, blieb das Aufsehen in der Öffentlichkeit gering.

Dieses änderte sich, als das Landgericht Mannheim, an das der Fall zurückverwiesen worden war, im Juni 1994 sein neues Urteil im Fall Deckert sprach. Zwar konnte das Gericht nicht umhin, auch nach neuer Prüfung Deckert wegen Volksverhetzung zu verurteilen, das Urteil blieb so milde wie bisher.

Mehr noch, Deckert wurde in der Urteilsbegründung bescheinigt, eine „charakterstarke, verantwortungsbewußte Persönlichkeit mit klaren Grundsätzen" zu sein. Der eigentliche Skandal dieser Urteilsbegründung aber war, daß das Gericht selbst betrieb, wofür es Deckert verurteilte: Es bescheinigte Deckert, daß „er ein berechtigtes Interesse wahrgenommen hat, ... die immer noch aus dem Holocaust gegen Deutschland erhobenen Ansprüche abzuwehren". Deckert habe nur nicht „angemessene Mittel" eingesetzt. „Es hätte zur Verfolgung des von ihm angestrebten Zwekkes völlig ausgereicht, auf den Umfang der bereits erbrachten Sühneleistungen, sowie die ungesühnten und unbereuten Massenverbrechen anderer Völker hinzuweisen." Und an anderer Stelle berücksichtigte das Gericht nocheinmal als ausdrücklich strafmildernd „die Tatsache, daß Deutschland ... Ansprüchen aus der Judenverfolgung ausgesetzt ist, während die Massenverbrechen anderer Völker ungesühnt bleiben."

Die VVN-Bund der Antifaschisten in Baden-Württemberg stellte Strafanzeige wegen Volksverhetzung gegen die Mannheimer Richter Orlet, Müller und Folkerts.

Das Urteil löste einen Sturm des Protestes aus, der selbst die Bundesregierung erfasste. Die von einem deutschen Gericht ausgesprochene Beschuldigung anderer Völker als Massenverbrecher, die mit den Nazis vergleichbar seien, erfüllte offensichtlich einen noch schlimmeren Tatbestand, nämlich die Schädigung des Ansehens der deutschen Politik im Ausland.

Fast sah es so aus, als hätte dieser Proteststurm Folgen: Zum ersten Mal in der Geschichte der Bundesrepublik wurde vom baden-württembergischen Landtag die Amtsenthebung eines Richters auf dem Wege der Richteranklage ernsthaft erwogen. Selbst die CDU-Fraktion im Landtag erklärte sich bereit, diesen Weg zu beschreiten.

Aber dann entpuppte sich dieser Sturm, jedenfalls was Politik und Justiz anlangt, doch nur wieder mal als Sturm im Wasserglas:

Die Strafanzeige der VVN–BdA wurde von der Staatsanwaltschaft Mannheim zurückgewiesen. Die Überprüfung habe keine zureichenden Anhaltspunkte für eine Straftat ergeben. Gegen die ehrenamtlichen Mannheimer Schöffen, die sich geweigert hatten, weiterhin in dieser Kammer Recht zu sprechen, wurden hohe Ordnungsstrafen verhängt. Die Richteranklage gegen Orlet wurde bis zum Mai des kommenden Jahres durch das Einholen immer neuer Gutachten immer weiter auf die lange Bank geschoben. Schließlich befreite Orlet die CDU aus ihrer Verlegenheit: Er beantragte die Versetzung in den vorzeitigen Ruhestand, der Fall verlief im Sande. Und die anderen beteiligten Richter? Sie urteilen weiter, im Namen des Volkes.

DL

Nach dem „Auschwitz-Lügen-Urteil" des BGH brennt in Lübeck die Synagoge: Mahnwache nach dem Brandanschlag

Widerstand im Streit

Daß der antifaschistische Widerstand von den Versuchen des Geschichtsrevisionismus nicht ausgenommen sein würde, war zu erwarten.

Im Vorfeld der Feierlichkeiten zum 50. Jahrestag des 20. Juli 1944 griff Franz Ludwig Schenk Graf von Stauffenberg mit offizieller Rückendeckung des Bundesverteidigungsministeriums massiv die historische Ausstellung in der Gedenkstätte Deutscher Widerstand an. Mit Verweis auf die DDR-Geschichte forderte er, Bilder von Walter Ulbricht und Wilhelm Pieck und Hinweise auf das „Nationalkomitee Freies Deutschland" aus der Gedenkstätte zu entfernen. Die Bundeswehr ließ gleichzeitig verlauten, es könne nicht angehen, daß in dieser Gedenkstätte Menschen geehrt würden, die später nicht für die freiheitlich-demokratische Grundordnung – bundesdeutscher Provenienz – eingetreten seien.

Durch das sehr engagierte Auftreten des Leiters der Gedenkstätte, Prof. Peter Steinbach, und eine breite öffentliche Diskussion gelang es, diesen Angriff zurückzuweisen. Besonders wichtig war dabei die „Erklärung von Überlebenden des deutschen Widerstandes zur ständigen Ausstellung in der Berliner Stauffenbergstraße". Die Überlebenden wandten sich „gegen Bestrebungen, bestimmte Gruppierungen des deutschen Widerstandes und der Emigration aus der ständigen Ausstellung der Gedenkstätte Deutscher Widerstand in Berlin auszugrenzen." Freya Moltke und andere Frauen und Männer im Umfeld des Kreisauer Kreises und 20. Juli hatten die Erklärung initiiert, kommunistische Widerstandskämpfer, Sozialdemokraten, Vertreter der Emigration im Westen und Osten, Edelweiß-Piraten und Vertreter der Bekennenden Kirche hatten sie unterstützt. Der Konsens der Überlebenden war größer als die ideologische Hegemonie der Geschichtsabwickler.

Kohl bezeichnete bei seiner Festrede den 20. Juli als „Höhepunkt und Endpunkt des Widerstandes". Bewußt grenzte er damit den seit 1933 und davor geleisteten Widerstand, der vor allem aus der Arbeiterbewegung, von Kommunisten, Sozialdemokraten und Gewerkschaftern getragen wurde, aus. Man konnte sich bei seinem Versuch, den Widerstand zwischen „gutem" und nicht genehmen zu unterteilen, an die 50er Jahren erinnert fühlen, wo nur der 20. Juli, vielleicht noch die „weiße Rose" und „die Kirche" als Widerstand tolerabel waren.

Die 8.-Mai-Rede von Weizsäcker gehörte offensichtlich nicht zum Regierungsprogramm.

Die VVN-BdA trat dieser Geschichtsrevision mit eigenen Beiträgen entgegen. Die kleine Dokumentation „Die dem Terror widerstanden" erinnerte an den antifaschistischen Widerstand in seiner ganzen politischen Breite. Gemeinsam mit den anderen antifaschistischen Verbänden führte sie am 16. Juli 1994 eine Diskussionsveranstaltung mit dem Titel „Gesichter des Widerstandes" in Berlin durch.

Druck von rechts widerstanden

Stuttgarter SPD-Ministerin tritt nicht aus VVN aus

Von Peter Henkel

STUTTGART, 27. April. Baden-Württembergs Familienministerin Brigitte Unger-Soyka (SPD) will nicht aus der „Vereinigung der Verfolgten des Naziregimes" (VVN) austreten. Sie werde in diesem vom Verfassungsschutz als „Vorfeldorganisation" der Deutschen Kommunistischen Partei (DKP) bezeichneten Zusammenschluß bleiben, „und zwar aus Überzeugung", sagte Unger-Soyka (Archivbild: dpa). Zunächst die „Republikaner" und dann auch Finanzminister Gerhard Mayer-Vorfelder als Kreisvorsitzender der Stuttgarter CDU hatten Unger-Soykas VVN-Mitgliedschaft gerügt. Die „Republikaner" verlangten von Ministerpräsident Erwin Teufel (CDU) gar die sofortige Entlassung der „linksextremistischen Aktivistin".

Mayer-Vorfelder hatte gesagt, er erwarte von Innenminister Frieder Birzele (SPD), daß dieser „rechts- und linksextremistische Aktivitäten nicht mit zweierlei Maß mißt". Birzeles Sprecher habe die VVN — 1992 zählte sie bundesweit etwa 9 000 Mitglieder — als „ehrenwerte und harmlose Gruppierung" bezeichnet. Aufgrund von Anhaltspunkten für verfassungsfeindliche Ziele bei den „Republikanern" habe der Innenminister alle Landesbeamten auf ihre Pflicht zur Verfassungstreue hingewiesen. Es sei Birzele „ein leichtes", so Mayer-Vorfelder, ähnlich gegenüber seiner Ministerkollegin Unger-Soyka und dem ebenfalls bei der VVN eingeschriebenen Sozialstaatssekretär Werner Weinmann (SPD) zu verfahren.

Nach Ansicht der VVN handelt es sich bei den Vorwürfen „um die typische Stimmungsmache äußerst rechtsgestrickter Politiker". Die VVN sei 1947 von überlebenden Opfern und Widerstandskämpfern gegründet worden. Wenn heute antifaschistische Zielsetzungen als verfassungswidrig dargestellt würden, werfe dies ein Licht darauf, wie weit sich Rechtsradikale nicht nur vom Grundgesetz, sondern von grundlegenden Geboten der Moral und der Menschlichkeit entfernt hätten. Ein Finanzgericht habe 1989 der VVN Gemeinnützigkeit bescheinigt.

Unger-Soyka merkte zur Erwähnung der VVN im Verfassungsschutzbericht unter der Rubrik „Linksextremistische Bestrebungen" an, dies sei „die Diktion des Kalten Krieges". Sie sei der VVN beigetreten, „um die Lebensleistung von Menschen zu würdigen, die von den Nazis verfolgt wurden, die Verfolgte versteckt haben, die im Gefängnis und im KZ saßen". Gerade heute sei deren Zeugenschaft „wichtiger denn je".

Bewahrung der Gedenkstätten

Der Beschluß des europäischen Parlaments vom 11. Februar 1993 zur Gedenkstättenfrage fand in der Bundesregierung keinen Widerhall. Sie betrieb weiterhin eine Umgestaltung. Doch während der neofaschistische Geschichtsrevisionismus Deutschland auf den Trümmern der KZ-Gedenkstätten errichten wollte und militante Fraktionen der Neonazis diesen Gedanken durch Brandstiftungen, wie 1992 in Sachsenhausen und Ravensbrück, und Schändungen, wie im August 1994 in Buchenwald, in die Tat umsetzen, lief die staatliche Geschichtsrevision moderater.

In Brandenburg und Thüringen wurden Historikerkommissionen eingesetzt, die Empfehlungen zur Neugestaltung der Gedenkstätten erarbeiteten. Da in den Kommissionen auch antifaschistische Positionen vertreten waren, entstanden teils ambivalente Empfehlungen, die Momente der Weiterentwicklung mit historisch bedenklichen Öffnungen in Richtung Totalitarismusthese verbanden. Doch durch das große Engagement der Überlebenden aus dem In- und Ausland gelang es, manche Abwicklungsbestrebungen zu verhindern. Die VVN-BdA unterstützte besonders die Lagergemeinschaft Buchenwald-Dora durch Erklärungen gegenüber der Landesregierung, in der Mobilisierung für die Befreiungsfeier und bei der Protestkundgebung gegen die Nazi-Provokation.

Der Streit um Buchenwald konzentrierte sich 1994 immer mehr auf die Darstellung des Verhaltens der politischen Häftlinge. Eine „Geheimakte Buchenwald" wurde zum Anlaß für Denunziation und Angriffe auf „die kommunistischen Häftlinge" genommen. Im Oktober steuerte Lutz Niethammer seine Dokumentation „Der gesäuberte Antifaschismus – die SED und die Roten Kapos von Buchenwald" zu dieser Kampagne bei. Es ging, im Vorfeld des 50. Jahrestages der Selbstbefreiung, darum, die antifaschistische Grundaussage des KZ Buchenwald, seine Geschichte und die im Schwur vom 19. April 1945 formulierten Konsequenzen, infrage zu stellen.

Das entsprach der politischen Linie der Kohl-Regierung, die ihre Haltung bereits beim Hearing im Frühjahr 1994 in Oranienburg über die „Beteiligung des Bundes an Mahn- und Gedenkstätten" klar gemacht hatte. Lagergemeinschaften und antifaschistische Vereinigungen kamen bei der Anhörung nicht zu Wort. Stattdessen betonte die Bundesregierung, daß sie eigentlich nur Projekte unterstützen wolle, in denen KZ-Gedenkstätten und DDR-„Aufarbeitung" in totalitaristischer Parität behandelt würden.

1995

17.–20. Januar Bundesregierung drängt UNO-Generalsekretär deutsche Beteiligung beim Kriegseinsatz im ehemaligen Jugoslawien auf

27. Januar zum 50. Jahrestag der Befreiung von Auschwitz Beginn einer großen Veranstaltungsreihe

24. Februar Bundesregierung verbietet „Freiheitliche Arbeiterpartei Deutschlands“ (FAP)

15. März BVG erklärt, Sitzblockaden im Zusammenhang mit den Protesten gegen die Raketenstationierung seien keine Nötigung gewesen.

7. April FAZ veröffentlicht geschichtsrevisionistischen Aufruf „Gegen das Vergessen“

April/Mai Massenaktivitäten zum 50. Jahrestag der Befreiung von Faschismus und Krieg (9. April Buchenwald/ Sachsenhausen/ Ravensbrück etc.)

30. Juni Beschluß des Bundestages über den Kriegseinsatz der Bundeswehr

26./27. August Erste gesamtdeutsche Verständigungskonferenz in Hannover (BdA, IVVdN, VVN-BdA, VVN-VdA)

3. Oktober Beratung antifaschistischer Organisationen zu Buchenwald

9. November Mahnwache der VVN-BdA und „Rotkäppchen“ in Buchenwald zur Erinnerung an die Opfer der Reichspogromnacht und gegen Gleichbehandlung von KZ und Speziallager

9./10. Dezember 2. Friedenspolitischer Ratschlag „Kriege beenden, Gewalt verhüten, Frieden gestalten“

Geschichtsrevisionismus an Grenzen

Daß geschichtsrevisionistische Kräfte 1995 die Debatte um den 8. Mai als Jahrestag der Befreiung zu nutzen versuchen würden, war zu erwarten. Jedoch blieb ihnen diesmal der Erfolg versagt.

Der Ehrenvorsitzende der CDU/CSU-Fraktion Alfred Dregger preschte bereits zur Jahreswende mit einer Erklärung vor, daß der 8. Mai – angesichts von Zerstörung, Vertreibung und Elend der Deutschen – dezidiert nicht als Tag der Befreiung begangen werden könne. Mit Rücksicht auf außenpolitische Interessen hielt sich Bundeskanzler Kohl mit einer Bewertung zurück.

Regierungsamtlich verlautete nur, daß zum 8. Mai ein Festakt unter dem Motto „Die Freiheit hat Geburtstag“ durchgeführt werden solle.

Gegen diese „Halbherzigkeit“ sammelte sich unter Mitwirkung des Geschichtsrevisionisten akademischer Provenienz Rainer Zitelmann ein illustrer Kreis von Vertriebenenpolitikern, ehemaligen und aktiven Generäle der Bundeswehr, CSU-Ministern, Politikern der REPs und Bund freier Bürger, Autoren und Herausgeber des neofaschistischen Ideologieorgans „Junge Freiheit“ sowie Geschichtsrevisionisten jeglicher Couleur. Selbst der SPD-Politiker Hans Apel fand sich anfangs unter den Unterzeichnern des Aufrufes „Gegen das Vergessen“, der am 7. April 1995 als Anzeige in der FAZ abgedruckt wurde.

Dieser Text, der den 8. Mai 1945 als „Beginn des Vertreibungsterror“ uminterpretieren wollte, „vergaß“ nur, die Ursachen für diese Entwicklung, die faschistischen Verbrechen und den Krieg, zu benennen.

Diese Initiative stand jedoch „unter keinem guten Stern“. War man bereits genötigt, den Aufruf als bezahlte Anzeige in der FAZ zu veröffentlichen, so distanzierte sich Hans Apel unmittelbar nach der Veröffentlichung von dem Text.

Eine von den Initiatoren geplante Großkundgebung am 7. Mai in München mußte abgesagt werden, da Alfred Dregger auf Druck der Bundesregierung seine Teilnahme absagte. Zwar habe man, resumierten die Initiatoren später, die Diskussion zeitweilig bestimmt, die öffentliche Grundstimmung habe man jedoch nicht beeinflussen können.

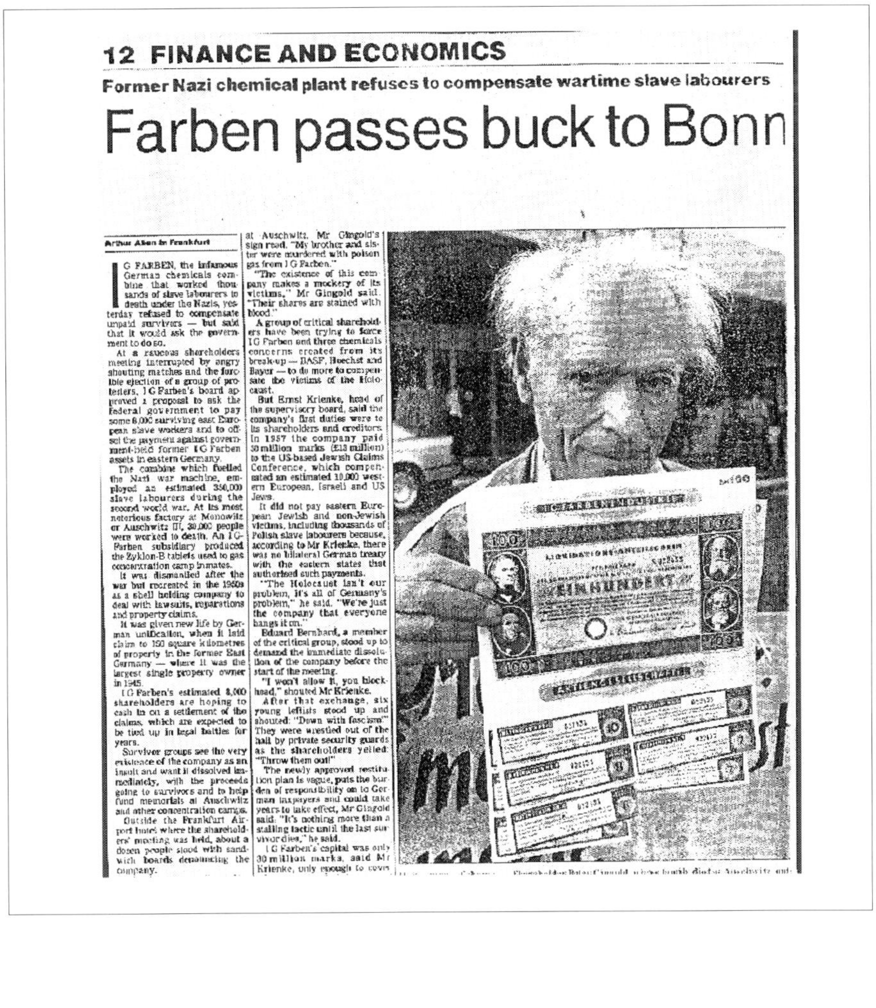

12 FINANCE AND ECONOMICS

Former Nazi chemical plant refuses to compensate wartime slave labourers

Farben passes buck to Bonn

Arthur Allen in Frankfurt

I G FARBEN, the infamous German chemicals combine that worked thousands of slave labourers to death under the Nazis, yesterday refused to compensate unpaid survivors — but said that it would ask the government to do so.

At a raucous shareholders meeting interrupted by angry shouting matches and the forcible ejection of a group of protesters, I G Farben's board approved a proposal to ask the federal government to pay some 8,000 surviving east European slave workers and to offset the payment against government-held former I G Farben assets in eastern Germany.

The combine which fuelled the Nazi war machine, employed an estimated 350,000 slave labourers during the second world war. At its most notorious factory at Monowitz or Auschwitz III, 30,000 people were worked to death. An I G Farben subsidiary produced the Zyklon-B tablets used to gas concentration camp inmates.

It was dismantled after the war but recreated in the 1950s as a shell holding company to deal with lawsuits, reparations and property claims.

It was given new life by German unification, when it laid claim to 150 square kilometres of property in the former East Germany — where it was the largest single property owner in 1945.

I G Farben's estimated 8,000 shareholders are hoping to cash in on a settlement of the claims, which are expected to be tied up in legal battles for years.

Survivor groups see the very existence of the company as an insult and want it dissolved immediately, with the proceeds going to survivors and to help fund memorials at Auschwitz and other concentration camps.

Outside the Frankfurt Airport hotel where the shareholders' meeting was held, about a dozen people stood with sandwich boards denouncing the company at Auschwitz. Mr Gingold's sign read, "My brother and sister were murdered with poison gas from I G Farben."

"The existence of this company makes a mockery of its victims," Mr Gingold said. "Their shares are stained with blood."

A group of critical shareholders have been trying to force I G Farben and three chemicals concerns created from its break-up — BASF, Hoechst and Bayer — to do more to compensate the victims of the Holocaust.

But Ernst Krienke, head of the supervisory board, said the company's first duties were to its shareholders and creditors. In 1957 the company paid 30 million marks (£13 million) to the US-based Jewish Claims Conference, which compensated an estimated 10,000 western European, Israeli and US Jews.

It did not pay eastern European Jewish and non-Jewish victims, including thousands of Polish slave labourers because, according to Mr Krienke, there was no bilateral German treaty with the eastern states that authorised such payments.

"The Holocaust isn't our problem, it's all of Germany's problem," he said. "We're just the company that everyone hangs it on."

Eduard Bernhard, a member of the critical group, stood up to demand the immediate dissolution of the company before the start of the meeting.

"I won't allow it, you blockhead," shouted Mr Krienke.

After that exchange, six young leftists stood up and shouted: "Down with fascism!" They were wrestled out of the hall by private security guards as the shareholders yelled: "Throw them out!"

The newly approved restitution plan is vague, puts the burden of responsibility on to German taxpayers and could take years to take effect, Mr Gingold said: "It's nothing more than a stalling tactic until the last survivor dies," he said.

I G Farben's capital was only 30 million marks, said Mr Krienke, only enough to cover

„An diesen Aktien klebt Blut“: Zu dieser Anklage komprimiert war der Protest gegen die „IG Farben in Abwicklung“, deren Aktionärsversammlung im Steigenberger Avance Hotel am Frankfurter Flughafen konfrontiert wurde mit der Forderung nach Entschädigung überlebender Auschwitz-Häftlinge und Zwangsarbeiter und Schaffung einer Stiftung zur Finanzierung der Gedenkstätte Auschwitz.

Bemerkenswert war die Resonanz vor allem der ausländischen Presse – zum Beispiel im britischen „Guardian“ (Foto) mit einem Bild Peter Gingolds, der den Reportern IG-Farben-Aktien präsentiert.

50 Jahre Befreiung der Konzentrationslager

Im Zentrum des öffentlichen Interesses im Frühjahr 1995 standen die Feierlichkeiten zum Gedenken an die Befreiung der KZs vor 50 Jahren.

Dies machte einmal mehr der Beschluß der EU-Postminister, zum April 1995 europaweit Briefmarken mit einem Motiv zur Befreiung der Lager herauszugeben, deutlich.

Es galt, wie die Präsidenten der internationalen Komitees der nationalsozialistischen Konzentrationslager in einer gemeinsamen Erklärung betonten, denjenigen entgegenzutreten, „die heute versuchen, diese fürchterliche Realität zu leugnen, die Geschichte zu verfälschen und die Opfer des Nazismus zu spalten."

Bereits am 27. Januar fand unter starker öffentlicher Anteilnahme und große Medienresonanz der Auschwitz-Befreiungstag statt. Dabei wurde nicht „vergessen", daß es die sowjetische Armee war, die dieses Vernichtungslager befreite. Am 9. April versammelten sich 10.000 Menschen, unter ihnen rund 1.000 ehemalige Buchenwalder, die auf Einladung der Gedenkstätte aus Ost und West, aus den USA und Kanada, Israel und allen europäischen Staaten gekommen waren, auf dem Ettersberg. Sie erinnerten an das Leid, aber auch den Kampf ums Überleben, der letztlich in dem Beitrag der Häftlinge zur Selbstbefreiung mündete.

Und so war es nicht überraschend, daß Ministerpräsident Vogel (CDU) lautstarken Widerspruch erntete, als er den Widerstand der Antifaschisten ignorierte und seine Rede auf die „Befreiung durch die US-Army" abhob. Emil Carlebach korrigierte – live über das Fernsehen ausgestrahlt – diese Geschichtssicht und zeigte den Hintergrund der Angriff auf die Gedenkstätte auf:

„Es soll vergessen gemacht werden, wer tatsächlich mit den Verbrechern und ihrem Terrorregime zusammengearbeitet hat."

Auch die anderen Befreiungsfeiern wurden eindrucksvolle antifaschistische Aktionen. 20.000 Menschen aus Brandenburg und Berlin versammelten sich in Sachsenhausen. Dort verstieg sich jedoch Außenminister Kinkel als Festredner zu Äußerungen, die nur als Verteidigung zugunsten der nach 1945 internierten Nazis aufgefaßt werden konnten. Um jedoch Proteste, wie in Buchenwald, von vorne herein abzuwürgen, verhaftete die Polizei vor allem jugendliche Teilnehmer schon auf dem Weg zur Kundgebung. Transparente und Organisationsfahnen wurden beschlagnahmt, wer als „Alternativer" ausgemacht wurde, mußte Personenkontrollen über sich ergehen lassen.

Anläßlich der Befreiungsfeier in Ravensbrück wurde von der Polizei sogar eine ganze Gruppe antifaschistischer Jugendlicher aus NRW, die vom Ravensbrück-Komitee ausdrücklich eingeladen worden waren, um Kränze niederzulegen, auf der Anreise gestoppt und nach Feststellung der Personalien zurückgewiesen.

Dessen ungeachtet wurde auch hier die Kundgebung des Ravensbrück-Komitees zu einer beeindruckenden Manifestation.

Die Feierlichkeiten machten deutlich: Gedenkstätten sind nicht nur Orte der Erinnerung an gestern, sondern auch der politischen Orientierung für heute und morgen.

Zehntausend auf dem Ettersberg am 9. April

Der 8. Mai 1995 – fünfzigster Jahrestag der Befreiung

Nein, die VVN-BdA war sicherlich nicht die einzige, vielleicht auch nicht die wichtigste Organisation, die den 8. Mai im Jahr 1995 zu ihrem Aktionsschwerpunkt gemacht hatte, aber die VVN-BdA war in diesem Zusammenhang gefragt, wie nie zuvor in den letzten Jahren.

Schon die gemeinsame Einladung von Netzwerk „Frieden" und VVN-BdA zu Koordinationsgesprächen über geplante und mögliche gemeinsame Aktivitäten erfuhr unerwartete Resonanz. Vertreter von Verbänden, Initiativen, Gewerkschaften und Parteien, einschließlich eines Beobachters des SPD-PV, fanden sich zusammen.

Der Bundesausschuß verabschiedete ein Positionspapier zum 8. Mai, das, wenn auch nicht überall auf Zustimmung, doch auf großes Interesse stieß. Mal initiiert von der VVN-BdA, meist mitgetragen von ihr fanden in der ganzen Republik mehrere tausend Veranstaltungen zur historischen Erinnerung statt.

Besonders Zeitzeugen, Mitglieder der VVN-BdA und der anderen antifaschistischen Verbände, waren als Diskussions- und Kundgebungsredner, als Interviewpartner, als Führer bei Stadtrundgängen und zahllosen anderen Aktivitäten gefragt. Sie leisteten dabei „Schwerstarbeit". Auf große Resonanz stieß auch ihre „Erklärung der Frauen und Männer der Ersten Stunde", in der sie forderten, den 8. Mai zum Gedenktag zu erheben.

Auch jüngere Antifaschisten wurden zu Podiumsdiskussionen eingeladen, sollten Ausstellungen zu Verfolgung und Widerstand eröffnen oder wurden gebeten, auf Kundgebungen zu sprechen, wie z.B. die Kreisvorsitzende von Offenbach, Barbara Leissing, auf der 1. Mai-Kundgebung des DGB.

Besonders in Schulen und Jugendgruppen stießen die Aktivitäten zum 8. Mai auf große Resonanz. Dabei waren es, abgesehen von den Feiern zur Befreiung der KZs, nicht große Demonstrationen, sondern viele inhaltlich interessante Angebote, die die Beschäftigung mit dem Jahrestag der Befreiung prägten.

Viele Zeitungen brachten Beiträge über die lokalen und regionalen Geschehnisse um den 8. Mai 1945.

Selbst die überwiegende Zahl offizieller Stellungnahmen kam nicht umhin, den Tag in seiner politischen Bedeutung zu würdigen. Manche Kommune nahm dieses Datum zum Anlaß, um längst fällige Gedenksteine zu errichten.

Ein positiv herausragendes Beispiel lieferte die Stadt Frankfurt, die – ohne politische Grenzen – mit Hilfe einer umfangreichen Programmbroschüre die Koordination der zahlreichen Veranstaltungsangebote in der Stadt übernahm und selbst mehrere beeindruckende Beiträge lieferte.

Die Bundeswehr führt wieder Krieg

Als spezifisch bundesdeutscher Beitrag zum 50. Jahrestag der Befreiung von Faschismus und Krieg war die Debatte um den Bundeswehr-Einsatz in Ex-Jugoslawien anzusehen.

Hatte Kohl noch 1994 zugestanden, die Bundeswehr habe dort nichts zu suchen, wo die Wehrmacht blutigen Terror ausgeübt habe, drängte die Bundesregierung dem UN-Generalsekretär nun eine deutsche Beteiligung am Militäreinsatz auf dem Balkan gleichsam auf.

In der Öffentlichkeit wurde seit dem Frühjahr Stimmung für ein militärisches Eingreifen gemacht. Statt ernsthafter Versuche der politischen Konfliktlösung wurde mit der Propagierung der Serben als Feind ideologische Kriegsvorbereitung betrieben. Daran beteiligten sich auch Politiker der GRÜNEN, wie Joschka Fischer.

Demgegenüber hielt die VVN-BdA in Erklärungen und Materialien zum 8. Mai am Prinzip der nichtmilitärischen Konfliktlösung fest. Lorenz Knorr wies in Diskussionsbeiträgen, Flugblattvorlagen und Broschüren immer wieder nach, daß diese Kriegsvorbereitung Ausdruck einer langfristigen Strategie der Bundesregierung und

Vielfältige Publikationen der VVN – vor allem zu „runden" Jahrestagen

Generalität sei. Organisationen und Persönlichkeiten aus der Friedens- und antifaschistischen Bewegung, unter ihnen DGB, Jusos, Bündnisgrüne und VVN-BdA demonstrierten am 6. Mai in Karlsruhe unter dem Motto „Frieden schließen – statt weltweit schießen". Alfred Hausser erklärte unter großem Beifall auf der Abschlußkundgebung: „Man kann nicht der Opfer des deutschen Wehrmachtsstrebens gedenken, ohne dafür zu sorgen, daß nie wieder Krieg von deutschem Boden ausgeht."

Dennoch stimmte am 30. Juni der Deutsche Bundestag mit großer Mehrheit für einen Kriegseinsatz der Bundeswehr, selbst Teile der GRÜNEN hatten sich zu der Fraktion der Machtpolitiker gesellt. Außenminister Kinkel, der – wie sein Amtsvorgänger Genscher – zur Verschärfung des Konfliktes auf dem Balkan beigetragen hatte, sah hierin die „Rückkehr zur Normalität". Und Bundespräsident Roman Herzog erwartete nun auch „Einsatz von Leib und Leben".

VVN – Bund der Antifaschisten:

KEIN DEUTSCHER KRIEGSEINSATZ!

Auf Betreiben von Bundesregierung und Generalität beschloß die Mehrheit des Deutschen Bundestages, am Krieg in Ex-Jugoslawien teilzunehmen. Damit wird dieser Krieg ausgeweitet und verschärft, statt ihn einzuschränken. Die Folge: Die Zahl der zivilen Opfer wird wachsen, ebenso die Zerstörungen!

Vor allem der Auftrag der deutschen Tornado-Kampfflugzeuge, serbische Abwehrstellungen zu vernichten, zeigt den Charakter dieser unverantwortlichen Aktion. Mit dieser stellen sich Politiker und Militärs in die Tradition jener, die 1914 und 1941 die Serben mit hohem Blutzoll „in die Knie zwingen" (Klaus Kinkel) wollten. Das unbefristete und unbegrenzte Mandat, das zu diesem Kriegseinsatz erteilt wurde, belegt, daß man in Bonn die Ausweitung dieses sinnlosen Krieges einplant.

Damit werden die Aussichten auf politische Lösungen versperrt. Bonn übt „Solidarität" mit jenen, die mit Schnellen Eingreiftruppen nicht die Zivilbevölkerung schützen, sondern ihr nationales und militärisches Prestige aufzupolieren trachten.

Die VVN-BdA protestiert gegen diesen Kriegseinsatz!

- Wir fordern wirksame Beiträge zur friedlichen Streitbeilegung und Unterlassung aller Maßnahmen, die humanitäre Aktionen erschweren oder verhindern.
- Wir fordern das Einhalten des Kanzler-Versprechens, daß deutsche Soldaten dort nichts zu suchen haben, wo die faschistische Wehrmacht blutigen Terror ausübte.
- Wir fordern das Unterbinden des Exports von Vernichtungsgerät an [illegible] Profiteure wäre der Krieg in Ex-Jugoslawien längst zu Ende.

- Die VVN-BdA unterstützt jeden Widerstand, der gegen den Bonner Kriegseinsatz geplant ist und wirksam wird.
- Wir unterstützen alle, die diesem Krieg entgegenwirken.
- Wir fordern Bleiberecht für Kriegsflüchtlinge und Deserteure.

Bundesausschuß der VVN – Bund der Antifaschisten

Information der VVN/Bund der Antifaschisten

Auf die sich hierin ausdrückenden historischen Parallelen verwies Lorenz Knorr in seiner Dokumentation: „Der dritte Griff nach der Weltmacht", auch wenn er im Titel noch ein Fragezeichen stehen ließ. Die VVN-BdA protestierte gegen den Beschluß des Bundestages und forderte: „Kein deutscher Kriegseinsatz !"

Horst Stuckmann, ehemals Landesvorsitzender der VVN-BdA in Rheinland-Pfalz, brachte es beim 2. Friedenspolitischen Ratschlag im Dezember 1995 in Kassel auf den Punkt: „Die Bundeswehr ist also eine Interventionsarmee geworden. Ihrem ursprünglichen Auftrag der reinen Verteidigung wurde so Hohn gesprochen."

Nun war die Friedensbewegung gefordert, neue Antworten zu finden und Kriegsverhinderungsstrategien zu entwickeln.

Wachsende Zusammenarbeit der antifaschistischen Verbände

1995 war ein wichtiges Jahr in der Zusammenarbeit zwischen den antifaschistischen Verbänden in Ost und West. Häufiger als in früheren Jahren fanden Beratungen nicht nur auf zentraler sondern auch auf Länderebene statt.

Dabei wurden Materialien ausgetauscht, Flugblattvorlagen zur Verfügung gestellt und anderes. Besonders die enge Zusammenarbeit zwischen Hessen und Thüringen mündete in verschiedene gemeinsame Aktivitäten.

Schwerpunkt der Beratungen war die gemeinsame Vorbereitung der Befreiungsfeierlichkeiten in den KZ-Gedenkstätten Buchenwald, Ravensbrück und Sachsenhausen. So mobilisierten der Bund der Antifaschisten, der IVVdN und die VVN-BdA in Hessen, Sachsen, Sachsen-Anhalt und Thüringen unter einem gemeinsamen Aufruf zum 9. April in Buchenwald. Auch auf der Bürotagung der FIR Ende April 1995 in Berlin bewies sich diese Zusammenarbeit im gemeinsamen Auftreten von IVVdA und VVN-BdA.

Zur Verständigung über inhaltliche Fragen luden BdA, IVVdN, VVN-BdA und VVN-VdAA Ende August 1995 nach Hannover zu einer Diskussionskonferenz ein. Es sollte um unterschiedliche Einschätzungen von antifaschistischer Politik und Orientierung gehen.

Die gut besuchte Konferenz zeigte, daß unterschiedliche Positionen und Politikkonzepte in allen vier Verbänden – und nicht nur zwischen Ost und West – existieren. Die Fähigkeit, tragfähige Kompromisse zu finden und auszuhalten, ist eine Aufgabe in der Zusammenarbeit der vier Verbände.

Da Buchenwald, die neugestaltete Ausstellung und die Angriffe auf die Rolle der Kommunisten, weiterhin im Zentrum der politischen Debatte stand, organisierten die antifaschistischen Verbände von Hessen und Thüringen am 3. Oktober eine Beratung vor Ort.

Der Streit um die Aufarbeitung des Internierungslagers in Buchenwald spitzte sich im Herbst zu. Daher war die Gedenkstätte am 9. November Ort einer antifaschistischen Aktion. Gemeinsam mit der „Rotkäppchen"-Gruppe im Bund der Antifaschisten organisierte die VVN-BdA eine Mahnwache zur Erinnerung an die Opfer der Judenpogrome. Sie protestierten gegen die Gefahr der Gleichsetzung von Opfern und Tätern durch die Art der Aufarbeitung der Speziallagergeschichte.

Daß diese Aktion Mißverständnisse bei anderen Partnern hervorgerufen hat, macht einmal mehr deutlich, wie notwendig enge und kameradschaftliche Zusammenarbeit ist.

In der VVN-VdAA Berlin hatte sich durch die gewachsene Zusammenarbeit die Überlegung verstärkt, daß ein direktes Zusammengehen der Verbände dringend gefordert ist. Die Mitglieder beschlossen daher, zum 1. Januar 1996 den Antrag auf Aufnahme als Landesverband Berlin in der VVN-BdA zu stellen.

Mehr als zehntausend Teilnehmerinnen und Teilnehmer machten den „Tag der Mahnung und Begegnung" am 10. September im Berliner Lustgarten zu einem eindrucksvollen Aktionstag gegen Rassismus und Neofaschismus. Die VVN-BdA war Mitveranstalterin sowohl bei der Kundgebung in Plötzensee als auch bei der Lustgarten-Aktion.

1996

Januar VVN-Verband der Antifaschisten wird Berliner Landesverband der VVN-BdA

27. Januar Bundespräsident Herzog erklärt diesen Tag zum Gedenktag für die Opfer des Nationalsozialismus (Erklärung der VVN/BdA)

Frühjahr VVN-BdA und GEW stellen in Hamburg neue Ausstellung zum „Neofaschismus in der Bundesrepublik" vor

23./24. März bei Potsdam findet die zweite gesamtdeutsche Verständigungskonferenz statt

Frühjahr Vorbereitung eines gerichtlichen Massenverfahrens gegen die autonome Antifa-M (wird im Juni eingestellt)

1./2. Juni Bundeskongreß der VVN-BdA in Braunschweig

22./23. Juni XII. Kongreß der FIR in Wien

21. August VVN-BdA, Auschwitz-Komitee und Aktionsbündnis fordern unter großer öffentlicher Resonanz endgültig die Auflösung der IG Farben AG i.A.

Oktober Spanienkämpfer aus ganz Europa machen zur Erinnerung an ihren antifaschistischen Kampf eine Rundreise durch Spanien, die spanische Regierung verlieh ihnen die Ehrenstaatsangehörigkeit

19. Oktober Feier zum 50. Jubiläum der VVN Nordrhein-Westfalen in Mühlheim/Ruhr

15./16. Dezember Dritte gesamtdeutsche Verständigungskonferenz der antifaschistischen Verbände in Kassel

Für die Zukunft der FIR

Der Schutz der Gedenkstätte Auschwitz war auf dem 12. Kongreß der FIR im Juni 1996 in Wien ebenso Thema wie die Konsequenzen der militärischen Konfrontation in Ex-Jugoslawien.

Ausgehend von einem Referat, das die Schwerpunkte der 45jährigen engagierten Tätigkeit der FIR beleuchtete, diskutierten Vertreter aus 14 Ländern „den Platz der FIR in einer sich verändernden Welt", die politischen Aufgaben der Dachorganisation der Verbände der Widerstandskämpfer, Deportierten, Internierten und Antifaschisten. Dabei ging es um Fragen der materiellen Entschädigung der Opfer des Naziregimes, um Neofaschismus und Geschichtsrevisionismus, aber auch um die Bedrohung des Friedens durch regionale Konflikte und NATO-Ost-Erweiterung.

In allen Beiträgen wurde deutlich, daß die FIR unverzichtbar sei. Dennoch taten sich die Delegierten bei der Formulierung praktischer Aktionsschritte schwer, denn allen waren auch die Probleme der FIR bekannt. Die Verbände wurden zu eigenen Aktivitäten zum europäischen Jahr gegen Rassismus 1997 aufgerufen, wobei besonders die Initiative der niederländischen Verbände für eine Kundgebung in Amsterdam begrüßt wurde. Die FIR unterstützte die Vorschläge der FNDIRP für die Öffnung des ITS-Archivs in Arolsen und beschloß, sich an den geplanten Aktionen zu beteiligen.

Einmütig plädierte der Kongreß für das Fortbestehen und eine zunehmende Tätigkeit der FIR. Das erfordere jedoch von den Mitgliedsorganisationen – wie es in der Abschlußdeklaration heißt – „ihre eigene Arbeitsfähigkeit auch zukünftig zu sichern und die FIR aktiv zu unterstützen." Mehrere Verbände haben bereits erkannt, daß Formen der Öffnung für die nachfolgenden Generationen unabdingbar sind. So haben sich die bulgarischen und ungarischen Verbände, vergleichbar der VVN-BdA, bereits für jüngere Antifaschisten geöffnet. Der IVVdN unterstrich sein Vorhaben, in absehbarer Zeit mit dem BdA zusammenzugehen. Die FNDIRP hat mit ihren „Freundeskreisen" eine spezifische Form gefunden, wie auch die österreichischen Kameraden. So bekommt diese „Internationale des Antifaschismus" eine Perspektive über das Jahr 2000 hinaus.

Bilanz der Erneuerung – Bundeskongreß der VVN/BdA

Es war symbolträchtig, bewegend und einfach überzeugend: Zwei große alte Männer des antifaschistischen Widerstandes eröffneten und schlossen Anfang Juni 1996 den Bundeskongreß der VVN-BdA in Braunschweig: Alfred Hausser und Peter Gingold.

Es war keineswegs abgesprochen, daß beide eindringlich die Erfolge und Leistungen antifaschistischer Politik hervorhoben und deutlich machten, daß zu Kleinmut kein Anlaß ist. Erinnerte Alfred Hausser an die vom Europäischen Gerichtshof für verfassungswidrig erklärten Berufsverbote, an die Rehabilitierung der Raketen-Blockierer von Mutlangen, an die Fülle der antifaschistisch geprägten Aktivitäten zum 8. Mai 1995, so generalisierte Peter Gingold die respektable Bilanz: „Gegen Verdrängen und Vergessen haben wir gekämpft, das Vermächtnis des Widerstandes bewahrt und ganz wesentlich dazu beigetragen, daß vor allem junge Menschen gegen Neonazismus und Ausländerfeindlichkeit, gegen Nationalismus und Militarismus mobilisiert wurden." Und wenn Alfred Hausser Mut machte: „Es lohnt sich also, für seine politische Überzeugung einzustehen – unsere Zeit braucht aktive Antifaschisten!", so mahnte Gingold: „Auf all das Erreichte können wir ein bißchen stolz sein, das ist unser aller Verdienst. Ich sage es auch insbesondere, weil es in unseren Reihen oft an Selbstbewußtsein mangelt."

Bevor im Tätigkeitsbericht die respektablen Leistungen der Organisation in den vergangenen Jahren dargestellt und bewertet wurden, diskutierte der Kongreß mit Prof. Martin Bennhold (Osnabrück) über die Entwicklung des völkischen Nationalismus in Deutschland. Bennholds Referat, das natürlich Anlaß zu Nachfragen, Ergänzungen und Widerspruch bot, war damit sehr hilfreich für die inhaltliche Diskussion um „Nation" und „Nationalismus" in der Organisation.

Mit dem praktischen Handeln beschäftigte sich der ausführliche Tätigkeitsbericht. Auch die Diskussion machte deutlich, daß die VVN-BdA sichtbare und oftmals erfolgreiche Arbeit geleistet hat. In der einmütig verabschiedeten politischen Entschließung des Kongresses wurde jedoch auch deutlich formuliert, welche großen Aufgaben in der Friedenspolitik, in der Verteidigung demokratischer und sozialer Rechte, in der Bewahrung des historischen Vermächtnisses noch vor der Organisation stehen.

Daß trotz langwieriger Debatte eine neue Satzung fast einstimmig beschlossen werden konnte, war ein Zeichen für die gewachsene Kompromißfähigkeit und Gemeinsamkeit. Dies spiegelte sich auch in den Wahlen zu den leitenden Gremien wider. Den Kongreß einte die Überzeugung:
„Antifaschismus bleibt die verpflichtende Aufgabe, mehr denn je !"

„Schluß mit den Aktien des Todes!“

Mit diesem Text eines Transparentes demonstrierte eine junge Antifaschistin am 21. August 1996 vor dem Steigenberger-Avance-Hotel am Frankfurter Flughafen. Mit ihr protestierten 200 Demonstranten, ehemalige Auschwitz-Häftlinge, Gewerkschafter, Pax Christi-Mitglieder, kritische Aktionäre, Schüler, Studenten und natürlich Mitglieder der VVN-BdA gegen die 41. Aktionärsversammlung der „IG Farben i.A.“ (in Abwicklung).

Ausgehend von einer Initiative des Auschwitz-Komitees in der BRD finden seit über 10 Jahren Protestaktionen gegen diese Aktionärsversammlungen statt. Es sei eine „historische Schande“, so Kurt Goldstein, Vizepräsident des Internationalen Auschwitz-Komitees, daß mit den Aktien der IG-Farben seit 41 Jahren spekuliert wird, Entschädigungszahlungen für Zwangsarbeiter und Überlebende des Vernichtungslagers aber verweigert werden. Die Forderung könne deshalb nur lauten, endlich die Selbstauflösung zu beschließen und die Vermögenswerte in eine Stiftung zur Entschädigung der Opfer und zum Erhalt der Gedenkstätte Auschwitz einzubringen. Peter Gingold verdeutlichte, daß es nicht nur Entschädigung sondern auch um die Offenlegung des Bündnisses von Großindustrie und Nazibarbarei gehe. Er verwies auf die Erkenntnis des Nürnberger Prozesses von 50 Jahren: „Ohne die IG Farben wären die Massenmorde des Naziregimes und der verbrecherische Krieg nicht möglich gewesen.“

Diese Protestaktion fand enorme Resonanz bei den in- und ausländischen Medien. Fernsehteams von einem Dutzend TV-Stationen berichteten, selbst die bundesdeutsche Presse von BILD bis FAZ kam an dieser Aktion nicht vorbei. Der Protest zeigte bereits Wirkung. Ansprüche der „IG-Farben i.A.“ auf Rückgabe von enteigneten Vermögenswerten in der damaligen SBZ wurden vom höchsten Gericht endgültig zurückgewiesen.

In einer gemeinsamen Erklärung begrüßten BDA, IVVdN und VVN-BdA diese Entscheidung: „Es darf keine Aktionärsversammlung der IG Farben i.A. mehr stattfinden. Wir fordern endlich die sofortige Liquidation und eine Überführung des Vermögens in eine Stiftung für die Opfer.“

Proteste gegen IG Farben: Enorme Medienresonanz

Die Reps im Ländle

Als die Reps im März 1996 in Baden-Württemberg erneut in den Landtag einzogen, war dies nicht nur für die Wahldemoskopen, die diese Partei bei 3% gesehen hatten, eine herbe Überraschung.

Dieser Wiedereinzug hat auch zentrale Bedeutung für die Zukunft der Reps selber. Mit 9,1 % – kaum weniger als zum Höhepunkt der Asyldebatte 1992 – ragte das Wahlergebnis aus denen der sonst nicht besonders erfolgreichen rechtsradikalen und neofaschistischen Parteien heraus. Fünf weitere Jahre haben sie nun ausreichend Geld, Medien, Landtagsressourcen und eine gewissen Seriosität, um von hier aus ihre Strategie umzusetzen, für „das Wahljahr 1998 flächendeckende Strukturen“ zu schaffen, um bundesweit in den Parlamenten – in erster Linie natürlich im Bundestag – Fuß zu fassen.

1992 zogen die Reps mit 15 Abgeordneten erstmals in ein Landesparlament ein. Die Baden-Württemberger gaben ihnen 10,9 % der Wählerstimmen. Neben ihrem Einzug 1989 ins Europaparlament mit bundesweit 7,1% der Stimmen und sechs Abgeordneten und ihren elf Mandatsträgern im Berliner Abgeordnetenhaus war dies ihr größter Wahlerfolg seit ihrer Gründung 1983. Auf dem Höhepunkt der Asylbewerberdebatte gelang ihnen mit ihrer Hetze gegen Asylbewerber und Ausländer der Sprung in ein Länderparlament. Die Kontinuität in Baden-Württemberg zum Wahlerfolg der NPD ist nicht zu übersehen. Mit 9,8% erhielt diese 1968 dort das höchste Stimmergebnis.

Dieser, durch die Gruppe um Rolf Schlierer eingefahrene Wahlerfolg, stoppte den scheinbaren Niedergang der Partei. Die Reps nutzten die vier Jahre mit allen Möglichkeiten und Ressourcen, die einer Fraktion zur Verfügung stehen, sowie die Wahlgelder, um einerseits ihre „Kräfte im Südwesten zu konzentrieren“, so Rolf Schlierer auf dem Bundesparteitag vom 4. Oktober 1996, und andererseits den Zerfall der Bundespartei aufzuhalten.

Mit dem Rückenwind des „Wahlsiegers“ gelang es Schlierer im Dezember 1994, mit knappen 56 % zum Bundesvorsitzenden gewählt zu werden. Franz Schönhuber, Parteigründer und Mitglied der SS, konnte sich mit seiner Politik der öffentlichen Kontakte zur DVU und anderen vergleichbaren Organisationen nicht mehr durchsetzen.

Schlierer ließ erkennen, daß es ihm keineswegs um einen „politischen Kurswechsel“ ging, lediglich um das Bild einer sauberen Partei. Auf dem Parteitag in Hannover 1996 forderte beispielsweise ein Stellvertreter Schlierers unter tosendem Beifall „die Vollendung der Einheit Deutschlands samt Pommern, Ost- und Westpreußen, Niederschlesien und Oberschlesien.“

Daß sie auch bei anderen Themen historische Anleihen aufnehmen, machen ihre Feindschaft gegen die Einheitsgewerkschaft und die Forderung nach einem „Sozialen Dienstjahr für alle“ deutlich. AR

Erklärung des Bundesausschusses der VVN-BdA zum Gedenktag für die Opfer des Nationalsozialismus

Der Bundespräsident hat durch eine Proklamation den Jahrestag der Befreiung des KZ Auschwitz durch die sowjetische Armee, den 27. Januar, zum Gedenktag erklärt. Als Sinn des Gedenktages nennt die Proklamation: Die Erinnerung wachzuhalten, zur Wachsamkeit zu mahnen und jeder Gefahr der Wiederholung entgegenzuwirken.
Deshalb begrüßen wir die Entscheidung des Bundespräsidenten, die schon längst hätte ergehen müssen. Nach den vielen eindrucksvollen Veranstaltungen zum 50. Jahrestag der Befreiung von Faschismus und Krieg am 8. Mai 1995 hatten wir erwartet, daß dieser historische Tag der deutschen Geschichte zum Gedenktag ernannt wird.
Es gibt nach wie vor mehrere Anlässe zum Gedenken und zum Handeln im Sinne des Vermächtnisses "Nie wieder Faschismus, nie wieder Krieg".
Die Ernsthaftigkeit des neuen Gedenktages muß unter Beweis gestellt werden.
Dazu gehört:

1. Wer des 27. Januar 1945 gedenkt, muß den 30. Januar 1933 mitdenken. Ursachen und Herkunft des Faschismus sind notwendige Bestandteile jeder Erinnerungsarbeit.
2. Auschwitz ist nicht nur ein Symbol für den Terror und die Massenvernichtung, es ist auch ein Symbol für die Beteiligung der deutschen Industrie, der IG Farben, an dieser Vernichtungspolitik.
3. Das Gedenken an die Opfer muß verbunden sein mit der Erinnerung daran, wer die Täter waren. Das heißt: Benennung der Schuldigen und der Nutznießer an der Errichtung der nazistischen Herrschaft in Deutschland und an der Entfesselung des Krieges.
4. Die Forderung des Bundespräsidenten lautet: "Jeder Gefahr der Wiederholung entgegenzuwirken". Wer Wiederholungen verhindern will, muß auch der Entsendung deutscher Truppen in andere Länder entgegentreten.
5. Gezielte Maßnahmen zur Aufklärung vor allem der jungen Generation, um Ausländerfeindlichkeit, Antisemitismus und Neonazismus entgegenzuwirken.
6. Schnelle Entschädigung und Rehabilitierung aller ausgegrenzten und vergessenen Opfer des NS-Terrors:
   - der bisher nicht entschädigten jüdischen NS-Opfer aus Bundesmitteln,
   - der im Kalten Krieg aus politischen Gründen von der Entschädigung als NS-Opfer ausgeschlossenen Widerstandskämpferinnen und Widerstandskämpfer,
   - der in- und ausländischen Zwangsarbeiterinnen und Zwangsarbeiter,
   - der Spanienkämpfer und der Teilnehmer am antifaschistischen Kampf in anderen Ländern,
   - der Zwangssterilisierten und Opfer der Euthanasie,
   - der Opfer der NS-Militärjustiz,
   - der Sinti und Roma,
   - der Homosexuellen.
7. Erhalt und Pflege der Gedenkstätten der Opfer des Nationalsozialismus, keine Gleichstellung von Opfern und Tätern.
8. Schluß mit der Praxis, das Andenken an Opfer des Faschismus durch Tilgung von Straßennamen herabzumindern.
9. Förderung der Organisationen, die Erinnerungs-, Aufklärungs- und Betreuungsarbeit - meist ohne staatliche Hilfe - leisten.

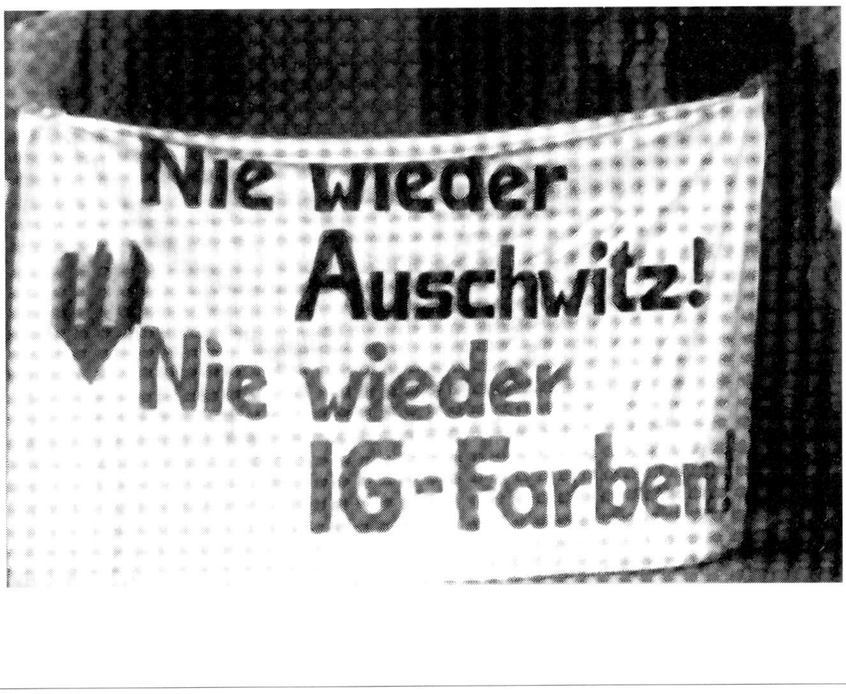

Kein Schlußwort

Mit dieser Chronik der gut 50jährigen Geschichte der Vereinigungen der Verfolgten des Naziregimes wurde versucht, das engagierte Wirken der Frauen und Männer aus Widerstand und Verfolgung in unserem Land, die Breite der Aufgabenstellungen, die Vielzahl der Themen, die Unterschiede der Kampfbedingungen in den Jahrzehnten und den vollzogenen Generationswechsel durch die Öffnung der Organisation anschaulich zu machen. Dabei dokumentiert die Geschichte, was 50 Jahre Vereinigung der Verfolgten des Naziregimes für dieses Land, seine politische Kultur und die Menschen bedeuteten:

– 50 Jahre Vereinigung der Verfolgten des Naziregimes, das sind 50 Jahre Eintreten für eine lebenswerte Gesellschaft. Diese gesellschaftspolitische Vorstellung orientierte sich nicht an einem einzigen ökonomischen Modell, sondern umfaßte eine Vielzahl von Vorstellungen, die jedoch alle die Bedürfnisse der Menschen in den Mittelpunkt stellen. Ohne ein eigenes Modell zu haben trat man gemeinsam mit Gewerkschaften und politischen Parteien für eine Gesellschaft ein, die für alle lebenswert sein soll. Der Antifaschistische Konsens der 40er Jahre beinhaltete eine Gesellschaft, in der soziale und politische Freiheiten und Rechte verwirklicht sind, in der niemand Angst vor Arbeitslosigkeit, Armut, sozialem Abstieg, Wohnungsnot und anderen sozialen Geiseln haben muß. Diese Vorstellungen blieben verpflichtendes Handeln der Organisation bis heute.

– 50 Jahre Vereinigung der Verfolgten des Naziregimes, das sind 50 Jahre Handeln gegen den politischen Zeitgeist. Abgesehen von der unmittelbaren Nachkriegsperiode, in der antifaschistisch-demokratische Grundüberzeugungen gesellschaftsprägend waren, wo die Anerkennung und Würdigung des Widerstandes in den öffentlichen Erklärungen deutlicher und die Wiedergutmachung eine moralische Verpflichtung der Gesellschaft zu sein schienen, war es ein Handeln gegen die öffentliche Meinung und das Vergessen. Diese Tendenzen des gesellschaftlichen „Vergessens" waren bereits zum Zeitpunkt der Gründung der Organisation spürbar, was ja auch einer der Gründe zur Konstituierung der VVN war.

Sichtbar wurde dieser Paradigmenwechsel im gesellschaftlichen Bewußtsein nicht nur in der Renazifizierung über das 131er-Gesetz, sondern vor allem in der Verdrängungsleistung der Gesellschaft, die als „Unfähigkeit zu trauern" oder als „zweite Schuld" bezeichnet nichts anderes war, als historische Verantwortung für das Geschehene und daraus folgende Konsequenzen abzulehnen. Dieses prägte die neugegründete Bundesrepublik.

Da mußte das Wirken derjenigen, die in ihrer Biographie bereits auf der anderen Seite der Herrschaft gestanden hatten, wie ein Stachel im öffentlichen Bewußtsein wirken.

– 50 Jahre Vereinigung der Verfolgten des Naziregimes, das sind 50 Jahre Handeln gegen neonazistische, revanchistische und neofaschistische Kräfte. Allen war klar, daß mit dem Ende des NS-Regimes es einer grundlegenden politischen und ideologischen Säuberung bedürfe, um ein Wiederraufleben von Faschismus und Rassismus zu verhindern. Die Inkonsequenzen dieser Entnazifizierung und das Auftreten der „Ewiggestrigen" war ein dauernder Schwerpunkt der politischen Arbeit der Organisation. Ob gegen Minister mit NS-Vergangenheit, unheilvolle Traditionen in Justiz und Militär, ob gegen die NPD oder Reps, gegen SS-Treffen oder Rassismus und Ausländerfeindlichkeit, Frauen und Männer aus dem Widerstand und junge Menschen traten gemeinsam für die Verwirklichung der Losung „Nie wieder Faschismus!" ein. Es war immer auch ihrem Handeln zu verdanken, wenn tatsächlich einmal Alt- und Neofaschisten staatliche Grenzen gezeigt bekamen.

– 50 Jahre Vereinigung der Verfolgten des Naziregimes, das sind 50 Jahre des Handelns von Frauen und Männern aus Widerstand und Verfolgung, die aufgrund ihres konsequenten Handelns gegen die NS-Diktatur oder einfach nur ihrer Verfolgungserfahrung eine politisch-moralische Verpflichtung zum Handeln bekamen.

Viele von ihnen wuchsen über sich hinaus, lernten Aufgaben zu bewältigen, eigneten sich Fähigkeiten an, die ihnen in ihrer früheren Biographie verschlossen blieben. Der Bergmann, der die Verantwortung für Finanzen und die Organisation übernahm, der Schreiner, der als Historiker mehr leistete als viele Professoren, der Facharbeiter, der Spezialist im Entschädigungsrecht wurde und sich erfolgreich mit bundesdeutschen Juristen stritt, die Kindergärtnerin, die einen ganzen VVN-Landesverband führte. Und wie alle Menschen hierbei Stärken entwickelten, hatten sie auch ihre Schwächen, machte jeder mal Fehler. Und so gab es in den 50 Jahren auch viele Fehler, kleinere, über die es sich nicht mal mehr zu berichten lohnt, Diskussionen, über die die Zeit hinweggegangen sind, aber auch größere, die dazu führten, daß Mitstreiter ausgegrenzt, Kontakte und antifaschistische Bündnisse aus Gründen, die nichts mit dem Anliegen der Organisation zu tun hatten, abgebrochen wurden und anderes mehr. Niemand wird bestreiten wollen, daß dies in starkem Maß durch die Situation der politischen Verfolgung der Organisation bis Mitte der 60er Jahre geprägt war. Doch solche Fehler haben der VVN durchaus geschadet. In vielen Fällen konnten sie später korrigiert, Mitglieder rehabilitiert werden. Oft mußten sie unter großen Mühen überwunden werden, manchmal war es auch zu spät. Immer aber hat es sich als schlecht erwiesen, wenn mangelndes Vertrauen in die Mitgliedschaft und das antifaschistische Bündnis politische Entscheidungen bestimmt haben.

Ihre größte Stärke hat die VVN immer dann gezeigt, wenn das einigende Band der antifaschistischen Überzeugung die verschiedenen Positionen gleichberechtigt umfaßte.

50 Jahre Vereinigung der Verfolgten des Naziregimes, das sind 50 Jahre Weitergabe der historischen Erfahrungen. Ging es erst darum, den Anteil des „anderen Deutschlands" den Menschen in diesem Land ins Gedächtnis zu rufen, mußte bald schon verhindert werden, daß die Erkenntnisse über Ursache und Wirkung der faschistischen Herrschaft, die Beurteilung von Opfern und Tätern verschoben wurden. Zu schnell machten es sich große Teile der Bevölkerung in dem Denken „Die Deutschen als Opfer" bequem. Und nun ging es darum, überhaupt die Erinnerung an Verfolgung und den antifaschistischen Widerstand in seiner ganzen politischen Breite wachzuhalten, versuchte doch staatliche Geschichtspolitik den Widerstand durch politische Ausgrenzungen auf den 20. Juli, die „Weiße Rose" und das Handeln der Kirchen zu reduzieren.

Verbunden mit diesem Handeln gegen Geschichtsfälschung war das Bestreben, die historischen und politischen Erfahrungen besonders an die nachwachsenden Generationen weiterzugeben, die nicht aus eigener Anschauung ein Bild der NS-Zeit mitbrachten. Hierbei haben die Frauen und Männer aus dem Widerstand Enormes geleistet. Sie haben dabei, das kann man ohne Übertreibung sagen, das Geschichtsbild großer Teile der jungen Generationen geprägt. Die Öffnung der Organisation zum „Bund der Antifaschisten" und die breite Resonanz auf die Jahrestage der NS-Verfolgung und der Befreiung wäre ohne dieses Wirken der Antifaschisten und Verfolgten nicht möglich gewesen.

– 50 Jahre Vereinigung der Verfolgten des Naziregimes, das sind auch 50 Jahre Zukunftsentwurf. Schon der antifaschistische Konsens der 40er Jahre zielte nicht nur auf die Überwindung der Folgen der NS-Herrschaft, sondern orientierte auf eine lebenswert, eine demokratische Zukunft dieses Landes. Das zeigte sich deutlich im engagierten Wirken derjenigen, die aus den Konzentrationslagern, den Gefängnissen, aus der Illegalität oder dem Exil zurückgekehrt waren, für die neuen demokratischen Landesverfassungen, in denen viele historische Konsequenzen aus der Erfahrung mit dem NS-Regime gezogen wurden. Niemals haben sich Antifaschisten in der BRD mit dem Bestehenden zufrieden geben wollen. Der Kampf gegen die Remilitarisierung und den Erhalt der demokratischen Rechte, gegen NPD und Notstandspolitik, für Frieden und Entspannungspolitik, Solidarität mit von Faschismus, Rassismus und Imperialismus unterdrückten Völkern, für eine soziale und menschliche Gesellschaft, all dies war immer auch Streben nach einer „neuen Welt des Friedens und der Freiheit", einer lebenswerteren Zukunft. Und so ist der Rückblick auf 50 Jahre Geschichte der Vereinigung der Verfolgten des Naziregimes – Bund der Antifaschistinnen und Antifaschisten, wie die Organisation seit dem letzten Bundeskongreß heißt, mit einem Ausblick auf die Zukunft verbunden. Der Schwur von Buchenwald, 1945 formuliert als Hoffnung der Überlebenden auf einen antifaschistisch-demokratischen Neuanfang, war und ist, da seine Kernforderungen bis heute nicht erfüllt sind, bleibende Verpflichtung antifaschistischer Arbeit.

Dank

Diese Chronik zusammenzutragen war nur durch die Unterstützung vieler Kameradinnen und Kamerden unserer Organisation möglich. Mit viele Dokumenten, persönlichen und öffentlichen Bildern, teilweise allein kurzen Hinweisen haben sie die Basis für diese umfangreiche Darstellung der 50jährigen Tätigkeit gelegt. Dafür gilt Ihnen Dank und Anerkennung.

Besonderer Dank ist denjenigen zu sagen, die aus ihren Archiven und Unterlagen weit über 400 historische Dokumente und zahlreiche Veröffentlichungen beisteuern konnten. Zu nennen sind neben vielen Einzelpersonen besonders (in alphabetischer Reihenfolge):

Antifa-Archiv Hermann Morweiser, Dokumentationsarchiv des deutschen Widerstandes, Hans Gasparitzsch, Alfred Hausser, Werner Hoffmann, IVVdN, Ulrich Sander, VVN-BdA Baden-Württemberg, VVN-BdA Hamburg, VVN-BdA Hessen, VVN-BdA Niedersachsen, VVN-BdA Nordrhein-Westfalen, VVN-BdA Schleswig-Holstein und VVN-VdA Berlin.

Neben dieser Vielzahl von Dokumenten war es wichtig, daß zahlreiche Beiträge, vor allem die Kurzbiographien, in den Landesverbänden entstanden sind. Hierdurch wird die Erinnerung an diejenigen wachgehalten, die heute nicht mehr präsent sind, jedoch durch ihr Wirken viel für den Aufbau und die 50 jährige Arbeit geleistet haben.

Der Dank geht an alle Verfasser von Beiträgen und Kurzbiographien. Im folgenden sind sie in alphabetischer Reihenfolge der verwendeten Namenskürzel aufgelistet:

Anne Rieger (AR), Barbara Leissing (BL), Christoph Jetter (CJ), Cornelius Kaal (CK), Dieter Lachenmayer (DL), Ernst Antoni (EA), Elke Günther (EG), Kurt Erlebach (ER), Peter Gingold (GI), Georg Kowalski (GK), Günther Judick (GJ) Gertrud Schröter (GS), Alfred Hausser (HAU), Horst Bernard (HB), Hermann Morweiser (HM), Helmut Stein (HS), Conny Kerth (KE), Klaus Harbart (KH), Klaus Kunold (KK), Inge Müller (IM), Dr. Luitwin Bies (LB), Michael Wörner (MI), Marianne Wilke (MW), Peter Altmann (PA), Peter Baumeister (PB), Peter Badekow (PBA), Rolf Burgard (RB), Dr. Elke Reuter (RE), Rosel Vadehra-Jonas (RVJ), Stefan Hölzer (SH), Dr. Susanne Knoblich (SK), Gerda Szepansky (SZ), Traute Springer-Yakar (TS), Thomas Willms (TW), Ulrich Sander (US), Volkmar Nelle (VN), Hans-Dieter Wohlfarth (WO), Werner Stertzenbach (WS).

Diese Chronik wäre in der vorliegenden Form nicht möglich gewesen ohne den kreativen und engagierten Beitrag von Peter Altmann, der das Bildmaterial beschaffte und bearbeitete, das Layout besorgte und für die Gesamtgestaltung verantwortliche war, und Dr. Gottfried Schmidt, der die Vielzahl der Einzeltexte in eine lesbare und geschlossene Form brachte.

So liegt hiermit ein Buch vor, das eigentlich zuallererst ein Dank an alle diejenigen sein soll, die in den vergangenen 50 Jahren die Arbeit der Vereinigung der Verfolgten des Naziregimes – Bund der Antifaschisten angestoßen, getragen und umgesetzt haben. Es waren Frauen und Männer, alte und junge Menschen, überzeugte Kommunisten und gläubige Christen, Autonome und Gewerkschafter, Sozialdemokraten und Pazifisten, manch aufrechte Konservative und Liberale, die – durchaus im Bewußtsein, keinen persönlichen Vorteil davon zu haben – sich mit viel Kraft, Zeit, Emotion und Überzeugung engagiert für das gemeinsame Wollen eingesetzt haben. In ihrem Sinne zum weiteren antifaschistischen Handeln anzuregen, ist das Anliegen dieser Chronik.

Dr. Ulrich Schneider
März 1997

Literatur zur VVN-Geschichte

Eine Auswahl

Quellen:

1. Interzonale Landeskonferenz der VVN, Referate und Erklärungen, Frankfurt/M. 1947 (Reprint des Protokolls, Frankfurt/M. 1977)

Interzonale Juristen-Konferenz des Rates der VVN, 20-22.März 1948 im Gästehaus der Stadt Frankfurt/M., Offenbach 1948

Internationale Gedächtniskundgebung für die Opfer des faschistischen Terrors, 10.bis 12.September 1948, Berlin, Potsdam 1948

Jahrbuch 1949 der Vereinigung der Verfolgten des Naziregimes, hrsg. VVN-Verlag, Berlin 1948

VVN-Kalender 1949, hrsg. VVN-Verlag, Berlin 1948

Die Stimme des anderen Deutschlands, hrsg. VVN-Verlag, Berlin 1949

Jahrbuch 1951 der Vereinigung der Verfolgten des Naziregimes, hrsg. VVN-Verlag, Berlin/Potsdam 1950

Widerstand Gestern und heute, 1955 – 10. Wiederkehr des Befreiungsjahres, Wand-Kalender der VVN, Frankfurt/M. 1954

Die Toten mahnen – seid einig, 1947–1957, IV. Bundeskongreß der VVN in München vom 17.–19. Mai 1957, Frankfurt/M. 1957

Bundeskongreß 1973 der VVN-Bund der Antifaschisten, Frankfurt/M. 1973

Antifaschistische Einheit. Dokumentation der Manifestation vom 10. Mai 1975 in Frankfurt und des Bundeskongresses in Offenbach, Frankfurt/M. 1975

Antifaschistische Alternativen. Dokumentation des Bundeskongresses 1977 in Mannheim, Frankfurt/M. 1977

Antifaschistische Perspektiven oder Wohin steuert die Bundesrepublik?, Dokumentation des Bundeskongresses 1979 in Dortmund, Frankfurt/M. 1979

In der Tradition des antifaschistischen Widerstandes gemeinsam für Frieden, Abrüstung und Demokratie, Dokumentation des Bundeskongresses 1983 in Hamburg, Frankfurt/M. 1983

Darstellungen zur Geschichte der VVN-BdA:

Max Oppenheimer, Vom Häftlingskomitee zum Bund der Antifaschisten, Frankfurt/M. 1972

Max Oppenheimer, Antifaschismus, Tradition, Politik, Perspektive, Frankfurt/M. 1978

Thomas Doerry, Antifaschismus in der Bundesrepublik, Vom antifaschistischen Konsens 1945 bis zur Gegenwart, Frankfurt/M. 1980

Von Buchenwald bis Hasselbach, Organisierter Antifaschismus 1945 bis heute, hrsg. Präsidium VVN-Bund der Antifaschisten, Köln 1987

Kurt Faller/Max Oppenheimer, Vom Häftlingskomitee zum Bund der Antifaschisten, AID-Heft Nr.3, Frankfurt 1982 (zum 35.Jahrestag der Gründung)

Dokumentation: 35 Jahre VVN – Festveranstaltung, 20. März 1982, Düsseldorf, AID-Heft Nr. 5, Frankfurt 1982

40 Jahre VVN-Bund der Antifaschisten, Vom antifaschistischen Konsens zur VVN-Bund der Antifaschisten (1945–1971), (Antifaschismus im Gespräch I/1986), hrsg.Präsidium der VVN-BdA, Frankfurt/M. 1986

Antifaschismus heute, 40 Jahre VVN-Bund der Antifaschisten, (Teil II 1971–1987), (Antifaschismus im Gespräch I/1988), hrsg. Präsidium der VVN-BdA, Frankfurt/M. 1988

Ulrich Schneider, Antifaschistische Ansprüche der Arbeiterbewegung und andere demokratischen Kräfte bei der Konstituierung und Entwicklung der BRD, in: Arbeiterbewegung und Antifaschismus (Schriftenreihe der MES 24), Bonn 1995, S.46-68

Regionale Darstellungen und Dokumentationen zu Einzelfragen:

Biographische und autobiographische Darstellungen:

Esther Bejarano, „Man nannte mich Krümel“, eine jüdische Jugend in den Zeiten der Verfolgung, hrsg. Auschwitz-Komitee in der BRD, Hamburg 1991

Karl Heinz Jahnke, Antifaschisten, Unbequeme Zeugen des 20. Jahrhunderts, Bonn 1994 (Biographien u.a. von Max Oppenheimer, Carola Karg, Ernst Buschmann)

Karl Heinz Jahnke, Antifaschisten, Unbequeme Zeugen des 20. Jahrhunderts, Zweiter Band, Bonn 1996 (Biographien u.a. Hanna Elling, Wolfgang Abendroth, Joseph C. Rossaint, Alfred Hausser)

Gabriel B. Möller/Ulrich Schneider, Antifaschismus am Beispiel eines Lebens, Cilly Schäfer zum 80. Geb., Marburg 1978

Ulrich Schneider (Hrsg), Stationen eines Antifaschisten, Autobiographisches und Biographisches aus dem Leben des Antifaschisten und Kommunisten Fritz Schmidt, (Kasseler Hefte 5), Kassel 1986

Willi Belz, Kassel 1945 – was kam danach? Bd.1 (1945–1958), Kassel 1978

Willi Belz, Kassel 1945 – was kam danach? Bd.2 (1959–1972), Kassel 1982 (Willi Belz war Mitglied im Bundesvorstand und schrieb für die „Tat“)

Josef Schappe, Ratingen, Dokumentation (14. Juni 1989: Verleihung der Ehrenmedaille des antifaschistischen deutschen Widerstandes) hrsg. VVN-BdA Kreis Mettmann, Manfred Demmer, Mettmann 1989

Verfolgung der VVN bzw. der Antifaschisten:

Unter Hitler im KZ – unter Adenauer im Gefängnis, eine Dokumentation, hrsg. Komitee zum Schutz der Menschenrechte, Berlin/DDR, o.J. (1962)

Diether Posser, Anwalt im Kalten Krieg, München 1991 (mit Informationen über das Verbotsverfahren)

Altlasten der politischen Justiz, Politische Strafjustiz der Bundesrepublik in den 50er und 60er Jahren – Wirkungen des Antikommunismus im Kalten Krieg, (Schriftenreihe der MES 16), Wuppertal 1991

Lutz Lehmann, Legal & opportun, Politische Justiz in der Bundesrepublik, Frankfurt (Voltaire-Verlag) 1964

Baden-Württemberg:

VVN Baden-Württemberg, 20 Jahre Ringen, Stuttgart 1967

Christiane Toyka-Seid, „Nicht in die Lage versetzt, Erbauer eines friedlichen Deutschland zu sein", in: Formen des Widerstandes im Südwesten 1933–1945, Ulm 1994, S. 270–283

Bremen:

Willy Hundertmark, Antifaschismus gegen Antikommunismus. Die VVN im Kalten Krieg, in: Butterwegge/Brock/Dressel/Voigt (hrsg.), Bremen im Kalten Krieg, Bremen 1991, S.133-136

Hamburg:

Albin Stobwasser, Notizen zur Geschichte der VVN-Hamburg, in: Betr: Heimatkunde, Hamburg 1980 (S.59–69)

Albin Stobwasser, Die den roten Winkel trugen, Zur Geschichte der VVN-Bund der Antifaschisten Hamburg, Hamburg 1983

Vierzig Jahre und ein Tag, Antifaschistische Revue zum Befreiungstag – Vom Häftlingskomitee zum Bund der Antifaschisten, Hamburg 1987

W.D. Schmidt, „Wir sind die Verfolgten geblieben", zur Geschichte der VVN in Hamburg 1945–1951; in: Jörg Berlin (Hrsg.), Das andere Hamburg, freiheitliche Bestrebungen in der Hansestadt seit dem Spätmittelalter, Köln 1981, S. 329–356

Hessen:

Das Vermächtnis bleibt!, Dokumentation zu 15 Jahren VVN in Hessen, Frankfurt/M. 1962

30 Jahre VVN (Marburg/Biedenkopf), Marburg 1977, (Lokalgeschichte der VVN)

40 Jahre Vereinigung der Verfolgten des Naziregimes (Hessen), Frankfurt/M. 1987 (Dokumente zur Frühgeschichte der hessischen VVN)

Jörg Ehret, Gründung der Vereinigung der Verfolgten des Naziregimes (VVN), in: Ulrich Schneider u.a.(Hrsg.), Als der Krieg zu Ende war, Hessen 1945, Frankfurt/M. 1980, S.139–145

Niedersachsen:

Regina Hennig, Entschädigung und Interessenvertretung der NS-Verfolgten in Niedersachsen 1945–1949, Hannover 1991 (incl. Frühgeschichte der niedersächsischen VVN)

Stefan Höpel, Das demokratische Gewissen der Bundesrepublik, Politik der VVN gegen die Neonazis, Hannover 1989 (Geschichte der VVN in den 70er Jahren, Schwerpunkt Niedersachsen)

Kalter Krieg in Niedersachsen, hrsg. Kurt Baumgarte u.a. (mit Informationen zum VVN-Verbotsprozeß bzw. Verfolgung von Antifaschisten)

Maris von Fransecky, Alles, was vergessen wird, geschieht, Lebensgeschichte der Gertrud Schröter, Fischerhude 1988

Carsten Schellhorn, Wiedergutmachung in Niedersachsen. Die Diskussion um die Entschädigung von Opfern des Nationalsozialismus, (Wiss. Hausarbeit) Hannover 1994

40 Jahre Vereinigung der Verfolgten des Naziregimes in Niedersachsen, 40 Jahre antifaschistischer Kampf, hrsg. VVN-BdA, Landesverband Niedersachsen, Hannover 1987

Nordrhein-Westfalen:

Manfred Demmer, Zur Arbeit der Kommunisten im Bezirk Niederrhein in den Jahren 1945/46, in: Irrtum oder Alternative? (Tagung: Neuansätze in der Arbeiterbewegung) (Schriftenreihe der MES, Berlin/Wuppertal 1992, S.79–102

Manfred Demmer, Wider den Mythos vom Mythos Antifaschismus, in: Zum Deutschen Neuanfang 1945–1949, (Schriftenreihe der MES 19, Bonn 1993, S. 231–243 (Frühgeschichte der VVN, vor allem in der britischen Zone)

Hartmut Hering, Antifaschismus ist mehr als eine Gegenbewegung, 40 Jahre Kampf für Frieden, Demokratie und sozialen Fortschritt am Beispiel der VVN-Bund der Antifaschisten Gelsenkirchen, Gelsenkirchen 1988

Rheinland-Pfalz:

Hermann Morweiser, Besatzungsmacht und Intrigen der Besatzungsmacht, (incl. VVN-Frühgeschichte) in: Einheitsbestrebungen der Arbeiterbewegung nach 1945 im Südwesten Deutschlands, Mannheim 1993, S.24–32

Sowjetische Zone und DDR:

Conrad Taler, Vertanes Erbe, in: Leviatan 2/93, S. 254–271

Programm und Statut der Vereinigung der Verfolgten des Naziregimes (VVN) für die sowjetische Besatzungszone, Reprint, Berlin 1995

Jan Foitzik, Vereinigung der Verfolgten des Naziregimes (VVN), in: Broszat/Weber (Hrsg): SBZ-Handbuch, München 1992, S.748–759

Ralf Kessler/ Hartmut Rüdiger Peter, Antifaschisten in der SBZ, in: Vierteljahresheft für Zeitgeschichte, Heft 4/95, S. 611–633

BIOGRAMME

Die folgenden, alphabetisch geordneten kurzen Biographien verstorbener Kameradinnen und Kameraden, von denen viele zur Gründergeneration der VVN gehörten, können keinen Anspruch auf Vollständigkeit erheben.
Daß manche Landesverbände stärker, andere weniger vertreten sind, bedeutet keinerlei Bewertung oder Gewichtung. Das gleiche gilt für die oft sehr unterschiedliche Länge oder Kürze der Biogramme, die uns von den Landesverbänden zugesandt wurden. Und es gilt auch für das Fehlen von Fotos bei einigen Biogrammen – hier waren einfach keine Bilder zu erhalten.

Marcel Frenkel, Oskar Müller, Martin Niemöller und Josef C. Rossaint sind innerhalb von Jahreskapiteln gewürdigt.

Victor Andersen

Am 8. Mai 1995 war Victor Andersen aus Uetersen noch mit dabei: glücklich darüber, daß der 50. Jahrestag wirklich als Tag der Befreiung begangen wurde, und daß er seinen ganz persönlichen Anteil daran hatte. Wenige Tage danach starb er an den Folgen eines Herzinfarktes.

In Elmshorn war Victor am 5. Mai der Hauptredner einer Veranstaltung im Industriemuseum, die von einem breiten Bündnis organisiert wurde. Über eine Stunde sprach er lebhaft, ohne Manuskript, und vor allem viele junge Menschen hingen an seinen Lippen.

Victor Andersen, der sein Leben lang Mitglied der SPD war, hat stets die Gemeinsamkeit der Antifaschisten gefordert. Deshalb hat er sich als Mitglied der VVN auch nie an den von seiner Partei verhängten Unvereinbarkeitsbeschluß gehalten.

„Sozialdemokraten und Kommunisten haben viele gemeinsame Aktionen gegen den heraufkommenden Faschismus durchgeführt", betonte er immer wieder. Nicht nur in Uetersen, wo er Schufo-Führer des Reichsbanners gewesen war, hätten sie gemeinsam demonstriert, viele von ihnen seien zusammen von der Gestapo verhaftet und in einem gemeinsamen Prozeß verurteilt worden. Victor Andersen erhielt im Offenborn-Prozeß, in dem 269 Kommunisten und Sozialdemokraten aus dem Kreis Pinneberg wegen „Hochverrats" verurteilt wurden, vier Jahre Gefängnis, die er überwiegend im KZ Esterwegen verbüßte. Nach 1945 hat er als Kreisjugendpfleger vielen jungen Menschen geholfen, die Hintergründe des Faschismus zu erkennen und Lehren zu ziehen.

MW

Emil Baumann

Nach der Machtübergabe an die Nazis wurde Emil Baumann (1901–1991) als einer der ersten verhaftet und zwischen 1933 und 1936 ins Konzentrationslager Ankenbuck und Kislau eingesperrt. Eine Beurlaubung in Kislau nutzte er, um mit Hilfe von Kehler Genossen per Schiff nach Basel zu flüchten. Sein Ziel waren die Internationalen Brigaden in Spanien. Als Offizier der Brigade Thälmann war er zuerst als Ausbilder an der Kriegsschule in Albacete, meldete sich jedoch bald an die Front.

Nach der blutigen Niederlage der Spanischen Republik flüchtete Emil Baumann nach Frankreich, wo er interniert wurde. Der drohenden Auslieferung an Nazi-Deutschland entging er durch eine weitere Flucht nach Luxemburg. Ein Jahr später wurde der inzwischen steckbrieflich Gesuchte verhaftet.

Nach der Befreiung wurde er von den französischen Behörden als Bürgermeister in Legelshurst eingesetzt und widmete sich dem Aufbau der zerstörten Region. Emil Baumann gehörte zu den Gründern der VVN im Raum Kehl-Offenburg. Seinen Lebensabend verbrachte er in einer Wohngemeinschaft von jungen Antifaschistinnen und Antifaschisten.

HAU

August Baumgarte

Geboren am 11. November 1904 in Hannover, wurde August Baumgarte Anfang der Zwanziger Jahre Mitglied von SAJ (Sozialistische Arbeiterjugend), SPD und den Juso's. Er machte eine Ausbildung zum Schlosser und trat schon bald in die Gewerkschaft ein, war u.a. Betriebsrat bei der Firma Seegers.

1925 trat er aus der SPD aus, 1926 wurde er Mitglied der KPD. Er war Leiter des Kampfbundes gegen den Faschismus in Niedersachsen.

1932 kam es zum ersten Prozeß gegen August Baumgarte, angestrengt von Gustav Noske (SPD), Oberpräsident der Preußischen Provinz; er wurde zu einer mehrmonatigen Gefängnisstrafe verurteilt. 1933 verhaftete ihn die Gestapo, er verbrachte über ein Jahr in den Konzentrationslagern Moringen und Esterwegen. Nach kurzer Zeit der Freiheit, in der er seine antifaschistische Widerstandsarbeit im Untergrund in Chemnitz fortsetzte, wurde er 1935 zu sechs Jahren Zuchthaus in Waldheim verurteilt. 1941 kam er in das KZ Sachsenhausen, kurz vor Kriegsende wurde er in das KZ Mauthausen verlegt, so daß er mehr als 11 Jahre in faschistischen Lagern verbrachte. Mit 29 Jahren kam er nach Moringen, mit 41 Jahren nach Hannover zurück. Er wurde Mitglied der KPD, Funktionär in der Bezirksleitung der KPD und war einer der Gründer der VVN in Hannover.

1956 aufgrund des KPD-Verbots zu drei

Jahren Gefängnis verurteilt, saß er erneut hinter Gittern.

Nach der Haftentlassung nahm er seine Arbeit in der VVN Niedersachsen wieder auf. Als Mitglied des Landesvorstandes und als Landesekretär befaßte er sich bis zu seinem Tode mit der Aufarbeitung der Geschichte des Widerstandes in Niedersachsen.

„Freiheit für die VVN"

Am 29. November 1962 begann der Verbotsprozeß gegen die VVN vor dem Bundesverwaltungsgericht in Berlin. Am 30. November 1962 platzte der Prozeß. „Herr Dr. Werner, Sie sind ein alter Nazi!", so begann der dramatische Auftakt. August Baumgarte, Sekretär der VVN Niedersachsen, übergab dem Vorsitzenden des Senats, Dr. Fritz Werner, Fotokopien von Dokumenten, die ihn belasteten und aus denen hervorging, daß er seit 1931 Mitglied der SA gewesen war und in seiner 1934 veröffentlichten Dissertation nazistische Auffassungen vertreten hatte. Der Prozeß wurde ausgesetzt und nie wieder aufgenommen.

Eine Entschädigung für seine Haftzeiten in der NS-Zeit nach dem Bundesentschädigungsgesetz hat August Baumgarte bis zu seinem Tode nicht erhalten. Er starb am 6. April 1980 in Hannover.

IM

Charlotte Baumeister

Charlotte Baumeister, geb. Davidsohn, wurde am 9. Dezember 1911 in Bremerhaven geboren. Sie starb am 17. Januar 1994 in Peine.

Viele Jahre war sie Kreisvorsitzende der VVN-BdA in Stade, und lange Zeit gehörte sie auch dem Landesvorstand an.

Als Halbjüdin ging sie 1934 das erste Mal nach England, sie emigrierte 1939 endgültig. Sie lernte dort ihren Mann Alfred kennen, der als Kommunist auf der Insel politisches Asyl fand. In der Reichspogromnacht wurde das Spielzeuggeschäft ihrer Eltern in Bremerhaven zerstört, und sie lebte in ständiger Sorge um das Wohlergehen der beiden.

In den sechziger Jahren gab sie zusammen mit Lotte Mannel das „Kinderecho" heraus. Damit wurden Jugendliche und Kinder aus Niedersachsen mit antifaschistischem Gedankengut bekanntgemacht und ermuntert, sich für eine friedliche Zukunft und gegen neofaschistische Ideen und Umtriebe einzusetzen.

PB

Aurel Billstein

In Krefeld am 29. September 1901 geboren, findet der Sohn aus sozialistischem Elternhaus früh in die Reihen der Arbeiterbewegung. Seit 1924 Mitglied der KPD, wurde er 1931 als Stadtverordneten der KPD in Krefeld gewählt. Schon 1933 verhaftet wurde er bis September im KZ Sonnenburg inhaftiert. Da er wieder illegal tätig wurde, erfolgte eine erneute Verhaftung und – wegen Vorbereitung zum Hochverrat – sieben Jahre Zuchthaus in Lüttringhausen und Celle. 1944 wurde er in das Strafbataillon 999 gepreßt. Erst 1947 kehrte er aus der Kriegsgefangenschaft zurück.

In seiner Heimatstadt vertrat er von 1948 bis 1952 erneut die KPD im Stadtparlament. Der gelernte Schlosser fand auch in seiner beruflichen Tätigkeit Anerkennung. Seit 1961 wurde er von den Kollegen zum Betriebsratsvorsitzenden und Mitglied der Ortsverwaltung der IG Metall gewählt.

Das besondere Anliegen von Aurel Billstein, der seit seiner Rückkehr 1947 Mitglied der VVN war, lag im Bereich der Geschichtsarbeit. Als Mitarbeiter der Landesgeschichtskommission legte er unter dem Titel „Der eine fällt, die andern rücken nach" die erste Dokumentation über Verfolgung und Widerstand in Krefeld vor. Es folgten zahlreiche Broschüren, die mit einer Gesamtauflage von über 40.000 Exemplaren in Schulen, aber auch weit über Krefeld hinaus Verbreitung fanden. Als Zeitzeuge und Historiker gab er vielen jungen Leuten damit Impulse für eigene Geschichtsarbeit. Auf Vorschlag des DGB wurde ihm dafür 1991 das Bundesverdienstkreuz 1. Klasse verliehen. Er war Träger der Ehrenmedaille des deutschen Widerstandes und seit 1990 Ehrenbürger der Stadt Krefeld.

Aurel Billstein starb am 12. Februar 1996.

Willi Bleicher

Willi (Stuttgart 1907–1981) ist ein echtes Kind der Arbeiterbewegung. Schon in jungen Jahren wurde er Mitglied bei der Metallarbeiter-Gewerkschaft, beim Arbeitersport und der kommunistischen Jugend.

Anfang 1933 emigrierte er in die Schweiz, von dort abgeschoben nach Frankreich, kehrte er 1934 nach Stuttgart zurück und leitete im Rahmen einer Gruppe illegalen Widerstand.

Verhaftung, 3 Jahre Gefängnis in Ulm, danach über KZ Welzheim nach Buchenwald. Dort kam er in die Effektenkammer, wo er ab 1944 das jüdische Kind Jascho versteckte.

Anfang 1945 wird er mit anderen Häftlingen verschleppt und in Eger von US-Truppen befreit. Nach seiner Rückkehr nach Stuttgart wird er sofort Mitarbeiter in dem antifaschistischen Arbeitsausschuß seines Stadtbezirkes. Seit der Gründung der Gewerkschaften hat Willi bis zu seinem Ruhestand in leitenden Organen der IG Metall und des DGB aktiv gewirkt. In vielen Tarifauseinandersetzungen war er der anerkannte Streikführer. Willi gehört zu den Begründern der VVN. Über seine gewerkschaftlichen Funktionen hat er vielen jungen Kollegen Faschismus und seine Lehren vermittelt. Mit ihnen hat er Fahrten nach Buchenwald, Lidice und Auschwitz durchgeführt. In vielen Ehrungen wurde ihm für sein Engagement gedankt. In zahlreichen Dokumentationen ist das vorbildliche Wirken dieses mutigen Antifaschisten und Gewerkschafters gewürdigt. HAU

Elisabeth (Yvette) Bloch

9. Februar 1909 – 14. Mai 1992

Schon in jungen Jahren hatte sie sich aus ihrem kleinbürgerlichen Elternhaus in Transsilvanien frei gemacht und ging nach Paris, wo sie als Schneiderin in der Haute Couture arbeitete. Mit jugendlichem Elan verfolgte sie weiter ihren politischen Weg, der sie über antifaschistische Aktionen und Tätigkeiten im Rahmen der Arbeiterbewegung in die Reihen der Französischen Kommunistischen Partei führte.

Begeistert erlebte sie die Tage der Volksfront in Frankreich und unterstützte – wenn auch mit Bangen – ihren Ehemann, als er sich zur Verteidigung der spanischen Republik den Internationalen Brigaden anschloß.

Im besetzten Frankreich von 1940 bis zur Befreiung schonte sie sich nicht: Mit ganzer Kraft hat sie Hervorragendes geleistet im Widerstand gegen die deutschen Besatzer und ihre französischen Helfershelfer. Mutig und zuverlässig, so wie es ihrem Selbstverständnis entsprach, setzte sie sich ein im Kampf für die Beendigung des Krieges, für ein besseres Deutschland, für eine humane Welt.

Tief getroffen in ihrem persönlichen Leben hat sie die Trennung von ihrer kleinen Tochter Annette, die notwendig wurde, um das Kind nicht durch die Widerstandsarbeit ihrer Eltern zu gefährden.

1945 kam Yvette nach Frankfurt a.M., um am Aufbau eines demokratischen Deutschland mitzuwirken. In ihrer ständigen Arbeit in der VVN und in ihrer festen Verbundenheit zu ihrer Partei, der sie bis zu ihrem Tod – trotz mancher Kritik – die Treue hielt, sah sie die beste Möglichkeit, ihrer Zielsetzung gerecht zu werden.

WS

Willi Bohn

Vor 1933 Chefredakteur der „Süddeutschen Arbeiterzeitung" für Württemberg. Nach 1933 Illegalität.

In seinem Versteck am Bodensee bereitet er die Drucklegung der illegalen KPD-Zeitungen in der Schweiz vor. Zwei Ausgaben erscheinen und werden über den Bodensee eingeschmuggelt und verbreitet. Oktober 1934 in Berlin verhaftet. 10 Jahre Zuchthaushaft in Ludwigsburg und Vaihingen/Enz.

Nach der Befreiung wieder als Journalist bei der Stuttgarter Zeitung, später Chefredakteur der KPD-Zeitung „Volksstimme" bis zum Verbot 1956. KPD-Stadtrat in Stuttgart von 1946–1959. In dieser Eigenschaft hat er maßgeblich zur Errichtung des zentralen Mahnmals für die Opfer des Nationalsozialismus in Stuttgart beigetragen. Er war ein hervorragender Redner und konnte junge Menschen begeistern. Er hat mehrere Dokumentationen über den antifaschistischen Widerstand geschrieben, die im damaligen Röderberg-Verlag erschienen sind: „Stuttgart Geheim!" (4 Auflagen), „Transportkolonne Otto", „Hochverräter", „Einer von Vielen".

HAU

Richard Brennig

Richard Brennig aus Peine, geboren am 12. Mai 1897 und gestorben am 10. August 1978, gehörte zu den herausragenden antifaschistischen Persönlichkeiten in der Fuhsestadt. Er war Mitbegründer der Peiner VVN und jahrelang im geschäftsführenden Landesvorstand der VVN in Niedersachsen tätig.

Richard Brennig war der erste Landrat des Landkreises Peine von April 1945 bis Oktober 1946. Im Anschluß daran gehörte er bis Oktober 1952 dem Kreistag des Landkreises Peine an. Richard Brennig hat damit unmittelbar nach der Befreiung an maßgeblicher Stelle beim Wiederaufbau der kommunalen Selbstverwaltung im Landkreis Peine mitgewirkt.

Mit dem Buch „Peine unter der NS-Gewaltherrschaft", das unter seiner maßgeblichen Mitarbeit entstand, ist den Verfolgten und Widerstandskämpfern ein unsterbliches Andenken gesetzt worden. In dem Anhang „Demokratischer Wiederaufbau in Stadt und Kreis Peine 1945/46" schildert er die Probleme und Schwierigkeiten kurz nach Kriegsende. In der „Gemeinschaft zur Wahrung demokratischer Rechte", in der Richard Brennig an führender Stelle tätig war, setzte er sich für finanzielle und juristische Hilfe für Neuverfolgte nach dem KPD-Verbot ein. Er selber wurde dafür ein Jahr inhaftiert.

PB

Alfred Bringmann

Alfred Bringmann aus Lübeck gehörte seit Gründung der VVN zu ihren aktivsten Vertretern. Sein Lebenslauf spiegelt eine ganze geschichtliche Epoche wider.

Acht Söhne gehörten zur Familie Bringmann, von denen sechs bereits vor 1933 in den Arbeiterjugendorganisationen der SPD und KPD arbeiteten und in der Nazizeit als Widerstandskämpfer verfolgt wurden.

Alfred, der zweitälteste Sohn, wurde 1909 geboren. Es war selbstverständlich, daß er mit 15 Jahren in die SAJ eintrat, denn sein Vater war überzeugter Sozialdemokrat. In dieser Zeit vor 1933 gab es hitzige Diskussionen über das fehlende Eingreifen der SPD gegen Hitler, und als die „radikalen Linken" aus der SAJ ausgeschlossen wurden, war auch Alfred unter ihnen. Er ging in den KJVD.

Schon am 10. Juli 1933 wurde er verhaftet und in verschiedene Haftanstalten geschleppt. Er war in Untersuchungshaft in Lübeck, zwei Jahre im KZ Neuengamme und seit 1936 in Sachsenhausen, wo er als „politisch Rückfälliger" in Isolierhaft kam.

Er scheute keine nachteiligen Konsequenzen, wenn es darum ging, seinen Mithäftlingen im Lager das schwere Los zu erleichtern. Sein solidarisches Verhalten stärkte den Überlebens- und Widerstandswillen seiner Kameraden. Im April 1945 wurde er mit fast 30.000 anderen Häftlingen auf den Todesmarsch nach Lübeck geschickt. Kurz vor Schwerin wurde der Zug von den Alliierten gestoppt. Sie waren endlich frei.

MW

Ernst Buschmann

Als viertes Kind einer Arbeiterfamilie wurde Ernst Buschmann am 8. November 1914 in Solingen-Wald geboren. Schon während des Besuches der Volksschule war er im Arbeiter-Kinderchor und im Arbeiter Turn- und Sportbund organisiert. 1929 begann er eine Elektrolehre und trat dem Kommunistischen Jugendverband bei. In seinen Reihen nahm er 1933 die illegale Tätigkeit gegen den Hitlerfaschismus auf und wurde 1934 Mitglied der KPD. Anfang 1934 mußte er nach Holland flüchten.

Von März 1937 bis Februar 1939 kämpfte er in den Internationalen Brigaden in Spanien und wurde Kommandeur des Bataillons „Edgar André" in der 11. Internationalen Brigade. In Frankreich wurde er 1939 in mehreren Lagern interniert, zum Schluß im Sondergefängnis Castres, aus dem ihm im September 1943 mit weiteren 35 Hätlingen die Flucht gelang. Danach nahm er am illegalen antifaschistischen Widerstand teil.

Nach seiner Rückkehr nach Deutschland im Juli 1945 arbeitete er zunächst im Bezirk Koblenz. Dort war er Mitbegründer der Einheitsgewerkschaft und Abgeordneter der KPD. Seit Konstituierung der VVN gehörte er dem Landesvorstand Rheinland-Pfalz an. Auch war er u.a. Vorsitzender der Gemeinschaft ehemaliger deutscher Widerstandskämpfer in den vom Faschismus okkupierten Länder (IEDW) und später Mitvorsitzender der DRAFD (Verband Deutscher in der Resistance), sowie Mitglied des Präsidiums der VVN-BdA.

Er erhielt zahlreiche Auszeichnungen. Wegen maßgeblicher Beteiligung an der Befreiung der Stadt im September 1944 wurde er Ehrenbürger der französischen Stadt Villeurbanne.

Ernst Buschmann starb am 31. Januar 1996 in Düsseldorf.

WS

Willi Cronauer

Den 1901 in Oberbayern geborenen Willi Cronauer führt seine humanistische Gesinnung zum antifaschistischen Widerstand. Viermal wird er von den Nazis eingesperrt. Ihm ist es 1945 mit zu verdanken, daß die bayerischen Orte Dachau, Gründing und Mittendorf sowie das KZ Dachau nicht noch wenige Tage vor der Befreiung dem Erdboden gleichgemacht wurden.

In Verhandlungen mit dem Kommandeur einer Großkampfbatterie der Wehrmacht erreichte er, daß die Orte verschont wurden.

Nach der Befreiung gehört Willi Cronauer als Vertreter der SPD der verfassunggebenden Landesversammlung Bayerns an. Mehrere Jahre ist er als Oberregierungsrat im bayerischen Kultusministerium tätig, gerät mit dem konservativen Minister in Konflikt und scheidet schließlich aus dem Staatsdienst aus.

Cronauer betätigt sich auf verschiedenen kulturellen Gebieten, unter anderem als Filmemacher. Der Dokumentarstreifen „Fronleichnam 1945", den er im kriegszerstörten München dreht. gehört zu den wichtigsten zeitgeschichtlichen Filmarchivalien der bayerischen Landeshauptstadt.

Von 1961 bis 1969 ist Willi Cronauer einer der vier Präsidenten der VVN in der Bundesrepublik. Er stirbt 1974.

EA

Dr. Joseph E. Drexel

1896 in einem bürgerlichen Elternhaus geboren, engagiert er sich als Jugendlicher in nationalkonservativen Kreisen und ist 1919 als Mitglied des reaktionären „Freikorps Oberland" an der Zerschlagung der bayerischen Räterepublik beteiligt.

Über die Freundschaft mit Ernst Niekisch kommt er in dessen „Widerstandskreis". In der NS-Zeit leitet Drexel die Gruppe dieses Kreises in Nürnberg und gibt illegale Schriften über die Verbrechen des NS-Regimes heraus. Er nimmt Kontakte zum Arbeiterwiderstand und zu oppositionellen Offizierskreisen auf.

1937 kann die Gestapo die Widerstandsgruppe aufrollen; Drexel wird zu mehreren Jahren Zuchthaus verurteilt, die er in Amberg verbüßt; danach wird er in die Konzentrationslager Mauthausen und Flossenbürg verschleppt. In den Begleitpapieren der Nazis steht „Ru", „Rückkehr unerwünscht".

Nach der Befreiung vom Faschismus erhält

Joseph E. Drexel durch die amerikanische Besatzungsmacht die Lizenz für die Herausgabe der „Nürnberger Nachrichten", heute eine der größten bayerischen Tageszeitungen. Als Zeitungsherausgeber und kritischer Publizist greift er in die aktuellen politischen Diskussionen ein. Im Gegensatz zu seinem auch nach 1945 völkisch-nationalistisch motivierten ehemaligen Kampfgefährten Ernst Niekisch zeugen seine Artikel von tiefem Humanismus und sind stets ein Appell zu Frieden und Völkerverständigung.

Drexel ist Mitglied der VVN, die er Zeit seines Lebens auch materiell großzügig unterstützt, und ihres Ehrenpräsidiums. Er stirbt im April 1976.

EA

Herta Dürrbeck

Herta Petermann wurde am 25. September 1914 in Misburg bei Hannover geboren. Sie war schon früh als junge Pionierin, im KJVD, bei der Roten Hilfe und in der Gewerkschaft, sie war Sekretärin, gegen Faschismus und Krieg aktiv.

Nach 1933 wurde sie aufgrund eines Verrates verhaftet, beim Gestapoverhör schwer geschlagen und nach neun Monaten Untersuchungshaft, ohne Besuchs- und

Schreiberlaubnis, zu 1½ Jahren Gefängnis verurteilt. In der Haft erkrankte sie an Herz und Nieren schwer, blieb aber ohne ärztliche Behandlung.

Nach der Haftentlassung stand sie weiterhin unter Gestapo-Überwachung. Inzwischen hatte sie Karl Dürrbeck geheiratet, der im gleichen Prozeß wie Herta verurteilt worden war. 1939 wurde der gemeinsame Sohn Peter geboren. Karl Dürrbeck starb schon früh an seinen Spätfolgeschäden an einem Herzinfarkt. Herta war aufgrund der Haftbedingungen immer wieder krank und mußte mehrmals ins Krankenhaus.

1949 wurden ihr 40 % Haftschaden anerkannt, der später allerdings auf 30 % herabgesetzt wurde. Nach 1945 setzte sie sofort ihre politische Arbeit fort und war u.a. von 1947–1953 Mitglied des Bezirks- und Landesverwaltungsgerichtes und ab dem 28. April 1953 Abgeordnete des Niedersächsischen Landtages für die KPD. Auch im Demokratischen Frauenbund Deutschlands (DFD) und in der Internationalen Frauenliga für Frieden und Freiheit aktiv, wurde sie unter Adenauer erneut verfolgt.

In der VVN hatte sie viele Funktionen inne, war u.a. im Kreis- und im Landesvorstand und im Präsidium.

Nach einem Schlaganfall 1990, von den sie sich nicht wieder erholte, starb sie am 2. April 1995 in Hannover.

SK

Hans Eiden

In Trier wurde Johann Eiden (24.11.1901 bis 6.12.1950) als Sohn eines Eisenbahnarbeiters geboren. Er lernte Dreher und war bei der Deutschen Reichsbahn beschäftigt. Arbeitslos geworden, trat er der KPD bei und wurde Stützpunktleiter des Kampfbundes gegen den Faschismus.

Schon am 1. März 1933 wurde er kurzzeitig in Schutzhaft genommen. Die Wiederaufnahme seiner Widerstandstätigkeit brachte ihm 1936 die Verhaftung und eine Anklage wegen „Vorbereitung zum Hochverrat". Hans Eiden wird zu gut 3½ Jahren Zuchthaus verurteilt, jedoch nach der Verbüßung seiner Strafe im September 1939 ins KZ Buchenwald überführt.

Nachdem er sich als Kapo der Häftlingsbekleidungskammer bereits für die Mithäftlinge eingesetzt hatte, wurde er im Juni 1943 von der SS als Lagerältester II eingesetzt, im November 1944 sogar zum Lagerältesten I „befördert". In dieser Funktion trug er maßgeblich zur Rettung von 4.700 jüdischen Gefangenen und der 46 Häftlinge, die auf den Liquidationslisten standen, in den letzten Tagen des KZ Buchenwald bei. Am 11.April 1945 ist er einer der Leiter der Selbstbefreiung des Lagers. Um 15.15 Uhr konnte er über den Lagerlautsprecher verkünden: „Kameraden, die Faschisten sind geflohen! Wir sind frei! „ Am 13. April wird er vom neuen amerikanischen Lagerverantwortlichen als Lagerältester bestätigt.

Ende Mai 1945 kehrte er nach Trier zurück und wird dort in den Bürgerrat berufen. Er übernahm Funktionen in der KPD und wurde Landtagsabgeordneter seiner Partei in Rheinland-Pfalz.

Im Herbst 1946 veröffentlichte er bereits seine Erinnerungen „Das war Buchenwald". Bei der Gründung der Bezirksorganisation Trier der VVN wurde er zu einem der drei Vorsitzenden gewählt. Alljährlich sprach er bei den Gedenkfeiern für die Opfer des Faschismus im September am Trierer Ehrenmal. Am 6. Dezember 1950 stirbt Hans Eiden an den gesundheitlichen Folgen seiner langjährigen Haft im Zuchthaus und KZ Buchenwald.

Hanna Elling

Sie hat sich nie in den Vordergrund gedrängt, hat nie von sich reden gemacht – sogar in ihrem eigenen Buch „Frauen im deutschen Widerstand" kommt sie nicht vor, obwohl sie aktiven Widerstand geleistet und Verfolgung erlitten hat.

Nach dem Reichstagsbrand wird sie gesucht; sie kann zunächst untertauchen und sammelt Geld zur Finanzierung der kommunistischen Widerstandstätigkeit.

Verhaftung im August 1933, im Oktober 1933 Einlieferung in das Frauen-KZ Moringen. Sechs Monate KZ-Haft haben ihr Leben nachhaltig geprägt: Sie fand Genossinnen und Freundinnen, denen sie bis zu ihrem Tode persönlich und politisch verbunden blieb; sie setzt ihren Widerstand gegen das NS-Regime fort und arbeitet in der Elen-Thiele-Gruppe mit. Es gelingt ihr, ihren Freund Kurt Elling aus dem KZ Lichtenburg herauszuholen; gemeinsam setzen sie im Kontakt mit der Saefkow-Jacob-Bästlein-Gruppe ihren Widerstand fort.

Nach der Befreiung sind beide beteiligt am Bau eines demokratischen Deutschland – Kurt Elling als kommunistischer Landrat in Burgdorf, Hanna u. a. als Mitbegründerin der „Gemeinschaft zum Schutz der Kinder".

In den sechziger Jahren beginnt Hanna Elling, Zeugnisse des Widerstandes und der Verfolgung zu sammeln, sie führt Gespräche, macht Interviews, arbeitet zunächst in der Geschichtskommission der VVN Niedersachsen, später beim Bundes-

vorstand der VVN in Frankfurt. 1967 ist sie Mitbegründerin des „Studienkreises deutscher Widerstand", der fortan zum Schwerpunkt ihrer Tätigkeit wird.

Ihr 1977 bei Röderberg erschienenes Buch „Frauen im deutschen Widerstand" wird zu einem Meilenstein in der Frauengeschichtsschreibung und erlebt mehrere Auflagen. In den achtziger Jahren ist Hanna Elling Initiatorin und Mitarbeiterin der noch heute laufenden Ausstellung „Schwestern, vergeßt uns nicht" über politische Häftlingen in den Frauen-KZ Moringen, Lichtenberg und Ravensbrück.

PA

Otto Elsner

wurde am 9. April 1888 in Goile bei Posen geboren. Nach seiner Lehre als Maurer ging er auf „Wanderschaft", die 1912 in Celle endete. Aber schon 1906 war er in der Baugewerkschaft Mitglied geworden. Auch wurde er Mitglied der SPD und gehörte der revolutionären Gruppe um Karl Liebknecht an.

Von 1914 bis 1918 war er Soldat, 1918 trat er in die USPD ein. In der Weimarer Republik war Otto Elsner ununterbrochen für die KPD, die er in Celle mitgegründet hatte, als Kommunalvertreter im Rat der Stadt Celle.

Am 3. März 1933 wurde er von der GESTAPO auf offener Straße verhaftet, ins

Celler Gefängnis eingeliefert und gelangte schließlich über Plötzensee ins Konzentrationslager Sonnenburg/Oder. Im September 1933 wurde er dort entlassen. Im Oktober 1934 erneut verhaftet, wurde er wegen „hochverräterischen Unternehmens“ angeklagt und zu 15 Monaten Zuchthaus verurteilt, die er im Zuchthaus Celle verbüßte. Nach 15 Monaten wurde er nicht entlassen, sondern ins Konzentrationslager Esterwegen und danach ins KZ Sachsenhausen überführt. Am 6. Januar 1939 wurde er aus dem KZ entlassen. Am 9. November 1939, anläßlich des Attentats auf Hitler in München erneut verhaftet, blieb er bis Ende 1939 in Haft. Am 22. Juli 1944 wurde er erneut verhaftet, nachdem das Attentat auf Hitler vom 20. Juli 1944 mißlungen war. Otto Elsner blieb bis Anfang 1945 im KZ Fuhlsbüttel (Neuengamme) inhaftiert. Am 10. Mai 1945 setzte ihn die britische Militärregierung als Dezernenten für Wohnungs- und Siedlungswesen in Celle ein. Von 1946 bis 1953 war er wieder als Ratsherr im Rat der Stadt Celle für die KPD, die er 1946 wiederum mitgegründet hatte.

1947 war er Mitbegründer der VVN Kreisvereinigung Celle, deren Kreisvorsitzender, wurde in den Landesvorstand der VVN Niedersachsen gewählt und war auch viele Jahre im Präsidium.

1950 wurden ihm aufgrund einer Entscheidung des Bundesgerichtshofs Leistungen nach dem Bundesentschädigungsgesetz entzogen. Er strengte eine Klage beim Landessozialgericht an sowie eine Berufung vor dem Bundesverfassungsgericht. Es dauerte drei Jahre, bis dieses Gericht die Entscheidung des Bundesgerichtshofs aufhob und Otto Elsner somit für viele Betroffene ehemalige Verfolgte des Naziregimes ein positives Urteil erstritten hatte.

1968 erhielt er die Ehrung der Gewerkschaft Bau-Steine-Erden für siebzigjährige aktive gewerkschaftliche Mitgliedschaft.

Otto Elsner, der Träger der Ehrenmedaille des antifaschistischen Widerstands war, verstarb am 1. Dezember 1975. Sein Leben war erfüllt vom Kampf für die Sache der Arbeiterschaft – gegen Faschismus und Krieg – für Frieden, Demokratie und Sozialismus.

GS

Paul Evert

Paul Evert, der 1995 in Neumünster im Alter von 87 Jahren verstarb, war einer, den man nicht vergißt: freundlich im Wesen, immer solidarisch mit den vom herrschenden kapitalistischen System Verfolgten, geduldig mit Andersdenkenden, stets Vorbild im persönlichen Einsatz, unersetzlich als Zeitzeuge.

Er vertrat die Organisation nach außen und verschaffte ihr Ansehen. Vor allem jungen Menschen hat er viel vermittelt, und manche fanden durch ihn in die Reihen der VVN.

Die Nazis verurteilten ihn zu 1½ Jahren Gefängnis und warfen ihn ins KZ Fuhlsbüttel, sie schlossen ihn als Mitinhaber einer Druckerei aus der Reichsschrifttumskammer und der Reichspressekammer aus – er erhielt Berufsverbot.

Nach 1945 baute er mit seiner Frau Herta in Neumünster die Druckerei Plambeck auf und wurde wegen Vertriebs „kommunistischer Literatur“ verhaftet. Der spätere Innenminister von Schleswig-Holstein, Bull, bestätigte ihm 1991, daß seine Druckkerei „dem gesetzlichen Beobachtungsauftrag des Verfassungsschutzes“ unterlag. Angekreidet wurde ihm z.B. die Tatsache, daß er 1981 Vorstandsmitglied der VVN/BdA wurde.

Paul hat gegen diese grundgesetzwidrigen Eingriffe vergeblich protestiert und sich bis in seine letzten Lebenstage für das Recht auf Rehabilitierung der Opfer des kalten Krieges eingesetzt.

MW

Lotte Frenkel

Lotte Frenkel, geb. Kunke, wurde am 26. Juli 1905 in Frankfurt/M. geboren.

Als überzeugte Pazifistin und Demokratin nahm sie bereits während der Weimarer Republik aktiv an der Erhaltung des Friedens und gegen die heraufziehende Gefahr des Faschismus teil. 1933 durch die Faschisten ins niederländische Exil getrieben, führte sie gemeinsam mit ihrem Mann, Dr. Marcel Frenkel, den Kampf gegen Faschismus und Krieg weiter. Nach der Besetzung der Niederlande durch die Nazi-Wehrmacht im Jahre 1940 wurde die Verfolgung von Nazigegnern und der jüdischen Bevölkerung eine unmittelbare Gefahr für antifaschistische Deutsche.

Lotte und Marcel Frenkel beteiligten sich an der Widerstandsbewegung, insbesondere im Rahmen der illegalen „Arbeitsgemeinschaft deutscher und staatenloser Antifaschisten“ (Hilfe bei der Verweigerung von Deportation, Beschaffung von Untertauchadressen, Personalausweisen, Lebensmittelkarten und propagandistische Arbeit unter den Wehrmachtsangehörigen).

Nach der Befreiung vom Faschismus kehrte die Familie Frenkel nach Düsseldorf zurück. Sie gehörten zu den Aktivisten der ersten Stunde. Als Vorstandsmitglied des „Demokratischen Frauenbundes“ in Nordrhein-Westfalen war Lotte Frenkel beteiligt an den Kämpfen der Frauen in den 50er Jahren. Stockholmer Appell gegen Atomwaffen, die Ostermärsche der 60er Jahre, Hilfe für Vietnam und ihre Tätigkeit als Mitglied des Landesvorstandes der VVN in NRW waren Schwerpunkte ihrer politischen und Solidaritäts-Aktivitäten.

Lotte Frenkel starb am 5. Juni 1984.

WS

Therese Giehse

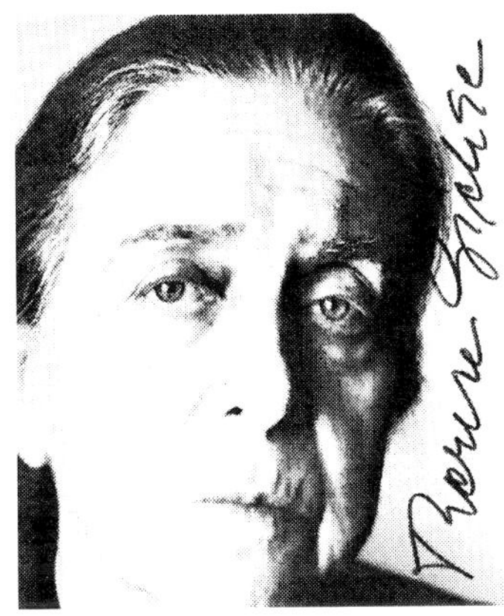

Die Schauspielerin, 1898 in München geboren, ist von 1925 bis 1933 gefeiertes Ensemblemitglied der Münchner Kammerspiele. 1933 gründet sie mit Erika und Klaus Mann das literarische Kabarett „Die Pfeffermühle“, das sich kritisch mit dem Nationalsozialismus auseinandersetzt.

Zur Emigration gezwungen, findet das Team der „Pfeffermühle“ Asyl in Zürich und wird dort zu einem Zentrum des künstlerischen und intellektuellen Lebens. Immer wieder versuchen deutsche und Schweizer Faschisten, die Vorstellungen des Kabaretts zu verhindern. Gastspiele von Therese Giehse und dem „Pfeffermühlen“-Ensemble in ganz Europa werden zu Erfolgen.

Therese Giehse bleibt, nachdem die Geschwister Mann und andere Kollegen endgültig in die USA emigrieren, in Zürich am Schauspielhaus und spielt dort unter anderem 1941 die Titelrolle bei der Premiere von Bertolt Brechts „Mutter Courage und ihre Kinder“. Von 1953 an gehört sie wieder zum Ensemble der Münchner Kammerspiele und spielt außerdem zahlreiche Film- und Fernsehrollen. Bis zu ihrem Tod Mitglied der bayerischen VVN, stirbt sie 1975 in München.

EA

Paul Grünewald

Paul Grünewald, 1912 in Frankfurt am Main geboren, war freigewerkschaftlich organisiert im Zentralverband der Angestellten /ZDA); als Leiter von dessen Jugendgruppe war er beteiligt am Widerstand gegen die Nazis.

1934 wurde er verhaftet und wegen „Vorbereitung zum Hochverrat" zu dreieinhalb Jahren Gefängnis verurteilt. Anschließend kam er ins KZ Buchenwald, wo er Schreiber im Krankenbau wurde. In dieser Funktion hat er oft sein Leben riskiert, um Kameraden zu helfen: Er fälschte Bestellungen für Medikamente, dadurch konnten viele Häftlinge gerettet werden.

Nach Kriegsende und Befreiung wurde Paul Grünewald vor allem kommunalpolitisch und gewerkschaftlich aktiv; er war Mitbegründer der VVN Hessen und deren langjähriger Vorsitzender. Bis zu seinem Tode im Oktober 1996 war er aktives Mitglied der Internationalen Lagergemeinschaft Buchenwald-Dora und Kommandos und der Lagergemeinschaft Buchenwald Dora der Bundesrepublik.

Paul Grünewald hat, getreu dem Schwur von Buchenwald, bis zuletzt gegen jedes Wiedererstehen von Faschismus und Militarismus gekämpft und wurde mit der Johanna-Kirchner-Medaille der Stadt Frankfurt geehrt. Für viele junge Menschen wurde er zum eindrucksvollen Zeitzeugen gegen Faschismus und Krieg.

PA

Alfred Haag

1904 in Schwäbisch Gmünd als drittes Kind einer Arbeiterfamilie geboren, engagiert sich der gelernte Schreiner im Kommunistischen Jugendverband Deutschlands (KJVD).

1932 wird er in den Stadtrat seiner Heimatgemeinde gewählt und zieht kurz darauf als jüngster Abgeordneter für die KPD in den Stuttgarter Landtag ein. Nach dem Machtantritt der Nazis wird er von der SA gefangengenommen, ins Gefängnis und dann in das KZ Oberer Kuhberg bei Ulm verschleppt. Die Arrestzelle im dortigen Bunker teilt er mit dem späteren SPD-Vorsitzenden Kurt Schumacher. Alfred Haags Odyssee durch die Nazi-KZs führt ihn weiter nach Dachau und Mauthausen.

Währenddessen kämpft seine Frau Lina, selbst von den Nazis verfolgt und in Gefängnisse und KZs gesperrt, um die Freilassung ihres Mannes. Das gelingt ihr 1940 – kurz darauf jedoch wird der ursprünglich als „wehrunwürdig" bezeichnete Alfred Haag zur Wehrmacht eingezogen und an die Ostfront geschickt.

Erst 1948 kommt er aus der russischen Gefangenschaft zurück. Lina Haag hat die Erlebnisse dieser Jahre in ihrem in vielen Sprachen erschienen Buch „Eine Handvoll Staub" festgehalten (die neueste deutsche Auflage ist 1995 im Fischer Taschenbuch Verlag Frankfurt erschienen).

Bis zu seinem Tod im Jahre 1982 widmet sich Alfred Haag – die Familie wohnt nach 1945 in München – der Aufgabe, das Vermächtnis der Verfolgten und Widerstandskämpfer zu erfüllen: Als langjähriger Vorsitzender der bayerischen VVN und der Lagergemeinschaft Dachau, als bundesdeutscher Vertreter im Comitée International de Dachau.

EA

Franz Heitgres

Franz Heitgres wurde am 23. Oktober 1906 in Hamburg geboren. Als Aktivist der Arbeiterjugend und im Arbeitersport wurde er gleich 1933 in „Schutzhaft" genommen. Danach antifaschistische Arbeit im SC Paloma, Kontakt zur KPD-Emigrationsleitung in Kopenhagen, Festnahme als Mitglied der Kristeller-Gruppe 1943, ein Jahr Einzelhaft im Gestapo-Gefängnis Fuhlsbüttel, anschließend KZ Neuengamme.

Nach der Befreiung war Franz Heitgres maßgeblich am Aufbau des „Komitees ehemaliger politischer Gefangener" beteiligt; bis 1947 war er dessen Leiter. 1945 wurde er als Vertreter der KPD von der britischen Militärregierung zum Senator für Wiedergutmachung und Flüchtlingshilfe ernannt, dieses Amt bekleidete er bis 1946. 1947– 1949 war Franz Heitgres Vorsitzender der VVN in der britischen Zone, ab 1949 einer von vier gleichberechtigten Vorsitzenden der VVN Hamburg. Sein Ausschluß aus der KPD 1954 führte schließlich auch zum Bruch mit der VVN.

Als Franz Heitgres am 12. November 1961 starb, schrieben seine Freunde:

„Sein Lebensziel, die Vereinigung aller Widerstandskämpfer zu einer überparteilichen Gemeinschaft wahrhafter Friedensfreunde ist ihm durch Parteihader zerschlagen worden. Seine Ideale aber sind in vielen Herzen erhalten und lebendig geblieben. Seinen selbstlosen Einsatz im Lager Neuengamme danken ihm Konzentrationäre vieler Nationen."

KE

Adelheid Hermle

Adelheid Hermle (Waldshut-Tiengen 1902 –1994) kommt aus einer kleinbäuerlichen Familie am Südrand des Schwarzwaldes. Als hochbegabtes Kind wurde sie vom Lehrer zum Studium empfohlen, aber die Mitarbeit in der elterlichen Landwirtschaft hatte Vorrang. Durch ihren Ehemann fand sie Zugang zur Arbeiterbewegung. Nach dem 30. Januar wurde der Ehemann im KZ Heuberg inhaftiert. Adelheid verteilte illegale Flugblätter, geriet ebenfalls in die Fänge der Nazis und wurde vom Sondergericht in Mannheim abgeurteilt. 9 Monate war sie in Waldshut und Bruchsal inhaftiert. Trotz ständiger Schikanen blieben die Hermles aufrechte Menschen. 1944 ist der Ehemann aus der Hitlerwehrmacht geflohen und konnte sich bis Kriegsende verbergen.

Adelheid hat die VVN im Kreis mitbegründet und war immer zur Stelle, wenn sie gebraucht wurde, z.B. als Kassiererin und bei anderen Aufgaben. Sie war bis zur Übersiedlung in ein Altenheim Motor und Seele unserer Kreisvereinigung.

HAU

Margarete Hoell

Am 18. Oktober 1909 in Hannover-Herrenhausen als Tochter eines Bäckermeisters geboren, bekam sie 1928 über ihren ersten Ehemann Theo Nagel Kontakt zur KPD, der sie 1929 beitrat. 1930 wurde ihr Sohn Michael geboren, aber schon bald trennte sie sich von ihrem Mann. 1931 lernte sie Kurt Willkomm, einen arbeitslosen Lehrer, der der Stadtteilleitung der KPD angehörte, kennen.

Bevor sie heiraten konnten, was sich durch die notwendige Scheidung Margaretes verzögerte, wurde im Januar 1933 die Tochter Sonja geboren. Im November 1933 verhaftet, starb Kurt noch im gleichen Monat an den Folgen der brutalen Verhörmethoden der Gestapo. Margarete leistete die ganzen Jahre über selbst Widerstand gegen das NS-Regime, 1934 war sie verraten und zu 1½ Jahren Gefängnis verurteilt worden. Nach der Entlassung bekam sie durch Kontakt zu einem sozialdemokratischen Nazigegner, der Meister in einer Blechwarenfabrik war, Arbeit.

1938 heiratete sie den Werkzeugmacher Emil Hoell, der über zwei Jahre in den Konzentrationslagern Moringen und Esterwegen bei Papenburg inhaftiert gewesen war. Nach dem fehlgeschlagenen Attentat auf Hitler vom 20. Juli 1944 wurde er erneut verhaftet und ins KZ Neuengamme gebracht. Er starb 1964 an einem Herzleiden, das er sich während Verfolgung und Haft zugezogen hatte.

Grete war Gründungsmitglied der VVN 1947 und viele Jahre ehrenamtlich in der Organisation aktiv. So war sie lange Jahre Kreisvorsitzende in Hannover, Mitglied des Landesvorstandes und arbeitete aktiv in der Geschichtskommission der VVN Hannover, die Anfang der achtziger Jahre eine fünfteilige Antifa-Reihe über „Hannoversche Frauen gegen den Faschismus 1933–45" herausbrachte. Dort berichtet sie auch in Heft 3 über ihre Erlebnisse, die auch Grundlage für diese Darstellung sind.

Für ihre Verfolgung in der NS-Zeit erhielt sie keine Entschädigung, im Gegenteil: unter Adenauer wurde sie erneut verfolgt.

In den ganzen Jahren gab sie ihre Erlebnisse aus der NS-Zeit weiter: So hielt sie zahlreiche Vorträge in Volkshochschulen, in Frauenverbänden, vor Schulklassen und bei antifaschistischen Stadtrundfahrten. Die Niedersächsische Landeszentrale für politische Bildung fertigte ein Video über ihr Leben an, das dort auch entleihbar ist.

Grete Hoell starb am 15. Juli 1986 in Hannover.

SK

Franz Holländer

Franz Holländer wurde am 13. Januar 1904 in Hörde, das heute zu Dortmund gehört, geboren. Mitte der zwanziger Jahre kam er mit seinen Brüdern auf der Arbeitssuche nach Lüneburg. Hier traten die Brüder der KPD bei und beteiligten sich aktiv an den Kämpfen dieser Zeit.

1933 wurde Franz in den Rat der Stadt Lüneburg gewählt. Nach der Machtübertragung an die Nazis wurde Franz Holländer sofort verhaftet. Fast die gesamte Nazizeit verbrachte er in Zuchthäusern und Konzentrationslagern.

Nach der Befreiung vom Faschismus wurde Franz wieder als KPD-Funktionär politisch aktiv. Nach der Gründung der VVN arbeitete er sehr aktiv in dieser mit, als Kreisvorsitzender und als Mitglied des Landesvorstandes. Nachdem sich 1968 die DKP neu konstituierte, übernahm Franz Holländer die Initiative zur Bildung der Lüneburger Parteiorganisation und wurde deren erster Kreisvorsitzender. Bis ins hohe Alter war Franz Holländer aktiv, zuletzt als Ehrenvorsitzender der Lüneburger Kreisvereinigung der VVN-BdA.

Franz Holländer verstarb am 23. Mai 1985 nach schwerer Krankheit in Lüneburg.

CK

Otto Hornischer

Otto Hornischer (Ulm/Donau 1906–1979) war vor 1933 aktiv in der Arbeiterbewegung, insbesondere im Kommunistischen Jugendverband.

Bald nach der Machtübertragung an die Nazis wurde er verhaftet und wegen Vorbereitung zum Hochverrat verurteilt. Vom 11. August 1933 bis 16. September 1937 saß er in Untersuchungs- und Strafhaft. Bei Kriegsausbruch wird er vom 1. September 1939 bis 8. Dezember 1940 ins KZ Buchenwald gebracht.

1943 wurde er zu einer Strafkompanie der Wehrmacht einberufen. Er ist Mitbegründer der VVN und war bis zu seiner Erkrankung deren Kreisvorsitzender.

Von 1947 bis 1950 hat er im Gemeinderat die KPD engagiert vertreten. Seine gesamte Tätigkeit war mit dem ehemaligen KZ Oberer Kuhberg eng verknüpft. Jahrelang hat er in der Öffentlichkeit für die Einrichtung einer Gedenkstätte geworben und er konnte die Gründung des Vereins „Dokumentationszentrum Oberer Kuhberg e.V." noch erleben. Das Dokumentationszentrum erfüllt seit Jahren eine wichtige Funktion in der Stadt und Region Ulm.

Nach dem KPD-Verbot wurde Otto erneut verfolgt, mit dem Ergebnis daß ihm Wiedergutmachung nach § 6, Abs. 2 BEG versagt wurde.

HAU

Karl Huber

Karl Huber (23. Juni 1904–9. Juli 1965), geboren in Frankenthal, war in der Weimarer Zeit in der SAJ, dem DMV und bis zum Verbot in der SPD.

Seit 1933 mehrfach verhaftet, wurde er - wegen „Beleidigung des Führers" bereits in Haft – im Oktober 1936 wegen „Vorbereitung zum Hochverrat" zu 19 Monaten Gefängnis verurteilt.

Am 6. Februar 1937 folgte seine Überstellung in das KZ Dachau und von dort in das KZ Mauthausen. Der Vermerk auf seiner Personalkarte lautete: RU (Rückkehr unerwünscht). Im Lager Mauthausen und Guben I war Huber schweren Mißhandlungen ausgesetzt. Am 6. November 1942 wurde er nach Buchenwald in die Rüstungsproduktion deportiert. Hier befanden sich KPD-Leute, die den aufrechten Sozialdemokraten aus der Vergangenheit kannten und die ihn in die politische Arbeit integrierten. Nach der Selbstbefreiung wurde er Mitarbeiter im Volksfrontausschuß des KZ Buchenwald.

Ende Mai 1945 kehrte er nach Frankenthal zurück und arbeitete erst im Bürgerrat, später als Stadtrat von Frankenthal und seit 1946 in der Zentralen Säuberungskommission beim Oberregierungspräsidium Hessen/Pfalz. In dieser Funktion war er öffentlicher Ankläger bei der Spruchkammer des Internierungslagers in Landau.

Karl Huber war Mitbegründer der VVN in Rheinland-Pfalz. Zeitweilig arbeitete er als Sekretär des Landesvorstandes. Aufgrund des Adenauer-Erlasses wurde er 1951 aus dem Dienst der Bezirksregierung geworfen und arbeitete fortan als Redakteur. Er setzte sich besonders gegen Renazifizierung und für die Verteidigung demokratischer Freiheiten ein.

HM

Katharina Jacob

Katharina Emmermann wurde am 6. März 1907 in Köln geboren. Sie war eine sehr gute Schülerin, konnte aus Geldmangel nicht die höhere Schule besuchen. Schon vor 1933 leistete sie als Kommunistin antifaschistischen Widerstand in Hamburg. Im Juli 1933 wurde sie in „Schutzhaft" genommen und wegen „Vorbereitung zum Hochverrat" zu 1 Jahr Gefängnis verurteilt; ihr Mann, Walter Hochmuth, wurde ins Exil gezwungen. Unter dem Druck von Illegalität und Trennung zerbrach die Ehe.

Von Dezember 1938 bis Juni 1939 wurde sie abermals von der Gestapo eingekerkert. 1941 heiratete sie Franz Jacob, den sie schon aus der Zeit vor 1933 kannte, und wurde Mitglied der Widerstandsgruppe um Bästlein, Jacob und Abshagen. Im Sommer 1944 wurde Franz Jacob verhaftet, vom Volksgerichtshof zum Tode verurteilt und am 18. September 1944 hingerichtet. Auch Katharina Jacob wurde wieder von der Gestapo festgenommen. Obwohl aus Mangel an Beweisen freigesprochen, wurde sie in das KZ Ravensbrück verschleppt.

Am 1. Mai 1945 von der sowjetischen Armee befreit, kam sie Ende Juli 1945 nach Hamburg zurück, wurde Mitglied im Komitee ehemaliger politischer Gefangener. 1947 begann sie eine Lehrerausbildung und arbeitete 25 Jahre als Lehrerin. Sie war u.a. Vorsitzende des Kuratoriums Ehrenhain Hamburger Widerstandskämpfer, Mitglied des Landesvorstands der VVN-BdA und Seniorenvertreterin in der GEW.

Die Aufklärung von Jugendlichen über die Verbrechen der Nazis und darüber, daß es immer Möglichkeiten zum Widerstand gegen Unrecht gibt, die Mitarbeit an der Entwicklung der Konzeption „erzählte Geschichte, Zeitzeugin bei alternativen Stadtrundfahrten und in Schulen: das waren ihre selbstgestellten Aufgaben.

Katharina Jacob starb am 23. August 1989. 1992 wurde in Hamburg eine Straße nach ihr benannt.

HS

Ruth Jakusch

Ruth Jakusch, als Ruth Eisenberg 1914 in einem jüdischen Elternhaus in Frankfurt am Main geboren, kommt aus der bürgerlichen Jugendbewegung.

Vor der NS-Herrschaft flüchtet sie zuerst nach Italien, dann nach England, wo sie sich im Kreise Gleichgesinnter antifaschistisch engagiert. Sie lebt in Sorge um ihre Schwester, deren Mann und drei Kinder, die schließlich alle in Auschwitz ermordet werden, weil sie sich nicht trennen wollten.

Nach 1945 entschließt sich Ruth, nach Deutschland zurückzukehren, und lernt dort Hugo Jakusch kennen, der als Gewerkschafter und junger Kommunist 1933 ins KZ Dachau verschleppt wurde und erst 1945 wieder in die Freiheit kam. Beide engagieren sich in der VVN. Ruth und Hugo Jakusch gehören zu den ersten Aktiven in der deutschen Ostermarschbewegung gegen Atomwaffen, die ihre Impulse vom „Ban-the-Bomb"-Movement in England erhält. So lange es ihre Kräfte zulassen, sind sie in der Friedensbewegung dabei und verstehen es, vor allem junge Menschen zu eigenem Engagement zu ermuntern.

Ruth Jakusch arbeitet als Dolmetscherin, widmet sich aber vor allem dem Projekt KZ-Gedenkstätte Dachau. Nach deren Eröffnung wird sie 1964 Gedenkstättenleiterin und baut dort das Archiv und die Bibliothek auf. Wenige Monate nach dem Tod ihres Lebensgefährten Hugo stirbt Ruth Jakusch 1991 in München.

EA

Hans Jennes

Schon im Alter von 15 Jahren schloß sich der Rheinländer (10.12.1910–30.9.1990) der organisierten Arbeiterbewegung an. Als Jugendfunktionär des KJVD war er in Düsseldorf vor und nach 1933 Teil des antifaschistischen Widerstandes. Wegen drohender Verhaftung ging Hans Jennes über Holland an die Saar, wo er einer der Initiatoren der Einheitsfront von KJVD, SAJ und christlicher Jugend, die gegen die Eingliederung der Saar in das Hitlerreich kämpfte, war.

Nach dem Anschluß der Saar ging er zurück nach Holland, wo er beim deutschen Einmarsch 1940 verhaftet wurde. 1942 verurteilte ihn der Volksgerichtshof wegen seiner Widerstandstätigkeit zu vier Jahren Zuchthaus, die er bis zu seiner Befreiung 1945 im Zuchthaus Remscheid-Lüttringhausen verbrachte.

Im antifaschistisch-demokratischen Neuanfang wirkte Hans Jennes in Nordrhein-Westfalen. Er arbeitete in verschiedenen Funktionen der KPD, zuletzt als Abgeordneter im Landtag von NRW. Nach dem KPD-Verbot kandidierte er 1958 als Unabhängiger für den Landtag. Die Justiz sperrte ihn deswegen für ein Jahr ins Gefängnis Anrath. So mußte Hans Jennes nach den Kerkern Hitlers auch noch die der Ära Adenauer kennenlernen.

1964 übernahm er als langjähriges Mitglied der VVN die ersten verantwortlichen Funktionen. Fünf Jahre später wurde er zum Geschäftsführer des Präsidiums gewählt. In dieser Funktion hatte er großen Anteil daran, daß die VVN 1971 zum Bund der Antifaschisten erweitert wurde. Hans Jennes, dessen Funktion mittlerweile Generalsekretär hieß, wurde 1981 zum Vizepräsidenten der Organisation gewählt. Auf internationaler Ebene war er viele Jahre im Büro der FIR planend und gestaltend tätig. Die internationale Initiative für die Auflösung der SS-Verbände war maßgeblich von ihm initiiert und mitorganisiert wurden.

Er war dem Meinungsstreit in der Organisation nicht abgeneigt und vertrat dabei offensiv seine grundsätzlichen Positionen. Daher schmerzte es ihn um so mehr, daß er im Umbruchjahr 1990 aufgrund gesundheitlicher Probleme nicht mehr in der Lage war, hier in seinem antifaschistischen Verständnis eingreifen zu können.

Er starb am 30. September 1990.

Käthe Jonas

Die Zeit der Naziherrschaft in Deutschland brachte für Käthe Jonas und ihre Familie 12 Jahre Verfolgung und Diskriminierung. Der Grund: Sie waren Kommunisten, die zu ihrer politischen Meinung standen.

Käthe Jonas wurde 1902 in Dörnigheim am Main geboren. Sie war das vierte von sechs Kindern einer Arbeiterfamilie.

Zu den Wahlen im März 1933 kandidierte sie auf der Liste der KPD für den Kreistag in Hanau und für die Gemeindevertretung in Dörnigheim. Dies war der Anlaß für ihre erste Verhaftung im März 1933.

Käthes jüngsten Bruder, Karl Seng, brachte man ebenfalls schon 1933 im Alter von 19 Jahren in das Konzentrationslager Breitenau, wo er vier Monate lang festgehalten wurde

1935 wurde Käthe zusammen mit 88 Bürgerinnen und Bürgern aus der Stadt und dem Kreis Hanau wegen Vorbereitung zum Hochverrat angeklagt und zu drei Jahren Zuchthaus verurteilt. Im gleichen Verfahren erhielten auch ihr Ehemann Peter Jonas, ihr Vater Karl Seng und ihre beiden Brüder, Adam und Karl Seng, Haftstrafen. Käthe mußte die Strafe in den Strafanstalten Ziegenhain, Aichach und Laufen verbüßen.

Ihr Bruder Karl wurde nach Verbüßung seiner 2½jährigen Zuchthausstrafe nicht nach Hause entlassen, sondern in das KZ Buchenwald gebracht. Während des Krieges steckte man ihn in das berüchtigte Bewährungsbataillon 999.

Unmittelbar nach dem Attentat auf Hitler im Juli 1994 wurde Käthe erneut verhaftet und in das Frauenkonzentrationslager Ravensbrück gebracht. Die Befreiung erlebte sie auf dem Todesmarsch.

Die Festnahmen bedeuteten für Käthe stets die Trennung von ihren Kindern. 1933, bei ihrer ersten Verhaftung, war Ihr Sohn 11 Jahre alt. Als sie 1944 nach Ravensbrück gebracht wurde, blieb ihre dreijährige Tochter zurück. Ihr Sohn war damals schon als Soldat der Hitlerwehrmacht an der Ostfront vermißt.

Nach Kriegsende gehörte Käthe zu den ersten, die das Gemeinwesen in Dörnigheim wieder aufbauten. Bis zum Verbot der KPD war sie Mitglied der Gemeindevertretung. Dem Vermächtnis der Opfer des Naziregimes und den sozialen Belangen der Verfolgten widmete Käthe einen großen Teil ihrer Zeit und ihrer Kraft. Sie hatte maßgeblichen Anteil am Aufbau der Betreuungsstelle für politisch, rassisch und religiös Verfolgte in Hanau.

Käthe gehörte zu den Gründerinnen der VVN im Kreis Hanau. Jahrzehntelang war sie Hauskassiererin und vertrieb allwöchentlich die Tat im Freiverkauf. Sie gehörte dem Kreisvorstand der VVN Hanau und dem Landesvorstand der VVN in Hessen an.

In den sechziger Jahren baute Käthe gemeinsam mit anderen Überlebenden des Konzentrationslagers Ravensbrück die Lagergemeinschaft Ravensbrück in der Bundesrepublik Deutschland auf. Deswegen wurde 1967 erneut von der Staatsanwaltschaft gegen sie ermittelt. Dieses Mal wegen „staatsabträglicher Verbindungsaufnahme". Käthe Jonas war Vorsitzende der Lagergemeinschaft bis zu ihrem Tod im Jahre 1977.

RV

Alphonse Kahn

Aus einer gutbürgerlichen jüdischen Familie stammend, mit einem Studienabschluß in Wirtschafts- und Rechtswissenschaften geriet Alphonse Kahn (1.3.1908–30.7. 1985) in Widerspruch zur NSDAP, als er sich der Roten Hilfe als Rechtsberater zur Verfügung stellte. Schon 1934 mußte er aus rassischen und politischen Gründen Deutschland verlassen.

In Frankreich unterstützte er die Deutsche Volksfront und schloß sich – nach Internierung in Le Vernet und Flucht – der Résistance an. Als Mitglied des Komitees Freies Deutschland für den Westen (CALPO) kehrte er mit französischem Paß und neuer Identität ausgestattet 1944 als Zwangsarbeiter nach Deutschland zurück, um die Widerstandskräfte zu unterstützen.

Nach der Zerschlagung des Faschismus wurde Kahn Leiter des Kriegsschädenamtes und der Betreuungsstelle für die Opfer des Faschismus (OdF) in Ludwigshafen. Später war er Oberregierungsrat und Leiter des Landesamtes für Entschädigung beim Finanzministerium in Rheinland-Pfalz. Dabei war er Initiator für den OdF-VVN Siedlungsbau in Ludwigshafen und anderen Städten, sowie mitverantwortlich für die VVN-Erholungsheime in Edenkoben und Flammersfeld (Westerwald).

1947 gehörte Alphonse Kahn zu den Gründungsmitgliedern der gesamtdeutschen VVN. Als Zonensekretär für die französische Zone half er beim Aufbau der VVN in Rheinland-Pfalz. Als Kommunist verlor er 1951 nach dem Adenauererlaß seine Regierungsfunktion und wurde aus dem Staatsdienst entfernt. Fortan arbeitete er als Syndikus für verschiedene Firmen.

Bis zu seinem überraschenden Tod war Kahn unermüdlich tätig, als Mitglied der Vereinigung demokratischer Juristen, als stellvertretender Vorsitzender der IEDW und als Mitglied des Präsidiums der VVN-BdA.

HM

Carola Karg

1910 im bayerischen Wolfratshausen als neuntes Kind einer Arbeiterfamilie geboren, wird Carola Karg im Jahr 1924 Gewerkschaftsmitglied und schließt sich bald darauf dem Kommunistischen Jugendverband und der KPD an. In München besucht sie Volkshochschulkurse – sie möchte gerne Lehrerin werden – und arbeitet als Büroangestellte. 1930 zieht sie nach Halle/Saale. Nach der Machtübernahme der Nazis arbeitet sie illegal für ihre Partei in Thüringen, Baden-Pfalz und am Niederrhein. Dort nimmt sie Kontakt zu den oppositionellen katholischen Jugendlichen um Kaplan Joseph C. Rossaint auf und plant mit diesen gemeinsame Aktionen.

1934 wird Carola Karg verhaftet und im Juni 1935 vom „Volksgerichtshof" zu 15 Jahren Zuchthaus verurteilt. Sie wird in Jauer (Schlesien) und Waldheim (Sachsen) eingesperrt, fünfeinhalb Jahre lang in Einzelhaft.

Nach ihrer Befreiung 1945 kehrt sie nach München zurück und arbeitet als Angestellte bei der Stadtverwaltung.

Sie ist Gründungsmitglied der VVN, setzt sich in der Stadtverwaltung für NS-Verfolgte ein und erreicht in den 70er Jahren, daß sich in Bayern die VVN, weitere Verfolgtengruppen, der DGB und die Israelitische Kultusgemeinde zur „Arbeitsgemeinschaft Bayerischer Verfolgtenverbände" (ABV) zusammenschließen. Ebenfalls auf Intitiative von Carola Karg entsteht mit der ABV als Trägerin die Wanderausstellung „Widerstand und Verfolgung in Bayern 1933–1945", die über ein Jahrzehnt lang landauf landab vor allem in Schulen gezeigt wird, meist mit Carola Karg, die als Referentin und Zeitzeugin die Ausstellung begleitet. Carola Karg stirbt 1985.

EA

Prof. Dr. Eugen Kogon

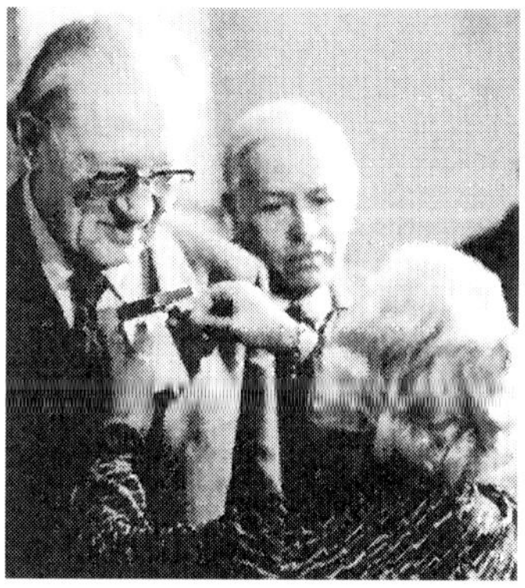

Aus einem katholischen Elternhaus stammend, arbeitete der geborene Münchner (2.2.1903–1987) als Journalist und Berater der Zentralkommission der christlichen Gewerkschaften in Wien. Bei dem Versuch, Kontakte zu illegalen deutschen Gewerkschaftern aufzunehmen, wurde er schon 1936/37 zweimal von der Gestapo verhaftet, bevor er nach dem Anschluß Österreichs im März 1938 endgültig festgenommen und in das KZ Buchenwald deportiert wurde. Sieben Jahre blieb er im Lager, wobei er es der Hilfe kommunistischer Mithäftlinge zu verdanken hatte, daß er 1943 nicht nach Auschwitz zur Vernichtung überführt wurde. Er erlebte die illegale Lagerleitung und deren Wirken für die Selbstbefreiung 1945. Im Auftrag amerikanischer Stellen verfaßte er bereits im Frühjahr 1945 auf der Basis von 150 Erlebnisberichten von Mithäftlingen den „Buchenwald-Report", der als erstes Dokument die Realität des Lagers und das Wirken der politischen Häftlinge für das Überleben der Häftlinge und die Selbstbefreiung dokumentierte.

1946 veröffentlichte Kogon bereits das Werk „Der SS-Staat". Zusammen mit Walter Dirks begründete er die „Frankfurter Hefte". Er gehörte 1946 zu den Mitbegründern der VVN in Hessen, war Mitglied im Landesvorstand Hessen und dessen Vertreter im interzonalen Rat der VVN.

Er arbeitete als Publizist, wobei manche Beiträge, wie z.B. der Aufsatz „Recht auf politischen Irrtum" deutlichen Widerspruch in den Reihen ehemaliger Verfolgter hervorrief. Im Februar 1950 trat Eugen Kogon aus der VVN aus. Auslöser sei – so Kogon – ein Artikel in einer KPD-Zeitung gewesen, der seine antifaschistische Haltung in Frage stellte. Auch warf er der VVN vor, eine „getarnte Hilfsorganisation des Kommunismus" zu sein, und schloß sich dem „Verband für Freiheit und Menschenwürde" an. 1951 wurde er ordentlicher Professor für Politikwissenschaft an der TH Darmstadt.

Er blieb jedoch seinem humanistischen, vom christlichen Sozialismus geprägten Anliegen treu und kam so besonders seit den 70er Jahren immer wieder in Verbindung zur VVN-BdA, sei es als Unterstützer von gemeinsamen Appellen oder Aufrufen, die seine Unterschrift trugen, sei es im Zusammenhang mit dem Thema Buchenwald. Er ist Träger der Ehrenmedaille des deutschen Widerstandes. Eugen Kogon starb 1987.

Hanns Kralik

Hanns Kralik wurde am 27. Mai 1900 als Sohn einer armen Bergarbeiterfamilie in Neufeld (Österreich) geboren und war gezwungen, bereits mit 14 Jahren „unter Tage" zu arbeiten. 1903 Übersiedlung ins Ruhrgebiet. Schon als Kind zeigte er großes Interesse an der bildenden Gestaltung seiner Umwelt. Volkshochschule, Kunstgewerbeschule, 1924 Kunstakademie, 1926 Meisterschüler.

1933 wegen illegaler, antifaschistischer Arbeit verhaftet, KZ Börgermoor. Er gehörte zu den „Moorsoldaten", von denen sein Freund Wolfgang Langhoff in seinem Buch „Die Moorsoldaten" schrieb, daß sie unsagbar litten, deren Mut aber allem Naziterror zum Trotz nicht gebrochen werden konnte. Nach vorläufiger Entlassung 1934 Flucht nach Holland und später nach Paris. Hier Mitarbeit an der Exilpresse und Tarnschriften. Seine Frau Lya leitete die „Deutsche Freiheits-Bibliothek". Nach Kriegsausbruch Internierung, Flucht und Untergrundarbeit, Arbeit im Nationalkomitee „Freies Deutschland".

1945 Rückkehr nach Düsseldorf, Kulturdezernent und 1950 „aus politischen Gründen" entlassen.

Eine umfangreiche Sammlung seiner Arbeiten zeugt von seiner künstlerischen Begabung. Bekannt sind seine Bilder vom KZ Börgermoor und das eindrucksvolle Porträt des Widerstandskämpfers und späteren Ministers Hugo Paul „Mensch, wie stolz das klingt". In dieser Zeit stellte er auch der VVN, deren Mitglied er seit der Gründung war, sein künstlerisches Schaffen zur Verfügung.

Am 9. Mai 1971 in Düsseldorf gestorben.

WS

Ernst (Ernesto) Krell

Im Leben eines jeden Menschen gibt es Augenblicke, Erlebnisse und Erfahrungen, die sich prägnant auf sein Verhalten, die Entwicklung seiner Überzeugungen auswirken.

Für Ernst Krell (4.6.1914–6.1.1993) war es der Berliner Blutmai 1929, der den damals 15jährigen veranlaßte, den sozialistischen Schülerbund zu verlassen und Mitglied des Kommunistischen Jugendverbands zu werden. Mutig und engagiert kämpfte er gegen die heraufziehende faschistische Gefahr; nach der Machtübergabe an die Hitlerbande setzte er seine antifaschistische Arbeit unbeirrbar fort, für eine demokratische Entwicklung, für Frieden und Völkerverständigung.

Bereits im Januar 1934 wurde er von der Gestapo verhaftet, im Columbia-Haus mißhandelt. Wegen „Vorbereitung zum Hochverrat" verurteilt, nach Haft im Jugendstrafgefängnis Cottbus und im Gefängnis Frankfurt/Oder Entziehung der deutschen Staatsbürgerschaft, von SA und SS unter Todesdrohung zum illegalen Grenzübertritt nach Polen gezwungen. Unter Mithilfe des polnischen Roten Kreuzes und anderen Hilfsorganisationen gelangte Ernst nach Südamerika mehrfach droht ihm die Auslieferung an die Gestapo. In Argentinien wird er Mitglied des Vereins „Vorwärts", der einzigen deutschsprachigen fortschrittlichen Organisation dort; gegründet von deutschen Arbeitern, die vor dem berüchtigten Sozialistengesetz Bismarcks fliehen konnten. In Argentinien wird Ernst – nunmehr „Ernesto" – Mitglied der Kommunistischen Partei. Während des Krieges beteiligt er sich an Hilfsaktionen für die Spanienkämpfer.

Erst 1965 Rückkehr nach Westberlin und Wiedererlangung der deutschen Staatsbürgerschaft. Seine antifaschistische Grundhaltung, die Ernesto in allen komplizierten Lebenssituationen offen und mutig zum Ausdruck brachte, führt ihn, nach Mitarbeit im Bund PRV (politisch, rassisch Verfolgte) in die Reihen der VVN.

Durch sein offenes Wesen, seine Kameradschaftlichkeit, seinen ungebrochenen Mut, durch die Vermittlung seiner reichen Lebenserfahrungen wurde Kamerad Ernesto zum Freund und Vorbild für viele junge Antifaschistinnen und Antifaschisten.

Maßgeblichen Anteil hatte Ernesto an der Entwicklung und Tätigkeit der Friedensinitiative Reinickendorf (80er Jahre).

Ernesto trat leidenschaftlich ein für ein breites antifaschistisches Bündnis, für Toleranz und gegenseitiges Verständnis. Viele Veranstaltungen wurden von Ernesto angeregt, mit vorbereitet und von ihm aktiv gestaltet. Seine Lesungen, Rezitationen und nicht zuletzt seine am Klavier gezeigte Liebe zur fortschrittlichen Kultur überzeugten, machten ihn, unseren Lehrer und Freund, unvergessen.

GK

Willy Kutz

Mitten im Ersten Weltkrieg, am 27. März 1916, als Sohn einer Glasarbeiterfamilie im „roten Gerresheim" geboren, war es für Willy Kutz selbstverständlich, sich in den 30er Jahren dem kommunistischen Jugendverband und später der KPD anzuschließen. 1936 wurde er wegen seiner antifaschistischen Tätigkeit zu 2½ Jahren Zuchthaus verurteilt und danach für „wehrunwürdig" erklärt.

Trotzdem wurde er 1942 zum berüchtigten Strafbataillon 999 eingezogen. Nach dem Krieg wurde er Sekretär der KPD in Düsseldorf. Jahrzehntelang war er Mitglied der VVN/BdA und arbeitete in Frankfurt/M. als Organisationsleiter des Präsidiums der VVN. Zahlreiche Aktionen gegen den Neonazismus, für die Verteidigung der Demokratie und der Menschenrechte sind mit seinem Namen verbunden. Bis zu seinem Tode war Willy Kutz Vorsitzender der Kreisvereinigung der VVN/BdA in Düsseldorf.

Eine enge Freundschaft verband ihn mit dem Maler Hanns Kralik, der 1951 Kulturdezernent in der Stadtverwaltung war. Gemeinsam mit anderen organisierte Willy Kutz die Ausstellungen „Kunst in der Kneipe" mit Arbeiten seines Freundes Hanns Kralik.

Viele Jahre lang war Willy Kutz Vorsitzender der Kleingärtner-Vereinigung in Gerresheim und hat sich durch sein soziales Engagement und seine Aktivitäten in der Mieterbewegung hohes Ansehen in der Bevölkerung erworben. Es ist deshalb auch verständlich, daß der Vorschlag, eine Straße in Düsseldorf-Gerresheim nach Willy Kutz zu benennen, in der Öffentlichkeit begrüßt wurde.

Willy Kutz starb am 15. Juli 96 nach schwerer Krankheit.

WS

Karl Kunde

Karl Kunde (Ludwigsburg 1904–1996) war vor 1933 Mitglied und Aktivist in vielen Organisationen der Arbeiterbewegung. Bereits bei der ersten Verhaftungswelle gegen Nazigegner im März 1933 kam er in das KZ Heuberg.

Ende 1933 wurde er in das Lager Oberer Kuhberg bei Ulm verlegt.

Einer nochmaligen Verhaftung konnte er durch Emigration in die Schweiz entkommen.

Da er sich dort antifaschistisch betätigte, wurde er nach Frankreich abgeschoben. Er leistete auch dort illegale Arbeit und wird bei Kriegsausbruch interniert in den Lagern Les Miles und Gurs. Er konnte entfliehen und landete wieder in Internierungslagern der Schweiz und beteiligte sich am Aufbau der Bewegung „Freies Deutschland". 1945 kehrt er nach Ludwigsburg zurück und wirkte am demokratischen Neubeginn auf verschiedenen Ebenen mit.

Karl wurde insbesondere in der VVN aktiv und war bis ins hohe Alter als Kreisvorsitzender im Amt. In dieser Funktion hat er die Partnerschaft zur FNDIRP im Departement Haute-Rhin aufgenommen und durch laufende Besuche gepflegt. Viel hat er zur Erforschung der Geschichte der NS-Zeit im Kreis Ludwigsburg beigetragen und durch viele Besuchsfahrten zu den vorhandenen Gedenkstätten die Erinnerung an das Geschehen wachgehalten.

Wir haben seine Verdienste um die VVN gewürdigt und ihn bis zu seinem Tod als Ehrenvorsitzenden in unserer Mitte behalten.

HAU

Edith Leffmann

In Köln geboren konnte Edith Leffmann (22.7.1894–3.2.1984) als Kind wohlhabender Eltern ein Medizinstudium absolvieren und nach der Praxiszeit in einem Berliner Kinderkrankenhaus eine eigene Praxis als Kinderärztin eröffnen. Dabei entwickelte sie ein großes soziales Engagement, was sie in der Weimarer Zeit in die Reihen der Roten Hilfe und der KPD führte.

1933 wurde ihre Praxis durch die Nazis geschlossen und ihr gegenüber ein Berufsverbot ausgesprochen. Da sie, nach Köln zurückgekehrt, dennoch rassisch Verfolgten medizinische Hilfe gewährte, wurde sie erneut angefeindet und mußte schließlich über Belgien nach Frankreich emigrieren. Nach dem deutschen Überfall im berüchtigten Lager Gurs interniert, floh sie ins unbesetzte Frankreich, wo sie sich der CALPO anschloß und bei der Organisierung des Widerstandes mitarbeitete. Mit falschen Papieren kehrte sie als französische Zwangsarbeiterin nach Deutschland zurück, um hier den antifaschistischen Widerstand zu unterstützen.

Nach der Zerschlagung des deutschen Faschismus konnte sie bereits 1945 in Ludwigshafen eine Kinderpraxis eröffnen.

Durch ihr großes Engagement erwarb sie sich den Ehrennamen „Engel vom Hemshof".

Als Mitbegründerin der OdF, der VVN, als Mitglied des VVN-Zonensekretariats und als Mitglied des örtlichen Betreuungsausschusses der Stadt Ludwigshafen wurde Edith Leffmann eine von allen Demokraten anerkannte Persönlichkeit. Sie arbeitete im Ludwigshafener Friedenskomitee mit und wurde später Vorsitzende der VVN-Landesorganisation.

Bis ins hohe Alter blieb sie eine aktive Kämpferin gegen Krieg und Faschismus, ausgezeichnet mit der Ehrenmedaille des deutschen Widerstandes.

HM

Edo Leitner

Edo Leitner (Schwäbisch Gmünd 1907–1991) ist in Reutlingen aufgewachsen und war Zeitgenosse des bekannten Künstlers HAP Grieshaber. Viele Jahre bis zu seinem Wegzug 1988 war er unser Kreisvorsitzender in Schwäbisch Gmünd.

Er hat sein Können als Werbegrafiker seit seinen Jugendjahren in den Dienst der Arbeiterbewegung gestellt. Während der Nazizeit war er meist hinter Stacheldraht und Gefängnismauern. 1933 mehrere Monate im KZ-Heuberg.

Ab 1936 Untersuchungs- und Strafhaft in Stuttgart und Ulm, dann über das KZ Welzheim als Häftling Nr. 210 in Buchenwald bis zur Befreiung 1945. Dort war er zusammen mit Willi Bleicher an der Vorbereitung der illegalen Totenfeier für Ernst Thälmann am 18. September 1944 beteiligt. Edo hat auch einen illegalen Sender gebaut. Damit gelang es ihm in den Apriltagen 1945 Kontakt zu den in im Anmarsch befindlichen US-Truppen aufzunehmen. Darauf erfolgte der Aufstand der zur Selbstbefreiung der Häftlige führte.

Edo hat uns Film- und Fotomaterial aus dieser Zeit von unschätzbarem Wert erhalten, das er oft an Schulen und bei Veranstaltungen gezeigt hat.

Im Lager Buchenwald schrieb Edo Verse, die er erst auf Drängen seiner Kameraden im Jahr 1989 als Reimereien unter dem Titel „Galgenlieder" veröffentlicht hat. Wer diese heiteren Verse liest und sich vergegenwärtigt, wann und wo sie entstanden sind, der spürt die menschliche Größe unseres toten Kameraden.

HAU

Bruno Lindner

Bruno Lindner (Schwäbisch Gmünd 1899–1978) hat lange vor 1933 und bis ins hohe Alter an vielen Fronten des antifaschistischen Kampfes seinen Mann gestanden. Für die Rote Hilfe, als illegaler Kurier und ebenso nach der Emigration in Belgien, Frankreich, Holland und der Schweiz. Er kämpfte in den Internationalen Brigaden für Spaniens Freiheit. Danach Internierung im Lager Gurs. Nach dem deutsch-französischen Waffenstillstandsabkommen im Juni 1940 von der Gestapo nach Deutschland zurückgeholt und vom Oberlandesgericht München am 22. Oktober 1942 zu 12 Jahren Zuchthaus verurteilt, danach Einlieferung ins KZ Buchenwald und später Mauthausen.

Nach der Befreiung war er Mitbegründer der VVN. Als öffentlicher Anwalt für die Kreise Schwäbisch Gmünd und Waiblingen war er jahrelang für die Interessen der Verfolgten tätig. Danach viele Jahre in der Landesgeschäftsstelle und Mitglied des Landesvorstandes der VVN.

Mit großer Hingabe hat er lange Zeit im Rahmen der KZ Lagergemeinschaft die alljährlichen Fahrten zur Befreiungsfeier am 8. Mai nach Mauthausen organisiert und geleitet.

Wir verdanken ihm zahlreiche erlebnisreiche Veranstaltungen, die viel zur inneren Stärkung der VVN beigetragen haben.

HAU

Gustav Lippert

Geboren am 1. Oktober 1906 in Oldenburg, wuchs Gustav Lippert in einem sozialdemokratischen Elternhaus auf und wurde ebenfalls Mitglied der SPD und des Reichsbanners. Er machte eine Ausbildung zum Schlosser und zum Glasformdreher. 1930 trat er in die KPD ein, war bis 1933 Literaturobmann und nach 1933 Mitglied der illegalen Leitung der KPD im Bezirk Nordwest. 1934 fiel er der Gestapo in die Hände und wurde im sog. Oldenburger Kommunistenprozeß 1935 zu langjährigen Zuchthaus- bzw. Gefängnisstrafen verurteilt. So war er ab 1943 gezwungen, im Bewährungsbataillon 999 zu kämpfen.

Nach 1945 kurz in einem Lager in Frankreich interniert, kehrte er bald nach Oldenburg zurück und wurde von der britischen Militärregierung als Vertreter der KPD zum Mitglied des Rates der Stadt Oldenburg ernannt. Er gehörte zu den Gründungsmitgliedern der VVN und betreute über viele Jahre hinweg die politisch Verfolgten in sozialen Angelegenheiten und in Fragen der Wiedergutmachung und Entschädigung.

Später war er lange Jahre Kreisvorsitzender der VVN in Oldenburg und wurde ihr Ehrenvorsitzender.

Als Angestellter der Stadtverwaltung wurde Gustav 1956 wegen angeblicher illegaler Betätigung für die verbotene KPD entlassen und saß bis 1957 ein Jahr im Gefängnis.

Noch kurz vor seinem Tod erschienen 1988 im Selbstverlag seine „Erinnerungen eines Oldenburger Kommunisten".

Gustav Lippert starb am 16. August 1989 in Oldenburg.

SK

Doris Maase

Doris Maase, 1911 geboren, wurde nach Schule und Studium in Berlin und der Schweiz, mit 24 Jahren als junge Medizinerin in Düsseldorf verhaftet und vom sogen. Volksgerichtshof zu 3 Jahren Zuchthaus verurteilt. Nach der Haft folgten weitere 3 schwere Jahre in den KZ-Lagern Lichtenburg und Ravensbrück. Unter Einsatz ihres Lebens bemühte sie sich, den kranken Häftlingen zu helfen. Nach 1945 war Dr. Maase eine Frau der ersten Stunde. Sie wurde als Vertreterin der KPD in den Rat der Stadt Düsseldorf gewählt. In Anerkennung ihrer großen Hilfe wurde sie, nun in Düsseldorf als beliebte Ärztin praktizierend, in die Internationale Lagergemeinschaft Ravensbrück berufen und übernahm den Vorsitz der Lagergemeinschaft in der Bundesrepublik.

Unversöhnlich gegenüber restaurativen Erscheinungen und als entschiedene Gegnerin der Wiederaufrüstung sah sich Doris Maase bald neuen Verfolgungen ausgesetzt. Im Jahre 1961, auf dem Höhepunkt des kalten Krieges, wurde sie erneut vor Gericht gestellt; ihr wurde das passive und aktive Wahlrecht für die Zeit von 5 Jahren aberkannt.

In den 60er Jahren verlegte sie ihren Wohnsitz nach Bayern. Hier wurde sie u.a. Vertreterin der VVN-Bund der Antifaschisten in der Arbeitsgemeinschaft bayerischer Verfolgtenverbände.

Sie verstarb am 15. September 1979 und wurde auf dem Waldfriedhof in München bestattet. Doris Maase war bei allen, die sie kannten, hochgeachtet und beliebt wegen ihres kämpferischen Engagements und ihrer allzeit bewiesenen Hilfsbereitschaft.

WS

Änne Meier

Änne Meier, am 13. Januar 1896 in Baltersweiler/Saar als fünftes von sieben Kindern in einem katholischen Elternhaus geboren, besucht die höhere Mädchenschule in St. Wendel und später das königliche Lehrerinnenseminar in Saarburg. Sie wird Elementarlehrerin. Während des Krieges arbeitet sie als Aushilfslehrerin. Nach der Rückkehr ihrer männlichen Kollegen aus dem Weltkrieg wird sie 1919 wegen „Überschuß an Lehrkräften" arbeitslos. Nach einem erneuten Studium in Heidelberg wird sie 1920 in Homburg und 1925 in St. Ingbert Sozialfürsorgerin. Privat ist sie Gauführerin der katholischen St.-Georg-Pfadfinderinnen an der Saar.

Im Abstimmungskampf 1933/35 um das weitere Schicksal der Saar entscheidet sich Änne Meier für den „Status Quo". Sie will damit die Freiheit des Glaubens bewahren und deutsch bleiben. Wegen ihrer konsequent christlichen Einstellung kommt Änne Meier in Konflikt mit der Nazidiktatur. Sie will verhindern, daß Menschen, die ihrer Obhut als Fürsorgerin anvertraut sind, als angeblich „unwertes Leben" getötet werden und weigert sich, „erbbiologische Gutachten" an die Behörden weiterzuleiten.

Nach Beginn des Krieges gegen die Sowjet-Union verbreitet sie handschriftlich vervielfältigte Briefe von der Front, in denen ein junger Kaplan die Unmenschlichkeit des Krieges beschreibt und verurteilt.

Am 21. Januar 1942 wird Änne Meier von der Gestapo verhaftet. Es folgen 10 Wochen Einzelhaft im Saarbrücker Gefängnis Lerchesflur und anschließend die Überführung ins Frauen-Konzentrationslager Ravensbrück. In späteren Schilderungen von Jugendlichen, die sie vor dem aufkommenden Neofaschismus warnt, betont sie immer wieder, daß sie diese schlimmen Zeiten nur überleben konnte dank ihres unerschütterlichen Glaubens und der tätigen und selbstlosen Solidarität ihrer Mithäftlinge. Auf dem Todesmarsch von Ravensbrück nach Neustrelitz gelingt ihr Ende April 1945 die Flucht. Auf abenteuerliche Weise erreicht sie Baltersweiler. Nach Kriegsende, bis zu ihrer Pensionierung, arbeitet sie als Kreisfürsorgerin im Kreis St. Wendel.

Sie gehört zu den MitbegründerInnen der VVN im Saarland. Ab Mitte der 70er Jahre ist sie stellvertretende Landesvorsitzende. Sie wird Mitglied des Präsidiums der VVN-Bund der Antifaschisten für die damalige BRD und zuletzt bis zu ihrem Tode am 20. Juli 1989 Mitglied des Ehrenpräsidiums. Änne Meier gehört der Lagergemeinschaft Ravensbrück an, deren Jahrestreffen sie, solange es ihre Gesundheit erlaubt, regelmäßig besucht. Fast 90jährig nimmt sie an den großen Demonstrationen der Friedensbewegung gegen die Stationierung von Atomraketen teil und begeistert viele junge Menschen zum Mitmachen.

Für ihr antifaschistisches Engagement wird sie 1988 mit dem Bundesverdienstkreuz ausgezeichnet. Am 12. Juli 1996 erfährt Änne Meier posthum eine besondere Würdigung. Die „Sonderschule des Kreises St. Wendel für geistig behinderte Kinder" in ihrem Heimatort Baltersweiler erhält den Namen „Änne-Meier-Schule".

HB

Georg Merle

In Düsseldorf am 13. September 1909 geboren, gehörte Georg Merle schon in jungen Jahren der Kasseler Arbeiterjugendbewegung an. 1929 trat er dem KJVD bei, wurde in dessen Bezirksleitung gewählt; seit 1932 war er Mitglied der KPD.

So gehörte er zu den Organisatoren des antifaschistischen Kampfes vor und nach 1933. Trotz Haftbefehl arbeitete er illegal in Kassel weiter, bis er 1934 beim Versuch, ins Saarland zu gehen, verhaftet wurde. Es folgten drei Jahre Zuchthaushaft in Kassel-Wehlheiden und anschließend Überführung in die KZs Lichtenburg und Buchenwald. In Buchenwald gehörte er zum illegalen Parteiaktiv der KPD. Er war Teil des militärischen Kaders der Internationalen Militärorganisation der Häftlinge und damit an der Selbstbefreiung im April 1945 unmittelbar beteiligt.

Nach Kassel zurückgekehrt, setzte er trotz der langen Haftzeit seine ganze Kraft als Vertreter der KPD im Überparteilichen Ausschuß und in vielen anderen Arbeitsbereichen ein. Als Mitbegründer der VVN in Kassel übernahm er ab 1951 die Aufgabe eines hauptamtlichen Landessekretärs der hessischen VVN. Gleichzeitig war er anerkannter Rechtsbeistand der VVN in Wiedergutmachungsverfahren.

Bis Anfang der 80er blieb er Mitglied im Kasseler Kreisvorstand. Bei Demonstrationen gegen SS-Treffen, Naziaufmärschen in der Region und anderen politischen Aktivitäten, sah man Georg Merle meist an der Spitze der Bewegung.

Sein Arbeitsschwerpunkt verlagerte sich immer stärker auf die Geschichtsarbeit. Ungezählte Schüler- und Jugendgruppen befragten ihn über seine Erfahrungen aus dem Widerstand und in Buchenwald.

Er starb am 8. Dezember 1985.

Gertrud Meyer

Gertrud Meyer wurde 1898 in Köln geboren und verlebte ihre Kindheit und Jugend in Hamburg. 1912 Eintritt in die SAJ, seit 1919 in der Kölner Arbeiterbewegung aktiv, u.a. als KPD-Stadtverordnete unter Adenauer. 1930 ging sie mit ihrem Mann Kurt Meyer nach Moskau, wo sie Chemie studierte und er als Architekt arbeitete. 1936 wurden beide von Stalins Behörden inhaftiert, Kurt Meyer starb später im Arbeitslager, sie wurde 1938 nach Deutschland abgeschoben und von der Gestapo festgenommen.

Nach zweijähriger Zuchthaushaft übersiedelte sie 1940 nach Hamburg und beteiligte sich an der Arbeit der Organisation um Bästlein-Jacob-Abshagen. 1944 wurde sie festgenommen und war bis Kriegsende im Gestapogefängnis Fuhlsbüttel und im UG Hamburg inhaftiert.

Nach ihrer Haftentlassung Ende Mai 1945 begann sie zusammen mit anderen ehemaligen Häftlingen mit dem Aufbau des Komitees ehemaliger Politischer Gefangener. Dort arbeitete sie verantwortlich an der Erstellung eines Archivs über Widerstand und Verfolgung in Hamburg. Aufgrund der auf diese Weise gesammelten Dokumente konnten nicht nur zahlreiche Entschädigungsverfahren für Verfolgte betrieben werden, sondern auch leitende Gestapobeamte und ihre Spitzel vor Gericht gebracht werden.

Nach jahrzehntelanger Forschungsarbeit veröffentlichte sie 1969 gemeinsam mit Ursel Hochmuth ihr umfangreiches Werk über die Nazi-Zeit in Hamburg „Streiflichter aus dem Hamburger Widerstand 1933-1945", 1971 folgte ihr Buch „Nacht über Hamburg". Ebenso war Gertrud Meyer gemeinsam mit ihrem Lebensgefährten Hans Schwarz an der Verwirklichung der KZ-Gedenkstätte Neuengamme maßgeblich beteiligt.

Gertrud Meyer starb 1975.

TS

Werner Müller

Geboren 1923, kam er im Alter von zehn Jahren mit seinen Eltern, die beide Antifaschisten waren, von Frankfurt/Main nach Hannover. Nach dem Realschulabschluß machte er eine Lehre zum Industriekaufmann bei der Firma Siemens, Hannover. Die Ausbildung wurde um ein Jahr verkürzt, 1941 wurde er zum Militärdienst eingezogen.

Über (den Militärdienst in) Holland bekam er erste Kontakte zur holländischen Widerstandsbewegung. Die Erlebnisse an der „Front" in der Sowjetunion ließen ihn zu einem erbitterten Feind des Naziregimes werden. Seine Äußerung, daß Stalingrad nicht zu halten sei, wurde denunziert. Werner Müller wurde vor ein Feldgericht gestellt und zum Tode verurteilt. Stalingrad fiel, die Soldaten wurden knapp und sein Urteil wurde umgewandelt zur Strafe in dem Bewährungsbataillon 500.

Trotz vier schwerer Kriegsverletzungen überlebte er, kam in französische Gefangenschaft und kehrte 1946 nach Hannover zurück. Er begann ein Volontariat bei der Niedersächsischen Volksstimme, der Zeitung der KPD, wurde Mitglied dieser Partei und der FDJ. Werner Müller arbeitete u.a. am Niedersächsischen Jugendarbeitsschutzgesetz mit, das noch heute maßgebend ist.

Bis 1956 war er Mitarbeiter der Landesleitung der KPD Niedersachsen.

Anfang der sechziger Jahre wurde er Mitglied der VVN, war später u.a. Mitglied des Landesvorstandes und Landeskassierer der VVN Niedersachsen. So war er auch verantwortlich für die monatliche Herausgabe und Herstellung des Mitteilungsblattes, der Zeitung der VVN Niedersachsen.

Für seine ehrenamtliche Mitarbeit in der „Arbeitsgemeinschaft Frohe Ferien für alle Kinder" wurde er von der Sonderstrafkammer des Landgerichts Lüneburg zu 9 Monaten Haft auf Bewährung verurteilt. Zwei Monate später wird die Bewährung aufgehoben.

Dann wird er beschuldigt, an der Herausgabe der Conti-Betriebszeitung beteiligt gewesen zu sein. Er wird verhaftet und zu sechs Monaten Haft verurteilt. Im Oldenburger Gefängnis verbüßt er insgesamt 15 Monate.

Einen Tag vor der Haftentlassung durfte er an der Trauerfeier für seine Mutter teilnehmen, mußte aber abends wieder im Gefängnis sein. Gesundheitlich angeschlagen, nahm er nach der Entlassung seine politische Arbeit wieder auf.

Von 1977 bis 1983 war er Landessekretär der VVN-BdA Niedersachsen, Mitglied des Präsidiums, und blieb bis 1989 Landeskassierer der VVN-BdA. Werner Müller war maßgeblich an der Herausgabe der beiden Bände vom „Heimatgeschichtlichen Wegweiser zu Stätten des Widerstandes und der Verfolgung 1933–1945" beteiligt.

Er starb nach schwerer Krankheit am 30. April 1992 in Hannover.

IM

Harry Naujoks

Harry Naujoks, am 18. September 1901 in Hamburg geboren, erlernt den Beruf eines Kesselschmiedes. 1918 isr er Mitorganisator eines Lehrlingsstreiks und tritt als Siebzehnjähriger in die KPD ein. Er beteiligt sich 1920 an den Abwehrkämpfen gegen den Kapp-Putsch. 1923 wird er zum Vorsitzenden der Kommunistischen Jugend Hamburgs gewählt und beteiligt sich am Hamburger Aufstand.

In der Nacht zum 31. Januar 1933 erhält Harry Naujoks von Thälmann den Auftrag, in Lübeck alles zu tun, um die Freilassung des von den Nazis verhafteten SPD-Reichstagsabgeordneten Julius Leber zu erreichen. Noch im Februar 1933 organisiert er zusammen mit Sozialdemokraten eine antifaschistische Kundgebung. Er wird festgenommen und in Fuhlsbüttel inhaftiert.

Am 1. Juli 1933 freigelassen, setzt er die illegale Arbeit in Bremen fort. Er wird erneut festgenommen, zu zwei Jahren und drei Monaten Zuchthaus verurteilt und am 11. November 1936 in das KZ Sachsenhausen verbracht.

Er beteiligte sich am illegalen Widerstand der politischen Häftlinge und wird 1939 „Lagerältester". Der katholische Jugendführer Franz Ballhorn schreibt über seinen Kameraden Harry Naujoks: „Er fragte nicht nach Partei- oder Gebetbuch, Hautfarbe oder rassischer Herkunft seiner Leidensgefährten... Trotz Not und Todesgefahr setzte er sich mannhaft und mutig für alle Häftlinge ein."

Im November 1942 wird er zusammen mit 17 anderen Häftlingsfunktionären strafweise in das KZ Flossenbürg deportiert. Amerikanische Truppen befreien ihn am 23. April 1945.

Wieder in Hamburg organisiert Harry Naujoks zusammen mit seinen Kameraden die Solidarität der Naziverfolgten im Komitee ehemaliger politischer Gefangener. 1946 bis 1948 ist er Vorsitzender der KPD in Hamburg. Nach der Konstituierung des westdeutschen Sachsenhausen-Komitees wird Harry Naujoks einer der Präsidenten und Vizepräsident des Internationalen Sachsenhausen-Komitees.

Am 20. Oktober 1983 verstirbt Harry Naujoks in Hamburg – ein kluger und großer Mann, ein unerbittlicher Kämpfer gegen Faschismus und Krieg, ein Marxist und Humanist, ein guter Freund.

HS

Oskar Neumann

Als Sohn eines hohen Bahnbeamten kommt Oskar Neumann 1917 in Nürnberg auf die Welt. Die Familie zieht nach Augsburg, Oskar Neumann besucht dort das Gymnasium umd macht 1936 als „bester Abiturient Bayerns" die Reifeprüfung. In München beginnt er ein Chemiestudium.

Wie sein Vater, den die Nazis wegen „politischer Unzuverlässigkeit" aus dem Staatsdienst entlassen, steht er dem NS-Regime kritisch gegenüber. An der Technischen Universität beteiligt sich Oskar Neumann an der studentischen Widerstandsgruppe „Wasser und Gas", die Kontakt zur Gruppe „Weiße Rose" hat. Im Frühjahr 1944 wird er verhaftet und zur Zwangsarbeit in ein Außenlager des KZ Buchenwald verschleppt, aus dem er in den letzten Kriegstagen flüchten kann.

Wieder in München macht er sein Examen als Diplomingenieur, wird Gründungsmitglied der VVN, der „Gewerkschaft der geistig und kulturell Schaffenden" und der ÖTV, tritt der KPD bei und wird für sie in den Münchner Stadtrat gewählt, der ihn zum Korreferenten für Wiederaufbau ernennt. Sein Engagement gegen die Remilitarisierung der Bundesrepublik an der Seite des CDU-Mitbegründers Wilhelm Elfes und des ehemaligen Reichskanzlers Dr. Josef Wirth wird Oskar Neumann in der Adenauer-Ära als „Vorbereitung zum Hochverrat" vorgeworfen: Eineinhalb Jahre Gefängnis. Danach Übersiedlung in die DDR, 1968 Rückkehr nach München.

Parteipolitisch aktiv in der DKP wird Oskar Neumann Ende der 70er Jahre als Nachfolger von Alfred Haag zum Landesvorsitzenden der VVN gewählt. Er arbeitet als Publizist und Mitherausgeber der Literaturzeitschrift „kürbiskern" und wird zu einem viel gefragten Referenten in der bundesdeutschen Friedensbewegung. Oskar Neumann stirbt im April 1993.

EA

Dr. Max Oppenheimer

Am 20. Oktober 1919 als Sohn einer wohlhabenden jüdischen Familie geboren, wuchs Max Oppenheimer in Heidelberg auf.

Wegen seiner jüdischen Abstammung wurde er in der Reichspogromnacht verhaftet und im KZ Dachau inhaftiert.

Danach emigrierte er über die Schweiz nach England. Sein Vater ist 1943 im KZ Majdanek und sein Bruder kurz vor der Befreiung im KZ-Buchenwald umgekommen.

Max hat sich in England der FDJ angeschlossen und war in der Landesgruppe deutscher Gewerkschafter tatig.

1947 kehrte er nach Deutschland zurück. Er hat sich zuerst in Stuttgart und später in Heidelberg aktiv in demokratischen Bewegungen betätigt.

Ab 1957 wurde er hauptamtlicher Mitarbeiter beim Präsidium der VVN in Frankfurt für den Bereich Geschichte. Er hat viele Verbindungen zum Ausland hergestellt. Mehrere Jahre war er unser offizieller Vertreter bei der FIR in Wien. Beim Prozeß gegen die VVN 1962 vertrat Max gemeinsam mit Alfred Hausser und Ludwig Landwehr die Organisation vor Gericht.

Sein wichtigstes Tätigkeitsfeld wurde die Geschichtsarbeit. So war er einer der Initiatoren der Schulbuchkonferenz 1967 und der daraus folgenden Gründung des „Studienkreis zur Erforschung und Vermittlung der Geschichte des deutschen Widerstandes 1933-1945 e.V."

Bis zu seinem Tod war er dieser Arbeit eng verbunden. Die Entstehung der ersten Ausstellung zur Geschichte des deutschen Widerstandes und zahlreiche Veröffentlichungen sind mit seinem Namen verbunden.

1984 hat Max Oppenheimer an der Universität Bremen den Dr.phil. erworben. Thema seiner Dissertation: „Vermittlung der Geschichte des antifaschistischen Widerstandes".

Max ist Autor zahlreicher Dokumentationen. Ihm verdanken wir auch das Standardwerk zur Geschichte der VVN „Vom Häftlingskomitee zum Bund der Antifaschisten". Zusammen mit anderen Mitgliedern hat er an dem Dokumentarfilm „Widerstand und Verfolgung in Heidelberg" mitgewirkt.

Bis zu seiner schweren Erkrankung hat er über 35 Jahre den leitenden Organen der VVN in Bund, Land und seiner Kreisvereinigung angehört.

Er starb am 15. August 1994.

Curt Posener

Alle Kameradinnen und Kameraden, die schon im Gründungsjahr 1947 zur VVN Schleswig-Holstein gehörten, werden ihn gekannt haben: Curt Posener, kurz und liebevoll „Cupo“ genannt. Er war einer der „Männer der ersten Stunde“, Gründungsmitglied der VVN und erster VVN-Landessekretär in Schleswig-Holstein.

In der Nazizeit durchlitt er die Konzentrationslager Buchenwald und Auschwitz. Er gehörte zu einer Gruppe jüdischer Widerstandskämpfer, die gemeinsam mit ihren nichtjüdischen Kameraden den Widerstand im Lager organisierten. Stellvertretend für viele von ihnen wird in dem Buch „Streiflichter aus dem Hamburger Widerstand“ auch sein Name genannt. Er selbst meinte, daß es im Auschwitzer Nebenlager Monowitz zwar kein internationales Lagerkomitee wie in Buchenwald gegeben habe, daß aber eine Zusammenfassung der politisch Zuverlässigen doch erfolgt sei. Die Leitung dieser Gruppe habe sich im wesentlichen aus deutschen und polnischen Juden zusammengesetzt. Er erwähnt auch getarnte Schulungsabende, auf denen sie versucht hätten, den jungen jüdischen Häftlingen Halt zu geben.

Nach der Befreiung 1945 setzt er sich sofort wieder für die Kameraden ein. Schon am 12. Mai 1945 wurden er und einige andere bei der britischen Militärregierung vorstellig und verlangten von dem englischen Major Steward die sofortige Freilassung derjenigen Gegner des Naziregimes, die sich noch im Untersuchungsgefängnis und in der Strafanstalt Fuhlsbüttel befanden. „Cupo“ gehört zur Geschichte der VVN. MW

Hermann Ratering

Als im September 1947 in Völklingen das Mahnmahl „Allen Opfern des Faschismus“ der Öffentlichkeit übergeben wurde, sprachen der Völklinger Bürgermeister, Oberst Gocombles für die Militärregierung und „Herr Ratering aus Saarbrücken als Vertreter der Opfer des Faschismus“. Er sprach sich dafür aus, die Kraft einzusetzen, um Kriege zu verhindern, allen Menschen ein friedliches Leben zu garantieren, „sich einzusetzen für den demokratischen Wiederaufbau unserer Heimat und darüber hinaus den Geist der Solidarität in alle Nationen weiterzutragen.“ Die Überreste von Militarismus und Faschismus sollten bekämpft und die überlebenden oder hinterbliebenen Opfer des Faschismus unterstützt werden.

Hermann Ratering, am 10. März 1907 bei Saarbrücken geboren, wurde nach seiner Schulzeit Modellschreiner. Er engagierte sich im RFB, im Kampfbund gegen den Faschismus und er wurde Mitglied der KPD. Aktiv war er im Abstimmungskampf gegen die Auslieferung des Saargebietes an Hitler-Deutschland dabei. Nach der Abstimmungsniederlage im Januar 1935 blieb nur der Weg ins Exil. Frankreich und Belgien waren seine Stationen. Von dort aus zog es ihn nach dem Putsch der Generale gegen die Volksfront-Regierung in die Reihen der Internationalen Brigaden nach Spanien. Dort nahm er an den Kämpfen teil, bis er im Februar 1939 nach Frankreich zurückkehrte. Die Lager St. Cyprien und Gurs waren erste Leidensstationen. Es folgten weitere, nachdem er ab Mai 1941 in den Fängen der Gestapo-Saarbrücken war. Zwei Jahre und drei Monate Gefängnishaft verhängte das OLG-Stuttgart gegen ihn. Nach der Gefängnishaft folgte für ihn die Hölle des KZ Dachau bis zur Befreiung 1945.

Man findet ihn unter den ersten, die sich in den Aufbau einreihten. Er sammelte die OdF, bemühte sich um deren Anerkennung, um Unterstützungen und er organisierte sie – gemeinsam mit seinen Kameraden in der Vereinigung „Opfer des Faschismus“ aus der dann später die VVN entstand. Herman Ratering starb in Saarbrücken.

LB

Otto Roth

Mit der Elektrikerlehre begann auch Otto Roths (20.3.1905–9.5.1969) politischer Lebensweg. Als 14jähriger trat er in Frankfurt der SAJ und der Gewerkschaft bei. Als 19jähriger wurde er Jungsozialist und dann für kurze Zeit Mitglied des Internationalen Sozialistischen Kampfbundes (ISK). 1930 schloß er sich der KPD an und übernahm die Leitung des neugegründeten Kampfbundes gegen den Faschismus. Daneben bekleidete er Parteifunktionen.

Nach der Machtübernahme der Nazis kämpfte Otto illegal weiter. 1933 wurde er zweimal verhaftet, einmal für 14 Tage, einmal für knapp fünf Monate. Nach der dritten Verhaftung – am Tag des Beginns des Zweiten Weltkrieges – wurde er ins KZ Buchenwald gesperrt. Zuerst mußte er Schwerstarbeit im Steinbruch leisten, dann kam er ins Elektrikerkommando. Hier begann seine enge Zusammenarbeit mit dem Frankfurter Heiner Studer. Ab 1942 begannen sie mit dem Aufbau der Illegalen Militär-Organisation (IMO) der Häftlinge, die am 11. April 1945 das Lager befreite. Otto Roth war für die technische Truppe der IMO verantwortlich.

Nach Frankfurt zurückgekehrt, arbeitete er elf Jahre in der Betreuungsstelle für die NS-Verfolgten und half beim Wiederaufbau der KPD. 1947 gehörte er zu den Gründungsmitgliedern der VVN.

Ab 1958 war er bis zu seinem Tode Sekretär des Präsidiums.

Hans Ruess

Hans Ruess (Esslingen/Neckar 1901–1974) ist schon in jungen Jahren ein festes Glied der Arbeiterbewegung geworden und war insbesondere als KPD-Gemeinderat in seiner Heimatstadt ein konsequenter Vertreter der Interessen der arbeitenden Menschen. Kein Wunder, daß er schon bei den ersten Massenverhaftungen im März 1933 in das KZ-Lager Heuberg kam, von dort in das Lager Oberer Kuhberg und dann nach Dachau bis 9.12.1935. Bei Kriegsbeginn erfolgte wieder eine große Verhaftungswelle und Hans Ruess kam mit mehr als 100 württembergischen Antifaschisten in das KZ Buchenwald. Auch er hat bei der Befreiung den Schwur „Nie wieder Faschismus - nie wieder Krieg" abgelegt und in seinem ganzen weiteren Leben danach gehandelt. Als Mitbegründer der VVN und langjähriger Vorsitzender im Kreis Esslingen ging er immer mit gutem Beispiel voran. Er hat beim Neuaufbau der Gewerkschaften auf kommunaler Ebene und als Landtagsabgeordneter am demokratischen Neubeginn maßgeblich mitgewirkt und genoß dadurch in der Bevölkerung hohes Ansehen.

Viele Jahre war er Geschäftsführer unseres Landesverbandes. Ein besonderes Anliegen war ihm die deutsch-französische Verständigung im Rahmen einer Partnerschaft mit der FNDIRP in Vienne. Bei diesen Aktivitäten hatte er in seiner Lebenskameradin Paula eine treue Helferin, die in der französischen Restistance gekämpft hat und im KZ Ravensbrück inhaftiert war.

HAU

Fritz Salm

Fritz Salm (1913–1985) war ein echtes „Mannemer" Kind. Antifaschistischer Widerstand, Verfolgung, dreieinhalb Jahre Haft in Mannheim, Karlsruhe, Schwäbisch Hall und Ulm. Nach 1945 Abgeordneter der KPD im ersten Landtag von Württemberg-Baden. Jahrelang Kreisvorsitzender der VVN-BdA in Mannheim.

Durch Vorträge, Stadtrundfahrten und Diskussionen vor allem mit der jungen Generation ist ihm die Erweiterung der VVN zum Bund der Antifaschisten hervorragend gelungen.

Autor der Dokumentation über die Mannheimer Widerstandsgruppe Lechleiter unter dem Titel: „Im Schatten des Henkers".

HAU

Karl Schabrod

Als Sohn einer Handwerkerfamilie wuchs Karl Schabrod (19.10.1900–31.3.1981) in Perleberg/Brandenburg auf. Er erlernte den Beruf des Schreiners. Seit 1920 war er gewerkschaftlich und seit 1922 in der Sozialdemokratie organisiert. 1924 trat er der KPD bei.

Karl Schabrod übersiedelte ins Bergische Land, wurde Redakteur der „Bergischen Arbeiterstimme" in Solingen und schrieb auch für die „Freiheit" in Düsseldorf.

Als aktiver Antifaschist wurde er in der Nacht des Reichstagsbrandes am 28. Februar 1933 von den Nazis verhaftet, mißhandelt und ins KZ Börgermoor eingesperrt. In dem berühmten Buch „Die Moorsoldaten" hat ihm Langhoff unter dem Namen „Kurt" ein literarisches Denkmal gesetzt. Nach seiner Entlassung reihte er sich führend in den Widerstand ein und wurde erneut verhaftet. In einem Massenprozeß gegen 51 Angeklagte in Dortmund im Dezember 1934 beantragte der Staatsanwalt die Todesstrafe gegen ihn. Das Urteil lautete schließlich: lebenslänglich.

Es folgten 11 Jahre in den Zuchthäusern Münster und Werl, bis er von den Alliierten am 13. Mai 1945 befreit wurde.

Beim Wiederaufbau der neuen Demokratie war er von Anfang an dabei. 1947 wurde er Vorsitzende der Landtagsfraktion der KPD in NRW und gehörte zu den Schöpfern der nordrhein-westfälischen Verfassung. In Düsseldorf gehörte er bis weit in die 50er Jahre dem Stadtparlament an. Nach dem Verbot der KPD war er erneut schweren Verfolgungen ausgesetzt. Als Mitglied des Landesvorstandes der VVN NRW und Vorsitzender der Landesgeschichtskommission hat Karl Schabrod viel für die Erforschung und Darstellung des antifaschistischen Widerstandes geleistet. Er ist der Verfasser u.a. der Bücher „Widerstand an Rhein und Ruhr" und „Kampf gegen Flick und Florian".

Er starb am 31. März 1981 in Düsseldorf.

WS

Cilly Schäfer

In Friedberg am 25. Januar 1898 geboren, interessierte sich die Tochter aus einem Handwerkerhaushalt – sie selbst lernte das Schneiderhandwerk – recht früh für Politik.

Als Mitglied der Naturfreunde kam sie früh in Kontakt zur USPD und zur KPD. Dort engagierte sie sich in der Frauenpolitik und lernte dabei ihren Mann Jacob Schäfer, KPD-Abgeordneter im hessischen Landtag, kennen.

1932 war Cilly Schäfer selber als einzige Frau in der siebenköpfigen KPD-Fraktion im hessischen Landtag vertreten. Im März 1933 wurde sie verhaftet und im Schnellverfahren zu 1 Jahr Gefängnis verurteilt.

Während Cilly in Mainz inhaftiert wurde, wurde Jacob nach Osthofen verschleppt. Nach ihrer Freilassung ging Cilly Schäfer nach Marburg und organisierte hier den Widerstand.

1944 wurde sie erneut verhaftet und in das KZ Ravenbrück und später nach Sachsenhausen deportiert.

Befreit aus der KZ-Haft kehrte sie nach Marburg zurück und gründete gemeinsam mit anderen Frauen den „Überparteilichen Frauenausschuß", der einen wichtigen Beitrag zum demokratischen Neubeginn in der Stadt leistete. Sie selbst organisiert sich im Demokratischen Frauenbund Deutschland (DFD).

Im Januar 1947 lud sie zur ersten Sitzung der Marburger VVN ein und wurde zur Vorsitzenden gewählt. Bis 1973 gehörte sie dem Vorstand an, auch später noch war sie als Marburger Delegierte auf Landes- und Bundeskongressen. Für ihre Verdienste wurde sie mit der Ehrenmedaille des deutschen Widerstandes ausgezeichnet.

Bis zuletzt geistig rege und politisch aktiv starb sie am 18. Januar 1981.

Josef Schappe

Josef (Jupp) Schappe gehörte zu den ersten Buchenwaldern. Als er 1938 ins noch im Aufbau befindliche Lager kam, lagen hinter ihm schon 4½ Jahre Haft. Unmittelbar nach dem Reichstagsbrand war er verhaftet worden.

Im KZ Brauweiler blieb er für ein Jahr in „Schutzhaft“, war nach seiner Entlassung sofort wieder an der Organisation des antifaschistischen Widerstands im heimatlichen Ratingen beteiligt, schon 1934 erneut verhaftet und 1935 zu dreieinhalb Jahren Zuchthaus verurteilt. Sieben Jahre Buchenwald folgten bis zur Selbstbefreiung des Lagers, an der er aktiven Anteil hatte.

Als 16jähriger war der Sohn eines Tagelöhners von der Mosel ins rheinische Industriegebiet gegangen. Auf sich allein gestellt fand er Kollegen und Genossen in der Gewerkschaft, im Kommunistischen Jugendverband, in der KPD. In Ratingen war er bald einer der bekanntesten und mutigsten Antifaschisten, ein Organisator im Kampf gegen die Nazi-Partei.

In Buchenwald betraute ihn die illegale Lagerorganisation mit schwierigen Aufgaben, die oft besonderen Mut erforderten. So wurde er 1939 Blockältester im Polenblock, war später Verbindungsmann zu Tschechen und Jugoslawen. Nach der Befreiung verabschiedeten sich viele ausländische Kameraden mit einem persönlichen Dank an Jupp für die mutige Solidarität in schweren Jahren.

Jupp Schappe war nach der Befreiung unermüdlich bei der antifaschistischen Aufklärung, beim Wiederaufbau der KPD und ihrer Presse. Der beginnende Kalte Krieg führte 1949 zu unberechtigten Vorwürfen, zum Ausschluß aus der KPD und später zum Eintritt in die SPD. Das führte auch zu Belastungen der Freundschaft zu manchem Lagerkameraden. Doch Jupp Schappe blieb bei allen Differenzen stets bewußt, daß es galt, den Schwur von Buchenwald zu erfüllen. Dafür engagierte er sich in seiner Gewerkschaft, in der Kommunalpolitik, bei Veranstaltungen mit Lehrern und Schülern und bei vielen öffentlichen Auseinandersetzungen.

1989 wurde er von der VVN mit der Ehrenmedaille des Antifaschistischen Widerstands ausgezeichnet. An der öffentlichen Ehrung in der Stadthalle nahmen Vertreter aller Parteien und Ratsfraktionen teil, Ministerpräsident Rau sandte ein Glückwunschschreiben. Bis in die letzten Tage seines Lebens war Jupp Schappe aktiv, antifaschistische Erfahrungen zu vermitteln und dafür Kräfte zusammenzuführen.

CJ

Karl Schild

Karl Schild wurde am 22. September 1910 in Mannheim geboren.

Mit 15 Jahren wurde er als Mechanikerlehrling Gewerkschaftsmitglied im Deutschen Metallarbeiterverband. Von 1925 bis 1926 war er Mitglied der Sozialistischen Arbeiterjugend (SAJ), der Jugendorganisation der SPD.

1927 wechselte er zu den „Naturfreunden“ und 1928 außerdem zum Freidenkerverband. Der syndikalistischen Organisation „Freie Arbeiterunion Deutschland“ (FAUD), die sich gegen die Politik der SPD wie der KPD abgrenzte, schloß sich Schild 1928 an.

Mit dieser Organisation ging er dann auch 1933 in den Widerstand. Die Arbeit seiner Gruppe bestand im Verbreiten von Flugblättern und dem Aufbau illegaler Organisationen in Worms, Alzey, Darmstadt, Frankfurt und Offenbach. Im April 1933 wurde Karl Schild in Mannheim zum erstenmal für 4 Wochen verhaftet. Seine zweite Verhaftung erfolgte im Januar 1935 in Darmstadt. Das Urteil des 2. Senats des Volksgerichtshofes gegen ihn lautete im August 1936 auf viereinhalb Jahre Zuchthaus mit Ehrverlust und anschließender Polizeiaufsicht. Vom Zuchthaus Ludwigsburg wurde er direkt in das Strafgefangenenlager II Aschendorfer Moor eingeliefert. Im Februar 1943 preßten die Nazis ihn in das „Bewährungsbataillon 999“ der deutschen Wehrmacht. Auch hier arbeitete er weiter im Widerstand, und er hatte Kontakt zu der griechischen Befreiungsbewegung.

Bis zum Dezember 1946 war Karl Schild in britischer Kriegsgefangenschaft in Ägypten. 1947 kam er nach Offenbach und wurde hier Sekretär der Offenbacher VVN und danach deren Landessekretär. Sozial- und Entschädigungsfragen für die Opfer des Faschismus waren ihm wichtige Anliegen. Später war er Sozialredakteur der Zeitung „die tat“.

In Offenbach war Karl Schild Stadtverordneter der KPD. Von 1955 bis zu seinem Tode 1991 war er Vorsitzender der Offenbacher Kreisvereinigung der VVN-Bund der Antifaschisten. Seit der Öffnung der VVN zur VVN-Bund der Antifaschisten spielte er eine Schlüsselrolle als Mittler zwischen den Generationen der Antifaschisten in- und außerhalb der VVN-BdA. Ein besonderes Verdienst war auch seine Rolle als Geschichtsvermittler in Schulklassen und Jugendgruppen. Eine stattliche Zahl damals junger OffenbacherInnen hatten ihren ersten Kontakt mit Berichten aus dem Faschismus durch die lebhaften Erzählungen von Karl Schild.

Karl Schild gehörte, wie seine Lebensgefährtin Änne Salzmann, zu den Gründungsmitgliedern der VVN.

BL

Fritz (Friedrich) Schmidt

In Hannoversch-Münden am 20. Oktober 1904 geboren, begann Fritz Schmidt nach dem Krieg eine Malerlehre. Bald schon organisierte er sich gewerkschaftlich und politisch im KJVD und in der KPD. Als Arbeitsloser schrieb er seit 1928 in Kassel als Redakteur für die „Neue Arbeiterzeitung“.

Schon im März 1933 wurde er kurzzeitig verhaftet. Zurück in Kassel baute er mit seinen Genossen ein illegales Netz auf, das erst 1936 von der Gestapo aufgerollt werden konnte. Im März 1937 wegen „Vorbereitung zum Hochverrat“ zu fünf Jahren

Zuchthaus verurteilt, folgte seine Haft in Kassel-Wehlheiden und die anschließende Überführung ins KZ Sachsenhausen.

Erst auf dem Todesmarsch kurz vor Schwerin wurde er 1945 von den Alliierten befreit.

Zurück in Kassel, einer Stadt die zu über 85 % zerstört war, wirkte er als Kommunist beim Neubeginn mit. Er wurde kommissarischer Stadtrat und Lizenzträger der ersten demokratischen Tageszeitung „Hessische Nachrichten". Auch gehörte er im September 1946 zu den Gründern der Kasseler VVN.

Er erlebte die ersten Zeichen des Kalten Krieges, als ihm schon 1946 ohne Begründung die Zeitungslizenz entzogen wurde. Wegen seiner antifaschistischen und Friedensarbeit erlebte er 1953 Haussuchungen durch die Adenauer-Polizei. Auch an seinem Arbeitsplatz wurde ihm, dem aktiven Gewerkschafter, das Leben schwer gemacht.

In der VVN gehörte er seit 1946 ohne Unterbrechung dem Kasseler Kreisvorstand an, war lange Jahre Mitglied im hessischen Landesvorstand und Delegierter zu Bundeskongressen. Mit ganzer Kraft trat er 1971 für die Öffnung der Organisation zum Bund der Antifaschisten ein und engagierte sich in der Geschichtsarbeit.

Er starb am 3. Dezember 1979.

Lotte Schmidt

Lotte Schmidt, geb. Kirchner, kam noch im Kaiserreich zur Welt, am 3. Juni 1912. Das Erleben zweier Weltkriege, der Weimarer Republik und ihres Unterganges, des Nazi-Regimes und des antifaschistischen Widerstandes, schließlich der Befreiung – dies alles prägte Lotte Schmidt und bestimmte ihr politisches Handeln bis zu ihrem Tode; die Fülle ihrer Erfahrungen konnte sie einbringen vor allem in ihr Gespräch mit der Jugend.

Lotte Schmidts politischer Lebensweg war in ganz besonderem Maße geprägt durch ihr sozialdemokratisches Elternhaus: Karl Kirchner, ihr Vater, war bis 1933 Vorsitzender der SPD-Fraktion im Frankfurter Stadtparlament, er wurde mehrfach inhaftiert und starb 1945.

Ihre berühmte Mutter, Johanna Kirchner, war führend tätig in SPD und Arbeiterwohlfahrt. Mit der Emigration der Mutter nach Frankreich 1933 und ihrer dortigen Arbeit für den SPD-Vorstand eng verbunden war die Widerstandsarbeit von Tochter Lotte: Bei vielfachen Treffen mit der Mutter in der Schweiz und in Luxemburg überbrachte sie Nachrichten und Material aus Deutschland, und brachte auf der Rückreise Materialien ihrer Mutter, die vom Parteivorstand kamen, nach Deutschland.

Mehrfach wurde Lotte Schmidt – wie ihr Mann Emil Schmidt, der aktiv im Widerstand arbeitete – inhaftiert: 1934, 1937 und dann 1942, wo sie im Polizeigefängnis Frankfurt auf ihre inzwischen ebenfalls verhaftete Mutter traf, die 1944 in Plötzensee hingerichtet wurde.

Kaum zu benennen die Fülle der Aktivitäten, die Lotte Schmidts Lebensweg nach 1945 charakterisierten: Vom „Fränkischen Kreis" bis zur Arbeiterwohlfahrt, vom Kulturbund bis zur VVN, von der ÖTV bis zum „Studienkreis deutscher Widerstand", dessen Vorsitzende sie war, reichten ihre rastlosen Aktivitäten.

Vor allem aber wurde sie für eine unübersehbar große Zahl von Jugendlichen zur einprägsamen Zeitzeugin – in Schulen, bei alternativen Stadtfahrten, vor dem Polizeigefängnis im Klapperfeld.

Von der Stadt Frankfurt wurde Lotte mit der Medaille geehrt, die den Namen ihrer Mutter Johanna Kirchner trägt.

PA

Otto Schneider

Als Mitglied einer antifaschistischen Widerstandsgruppe in Karlsruhe wurde Otto Schneider (Karlsruhe 1914–1995) im Dezember 1934 verhaftet und zu einer langjährigen Zuchthausstrafe verurteilt. Über Bruchsal kam er in das Zuchthaus Ludwigsburg. Wegen Überfüllung wurde er von dort zu den Moorsoldaten ins Emsland abgeschoben.

Bald darauf kam er krank nach Ludwigsburg zurück. Nach seiner Entlassung wurde er als Strafsoldat zum BB 999 einberufen; nach kurzer Ausbildung kam er in Griechenland zum Einsatz. Dort holte er sich eine Malaria und landete bei der Organisation Todt in Frankreich. Dort konnte er fliehen und lebte bis zur Befreiung in Straßburg.

Als Mann der ersten Stunde hat er zusammen mit Lina und Adolf Betz in Karlsruhe die Süddeutsche Ärzte- und Sanitätshilfe aufgebaut. Diese in der Schweiz gegründete Hilfsorganisation hat in den ersten Jahren nach der Befreiung im süddeutschen Raum über von ihr betriebene Kur- und Ferienheime durch Lebensmittel und Medikamente aus der Schweiz vielen Verfolgten und ihren Familien geholfen, die Schäden aus der Verfolgung zu lindern. Danach leitete er über viele Jahre mit Umsicht die VVN-Kreisvereinigung.

Er hat der Kreisvereinigung zu hohem Ansehen verholfen und auch zur Entstehung eines „Freundeskreises der VVN" beigetragen.

HAU

Karl Schreiber

Karl Schreiber (4.10.1910–11.7.1983), aus sozialdemokratischer Gewerkschafterfamilie in Offenbach, 1925 Schneiderlehre und Gewerkschaft in Frankfurt. 1927 Mitglied und Funktionär im kommunistischen Jugendverband (KJVD), ab 1929 zuständig für Südhessen, von Bickenbach/Bergstraße aus Organisation von Jugendgruppen und antifaschistischer Arbeit.

Nach der NS-Machtübernahme 1933 untergetaucht, dann Verhaftung, Gestapo-Gefängnis Darmstadt, KZ Osthofen. Nach Entlassung illegale Arbeit in Frankfurt, 1935 erneut Verhaftung, wegen „Vorbereitung zum Hochverrat" 1½ Jahre Freiheitsstrafe. Nach Verbüßung Aufbau illegaler Arbeit in Frankfurter Textilbetrieben und im Taunus, Hilfe für Zwangsarbeiterinnen. 1942/43 Strafbataillon 999 mit Stationen Frankreich, Italien und Afrika, Desertion und amerikanische Kriegsgefangenschaft. Kontakt zu Emigranten, „Kriegsgefangenenausschuß für ein demokratisches Deutschland".

Nach Rückkehr Mitwirkung am Wiederaufbau der KPD und Naturfreunden, am Aufbau der VVN, kommunalpolitische Aktivität, Baugenossenschaft, Mitgründung der Lagergemeinschaft Osthofen (1972), Friedensbewegung.

CJ

Hans Schwarz

In Wien 1904 geboren, war Hans Schwarz schon weit vor 1933 zusammen mit Bruno Kreisky in Haft genommen worden. Nach einer kurzen Atempause als Vertreter bei der österreichischen Emigrantenhilfe in Genf und Bern wurde er von 1934 bis 1944 im KZ Dachau inhaftiert, im Oktober 1944 noch in das KZ Neuengamme überführt und im April 1945 zur „Bewährungseinheit Dirlewanger" überstellt.

Nachdem er 1945, in Holstein, die Freiheit erlangte, war er an der Gründung des „Komitee ehemaliger politischer Gefangener Hamburg" beteiligt. Als Delegierter auf Interzonenkonferenzen bereitete er aktiv die Gründung der VVN mit vor, im Februar 1947 wurde er als Mitglied der SPD in den Vorstand der VVN gewählt und ihr Schriftführer und Sekretär. Er war Sekretär der VVN für die britische Zone und Delegierter des Gründungskongresses. Seit 1956 war er aktiv in der „Amicale Internationale de Neuengamme", als deren Generalsekretär er bis zu seinem Tode am 7. April 1970 zahlreiche weitere Aufgaben übernahm, u.a. in der „Internationalen Geschichtskommission".

In dem von ihm in aufreibender Kleinarbeit aufgebauten „Hans Schwarz Archiv" sammelte er unentbehrliches Quellenmaterial, das 1974 mit seiner reichhaltigen Bibliothek der Forschungsstelle für die Geschichte des Nationalsozialismus in Hamburg übergeben wurde.

RB

Käthe Seifried

Ältestes Kind einer 10köpfigen Arbeiterfamilie. Sie wird 1928 Mitglied der SPD und tritt 1930 in die KPD ein. Sie ist politisch sehr aktiv, spricht in öffentlichen Versammlungen und warnt vor der faschistischen Gefahr. 1932 wird sie zu einer Haftstrafe verurteilt und erzwingt durch Hungerstreik ihre Freilassung.

Als die Nazis zur Macht gelangt waren, geht sie in die Illegalität. Im Oktober 1933 wird sie in Leipzig verhaftet und in das KZ Hohenstein gebracht. Sie ist dort schweren Mißhandlungen ausgesetzt und wird im Mai 1934 krank entlassen. Zur Sicherheit wechselt sie öfter ihren Wohnort. Ab 1940 wird sie als Straßenbahnschaffnerin in München dienstverpflichtet.

Ab 1945 lebt sie in Freiburg. Sie wird Mitglied der Beratenden Versammlung für das Land Baden und gehört bis 1956 dem Stadtrat von Freiburg an.

Käthe Seifried hat in vielen demokratischen Bewegungen mitgewirkt und war über viele Jahre Mitglied des Kreisvorstandes der VVN. Im besonderen hat sie ältere und hilfsbedürftige Mitglieder betreut.

HAU

Fritz Sicks

Fritz Sicks wird am 4. April 1906 in Ahsweiler, Kreis St. Wendel geboren. Schon früh verläßt er das Elternhaus. Er arbeitet in verschiedenen Orten in Deutschland. In den politischen und sozialen Auseinandersetzungen der Nachkriegszeit schließt er sich der sozialistischen Arbeiterjugend und der Gewerkschaft an. Von 1925/33 arbeitet er bei der Main-Gas AG in Frankfurt. Er wird 23jährig in den Betriebsrat gewählt.

Als Mitglied im Roten Frontkämpferbund kämpft er gegen den Straßenterror der faschistischen SA-Trupps. Auf Grund des „Gesetzes zur Wiederherstellung des Berufsbeamtentums" wird er im Mai 1933 als Betriebsrat der Frankfurter Städtischen Betriebe fristlos entlassen.

Um der drohenden Verhaftung zu entgehen, flieht er in seine Heimat nach Niederlinxweiler an der Saar. Hier gilt er als Emigrant und muß sich zweimal in der Woche bei der Polizei melden. Seine Erfahrungen mit dem Faschismus „im Reich" führen ihn im Abstimmungskampf 1933/35 an die Seite der Einheitsfront von Kommunisten, Sozialdemokraten und antifaschistisch gesinnten Christen.

Nach der Niederlage der Antifaschisten bei der Volksabstimmung am 13. Januar 1935 flieht er nach Frankreich. Als einer der ersten folgt Fritz Sicks dem Hilferuf der Regierung der Spanischen Republik. Auf die Niederlage in Spanien folgen Monate der Internierung und des Hungers in Südfrankreich. Auf Veranlassung der deutschen Behörden wird Fritz Sicks von der französischen Polizei ausgeliefert, nach Deutschland gebracht und der Gestapo unterstellt. Er wird der Vorbereitung zum Hochverrat beschuldigt. Ein „Schutzhaft"-Befehl der Gestapo führt ihn im Sommer 1943 in ein KZ-Außenkommando in Friedrichshafen und später ins KZ Buchenwald-Dora in Nordhausen. Im April 1945 gelingt ihm die Flucht bei einem Häftlingstransport. Schwer krank und nach einem Fußmarsch von mehreren hundert Kilometern erreicht er am 18. Mai 1945 seinen Heimatort.

Trotz Krankheit gehört er zu den Männern der ersten Stunde. Er wird zum Bürgermeister seiner Gemeinde gewählt. Fritz Sicks gehört zu den Mitbegründern der VVN im Saarland. Ab Mitte der 60er Jahre bis zu seinem Tode am 21. Juni 1974 ist er deren Landesvorsitzender. In dieser Zeit ist er auch Mitglied des Bundespräsidiums. Er wird Sprecher der „Interessengemeinschaft der ehemaligen Spanienkämpfer", für deren Anerkennung er unermüdlich kämpft.

Vielen KameradInnen der VVN verhalf er als Bevollmächtigter bei den Landesentschädigungsbehörden zu moralischer Anerkennung und materieller Wiedergutmachung.

HB

Albert N. Simmedinger

Geboren 1910, im Frankfurter Arbeiterstadtteil Riederwald aufgewachsen, war Albert Simmedinger durch die Ideen der Arbeiterbewegung geprägt. 1931 trat er der KPD bei.

Da er in der Weimarer Zeit nicht öffentlich aufgetreten war, übernahm er 1934 in der Illegalität die Funktion eines Kuriers der Frankfurter KPD-Organisation und wurde Mitglied in der Unterbezirksleitung. 1935 verhaftet, verurteilten ihn die Nazis zu 6 Jahren Zuchthaus, von denen er 3 Jahre in Kassel-Wehlheiden verbüßte.

Nach der Haftzeit wurde er ins KZ Sachsenhausen überführt, wo Albert Simmedinger durch die Solidarität der politischen Mithäftlinge überleben konnte.

Im Juni 1945 kehrte er nach Frankfurt zurück und arbeitete von Anfang an in der Betreuung für Widerstandskämpfer und

Verfolgte mit. So gehörte er zu den Gründungsmitgliedern der Frankfurter und hessischen VVN. 1948 verließ er die KPD, die VVN blieb jedoch seine politische Heimat. 17 Jahre lang war er einer der wichtigsten Sozialbetreuer und Experten der Organisation in Entschädigungsfragen.

Noch 1970 verfaßte er für die VVN einen Alternativentwurf zur Vorlage der Bundesregierung über „Wiedergutmachung der Schäden Verfolgter des Nationalsozialismus in der Sozialversicherung".

Damals war er bereits nicht mehr Mitglied, da er wegen seiner Kritik an dem Vorgehen in Prag 1968 aus der Organisation herausgedrängt worden war. Er blieb der antifaschistischen Sache treu und war besonders in der Geschichtsarbeit in Frankfurt tätig.

Anfang der 90er Jahre kehrte er wieder in die VVN-BdA zurück. Er starb im Dezember 1995.

Gertrud Skubich

Gertrud (24. September 1902–5. Februar 1993) habe ich in den 70er Jahren kennengelernt, als sie auf einer Gewerkschaftsveranstaltung sprach. Es war ganz still im Saal. Mit ihren Worten hatte sie alle Anwesenden gepackt und getroffen.

Was war das aber auch für ein Leben, von dem sie berichtete! Hunger und Not überschatten die Kindheit im Thüringer Wald. Der Vater steht als Sozialdemokrat auf der Schwarzen Liste. Nach Schulabschluß im Ersten Weltkrieg wird sie Dienstmädchen mit 100 Mark Jahreslohn. Später erlangt sie eine Lehrstelle für Bürotätigkeit.

1935 geht sie nach Heirat mit ihrem Mann nach Berlin. Sie beherbergen ihren illegalen Genossen, den ehemaligen sozialdemokratischen Reichstagsabgeordneten Paul Voigt, werden denunziert und verhaftet. Die Gestapo will Aussagen erpressen. Gertrud bleibt standhaft. Knapp dem Todesurteil entgangen, wird sie eingesperrt im Gefängnis von Gotha. Verzweiflung nistet in den engen Zellen. Gertrud tröstet, so gut sie kann. Hart trifft sie das Schicksal ihrer Freundin, der Kommunistin Minna Recknagel, die hingerichtet wird. Beim Abschied für immer schwört sie sich, später einmal Zeugnis abzulegen über die Ungeheuerlichkeiten dieses verbrecherischen Systems.

Nach endlich wiedererlangter Freiheit kehrt sie nach Berlin zurück. Von Beginn an ist sie Mitglied in der VVN und setzt sich aktiv für die Ziele der Organisation ein. Der Bezirk, in dem sie lebt, gehört zu den Westsektoren. Bald herrscht Wirtschaftswunderzeit, und wer will schon hören, was Gertrud zu berichten hat.

Dann plötzlich die 68er, eine neue demokratische Bewegung schafft neue Begriffe („Zeitzeuge – Zeitzeugin") und bringt Gertrud zum Reden. In Schulen, Kirchengemeinden, Jugendheimen, Frauentreffs, auf Gewerkschaftsveranstaltungen, Friedenskundgebungen, Versammlungen der VVN spricht sie und ergreift alle durch ihre Warmherzigkeit, aus der nicht Verbitterung, sondern Liebe zu den Menschen spricht.

Die Erfahrungen ihres Lebens haben ihr soziales Gewissen geschärft, und die, zu denen sie redet, spüren ihr starkes Gefühl für Gerechtigkeit. Gleichzeitig ist sie eine unermüdliche Warnerin vor den Gefahren des Neonazismus, eine Mahnerin zur Toleranz und zum friedlichen Miteinander.

Vor einiger Zeit erzählte mir eine Lehrerin, welch nachhaltigen Eindruck Gertrud vor Jahren auf die Schüler und Schülerinnen ihrer Klasse gemacht habe, so daß sie heute noch bei ihren jährlichen Treffen von ihr sprechen. Kann man sich eine bessere Ehrung wünschen?

SZ

Alice Stertzenbach

Alice (Ali) Stertzenbach geb. David wurde am 13. September 1909 in Dortmund geboren. Nach Schulbesuch Studium der Zahnheilkunde in Berlin und Bonn 1929–1933. Im Jahre 1933 verbrachte sie einige Monate im Kölner Frauengefängnis Klingelpütz. 1936 entging sie einer erneuten Verhaftung durch Flucht in die Niederlande. Hier erhielt sie vom Jüdischen Flüchtlings-Comité den Auftrag, an der Errichtung eines deutsch-jüdischen Emigrantenheims mitzuwirken, das „Haus Oosteinde" in Amsterdam. Nach der Besetzung der Niederlande durch die Nazi-Wehrmacht wurde die Hilfe für die verfolgte jüdische Bevölkerung, vor allem auch der politischen Flüchtlinge, zur Hauptaufgabe dieses Hauses.

In diesem Zusammenhang knüpfte Alice Stertzenbach Beziehungen zur antifaschistischen Widerstandsbewegung und war 1943 Mitinitiatorin einer „Arbeitsgemeinschaft deutscher und staatenloser Antifaschisten" mit mehr als 700 Mitgliedern.

1946 Rückkehr nach Deutschland, sozialpolitische Tätigkeit u.a. auch für die KPD, deren Mitglied sie war. Heirat mit ihrem Lebensgefährten, dem Journalisten Werner Stertzenbach. 1957 Staatliche Anerkennung als Wohlfahrtspflegerin, dann Familienfürsorge und Altenhilfe.

1957 Verurteilung durch den Bundesgerichtshof, weil sie Sekretärin des „Zentralrats zum Schutze demokratischer Rechte" gewesen war. Ihre Verteidiger waren die späteren NRW-Justizminister Dr. Neuberger und Dr. Posser. 1966 Leiterin der Abteilung Wiedergutmachung beim Präsidium der VVN Frankfurt/M.

1973 Umzug nach Düsseldorf. Aktive Gewerkschaftsarbeit in der ÖTV, Solidaritätsarbeit für die chilenischen Flüchtlinge in der VVN/BdA und in der Friedensbewegung.

Am 19. Februar 1996 verstarb Alice Stertzenbach nach langer Krankheit.

WS

Albin Stobwasser

Albin Stobwasser – am 16. März 1904 geboren – entstammt einer 17köpfigen Arbeiterfamilie aus Thüringen.

1927 schließt er sich der KPD in Hamburg an. Er beteiligte sich engagiert an den Aktionen und gegen den Einfall der Nazi-

Schlägertruppen in das Altonaer Arbeiterviertel, und nach den Erfahrungen des „Altonaer Blutsonntags" geht er in den Widerstand. Im Oktober 1933 wird Albin Stobwasser verhaftet und im Juni 1934 wegen „Vorbereitung zum Hochverrat" zu 2 Jahren Zuchthaus verurteilt. Nach der Verbüßung dieser Strafe wird er in das KZ Esterwegen verbracht. Albin erfährt die Solidarität der Häftlinge: der Sozialdemokrat Theodor Haubach rettet den von Folter geschwächten Kommunisten Stobwasser. 6 Jahre muß Albin Stobwasser insgesamt hinter Nazi-Kerkermauern, im KZ Fuhlsbüttel und dem KZ Sachsenhausen verbringen.

Nach dem 8. Mai 1945 gehört Albin Stobwasser zu den Menschen der ersten Stunde. Er arbeitet zunächst in der KPD Norddeutschlands. 1964 wird er zum Landessekretär der VAN – später wieder VVN – in Hamburg gewählt.

Als nach 1973 auch in Hamburg Berufsverbote gegen junge und engagierte Antifaschisten verhängt wurden, als Gesinnungsverfolgung nach den Regeln des Kalten Krieges praktiziert wurde, war Albin Stobwasser beteiligt an der Errichtung einer großen Solidaritätsbewegung.

In einem Glückwunsch zum 80. Geburtstag haben jüngere Kameradinnen und Kameraden auch heute noch Gültiges formuliert:

„Deine Zuverlässigkeit und Dein Vertrauen haben uns gezeigt: Wir sind eine Gemeinschaft. Auch wenn wir unterschiedlich sind, so achten wir einander und kämpfen Seite an Seite. Wir sind froh und stolz, Dich als Kameraden und Freund zu kennen."

HS

Walter Vielhauer

Der gelernte Silberschmied (Heilbronn, 1909–1986) ist in jungen Jahren über den Christlichen Verein Junger Männer zum Kommunistischen Jugendverband und zur sozialistischen Arbeiterbewegung gekommen. In ihren Reihen hat er an vorderster Stelle gegen den aufkommenden Nazismus gekämpft. 12 Jahre Drittes Reich bedeuteten für ihn 11 Jahre und 9 Monate politische Haft: KZ Heuberg, Untersuchungshaft Stuttgart, Strafhaft Ludwigsburg und von Juli 1939 bis zur Befreiung KZ-Lager Welzheim, Dachau, Mauthausen und Buchenwald.

Er gehörte zu den Häftlingen, die am 19. April 1945 auf dem Appellplatz von Buchenwald den verpflichtenden Schwur geleistet haben: „Die Vernichtung des Nazismus mit seinen Wurzeln ist unsere Losung. Der Aufbau einer neuen Welt des Friedens und der Freiheit ist unser Ziel."

Diesem Schwur hat Walter Vielhauer bis zu seinem Tod die Treue gehalten. Als Kommunalpolitiker nach der Befreiung in Heilbronn, als Mitbegründer unserer Vereinigung und Kreisvorsitzender, als Mitglied der zentralen Organe der VVN im Bund und Land, in den Lagergemeinschaften Dachau und Buchenwald. An jedem Platz und zu jedem Zeitpunkt hat er als Antifaschist gewirkt. Bei der Vermittlung unseres gemeinsamen antifaschistischen Auftrages hat er unermüdlich in Schulen, Jugendgruppen, bei Gedenkfeiern und vielen anderen Anlässen Vorbildliches geleistet. Damit hat er auch vielen jungen Menschen den Weg zu unserer Vereinigung, dem Bund der Antifaschisten gewiesen. Durch sein antifaschistisches Wirken hat er sich weit über die Bundesrepublik hinaus Anerkennung und Vertrauen erworben.

Doch kein Platz, keine Straße erinnert in seiner Heimatstadt an diesen verdienten Bürger und bewährten Antifaschisten.

HAU

Wilhelm Vogel

Schon früh beteiligte sich der am 20. Dezember 1898 geborene Wormser Willi Vogel am antimilitaristischen und antifaschistischen Kampf. Er wurde Mitglied der KPD und arbeitete im RFB und der Roten Hilfe.

Schon im März 1933 wurde er von den Faschisten in „Schutzhaft" genommen und in das KZ Osthofen eingeliefert. Von dort gelingt ihm die Flucht ins Saargebiet, wo er weiter politisch arbeitete. Über Paris folgt er im Juli 1936 dem Aufruf zur Verteidigung der spanischen Republik. Er kämpft in der „Centura Thälmann" bis Anfang 1939 in Spanien. Beim Rückzug nach Frankreich wird er in Argeles und später im Camp de Gurs interniert. 1942 gelingt ihm die Flucht nach Andorra.

Durch Francosöldner festgenommen wird er erneut interniert und nach Marokko abgeschoben. Hier stellt er sich im Oktober 1944 der britischen Armee zur Verfügung und kehrt mit diesen Truppen 1946 nach Deutschland zurück.

1947 wird er öffentlicher Ankläger bei der Spruchkammer in Worms. Als die KPD aus Protest gegen die Entnazifizierungspolitik ihre Mitglieder aus den Spruchkammern zurückzog, trennte sich Willi Vogel von der KPD. Er blieb bis zu seinem Tod parteilos. Erst mit der Neugründung nach dem Verbot der VVN Anfang der 70er Jahre wurde er Mitglied der VVN-BdA. Die Organisation zeichnete ihn für seine Verdienste mit der Ehrenmedaille des deutschen Widerstandes aus.

HM

Karl Wagner

Karl Wagner (1901–1983) hat 124 Monate hinter Gefängnismauern und Stacheldraht verbringen müssen. Seine Stationen KZ-Heuberg, Stuttgart, Flucht aus dem Gefängnis, Emigration in die Schweiz, Rückkehr nach Stuttgart. Illegale Arbeit, erneute Verhaftung, Haft in Ulm, Moorsoldat in Börgermoor, Dachau, Mauthausen, Buchenwald.

Sofort nach der Befreiung arbeitet er in der Rückführungsstelle für ehemalige Verfolgte des Naziregimes in Stuttgart.

Nach Gründung der VVN übernimmt er im Landesbüro eine verantwortungsvolle Aufgabe. 1966 ist er nach Karlsruhe verzogen. Dort war er 4 Jahre Kreisvorsitzender der VVN. Karl Wagner hat über seine Erlebnisse in den KZ-Lagern zwei Broschüren geschrieben.

Unter dem Titel „Ich schlage nicht", schildert er das Lagerleben und den Kampf der Häftlinge gegen die ständigen Schikanen der SS-Bewacher. In dieser Situation hat Karl Wagner menschliche Größe auch in Todesgefahr vorgelebt, die Hochachtung verdient. Nach seinem Tod ist aus der Feder seiner Frau Hilde Wagner eine Biografie unter dem Titel „Der Kapo der Kretiner" erschienen.

HAU

Orli Wald-Reichert

Orli Torgau, richtig: Aurelia, wurde am 1. Juli 1914 in Maubeuge geboren und wuchs in Trier auf. Dort schloß sie sich dem KJVD, dem Kommunistischen Jugendverband an.

Nach der Machtübernahme durch die Nazis kämpfte sie illegal weiter und wurde 1936 zu 4½ Jahren Zuchthaus verurteilt, die sie im Zuchthaus Ziegenhain bei Kassel verbüßte. 1935 hatte sie den Bauarbeiter Fritz Reichert geheiratet, im Oktober 1939, kurz vor ihrer Entlassung wurde die Ehe geschieden, warum, muß vorerst offen bleiben.

Aus dem Zuchthaus Ziegenhain wurde Orli in das Frauenkonzentrationslager Ravensbrück gebracht, im März 1942 kam sie mit dem 1. Frauentransport aus Ravensbrück in das Frauenlager nach Auschwitz. Im Herbst des Jahres kam sie ins Außenlager Birkenau (Auschwitz II), wo sie 1943 Lagerälteste im Häftlingskrankenbau wurde. In dieser Funktion rettete sie vielen Mithäftlingen das Leben, was ihr den Beinamen „Heldin von Auschwitz" eintrug, sie nahm aber auch am organisierten Lagerwiderstand teil.

Noch bevor Auschwitz im Januar 1945 von der Roten Armee befreit wurde, mußte Orli mit auf einen der großen Evakuierungsmärsche in Richtung Westen gehen. Wann und wo sie befreit wurde, ist unbekannt. Vermutlich im Sanatorium in Sülzhain, wo sie eine Tuberkulose-Erkrankung auskurierte, lernte sie ihren zweiten Mann, den Hannoveraner Eduard Wald kennen, mit dem sie nach der Heirat etwa 1947 nach Hannover ging. Von ihm, der ein aktiver Gewerkschafter und 1947 Mitbegründer der VVN in Niedersachsen gewesen war und der sich in den fünfziger Jahren dann zu einem erbitterten Gegner der VVN entwickelte, trennte sie sich vermutlich schon 1949.

Orli konnte Auschwitz nicht vergessen, sie litt unter Depressionen und starb 1962 in der Psychatrischen Klinik in Ilten bei Hannover. Ihr Grab befindet sich auf dem Stadtfriedhof Engesohde in Hannover.

SK

Rolf Weinstock

Als Sohn jüdischer Eltern wurde Rolf Weinstock (Emmendingen 1920–1952) im Jahre 1937 sechs Monate inhaftiert.

Von 1939 bis 1945 führte ihn sein Leidensweg über die KZ-Lager Dachau, Gurs, Auschwitz und Buchenwald.

Bereits am 1. November 1945 war er als Leiter der Zweigstelle der „Badischen Landesstelle für die Opfer des Nationalsozialismus" tätig. Ebenso gehörte er der schon im Mai 1945 gegründeten „Antifaschistischen Arbeitsgemeinschaft Emmendingen" an. Als Mitglied des Gemeinderats erreichte er im Februar 1948 die Aufstellung eines Mahnmals gegen den Nazismus. Schon im Frühjahr 1947 begann er zusammen mit den Kameraden Baumgaertner und Heiland die Gründung der VVN und war deren Vorsitzender bis zu seinem frühen Tod.

Unvergessen bleibt sein Vermächtnis in Form seines Buches „Das wahre Gesicht Hitlerdeutschlands".

HAU

Ille Wendt

Ille Wendt, geboren als Bertha Maria Ruppe am 13. Juli 1908 in Köln, verstorben am 7. August 1993 in Hamburg, wohin sie als 16jährige geflohen war, um der von der Familie geplanten Einsperrung in ein Kloster zu entkommen.

Nachdem Ille schon in Köln über die Jugendgruppe „Florian Geyer" schließlich zur kommunistischen Bewegung gestoßen war, widmete sie sich in Hamburg von Anfang an der Kinder- und Jugendarbeit. Sie selbst hatte fünf Kinder, für die sie, während ihr Mann in Nazihaft saß, allein verantwortlich war.

Gleichwohl war Ille im Widerstand aktiv. Ihre Wohnung war Zuflucht für KameradInnen, bevor sie ins Ausland kamen. Im Auftrag der Roten Hilfe kümmerte sie sich um die Familien gefangener Antifaschisten. Nach 1945 standen neben dem „Komitee ehemaliger politischer Gefangener", später VVN (während des Verbots in Hamburg: VAN), wieder Kinder und Jugendliche im Mittelpunkt ihrer Arbeit: mit Kindern von Verfolgten organisierte sie internationale Ferienlager, reiste mit ihnen u.a. nach Oradour. Aus dieser Arbeit entstand in Hamburg die Geschwister-Scholl-Jugend. Illes Ortsvereinigung Barmbek-St. Georg war immer ein Sammelpunkt für AktivistInnen der jungen Generation.

Ganz besonders in der für die VVN-BdA turbulenten und schwierigen Zeit seit Ende der achtziger Jahre war sie es, die vielen Kameradinnen und Kameraden, alt und jung, Orientierung bot. Aus Erfahrung lernen, die Gegenwart gestalten, Mut zum Träumen und Kraft zum Kämpfen – dafür stand Ille Wendt.

KE

Liddy Woelk

Liddy Müller war 22 Jahre alt, als sie am 13. Juni 1935 in der elterlichen Wohnung in der Karolinenstraße in Hamburg von der Gestapo verhaftet und in das Konzentrationslager Fuhlsbüttel gebracht wurde.

In dem „Schutzhaftbefehl", der sich noch im Besitz ihres späteren Ehemannes Johann Woelk im schleswig-holsteinischen Lägerdorf befindet, heißt es:

„Die Hausangestellte Liddy Woelk ist zur Schutzhaft zu bringen, weil sie dringend verdächtig ist, in unverjährter Zeit den Neuaufbau des illegalen Kommunistischen Jugendverbandes betrieben zu haben."

Auf der Akte stand: „Einzelhaft erforderlich. Hochverrat".

Am 18. Januar 1936 wurde sie vom Hanseatischen Oberlandesgericht zu einem Jahr und sechs Monaten Gefängnis verurteilt, weil sie über das Verbot von KPD und KJVD hinaus ihre Tätigkeit als Fünfergruppenleiterin fortgesetzt und Flugblätter des illegalen Kommunistischen Jugendverbandes verteilt hatte.

Darüber hinaus hatte sie 50 bis 100 Klebezettel verteilt mit der Aufschrift „Rettet Torgler aus den Händen der Faschisten" – „Kämpft mit der KPD für die Befreiung der Arbeiterklasse".

Zeitgleich mit Liddy Müller wurde ihr Freund und Jugendgenosse Johann Woelk verhaftet und zu drei Jahren Gefängnis verurteilt, die er in Wolfenbüttel verbüßte.

Nach Jahren der Trennung fand sich die Familie in Lägerdorf bei Itzehoe wieder, wo beide Eheleute die VVN mitbegründeten. Johann Woelk war darüber hinaus bekannt als Abgeordneter der KPD in Rethwisch und Lägerdorf.

MW

Lore Wolf

Aus einer Arbeiterfamilie stammend erlebte Lore Wolf (11. März 1900–4. August 1996) schon in ihrer Jugend, was soziale Not und Krieg für die Menschen bedeuten. So organisierte sie, die als Angestellte der Stadt Frankfurt arbeitete, sich politisch in der SAJ, den Naturfreunden und der „Roten Hilfe". 1932 ging sie mit ihrem Mann in die UdSSR.

Im April 1933 kehrte sie nach Frankfurt zurück in die nunmehr illegale politische Arbeit. Steckbrieflich gesucht, flüchtete sie 1935 über das Saarland nach Frankreich. Hier hatte sie intensiven Kontakt zu Anna Seghers und anderen politischen Emigranten. Im August 1940 in Paris verhaftet wurde sie vom Volksgerichtshof zu 12 Jahren Haft verurteilt, die sie im Zuchthaus Ziegenhain verbrachte. Noch im März 1945 auf Transport geschickt wurde sie am 2. Mai 1945 in Hamburg befreit.

Nach Frankfurt zurückgekehrt baute sie unverzüglich mit dem ehemaligen Buchenwald-Häftling Otto Roth die Betreuungsstelle für Widerstandskämpfer und NS-Verfolgte auf. So half sie, die eigentlich selber die Betreuung dringend notwendig hatte, den aus Lagern und Haftstätten Zurückkehrenden und wurde erste Anlaufadresse für Antifaschisten. So war es nur konsequent, daß sie zu den Mitbegründern der Frankfurter und hessischen VVN gehörte.

Die Sozialarbeit und die Geschichtsarbeit wurden ihre wichtigsten Arbeitsfelder in der Organisation. Besonders die Vermittlung der Geschichte des antifaschistischen Widerstandes war ihr Anliegen. Mit ihren Büchern, in Lesungen und Gesprächen mit jungen Leuten in Schulen, Jugendgruppen und Universitäten versuchte sie das Vermächtnis des Antifaschismus zu vermitteln. Konsequenterweise gehörte sie zu den Mitbegründern des „Studienkreises Deutscher Widerstand" und unterstützte in vielfältiger Form dessen Arbeit.

Sie war Trägerin der Ehrenmedaille des Deutschen Widerstandes und der Johanna-Kirchner-Medaille der Stadt Frankfurt. Am 4. August 1996 starb Lore Wolf in Frankfurt.

Anschriften der VVN-BdA

VVN-BdA Bundesgeschäftsstelle
Rolandstr. 16
30161 Hannover
Tel. 0551/33 11 36
Fax: 0551/3360 221

VVN-BdA Baden-Württemberg
Böblingerstr. 195
70199 Stuttgart
Tel. 0711/60 32 37
Fax: 0711/60 07 18

VVN-BdA Bayern
Frauenlobstr. 24 Rgb.
80337 München
Tel. 089/53 17 86
Fax: 089/53 89 464

VVN-BdA Berlin
Boddinstr. 64
12053 Berlin
Tel. 030/68 66 006

VVN-BdA Bremen
Bürgermeister-Deichmann-Str. 26
28217 Berlin
Tel. 0421/38 29 14
Fax: 0421/38 29 18

VVN-BdA Hamburg
Hein-Hoyer-Str. 41
20359 Hamburg
Tel. 040/31 42 54
Fax: 040/31 93 795

VVN-BdA Hessen
Eckenheimer Landstr. 93
60318 Frankfurt/Main
Tel. 069/59 70 524
Fax: 069/59 70 524

VVN-BdA Niedersachsen
Rolandstr. 16
30161 Hannover
Tel. 0551/33 11 36
Fax: 0551/33 60 221

VVN-BdA NRW
Gathe 55
42107 Wuppertal
Tel. 0202/45 06 29
Fax: 0202/45 06 29

VVN-BdA Rheinland-Pfalz
Lutrinastr. 6
67655 Kaiserslautern
Tel. 0631/65 52 2
Fax: 0631/76 14 6

VVN-BdA Saar
Lebacherstr. 31
66113 Saarbrücken
Tel. 0681/72 22 3

VVN-BdA Schleswig-Holstein
Lindenstr. 9
24119 Kiel
Tel. 0431/56 93 53
Fax: 04103/76 84 (H. Metzger)

„Aus der Vergangenheit lernen ...“

Karl Heinz Jahnke und
Alexander Rossaint

Dr. Joseph Cornelius Rossaint (1902–1991)

Aus seinem Leben und Werk

Verlag für Akademische Schriften
ISBN 3-88864-214-0 · Frühjahr 1997 ·
240 Seiten · 39,80 DM

Dr. Joseph C. Rossaint zählt zu den Persönlichkeiten, die das 20. Jahrhundert mitgestaltet haben. Drei Jubiläen geben den unmittelbaren Anlaß für das Entstehen dieses Buches:

- Am 5. August 1997 jährt sich zum 95. Mal der Geburtstag von Joseph Rossaint.
- Vor 60 Jahren, am 28. April 1937, wurde Dr. Joseph Rossaint vom NS-Volksgerichtshof als Hauptangeklagter im „Berliner Katholikenprozeß“ zu elf Jahren Zuchthaus verurteilt.
- Dr. Rossaint zählte im März 1947 zu den Mitbegründern der Vereinigung der Verfolgten des Naziregimes und hat als Präsident über drei Jahrzehnte die Tätigkeit dieser bedeutendsten Organisation deutscher Antifaschisten maßgeblich geprägt.

Im ersten Teil des Buches skizziert Karl Heinz Jahnke das Leben von Dr. Joseph Rossaint.
Der zweite Teil enthält 29 Texte von Dr. Rossaint, die zwischen 1930 und 1990 entstanden sind. Hauptthemen sind: die katholische Jugendarbeit, die Auseinandersetzung mit dem Nationalsozialismus, der antifaschistische Widerstand, die Teilnahme am demokratischen Neubeginn u.a. im Bund Christlicher Sozialisten, die Tätigkeit und Geschichte der Vereinigungen der Verfolgten des Naziregimes/Bund der Antifaschisten, die Rolle Deutschlands im 19. und 20. Jahrhundert.

Prof. Dr. Karl Heinz Jahnke, geb. 1934, Historiker in Rostock. Hauptforschungsgebiete: Antifaschistischer Widerstand und Geschichte des NS-Regimes, Jugendgeschichte, Regionalgeschichte Mecklenburgs im 20. Jahrhundert. Kontakt zu Dr. Joseph Rossaint seit 1967.
Dr. Alexander Rossaint, geb. 1945, Zahnarzt in Aachen. Sohn von Dr. Alex Rossaint, des Bruders von Dr. Joseph Rossaint. Ordnung und Verwaltung des Nachlasses seines Onkels.

Verlag für Akademische Schriften
60486 Frankfurt, Kurfürstenstraße 18,
Telefon (069) 779366, Fax (069) 7039367
E-Mail 069776419@t-online.de

VAS

Antifaschismus ist unser Programm

Hardcover, 200 Seiten, 30 Abb.
24,80 DM ISBN 3-89144-207-6

Hardcover, 300 Seiten, 126 Abb.,
29,90 DM ISBN 3-89144-199-1

Hardcover, 220 Seiten,
24,90 DM ISBN 3-89144-183-5

Hardcover, 232 Seiten, 40 Abb.
29,90 DM ISBN 3-89144-203-3

Hardcover, 256 Seiten, 66 Abb.
29,90 DM ISBN 3-89144-218-1

Hardcover, 260 Seiten,
24,90 DM ISBN 3-89144-204-1

Hardcover, 240 Seiten,
24,90 DM ISBN 3-89144-211-4

Hardcover, 140 Seiten,
14,90 DM ISBN 3-89144-235-1

Neugierig geworden?

Fordern Sie unser kostenloses Verlagsprogramm an!

Pahl-Rugenstein Verlag

Breite Str. 47

53111 Bonn

Tel. 0228/63 23 06

Fax 0228/63 49 68

Hans-Joachim Krusch:
Irrweg oder Alternative
Vereinigungsbestrebungen der Arbeiterparteien 1945/46 und gesellschaftspolitische Forderungen.

272 Seiten mit 140 S. Faksimiles.
Hardcover, Großformat
38,00 DM ISBN 3-89144-217-3

Zwischen „Zwangsvereinigung" und „größter Errungenschaft der Arbeiterbewegung" pendeln die Bewertungen des Zusammenschlusses von KPD und SPD zur SED. Dabei war dieser Weg weder zwangsläufig vorgezeichnet noch waren die Vereinigungsbestrebungen auf den Osten Deutschlands beschränkt. Der Autor untersucht auf Grundlage einer umfassenden Auswertung der Dokumente von SPD, KPD sowie der Gewerkschaften in allen vier Besatzungszonen den Gang der Entwicklung. Im Mittelpunkt stehen die gesellschaftspolitischen Forderungen - Bodenreform, Sozialisierungsforderungen und ein demokratischer Staatsapparat. Seine zentrale These lautet: Spätere Entwicklungen in der SED und der DDR haben einen dunklen Schatten auf die Entscheidung vor 50 Jahren geworfen, der sozialistischen Bewegung großen Schaden zugefügt. Dieser Gang der Ereignisse war nicht zum Zeitpunkt der Vereinigung vorprogrammiert, die Geschichte war offen. Das Buch enthält zahlreiche Dokumente beider Parteien.

Heinz Köller:
Für Demokratie, Brot, Frieden -
Die Volksfront in Frankreich 1935 bis 1938

512 Seiten, Hardcover,
78,00 DM ISBN 3-89144-219-X

Frankreich 1934 bis 1936: Massendemonstrationen gegen faschistische Organisationen und ihren Putschversuch bestimmen die politische Landschaft, die beiden Linksparteien, die SFIO und die FKP, finden zur Aktionseinheit und beziehen die bürgerliche Radikale Partei in den Kampf gegen den Faschismus ein. Es entsteht die Front populaire, die Volksfront. Im Mai 1936 gewinnt dieses Bündnis die Parlamentswahlen. Damit wird der weitere Siegeszug des Faschismus in Europa, 1922 Italien, 1933 Deutschland, vorübergehend gestoppt, der die Spaltung der Arbeiterbewegung und die Desorientierung demokratischer Mittelschichten ausgenutzt hatte. Der Wahlsieg der französischen Volksfront wurde u.a. möglich, weil die FKP ihre tief verwurzelten Vorbehalte gegenüber der Verteidigung der bürgerlichen Demokratie und ihre sektiererischen Grundsätze und Praktiken gegenüber den Sozialisten überwand und die originäre Volksfrontorientierung kreierte, die nach Überwindung dogmatischer Kräfte in der Führung der kommunistischen Internationalen 1935 auf dem VII. Kongress verallgemeinert wurde. Indem Blum für die Nichteinmischung in den durch den Franco-Putsch ausgelösten spanischen Bürgerkrieg eintrat, eine „Pause" in der Verwirklichung des Volksfront-Programms einlegte, wich er vor dem Druck der englischen Regierung und der eigenen Bourgeoisie zurück, die zu Konzessionen gegenüber Hitler bereit waren. Nachdem die Volksfront sich bereits in der Regierungszeit Chautemps (1937-38) rückläufig entwickelt hatte, zerbrach sie unter Daladier insbesondere infolge des Münchener Verrats an der CSR (Sept. 1938), der von den Bündnispartnern der FKP gebilligt wurde.

Heinz Köller

Für Demokratie – Brot – Frieden

Die Volksfront in Frankreich 1935 bis 1938

Pahl-Rugenstein